세상 최고의 지혜

세상 최고의 지혜

1판 1쇄 인쇄 2025년 7월 1일
1판 1쇄 발행 2025년 7월 5일

지은이 김서택

발행인 한동인
펴낸곳 (주)씨뿌리는사람

등록번호 제2006–4호
주   소 경기도 이천시 경충대로 2096–4
          (서울사무소) T. 741–5181, 4 F. 744–1634

책값은 뒤표지에 있습니다.

ISBN 978–89–90342–71–3

Web www.kclp.co.kr

"천국은 마치 사람이 자기 밭에 갖다 심은 겨자씨 한 알 같으니
이는 모든 씨보다 작은 것이로되 자란 후에는 나물보다 커서 나무가 되매
공중의 새들이 와서 그 가지에 깃들이느니라"(마 13:31–32)

세상 최고의 지혜

김서택

씨뿌리는 사람

Prologue

　문경새재에 가면 옛날 조선시대 과거에 장원급제한 사람이 내려오는 길이 따로 있습니다. 옛날에는 성공하려고 하면 과거에 급제하는 길밖에 없었습니다. 그 시험에서 가장 중요한 과목이 《논어》였는데, 일종의 공자의 교훈이라고 할 수 있습니다. 과거시험에 합격하려면 《논어》를 완전히 외워야만 했습니다. 이렇게 훌륭한 스승들의 짧은 교훈을 모은 것을 '잠언'이라고 합니다. 파스칼의 《팡세》도 일종의 잠언이고, 유대교의 《탈무드》 같은 책도 일종의 잠언집이라고 할 수 있습니다.

　요즘 부모들은 자녀들이 할 수 있으면 SKY 대학이나 하버드 같은 명문대를 졸업해서 훌륭한 지식을 가진 사람들이 되기를 바랍니다. 그러나 이 세상에서 최고의 지혜는 성경에 포함되어 있는 잠언입니다. 왜냐하면 성경의 잠언은 이 세상의 인간 도리에 대해서도 말씀하고 있지만, 더 중요한 것은 우주의 창조자이신 하나님 앞에서 우리가 어떻게 살아야 아름다운가 하는 것을 가르치고 교훈하고 있기 때문입니다.

　성경 잠언의 저자는 솔로몬이지만, 원저자는 세상 모든 지식과 지혜의 창조자이신 하나님이십니다. 그래서 우리도 할 수 있으면 잠언을 다 외워야 합니다. 잠언은 일종의 지혜의 꽃다발과 같습니다. 우리가 잠언을 깊이 묵상할 때마다 하나님은 우리에게 지혜의 꽃다발을 하나씩 상으로 주실 것입니다. 그래서 잠언을 마쳤을 때 방안 가득히 향기 나는 꽃다발로 가득 찰 것입니다.

늘 부족한 저의 설교집을 책으로 만들어서 꾸준히 문서로 복음 사역을 감당하시는 한동인 사장님께 감사드립니다. 그리고 지난 25년 동안 말씀의 동역자로 수고하신 대구동부교회 성도님들께 진심으로 감사드립니다. 대구동부교회 성도님들이 없었더라면 저의 설교집은 만들어지지 못했을 것입니다.

늘 저에게 설교를 장황하게 하지 말라고 조언하는 아내와 미국에서 하루도 빼놓지 않고 저와 아내를 위하여 기도하는 외동딸 시현이와 사위 애런에게 감사드립니다.

대구 수성교 옆에서
김서택 목사

01

최고의 보석

잠 1:1-6

보통 잠언이라고 하면 어떤 위인들이 남긴 명언들을 말합니다. 사실 이 명언들은 한 마디 한 마디가 가치가 있고 멋이 있습니다. 우리에게 가장 익숙한 말은 《논어》나 셰익스피어의 책에 나오는 명언일 것입니다. 특히 셰익스피어의 명언 중에는 햄릿이 말한 "사느냐 죽느냐 이것이 문제로다"라는 말이나 "약한 자여, 그대 이름은 여자로다"라는 말이 있습니다. 그리고 "반짝이는 것이 다 금은 아니다"라는 말도 있습니다. 공자가 한 말 중에는 "내가 아침에 도를 들었다면 저녁에 죽어도 좋다"는 말이 있습니다. 공자는 그만큼 도의 가치를 중요하게 생각했던 것입니다. 마틴 루터 킹 목사는 흑인 청년들을 향해서 〈우리에게는 꿈이 있습니다〉라는 유명한 연설을 했습니다. 이런 명언들은 평소에는 별것 아닌 것 같지만 우리가 인생의 위기를 당했을 때 이런 말을 기억하면 '참, 그렇지' 그리고 '맞아. 좀 더 여유를 가지고 봐야해' 라고 생각하게 됩니다.

이 시대에 우리에게 이런 잠언이 중요한 이유는 자신의 분노나 순간적인 충동을 이기지 못해서 자살하는 사람이 너무 많기 때문입니

다. 얼마 전 신문을 보니까 군대에 합격 판정을 받았지만 실제로는 군
대 생활에 적응하지 못해서 극단적 선택을 한 병사들이 많다고 알려
졌습니다. 우리가 인생에서 실패했는데 다시 일어서기 위해서, 혹은
정신적으로 큰 위기를 당했는데 절망에 빠지지 않으려면 우리에게 이
런 짧고 힘이 되는 가르침이 필요한 것입니다. 잠언이나 명언이 보석
이나 명품보다 훨씬 더 귀한 것은 위기 때 우리 생명을 지켜주기 때문
입니다.

성경 말씀이 전부 하나님의 말씀이고 생명의 말씀이지만 그중에
서 특히 잠언은 우리에게 많은 유익을 줍니다. 이 명문을 모아 잠언을
편집한 솔로몬은 머리가 아주 좋고 인생에 성공한 사람이었는데, 그
비결을 '지혜' 그중에서도 특히 '하나님을 아는 지혜' 라고 강조하고
있습니다. 도대체 하나님을 아는 지혜가 무엇이기에 그렇게 대단하고
우리에게 유익을 줄까요?

1. 지혜가 필요한 이유

우리가 보통 유명한 사람들의 가르침이나 명언을 보면 '사람이 이
렇게 행동하는 것이 도리에 옳고, 또 다른 사람들이 보기에도 좋다'
는 의미를 가지고 있습니다. 그런데 유명한 사람들의 가르침대로 행
동한다고 해서 반드시 성공하거나 복을 받는 것은 아닙니다.

솔로몬의 잠언을 한마디로 '하나님을 아는 지혜는 최고의 가치가
있다' 는 말로 요약할 수 있습니다. 이때 우리는 '하나님을 아는 지혜
가 뭐가 그렇게 대단한가?' 라고 생각하기 쉽습니다. 솔로몬은 사람이
그렇게 말하는 이유는 '그가 바보이거나 자신의 가치를 전혀 모르기
때문에 그렇다' 라고 주장합니다.

솔로몬은 이 세상의 여러 명언에 비해 "하나님을 아는 지혜는 우

리에게 확실한 유익을 준다"라고 자신만만하게 이야기하면서 잠언을
시작하고 있습니다.

1:1-2, "다윗의 아들 이스라엘 왕 솔로몬의 잠언이라 이는 지혜와 훈계 를 알게 하며 명철의 말씀을 깨닫게 하며"

솔로몬은 젊어서 이스라엘의 왕이 되었을 때 그는 하나님께 일천
번제 기도를 드렸습니다. 솔로몬이 일천번제를 드리고 난 후 하나님
은 솔로몬에게 "네가 무엇을 원하느냐?"고 물으셨습니다. 그때 솔로
몬은 "이 백성을 다스릴 수 있는 하나님의 지혜를 달라"고 요청했습
니다. 그때 하나님은 "네가 부귀나 영화나 오래 사는 것이나 원수 갚
는 것을 구하지 아니하고 지혜를 구했으니 참 잘했다"고 칭찬하시면
서 그에게 지혜도 부귀영화도 장수도 주시며 원수도 갚아주시고 명성
도 주시겠다고 약속하셨습니다(왕상 3:6-15). 이것을 통해서 하나님은
우리에게 모든 좋은 것을 다 주실 수 있는 분임을 솔로몬이 알 수 있
었을 것입니다. 또 솔로몬이 체험한 것은 모든 축복은 하나님이 주시
는 것이고 그 열쇠는 '하나님을 아는 지혜' 라는 것입니다.

솔로몬은 자신의 지혜는 확실한 결과가 있다고 했습니다. 즉 솔
로몬의 이 지혜는 "지혜와 훈계를 알게" 한다고 했습니다. 여기에서
"지혜"는 '요령' 이라고 생각하면 좋을 것입니다. 이것은 어떤 위기
에 빠졌을 때 거기서 빠져나오는 요령을 말하는 것입니다. 즉 하나님
의 지혜는 우리가 위기에 빠졌을 때 그 위기에서 빠져나올 수 있는 요
령이 생기게 하는 데 비해서, 하나님의 지혜가 없는 사람은 우왕좌왕
하거나 고집만 부리다가 거기서 빠져나오지 못해서 망하는 것입니다.
아무리 무서운 야생동물이라 하더라도 사냥꾼이 숨겨놓은 덫을 보지
못하면 살아남지 못합니다. 또 아무리 큰 물고기라 하더라도 미끼가
있는 낚싯바늘을 먹으면 도망칠 수 없습니다.

그러나 우리 인생 주위에는 너무나도 많은 덫이 있고 낚싯바늘들이 널려져 있습니다. 그런데 하나님의 지혜는 그 인생의 덫을 피하는 요령을 가르쳐 줍니다. 예를 들어서 술이나 여자나 도박이나 도둑질도 인생의 덫입니다. 어리석은 사람은 결국 그 덫에 걸리고 마는 것입니다. 그런데 하나님의 지혜는 우리로 하여금 그런 덫을 보게 합니다. 즉 우리가 하나님의 말씀을 들으면 그런 것들이 싫어지게 되는 것입니다.

그리고 "훈계"는 우리가 무엇인가 잘못했을 때 벌을 서고 야단맞는 것을 말합니다. 우리가 어렸을 때 부모의 돈을 몰래 가지고 가서 과자를 사거나 남의 물건을 가지고 싶다고 해서 가졌을 때 야단맞고 벌을 서야 그런 나쁜 습관이 들지 않습니다. 그런데 아이가 귀엽다고 해서 내버려두면 나중에는 진짜 도둑이나 사기꾼이 될 수 있는 것입니다. 교회에서도 잘못한 행동에 대해서 경고나 책망의 말을 듣지 않은 사람은 점점 더 교회를 우습게 알고 더 방자하게 행동하는 모습을 볼 수 있습니다. 그래서 남이 훈계를 할 때 알아듣는 것이 중요합니다. 그러나 아이가 너무 어렸을 때 지나치게 심하게 때리거나 야단치는 것은 역효과를 낼 수도 있음을 알아야 합니다.

또 "명철의 말씀을 깨닫게 하며"라고 했습니다. 누군가 좋은 이야기를 하면 알아들어야 하는데, 많은 사람은 올바른 이야기보다는 재미있는 이야기 듣는 것을 더 좋아합니다. 그러나 바른 말씀을 듣지 못하고 재미있거나 웃기거나 거짓된 이야기를 자꾸 듣게 되면 바른 말씀에 귀가 막히게 됩니다. 그래서 그런 사람은 자기 인생의 위치나 길을 잃어버리게 됩니다.

2. 하나님의 지혜는 따끔하다

사람들은 비유로 말하면 전혀 깎이지 않은 대리석과 같습니다. 이런 대리석은 볼품도 없고 표면은 울퉁불퉁하고 가치도 없습니다. 그러나 미켈란젤로 같은 조각의 대가가 끌로 깎기 시작하면 세계적인 명작이 나오게 됩니다. 다윗 상이라든지 피에타(마리아가 죽은 예수를 안고 슬퍼하는 작품) 같은 걸작이 만들어지게 되는 것입니다. 우리 속담에도 "모난 돌이 정을 맞는다"는 말이 있습니다. 우리의 울퉁불퉁하고 모나고 깨어진 부분들이 하나님의 말씀으로 다듬어져야 합니다.

1:3-4, "지혜롭게, 공의롭게, 정의롭게, 정직하게 행할 일에 대하여 훈계를 받게 하며 어리석은 자를 슬기롭게 하며 젊은 자에게 지식과 근신함을 주기 위한 것이니"

여기서 "지혜롭게"는 똑똑한 것을 말합니다. 하나님의 지혜는 우리를 세상 지혜에서도 뛰어나게 합니다. 그 이유는 하나님의 지혜를 모르는 사람은 계속 걱정하면서 제자리걸음만 반복하기 때문입니다. 그러나 하나님의 말씀을 들은 사람은 판단해서 장애를 극복하고 앞으로 나가게 됩니다. 그리고 가장 중요한 것이 인생의 길을 찾는다는 것입니다. 하나님의 말씀을 들으면 좁은 문을 찾을 수 있습니다. 물론 이 문은 남들이 가지 않는 문입니다.

"공의롭게"는 정의로운 것을 말합니다. 우리는 때때로 정의로운 것이 얼마나 멋있는 것인 줄 알게 될 때가 있습니다. 그러나 대개 사람들은 자기 자리에서 쫓겨나지 않으려고 거짓인 줄 알면서 자기 스스로 윗사람의 뜻을 따르는 것입니다. 그러나 다니엘은 왕이 세 번이나 바뀌었지만 그때마다 정의로웠습니다. 그리고 부자의 편을 들지도 않았고 가난한 자를 학대하지도 않았습니다.

　"정의롭게"는 어떤 일을 할 때 사심이나 다른 사람의 눈치를 보지 않고 정당하게 일을 하는 것을 말합니다. 이것은 위선적인 행동의 반대입니다. 예를 들어서 목사가 자기 아들이라고 해서 교회를 세습하는 일은 정의로운 것이 아닙니다. 이것은 이미 거짓된 것이고 하나님의 교회를 도둑질하는 행위입니다. 우리가 사람의 눈은 속이기 쉽습니다. 그러나 하나님의 눈은 절대로 속일 수 없습니다.

　"정직하게" 행한다고 했는데 이것은 양심에 거리낌이 없는 것을 말합니다. 우리는 무슨 일을 하더라도 양심을 팔아먹으면 안 됩니다. 어떤 상인이 장사하면서 가짜를 속여서 팔면 돈은 벌지 모르지만 그의 양심은 더럽혀지고 그의 인격은 쓰레기처럼 될 것입니다.

　또 하나님의 지혜는 "어리석은 자를 슬기롭게" 합니다. 여기서 '어리석다'는 것은 아무것도 모르고 어수룩한 것을 말합니다. 간혹 학교에서 선생님이 말씀하는 것을 잘 알아듣지도 못하고 친구들이 따지고 들어도 말 한마디 못 하는 아이들이 있습니다. 그런데 나중에 세월이 많이 지나고 난 후에 이 아이들을 만나보면 말도 잘하고 아주 판단력이 뛰어난 모습을 보게 됩니다. 그 이유는 하나님이 그에게 지혜를 주셨기 때문입니다. 그리고 자기는 왜 이렇게 똑똑하지 못한가 생각을 많이 했기 때문입니다.

　"젊은 자에게 지식과 근신함을 주기 위한 것"이라고 했습니다. 역시 사람이 배우려면 젊었을 때나 어렸을 때가 좋습니다. 그때는 아직 머리가 말랑말랑해서 가르쳐주는 대로 잘 배우기 때문입니다. 그러나 나이가 들면 머리가 딱딱하게 굳어져서 누가 무슨 소리를 해도 잘 듣지 않습니다. 자기가 최고로 똑똑하다고 생각하기 때문입니다. 그런 사람은 결국 자기 고집대로 밀고 나가다가 시간이나 돈이나 인생에서 큰 손해를 보게 됩니다.

　여기서 "지식"은 인생에서 바른길을 찾는 것입니다. 예수님은 좁은 문으로 들어가라고 말씀하셨습니다. 반대로 멸망으로 가는 문은 넓어서 거기로 가는 자가 많다고 했습니다(마 7:13). 역시 많은 사람이 가는 길은 가지 않는 것이 좋습니다. 그리고 "근신함"은 쉬지 않고 부지런히 그 길을 가는 것을 말합니다. 우리가 길을 찾아도 딴 길을 가고 싶기도 하고 또 가기 싫을 때도 있습니다. 그러나 쉬지 않고 자기 길을 가는 사람은 그 누구도 이길 수 없습니다.

3. 하나님의 지혜가 주는 보너스

우리는 때때로 '이 세상의 지혜와 하나님의 지혜는 어떻게 다른가?' 하는 의문이 생길 때가 있습니다. 그러나 이 세상의 지혜도 결국은 하나님이 주신 지혜입니다. 단지 세상 지혜는 세상에서만 통하지만, 하나님의 지혜는 우리를 구원에 이르게 합니다. 예를 들어 이 세상에서 머리가 잘 돌아가는 사람은 처세술이 좋습니다. 즉 윗사람에게는 아첨을 잘하고 밑에 있는 사람에게는 걸레 짜듯이 짜는 행태를 보입니다. 그래서 성공하고 승진하는 사람들도 있습니다. 그러나 하나님의 지혜라고 해서 세상과 반대되는 것만은 아닙니다. 오히려 세상 지혜보다 뛰어날 때가 많습니다. 즉 윗사람에게 아첨하지는 않지만 그 사람이 어려울 때 도와주어서 그에게 인정받게 됩니다.

1:5-6, "지혜 있는 자는 듣고 학식이 더할 것이요 명철한 자는 지략을 얻을 것이라 잠언과 비유와 지혜 있는 자의 말과 그 오묘한 말을 깨달으리라"

하나님의 지혜는 세상 지식이나 학문을 전부 무시하지는 않습니다. 그러나 그것을 바른 눈으로 판단해서 연구합니다. 그래서 아무것도 모르고 연구하는 사람은 화를 내고 짜증만 부리지만, 그 모든 것을 알고 있는 사람은 즐거운 마음으로 연구할 수 있습니다. 그러므로 우리가 하나님의 지혜를 배우는 것은 시간낭비가 아니라 오히려 시간을 절약하는 방법입니다. 왜냐하면 하나님의 지혜가 없는 사람은 무엇이든지 자꾸 많이 가지는 것이 좋은 줄 알지만 실제로는 쓸데없는 것만 잔뜩 가지기 때문입니다.

그러나 하나님의 지혜는 우리에게 꼭 필요한 것을 알고 사람들을 유익하게 하는 것만 하므로 시간을 헛되이 낭비하지 않습니다. 그래서 슬기 있는 자가 하나님의 지혜를 배우면 학식이 더 많아지게 됩니다. 남들이 뚫고 가지 못하는 벽을 뚫을 수 있기 때문입니다. 즉 남들은 안 된다고 하면서 포기하지만 믿음의 사람은 그것을 뚫을 수 있는 것입니다.

그리고 "명철한 자는 지략을 얻을 것이라"고 했습니다. 명철한 자는 이미 지혜가 있는 사람을 말합니다. "지식"이 학문적이라면 "지혜"는 현실적인 것입니다. 여기 "명철"도 지혜와 같습니다. 이미 기술이 있는 사람이 하나님의 지혜를 가지고 있으면 남들이 흉내 낼 수 없는 "지략"을 얻게 됩니다. 이것은 그 사람만 가지고 있는 노하우를 말합니다. 오늘날 성공하려고 하면 남의 것을 모방하기만 해서는 안 되고 자기만의 비법이 있어야 합니다.

이어서 "잠언과 비유와 지혜 있는 자의 말과 그 오묘한 말을 깨달으리라"고 했습니다. 지혜의 세계는 무궁무진합니다. 인간의 정신세계는 정말 오묘한 세계입니다. 그러나 우리는 자신도 잘 알지 못합니다. 우리는 하나님의 지혜로 자신을 찾을 수 있고 다른 사람도 살릴 수 있습니다. 그리고 후회 없는 멋진 인생을 살 수 있습니다. 역시 우리 인생의 최고 보물은 하나님의 지혜입니다.

02

여호와를 경외함

잠 1:7-9

성경은 그 전체가 하나님의 말씀이지만 솔로몬은 그중에서 특히 우리가 이 세상을 살아가는 데 필요한 지혜의 말씀을 모아서 〈잠언〉이라는 교훈집을 만들었습니다. 원래 솔로몬은 이것보다 훨씬 많은 잠언을 지었습니다. 그가 삼천 가지의 잠언을 만들었다고 했습니다(왕상 4:32). 그러니까 성경의 잠언은 솔로몬이 만든 잠언 중에서 가장 좋은 것만 다시 추려서 편집한 것임을 알 수 있습니다.

대개 보통 동서양 위인들의 명언집을 보면 '이럴 때는 이렇게 하는 것이 좋다'는 식으로 쓰어 있습니다. 그것이 인간다운 도리이기 때문입니다. 그런데 사람이 그 잠언대로 산다고 해서 모든 일이 다 되는 것은 아닙니다. 왜냐하면 세상의 잠언이 인생의 길을 가르치는 것이 아니라 순간순간의 처신을 기록하고 있기 때문입니다. 오히려 이 세상에서는 권모술수를 쓰고 처세술에 능하거나 운이 좋은 사람이 성공할 때가 더 많습니다. 그런데 이상한 것은 인격은 갖추어져 있지 않고 권모술수로 성공한 사람은 그 끝이 반드시 좋지 못한 것을 보게 됩니다. 그 이유는 이 세상 모든 사람의 삶을 판단하는 심판이 있기 때문입니다. 그분은 바로 하나님이십니다.

잠언은 시작부터 이 교훈의 효과를 자신 있게 이야기하고 있습니다. 즉 이 잠언을 읽고 지키는 사람은 지혜와 훈계를 알게 되고, 명철의 말씀을 깨닫게 되며, 어리석은 자는 지혜롭게 되고, 지혜 있는 자는 듣고 학식이 더하게 된다고 말씀하고 있습니다. 즉 잠언은 이것을 읽고 배우는 자에게 공자의 《논어》나 플라톤의 철학보다 확실한 지혜를 준다는 것입니다. 그 이유가 무엇일까요? 이 잠언의 지혜는 우리를 하나님께로 인도하기 때문입니다.

1. 여호와를 경외하는 것

솔로몬은 이 세상에 많은 지식이 있지만 그중에서 가장 기초가 되는 지식은 하나님을 경외하는 것이라고 강조하고 있습니다.

1:7, "여호와를 경외하는 것이 지식의 근본이거늘 미련한 자는 지혜와 훈계를 멸시하느니라"

바로 이 7절 한 절이 잠언 전체의 핵심 되는 말씀입니다. 우리가 이 한마디의 말씀만 제대로 안다면 잠언을 다 깨달았다고 할 수 있습니다. 여기 "여호와를 경외하는 것"이라고 했는데 '경외하는 것'이 무엇이며, 또 "지식의 근본"이라고 했는데 도대체 '근본'이라는 것이 무엇인지 이해하는 것이 중요합니다.

보통 '경외한다'는 것은 두려워하고 무서워서 떠는 행동을 말합니다. 그러면 우리가 하나님을 늘 무서워하고 떠는 것이 바른 지식일까요? 사실 사람들은 누구든지 죽음을 앞에 두고 있거나 혹은 큰 위기나 재난을 당하게 되면 마주하게 될 하나님을 두려워하게 됩니다. 사람들은 사고를 당하거나 물에 빠지거나 집에 불이 붙었는데 갇혀 있으면 하나님께 살려달라고 소리를 지릅니다. 이것이 과연 하나님을 경외하는 지혜의 근본일까요? 그렇지는 않을 것입니다. 왜냐하면 모든 사람이 죽음을 눈앞에 두면 하나님을 두려워하기 때문입니다. 그래서 여기서 "하나님을 경외한다"는 것은 '하나님을 아는 것'이라고 이해하면 좋을 것입니다.

그러면 여기서 우리에게 드는 생각은 '우리가 과연 하나님을 알 수 있을까?'라는 것입니다. 우리는 하나님을 알 수 없습니다. 더욱이 우리는 하나님이 존재하는지조차도 알 수 없습니다. 왜냐하면 하나님은 우주를 만드신 분이시기 때문에 너무 커서 우리 머리로는 도저히 하나님을 알 수 없습니다. 더욱이 하나님은 성품이 너무 'shy'하셔서 자신을 잘 드러내시지를 않습니다. 하나님은 태양을 만드시고도 태양 뒤에 숨어 계시고, 이 아름다운 자연을 만드시고도 자연 뒤에 숨어계시기 때문에 유한한 존재인 우리는 그 하나님을 잘 알 수도 없습니다.

그러나 하나님은 우리가 하나님을 알 수 있는 딱 한 가지 길을 열어주셨습니다. 그것은 바로 이스라엘 백성에게 주신 하나님의 말씀을 통해서입니다. 물론 사람들은 다른 방법으로 신의 존재나 하나님을 알 수 있다고 하지만 그것은 하나님을 바로 아는 것이 아니라 하나님에 대한 막연한 추측일 뿐입니다. 그렇다고 우리가 구약 성경이나 신약 성경을 읽으면 하나님을 알 수 있을까요? 우리는 여전히 하나님을 알 수 없습니다. 그런데 어느 날 하나님이 우리의 눈을 열어주십니다. 이때 우리는 그냥 자동적으로 하나님, 그분을 느끼게 됩니다. 이것은 마치 오래전에 부모를 잃어버리고 외국에 입양되었던 사람이 오랜 시간이 흐른 뒤에 자기 부모나 형제를 만났을 때 바로 알아보는 것과 같은 원리입니다. 왜냐하면 그들은 닮았기 때문입니다. 그리고 우리는 지금까지 이 창조자를 무시하고 우리가 하나님처럼 산 것이 다 죄라는 사실을 알게 됩니다. 그리고 하나님의 모든 것을 믿게 됩니다.

이때 하나님은 우리의 아버지가 되어주십니다. 하나님이 내 아버지가 되시는 것입니다. 온 천지를 만드신 분이 내 아버지이신 것입니다. 이것이 바로 하나님을 아는 것입니다.

우리에게 있어서 하나님을 아는 것은 하나님을 믿는 것입니다. 하나님은 어마어마하게 크신 분이고 우주를 만드셨고 못하시는 일이 없는 분이심을 믿는 것입니다. 우리가 하나님을 안다고 할 때는 우리의 미래 문제에 있어서 하나님을 믿는 것입니다. 우리가 하나님을 깨닫게 될 때면 늘 놀라게 됩니다. 하나님이 쓰시는 방법은 늘 신기하기 때문입니다. 이것이 하나님을 경외하는 것입니다. 특히 신약 성경을 읽으면 그 하나님께서 나를 사랑하셔서 직접 그분의 독생자 아들을 우리에게 보내셨습니다. '하나님의 친아들이 있다'는 것이 얼마나 신기합니까? 그런데 그 아들이 나의 모든 불신앙의 죄 때문에 손과 발에 못이 박히고 십자가에 달려서 죽으셨다는 사실이 얼마나 엄청나며 두려운 일입니까? 그래서 "여호와를 경외하는 것"은 '하나님을 믿는 것'을 말합니다. 우리가 이 세상의 성공이나 출세나 학식이나 자신의 생각을 믿지 않고 하나님을 믿고 살아가는 것입니다. 그래서 "회개하라 천국이 가까웠느니라"는 주의 말씀도 '믿는 것을 바꾸라'는 뜻입니다. 즉 이 세상을 믿고 내 자신을 믿던 것에서 하나님을 믿는 것으로 바꾸라는 것입니다.

그러면 우리가 하나님을 알게 되면 무엇이 달라집니까? 우리가 하나님을 알게 되면 인생의 길을 찾게 됩니다. 모든 사람은 길을 찾지 못해서 광야나 산에서 길을 잃고 방황하고 있습니다. 그러나 우리는 영생의 길을 찾았기 때문에 이 길을 쭉 따라 걸어가기만 하면 되는 것입니다. 우리가 하나님을 믿으면 영생을 얻게 됩니다.

그리고 우리는 죄를 알게 됩니다. 죄는 하나님을 믿지 않고 자기 생각을 믿는 것입니다. 이 세상에는 죄가 널려 있습니다. 그리고 "죄의 삯은 사망"(롬 6:23)입니다. 이것은 영원히 저주받아 죽는 것을 말합니다. 그래서 우리는 죄를 무서워하고 피하게 됩니다. 죄는 바다에 빠져서 죽는 것과 같기 때문에 죄를 피하면 살게 됩니다. 하나님을 알고 믿는 것은 축복의 열쇠를 받는 것입니다. 우리가 열쇠를 가지고 있으면 그 집 안에 들어갈 수 있습니다. 하나님이 우리 아버지가 되시는데 걱정할 것이 뭐가 있습니까? 이 세상의 그 어떤 것도 우리를 하나님의 사랑에서 끊을 수 없다고 했습니다(롬 8:39).

그런데 우리가 하나님을 완전히 알 수 있을까요? 그것은 불가능합니다. 왜냐하면 하나님은 너무 크시고 위대하시기 때문입니다. 우리는 성경에 기록된 만큼, 또 우리가 깨닫는 만큼 하나님을 알 수 있을 뿐입니다. 우리는 하나님이 어떻게 생기셨는지도 모르고 사실 하나님의 뜻은 더 알지 못합니다. 우리는 성령님에 대해서도 조금밖에 알지 못합니다. 우리가 가장 많이 아는 하나님은 아들 하나님에 대해서입니다. 왜냐하면 그분은 이 세상에 사람이 되어 직접 오셨기 때문입니다. 그러나 아들 하나님에 대해서도 우리는 모든 것을 다 알지는 못합니다.

2. 지식의 근본

"여호와를 경외하는 것이 지식의 근본"이라는 말은 무슨 뜻일까요? 우리가 생각하기에 이 세상에 많은 지식이 있는데 그중에서 가장 기초가 되는 지식은 하나님을 경외하는 것이라고 생각하게 됩니다. 그런데 본문 말씀을 세상 지식에 한정할 것이 아니라 '인생의 기초'라고 생각하면 좋을 것입니다. 즉 건물을 지을 때 기초가 튼튼해야 건물이 무너지지 않습니다. 마찬가지로 우리 인생을 하나님의 말씀에 둘 때 우리 인생은 헛되지 않은 인생을 살게 됩니다. 하나님을 모르는 인생을 산 사람들은 기초가 부실하므로 어떤 작은 충격에도 건물 전

체가 금이 가면서 와르르 무너지게 되는 것입니다. 그러므로 여기서
"근본"이라는 것은 단순히 '중요하다'는 뜻이 아니라 내가 죽느냐
사느냐 하는 것을 결정하는 중요한 문제가 된다는 뜻입니다.

우리가 하나님을 아는 지혜에 인생의 기초를 쌓으면 어떻게 될까
요? 이 세상에서 출세가 늦기도 하고, 어떤 때는 따돌림을 당하기도
하고, 어떤 때는 정말 먹고 살길이 없을 때도 있습니다. 그러나 그는
가장 안전한 곳에 자신의 인생을 세우는 것입니다. 왜냐하면 하나님
은 천재이시기 때문입니다. 하나님은 우리의 미래를 축복하시는 분이
시기 때문입니다.

그러나 "미련한 자는 지혜와 훈계를 멸시하느니라"고 했습니다.
왜 사람들은 하나님의 말씀을 싫어하는 정도를 넘어서 멸시까지 할까
요? 그 이유는 그들은 하나님이 눈에 보이지 않을 뿐 아니라 하나님을
인정하는 것이 싫기 때문입니다. 그리고 하나님을 믿는 자들은 못하
는 것이 너무 많습니다. 그들은 뇌물도 주거나 받지도 못하고 거짓말
도 하지 못합니다. 그래서 주위에서 이들을 보면 답답하게 생각하게
되고 멸시하게 됩니다. 그 대신에 이 세상에서 권모와 술수를 쓰고 거
짓된 방법으로 성공하는 사람을 보면 그것이 똑똑한 것 같고 유능한
것처럼 보입니다. 왜냐하면 사람들은 과정은 어떻든지 간에 결과만
보고 판단하기 때문입니다. 그러나 성경은 이런 사람들에게 미련한
자라고 합니다. 그 이유는 그는 길도 모르면서 빨리 가기만 하면 최고
라고 생각하기 때문입니다.

그러므로 이 세상에서 하나님의 말씀을 듣는 것이 우리가 사는 길
입니다. 우리가 절벽에서 떨어질 때 거기에 있는 밧줄을 붙잡으면 삽
니다. 바로 그 밧줄이 하나님의 말씀입니다. 배가 뒤집어져서 바다에
빠졌는데 구조 헬기가 나를 발견하고 사다리 밧줄을 내릴 때 그것을
붙잡으면 사는 것입니다. 그러나 미련한 자는 구명조끼도 없이 배를
타거나 죄인 줄 뻔히 알면서 뇌물을 받거나 부정을 저지릅니다. 이런

사람의 인생은 얼마 가지 않아서 멸망에 빠지게 됩니다.

3. 하나님의 지혜의 상급

우리가 젊었을 때 하나님의 말씀을 배우면 앞길이 잘 열릴 것 같은데, 그렇지 못하고 어려운 늪에 빠진 것처럼 미래가 보이지 않을 때가 종종 있습니다. 왜냐하면 하나님은 우리에게 축복을 주시기 전에 먼저 우리를 광야에 몰아넣어서 고생시키시기 때문입니다. 그런 시험을 통과하지 않으면 끝까지 하나님을 믿을 사람이 한 명도 없기 때문입니다. 우리가 머리로 생각하는 것과 실제로 행동하는 것은 언제나 다릅니다. 머리로는 의로운 길을 걸어가야지 하고 하나님의 뜻에 순종해야지 생각하지만, 눈앞에 유혹이 왔다 갔다 하면 '에라 모르겠다. 될대로 되라'고 하면서 판단을 포기해 버리기 때문입니다. 그래서 우리는 광야의 시험을 통과해야 합니다.

우리는 거기서 떡으로 사는 것이 아니라 하나님의 말씀으로 사는 법을 배워야 합니다. 즉 우리가 정기적인 수입이 없는 가운데서도 하루하루 사는 법을 배우는 것입니다. 정기적인 수입이 없다는 것은 정말 비참하게 되는 것입니다. 그런데 하루하루 사는 법을 배우게 되면 정말 하나님이 나를 먹이신다는 사실을 믿게 됩니다. 이런 사람은 돈에 매이지 않습니다. 그러나 우리가 하나님이 공급하시는 방법으로 살게 되면 개미같이 조금씩 조금씩 모읍니다. 그래서 겨울이 되어도 굶어 죽지 않을 수 있는 것입니다. 은퇴하면 다시 광야로 돌아가면 되는 것입니다.

하나님이 사랑하시는 사람은 하나님의 말씀이 참 가까이에 있습니다.

이 세상의 나라들은 모두 하나님의 말씀을 듣고 싶어도 들을 수 없습니다. 그러나 이스라엘 백성은 하나님의 말씀이 집 안에 있습니다. 아버지가 말씀의 전문가이고 어머니가 말씀대로 살아보신 분입니다. 하나님의 말씀이 너무 가까이 있으므로 죽음을 무릅쓰고 수년에 걸쳐서 말씀을 얻으려고 갈 필요가 없습니다. 오늘 우리에게도 하나님의 말씀은 너무 가까이 있습니다. 우리가 이 말씀을 듣고 믿으면 축복의 열쇠를 받게 되는 것입니다. 그 대신 아버지의 말씀이라고 생각하거나 어머니의 잔소리라고 생각해서 싫어하고 거부하면 망하는 길로 가게 됩니다.

여기서 "아름다운 관"은 '왕관'을 말합니다. 그리고 "목의 금사슬"은 나라의 총리가 되는 것입니다. 솔로몬은 서열로 보나 나이로 보나 왕이 될 수 없었습니다. 그러나 솔로몬은 어려서부터 하나님의 말씀을 잘 배웠습니다. 그러니까 어느 날 왕이 되어 있었습니다. 하나님의 지혜는 우리를 명예롭게 합니다. 그리고 우리의 지위를 높여줍니다. 다윗은 하나님의 율법인 말씀을 좋아해서 암송도 하고 노래도 부르고 그 말씀대로 살았는데 어느 날 이스라엘의 영웅이 되고 어느 날 왕이 되어 있었습니다. 그러나 사울 왕의 왕관은 땅에 떨어지고 말았습니다. 왜냐하면 그는 하나님의 말씀을 멸시하고 무당의 말을 들었기 때문입니다.

우리가 하나님을 두려워하면 경외감을 가지게 됩니다. 우리가 하나님의 일하시는 것을 보면 신기한 생각이 듭니다. 이 믿음의 길을 버리지 마시고 끝까지 붙드시기를 바랍니다.

03

악한 지혜

잠 1:10-19

학생들이 쓰는 말 중에 "삥을 뜯겼다"는 것이 있습니다. 이것은 보통 아이들이 불량배 같은 아이에게 걸려서 돈을 뜯겼다는 뜻입니다. 나쁜 아이들은 그 뺏은 돈을 가지고 담배도 피우고 게임장에도 가고 또 어떤 때는 더 큰 불량배들에게 상납해야 한다고 합니다. 그래서 청소년에게 인기 있는 영화는 약한 아이가 불량배에게 맞고 있을 때 무술을 잘하는 아이가 나타나서 그들을 다 두들겨 패버리고 그런 짓을 하지 못하게 만드는 내용의 영화라고 합니다.

우리 동양에는 《논어》라든지 《채근담》 같은 명언집들이 있습니다. 서양에도 소크라테스의 명언이 있습니다. 특히 솔로몬은 '하나님의 지혜'를 모아서 '잠언' 집을 만들었습니다. 왜 우리에게 이런 잠언이 필요할까요? 인간의 본성 안에는 나쁜 지혜가 있고 이 나쁜 지혜가 굉장히 빨리 자라기 때문입니다.

1. 믿는 자의 축복

우리나라에서는 좋은 지식을 얻기 위하여 많은 사람이 외국에 유학 가서 공부를 합니다. 미국의 어떤 학교에서는 얼마나 한국 학생이 많은지 한국말로 얼마든지 의사소통이 된다고 합니다. 사람들은 세계적으로 알아주는 지식을 그만큼 비싼 돈을 들여서 멀리까지 가서 배워오려고 힘씁니다. 그러나 그런 지식보다 훨씬 더 가치 있는 지식이 있습니다.

욥기에 보면 금이나 은이나 보석을 캐기 위하여 땅속 깊은 곳까지 내려가서 캐오는 이야기를 하고 있습니다(욥 28장). 광부들은 아주 크고 단단한 바위층에서 끝이 보이지 않는 캄캄한 굴을 뚫고 줄을 잡고 내려가서 땅속 깊은 데서 보석을 찾아 캐냅니다. 그렇지만 보석이 있는 바위 자체를 찾는 것은 너무 어렵습니다. 그러다가 잘못 파면 사람이 죽기도 하고 굴이 무너지기도 하고 어떤 곳에서는 유독 가스가 나와 질식해서 죽기도 합니다.

이에 욥은 사자에게 묻습니다. 금이나 은이 있는 곳을 봤느냐고 하니까 못 봤다고 합니다. 또 독수리에게 금이나 은이나 보석이 있는 곳을 아느냐 하니까 모른다고 했습니다. 하물며 하나님의 지혜는 어디서 찾겠습니까? 깊은 물도 모른다고 하고 바다도 나에게 그런 것이 없다고 말합니다. 심지어는 멸망과 사망에게 물어도 그런 것이 있다는 소문은 들었지만 정확하게 어디에 있는지 모른다고 했습니다.

욥은 하나님 지혜의 가치는 금과 은으로도 비교할 수 없고 진주나 벽옥으로도 바꿀 수 없다고 했습니다. 그러나 이스라엘 백성의 가장 큰 축복은 바로 이 하나님의 지혜가 너무 가까이 있다는 사실입니다. 심지어는 하나님의 지혜가 길거리에서 무료로 바겐세일하고 있다고 말하고 있습니다. 우리 예수 믿는 사람들의 가장 큰 복 중의 하나도 하나님의 지혜가 우리에게 너무 가까이 있다는 사실입니다. 우리가 주일날 교회에서 듣고 배우는 말씀 전체가 오빌의 황금보다 더 귀한 하나님의 말씀입니다. 그러나 이스라엘 백성이나 우리에게 가장 심각한 문제는 하나님의 말씀이 너무 가까이 있다 보니까 그 가치를 알지 못하고 가치 있는 모든 것은 세상에 있다고 잘못 생각하고 있다는 것입니다.

1:8-9, "내 아들아 네 아비의 훈계를 들으며 네 어미의 법을 떠나지 말라 이는 네 머리의 아름다운 관이요 네 목의 금 사슬이니라"

하나님의 지혜는 너무 가까이 있어서 부모로부터 들을 수 있고 교회 설교에서도 들을 수 있습니다. 어리석은 사람도 하나님의 말씀을 들으면 지혜로운 자가 되고, 가만히 듣고 있기만 하면 왕관도 쓰고 총리의 금 사슬을 매게 되기도 한다고 했습니다. 사실 하나님의 지혜는 우리 인생을 위기에서 건져 살게 합니다. 더욱이 이 하나님의 지혜는 우리를 죽음에서 이기고 영생을 얻게 합니다. 우리 목숨을 살리는 것이니 금이나 은이나 보석과 비교가 되겠습니까? 그러나 하나님 백성의 문제는 하나님 지혜의 가치를 너무 모른다는 것입니다. 그뿐만 아니라 아주 듣기 싫어하는 사람들도 있습니다.

2. 악의 지식

우리가 지식의 근본을 따져보면 에덴동산에서부터 시작된다는 사실을 알게 됩니다. 하나님께서는 에덴동산을 만드시고 그 동산 가운데 생명나무와 선과 악을 아는 나무를 두셨습니다. 그리고 하나님은 아담과 하와에게 다른 모든 나무의 열매는 먹을 수 있지만 선과 악을 아는 나무의 열매는 먹지 말라고 명령하셨습니다. 그것을 먹는 날에는 반드시 죽을 것이라고 경고하셨습니다. 이때 그들이 생명나무에 관심을 가지고 그 열매를 따 먹었으면 얼마나 좋았겠습니까? 그러나 인간은 언제나 하지 말라고 하면 더 하고 싶어 하는 본성이 있습니다. 그때 뱀이 하와에게 미끼를 던졌고 결국 넘어가 선악을 알게 하는 나무의 열매를 따먹고 말았습니다. 그러면 우리 인간이 선과 악을 아는 나무 열매를 먹으면 하나님과 같이 선과 악을 분별하게 될까요? 그것은 아닙니다. 인간이 하나님의 말씀을 불순종했을 때 인간이 악한 쪽으로 발전하게 되는 것을 말합니다. 인간이 선악을 알게 되었다는 것은 악에 대하여 굉장히 끌리게 되고 악한 행동에 대하여 굉장히 빨리 배우게 되었다는 것을 말합니다.

1:10, "내 아들아 악한 자가 너를 꾈지라도 따르지 말라"

여기서 "악한 자가 너를 꾈지라도 따르지 말라"고 했습니다. 과연 이것이 가능할까요? 왜냐하면 사람은 본성 가운데 죄를 짓고자 하는 충동이 있기 때문입니다. 인간이 타락하고 난 후 인간에게는 강한 나쁜 충동이 생기게 되었습니다. 그것을 세 가지로 나누어 볼 수 있습니다. 첫째는 성적인 유혹입니다. 두 번째는 분노에 대한 복수입니다. 세 번째는 죄에 대한 호기심입니다. 이 죄에 대한 호기심은 우리를 번번이 넘어지게 되는 무서운 유혹입니다.

우리는 악한 자가 꾀지 않아도 늘 마음속에 죄짓고 싶은 욕망이 도사리고 있는데, 악한 자가 '죄를 짓자'고 유혹하면 더 용기가 생기게 될 것입니다. 그런데 하나님의 자녀들은 그런 말을 따르지 말라고 경고했습니다. 그 이유는 우리가 엄청나게 높은 지위와 신분을 가지고 있기 때문입니다. 예를 들어서 어떤 사람이 고려청자 같은 도자기 안에 간장이나 넣자고 한다면 그것이 얼마나 비싼 도자기인데 그 안에 간장을 넣느냐고 야단을 칠 것입니다.

3. 세상을 쉽게 사는 유혹

악한 마귀는 하나님의 백성을 늘 타락시키려고 노리고 있습니다.

첫 번째는 우리의 권한을 남용하자는 유혹입니다.

1:11, "그들이 네게 말하기를 우리와 함께 가자 우리가 가만히 엎드렸다가 사람의 피를 흘리자 죄 없는 자를 까닭 없이 숨어 기다리다가 스올 같이 그들을 산 채로 삼키며 무덤에 내려가는 자들 같이 통으로 삼키자"

어떤 사람이 힘이 세면 그 센 힘을 가지고 약한 자를 괴롭히면서 재미를 느끼려고 합니다. 그래서 학교에서 일진 같은 나쁜 아이들이 때리고 못살게 구는 상대는 대개 힘이 없고 허약하게 보이는 아이들입니다. 그들은 패거리의 힘을 믿고 이런 약한 아이들을 때리고 못살게 굴어서 자기 우월감을 나타내려고 하는 것입니다.

우리 교회가 지원하는 한 일본 선교사님이 있습니다. 그분의 아들이 일본인 학교를 다녔는데 반에서 '이지매'를 당했습니다. 그래서 아이들에게 괴롭힘을 당한 그 아이는 엄마에게 그 사실을 이야기했습니다. 엄마는 그 아들을 몰래 태권도 도장에 보내기 시작했습니다. 나중에 실력을 키운 그 아들은 한주먹에 두목 되는 아이의 코를 때려서 코피를 내었습니다. 그때부터 일본 아이들은 그 아이를 건드리지 못할 뿐 아니라 존경까지 했습니다. 그래서 그 아이를 반장으로 뽑았습니다. 그리고 하나님은 그 아이의 키나 덩치를 엄청나게 크게 하셨습니다. 나중에 이 아이는 공부도 잘해 아주 좋은 대학에 합격했다고 합니다.

하나님이 우리에게 힘을 주신 것은 약한 자를 도와주라는 것입니다. 그래서 우리는 우리의 힘을 절대로 약한 자를 괴롭히는 데 쓰면 안 됩니다. 우리가 힘을 남용하지 않을 때 하나님은 우리에게 엄청난 지혜를 주십니다. 그래서 이 지혜를 가지고 악한 자들의 기를 죽이는 것입니다.

두 번째는 쉽게 돈을 벌자는 유혹입니다.

돈을 버는 것은 참으로 어렵습니다. 그래서 돈을 벌기 위해 아침 일찍 출근하고 저녁 늦게 퇴근합니다. 어떤 경우에는 휴일에도 출근해서 일하기도 합니다. 그런데 이 세상에는 쉽게 돈을 버는 방법이 있는데 그중의 하나가 도박입니다.

한 중학교 여선생이 있었는데, 강원도에 놀러 갔다가 장난삼아 강원랜드에 들어가서 파친코를 해봤습니다. 그랬더니 돈을 많이 딴 것입니다. 그 사람이 나중에 후회하는 것이 '그때 돈을 다 잃어버렸어야 했다'는 것입니다. 돈을 쉽게 벌게 되니 나중에는 가진 돈을 다 붓게 되었습니다. 나중에는 본전이라도 벌고 가려고 하는데 그것이 뜻대로 되지 않았습니다. 그녀는 집문서도 다 까먹고 학교 퇴직금도 다 까먹고 이제는 그 부근 식당에서 일하고 있다는 것입니다. 그러다가 돈이 모이면 또 도박장으로 달려간다고 했습니다.

그러나 하나님의 백성은 공짜를 좋아하지 않고 쉽게 돈 버는 것을 아주 싫어합니다. 왜냐하면 하나님이 이마에 땀을 흘려야 먹을 것이 생긴다고 말씀하셨기 때문입니다.

악한 자들은 남이 돈을 가진 것을 귀신같이 알아냅니다. 아마도 돈 냄새를 맡는 코가 있는 것 같습니다. 그래서 돈 가진 사람에게 접근해서 비싼 이자를 줄 테니까 돈을 빌려달라고 합니다. 이자는 틀림없이 갚는다고 약속합니다. 물론 처음에는 이자를 잘 갚습니다. 그런데 얼마 지나지 않아 갚지 않습니다. 그래서 다그치면 나중에 틀림없이 돈이 생기는데 그때 이자와 원금까지 다 갚겠다고 합니다. 그러나 기한이 되어도 갚지 않습니다. 오히려 더 큰소리칠 때도 있습니다. 그래서 이미 빌려준 것을 받지 못할까 봐 또 돈을 빌려주게 됩니다. 그래서 가까운 사람에게 돈을 빌려주면 안 됩니다. 그 대신 내가 줄 수 있는 범위 안에서 돈을 줘버려야 합니다. 그러면 하나님 앞에서도 아름답고 또 돈을 떼여서 화가 나지도 않게 됩니다.

여기 14절에 "너는 우리와 함께 제비를 뽑고 우리가 함께 전대 하나만 두자"는 것은 요즈음 계를 하는 것과 아주 비슷한 것입니다. 하나님의 백성은 쉽게 돈을 버는 것을 좋아하면 안 됩니다. 그런 사람들이 밟는 길은 밟지도 말라고 했습니다. 우리는 아예 다른 길로 가야 합니다.

세 번째는 이익만을 위해서 살아가자는 유혹입니다.

우리는 살아가면서 다른 사람을 내 이익을 위한 수단으로 생각하면 안 됩니다. 우리가 이 세상을 사는 것은 사람을 사랑하는 마음으로 살아가는 것입니다.

어느 날 공자의 제자가 공자에게 "인(仁)이 무엇입니까?"라고 물었습니다. 공자는 "사람에게 가장 중요한 것은 '인'인데 인은 사람을 사랑하는 것이다"라고 대답했습니다. 사실 공자의 시대는 춘추시대이니 그때는 힘이 있고 군사력이 있는 사람이 세상을 지배할 때였습니다. 그러나 공자는 너무 비현실적이었습니다. 그는 그런 폭력이 지배하는 세상에서도 도덕이 중요하고 인간을 사랑하는 것이 중요하다고 믿었던 것입니다. 그래서 공자의 제자들은 벼슬을 하기도 했지만,

공자는 너무나도 비현실적인 사상을 가지고 있었기 때문에 한평생을 떠돌아다니기만 했습니다. 그러나 이것이 공자가 존경받는 이유였습니다.

요즘도 사람을 볼 때 사람으로 보지 않고 돈으로 보는 사람들이 간혹 있습니다. 사람이 아니라 사람의 숫자와 돈만 보이는 것입니다. 그러나 사람을 사랑하지 않으면 결국은 망하게 됩니다.

1:16, "대저 그 발은 악으로 달려가며 피를 흘리는 데 빠름이니라"

그 발은 죄짓는 데 엄청나게 빠릅니다. 예를 들어서 어떤 사람들은 사채를 빌릴 때 '신체포기각서'라는 것까지 쓴다고 합니다. 이것은 돈을 갚지 못했을 때 콩팥이나 장기를 떼 주어야 하는 각서입니다. 이런 잔인한 사람들은 피를 흘리는데 굉장히 빠르다고 했습니다.

1:17, "새가 보는 데서 그물을 치면 헛일이겠거늘"

새 잡는 사람이 새가 보고 있는 데서 그물 치고 있으면 새들이 거기에 오겠습니까? 전부 다 도망가고 말 것입니다. 우리는 새가 머리 나쁘다고 알고 있지만 새는 자기를 잡으려고 하면 당장 도망 가버립니다. 그런데 새들은 그물을 보는데 인간은 그 그물을 보지 못하고 걸려드는 것입니다. 사람을 사랑하지 않고 사람을 사람으로 생각하지 않는 사람은 결국 자기 자신이 망하게 됩니다.

1:18-19, "그들이 가만히 엎드림은 자기의 피를 흘릴 뿐이요 숨어 기다림은 자기의 생명을 해할 뿐이니 이익을 탐하는 모든 자의 길은 다 이러하여 자기의 생명을 잃게 하느니라"

악한 자는 가만히 엎드리고 있다가 어수룩한 자가 나타나면 돈을 다 빼앗으려고 합니다. 그러나 아무리 악한 자라도 그보다 더 강한 자가 있습니다. 절대로 이 세상은 자기 생각대로 흘러가지 않고 또 만만치도 않습니다. 자기보다 더 강한 자가 있고 자기보다 머리가 더 잘 돌아가는 자가 있기 때문입니다. 결국 그런 자는 자기보다 더 센 자에게 돈도 빼앗기고 목숨까지도 잃고 마는 것입니다. 이것이 바로 사람을 사랑하지 않고 이익을 탐하는 자의 결말입니다.

모든 사람은 행복할 자격이 있습니다. 우리는 모든 사람이 행복할 수 있는 길을 걸어야 끝까지 행복할 수 있습니다. 이것이 바로 하나님을 두려워하는 지혜입니다. 빨리 부자가 되려고 하지 말고 빨리 많이 벌려고 하지도 말아야 합니다. 적게 벌어도 사랑을 잃지 말아야 합니다. 이것이 믿음으로 사는 길입니다.

04

지식의 바겐세일

잠 1:20-33

솔로몬은 이 세상에서 가장 비싸고 귀한 것은 하나님의 지혜라고 했습니다. 그런데 도대체 어디에 가야 이 하나님의 지혜를 배울 수 있습니까? 하나님의 지혜가 있는 곳이 어디입니까? 석유를 파내는 사람들처럼 사막에 가서 시공해야 합니까? 아니면 다이아몬드를 캐내는 사람처럼 땅속 깊은 곳을 파고 들어가야 합니까? 아닙니다. 놀랍게도 하나님의 백성에게 가기만 하면, 하나님의 지혜는 어디에서나 무료로 나누어줍니다.

사람의 지식이나 지혜는 뛰어나지만 인간의 지식으로 알 수 없는 것이 있습니다. 그것은 바로 지진이 언제 일어나느냐 하는 것입니다. 얼마 전에도 어느 나라에 지진이 나서 수만 명의 사람들이 죽었습니다. 그런데 이상하게도 지진이 일어나기 전에 새나 쥐 같은 짐승은 그 현상을 안다는 것입니다. 그래서 지진이 일어나기 전에 미친 듯이 새들이 날아서 이동하고 쥐들이 떼를 지어서 이동하기도 합니다. 그 이유는 하나님이 새나 야생동물들에게는 사람에게 없는 식스 센스를 주셨기 때문입니다. 그런데 인간에게는 그 지각이 없어서 늘 지진이 일어나거나 화산이 폭발하고 쓰나미가 몰려온 후에야 깨닫는 것입니다. 그 이유가 무엇일까요? 우리가 가진 지각만 가지고는 위기를 이겨낼 수 없도록 하나님은 우리 인간을 잘난 체하지 말라고 만드셨기 때문입니다.

일본에서 한번 학생들 수학여행을 가던 여객선이 뒤집어져서 많은 학생이 바다에 빠져 죽었습니다. 그 일이 있고 난 후 일본의 중고등학교에서는 모두 의무적으로 수영을 배우도록 하고 있습니다. 그 이유는 일단 물에 빠졌을 때는 수영을 잘하느냐 못하느냐 하는 것이 사람을 살릴 수도 있고 죽게 할 수도 있기 때문입니다. 이런 것이 바로 사람의 생명을 살리는 기술입니다.

1. 생명의 지식의 바겐세일

누구든지 심각한 병에 걸리면 아무리 먼 곳이라도 그 병을 치료할 수 있는 병원이나 의사가 있다고 한다면 찾아가서 치료받으려고 할 것입니다. 심지어는 의사라도 사람의 생명을 살리는 새로운 기술이 생기면 가서 배우려고 할 것입니다. 왜냐하면 그 기술만 가지고 있으면 엄청난 돈을 벌 수 있기 때문입니다. 그러나 그런 지식이 있는 곳이 어디일까요?

그런 지식이 있는 곳이 있습니다. 그것은 바로 우리에게 영생을 주는 지식입니다. 물론 이것이 당장 우리에게 병을 고치거나 박사가 되게 하거나 돈을 많이 벌게 하지는 않지만, 죽음을 뚫고 우리를 영생하게 하는 지식이 있습니다. 만약 이것이 사실이라면 사람들은 이 지식을 가지려고 할 것입니다. 사람이 늙지 않고 영원히 살 수 있다면 얼마나 좋습니까? 만일 이것이 사실이라면 이것은 신비 중의 신비이고 기적 중의 기적일 것입니다.

우리가 사는 이 세상에는 또 다른 세상이 있습니다. 우리는 모르고 있지만 우리와 아주 가까운 곳에 어마어마한 세계가 있습니다. 그 세계는 이 세상과 다릅니다. 이 세상도 멋지고 아름답지만 우리 옆에 있는 세계와는 비교할 수 없습니다. 거기에는 죽음이나 늙는 것이 없습니다. 거기에는 언제나 빛만 있습니다. 그리고 거기에는 악이 없습니다. 거기서 우리는 천사들을 볼 수 있습니다.

그런데 거기에 들어갈 수 있는 지식이 있습니다. 그 지식은 하나님의 백성이 있는 곳을 찾아가면 무료로 얻을 수 있습니다. 왜냐하면 그곳에서는 일 년 내내 그 지식을 바겐세일하기 때문입니다. 이 지식은 도저히 돈으로 가치를 매길 수 없을 정도로 비싸고 또 하나님은 이런 지식을 많이 가지고 계시기 있어서 누구든지 이 지식을 찾는 자에게 무료로 나누어주시기 때문입니다.

1:20-21, "지혜가 길거리에서 부르며 광장에서 소리를 높이며 시끄러운 길목에서 소리를 지르며 성문 어귀와 성중에서 그 소리를 발하여 이르되"

옛날에 영원한 지식 얻기를 원하는 사람들은 전 세계를 돌아다니면서 지식을 배우기 원했습니다. 그래서 그리스의 아테네를 가보기도 하고, 페르시아나 이집트에 가보기도 하고, 아마 담력 있는 사람은 실크 로드를 통해서 인도나 당나라까지 가보았을 것입니다. 물론 세계 곳곳에 대단한 지식이 있었습니다.

그런데 이 세상에는 우리를 영생하게 하는 하나님의 지식을 나누어 주는 곳이 있었습니다. 스바 여왕은 아프리카에서 그 지식을 얻기 위하여 예루살렘까지 솔로몬을 만나러 왔습니다. 예수님은 스바 여왕이 그 지식을 얻었다고 말씀하셨습니다(눅 11:31). 니느웨 사람들은 너무 악해서 멸망하게 되었는데 요나라는 선지자가 찾아가서 그 지식을 가르쳐주었기 때문에 망하지 않았습니다.

사람들이 예루살렘이나 교회에 와서 놀라는 것은 영생을 얻는 이 하나님의 지식을 무한정으로 공짜로 얻을 수 있다는 사실 때문입니다. 그러나 예루살렘과 교회에 가면 하나님의 지식을 언제나 바겐세일하고 있어서 거저 구할 수 있습니다.

우리가 이 하나님의 지식만 배우면 어떻게 되겠습니까? 우리는 이 세상에서도 하나님의 지식을 가지기 때문에 후회 없는 인생을 살 수 있습니다. 그리고 이 말씀을 가지고 기도하면 한 번씩 폭탄이 터지듯이 기적이 일어나기도 합니다. 그리고 가장 중요한 것은 죽음을 이기고 영생의 세계를 들어갈 수 있다는 것입니다. 그러나 사람들은 막상 이 하나님의 지식이 초청해도 별로 관심을 가지지 않습니다. 그 이유는 이 지식이 돈 버는 데 별로 도움이 되지 않고 이 지식이 있다고 해서 출세하는 것도 아니고 세상이 알아주지도 않기 때문입니다.

예수님께서는 너희가 겨자씨만 한 믿음만 있으면 이 산이 옮겨져서 바다에 빠져라 해도 그대로 될 것이라고 하셨습니다(눅 17:6). 큰 산이 구르거나 옮겨져서 바다에 빠지려면 강도 7 이상의 지진이 있어야 합니다. 예수님의 이 말씀은 우리에게 아주 작은 믿음만 있어도 이런 어마어마한 지진을 일으킬 수 있다는 것입니다. 또 하나님의 지식은 재앙을 막을 수 있는 능력도 있습니다.

1:22, "너희 어리석은 자들은 어리석음을 좋아하며 거만한 자들은 거만을 기뻐하며 미련한 자들은 지식을 미워하니 어느 때까지 하겠느냐"

사람들은 하나님의 지식을 들으면 아주 좋아하고 기뻐하면서 그 지식을 받아들여야 할 텐데 그렇게 하지 않습니다. 그 이유는 첫째, 하나님의 지식이 당장 돈을 벌게 하거나 세상에서 출세시키지 않기 때문입니다. 그리고 하나님의 지식은 우리의 삶을 바꾸려고 하는데,

우리는 모두 고집이 있어서 자신이 사는 방식을 바꾸려고 하지 않기 때문입니다. 사람들은 누구든지 지금까지 살아온 대로 살려고 합니다. 그리고 거만한 자는 자신의 거만으로 만족합니다. 그들은 눈에 보이지 않는 영원한 세계가 어디 있느냐고 하면서 내가 세상에서 가장 똑똑하다고 생각하는 것입니다. 그 이유가 무엇일까요? 자기를 인정해 주지 않고 칭찬해 주지 않고 아부해 주지 않기 때문입니다. 언제까지 자신의 무지를 깨닫지 못할까요? 죽음이 찾아오는 순간까지입니다. 죽음이 찾아오면 비로소 살고 싶은데 방법이 없는 것입니다.

2. 하나님의 지식을 경멸하는 자

하나님의 지식에는 놀라운 점들이 있습니다.

1:23, "나의 책망을 듣고 돌이키라 보라 내가 나의 영을 너희에게 부어 주며 내 말을 너희에게 보이리라"

여기에 보면 "돌이키라"는 말씀이 나옵니다. 이를 신약에서는 '회개하라'고 합니다. 무엇을 돌이키는 것입니까? 이것은 믿는 것을 돌이키는 것입니다. 우리는 이 세상에서 우리의 실력을 믿거나 돈을 믿거나 사람들의 인기를 믿고 살아갑니다. 어떤 사람은 저에게 자신이 병원 처방으로 프로포폴 주사를 맞았을 때 이야기를 해주었는데, 자기 몸이 공중으로 붕 뜨는 것 같았다고 했습니다. 결국 인간이 원하는 것은 공중에 뜨는 것인데, 진짜 공중에 뜨게 하는 것은 대마초가 아니라 하나님의 지식입니다.

하나님의 지식을 배우면 하나님은 우리 안에 하나님의 영을 부어 주십니다. 이것은 굉장히 이해하기 어려운 것입니다. 우리 머리 안에 하나님의 영을 부어주시는 것이 무엇입니까? 우리 인간은 영혼이 있습니다. 그런데 지금 이 영혼이 죽어서 식물 상태에 있습니다. 그래서 나타나는 가장 심각한 현상이 양심을 거의 느끼지 못하고 하나님을 모르고 죄를 좋아한다는 것입니다. 하지만 우리 영혼에 하나님의 영이 들어오면 식물인간처럼 죽어 있던 영혼이 살아납니다. 즉 병원 중환자실에서 퇴원하게 되는 것입니다.

그런데 하나님은 우리 영혼에 하나님의 영을 부어주십니다. 그러면 몸은 옛날 그 몸이지만 나의 뇌나 성각은 하나님의 생각이나 느낌으로 충만하게 됩니다. 이것이 진짜 공중에 뜨는 것입니다. 우리 영혼에 하나님의 영이 들어오면 우리는 아름다운 것을 알게 되고 선한 것을 알게 됩니다. 그리고 우리는 하나님과 이야기할 수 있게 됩니다.

"내 말을 너희에게 보이리라"고 했습니다. 즉 하나님의 말씀을 보여준다는 것입니다. 이것은 하나님의 말씀이 내 눈앞에서 그대로 이루어지는 것을 보게 되는 것입니다. 즉 하나님의 말씀이 나에게 살아 있는 말씀이 되는 것입니다. 그러나 정작 하나님의 백성은 하나님 말씀의 가치를 무시합니다. 왜냐하면 늘 듣던 소리이고, 늘 잔소리하는 소리로 들리기 때문입니다.

하나님은 우리를 부르십니다. 우리가 잘못된 길을 가고 있기 때문입니다. 그러나 우리도 자기 가고 싶은 데로 가야 직성이 풀리는 것입니다. 우리가 넘어지게 되고 또 절벽이 있어서 하나님께서 손을 내미셨는데 우리는 자기가 할 수 있다고 하면서 하나님의 손을 뿌리쳐버리는 것입니다. 그러고는 바위에 걸려서 넘어지고 절벽에서 떨어지는 것입니다. 그 대신에 하나님의 백성은 세상 지식을 좋아하고 세상 학벌을 좋아합니다. 그래서 하나님의 교훈은 세상에서 알아주지 않는다고 멸시하고 하나님의 책망을 들으려고 하지 않습니다.

그런데 우리가 하나님 말씀의 능력을 체험하는데도 시간제한이 있습니다. 만일 하나님의 지식이 아무리 무료로 바겐세일해도 세일하는 기간이 지나버리면 하나님의 지식을 들을 수 없습니다. 그리고 그 때는 더 이상 하나님의 구원을 받을 수 없습니다.

1:26, "너희가 재앙을 만날 때에 내가 웃을 것이며 너희에게 두려움이 임할 때에 내가 비웃으리라"

여기서 하나님께서 웃으시고 비웃으신다는 것은 도와주시지 않는다는 뜻입니다. 하나님의 지식은 위기 때 하나님의 도움을 끌어오는 능력이 있는데, 평소에 하나님의 지식을 우습게 여겼기 때문에 하나님도 그 사람을 우습게 아시는 것입니다. 즉 하나님도 그 사람을 가치 있는 사람으로 생각하시지 않는 것입니다. 사실 우리가 위기를 만나면 꼭 기도 응답을 받아야 하고 살아야 합니다. 이것이 하나님의 말씀을 보는 것입니다. 그러나 평소에 하나님의 말씀을 무시하면 하나님이 도우실 수도 있고 안 도우실 수도 있고 기적이 일어날 수도 있고 일어나지 않을 수도 있는 것입니다. 우리는 꼭 살아야 하고 꼭 기도 응답을 받아야 하는데, 하나님은 그렇게 해주시지 않는 것입니다.

3. 버림받는 사람들

하나님의 지식은 단순히 하나님에 대하여 아는 것이 아닙니다. 하나님을 아는 지식은 내가 하나님을 만나는 것이고, 하나님의 아들이 되는 것이고, 하나님의 사랑받는 사람이 되는 것입니다. 우리가 어떤 부자를 아는 것과 그 부자의 자녀가 되는 것은 완전히 다른 차원입니다. 내가 부자의 아들이라면 일단 돈 걱정은 할 필요가 없습니다. 나는 돈이 없어도 아버지에게는 무진장하게 돈이 있기 때문입니다. 그래서 우리는 하나님께 달라고 하기만 하면 됩니다. 그러나 내가 하나님을 알기만 한다면 나와 하나님은 사실 아무 관계가 없는 것입니다.

하나님의 지식은 유통기한이 있습니다. 하나님이 부르시고 손을 펼치실 때 그 손을 잡아야지, 그 손을 거절하면 그 후에는 아무리 하나님을 향해 손을 뻗쳐도 소용이 없습니다.

1:27, "너희의 두려움이 광풍 같이 임하겠고 너희의 재앙이 폭풍 같이 이르겠고 너희에게 근심과 슬픔이 임하리니"

우리 인간에게 닥치는 불행은 우리가 예측할 수 없습니다. 우리에게 두려움과 재앙은 폭풍같이 밀려옵니다. 이때 사람들은 두려워하면서 하나님께 기도하고 하나님을 찾지만 대개 하나님을 만나지 못합니다. 우리 예수 믿는 사람들에게도 하나님이 만나주실 수도 있고 안 만나주실 수도 있습니다. 우리는 어려울 때나 위기 때 하나님이 꼭 나를 만나주시고 나를 붙잡아주시게 할 수 없을까요? 있습니다. 우리는 하나님의 말씀이 들릴 때 하나님의 말씀을 들어야 합니다. 그리고 하나님이 손을 뻗치실 때 하나님의 손을 잡아야 합니다. 다시 말해서 평소에 하나님의 말씀을 듣고 사랑하면 하나님이 틀림없이 우리를 만나주시고 100% 응답해 주실 것입니다. 왜냐하면 사람들은 자기 행위의 열매를 먹게 되기 때문입니다. 하나님의 말씀을 사랑하지 않으면 열매는 맺히지만, 그것이 바로 독이 든 열매이고 음행의 열매이고 죽음의 열매입니다. 우리는 생명나무 열매를 맺고 치료의 열매를 맺고 영생의 열매를 맺어야 살 수 있습니다.

어리석은 자는 이미 절벽 끝에 서 있습니다. 만약 뒤로 한 발짝만
물러서면 수천 길 절벽에 떨어져 죽게 됩니다. 미련한 자는 아예 절벽
끝에서 잠을 잡니다. 그러다가 자기도 모르게 몸을 굴려 절벽에서 떨
어지게 되는 것입니다. 그러나 하나님의 말씀을 듣는 자는 평안히 살
고 재앙의 두려움이 없다고 했습니다. 절벽에서 후퇴하는 것은 위험
합니다. 영화에서 대개 주인공은 절벽에서 뛰어내려도 살지만 현실은
그렇지 않습니다.

우리는 중요한 것일수록 확실히 하는 것이 좋습니다. 영생을 확실
히 하고 하나님의 응답을 확실히 하고 하나님을 만나는 것을 확실히
하려면 평소에 하나님의 지식을 사랑해야 합니다.

05

완전한 지혜

잠 2:1-9

과연 이 세상에 완전한 지식을 가진 사람이 있을까요? 옛날 로마가 시칠리아에서 어느 도시를 공격할 때 그 도시 안에는 아르키메데스라는 천재가 살았습니다. 그는 뛰어난 머리로 별의별 무기를 다 만들어서 로마 군인들을 물리쳤지만, 로마가 결국 수심이 얕은 길을 찾아서 그 성을 공략함으로 그 성은 함락되고, 그는 이 천재의 가치를 모르는 사람에 의해 죽임을 당하고 맙니다.

요즘은 인간의 머리를 능가하는 지혜가 있습니다. 그것은 바로 인간이 개발한 AI 즉 인공지능(artificial intelligence)입니다. 이 인공지능은 지금 굉장히 광범위하게 사용되고 있습니다. 전기밥솥, 세탁기, 출입문의 안면인식, 자동차의 모든 계기 장치 등등에서 무한정으로 사용되고 있는데 그중에서 특히 최근에 두각을 나타낸 부분이 바둑입니다. 지금은 바둑을 세계적으로 잘 두는 기사 중에서 AI를 이긴 사람이 없습니다. 그런데 얼마 전에 외국의 어떤 아마추어 기사가 AI를 무려 열네 판이나 이겼습니다. 왜냐하면 그 사람이 AI의 약점을 알아내었기 때문입니다. AI는 바둑을 어느 정도 잘 두는 사람을 상대하도록 입력이 되었는데, 이 사람은 AI가 전혀 이해할 수 없는 곳에 돌을 두어서 AI를 헷갈리게 해서 이겼다는 것입니다. 아마 이 세상에 완전한 지식을 가진 사람은 없을 것입니다. 인간은 누구나 실수하게 되어 있고 때로는 틀릴 수도 있기 때문입니다.

그런데 잠언은 하나님의 지식을 배우는 자는 완전한 지혜를 가지게 된다고 했습니다. 오늘의 본문 잠언 2장 7절을 보면 "그는 정직한 자를 위하여 완전한 지혜를 예비하시며"라고 했습니다. 사실 우리는 지금 하나님의 지혜가 완전한 것을 이곳에서 살아가면서 볼 수 있습니다. 지구나 우주 공간이 수천 년 동안 돌면서도 엔진이 고장 난 곳이 없습니다. 하늘이 무너진 적도 없고 태양도 계속 불타오르고 있습니다. 또 인간이나 동물이 갑자기 유전자 변형을 일으켜서 괴물이 되는 예도 없습니다. 그런데 우리가 과연 하나님의 말씀을 배우면 하나님처럼 완전한 지혜를 가지게 될까요?

1. 지혜를 구하는 자세

AI가 그렇게 지능이 뛰어나고 거의 완전에 가까운 지능을 가지고 있다고 해도 일단 AI는 사회성이라는 것이 없습니다. 물론 주인하고는 의사소통을 하지만 다른 사람을 사귀는 프로그램이 전혀 되어 있지 않습니다. 그런데 사람은 사람 '인'(人) 자 자체가 두 사람이 기대고 있는 모습입니다. 인간에게는 지능만이 중요한 것이 아니라 다른 사람과의 관계가 훨씬 중요합니다.

2:1, "내 아들아 네가 만일 나의 말을 받으며 나의 계명을 네게 간직하며"

하나님 지식의 놀라운 점은 이 세상 어느 곳에 가도 찾을 수 없는 이 지식이 하나님의 백성에게 가면 흘러넘친다는 사실입니다. 어느 정도로 하나님의 지식이 흔한가 하면 길거리에서 바겐세일하듯이 언제 어디서나 하나님의 지식을 들을 수 있습니다. 그러나 바로 이것이 하나님 백성의 장점이자 약점입니다. 왜냐하면 하나님의 지식이 너무 흔하므로 그 가치를 모르고 오히려 귀찮아할 수도 있기 때문입니다.

여기에 보면 "내 아들아"라고 말하고 있습니다. 이것은 두 가지 의미가 있습니다. 첫 번째는 이미 이 아들은 하나님의 지식을 가진 분을 선생으로 두고 있다는 사실입니다. 이 아들은 세상 끝까지 하나님의 지식을 찾으러 갈 필요가 없습니다. 너무나도 가까운 곳에 하나님의 지식을 가진 선생이 있기 때문입니다. 그리고 두 번째 의미는 이 아들이 이미 머리가 굳어진 어른이 아니라 머리가 말랑말랑한 어린아이라는 사실입니다. 어린아이는 아직 머리가 굳어지지 않았기 때문에 무엇을 가르치든지 잘 받아들입니다. 그러나 청소년이나 어른이 되면 이미 머리가 단단해져서 하나님의 말씀을 잘 받아들이지 않습니다. 특히 어른이 되면 자기가 배운 것도 있고 경험한 것도 있어서 거의 절대로 잘 변하지 않습니다. 그래서 사람이 어렸을 때 하나님의 말씀을 듣는다는 것이 얼마나 큰 축복인지 모릅니다. 머리가 말랑말랑한 데다가 상상력까지 가지고 있어서 머릿속에 하나님의 세계가 폭발적으로 만들어지기 때문입니다.

먼저 하나님의 말씀을 배우는 태도는 받는 것입니다. 이것은 하나님의 말씀을 듣는 것입니다. 그리고 그것을 계명으로 만들어서 간직하는 것입니다. 즉 그냥 하나님의 말씀을 듣고 모두 다 흘려보내는 것이 아니라 그것을 잘 다듬어서 자기 것으로 만들어서 늘 간직하고 있는 것입니다. 거기서 한 걸음 더 나아가면 하나님의 말씀에 집중하게 됩니다. 하나님의 말씀은 먹으면 먹을수록 더 먹고 싶어지기 때문입니다. 즉 하나님의 말씀에 주리고 목마르게 되기 때문입니다.

우리가 하나님의 말씀을 들으면 꿈을 가지게 되는데, 그 꿈은 하나님의 말씀 전체를 알고 싶은 야망이 생기는 것입니다. 그래서 지금 듣는 말씀도 노트에 필기하거나 혹은 잘 들었다가 나중에 집에 가서 정리하는 사람도 있습니다. 하나님의 말씀은 들으면 들을수록 목마르게 되기 때문입니다. 즉 목마른 사슴이 시냇물을 사모하듯이 하나님의 말씀에 집중하게 됩니다. 그리고 설교를 들으면서도 핵심적인 내용을 잘 기억합니다. 물론 시간이 지나면 인간이기 때문에 잊어버립니다. 그러나 또 듣습니다. 그리고 누군가가 더 성경을 깊이 아는 분이 있다면 내 평생에 이 말씀을 다 듣고 싶다는 욕망을 가지게 됩니다. 그래서 드디어 하나님의 말씀으로 채움을 받지 못해서 소리를 지르게 됩니다.

2:3, "지식을 불러 구하며 명철을 얻으려고 소리를 높이며"

물론 이 사람은 머리가 말랑말랑할 때 하나님의 말씀을 들었습니다. 그의 머리는 이미 하나님의 말씀이 계명으로 만들어져 있습니다. 즉 자기가 해야 할 일과 해서는 안 되는 죄를 구별하고 있는 것입니다. 그러나 이 사람은 자기가 지금까지 들은 것은 초보이고 더 깊은 성경 진리를 배우고 싶어서 미치게 됩니다. 그래서 "누가 좀 더 하나님의 말씀을 더 깊이 가르쳐주는 분 없어요?"라고 소리를 지르게 됩니다. 또 "어디서 시편이나 이사야서를 가르쳐주는 분 없어요?"라고 소리를 높이게 됩니다.

저는 처음에 이사야 설교집과 시편 설교집을 내었을 때, 사람들이 엄청나게 찾을 줄 알았습니다. 그러나 너무 조용했습니다. 그래서 안타깝고 슬펐습니다. 저는 청년 시절에 교회에서 도저히 진리의 복음을 들을 수 없었습니다. 목사님의 설교는 매일 똑같았습니다. 결국 우울증이 오게 되었습니다. 저는 몇 년간 웃음도 없고 유머가 없는 사람이 되었고 영혼은 너무 피폐해졌습니다. 그러다가 결국 저 자신이 성경을 기초부터 연구해서 설교하기로 마음먹었습니다.

신앙이 있는 사람이 하나님의 말씀을 듣지 못하면 침체가 오게 됩니다. 그래도 하나님의 말씀을 듣지 못하면 병에 걸리게 됩니다. 그래서 그는 소리를 높이면서 찾게 됩니다. "제발 하나님의 말씀을 가르쳐주는 분이 어디 안 계십니까?" 그러다가 하나님의 말씀을 듣게 된다면 말할 수 없는 감격으로 울게 됩니다. 왜냐하면 자기 영혼의 만족이 그렇게 크기 때문입니다. 그리고 '이제는 드디어 내가 살았다'고 생각하게 됩니다.

2. 하나님 말씀의 가치

우리는 하나님의 말씀을 많이 듣는다고 해서 갑자기 돈이 많이 생기거나 어려운 시험에 합격하거나 유명하게 된다고 생각하지는 않습니다. 왜냐하면 하나님의 말씀은 그냥 하나님의 말씀이고 내 영혼에 만족을 주는 말씀이기 때문입니다. 그런데 잠언에는 여러 곳에서 하나님의 말씀은 금이나 은보다 더 귀하다고 강조하고 있습니다. 우리에게 가장 궁금하고 관심이 있는 것은 과연 하나님의 말씀이 돈이나 보물이 될 수 있는가 하는 점입니다.

2:4, "은을 구하는 것 같이 그것을 구하며 감추어진 보배를 찾는 것 같이 그것을 찾으면"

여기서 "은"은 '돈'을 말합니다. 사람들은 얼마나 돈에 민감한지 모릅니다. 그래서 돈을 벌기 위해서라면 아파트를 사기도 하고 팔기도 하고 주식 투자를 하기도 하고 망하기도 합니다. 그런데 왜 성경은 하나님의 지식을 돈 버는 것처럼 깊이 감추인 보물을 찾는 것같이 하라고 하셨을까요? 예수님께서는 하나님의 말씀을 밭에 감추인 보화로 비유하셨습니다(마 13:44).

과연 우리가 성경을 파고들면 보물이나 보석이 나올까요? 과연 설교 말씀을 깊이 듣는 것이 우리에게 돈이 되는 것일까요? 그것은 맞습니다. 우리가 이 세상에서 그냥 평범하게 살아갈 때는 하나님의 말씀은 아무 소용이 없는 것 같습니다. 이 세상에서는 돈이 최고인 것 같습니다. 그러나 일단 몸에 병이 들거나 삶에 위기가 닥치게 되면 돈은 큰 도움이 되지 못합니다. 그런데 하나님의 말씀은 일단 우리 자신을 보석으로 만들어줍니다. 하나님의 말씀을 듣는 중에 자신도 모르는 사이에 우리의 인격이 보석으로 변하게 됩니다. 그리고 더 중요한 것은 하나님의 말씀을 통해서 살아계신 하나님을 만나게 된다는 것입니다. 이 경험은 우리의 온 영혼과 육체를 전율하게 만드는 체험입니다.

2:5, "여호와 경외하기를 깨달으며 하나님을 알게 되리니"

여기서 하나님을 '경외하는 것'과 하나님을 '아는 것'이 나란히 나옵니다. 그 이유는 이 둘이 같은 것이기 때문입니다. 우리가 하나님을 알게 될 때 그냥 하나님을 아는 지식이 늘어나는 것이 아니라 하나님을 경외하게 됩니다. 여기서 경외한다는 것은 전율하면서 하나님을 알게 되는 것을 말합니다.

이사야 6장에 보면, 이사야 선지는 자신이 하나님의 말씀을 잘 안다고 생각했습니다. 그래서 예루살렘 사람들을 소돔과 고모라의 관원이고 백성이라고 책망했습니다. 그러나 그는 성전에서 하나님을 만나게 되었습니다. 온 성전을 채우고 있는 하나님의 옷자락과 천사들을 보았습니다. 그리고 이사야의 온몸에는 전율이 일어났고 자기가 입이 부정한 죄인이라는 사실을 깨달았습니다. 그는 소리를 질렀습니다. "화로다 나여 강하게 되었도다 나는 입술이 부정한 사람이요"라고 했습니다. 그때 하나님은 천사를 통해서 성전 제단의 불타는 숯불로 그의 입술을 지져주셨습니다.

가끔 유튜브 같은데 보면 헤어진 지 40, 50년 되는 부모와 자식이 만나는 경우가 있습니다. 그들은 정말 우연히 헤어졌는데 그동안 아무리 찾아도 찾을 수 없었습니다. 그러다가 유전자 검사로 가족을 찾아주는 단체를 통해 부모와 아이가 만나게 되는 것입니다. 옛날 어린 아이는 이미 결혼해서 그들의 자녀들이 다 장성해 있고, 그때 젊었던 어머니는 노인이 되어 있습니다. 그러나 그들은 서로 알아보고 부둥켜안고 감격해서 웁니다. 그들의 만남은 인생 최고의 날입니다.

우리가 하나님을 알게 되는 날, 우리 인생 최고의 날입니다. 왜냐하면 이날이 내가 나를 찾은 날이고 하나님이 나의 아버지가 되신 날이기 때문입니다. 하나님이 나의 아버지가 되시는데 무엇을 두려워하며 무엇을 걱정하겠습니까? 우리는 삶도 죽음도 가난도 칼도 병도 아무것도 두려워할 것이 없습니다. 하나님은 죽은 자도 살리시기 때문입니다.

그리고 하나님의 말씀은 우리의 미래를 인도하십니다.

2:6, "대저 여호와는 지혜를 주시며 지식과 명철을 그 입에서 내심이며"

우리는 지금까지 살아온 것도 대단하지만 앞으로 살아가는 것이 더 중요할 수 있습니다. 물론 우리는 미래의 일을 다 알 수 없습니다. 우리는 인간이기 때문에 모르는 길을 걸어갈 수밖에 없습니다. 그러나 하나님은 우리가 세상 사람들처럼 당장 이익이 되는 길보다는 하나님이 기뻐하시는 길을 가게 하십니다. 나중에 엄청난 위기가 닥쳤

을 때 하나님은 그 위기를 피하게 하시고 더 큰 축복을 주시는 것입
니다.

3. 하나님의 지식이 주는 것

우리는 하나님의 지식을 통해 무엇을 얻게 될까요? 가장 중요한
것은 당장 눈앞의 죄를 피하는 것과 미래의 멸망을 이기는 것입니다.

2:7-8, “그는 정직한 자를 위하여 완전한 지혜를 예비하시며 행실이 온
전한 자에게 방패가 되시나니 대저 그는 정의의 길을 보호하시며 그의
성도들의 길을 보전하려 하심이니라”

이 세상은 정직과 거짓의 전쟁터입니다. 악한 자들은 상대방을 쓰
러트리기 위해서 완전한 계획을 준비합니다. 그러나 하나님은 정직한
자에게 이런 악한 계획을 이길 수 있는 완전한 지혜를 주십니다. 사람
들이 망하는 것은 교만하고 나태하기 때문입니다. 그러나 하나님의
지식을 가진 자들은 교만하지 않습니다. 교만하면 반드시 망한다는
사실을 알기 때문입니다. 그래서 아무리 악한 자의 계획도 겸손한 사
람은 무너뜨릴 수 없습니다. 아무리 약점을 파고들어도 그들에게 부
정이나 결점이 없기 때문입니다.

다니엘은 바벨론에 포로로 붙들려간 소년이었습니다. 그러나 그
는 거기서 우상의 제물을 먹지 않았습니다. 그리고 그 혼란의 시기에
세 번이나 총리가 되었습니다. 그런데 다니엘을 시기하는 자들이 아
무리 그의 결점을 파고들려고 해도 부정한 것이 없었습니다. 결국 그
들은 다니엘을 죽이기 위해서 엉터리 법을 만들고 하나님께 기도하지
못하게 했습니다. 그로 인해 다니엘은 하나님께 기도했다는 죄로 체

포되어 사자 굴에 던져지게 됩니다. 그러나 하나님의 천사들이 밤새 사자들이 접근하지 못하게 그를 지켜주었습니다. 반대로 모함했던 다니엘의 원수들은 사자들의 밥이 되었습니다. 이것이 완전한 지혜입니다. 그러므로 완전한 지혜는 하나님을 믿는 지혜이고 하나님께 나의 어려움을 맡길 수 있는 지혜입니다.

하나님은 행실이 온전한 자의 방패가 되어주십니다. 그래서 어느 쪽에서 악한 자들이 불화살을 쏘아도 다 막아주시는 것입니다. 하나님은 그들의 정의의 길을 보호해 주십니다. 그래서 끝까지 정의의 길을 걷게 하십니다. 이 길이 얼마나 아름다운 길입니까? 그리고 성도들의 길을 보존해주십니다. 즉 그가 지금까지 산 인생이 헛것이 되지 않게 하시는 것입니다. 그때 가서야 사람들은 왜 하나님의 말씀이 그렇게 중요한지 깨닫게 되는 것입니다. 우리는 당장의 유익한 길보다는 선한 길을 가야 합니다. 그래야 사탄의 불화살에 맞아 죽지 않고 사탄의 함정에 빠지지 않고 끝까지 갈 수 있을 것입니다.

06

지혜의 선물

잠 2:10-22

얼마 전에 검사 출신 변호사가 대통령으로부터 아주 높은 직책을 임명받았습니다. 그 직책은 우리나라에서 모든 경찰 수사를 감독하고 지휘하는 막강한 자리였습니다. 그러나 그는 임명된 지 하루 만에 임명이 취소되고 말았습니다. 그 이유는 그 사람의 아들이 고등학교 다닐 때 학폭한 사실이 드러났기 때문입니다. 아마도 그 아들이 고등학교 다닐 때는 아버지가 검사였으니 세상에 겁나는 것이 없었을 것입니다. 그러나 아들이 학폭한 사실이 드러나면서 아버지는 그 좋은 자리에서 하루 만에 밀려나고 말았습니다.

솔로몬은 아들에게 이 세상에는 멋있어 보이지만 실상은 죽음의 함정이 많이 있다고 말하고 있습니다. 그러나 우리가 하나님의 지식을 배우게 되면 이런 위험한 죽음의 함정을 피할 수 있다고 조언하고 있습니다.

1. 하나님의 지식이 마음에 들어옴

우리가 하나님의 지식을 배운다고 해서 당장 부자가 된다거나 유명해지는 것이 아닙니다. 오히려 하나님의 지식 때문에 세상에서 왕따를 당하기도 하고 좋은 출세의 기회를 놓치기도 합니다. 그러니 차라리 하나님의 지식보다는 세상의 지식을 배우는 것이 세상에서 성공하는 데 도움이 될 것입니다. 하버드 대학에서 박사 학위를 받았다고 하면 대단한 인기를 누리게 되지만, 세상 공부는 사람의 겉모습만 번지르르하게 할 뿐이지 진짜 사람의 가치가 변하는 것은 아닙니다. 그러나 우리가 하나님의 지식을 아무리 배운다고 해도 세상에서 이런 인정을 받을 수는 없습니다. 그런데 우리가 하나님의 지식을 들으면 이 지식은 우리의 겉사람만 포장하는 것이 아니라 우리 마음속에 들어오게 됩니다. 이것은 마치 메마른 땅에 비가 내리는 것과 같습니다.

2:10, "곧 지혜가 네 마음에 들어가며 지식이 네 영혼을 즐겁게 할 것이요"

비가 오랫동안 오지 않으면 땅에 풀이나 나무가 전혀 자라지 않는 사막이나 불모지가 되게 됩니다. 그런 곳에서는 농사를 지을 수 없고 사람이 살 수도 없습니다. 아무리 그런 땅을 많이 가지고 있어도 그런 불모의 땅은 아무 소용이 없습니다. 그런데 우리가 하나님의 지식을 들으면 이 지식이 우리 마음에 들어오게 됩니다. 즉 그동안 메마를 대로 메말랐던 우리의 마음에 비가 내리기 시작하는 것입니다. 메마른 땅에 비가 내리면 제일 먼저 풀이 지라면서 꽃이 피게 됩니다. 그 넓은 사막이나 광야가 꽃밭으로 변하게 되는 것입니다. 그것이 얼마나 신기하고 아름다운지 모릅니다.

봄이 왔을 때 몽골의 들판에 가면 누구나 놀라게 됩니다. 몽골에는 봄이 늦게 오는 편인데 봄이 되면 온 들판이 그 희귀한 야생화로 덮인다고 합니다. 그러면 야생화의 나라가 되는 것입니다. 그러다가 비가 계속 많이 오게 되면 거기에 과일나무도 심고 또 키가 큰 잣나무나 소나무 같은 것도 자라면서 황무지는 없어지게 되는 것입니다.

하나님의 지식은 우리 마음에 비를 내리게 합니다. 그래서 황무지나 사막이 꽃밭으로 변하고 나중에는 열매까지 맺게 됩니다. 그래서 우리 영혼이 즐거워지게 됩니다. 내 마음이 꽃밭이 되고 내 마음에서 포도송이나 석류나 귤이나 사과나 배 같은 열매들이 끊임없이 맺히니까 벌써 자아상이 달라지게 됩니다. 그리고 내 마음이 만족스러우니까 술이나 도박이나 마약을 할 필요가 없는 것입니다.

2:11, "근신이 너를 지키며 명철이 너를 보호하여"

우리가 이 세상을 살아가는 길에는 한 번 빠지기만 하면 다시 올라올 수 없는 함정이나 올무가 널려 있습니다. 세상 사람들은 세상이 주는 단맛만 알기 때문에 그 뒤에 있는 무서운 독을 보지 못합니다. 그러나 하나님의 지식은 우리로 하여금 자기만족 즉 나르시시즘에 빠지게 하는 것이 아니라 근신하게 합니다. 즉 하나님의 지혜는 나의 부족을 알게 하고 절대로 게으름에 빠지지 않게 합니다. 왜냐하면 우리가 이 아까운 세상을 살아가면서 게으른 것은 죄라는 것을 알기 때문입니다.

여기 "근신"은 부지런한 것이며 늘 주의를 집중시키고 있는 것을 말합니다. 이 세상에는 우리를 빠트리려고 하는 함정이나 올무가 많기 때문입니다. 옛날에 맹수를 잡으려고 함정을 파고는 그 안에 뾰족하게 깎은 나무들을 세워놓습니다. 그리고 그 위에 나뭇가지를 두고 흙을 덮어 놓기 때문에 웬만한 짐승은 그 함정을 보지 못합니다. 그러다가 거기에 발을 한번 디디게 되면 함정에 떨어지면서 뾰족한 나무에 찔려서 엄청 고통을 받다가 죽게 됩니다.

우리는 이 세상을 살아가면서 자기 길을 찾는 것이 중요합니다. 즉 내가 잘할 수 있고 하나님도 기뻐하시는 일을 찾아야 하는데 그것이 얼마나 어렵습니까? 그래서 어떤 사람은 쉽게 신학교로 진학하는데 그 안에도 많은 길이 있고 많은 올무가 있는 것입니다. 그러나 하나님의 지식을 들으면 길을 찾을 때까지 멈추지 않고 찾습니다. 그리고 일단 그 길을 찾고 난 후에는 곁길로 가지 않습니다. 왜냐하면 하나님의 명철이 그것이 길이 아니라는 것을 가르쳐주기 때문입니다.

우리 주위에는 이단도 많이 있습니다. 또 믿는다고 하면서도 잘못된 길들이 많이 있습니다. 그런데 우리가 성경을 읽으면 우리 안에 성령의 기름부음이 있기 때문에 그것이 나와 맞지 않다는 것을 느끼게 됩니다.

2:12, "악한 자의 길과 패역을 말하는 자에게서 건져 내리라"

"악한 자" 중에 처음부터 자기가 악한 자라고 말하는 사람은 아무도 없습니다. 그들은 자신이 너무 선하고 의로운 사람이라고 주장합니다. 그러나 따라가다 보면 어느 순간에 본성을 드러내면서 빠져나가지 못하게 목에 올무를 걸어버리는 것입니다. 그래서 악한 자는 미리 그 냄새를 맡아야 합니다. 악한 자는 말은 아무리 그럴듯하게 해도 냄새가 좋지 않습니다. 그리고 "패역을 말하는 자"는 반항적인 사람을 말합니다. 누가 뭐라고 이야기해도 항상 반발하는 사람이 있습니다. 그 사람은 속이 꼬여 있는 사람입니다. 이런 사람이 좋아하는 것은 좋은 것을 부수고 다시 모든 것을 황폐하게 만드는 것입니다. 그들은 모든 것에 떼를 쓰는 사람들입니다.

2. 굽어진 길

우리가 어떤 길을 가다가 굽어진 길을 발견할 때가 있습니다. 그때 사람들은 이 길이 넓고 좋으며 비슷한 방향을 향하고 있기 때문에 잘 구별하지 못하고 그 길을 갈 때가 많습니다. 그런데 처음에는 비슷한 길이고 더 좋은 길 같았는데 나중에는 완전히 다른 데로 가는 길인 것입니다. 그래서 길 자체가 굽은 길이면 아무리 그 길에서 바르게 걸으려고 해도 결국은 굽은 길로 가게 되는 것입니다.

이 세상에는 바르지 못한 많은 길이 있습니다. 그중 하나는 거짓된 길이고, 다른 하나는 어두운 길입니다.

2:13, "이 무리는 정직한 길을 떠나 어두운 길로 행하며"

사실 "정직한 길"은 융통성이 없고 재미가 적습니다. 즉 하나님의 지식으로 걷는다는 것은 마치 울타리 안에 갇혀 있는 것 같아서 너무나도 답답합니다. 그런데 이 세상의 길을 가면 자기 멋대로 가고 싶은 길을 가고 얼마든지 거짓과 속임수를 쓸 수 있기 때문에 너무나도 자유로운 것 같고 인생 사는 것이 별것 아닌 것 같습니다.

한때 우리나라에서 학벌을 가지고 난리가 난 적이 있었습니다. 그것은 인기 있는 유명한 사람들의 학벌이 엉터리라는 것입니다. 이들이 공통으로 하는 말이 우리나라는 워낙 학벌을 따지기 때문에 좋은 학교를 나왔다고 해야 성공할 수 있다는 것입니다. 어떤 사람은 비밀이 너무 많고 자신의 생활에 대하여 일절 공개하지 않는 것을 보게 됩니다. 박사 학위를 받지 않았는데 받았다고 하고, 교수가 아닌데 교수라고 하고, 대학을 나오지 않았는데 나왔다고 하는 것은 정직을 떠난 것입니다. 요즘 어느 단체는 정부에서 수천억의 지원금을 받으면서 보고서를 제출하지 않아서 정부와 갈등을 겪고 있습니다. 예산이나 결산이 투명하지 않은 것은 그 안에 부정이 있기 때문입니다. 이들은 정부가 자신들을 탄압한다고 해서 엄청난 사람들이 거리에 나와서 데모까지 했습니다. 그러나 그들은 정의를 이기지 못합니다.

2:14, "행악하기를 기뻐하며 악인의 패역을 즐거워하나니"

여기서 "행악"은 '악행'을 말합니다. 즉 하나님의 진리를 떠나면 양심의 소리가 작아지기 때문에 악행 하는데 더 관심이 기울어지게 됩니다. 그리고 나쁜 일을 더 좋아하게 됩니다. "악인의 패역"은 '악한 자들의 반항'을 말합니다. 이들은 소리 지르고 두들겨 부수고 멱살을 잡는 것을 좋아합니다. 한때 목사나 장로들은 세상 법을 잘 모르기 때문에 그것을 악용해서 닥치는 대로 고소해서 애를 먹이는 사람들이 많이 있었습니다. 그런데 나중에 보면 그런 고소들이 이기지 못하는 것을 보게 됩니다. 아무리 나라가 기울어지고 어떤 세력이 판을 친다고 해도 완전한 엉터리는 용납 안 되는 것입니다.

2:15, "그 길은 구부러지고 그 행위는 패역하니라"

우리는 한때 기울어진 운동장에서 축구한다는 말을 많이 했습니다. 운동장 자체가 기울어져 있으면 아무래도 위에서 아래로 차는 자들이 유리할 것입니다. 그리고 그 기울어진 운동장을 바로 잡으려면 얼마나 힘들고 많은 돈이 들겠습니까? 그러나 하나님은 기울어진 운동장을 바로 잡는 분이십니다. 그리고 하나님은 성질을 부리고 대들고 경찰에 신고하고 자기 멋대로 행동하는 사람을 좋아하시지 않습니다. 하나님이 싫어하시는 사람이 어떻게 형통할 수 있겠습니까? 우선 그 자신이 행복하지 않습니다. 나중에는 자기 자식들도 아버지를 인정하지 않고 싫어하게 됩니다. 결국 반항하는 사람은 하나님께 길이

들지 않은 사람입니다.

3. 음녀에게 넘어가지 말라

사실 우리나라에 겉으로 드러나지 않아서 그렇지 자기 아내를 버리고 음란한 여자와 딴 살림을 차리는 사람들이 많이 있습니다. 여성 중에서 미모가 있고 잘 살고는 싶은데 아무에게나 결혼하고 싶지 않은 여자들이 돈 많은 사람의 첩으로 사는 것입니다. 그러면 돈은 많이 주겠다, 아파트는 있겠다, 차까지 있겠다, 별 어려움 없이 사는 것입니다. 그러나 그들의 영혼은 완전히 지옥이 되고 맙니다.

> 2:16, "지혜가 또 너를 음녀에게서, 말로 호리는 이방 계집에게서 구원하리니"

하나님의 지식은 우리를 음녀와 거짓말로 호리는 여자에게서 구원한다고 했습니다. 그 이유는 하나님의 지식이 그 길의 결과를 알게 하기 때문입니다. 성경은 죄의 삯은 사망이라고 했습니다(롬 6:23). 그 사람은 결국 누군가를 죽이는 길로 가고 있는 것입니다.

> 2:17-19, "그는 젊은 시절의 짝을 버리며 그의 하나님의 언약을 잊어버린 자라 그의 집은 사망으로, 그의 길은 스올로 기울어졌나니 누구든지 그에게로 가는 자는 돌아오지 못하며 또 생명 길을 얻지 못하느니라"

하나님께서는 우리에게 젊은 시절에 배우자를 만나서 서로 손잡고 끝까지 걸어가라고 말씀하십니다. 우리가 처음 결혼할 때 얼마나 젊었으며 얼마나 매력적이었습니까? 우리가 맺은 사랑의 언약은 하나님 앞에서 맺은 언약이었습니다. 물론 우리는 늙어가고 매력은 줄어들고 있습니다. 그것은 아내만 그런 것도 아니고 나만 그런 것도 아니고 나이가 들면서 일어나는 자연스러운 현상입니다. 늙으면서 남자는 어린아이 같아지고, 여인들은 주장이 더 세지면서 살아가는 것입니다. 그런데 요즘은 황혼이혼이 많다고 합니다. 돈 때문에 그런 것도 있고 매력이 없어서 그런 것도 있다고 합니다. 인생에 황혼이 오면 해지는 것을 구경해야지 얼마나 살겠다고 이혼까지 합니까?

음녀를 따르는 자의 집은 지금 기울어져 있습니다. 즉 사망으로 무덤으로 기울어져 있습니다. 만일 자다가 몸부림을 치면 그대로 굴러서 무덤 안으로 들어가고 마는 것입니다. 음녀를 따라가는 자는 돌아오지 못합니다. 그 중독은 사람이 뗄 수 없기 때문입니다.

그러나 하나님의 지식을 지키는 자의 길은 평탄합니다. 하나님께서 그 길을 지키시기 때문입니다.

2:20-22, "지혜가 너를 선한 자의 길로 행하게 하며 또 의인의 길을 지키게 하리니 대저 정직한 자는 땅에 거하며 완전한 자는 땅에 남아 있으리라 그러나 악인은 땅에서 끊어지겠고 간사한 자는 땅에서 뽑히리라"

하나님의 지혜는 우리를 하나님께로 더욱더 가까이 가게 합니다. 그래서 늙어서도 그 삶이 아름답고 존경스럽습니다. 정직한 자는 땅에 거한다고 했습니다. 이것은 하나님 축복의 땅을 말하는 것입니다. 완전한 자는 땅에 남는다고 했는데, 과연 완전한 자가 이 세상에 있겠습니까? 한 사람도 없을 것입니다. 그러나 하나님은 그의 회개를 받아주셔서 완전한 자로 인정해 주십니다. 우리는 이 세상 어디에서든지 당당하게 살게 됩니다. 그리고 우리에게는 영원한 집이 있고 갈 곳이 있습니다.

07

하나님의 지식으로 살아가기

잠 3:1-10

독일의 진센돌프 백작은 오래된 성경을 찾아서 전 세계를 돌아다녔습니다. 그러다가 어느 날 시내산까지 오게 되었는데, 그 산 밑에는 성 캐드린 수도원이 있었습니다. 그는 거기에 들어가서 오래된 좋은 책이 있는지 알아보려고 하는데, 그곳에 있는 한 수도사가 아주 오래된 책을 찢어서 불쏘시개로 쓰고 있었습니다. 그래서 진센돌프 백작이 그 책을 한번 보자고 하면서 보았더니 정말 희귀한 신구약 성경이 기록된 성경 사본이었습니다. 그는 그 책을 보고 너무 놀라면 그 사본을 내놓지 않을 것 같아서 표정을 감추고 싼값에 나에게 팔라고 했습니다. 그렇게 구입한 진센돌프 백작이 발견한 그 성경은 아주 귀한 시내산 사본이었습니다. 진센돌프 백작은 그 성경을 가지고 영국에서 전시회를 했는데 무려 20만 명 이상의 영국 사람들이 그 귀한 성경을 보기 위해 몰려들었다고 합니다.

또 우리는 칼빈의 《기독교강요》만 중요한 저술인 줄 알지, 그의 설교가 얼마나 중요한지 잘 알지 못합니다. 칼빈의 설교는 그의 《기독교강요》와 다르고 그의 성경 강의와도 다릅니다. 좌우간 엄청난 가치가 있는 저작입니다. 그런데 어떤 사람이 제네바의 헌책방에 갔더니 책방 주인이 이 칼빈의 설교 뭉치를 저울에 달아서 폐지로 고물상에서 팔고 있었습니다. 그것을 본 그 사람은 당장 그 칼빈의 설교뭉치를 샀고, 지금도 제네바 대학 도서관에 보관되어 있다고 합니다.

이것은 하나님의 지식에도 마찬가지입니다. 우리가 하나님의 말씀을 가지고 있기만 하면 아무 소용이 없습니다. 우리는 하나님 지식의 가치를 알아야 하고, 이 진리를 실생활에 적용해서 세상을 살아가는 법을 배워야 합니다. 그렇지 않으면 아무리 엄청난 보물을 가지고 있어도 그 가치를 몰라서 쓰레기통에 버리거나 불을 붙이는 불쏘시개로 써버리게 되는 것입니다.

1. 하나님 지식의 가치

우리가 하나님의 말씀을 가지고 이 세상을 살아가려고 하면 어떻게 해야 합니까? 구약 성경에는 율법을 석류로 묘사하는 경우가 많습니다. 그래서 구약 제사장의 옷에는 밑단에 석류와 금방울이 달려 있었고, 성전 기둥에도 석류가 달려 있었습니다. 석류는 우둘투둘하게 못생긴 열매지만 그 안을 까보면 너무나도 아름다운 빨간 보석 같은 씨가 있고, 또 그것을 먹으면 새큼한 갓이 나는 것이 그렇게 맛있을 수 없습니다. 하나님 율법의 말씀도 석류처럼 겉으로 보면 그냥 책이고 먼지가 푸석푸석 나는 골동품에 불과하지만 그 껍질을 한번 까면 그 안에는 루비같이 빨간 보석 같은 열매가 꼭 들어있는 것입니다. 만약 어떤 사람이 병들어 죽게 되었을 때 그를 살릴 수 있는 약을 적은 책이 있다면 그 책은 그 사람에게는 보물보다 더 귀한 가치가 있을 것입니다.

어떤 해 남극에 있는 연구원들이 보트를 타고 가다가 보트가 폭풍에 뒤집어져서 얼음 안에 갇히게 되었습니다. 그런데 거기에 갇혀 있던 부대장은 얼음 계곡에서 나가려고 하지 말고 며칠을 참아야 살 수 있다고 강조했습니다. 대개는 얼음 구덩이에서 빠져나오려고 몸부림치다가 힘이 다 빠져서 죽을 가능성이 높지만, 적어도 자신들이 조난당한 것을 알고 구조대가 오려면 눈 폭풍이 끝나고 최소한 3일은 있어야 한다는 설명이었습니다. 결국 얼음 구덩이에 갇힌 대원들은 그 부대장의 말을 듣고 그대로 따라서 한 명도 죽지 않고 다 살게 되었습니다. 이때 부대장의 경험은 동료들의 생명을 살리는 비결이었습니다.

우리가 하나님의 말씀을 보면 그냥 오래된 책으로 보이지만 그 안에는 생명의 진액이 흐르고 있습니다. 그것은 기진맥진해 있는 우리에게 새 힘을 주고 살 수 있는 길을 가르쳐주는 진액입니다. 그리고 이 진액은 우리를 바꾸는 힘이 있습니다. 그리고 우리가 하나님의 진액을 먹으면 하나님이 가장 사랑하시는 사람이 되고 영생을 얻게 됩니다. 그래서 우리는 하나님의 지식을 버리거나 싼 것과 바꾸어버리면 안 됩니다.

3:1, "내 아들아 나의 법을 잊어버리지 말고 네 마음으로 나의 명령을 지키라"

우리는 모두 하나님의 말씀을 배우는 아들입니다. 우리에게 중요한 것은 하나님의 말씀을 무가치하게 생각하지 않는 것입니다. 여기서 "나의 법을 잊어버리지 말고"라고 했는데, 하나님의 말씀은 이미 하나의 법칙이 되어 있습니다. 즉 이 말씀대로 살면 틀림없이 살고 위기를 이기게 되어 있다는 것입니다. 이것은 이 세상에 수학의 정리나 다른 어떤 법보다 정확한 법칙입니다. 그런데 이런 법칙을 잊어버린다는 것은 결국 하나님의 지식을 소홀히 여기는 것을 말합니다.

우리가 하나님의 법을 잊어버리지 않으려면 어떻게 해야 할까요?

자꾸 듣는 수밖에 없습니다. 우리가 아무리 머리 좋다고 하더라도 한 번 들어서는 잘 외우지 못합니다. 그래서 우리는 하나님의 말씀을 자꾸 들어서 입만 벌리면 하나님의 말씀이 줄줄 나올 수 있는 수준이 되어야 합니다. 보통 때는 하나님의 말씀을 잘 아는 것 같은데 막상 우리가 어려움에 처하면 어떻게 해야 할지 생각이 나지 않습니다. 그렇다고 해서 다른 사람들이 해주는 말이 도움되는 것도 아닙니다. 이런 때는 하나님의 말씀을 간단하게 만들어서 늘 내 마음에 새겨놓아야 합니다.

만일 우리가 먹고사는 것이 걱정될 때는 "무엇을 먹을까 무엇을 마실까 염려하지 말라. 그의 나라와 그의 구하라. 그리하면 이 모든 것을 더하시리라"(마 6:31-33)는 말씀을 마음 판에 새겨놓는 것입니다. 또 우리에게 무엇인가 꼭 필요한데 없을 때는 "구하라 그리하면 주실 것이요 찾으라 찾을 것이며 문을 두드리면 열릴 것이니라"(마 7:7)는 말씀을 붙드는 것입니다. 또 어떤 나쁜 일을 당하게 되었을 때는 "믿는 자들에게는 모든 것이 합력하여 선을 이루느니라"(롬 8:28)는 말씀을 붙잡아야 합니다. 또 우리가 죽을 것 같은 병이나 어려움에 빠졌을 때는 "하나님의 허락 없이는 참새 한 마리도 땅에 떨어지지 않는다"(마 10:29)는 말씀을 기억해야 합니다.

그리고 "네 마음으로 나의 명령을 지키라"고 했습니다. 이번에는 하나님의 지식이 "명령"으로 바뀌었습니다. 이것은 반드시 지켜야 하는 것을 말합니다. 건성으로 하는 것이 아니라 하나님의 말씀으로 자기 자신을 설득하는 것을 말합니다. 마음으로 지키는 것입니다. 예를 들어 미워하는 어떤 사람이 있을 때 마음으로 '그 사람에게 내가 모르는 무슨 사정이 있겠지'라고 순종해야 한다는 것입니다. 또 남의 물건이 몹시 탐이 날 때는 '남의 물건을 탐내지 말라'는 말씀을 기억해야 합니다. 하나님은 나에게 더 좋은 것을 주실 것이기 때문입니다.

하나님의 말씀을 마음에 두고 따라가면 일단 내 인생의 길을 찾은 것이기 때문에 길을 찾으려고 여기저기 왔다 갔다 할 필요가 없습니다. 그리고 하나님께서 나에게 감당할 수 있는 길을 주시기 때문에 훨씬 스트레스를 덜 받게 되고 심장병이나 암에 걸리거나 돌연사할 가능성도 작은 것입니다.

또 젊었을 때부터 하나님의 말씀을 따라 살아온 사람에게는 평강을 주신다고 했습니다. 즉 하나님이 건강한 삶을 끝까지 지켜주시는 것입니다.

여기 "인자"는 신실한 것입니다. 하나님의 백성은 끝까지 신실해야 합니다. 그리고 "진리"는 진실을 말합니다. 즉 신실과 진실을 목에 걸라는 것입니다. 직원들이 큰 회사에 들어가려고 하면 출입증이나 신분증을 목에 걸어야 합니다. 그것을 목에 걸지 않으면 직장에 출입할 수 없습니다. 마찬가지로 우리가 하나님 앞에 나아갈 때도 신실과 진실의 목걸이를 이름표로 달고 나아가야 합니다.

"네 마음 판에 새기라"고 했습니다. 우리는 하나님의 말씀을 심장에 새겨야 합니다. 오골계를 먹어보면 뼈까지도 까만 것을 볼 수 있습니다. 우리는 뼈까지도 하나님의 말씀이어야 하는 것입니다.

하나님의 말씀을 출입증으로 목에 걸고 있고 뼈까지도 하나님의 말씀인 사람은 은총을 받습니다. 하나님께서 은총을 주시고 사람들도 도와줍니다. 그리고 그 사람은 벌써 온몸에서 풍기는 자태가 존귀한 이미지입니다. 이런 사람은 결코 천박하지 않고 위선적이지 않습니다.

2. 내 생각과 하나님의 지식의 갈등

우리의 마음속에는 이 세상에서 성공하고 유명해지고 싶은 강한 욕망이 있습니다. 이때 가장 큰 걸림돌이 되는 것이 세상 사람들은 하나님을 믿지도 않는데도 너무 잘 된다는 것입니다. 그래서 우리 마음속에는 내가 차라리 하나님의 말씀에 매이지 말고 이것을 뛰어넘어서 마음껏 지혜와 능력을 발휘해 보자는 생각이 들 때가 많이 있습니다.

어떤 때는 내 지혜로 하면 성공할 것 같습니다. 왜냐하면 지금은 모든 사람이 그 길로 가고 있기 때문입니다. 즉 주식이라든지 아파트 같은 것에 투자하는 것입니다. 그러나 하나님은 그런 것보다 하나님의 말씀에 투자하라고 말씀하십니다. 이때 우리는 나의 지혜와 하나님의 지식 중에서 어느 것을 더 믿어야 할까요? 눈에 보이지도 않는 하나님의 지식을 믿어야 할까요? 아니면 내 판단이나 내 생각을 믿어야 할까요? 하나님은 내 생각을 믿지 달라고 하셨습니다.

3:5, "너는 마음을 다하여 여호와를 신뢰하고 네 명철을 의지하지 말라"

내 명철을 의지하지 않으려면 '나는 아무것도 모르는 어린아이'라고 생각해야 합니다. 어린아이는 모르는 것이 많으므로 어른의 말을 들어야 모든 것을 잘해 나갈 수 있습니다. 그래서 어렸을 때 고집이 너무 센 아이는 고생하게 됩니다.

"마음을 다하여 여호와를 신뢰하라"는 것은 하나님께서 내 인생 전부에 대하여 계획을 가지고 계신다는 것을 믿으라는 것입니다. 하나님은 내 인생에 대하여 내버려두시고 구경만 하시는 분이 아닙니다. 나에게는 길이 없고 미래가 없지만 하나님에게는 길이 있고 미래가 있습니다. 하나님은 언제나 내가 생각하는 것보다 더 큰 것을 주시려고 하시는 것입니다. 그래서 우리는 나의 무능함이나 실패에 대하여 내 책임이라고 생각하지 말아야 합니다.

3:6, "너는 범사에 그를 인정하라 그리하면 네 길을 지도하시리라"

우리는 모든 일에 하나님께서 개입하시는 것을 인정해야 합니다. 그래서 모든 일을 내가 하고 싶은 대로 하지 말고 하나님께 기도하고 하나님께서 일하시는 것을 기다려야 합니다. 물론 이 복잡하고 정신없이 돌아가는 세상에서 하나님을 기다린다고 하여 아무것도 하지 않고 있으면 다른 사람에게 뒤떨어질 것입니다. 그런데 나중에 보면 하나님을 기다렸던 것이 결코 뒤떨어지지 않게 된 것을 알게 됩니다. 그래서 우리는 우리의 모든 계획에 하나님이 개입할 수 있도록 틈을 두어야 합니다.

3:7, "스스로 지혜롭게 여기지 말지어다 여호와를 경외하며 악을 떠날지어다"

사람 중에는 스스로 아주 지혜 있다고 생각하는 사람들이 있습니다. 이 사람들은 자기도취나 나르시시즘에 빠진 사람들입니다. 물론 이 사람이 머리가 좋은 것은 사실입니다. 그러나 그런 사람은 다른 사람들이 자기를 어떻게 생각하는지 알지 못합니다. 즉 다른 사람의 눈어 그가 얼마나 보잘것없고 형편없이 보이는지 알지 못한다는 것입니다. 물론 그는 인생의 길을 알지 못합니다. 머리는 좋은데 길을 몰라서 길 찾다가 지쳐서 죽는 것입니다.

"여호와를 경외하며 악을 떠날지어다"라고 했습니다. 우리는 하나님이 나의 모든 것을 보고 계시고, 알고 계신다고 생각하면 죄를 지을 수 없습니다. '아이고, 나는 모르겠다'고 하면서 자포자기하고 죄를 짓는 경우가 많습니다. 그러나 죄짓는 시간은 잠깐인데 회개하는 시간은 엄청나게 길고 고통스러운 것입니다. 나중에는 회개하는 것이 힘들어서 죄를 짓기 싫어집니다.

3. 하나님의 양약

3:8, "이것이 네 몸에 양약이 되어 네 골수를 윤택하게 하리라"

오늘 병원이나 약국에는 엄청나게 많은 약이 있습니다. 그래서 어떤 병에 걸렸든지 너무 늦지만 않고 병명만 분명하면 거의 모든 병을 고칠 수 있습니다. 여기 "양약"은 정말 몸에 딱 맞는 효과가 좋은 약을 말합니다. 그러나 아무리 의술이 발달하고 약이 좋아도 병이 들었을 때 너무 늦게 병원에 오면 치료할 수 없습니다. 그래서 "양약"은 자기가 앓고 있는 병을 바로 치료할 수 있고 아무 부작용이 없는 약을 말합니다. 하나님의 성령은 언제든지 우리의 형편에 딱 맞는 하나님의 말씀을 생각나게 하십니다. 그리고 하나님의 말씀은 부작용이 없습니다.

하나님은 언제든지 우리가 해야 할 행동이나 가야 할 방향을 가르쳐주십니다. 물론 우리가 하나님의 말씀을 믿는다고 해서 모든 병이 다 치료되는 것은 아닙니다. 적어도 우리는 하나님의 말씀과 함께 병원의 치료를 받아야 합니다. 그러나 우리는 적어도 무엇을 하든지 확신 가운데서 걸어갈 수 있습니다.

우리가 하나님의 도움으로 목숨을 건지고 살게 되었다면 하나님에 대하여 인색해서는 안 됩니다. 왜냐하면 만일 우리가 죽었더라면 지금 가지고 있는 것이 아무 소용 없기 때문입니다. 그래서 우리는 하나님께 무엇을 드리는 것이 참복이라고 생각해야 합니다. 하나님께 드리는 헌금은 결코 아까운 것이 아닙니다. 그것은 누군가 필요한 사람이 받아서 쓰게 될 것입니다. 그리고 내가 하나님께 바쳤다고 가난해지지 않습니다. 오히려 하나님은 나의 넉넉한 마음을 보시고 창고를 더 채워주시고 포도즙 틀이 넘치도록 포도 농사가 잘 되게 하실 것입니다. 이것이 얼마나 큰 복입니까?

하나님의 백성은 모든 것을 아껴서 낭비하지 말아야 하지만 그렇다고 해서 인색하면 보기에 좋지 않습니다. 하나님 앞에서 늘 풍성하게 사시기 바랍니다.

08

말씀이냐 돈이냐

잠 3:11-20

어느 유대인이 이스라엘에서 세계에서 두 번째로 큰 유전을 발견했습니다. 신명기 33장에 보면 야곱이 이스라엘 열두 지파를 축복하는 내용이 나옵니다. 여기서 스불론 지파에 대해서 "바다의 풍부한 것과 모래에 감추어진 보배를 흡수하리로다"(19절)라고 했고, 아셀 지파에 대해서는 "그의 발이 기름에 잠길지로다"(24절)라고 했습니다. 러스킨이라는 유대인은 하나님의 말씀을 그대로 믿는 사람이었습니다. 그래서 신명기 33장의 말씀은 반드시 이유가 있다고 생각했습니다. 그래서 스불론 지파의 "바다의 풍부한 것과 모래 속에 감추어진 보배"가 무엇일까?' 그리고 아셀 지파의 "그의 발이 기름에 잠긴다"는 것이 무슨 뜻인가 생각하다가 이것이 석유일 수 있다고 생각했습니다. 그래서 러스킨은 이스라엘 정부의 허가를 받아 석유 회사를 차려서 옛날 스불론 땅과 아셀 땅을 시추해 보았습니다. 그랬더니 그곳에서 세계에서 두 번째로 많은 석유와 천연가스가 매장되어 있는 유전을 발견하게 되었습니다. 이것은 정말 놀라운 일입니다. 성경의 축복이 문자적으로 이루어졌다는 것은 얼마나 하나님의 말씀이 놀라운

가 하는 것을 보여줍니다. 러스킨에게 어떻게 그 엄청난 기름을 찾았느냐고 물어보니, 자기는 아무것도 한 것이 없고 성경만 믿고 성경이 가르쳐주는 대로 땅을 팠더니 석유가 나왔다고 대답했습니다.

우리에게 늘 갈등을 일으키는 질문 중 하나는 지금 우리에게 필요한 것은 하나님의 말씀이냐 아니면 돈이냐 하는 것입니다. 예를 들어서 한번 생각해 봅시다. 어느 큰 도시 광장에 어떤 사람은 스포츠카를 가지고 있고 어떤 사람은 차가 없습니다. 그런데 그 스포츠카를 가진 사람은 그 광장에서 나가는 길을 모르고 있습니다. 반대로 차가 없는 사람은 그 광장에서 나가는 길을 알고 있습니다. 그러면 어떤 결과가 나타나겠습니까? 비싼 스포츠카를 가진 사람은 부르릉 엔진을 걸고는 계속 광장을 돌 것입니다. 사람들은 모두 그 스포츠카를 탄 사람을 부러운 눈으로 쳐다볼 것입니다. 그러나 그는 그곳을 빠져나가는 길을 몰라서 이쪽으로 갔다가 저쪽으로 갔다가 하면서 계속 광장을 맴돌 것입니다. 그러나 차는 없지만 그 광장을 빠져나가는 길을 아는 사람은 남에게 멋있게 보이지는 않지만 차분하게 걸어서 그 광장을 무사히 빠져나갈 것입니다.

마찬가지로 하나님의 지혜라는 것은 우리가 이 세상 황무지를 빠져나가는 길을 말합니다. 그러나 돈이나 재물은 이 세상을 빠져나가게 하지 못합니다. 단지 이 세상을 더 편하게 그리고 더 멋있게 살기는 하겠지만, 죽을 때까지 이 세상의 미로를 빠져나갈 길을 모르는 것입니다.

1. 하나님의 징계를 받는 자는 다행

3:11, "내 아들아 여호와의 징계를 경히 여기지 말라 그 꾸지람을 싫어하지 말라"

가끔 무엇인가 잘못해서 부모에게 야단맞고 매를 맞는다면 기분이 좋은 아이는 아무도 없을 것입니다. 그러나 잘못했을 때 부모에게 야단맞고 매를 맞는 아이는 아주 다행스러운 아이입니다. 왜냐하면 그 아이는 진짜 그 집의 아들이고 딸이기 때문입니다. 사람들은 남의 집 아이가 잘못했을 때는 그렇게 하지 말라고 말하지만 때리거나 야단을 치지는 않습니다. 그 아이는 자기 집 아이가 아니기 때문입니다. 요즘은 남의 집 아이가 잘못했다고 해서 때리면 그 집 부모가 나와서 왜 남의 아이를 때리느냐고 화를 내고 싸우려고 하는 사람도 있습니다.

우리가 하나님의 말씀대로 살면 모든 것이 잘되면 참 좋은데 어떤 때는 수치스러운 일을 당하기도 하고 남에게 욕을 먹을 때도 있습니다. 그때 우리에게 분명한 사실 하나는 우리가 하나님의 아들이라는 것입니다. 우리는 이것을 의심할 필요가 없습니다. 우리가 하나님의 아들이 아니면 하나님은 우리가 잘못했을 때 절대로 우리를 야단치거나 때릴 이유가 없기 때문입니다.

사람들은 설교를 들으면서 책망하거나 징계하는 말씀을 듣지 않으려고 합니다. 책망하는 말씀은 누구에게나 듣기 싫은 말씀이기 때문입니다. 사람들은 모두 설교에서 칭찬이나 축복의 말씀을 듣기를 원하지, 징계하거나 책망하는 말씀은 듣기 싫어합니다.

그래서 요즘 나타나는 현상이 강단에서 죄를 책망하는 설교를 하지 않는다는 것입니다. 수만 명씩 모이는 교회에 가보면 절대로 강단에서 회개를 촉구하는 설교를 하지 않습니다. 그 대신 무조건 잘 되고 복 받을 것이라고 설교합니다. 대개 그런 교회에는 많은 교인이 모입니다. 그러나 그들은 아무리 잘 살고 성공한 목회를 해도 하나님의 아들이 아닙니다. 그들은 어디까지나 종이고 노예입니다. 왜냐하면 부모는 아들이 잘못했을 때는 반드시 징계하고 때리기도 하기 때문입니다. 그래서 우리는 하나님의 말씀대로 살지 못했을 때 꾸중을 듣고 수치를 당하는 것을 기뻐해야 합니다. 우리는 하나님의 아들이 틀림없기 때문입니다.

3:12, "대저 여호와께서 그 사랑하시는 자를 징계하시기를 마치 아비가 그 기뻐하는 아들을 징계함 같이 하시느니라"

우리가 믿는다고 하지만 육체의 욕심이나 정욕을 끊지 못해서 잘못된 길로 나간다면 수치스러운 일을 당하기도 하고 다른 사람으로부터 욕을 먹을 때도 있습니다. 그때 우리는 기뻐해야 합니다. 왜냐하면 우리는 틀림없는 하나님의 아들이기 때문입니다. 그래서 기도할 때도 "하나님, 욕을 먹어서 기쁩니다. 수치를 당해서 감사합니다. 왜냐하면 저는 하나님의 아들인 것이 틀림없기 때문입니다"라고 기도해야 하는 것입니다.

2. 지혜는 돈보다 가치 있다

3:13-14, "지혜를 얻은 자와 명철을 얻은 자는 복이 있나니 이는 지혜를 얻는 것이 은을 얻는 것보다 낫고 그 이익이 정금보다 나음이니라"

우리가 아무리 생각을 해봐도 하나님의 말씀을 얻는 것은 그대로이지만, 세상에서 돈을 벌면 확실히 이익일 것 같습니다. 또 하나님의 말씀은 늘 들을 수 있지만 세상의 돈은 기회를 놓치면 더 이상 벌 수 없기 때문입니다.

여기서 "은"은 돈을 말합니다. 즉 하나님의 말씀을 배우는 것이 돈 버는 것보다 더 낫다는 것입니다. 심지어는 금을 얻는 것보다 더 이익이라고 말씀하고 있습니다.

어느 대기업 회장은 자기 아들을 군대에 졸병으로 보내었는데 거기에다가 졸병 근무할 때 특별히 부탁해서 최전방 철책 근무를 하게 했습니다. 그리고 군대를 제대하고 난 후에는 직장의 맨 밑바닥에서 일을 하게 했습니다. 그리고 이 아들이 어느 정도 실력을 갖추고 난 후에야 상무로 나중에는 부사장으로 진급시켜서 자기 기업체의 경영을 물려받게 했습니다. 그렇게 물려받은 경영자는 회사의 위기도 잘 극복하고 회사를 아주 세계적인 회사로 키우는 데 성공했습니다. 그러면 우리는 지금 당장 돈을 많이 버는 것과 하나님의 말씀으로 하나님의 상속자로서 훈련받는 것 중에 어느 것이 더 이익이겠습니까? 상속자가 되는 것이 훨씬 이익일 것입니다.

3:15, "지혜는 진주보다 귀하니 네가 사모하는 모든 것으로도 이에 비교할 수 없도다"

엄청나게 큰 진짜 진주는 값이 굉장히 비쌀 것입니다. 아마 그런 진주를 하나 가지고 있으면 다른 시시한 것들은 필요가 없을 것입니다. 그러나 하나님의 지혜는 진주보다 더 낫다고 했습니다. 그리고 내가 지금 사모하는 것, 즉 지금 너무 너무 갖고 싶어 하는 것보다 비교할 수 없다고 말씀하고 있습니다. 지금 우리는 무엇을 가장 가지고 싶습니까? 어떤 청소년은 아이폰을 갖고 싶어 할 것이고, 어떤 사람은 명품 가방을 가지고 싶어 할 것이고, 어떤 사람은 커피 가게를 내고 싶어 할 것입니다. 물론 그런 것도 다 필요하고 좋지만, 최고로 중요한 것은 하나님 상속자의 훈련을 받는 일일 것입니다. 왜냐하면 하나님의 재산은 정말 어마어마하기 때문입니다.

3:16-17, "그의 오른손에는 장수가 있고 그의 왼손에는 부귀가 있나니 그 길은 즐거운 길이요 그의 지름길은 다 평강이니라"

하나님의 말씀을 배운 사람의 오른손에는 "장수"가 있습니다. 그러나 이를 더 정확하게 표현하면 '영생'이 있습니다. 그는 언제 이 세상을 떠날지 알 수 없지만 결코 죽지 않습니다. 물론 이 세상에서도 오래 살 수 있습니다. 그러나 요즘은 오래 사는 것보다 더 중요한 것이 건강하게 오래 사는 것이고, 돈이 있고 오래 사는 것이어야 합니다. 그의 왼손에는 "부귀"가 있다고 했습니다. 하나님의 상속자는 절대 비참하지 않습니다. 그는 아주 높은 지위에 올라가게 됩니다. 왜냐하면 이 세상에서 그런 지혜를 가진 사람이 없기 때문입니다. 그는 하나님의 말씀을 자유자재로 사용하는 사람입니다. 하나님의 말씀을 체계적으로 다 배운 사람은 자유자재로 하나님의 능력을 사용하게 됩니다. 구약의 엘리야나 엘리사 선지자의 사역을 통해 우리가 잘 알 수 있습니다.

그가 가는 길은 "즐거운 길"입니다. 즉 그의 인생은 기쁜 인생입니다. 왜냐하면 늘 부흥이 일어나기 때문입니다. 또 "그의 지름길은 다 평강이니라"고 했습니다. 물론 처음에는 엄청난 가시밭길과 사망의 골짜기로 달렸지만 결국은 그것이 하나님 축복의 창고로 가는 지름길이었습니다. 더욱이 우리가 하나님의 말씀을 듣는 순간 우리의 인생길을 찾게 됩니다. 길을 찾은 사람은 서두르거나 방황할 필요가 없습니다. 왜냐하면 이 길 그대로 가기만 하면 축복의 목적지가 나오기 때문입니다.

3. 지혜는 하나님의 능력

우리가 하나님의 말씀을 배우는 것은 하나님의 능력을 사용하는 훈련을 받는 것과 같습니다.

일단 하나님의 지혜는 두 가지 측면이 있습니다. 하나는 우리에 대해서 하나님의 말씀은 생명나무입니다. 하나님의 생명나무는 아무리 지쳐있고 낙심해 있어도 그 과일을 하나 먹으면 완전히 새 힘이 솟아납니다. 또 우리가 병들었을 때 그 나뭇잎만 뜯어 먹어도 병이 굉장히 빨리 낫게 됩니다. 우리는 하나님의 말씀의 숲에서 어느 날 생명나무를 찾게 됩니다. 그때 우리는 산삼을 찾은 사람처럼 큰 소리로 '찾았다!'고 소리 질러야 합니다. 그리고 그 잔뿌리까지 다치지 않게 전부 다 캐내어야 합니다. 그래서 내가 아픈데 먹으면 내가 살게 되고 가족이 아픈데 먹이면 가족이 살게 됩니다.

그리고 하나님의 말씀은 이 세상에 대해서는 원자탄의 위력을 가지고 있습니다.

3:19-20, "여호와께서는 지혜로 땅에 터를 놓으셨으며 명철로 하늘을 견고히 세우셨고 그의 지식으로 깊은 바다를 갈라지게 하셨으며 공중에서 이슬이 내리게 하셨느니라"

처음 만들었을 때, 지구는 용암이 솟아오르는 불덩어리였고 물이 부글부글 끓는 세상이었고 땅은 한치도 보이지 않았습니다. 그러나 하나님께서는 우리가 공부하는 이 말씀으로 용암을 단단한 바위로 완전히 싸서서 폭발하지 않게 하시고 땅에 주름이 생기게 하셔서 물이 한곳으로 모이게 하셨습니다. 이 위력은 핵무기 수천억 개 위력으로도 할 수 없는 것입니다. 우리는 지금 그 말씀을 배우고 연습하고 있는 것입니다.

그리고 하나님은 "명철로 하늘을 견고히 세우셨다"고 하셨습니다. 하늘에는 일단 공기가 있어야 합니다. 그래야 우리가 숨을 쉴 수 있고 모든 짐승이나 새들이 숨을 쉴 수 있습니다. 또 하늘이 있어야 거기에 구름이 있어서 비가 내릴 수 있습니다. 그런데 만일 하나님이 공기를 붙들고 계시지 않으시면 공기가 우주에 분산되어서 지구에는 공기가 하나도 있지 않게 될 것입니다. 하늘이 얼마나 견고한지 하늘에서 운석이 떨어지면 전부 공기의 저항으로 다 타서 재가 되어버립니다. 그러나 인간은 공기를 잘 관리하지 못해서 미세 먼지가 날아다녀서 폐암환자들이 많이 생기고 오존층이 뚫려서 칠레나 일부 지역에서는 긴팔 옷을 입지 않으면 피부암이 생기거나 시력을 잃기 때문에 개들이나 고양이도 모두 선글라스를 써야 한다고 합니다. 하나님은 공기의 흐름으로 추위나 더위나 바람을 조절하셨는데 이제 인간이 대기의 온도를 높여버리는 바람에 어느 곳에서는 눈 폭풍이 불고, 어느 곳에서는 가물어서 비가 오지 않고, 어느 곳에서는 빙하가 녹아내리는 현상이 일어나게 되었습니다.

그런데 드디어 하나님은 이 능력으로 우리 성도들을 살리는 것을 보여주셨습니다. 그것은 바로 이스라엘 백성이 출애굽할 때 바다에 막혀서 다 죽게 되었을 때 하나님은 깊은 바다를 가르셔서 건너게 하셨던 것입니다. 바다가 갈라지는 것은 양방향 쓰나미입니다. 이것은 핵무기 수백만 배의 위력입니다.

그러면서도 하나님은 공중에서 잔잔하게 이슬이 내리게 하셨습니다. 이슬은 대기의 온도 차이로 생기는 것인데 비가 오지 않아도 팔레스타인에는 이슬로 풀이 자라고 양들이 그것을 먹어서 살 수 있다고 합니다. 하나님은 우리에게 이슬 같은 은혜를 내리십니다. 그래서 세상이 가물 때에도 우리는 얼마든지 살아갈 수 있는 것입니다. 모세는 지팡이 하나로 깊은 바다를 갈랐습니다. 엘리야는 기도로 하늘 문을 닫히게 했습니다. 우리도 하나님의 말씀으로 자꾸 연습해서 이 세상에서 하나님의 능력을 나타낼 수 있기를 바랍니다.

지혜의 사용

잠 3:21-35

생텍쥐페리의 《야간비행》이라는 책이 있습니다. 그 책의 내용은 비행기 조종사들이 남미에서 우편물을 도시 간에 나르는 이야기인데, 거기에 나오는 조종사도 상당한 기술이 있음에도 불구하고 엄청난 비바람과 구름에 휩쓸려서 뚫린 곳을 통해 구름 꼭대기로 올라가지만 기름이 떨어져서 연락이 끊기게 됩니다. 그 조종사의 젊은 아내는 간절한 마음으로 연락이 있기를 기다리는데 끝내 연락이 오지 않습니다. 이런 사고는 비행기 전체를 조정하는 감독관의 잘못 때문입니다. 즉 비행기를 띄우지 말아야 하는데 비용을 줄이기 위해서 무리하게 진행하다가 사고가 난 것입니다.

세상에서 지혜라고 할 때는 보통 두 가지로 생각합니다. 하나는 공자가 말한 것 같은 사람의 됨됨이입니다. 즉 인간의 도리를 가진 군자를 말하는 것입니다. 군자의 반대말은 소인배입니다. 그런 사람은 이기적이고 자기밖에 모릅니다. 이와 반대로 지혜를 처세술로 생각하는 사람들이 있습니다. 《군주론》의 저자 마키아벨리이고, 《손자병법》을 쓴 손자 같은 사람들입니다. 이들은 권모술수를 써서라도 이기는 것을 지혜라고 말합니다. 그래서 마키아벨리는 통치자는 사자와 같고 여우와 같은 지혜가 있어야 한다고 주장했습니다.

그러나 성경에서 말하는 지혜는 하나님의 말씀을 듣고 그 말씀을 많이 연습해서 그것이 나의 기술이 되게 하는 것을 말합니다. 즉 하나님의 지혜가 나의 비행 기술이 되고 항해 기술이 되고 말하는 기술이 되는 것입니다.

1. 하나님 지혜의 위력

솔로몬은 하나님의 지혜가 얼마나 엄청나게 큰 것인가 하면 지구를 단단하게 하고 하늘을 굳게 세우는 에너지가 있다고 했습니다. 원래 지구는 용암이 끓고 있고 물이 끓는 불덩이였는데, 하나님의 지혜는 용암을 단단한 암석으로 싸서 밀봉하고, 물은 식혀서 한곳에 모이게 하고 땅이 드러나게 한 지혜입니다. 그리고 원래 지구에는 하늘이 없었는데 하나님은 하늘을 만드셔서 우리가 숨을 쉬게 하고 구름이 움직이게 하고 바람이 불게 하고 공기가 빠져나가지 않도록 공기를 땅에 붙여놓으셨습니다.

이 하나님의 지혜가 하나님의 백성에게는 두 가지 방향으로 나타나게 되는데 하나는 홍해를 가르는 능력이고, 다른 하나는 공중에서 내리는 이슬입니다. 그래서 우리는 두 가지 방향에서 하나님의 능력을 느껴야 합니다. 하나는 홍해가 갈라지고 반석에서 물이 터지는 기적이고, 다른 하나는 기드온의 양털에 이슬이 내리는 현상을 통해서 하나님의 능력을 체험해야 합니다. 그래서 하나님의 말씀은 평소에 말씀을 통해서 우리에게 평범하게 들리기도 하지만 어떤 때는 엄청난 눈 태풍과 땅이 갈라지는 지진과 재난을 통해서 들어야 하는 것입니다.

그런데 이 하나님의 지혜는 우리가 언제나 가지고 다닐 수 있습니다. 요즘 사람들은 스마트 폰을 사용해서 전화도 하고 또 잘 기억나지 않는 사람이나 지명을 검색하기도 합니다. 심지어 외국을 여행할 때는 통역하는 기능을 설치해서 외국인과 의사소통을 하기도 합니다. 그러나 하나님의 지혜는 우리 머리 안에 넣을 수 있습니다.

3:21, "내 아들아 완전한 지혜와 근신을 지키고 이것들이 네 눈앞에서 떠나지 말게 하라"

성경은 하나님의 지혜를 "완전한 지혜"라고 했습니다. 이것은 어떤 어려운 문제든지 다 풀 수 있는 지혜라는 뜻입니다. "이것들이 네 눈앞에서 떠나지 말게 하라"고 했습니다. 우리는 하나님의 말씀을 우리 머릿속에 넣을 수 있습니다. 그리고 머리에 충만한 말씀을 가슴으로 내려보내야 하고 그러고 난 후에는 손발로 움직이는 훈련을 해야 합니다. 그러면 위기 때마다 하나님의 말씀이 생각나게 되고 얼마든지 살 길이 생기게 됩니다.

그리고 여기 "근신"은 하나님의 말씀으로 자신을 훈련하는 것을 말합니다. 그래서 땅에 터를 놓으시고 하늘을 견고하게 세우신 하나님의 지혜를 우리 속에 넣고 이 완전한 지혜를 계속 연습해서 자동적으로 내 손이나 입이나 발로 나올 수 있게 해야 합니다. 그것이 바로 내 눈앞에서 떠나지 않게 하는 것입니다.

3:22, "그리하면 그것이 네 영혼의 생명이 되며 네 목에 장식이 되리니"

하나님의 지혜가 우리에게 숙달되기만 하면 이것이 우리 생명을 살리고 우리 목에 장식이 된다고 했습니다. 예를 들어서 비행기 운전에 숙련된 조종사는 비행기가 추락할 때라도 자신의 조종술을 잘 사용해서 가까운 비행장이나 혹은 강에 안전하게 착륙하게 해서 많은 생명을 살릴 수 있습니다.

이것이 우리 "목에 장식"이 된다고 했습니다. 즉 우리를 명예롭게 하는 것은 비싼 금목걸이나 학벌 같은 것이 아니라 하나님의 말씀을 가지고 사람의 생명을 살리는 것입니다. 우리가 위기를 닥쳤을 때 이렇게 할까 저렇게 할까 생각하면 이미 늦습니다. 우리는 사고와 동시에 몸을 날려서 불을 끄든지 사람을 구하든지 해야 사람의 생명을 살릴 수 있습니다.

3:23, "네가 네 길을 평안히 행하겠고 네 발이 거치지 아니하겠으며"

우리가 하나님의 지혜로 우리 머리와 가슴을 채웠으면 우리는 인생의 길을 찾은 것입니다. 길을 이미 아는 사람은 모르는 곳에서 호기심에 따라서 이 길 저 길을 왔다 갔다 할 필요가 없습니다. 길을 알기 때문에 자기가 아는 길로 가기만 하면 되기 때문입니다. 특히 우리가 이 세상을 살다 보면 사람의 힘으로는 어쩔 수 없는 상황이 닥칠 때가 있습니다. 이것을 잠언에서는 우리가 잠잘 때라고 말하고 있습니다.

3:24, "네가 누울 때에 두려워하지 아니하겠고 네가 누운즉 네 잠이 달리로다"

우리는 이 세상에 살면서 사람의 힘으로는 어쩔 수 없는 순간을 당할 때가 있습니다. 그러나 우리는 하나님을 믿으면 됩니다. 즉 우리는 두려움에 빠지지 말고 정신을 똑바로 차려서 하나님을 기다려야 합니다. 요즘 사람들이 잠을 잘 자지 못하는 이유는 무엇인가 너무 생각하거나 신경이 예민해져 있기 때문입니다. 그러나 하나님의 백성은 잠을 자고 아무것도 할 수 없는 시간에도 하나님은 깨어서 지키신다는 사실을 알기 때문에 아주 단잠을 잘 수 있는 것입니다.

결론은 바로 다음 26절입니다.

3:26, "대저 여호와는 네가 의지할 이시니라 네 발을 지켜 걸리지 않게 하시리라"

우리가 하나님의 말씀을 머리에 두고 가슴에 두는 것은 하나님을 의지하는 것입니다. 우리가 하나님의 말씀을 따라갈 때 그분의 전능하신 능력이 우리와 같이 걸어가고 있는 것입니다. 하나님의 발이 너무나도 힘이 있기 때문에 우리의 발이 무엇엔가 걸려 넘어지지 않도록 잡아주시고, 우리가 하나님의 손을 잡고 걸어간다면 우리 손을 꼭 붙들어주셔서 넘어지지 않게 하실 것입니다.

그래서 잠언은 우리에게 갑작스턴 사고나 악인에게 닥치는 멸망을 두려워하지 말라고 했습니다. 왜냐하면 우리는 다른 사람들과 다르기 때문입니다.

3:25, "너는 갑작스러운 두려움도 악인에게 닥치는 멸망도 두려워하지 말라"

우리가 하나님의 지혜로 훈련되어 있으면 어떤 응급한 일도 다 감당할 수 있습니다. 그래서 우리는 그런 경우를 두려워하지 말아야 합니다. 왜냐하면 우리 자신이 전문가이기 때문입니다. 비록 악인에게 갑작스런 멸망이 와도 두려워할 필요가 없습니다. 우리의 인생길은 그들과 다르기 때문입니다.

2. 지혜의 적극성

하나님의 지혜는 우리에게 적극성을 가르칩니다. 즉 우리는 누가 무슨 일을 하라고 해서 마지못해서 억지로 하는 것이 아니라 우리가 판단해서 이것이 필요하다 싶으면 그것을 먼저 해버리는 것입니다. 그러면 나중에 모든 사람이 억지로 그 일을 해야 하지만 우리는 이미 다 마쳤기 때문에 여유가 있게 되는 것입니다.

3:27, "네 손이 선을 베풀 힘이 있거든 마땅히 받을 자에게 베풀기를 아끼지 말며"

만약 우리에게 남을 도울 힘이 있고 돈이 있고 도움이 필요한 사람이 있다면 누가 하라고 하기 전에 미리 도움을 주는 것이 좋습니다. 왜냐하면 아무리 아까워서 도와주지 않으려고 해도 나중에는 강제로라도 도와야 할 때가 오기 때문입니다. 우리가 마지못해서 억지로 도움을 주게 되면 자기 기분도 별로 좋지 않고 도움을 받는 사람도 그것을 당연하게 생각하게 될 것입니다. 그래서 생각이 났을 때 누가 하라고 하기 전에 먼저 해버리는 편이 좋습니다.

3:28, "네게 있거든 이웃에게 이르기를 갔다가 다시 오라 내일 주겠노라 하지 말며"

예를 들어서 이웃 사람이 도움을 받으러 왔다고 합시다. 그러면 대개 굳이 자기가 미리 돈을 줄 필요가 없다고 생각합니다. 그래서 줄 것도 빨리 주지 않고 애를 달군 후에 마지못해서 줄 때가 많습니다. 왜냐하면 사람의 심보는 이상해서 남에게 잘해주는 것이 아깝다고 생각되기 때문입니다. 그러나 우리는 남에게 줄 것이 있으면 찔끔찔끔

줄 것이 아니라 기분 좋게 미리 줘버리는 것이 좋습니다.

3:29, "네 이웃이 네 곁에서 평안히 살거든 그를 해하려고 꾀하지 말며"

요즘 젊은 사람이나 은퇴한 사람 중에는 귀농해서 농사를 지어서 살려고 하는 이들이 많습니다. 그런데 귀농에 성공한 사람도 있지만 동네 사람들의 텃세가 심해서 마음만 상하고 도로 떠나버리는 사람들도 많이 있습니다. 이것은 목사의 세계도 마찬가지입니다. 예전에 얼마나 지방의 텃세가 심했으면 "여기는 목사들의 무덤입니다"라는 말을 많이 했겠습니까.

3:30, "사람이 네게 악을 행하지 아니하였거든 까닭 없이 더불어 다투지 말며"

사람 중에는 이유도 없이 자기 밑의 사람들을 괴롭히거나 못살게 구는 사람들이 있습니다. 그 이유는 군기를 미리 잡아놓아야 나중에 기어오르지 않기 때문이라는 것입니다. 그래서 군대는 물론이고 대학이나 서클 같은 데서도 새로 들어오는 신입생을 호되게 대하는 곳도 많습니다. 얼마 전에 신참 간호사들의 태움 때문에 자살하는 사건도 있었습니다. 꼭 그렇게 할 필요가 있을까요?

3:31, "포학한 자를 부러워하지 말며 그의 어떤 행위도 따르지 말라"

다른 사람에게 함부로 폭언하고 폭행을 일삼는 사람들이 있습니다. 그들이 다른 사람을 못살게 구는 것은 자기도 당했기에 그것을 물려주어야 공평하다고 생각하기 때문입니다. 그러나 이런 대물림은 끊어버려야 합니다. 즉 내가 당하는 것으로 그런 전통을 끝내야 하는 것입니다. 그러면 늘 이렇게 당하기만 한다면 너무 억울하지 않습니까?
절대로 억울하지 않습니다. 하나님이 우리를 몇 배나 훌륭하고 유명
한 사람으로 만들어주시기 때문입니다.

3. 하나님의 보상

하나님께서는 이 세상 사람들이 하는 것을 그냥 보고 계신 것 같지
만 그들의 모든 말과 행동을 기억하시고 나중에 그대로 갚아 주십니
다. 그래서 세상일은 돌고 돈다는 것을 꼭 기억하셔야 합니다.

3:32, "대저 패역한 자는 여호와께서 미워하시나 정직한 자에게는 그의
교통하심이 있으며"

하나님은 남을 공연히 괴롭히고 못살게 구는 사람을 좋아하시지
않습니다. 그래서 세월이 흐르면 그런 사람은 힘이 없어지고 가난해
지고 병들게 됩니다. 그러나 "정직한 자에게는 그의 교통하심이 있
다"고 했습니다. "교통"은 하나님과 의사소통이 되는 것입니다. 즉
하나님께 우리의 어려움을 아뢰고 다른 사람의 어려움까지 말씀드릴
수 있습니다. 그러면 하나님이 그 기도를 다 들어주시고 어려움을 해
결해 주십니다. 사람은 다른 사람이 어려울 때 잘 해주어야 한평생 존
경받게 됩니다.

3:33, "악인의 집에는 여호와의 저주가 있거니와 의인의 집에는 복이 있
느니라"

포학하고 이기적인 사람은 자손까지 저주받게 됩니다. 그래서 후

손에 정신병자와 실패한 자들이 생기게 됩니다. 그런 부모의 저주를 벗어나려면 온전히 부모의 도움을 끊고 예수 안에서 새출발해야 합니다. 그러나 악인의 마음에는 분노가 있습니다. 그래서 그런 기질이 유전되기 때문에 우울증이나 자살 충동 같은 것을 느끼기 쉬운 것입니다. 그러나 의인의 집은 나중에 잘 되고 그 집에 복이 넘치게 되는 것입니다.

3:34, "진실로 그는 거만한 자를 비웃으시며 겸손한 자에게 은혜를 베푸시나니"

하나님이 거만한 자를 비웃으시는 이유는 아무것도 아니면서 큰소리치기 때문입니다. 하나님이 그의 가진 것을 가져가시면 비참한 자가 되고 마는 것입니다. 그러나 겸손한 자에게는 은혜를 베푸십니다. 하나님이 그들에게는 선물을 거저 주시는 것입니다.

3:35, "지혜로운 자는 영광을 기업으로 받거니와 미련한 자의 영달함은 수치가 되느니라"

하나님의 지혜를 가진 자는 영광스럽게 됩니다. 그런 말씀을 가진 자가 없기 때문입니다. 그래서 세상은 그의 독보적인 존재를 존경하게 됩니다. 그러나 하나님의 지혜를 가지지 못해 미련한 자는 성공한 것 같지만 그 뒤에 감추어진 비리가 엄청나게 나오므로 수치스럽게 됩니다. 그래서 들치는 곳마다 썩은 냄새가 진동하게 됩니다. 이런 사람들은 인간 취급받을 자격이 없는 사람입니다.

하나님의 지혜를 스펀지같이 흡수하고 많이 연습해서 이에 전문가들이 다 되시기를 바랍니다.

10

지혜의 약속

잠 4:1-12

어느 드라마를 보니까 서울 강남 학원가에서 공부를 잘 가르쳐주는 강사의 가치는 1조 원이라고 했습니다. 그렇다면 이 세상에서 하나님의 지혜를 잘 가르쳐주는 강사의 가치는 얼마나 될까요? 10조 원이나 될까요? 그렇지 않습니다. 오히려 이 세상에서는 하나님의 말씀이 너무 흔해서 그 가치를 인정해 주지 않습니다. 만약 이 세상에 하나님의 지혜를 가르쳐주는 곳이 있다고 하면 사람들이 무슨 수를 써서라도 그 지혜를 배우려고 할 것입니다. 하나님의 지혜는 우주를 만드시고 지구를 만드셨으며 인간을 만드신 지혜이기 때문입니다.

요즘은 인간 지능 '챗GPT'가 계속 인기를 끌고 있는데 사람이 물어보면 대답도 하고 은행 일이나 공장 일도 하고 자동차 운전도 합니다. 그러니까 사실 인간이 만든 지혜는 무한정이라고 말할 수 있습니다. 그러나 하나님의 지혜는 이미 과거형이 되어버렸지만 인간의 지혜는 앞으로 무궁무진한 미래를 가르쳐주고 있으니까 사람들이 인간의 지혜를 더 좋아하는 것 같습니다. 오늘 우리에게 중요한 문제는 하나님의 지혜를 배우는 것이 성공하는 길이냐 아니면 인간의 지혜를 배우는 것이 성공하는 길이냐 하는 것입니다. 인간의 지혜는 당장 써먹을 수 있고 사람들이 인정해 주기 때문입니다. 반면에 하나님의 지혜는 아무리 공부해도 아무도 인정해 주지 않고 성공하는 데 도움 주는 것 같지 않습니다.

저는 목회를 하면서 하나님의 말씀이 제 길이구나 하는 것을 깨달았습니다. 그래서 성경을 강해하기 시작했습니다. 그러나 여전히 저는 세상에서 성공하지 못했고 아무도 알아주는 사람이 없었습니다. 그러나 저는 틀림없이 길을 찾았다는 것은 알았습니다. 제가 하나님의 말씀을 가지고 강해하면서 길을 찾았다고 확신한 이유는 하나님의 말씀을 강해할 때 하나님의 음성이 머릿속에 들리기 시작했기 때문입니다. 그리고 기도 응답이 일어나기 시작했습니다. 그리고 세상 길을 갔던 많은 사람이 한꺼번에 넘어지는 것을 수도 없이 많이 보게 되었습니다. 그리고 설교를 듣는 분들이 말씀을 통해서 길을 찾고 위로받기 시작한 것입니다.

1. 하나님 말씀의 장점

이스라엘 백성이나 오늘 크리스천은 세상의 누구도 갖지 못한 엄청난 장점을 가지고 있습니다. 그것은 하나님의 말씀이 너무나도 가까이 있다는 사실입니다. 옛날에 현장 법사도 불경을 구하러 목숨을 걸고 타클라마칸 사막을 건너 십수 년에 걸쳐 인도에 가서 불경을 구해왔습니다. 그러나 하나님의 백성에게는 주위에 굴러다니는 것이 하나님의 말씀이었습니다. 어린이들이 듣는 아버지나 어머니의 말씀이나 목사님이나 선생님의 말씀이 모두 하나님의 말씀이었습니다. 그리고 하나님의 말씀은 못 하시는 것이 없는 능력의 말씀이었습니다. 하나님은 말씀으로 지구를 만드셨고, 하늘을 견고하게 만드셔서 우리를 숨 쉬게 하고 비가 내리게 하셨습니다. 하나님은 그 능력으로 모세를 통해 홍해가 갈라지게 하시고, 기드온의 기도를 들으시사 이슬이 양털에만 내리게 하셨습니다. 즉 하나님의 말씀은 부드러우면서도 엄청나게 능력이 있었습니다.

4:1, "아들들아 아비의 훈계를 들으며 명철을 얻기에 주의하라"

아들이 듣는 아버지의 훈계는 잔소리가 아니라 바로 하나님 지혜의 말씀이었습니다. 그래서 솔로몬은 아버지의 훈계를 듣는 것으로 끝내지 말고 그것을 흡수하고 녹여서 완전한 자신의 것으로 만들라고 교훈했습니다. 그것이 바로 "명철"입니다. 그래서 아비의 훈계가 하나의 이론이라면 명철은 그 적용입니다. 그런데 우리는 하나님의 말씀이 이렇게 가까이 있는데도 하나님의 지혜를 가지기가 어렵습니다. 그 이유는 우선 하나님의 말씀이 너무 흔하기에 가치를 모르기 때문입니다. 그리고 또 다른 하나는 하나님의 지혜를 배우고 명철을 연습해 봐야 세상에서 성공하는 데는 아무 도움이 되지 않기 때문입니다. 세상 사람들은 세상 지혜로 빨리 성공도 하고 유명해지기도 하는데, 하나님의 지혜는 성공하지도 못하고 남이 알아주지도 않는 것입니다. 그래서 "명철을 얻기에 주의하라"고 했습니다. 이것은 하나님의 말씀을 들었을 때 이 말씀이 나에게 하시는 의미는 무엇인가 생각해보고 적용하려고 노력하라는 것입니다. 그러면 하나님의 말씀이 살아있는 말씀인 것을 조금씩 체험하게 될 것입니다.

4:2, "내가 선한 도리를 너희에게 전하노니 내 법을 떠나지 말라"

이것이 하나님의 지혜를 붙드는데 어려운 점입니다. 하나님은 우리에게 처세술이 아니라 선한 도리를 가르치는 것입니다. 만약 하나

님의 지혜가 우리에게 약삭빠르게 다른 사람을 제치고 성공하는 법을
가르쳐준다면 우리는 신이 나서 들을 것입니다. 그런데 하나님의 지
혜는 자꾸 선한 도리를 가르칩니다. 우리 인간의 마음에는 모두 심술
이 있어서 남이 잘되거나 행복한 것을 좋아하지 않습니다.

그리고 "내 법을 떠나지 말라"고 했습니다. 우리에게는 일단 하나
님의 말씀이 재미없고 우리의 많은 자유를 구속하는 것 같습니다. 우
리가 말이라면 말 울타리를 뛰어넘어서 온 도시를 돌아다니고 싶은데
부수지 말고 뛰어넘어가지 말라고 말씀하시는 것입니다. 그런데 솔로
몬은 자라가면서 이 말씀의 의미를 깨닫게 되었습니다. 솔로몬은 처
음에는 아주 약한 아이였습니다.

4:3, "나도 내 아버지에게 아들이었으며 내 어머니 보기에 유약한 외아
들이었노라"

솔로몬은 아버지인 다윗이 아주 늦은 나이에 낳은 아들이었습니
다. 그리고 솔로몬은 너무 어리고 힘이 없어서 야망을 가진 형들의 손
에 죽을 가능성이 컸습니다. 그래서 솔로몬은 아버지의 말씀을 듣는
것 외에는 선택의 여지가 없었습니다.

4:4, "아버지가 내게 가르쳐 이르기를 내 말을 네 마음에 두라 내 명령을
지키라 그리하면 살리라"

여기서 중요한 것은 "그리하면 살리라"라는 내용입니다. 솔로몬
의 어머니는 아버지와 부정한 관계로 솔로몬의 형을 낳았습니다. 그
런데 그 솔로몬의 형은 낳은 지 일 년 만에 병으로 죽어버렸습니다.
아버지는 솔로몬의 어머니 때문에 망신이라는 망신은 다 당했습니다.
그리고 그의 형 압살롬은 기어코 반란을 일으켜서 아버지를 왕 자리

에서 쫓아내고 자기가 왕이 되기도 했습니다. 형을 지지하는 백성과 아버지를 지지하는 백성이 격돌해서 많은 백성이 죽기도 했습니다. 그런데 솔로몬은 그렇게 잘 생기고 똑똑한 형 압살롬이 사람의 지혜를 따라가다가 죽는 모습을 보았습니다.

솔로몬은 형들의 위세를 감당하지 못해서 왕자이지만 시골로 내려가서 양치기 일을 했습니다. 그러다가 술람미 여인을 만나서 사랑에 빠지게 되기도 했습니다. 그러나 이런 양치기 노릇을 했기 때문에 그 사나운 형들의 눈에 띄지 않게 되었습니다. 만일 솔로몬이 아버지 다윗과 같이 있고 매일 사랑을 받았더라면 쥐도 새도 모르게 죽었을지 모릅니다. 그래서 솔로몬은 하나님의 말씀이 비록 재미는 없고 세상에서 성공하는 길 같지는 않지만, 그것이 자신이 사는 길이라는 것을 깨달았습니다.

솔로몬은 아버지 다윗으로부터 그가 어려서부터 얼마나 가난하고 비전이 없던 소년이었는지를 자주 들었습니다. 그러나 다윗은 하나님의 말씀을 사랑했기 때문에 사무엘로부터 기름 부음을 받았고, 골리앗을 이겼으며, 사울 왕의 그 집요한 추격에서 살아남아서 이스라엘 왕이 되었던 것입니다. 그래서 하나님 말씀의 가치를 아는 사람은 인생의 길을 찾은 사람이고, 결코 악한 자의 함정에 빠져서 죽지 않을 것입니다.

2. 하나님 지혜의 반응

하지만 우리가 하나님의 말씀에 가까이 가는 데는 함정이 많이 있습니다. 그중에는 가난도 있고 세상의 유혹도 있고 마음속의 야망도 있습니다. 그런데 어느 순간부터 하나님의 말씀은 나를 보호하기 시작합니다.

우리가 하나님의 말씀을 붙들게 되는 것은 가난하고 어려움이 찾아왔기 때문입니다. 그래서 하나님은 광야에 있는 이스라엘 백성에게 "사람이 떡으로만 살 것이 아니요 하나님의 입으로부터 나오는 모든 말씀으로 살 것이라"(신 8:3)고 말씀하셨습니다. 이스라엘 백성이나 오늘의 크리스천이 설교 말씀을 듣는 이유는 떡이 없기 때문입니다. 만일 우리에게 돈이 있고 먹을 것이 있으면 우리는 하나님의 말씀을 듣지 않을 것입니다. 그러나 우리에게 먹을 것조차 없으면 우리는 아무 데도 갈 데가 없고 만날 사람도 없을 것입니다. 그래서 우리는 할 수 없어서 말씀을 들으러 옵니다. 그러면 그 설교가 전부 나에게 하시는 말씀이어서 눈물 콧물 범벅이 됩니다. 그런데 이상하게도 그날 먹을 것은 하나님이 누구를 통해서든지 조금 주십니다. 그것이 바로 하나님이 내 가까이 계시는 것이고 하나님의 말씀으로 사는 것입니다.

예수님께서도 기도를 가르치시면서 "우리에게 일용할 양식을 주시옵고"라고 하라고 하셨습니다. 요즘 '그날 먹을 양식이 없는 사람'이 누가 있습니까? 그러나 하루치 양식으로 사는 사람은 사탄의 공격으로부터 보호가 됩니다. 왜냐하면 하나님은 내 옆에 계시기 때문입니다.

또 "그를 사랑하라"고 했습니다. 이것은 하나님을 사랑하고 하나님의 말씀을 사랑하라는 뜻입니다. 그러나 우리는 하나님의 말씀을 사랑하기가 어렵습니다. 하나님의 말씀은 어려운 데다가 너무 분량이 많기 때문입니다. 그래서 우리는 하나님의 말씀을 사랑하려고 하다가도 무슨 뜻인지 몰라서 그만둘 때가 많습니다. 그래서 설교가 필요하고 체계적인 성경공부가 필요한 것입니다. 그러면 하나님의 음성이 우리를 지켜주십니다. 즉 "그것은 하지 말라", "그 사람은 상대하지 말라", "설교에서 그것은 빼라"고 하시는 등의 말씀을 하시는 것입니다. 이것이 바로 우리를 보호해 주시는 것입니다. 그런데 어떤 사람은 굳이 자기 생각이 옳다고 생각해서 다른 사람과 끝까지 싸우는 사람들이 있는데 결국에는 상처투성이가 되고 맙니다.

4:7, "지혜가 제일이니 지혜를 얻으라 네가 얻은 모든 것을 가지고 명철을 얻을지니라"

세상에서 하나님의 말씀이 최고입니다. 그래서 사도 바울은 자기가 자랑하던 모든 것을 배설물로 생각하게 된 것은 "그리스도 예수를 아는 지식이 가장 고상하기 때문이라"(빌 3:8)고 했습니다. 사실 이 우주에서 하나님의 지혜보다 더 놀라운 것이 어디 있겠습니까? 그런데 그 지혜가 글로 쓰여 있다는 것이 기적입니다. 이 지혜가 제일(No.1)입니다. 그리고 다른 지혜는 무익한 것은 아니지만 이 지혜에 미치지 못합니다. 이 세상의 다른 지혜는 더 나은 지혜가 오게 되면 아무 가치가 없어지게 됩니다.

3. 지혜를 사랑하는 자

하나님의 지혜를 사랑하고 높이면 하나님의 지혜도 그 사람을 높여주고 영화롭게 합니다.

4:8, "그를 높이라 그리하면 그가 너를 높이 들리라 만일 그를 품으면 그가 너를 영화롭게 하리라"

솔로몬은 이것을 직접 경험했습니다. 그는 아버지뻘 되는 형들로 부터 죽임을 당할 수 있었습니다. 그러나 그가 하나님의 지혜를 사랑하니까 아버지도 오래 사서서 솔로몬이 어느 정도 독립할 수 있을 때까지 버티어주었습니다. 솔로몬은 어렸을 때와 청소년 때 하나님의 말씀을 사랑했습니다. 그러니까 지혜가 솔로몬을 높여서 왕이 되게 했습니다. 또 그는 왕이 된 것으로 만족하지 않고 일천번제를 드리면서 하나님으로부터 나라를 다스리는 지혜를 구했더니 하나님은 솔로몬에게 구하지도 않은 모든 부귀와 영화를 다 주셨습니다.

하나님은 사무엘에게 "나를 존중히 여기는 자를 내가 존중히 여기고 나를 멸시하는 자를 내가 경멸하리라"(삼상 2:30)고 하셨습니다. 즉 하나님의 말씀을 사랑하는 것이 하나님을 높여드리는 것입니다. 이것은 솔로몬에게간 해당되는 것이 아닙니다. 우리가 하나님의 말씀을 사랑하면 자기도 모르는 사이에 존귀한 자가 되어 있습니다. 왜냐하면 사람들의 입에서 자꾸 소문이 나기 때문입니다.

4:9, "그가 아름다운 관을 네 머리에 두겠고 영화로운 면류관을 네게 주리라 하셨느니라"

솔로몬은 머리에 영화로운 면류관을 쓰고 왕이 되었습니다. 그 아버지 다윗도 그렇게 사울이 죽이려고 했지만 영화로운 면류관을 쓰고 마침내 왕이 되었습니다. 우리도 간혹 높은 자리에 올라갈 가능성이 없는데 경쟁자들이 모두 망하는 바람에 그 자리에 올라갈 때가 있습니다. 그러나 우리는 높은 자리에 올라가기 전에 먼저 바닥에 내려가봐야 합니다. 왜냐하면 인생의 바닥에 높은 곳으로 올라가는 엘리베이터가 있기 때문입니다.

4:10-12, "내 아들아 들으라 내 말을 받으라 그리하면 네 생명의 해가

하나님의 말씀을 받으면 아무래도 욕심을 버리게 됩니다. 욕심을
내지 않는 것이 장수하는 비결입니다. 빨리 죽는 것보다는 오래 사는
것이 낫습니다. 그리고 오래 살 바에는 건강하게 오래 살아야 합니다.
모든 것을 다 잘하려고 하면 일찍 죽습니다. 특히 욕심을 부리면 분노
가 생기기 때문에 빨리 죽게 됩니다. 남을 해치고 공격하는 사람도 끝
이 좋지 않습니다. 우리는 모두 걸어가도 피곤하지 않고 달려가도 넘
어지지 않는 체력을 기르시기 바랍니다.

11

마음을 지키기

잠 4:13-27

성경은 우리에게 가장 중요한 것은 우리 마음을 지키는 것이라고 했습니다. 더럽혀지지 않은 깨끗한 마음은 이 세상의 어떤 성공보다 귀하기 때문입니다. 마음이 깨끗해야 하나님이 우리 마음에 최고 멋진 그림을 그리시기 때문입니다.

지금까지의 잠언을 요약해 보면 첫째, 하나님을 알고 하나님을 경외하는 것이 지혜의 근본이라고 했습니다. 여호와를 경외한다는 것은 언제나 하나님의 임재하심 앞에서 사는 것을 말합니다. 그리고 둘째는 하나님의 지혜가 이스라엘 백성이나 예수 믿는 사람들에게는 너무 가까이 있다는 것입니다. 그러나 사람들은 하나님의 말씀이 너무 흔하므로 오히려 무시하고 세상의 새로운 어떤 지식을 따라가려고 합니다. 그리고 세 번째는 지혜의 가치는 금이나 은이나 어떤 보석보다 귀하다는 것입니다. 사실 세상에서는 하나님의 말씀이 돈이나 금보다 더 가치 있다고 생각하지 않습니다. 하나님의 말씀은 이야기가 많이 있고 또 읽어도 모르는 내용들이 많습니다. 그러나 하나님의 말씀을 망치로 두들겨서 깨면 그 안에서 에너지가 나옵니다. 그리고 네 번째는 지혜를 높이라는 것입니다. 우리가 지혜를 높이면 지혜가 우리를 높여줍니다. 그래서 성경을 보면 전혀 별 볼 일 없는 사람들이 높은 사람이 된 예들이 많이 있습니다.

본문의 잠언 말씀은 하나님의 지혜를 어떻게 구체적으로 내 생활에 적용하는지 교훈해 주고 있습니다.

1. 하나님의 말씀을 놓치지 말라

우리가 살아갈 때 가장 중요한 것은 한평생 하나님 말씀의 밧줄을 놓치지 않는 것입니다.

4:13, "훈계를 굳게 잡아 놓치지 말고 지키라 이것이 네 생명이니라"

만약 어떤 사람이 절벽에서 떨어졌는데 구사일생으로 밧줄을 붙들고 매달려 있다면 절대로 그 밧줄을 놓아서는 안 됩니다. 그 밧줄을 놓는 즉시 절벽에서 떨어져 죽기 때문입니다. 그래서 솔로몬은 훈계를 굳게 잡아 놓치지 말고 지키라고 하면서 이것은 네 생명이라고 했습니다.

오래된 등산 영화 중에 〈버티칼 리미트〉라는 영화가 기억납니다. 이 영화의 첫 장면에 아버지와 아들과 딸이 미국에서 수직 절벽을 암벽등반 하다가 그 위에 있던 젊은이들이 떨어지는 바람에 줄 하나에 너무 많은 사람이 매달려서 다 죽게 되는 위기의 상황이 나옵니다. 그때 아버지는 칼로 등산 밧줄을 자르라고 해서 딸과 오빠만 살리고 아버지와 그 위에서 떨어져 밧줄을 잡았던 젊은이들은 다 떨어져 죽게 됩니다.

우리가 한평생 하나님 말씀의 밧줄을 붙잡아야 하는 이유는 이 세상에는 위험한 순간이 너무나도 많기 때문입니다.

4:14, "사악한 자의 길에 들어가지 말며 악인의 길로 다니지 말지어다"

이 말씀은 옛 개역성경이 더 이해하기 좋은 것 같습니다. 거기에는 "사특한 자의 첩경에 들어가지 말며"라고 했습니다. 여기서 "첩경"은 지름길을 말합니다. 악한 자들은 항상 지름길을 달려서 갑니다. 그래서 하나님의 말씀이 없는 사람들은 무자비하게 경쟁자를 물리치고 정상의 자리에 올라갑니다. 그러나 정상의 자리에는 아무것도 없습니다. 거기에는 대화를 나눌 사람도 없습니다. 모든 사람이 그를 어려워하고 같이 있으려 하지 않기 때문입니다. 그의 머리는 뛰어나지만 이야기하거나 어울릴 사람이 없으니까 결국 죄의 길에 빠지게 됩니다. 그래서 일단 자기가 잘 모르는 길로는 아무리 성공하는 길이라 해도 따라가지 말아야 합니다.

그런데 우리는 어떻게 자기가 가고 있는 길이 악한 길인지 바른길인지 알 수 있을까요? 만약 우리가 가는 길이 이상하게 돈을 너무 쉽게 벌고 너무 빨리 성공하거나 너무 빨리 유명해지는 길이라면 나쁜 길일 가능성이 큽니다. 이 세상은 그렇게 쉽게 생각할 곳이 아니기 때문입니다. 설사 그렇게 해서 성공하는 사람이 있다 해도 우리는 그렇게 빨리 성공하는 길을 따라가서는 안 됩니다. 우리가 너무 빨리 성공하고 유명해질 때 이미 그 마음은 세상에 빠져 있고 더 이상 마음과 뜻과 정성을 다하여 하나님의 말씀을 듣지 않기 때문입니다.

4:15, "그의 길을 피하고 지나가지 말며 돌이켜 떠나갈지어다"

옛날에도 어려움에 처한 사람들에게 뇌물을 요구한다든지 협박하거나 위협해서 돈을 뜯어내거나 거짓말을 하거나 사기를 쳐서 돈을 우려내는 사람들이 많이 있었던 것 같습니다. 하나님의 백성은 아무리 생활이 어려워도 악한 자에게 이용되는 길을 가서는 안 됩니다. 즉 그런 길은 피해야 하는 것입니다.

요즘 우리나라에서 많은 사람이 피해 보고 있는 것이 보이스피싱입니다. 나쁜 사람들이 아들이나 딸이 문자로 메시지를 보내는 것처럼 해서 자신이 어려움에 빠져 있는데 아빠가 도와주어야 한다는 문자를 보냅니다. 그러면 학생 자녀가 있는 부모는 가슴이 덜컥 내려앉으면서 무조건 그들에게 돈을 보내게 됩니다.

우리 사회에 다단계에 빠진 청년들이 얼마나 많은지 모릅니다. 사채를 빌리면서 신체 포기각서를 쓰고 결국 갚지 못하는 바람에 콩팥 하나를 뺏긴 사람도 있습니다. 그래서 무엇인가 일이 너무 쉽게 풀리거나 상대방이 너무 말을 잘하거나 너무 큰돈을 버는 것일 때라면 그 길은 나쁜 길이라고 생각해야 합니다.

4:16, "그들은 악을 행하지 못하면 자지 못하며 사람을 넘어뜨리지 못하면 잠이 오지 아니하며"

악한 사람들은 마음이 악한 데로 비뚤어져서 하루에 하나라도 악한 짓을 하지 않으면 마치 숙제를 하지 않은 것처럼 잠이 오지 않고 다른 사람을 망하게 해야 잠이 옵니다. 결국 이들은 중독자이기 때문에 단 하루라도 악한 일을 도모하지 않으면 살맛이 나지 않는 것입니다. 예를 들어서 알코올 중독자가 하루라도 술을 마시지 않으면 잠이 오겠습니까? 어떤 사람은 술을 너무 좋아해서 알코올 중독이 되는 바람에 인생을 망쳐서 노숙자가 되었다고 합니다. 연쇄 살인자도 한번 살인하고 나면 불안해서 또 살인하게 된다고 합니다.

4:17, "불의의 떡을 먹으며 강포의 술을 마심이니라"

이들이 벌어들이는 수입은 모두 "불의의 떡"이고 그들이 마시는 술은 남에게 빼앗은 돈으로 마시는 "강포의 술"입니다. 이 세상에서 그들은 대단한 권세가 있는 사람인 것 같지만 언젠가는 그들의 악한 짓이 다 드러나게 될 것입니다.

2. 마음을 지키는 것

돈이나 귀한 보석이 집에 있으면 다른 사람에게 빼앗기지 않으려고 보안에 신경을 많이 쓸 것입니다. 그런데 이 세상에서 다른 것은 다 빼앗기거나 잃어버려도 되지만 절대로 잃어버려서는 안 되는 것이 있는데 그것은 바로 우리의 마음입니다. 우리의 마음을 빼앗겨버리면 우리의 육신도 빼앗기게 되고 나중에는 돈이나 집이나 직장까지 다 빼앗기게 되는 것입니다.

4:18, "의인의 길은 돋는 햇살 같아서 크게 빛나 한낮의 광명에 이르거니와"

우리가 우리 마음을 잘 지키고 있으면 하나님은 우리에게 성공할 기회를 반드시 주십니다. 그때 우리는 떠오르는 태양같이 빛나게 됩니다. 왜 의인이 준비되는 시간이 필요할까요? 일단 사람들이 의인을 알아보지 못하기 때문입니다. 사람들은 악에 실컷 속은 다음에야 비로소 이것이 잘못되었다는 것을 깨닫고 다른 것을 찾게 됩니다.

그리고 아무리 의인이라 하더라도 권력을 가지거나 성공하게 되면 결국 그도 교만해져서 돈에 자기 양심을 팔게 되고 부패하기 시작하는 것입니다. 그래서 하나님의 백성이 죄짓지 않고 교만하지 않으려면 철저하게 인생 밑바닥에서 고생을 해보아야 합니다. 그래서 때가 되면 의인이 갑자기 유명해지게 되는데 그때에 사람들이 그의 가치를 알게 되는 것입니다.

악한 자는 이 세상도 좋지 않게 생각하지만 더 중요한 것은 하나님과 원수라는 사실입니다. 그래서 그들은 세상을 우습게 알고 잘 나가는 것 같지만 결국 밧줄이 없어서 절벽에서 떨어져 망하고 마는 것입니다. 우리가 사람을 의지하는 것은 마치 거미줄을 붙잡는 것과 같습니다. 교사들은 학교에서 가르치다가 시험에 꼭 나올만한 것은 학생에게 정신을 차리고 들으라고 하고, 어떤 분은 밑줄을 치라고 강조하기도 합니다. 왜냐하면 그것은 중요한 문제이기 때문입니다.

이 내용은 하나님 말씀의 밧줄을 절대로 놓치지 말라는 뜻입니다. 그리고 악한 자들이 아무리 좋은 계획을 이야기해도 속지 말라고 강조합니다. 왜냐하면 그 결과는 파멸이기 때문입니다. 하나님의 말씀은 자동차의 안전벨트와 같습니다. 안전벨트 하는 것은 귀찮은 일입니다. 안전벨트 하는 것이 귀찮다고 하지 않으면 목숨이 위험해질 수도 있습니다. 그래서 하나님의 말씀은 주의해서 마음속에 새겨놓으라고 했습니다. 왜냐하면 이것은 생명과 관계되기 때문입니다.

요즘 우리는 원인도 모르고 암에 걸리는 경우가 많습니다. 그래서 반드시 몸이 아프기 전에 건강검진을 착실하게 해서 초기에 암을 찾아내야 합니다. 요즘은 암을 조기에 발견하기만 하면 백 퍼센트 살 수 있습니다. 그러나 늦으면 목숨이 위태롭게 됩니다. 요즘 사람들은 말 한마디 해도 은혜롭고 살리는 말을 하지 않고 사람을 죽이는 말을 합니다. 그렇다고 해서 우리가 산에 가서 자연인으로 살 수는 없을 것입니다. 그래서 자꾸 하나님의 말씀을 속에 담으면 성령이 충만해서 다른 사람이 무슨 소리를 해도 귀에 들리지 않게 됩니다. 나쁜 말은 듣지 않는 것이 좋고 나쁜 전화는 받지 않는 것이 좋습니다. 그리고 하나님의 말씀을 마음에 충만하게 담는 것이 우리 육체의 건강을 지키는 비결입니다.

오늘 두 번째로 가장 중요한 말씀이 이 구절입니다.

4:23, "모든 지킬 만한 것 중에 더욱 네 마음을 지키라 생명의 근원이 이에서 남이니라"

우리가 가장 도둑맞기 쉬운 것이 마음입니다. 우리 마음을 빼앗기면 너무나도 속이 아프게 되고 회복하는 데도 오래 걸리게 됩니다. 사랑했던 사람으로부터 배신당했을 때 빨리 잊어야 하는데 잊지 못하고 마음 아플 때가 많습니다. 또 누군가가 나쁜 말로 내 속을 뒤집어 놓았을 때 화병이나 우울증이나 공황장애가 오면 죽을 수도 있고 인생 살맛이 없어지기도 합니다.

그리고 누군가가 아무리 좋은 이야기를 하더라도 다 믿으면 안 됩니다. 우리의 앞일이 어떻게 될지 아무도 모르기 때문입니다. 그리고 어떤 사람을 너무 믿었다가 그것이 아닌 것이 나타나면 크게 실망하거나 혹은 너무 배신당했을 경우 충격을 받아서 화병이 생기게 됩니다. 차라리 기대하지 않았는데 그 사람이 의외로 충성되고 일을 잘하면 기쁨이 될 것입니다.

3. 바른 길을 찾으라

우리가 길을 갈 때 바른길이 없는 곳으로 가게 되면 발이 돌에 걸리기도 하고 수렁에 빠지기도 하거나 넘어져서 다칠 때도 있습니다. 이제 고인이 된 어느 유명한 여류 작가는 계단으로 내려오다가 발을 헛디뎌서 넘어지는 바람에 발을 부러트러서 목발을 하고 다닌 적이 있다고 했습니다. 이때 그 작가는 어렸을 때 엄마가 자기에게 "길을 갈 때는 딴생각하지 말고 길만 봐라"고 하신 말씀이 생각나더라고 했습니다. 아마 그분은 너무나도 상상력이 풍부해서 길을 가면서 자꾸 생각하는 바람에 걸려 넘어질 때가 많았던 것 같습니다.

4:24, "구부러진 말을 네 입에서 버리며 비뚤어진 말을 네 입술에서 멀리 하라"

"구부러진 말"은 바르지 않은 말입니다. 더욱이 남의 말을 옮기면서 과장하기도 하고 자기 생각을 덧붙여서 말하면 듣는 사람은 속에서 불이 붙게 됩니다. "비뚤어진 말"은 아예 입술에서 멀리하라고 했습니다. 즉 정확한 말이 아닌 것은 하지 말라는 것입니다. 그리고 아무리 정확한 말이라 하더라도 좋지 않은 말은 하지 않는 것이 좋습니다. 우리가 신앙생활을 하면서 느끼는 것이지만 이 말을 할까 말까 하다가 안 했을 경우 99퍼센트가 잘한 것으로 나타나게 됩니다. 말을 함부로 하는 사람은 다른 사람의 멸시를 당하게 됩니다.

4:25, "네 눈은 바로 보며 네 눈꺼풀은 네 앞을 곧게 살펴"

다른 사람을 쳐다볼 때 위에서부터 아래로 눈이 왔다 갔다 하는 사
람이 있습니다. 다른 사람이 자기를 보는데 아래위로 훑어보는 것보
다 기분 나쁠 때가 없습니다. 사람은 눈을 똑바로 떠야 합니다. 눈을
게슴츠레하게 뜨거나 흘겨서 보거나 하면 좋은 인상을 주지 못할 것
입니다. 눈꺼풀도 이상하게 속눈썹이나 달지 말고 앞을 바로 보아서
무엇이 앞에 있는지 살펴야 합니다.

우리 인생에 자신이 걸어가야 할 길을 찾는 것이 중요합니다. 그
길은 좁은 길입니다. 아무도 다니지 않고 빨리 갈 수도 없고 사람들이
알아주지도 않는 길입니다. 그러나 그 길은 가면 갈수록 평탄해 집니
다. 그리고 그 길은 튼튼해서 무너지거나 땅이 꺼지지 않습니다.

우리는 하나님의 바른길을 어떤 대가를 지불하더라도 찾아야 합
니다. 그런데 그 길은 하나님의 말씀 안에 있습니다. 즉 우리가 하나
님의 말씀을 붙잡으면 하나님의 말씀이 내 길을 이끌어줍니다. 그리
고 길을 한번 찾았으면 길을 바꾸면 안 됩니다. 세상 욕심에 끌려서
더 멋져 보이는 길을 보고 따라갔다가는 망하는 사람들이 많습니다.
하나님 말씀의 밧줄을 꼭 잡아매시기 바랍니다. 그리고 다른 것보다
하나님께서 우리 마음에 아름다운 그림을 그리시도록 우리 마음을 잘
지켜야 할 것입니다.

12

음녀의 함정

잠 5:1-14

우리 교회에는 예전에 돌아가신 어느 권사님이 계십니다. 그분은 아들이 무려 다섯인가 있는 남자에게 시집왔는데 그분은 자기 아이를 낳지 않았습니다. 그리고 전처가 낳은 아들들을 자기 아들같이 사랑하고 키웠습니다. 그는 우리 교회 권사가 되었고 아들들 그리고 손자 손녀들도 모두 훌륭한 신앙의 인물이 되었습니다. 저는 늘 마음속으로 그분을 천사라고 생각하고 있습니다.

본문을 보면 왜 우리가 하나님의 지혜를 밧줄과 같이 몸에 감고 다니며, 하나님의 지혜를 최고로 생각하고 살아야 하는지 그 이유가 나옵니다. 그 이유는 바로 이 세상에 너무나도 많은 음녀가 있기 때문입니다. 여기서 음녀는 당장은 너무나도 나를 사랑하고 나에게 잘해주며 그가 하는 말을 따라 하면 틀림없이 모든 것이 잘될 것처럼 말하는 여인입니다. 그러나 그녀의 말은 다 거짓이고 그녀의 말에 속아서 따라간 사람은 자신의 소중한 것을 다 빼앗기고 패가망신하고야 마는 것입니다.

1. 음녀의 정체

음녀는 겉으로 보기에는 너무나도 아름답게 생긴 여인일 것입니다. 그뿐만 아니라 그녀는 겉으로 진정으로 나를 사랑해 주고 그가 하는 말은 전부 다 옳은 소리 같아 보일 것입니다. 그러나 그녀는 사실 나를 사랑하는 것이 아니라 내 돈을 사랑하고 있으며, 내 속 알맹이를 쪽 다 빼먹기 위해서 잘 해주는 여인입니다. 그 남자가 이 사실을 깨달았을 때는 이미 자신이 망한 후일 것입니다.

5:1-2, "내 아들아 내 지혜에 주의하며 내 명철에 네 귀를 기울여서 근신을 지키며 네 입술로 지식을 지키도록 하라"

지금 수도 없이 아버지는 아들에게 "내 지혜에 주의하며 내 명철에 네 귀를 기울이라"고 경계하고 있습니다. 그 이유는 이 세상에는 반드시 우리를 꾀어서 멸망에 빠지게 하는 음녀가 있기 때문입니다. 적어도 우리가 하나님의 말씀을 배우고 있을 때는 세상에 빠질 시간이 없습니다. 이것만 해도 말씀 공부가 얼마나 대단히 중요한지 알 수 있습니다. 저는 차를 운전해서 가다가 당당해질 때가 있습니다. 그것은 바로 경찰이 음주 운전을 단속할 때입니다. 경찰이 어느 곳에서 음주 단속을 하더라도 저는 거기에 안 걸릴 자신이 있습니다. 술을 절대로 마시지 않기 때문입니다.

5:3, "대저 음녀의 입술은 꿀을 떨어뜨리며 그의 입은 기름보다 미끄러우나"

여기서 "음녀"라고 해서 반드시 술집에서 술을 파는 여자를 말하는 것이 아님을 알 필요가 있습니다. 여기 음녀는 세상적으로 정상적이지 않은 성공의 방법일 뿐 아니라 신앙 양심을 버리고서라도 성공하고 싶은 자기 자신의 야망이라고도 볼 수 있습니다. 그런데 이런 음녀의 입술은 "꿀을 떨어뜨린다"고 했습니다. 즉 음녀의 말을 듣고 있는 동안이나 음녀가 사랑을 속삭이고 육체의 사랑을 나누고 있는 동안은 마치 꿀이 입안으로 흘러들어오는 것처럼 행복하다는 것입니다.

사람들은 아무리 자기 생각이 확고하다 하더라도 아내가 이불 속에서 몇 번만 속닥속닥하면 넘어가지 않을 남자가 없다고 합니다. 음녀의 말은 너무나도 달콤합니다. 이것은 자기 스스로가 자기를 유혹하는 것일 수도 있습니다. 즉 자기가 자신에게 음녀 역할을 하는 것입니다. 예를 들어 어떤 곳에 빚을 내어서 투자하자고 한다든지, 예수만 믿을 것이 아니라 높은 사람들과 비싼 술집에 가서 한번 진탕 술을 마시고 취해보자고 한다든지, 이번 기회에 한번 마약을 한번 해보자든지, 한번 실컷 노름에 빠져서 떼돈을 벌어보자고 생각하는 것입니다. 이처럼 어떤 때는 자신의 야망이나 호기심이 음녀일 때도 있고, 어떤 때는 가장 믿었던 친구가 음녀일 때도 있습니다. 그러나 처음 이런 사람들의 말을 들어보면 너무 달콤하고 맛이 있어서 꼭 그렇게 될 것 같은 생각이 드는 것입니다. 그런데 음녀의 생각은 그 부작용에 대해서는 절대로 말하지 않는다는 것입니다.

음녀의 대표적인 케이스가 삼손을 유혹했던 들릴라입니다. 삼손은 들릴라라는 여인을 사랑했습니다. 틀림없이 그녀는 아름답게 생겼을 것입니다. 그 여자는 삼손을 사랑하는 것 같았습니다. 그 여자가 삼손에게 자주 했던 말은 무엇입니까? 사랑하는 사람 사이에는 비밀이 없어야 한다는 것이었습니다. 들릴라는 삼손에게 분명히 자기에게 말하지 않는 비밀이 있다고 하면서 가르쳐주지 않는 것은 자기를 사랑하지 않기 때문이라고 계속 불평했습니다. 삼손은 비밀을 말할 수 없고 들릴라 같이 아름다운 여자를 잃기는 싫고 그래서 그 둘 사이에서 엄청나게 고민했습니다. 들릴라의 말은 언제나 삼손의 입술에 꿀

같이 달았습니다. 그래서 드디어 삼손은 들릴라가 자기를 사랑하기 때문에 틀림없이 자기의 비밀을 지킬 것이라고 믿게 됩니다. 그리고 자신의 비밀을 이야기했습니다. 그 결과 삼손은 들릴라에게 속아서 머리털이 밀리고 눈알이 뽑히고 쇠사슬에 묶여서 블레셋으로 끌려가게 됩니다.

음녀의 입은 "기름보다 더 미끄럽다"고 했습니다. 음녀의 말은 다른 사람의 입에 닿기만 하면 그대로 목구멍으로 빨려 들어가 버리는 것입니다. 음녀는 누구든지 입술이 가까이 오기만 하면 빨아들여서 열정적으로 사로잡아 버리는 것입니다. 우리가 하나님의 말씀을 붙들어야 하는 이유는 바로 이 음녀 때문입니다. 음녀는 자기 자신일 수 있고 친구일 수 있고 가장 믿는 사람일 수도 있습니다. 그러나 음녀의 말 속에는 우리 인생을 망치는 무서운 독이 들어있습니다.

5:4, "나중은 쑥 같이 쓰고 두 날 가진 칼 같이 날카로우며"

여기서 "쑥"은 '독풀'을 의미합니다. 음녀가 말하는 이야기는 전부 너무나도 맛있는데 나중에 결과를 보면 그것이 전부 독이었다는 사실을 알게 됩니다. 즉 독풀을 먹거나 그것에 닿게 되면 가렵고 배가 아프고 잘못하면 죽을 수도 있는 것입니다. 더욱이 음녀의 말은 날카로운 면도날과 같아서 살짝 건드리기만 해도 베여서 피가 나는데, 이런 날카로운 칼을 가지고 휘두르게 되면 결국 온몸이 피투성이가 되어서 중상을 입든지 죽게 되는 것입니다. 그래서 이 세상에서 가장 무서운 여자는 손에 면도날을 들고 웃으면서 가까이 오는 음녀입니다.

그래서 입이 달콤한 말은 언제나 주의해야 하고 멀리 해야 합니다. 그뿐만 아니라 너무나도 목구멍에 잘 넘어가는 제안도 멀리 해야 합니다. 그것이 쑥이고 양면 면도날이기 때문입니다. 그런데 많은 경우 자기 자신이 음녀가 되는 때도 많습니다. 또 철저하게 믿었던 사람이 음녀일 수도 있습니다. 이 세상은 결코 그렇게 쉽지 않으며 간단하지 않습니다. 그래서 우리는 아무리 고생하더라도 나만의 길을 찾아야 하는데, 그 길은 바로 좁은 길이고 찾기 어려운 길입니다.

이 구절을 쉽게 말하면 "죄의 삯은 사망이라"는 뜻입니다. 즉 이 세상에서 쉽게 돈 벌고 인기 끌고 육체적인 향락을 즐기는 것은 너무나도 달콤하지만 그것의 결과는 결국 사지(죽음)라는 것입니다. 그래서 자기 야망이나 악마의 말을 듣는 것은 죽음으로 내려가기 시작하는 첫걸음입니다. "스올"은 무덤을 말합니다. 마귀가 예수님에게 한 시험을 한번 살펴보시기 바랍니다(마 4:1-11). 이 얼마나 달콤한 유혹입니까? 그러나 그 달콤한 말들은 모두 독이 들어있는 말입니다.

2. 음녀의 말을 따라간 결과

우리는 모두 이 세상에서 빨리 성공하고 유명하고 부자가 되고 싶은 욕망이 있습니다. 마귀는 이 세상에서 가장 아름다운 여성이나 혹은 말을 잘하는 사람을 앞세워서 성공시켜 주겠다고 약속합니다. 그 대신 자기 말을 들어야 하고 하나님의 말씀은 버려야 한다는 조건을 내겁니다. 그런데 세상의 성공은 눈에 보이는데 하나님의 약속은 눈에 보이지 않고 정반대로 간다는 사실 때문에 눈앞에 보이는 유혹에 끌리게 됩니다. 그래서 하나님의 말씀에 무조건적인 신앙을 가지지 않으면 당장의 행복과 성공을 위하여 음녀의 말에 넘어가게 됩니다. 사람이 일단 야망과 정욕에 눈이 한번 뒤집히면 절대로 생명의 길이 보이지 않게 됩니다.

5:6, "그는 생명의 평탄한 길을 찾지 못하며 자기 길이 든든하지 못하여
도 그것을 깨닫지 못하느니라"

우리가 찾는 "생명의 평탄한 길"은 무엇입니까? 그것은 이 세상에
는 길이 없는데 길을 찾는 것입니다. 홍해 앞에 선 이스라엘 백성에게
는 길이 없었습니다. 사울에게 쫓기던 다윗에게는 미래가 없었습니
다. 바벨론에 포로로 붙들려간 다니엘에게는 소망이 없었습니다. 그
들은 살 수 없는 세상에서 살아야 했습니다. 그러니까 얼마나 가슴이
졸이고 절망할 때가 많았겠습니까? 우리가 찾는 길은 그냥은 절대로
찾을 수 없는 길입니다. 그래서 무조건 말씀을 믿고 가다가 보면 바른
길로 가게 됩니다.

물론 생명의 길이 평탄하다고 하지만 처음에는 절대로 그렇지 않
습니다. 이 길은 가난과 치욕의 길이요 아무도 알아주지 않는 길입니
다. 이 길에는 가시덤불도 있고 사망의 음침한 골짜기도 있고 괴물들
의 공격도 있습니다. 그러나 어느 정도 길을 가다 보면 길이 평탄하게
닦여 있는 것을 보게 됩니다. 그때는 이미 우리가 이 세상에서도 성공
한 순간입니다. 그러나 음녀의 말에 속아 넘어간 자들은 지금 자기가
서 있는 땅이 꺼지고 있는 사실도 알지 못합니다. 그래서 자기도 알지
못하는 순간에 땅이 꺼져버리고 그 안에 떨어져 버리는 것입니다. 이
때는 모든 것을 다 잃어버리고 알거지가 됩니다.

아버지는 아들에게 또 주의를 줍니다.

5:7-8, "그런즉 아들들아 나에게 들으며 내 입의 말을 버리지 말고 네 길
을 그에게서 멀리 하라 그의 집 문에도 가까이 가지 말라"

왜 아버지는 아들에게 이렇게 수도 없이 잔소리하듯이 "나에게 들
으며 내 입의 말을 버리지 말고" 음녀의 길을 멀리하라고 주의를 줄

까요? 그것은 바로 우리의 본성이 음녀의 본성과 뜨 맞기 때문입니다. 우리는 마음의 길 자체가 휘어있고 비뚤어져 있기 때문에 바른길 가는 것보다는 비틀어진 길을 가는 것이 기질에 딱 맞습니다. 그뿐만 아니라 우리는 가지 못한 길에 대한 호기심이 있어서 자꾸 딴 길로 가보려고 하는 것입니다. 그래서 이사야 선지는 "우리는 다 양 같아서 자기 길로 갔다"고 자책하고 있습니다(사 53:6).

우리는 음녀의 길에 너무 길들여 있습니다. 그래서 우리는 음녀를 만나지 못해서 그 길로 못 빠지는 것이지, 만일 만나기만 한다면 열이면 열 전부 기꺼이 음녀의 말에 넘어갈 것입니다. 우리는 너무 성공하거나 높아진다고 해서 절대로 좋아할 것이 아닙니다. 성공의 꽃다발 안에는 사망이라는 꽃뱀이 들어 있기 때문입니다. 그래서 세상에서 빨리 성공시켜 주겠다든지 무엇인가 비상식적인 제안을 하는 사람은 가까이하지도 말고 그 집 문을 두드려서도 안 됩니다. 그 미끼를 무는 순간 존경과 신뢰와 심지어는 생명까지 다 잃어버리게 되는 것입니다.

5:9, "두렵건대 네 존영이 남에게 잃어버리게 되며 네 수한이 잔인한 자에게 빼앗기게 될까 하노라"

사람이 죄를 지었다는 사실이 밝혀지는 순간 그의 명성과 계급과 신뢰는 모두 깡그리 무너지게 됩니다. 사람은 존경과 사랑을 먹고 사는데 죄가 드러나는 순간 존경과 신뢰가 모두 날아가 버리기 때문입니다. 그뿐만 아니라 자존심이 강한 사람은 그 치욕을 견디지 못해서 자살하거나 울화가 생겨서 죽을 가능성이 큽니다.

5:10, "두렵건대 타인이 네 재물로 충족하게 되며 네 수고한 것이 외인의 집에 있게 될까 하노라"

어떤 사람은 부정한 방법으로 돈을 많이 벌었습니다. 그는 나중에 법원의 판결에 의해 그 돈을 전부 다 내놓아야 합니다. 그뿐만 아니라 질병이 오는 바람에 오래 살지 못하고 죽는 경우도 있습니다. 그렇게 죽고 나면 돈을 모은 것이 아무 소용 없습니다. 죽지 않고 살아 있어야 돈이 가치가 있는 것이지 죽어버리면 돈은 아무 소용도 없습니다.

3. 어리석은 자의 마지막 탄식

어리석은 자는 자기가 망한 후에야 자기가 잘못 걸었다는 사실을 깨닫고 과거를 후회하게 됩니다. 그러나 그것은 아무 소용 없습니다. 왜냐하면 아무도 그의 과거를 돌이킬 수 없기 때문입니다.

> 5:11-13, "두렵건대 마지막에 이르러 네 몸, 네 육체가 쇠약할 때에 네가 한탄하여 말하기를 내가 어찌하여 훈계를 싫어하며 내 마음이 꾸지람을 가벼이 여기고 내 선생의 목소리를 청종하지 아니하며 나를 가르치는 이에게 귀를 기울이지 아니하였던고"

가끔 노숙인들을 만나서 인터뷰 하는 동영상을 보게 됩니다. 거기서 기자가 왜 노숙인이 되었느냐고 물어보면 사기당했다고 하는 사람들이 많은데, 그것은 진실이 아닌 것 같습니다. 그런데 놀라운 것은 이런 사람 중에 많은 이들이 어렸을 때는 교회를 다녔다는 사실입니다. 이제 그는 옛날을 생각하면서 '왜 내가 그때 하나님의 말씀을 가르쳐 주는 선생님의 말을 소홀히 했던고' 하며 후회하게 되는 것입니다.

제 친했던 친구들이 있었습니다. 그중에 한 명은 교회가 마음에 들지 않아서 교회 중고등부를 나오지 않았습니다. 그 친구는 인성이 아주 좋았고 진실했습니다. 그러나 그는 다른 종교에서 하는 금식 수

련회를 따라갔다가 집에 돌아와서 밥을 먹다가 죽어버렸습니다. 그 친구 장례식에서 그의 형은 우리에게 그를 때려서라도 왜 교회에 끌고 가지 않았느냐고 원망 섞인 말을 했습니다.

5:14, "많은 무리들이 모인 중에서 큰 악에 빠지게 되었노라 하게 될까 염려하노라"

결국 그는 많은 사람들 앞에서 잘못된 길로 갔다는 것이 알려지게 되는 것입니다. 요즘 말로 '쪽 팔리게' 되는 것입니다. 그의 인생 전부는 망한 인생이고 마귀에게 속은 인생이 된 것입니다. 세상을 우습게 알면 안 됩니다. 그렇다고 해서 세상을 너무 두려워할 필요도 없습니다. 우리는 세상이라는 무대 위에서 자신의 인생을 연기하는 배우입니다. 배우는 무대를 무서워하지 않습니다. 그렇다고 해서 무대를 우습게 알고 준비 없이 서면 망신을 당하게 됩니다. 우리 모두 마귀나 음녀에게 속지 말고 멋진 인생을 사시기 바랍니다.

사랑의 우물

잠 5:15-23

우리가 잘 아는 명작을 통해 자기 아내에 대한 태도가 대조적인 두 남편을 볼 수 있습니다.

먼저, 《해리포터》 시리즈의 작가로 세계적으로 유명하게 된 조앤 롤링의 남편입니다. 그는 술만 마시면 부인을 때리므로 조앤 롤링은 남편의 폭력을 견디지 못하여 이혼했습니다. 그러나 그녀에게는 돈이 없었지만 처녀 때 유치원에서 아이들에게 이야기했던 경험이 있었습니다. 그녀는 아기의 우윳값을 벌기 위해 카페에 앉아서 호그와트라는 마술 학교를 상상해서 '해리포터' 이야기를 쓰기 시작했습니다. 그리고 이 책은 전 세계적으로 일억 권이 넘게 팔리는 베스트셀러가 되었고, 그녀는 엄청난 부자가 되었습니다. 롤링의 남편이 그녀를 때려서 어려움에 빠트리지 않았더라면 《해리포터》라는 작품은 나오지 않았을지도 모릅니다.

둘째는 마가렛 미첼입니다. 그녀는 미국의 남부 애틀랜타 출신인데, 어렸을 때 아버지와 오빠로부터 남북전쟁 이야기를 많이 들었습니다. 그녀는 남북전쟁을 배경으로 한 《바람과 함께 사라지다》를 썼는데, 이 책에는 북쪽에 있는 양키들을 엄청나게 욕하고 노예 제도가 좋다는 내용이 들어 있습니다. 그래서 '바람과 함께 사라지다' 는 것은 남부의 그 좋은 문명이 양키와 전쟁하는 바람에 전부 다 사라지고 말았다는 뜻입니다. 마가렛 미첼은 이런 남부적인 시각을 가지고 쓴 소설을 찍어 줄 출판사도 없고 대중의 인기도 얻지 못할 것이라고 지레짐작했습니다. 그래서 그녀는 그 원고를 벽장에 무려 3년 동안 처박아 두었습니다. 그런데 그의 재혼한 남편이 그 사실을 알고는 아내를 독려해서 출판하라고 격려했습니다. 결국 원고를 다시 꺼내 손을 본 후에 출판했는데 이 책이 대박을 터트렸고 영화까지 만들어지면서 세계적인 작품이 되었습니다.

한 남편은 아내를 두들겨 패서 세계적인 작가가 되게 했고, 다른 남편은 아내를 격려해서 세계적인 작가가 되게 했습니다.

옛날에는 좀 잘 사는 집에는 집 안에 우물이 있었습니다. 그런데 옛날 집에 있던 우물은 그렇게 맛이 있을 수 없고 여름에는 시원하고 겨울에는 따뜻했습니다. 그리고 거기에는 불순물이라고는 하나도 없습니다. 이 세상에서 가장 맛있는 물이 자기 집 우물물이고 아무리 가물어도 마르는 법이 없다면, 이런 우물만 가지고 있으면 이 집은 물 걱정할 필요가 없을 것입니다.

본문은 누구든지 자기가 가지고 있는 우물을 귀하게 생각하라는 것입니다. 그중에는 젊음도 있고 사랑도 있고 시간도 있습니다. 특히 자기 아내를 사랑하는 사람은 어떻게 해야 합니까? 가장 중요한 것은 이혼하지 말아야 한다는 것입니다. 이혼은 사랑의 배신이기 때문입니다. 그다음에는 남편이 죽지 말아야 합니다. 지나치게 일을 많이 해서 스트레스를 받아 먼저 죽으면 아내는 불행하게 되는 것입니다. 그리고 가장 중요한 것은 남편이 하나님의 말씀에 깊은 관심을 가지고 하나님을 사랑하는 것입니다. 그러면 절대로 죄를 짓지 않게 되고 아내를 사랑하게 되어 있습니다.

1. 하나님이 주신 우물

이스라엘은 굉장히 더운 나라이므로 물이 아주 귀합니다. 그런데 이스라엘을 여행하다 보면 구석구석에 아주 좋은 샘이 흐르는 곳이 있습니다. 그런 곳에는 수량도 많아서 시내가 되어 흐르는데 그 시냇가에는 꽃도 피고 나무도 있고 오아시스처럼 되어 있는 광경을 보게 됩니다. 그래서 이스라엘에서 가장 귀한 보물은 바로 샘이나 우물이라고 할 수 있습니다. 그런데 하나님의 백성마다 하나님께서 주신 고유한 은사나 장점이 있습니다.

하나님께서는 한 사람에게 모든 은사를 다 주시지는 않습니다. 왜냐하면 그 마음이 교만하게 되어 다른 사람을 무시하고 잘난 체하다가 패가망신하고 말기 때문입니다. 행복한 사람은 자기에게 준 은사를 잘 활용해서 하나님을 기쁘시게 하고 다른 사람의 존경과 신뢰를 받습니다. 믿지 않는 사람들은 모든 것을 운명이라고 합니다. 그런데 하나님께서는 하나님의 백성에게 모두 잘할 수 있는 재주를 하나씩 주십니다. 그것이 바로 그의 우물이고 행복입니다. 그러나 어떤 사람은 하나님이 주신 이 은사를 팽개치고 다른 만족을 찾아서 돌아다니는 바람에 자기 인생을 망치게 됩니다.

그런데 하나님이 주신 은사 중에서 최고의 은사가 있습니다. 그중 하나가 하나님의 말씀이고, 또 하나가 자신의 아내요 가정입니다.

5:15, "너는 네 우물에서 물을 마시며 네 샘에서 흐르는 물을 마시라"

본문의 이 사람은 얼마나 복을 받은 사람인지 자기 집 안에 우물이 있었습니다. 이 사람은 우물 안에 돌을 쌓아서 우물이 무너지지 않게 하고, 우물 위에 지붕을 달아서 빗물이 들어가지 않게 하고, 또 뚜껑을 덮어서 먼지가 들어가지 않게 하면 더 좋을 것입니다. 그리고 우물 주위에는 소나 돼지우리 같은 축사가 없어야 합니다. 그 불순물이 땅속에 스며들어서 결국 우물을 망치기 때문입니다.

하나님께서는 하나님의 백성에게 각자의 우물을 주셨습니다. 그 중에서 가장 중요한 것이 구원의 우물 곧 하나님 말씀의 우물입니다. 하나님의 백성은 다른 교회를 부러워할 것이 아니라 자기 집 우물을 깊게 파서 그 안에서 하나님의 생수를 길어 올려서 그것을 마시면 살 수 있는 것입니다. 하나님의 말씀은 파고 들어가면 들어갈수록 깊은 맛이 있습니다. 그 신기하고 오묘한 맛을 찾아내어서 마실 때 얼마나 기분이 좋은지 모릅니다.

그리고 우리가 신앙생활을 하다 보면 자기만 체험하는 하나님의 신기한 응답이 있습니다. 우리는 이것을 잘 기억하고 마음에 간직할 필요가 있습니다. 그것이 바로 내 기도 응답이고 체험이며 나의 우물이기 때문입니다.

그리고 하나님이 주신 우물이 나의 젊음이고 사랑하는 사람과의 만남입니다. 사람이 결혼하는 이유는 한때 그가 좋았기 때문입니다. 젊은 사람들끼리 만나서 사랑하는 것은 얼마나 아름다운지 모릅니다. 그러다가 드디어 결심이 섰을 때 어른들의 승낙을 받아서 결혼하게 됩니다. 그때 그들은 젊음이 있고 또 사랑하는 사람이 있으므로 천하에 무서운 것이 없습니다. 그리고 얼마 지나지 않아 아내는 그냥 있지 않고 아기를 낳아줍니다. 아내를 사랑해 주면 사랑해 줄수록 고상하게 됩니다. 그래서 처음에는 백작 부인처럼 되다가 나중에는 천사가 됩니다. 남편이 천사 아내와 살면 얼마나 좋습니까?

그런데 자기에게 주어진 것으로 만족을 못 하는 사람들이 있습니다.

5:16, "어찌하여 네 샘물을 집 밖으로 넘치게 하며 네 도랑물을 거리로 흘러가게 하겠느냐"

하나님이 주신 말씀을 우물로 만들지 않고 버려두니까 아무나 와서 물을 마시고 더럽혀 놓는 것입니다. 어떤 사람은 우물 옆에다가 돼지우리를 만드니까 우물물이 마실 수 없게 오염되어 버렸습니다. 어떤 사람은 매일 자기 아내를 때리고 욕을 하니까 자존감이 없어져서 미친 여자같이 되었습니다. 그러면 그 남편은 미친 남편이 되는 것입니다. 남자가 음녀를 찾아가서 나쁜 짓을 하니까 그 남편은 창녀 남편이 되는 것입니다.

사람들은 왜 자신의 소중한 것을 간직하지 못하고 남들이 더럽히게 하고 결국 못쓰게 할까요? 그 사람은 하나님이 자기에게 주신 선물의 가치를 모르기 때문입니다. 왜 하나님이 주신 선물을 다른 사람들이 다 쓰게 하고 결국 그 우물을 쓰레기장으로 만듭니까? 이 이유는 음녀에게 마음이 빼앗겨서 그런 것입니다.

우리는 하나님께서 나에게 주신 말씀을 소중하게 간직하고 연구해야 합니다. 그리고 하나님께서 주신 체험을 마음속에 보물로 간직해야 합니다. 그리고 젊은 시절에 사랑했던 그 사랑을 기억하고 늘 젊은 마음으로 살아야 합니다.

5:17, "그 물이 네게만 있게 하고 타인과 더불어 그것을 나누지 말라"

이 세상에는 다른 사람과 도저히 나눌 수 없는 것들이 있습니다. 그것은 바로 나의 젊음이고 나의 체험이고 나의 사랑입니다. 남편이 바람을 피우는 이유는 다른 여자가 자기 아내보다 젊고 자기에게 잘해주기 때문입니다. 그러나 아내가 나이가 들면 자기도 지금 늙어가고 있습니다. 이 세상에서 나이보다 더 공평한 것이 없기 때문입니다. 아내나 남편은 나이가 들어가면서 여러 가지 변화가 생기게 됩니다. 즉 우리는 모두 늙어가는 것입니다. 그것을 서로 위로해 주고 이해해 주고 격려해 준다면 얼마나 아름답겠습니까?

또 다른 사람 앞에서 자기 아내의 부족한 것을 이야기하지 말라는 것입니다. 그러면 남들이 자기 아내를 얼마나 우습게 알겠습니까? 그러면 자기 자신도 우스운 사람이 되는 것입니다. 그 물은 내게만 있게 하고 타인과 더불어 나누어서는 안 되는 비밀 우물입니다.

2. 아내를 사랑하기

부부가 나이가 들어가면서 옛날처럼 열정적으로 사랑한다는 것은 어렵습니다. 이제는 돌아다닐 힘도 없고 재미도 없기 때문입니다.

5:18, "네 샘으로 복되게 하라 네가 젊어서 취한 아내를 즐거워하라"

여기서 "네 샘"은 자기 아내를 말합니다. 사실 젊어서는 누구든지 고생을 많이 합니다. 그 수많은 고비를 아내와 남편은 함께 넘었던 것입니다. 물론 나이가 들면서 서로 변하기도 하고 또 옛날만큼 사랑이 안 되기도 할 수 있지만, 가장 힘들 때 누군가가 있어 주었다는 것이 얼마나 대단한 것입니까? 이것은 위기 때 백만대군과 같습니다. 그래서 젊어서 결혼한 아내를 사랑하라고 강조합니다. 그들이 결혼한 젊었을 때 서로 좋아하고 사랑할 때가 있었기 때문입니다.

남편이 아내를 사랑하는 방법은 우선 말로 상처를 주지 않는 것입니다. 그리고 자기가 건강한 것이 아내를 사랑하는 방법입니다. 그러나 가장 중요한 것은 아내와 함께 좋은 설교를 듣고 은혜를 받는 것입니다. 하나님의 말씀으로 은혜를 받아야 완전히 만족할 수 있기 때문입니다. 이것을 해야 진짜 남편입니다. 그래서 같이 하나님의 말씀을 듣고 행복해하는 부부는 영원히 행복한 부부입니다.

요즘 젊은이 중에는 결혼 대상이 없어서 사랑의 샘이 말라가는 사람이 있을 것입니다. 이런 사람은 예수님을 나의 사랑으로 생각해야 합니다. 그러면 예수님은 우리를 정말 사랑해 주시고 존귀하게 해주실 것입니다. 그래서 사실 사랑하지 않으면서 껍데기만 보고 결혼하는 것보다는 예수님과 결혼하는 것이 더 좋습니다. 저는 젊은이들에게 언제나 "잘못 결혼해서 이혼하는 것보다는 결혼하지 않는 것이 좋다"고 합니다. 헤어지는 과정이 너무 추하고 고통스럽기 때문입니다.

5:19, "그는 사랑스러운 암사슴 같고 아름다운 암노루 같으니 너는 그의 품을 항상 족하게 여기며 그의 사랑을 항상 연모하라"

노루나 사슴은 힘이 세지는 않습니다. 그 대신에 겁이 많고 놀라기를 잘합니다. 그러나 노루나 사슴은 너무나도 아름답습니다. 아내의 품은 나의 모든 실수를 품어 주는 넉넉함이 있습니다. 그리고 여성은 사랑하면 할수록 아름다워집니다. 칭찬해 주면 할수록 아름다운 정체성을 가지게 됩니다. 최고의 정체성은 천사입니다. 남자가 조금 참고 인내하면 천사의 남편이 될 수 있습니다.

3. 음녀의 함정

이 세상에는 돈만 사랑하고 육체의 정욕만 채우려고 하는 여인들이 많습니다. 이런 사람들을 솔로몬은 음녀라고 말합니다. 이들이 가지고 있는 무기는 지나친 관심과 아름다움입니다. 그런데 남자 중에는 여인들의 이런 젊음에 현혹되어서 한평생 같이 산 아내를 배신하고 불륜에 빠지는 사람들이 많습니다. 그 올무에 걸려들고 그 함정에 한 번 빠지게 되면 그동안 누렸던 좋은 것을 다 잃어버리고 세상에서 가장 나쁜 사람이라는 평가를 받게 됩니다.

5:20, "내 아들아 어찌하여 음녀를 연모하겠으며 어찌하여 이방 계집의 가슴을 안겠느냐"

물론 여기 "음녀"는 속에 있는 것과 겉에 보이는 것이 다른 진실하지 못한 것을 가리킵니다. 그중에는 여인도 있고 사랑도 있고 학문도 있을 것입니다. 성도가 하나님의 말씀을 버리고 세상을 사랑하는 것은 자기 영혼을 팔아먹는 행위입니다. 그리고 정상적인 사랑보다는 무엇인가 해서는 안 되는 사랑을 할 때 더 짜릿한 맛을 느끼는 사람들도 있습니다. 그런 사람들은 결국 아내를 속이고 이방 여인을 사랑하는 것입니다. 그러나 음녀를 사랑하는 데는 자기 영혼을 다 걸어야 하고, 자기를 사랑하는 모든 사람을 다 배신해야 하는 모험을 해야 합니다.

5:21, "대저 사람의 길은 여호와의 눈 앞에 있나니 그가 그 사람의 모든 길을 평탄하게 하시느니라"

하나님께서 사람에게 하시는 일 중에서 가장 공평한 것은 나이를 다 먹는다는 것입니다. 이 세상 사는 사람들은 전부 일 년에 한 살씩 먹게 되어 있습니다. 어느 순간에 어른이 되고 어느 순간에 노인이 되어 있는 것입니다. 그리고 하나님은 사람도 거의 공평하게 하십니다. 어떤 사람이 너무 유명하면 부인이 치매가 와서 고생하기도 합니다. 또 어떤 분이 좀 잘생기지 못했다 하더라도 그 인품이 너무 착해서 좋아하게 됩니다.

5:22, "악인은 자기의 악에 걸리며 그 죄의 줄에 매이나니"

부정을 저지른 사람은 거기에 올무가 있고 함정이 있다는 것을 잘 모릅니다. 물고기가 미끼를 물면 아무리 날뛰어도 결국 낚싯줄에 끌려가듯이 악에는 미끼가 있습니다. 이것을 자기 힘으로는 끊을 수 없습니다. 결국 하나님이 끊어주셔야 하는 것입니다.

5:23, "그는 훈계를 받지 아니함으로 말미암아 죽겠고 심히 미련함으로 말미암아 혼미하게 되느니라"

하나님의 말씀을 듣고 따라가지 않으면 결국 미끼 속에 있는 사탄의 낚싯바늘에 걸려서 끌려가게 되어 있습니다. 그러나 지혜로운 하나님의 사람들이 이런 사탄의 낚시에 걸리지 않는 이유는 그 미끼를 물었을 때의 결과를 알기 때문입니다. 즉 죄의 삯은 사망이라는 것입니다. 우리로 하여금 하나님 말씀의 틀을 보게 하시고 미끼 속에 있는 바늘을 보게 하십니다. 성공도 돈도 이성 관계에도 미끼가 있습니다. 우리 자신의 우물을 잘 지키고 끝까지 행복하시기를 바랍니다.

14

개미에게 배워라

잠 6:1-19

스티브 잡스가 아이폰을 개발할 때 가장 어려웠던 점은 글자를 화면에 띄우는 과정이었다고 합니다. 어떻게 자판을 눌린 것이 화면에 글자로 나오게 할 수 있느냐 하는 것이었습니다. 그리고 폰을 돌렸을 때 화면이 바로 세워지게 하는 것이었다고 합니다. 그러나 미국의 기술자들은 이 어려운 문제를 다 풀고 성공적으로 아이폰을 개발하는 데 성공했습니다. 우리가 가지고 다니는 작은 스마트 폰 안에는 3만 가지 이상의 집약 기술이 들어있다고 합니다. 이것이 성공하기까지 얼마나 많은 실패가 있었는지 우리는 상상하지 못할 것입니다.

또 사람들은 불륜을 해서는 안 된다는 것을 잘 알고 있습니다. 그러나 실제로 남자나 여자를 만나보면 정이 들게 되고 사랑하게 되어서 아무리 끊으려고 해도 끊어지지 않는 것이 문제입니다. 결국 이런 남녀 관계는 가정을 파괴하고 누군가는 자살하게 되는 비극으로 마치는 경우가 흔합니다.

하나님의 지혜 중의 하나는 남의 재산에 대해 함부로 책임지지 않는다는 것입니다. 즉 담보나 보증을 서 주지 않는 것입니다. 그리고 하나님의 지혜 중 하나는 게으르지 않는 것입니다. 그리고 하나님의 백성은 남을 미워하거나 해롭게 해서는 안 됩니다. 왜냐하면 이것은 결국 자기 영혼을 갉아먹는 것이기 때문입니다. 이 모든 것이 여호와를 경외하는 것입니다. 우리나라에 IMF가 왔을 때 나라 전체가 망할 정도로 빚보증을 서주어서 망한 사람들이 많았습니다. 그것은 그들이 모두 인정이 많고 다른 사람들을 믿었기 때문입니다. 그러나 그것은 하나님의 지혜가 아닙니다. 하나님의 지혜는 사람을 믿지 않는 것입니다.

1. 잘못된 신뢰

우리가 이 세상에 살다 보면 한순간 잘못 결정하는 바람에 내 인생을 모두 망치는 경우가 있습니다. 남자 같은 경우에는 친구를 잘못 사귀는 것입니다. 그래서 공부는 하지 않고 술이나 마시면서 도박이나 한다면 그 사람의 인생은 망한 것입니다. 젊은 여성들의 경우에는 남자를 잘못 판단해서 겉보기에는 그럴듯하게 생겼지만 실제로는 경제적으로 무능한 사람을 만나서 결혼하면 한평생 고생하게 되는 것입니다. 그러나 하나님의 지혜를 가진 사람들은 이상한 사람을 보면 금방 무엇인가 이상하다는 것을 느끼게 됩니다.

어떤 사람은 친구나 가족이 간절하게 부탁하면 그 사람을 너무 믿어서 담보나 신원 보증을 서 주는 경우가 많이 있습니다. 그런 일이 잘못되면 집이나 재산을 다 날릴 수도 있습니다. 우리 인간은 우리의 미래를 알지 못합니다. 지금 같아서는 틀림없이 될 것 같은데 나중에 가보면 안 되는 것이 인생살이입니다. 거기에다가 우리가 가지고 있는 재물이나 집은 우리의 것이 아니고 하나님의 것입니다. 그것을 우리 마음대로 다른 사람에게 다 맡기면 안 되는 것입니다.

대개 사람들이 다른 사람을 위해서 집을 담보로 잡혀주거나 혹은 그 사람의 보증을 서주는 이유는 그 사람을 믿기 때문입니다. 그리고 많은 경우 자신과의 관계를 거절하는 것이 쉽지 않기 때문입니다. 친한 사람이 담보를 좀 서 달라고 하는데 기분 좋게 'OK!' 하면 둘 다 기분이 그렇게 좋을 수 없지만, 'NO'라고 거절하면 좋았던 관계가 나빠지게 됩니다. 그래서 의리나 정 때문에 거절하지 못하고 보증을 서주거나 담보를 제공하는 것입니다. 그러나 이것은 한순간의 기분 때문에 자신의 한평생을 다른 사람에게 맡기는 것과 같습니다. 잘못하면 가난이나 부채를 자녀에게까지 상속할 수도 있습니다.

그래서 본문은 그동안의 친한 관계나 가족이나 선후배의 정 때문에 보증을 서거나 약속을 했으면 그것은 마치 그의 인생이 그물에 걸려든 것이고 사냥꾼에게 붙들린 것과 같다고 했습니다. 그래서 담보나 보증은 거미줄과 같다고 볼 수 있습니다. 거미는 곤충들이 잘 날아다니는 곳에 보이지 않게 거미줄을 쳐놓습니다. 곤충들이 거미줄에 걸리면 아무리 퍼덕거려도 거미줄에서 빠져나올 수 없고 잡아먹히게 됩니다. 결국 담보나 보증이라는 것은 일시적인 기분이나 신뢰 때문에 자신의 재산 전부를 거는 행위입니다. 그래서 하나님께서는 우리가 가진 재산이 우리 것이 아니라 하나님의 것임을 강조하고 계십니다. 그리고 사람의 미래는 잘 될지, 생각대로 안 될지 아무도 알 수 없습니다. 그래서 일단 아직 도장을 찍지 않았으면 비겁해져서라도 그물에서 빠져나오라고 조언하고 있습니다.

이때 우리는 얼마든지 비겁해질 수 있습니다. 즉 이럴 때 아내나 남편을 파는 것입니다. 즉 "그 말을 듣고 아내가 펄펄 뛰면서 이혼하겠다고 하는데 어떻게 하나. 도저히 담보를 서 줄 수 없네"라고 하든지, "언니야, 우리 남편이 그런 것을 가장 싫어하는 줄 모르나? 내 오늘 그냥 집에 가면 맞아 죽는다"라고 핑계 대고 그 함정에서 빠져나오라는 것입니다.

예수 믿는 사람이 그렇게 인정이 없으면 어떻게 하냐고 말하는 사람도 있지만, 하나님의 정신은 '내게 능력 주시는 범위 안에서 일을 하는 것'이지, 내 범위를 벗어나서 건방지게 미래를 자기 마음대로 생각해서 담보를 서 달라고 하면 그 사람이 잘못된 것입니다. 그래서 보증이나 담보를 서 달라는 부탁을 받았으면 잠을 자지 말고 눈꺼풀이 감기기 전에 가서 사정사정해서 안 된다고 말해야 한다는 것입니다. 노루가 사냥꾼의 덫에 걸렸을 때 사냥꾼이 잠깐 방심하는 사이에 도망쳐야 사는 것입니다. 또 새가 그물에 걸렸을 때 찢어진 구멍이 있으면 거기로 빠져나가야 살 수 있는 것입니다.

담임목사가 정치 활동을 많이 하면 사람들의 부탁을 많이 받습니다. 그러면 거절할 수도 없으니까 'OK!' 하면 전부 교회가 부담을 지어야 하고 결국 교인과 담임목사 사이도 나빠지게 됩니다. 그래서 교인들에게 부담을 줄 수 있는 약속은 아예 하지 말아야 하고 찾아와서 부탁할 때는 욕을 얻어먹더라도 잘라버려야 합니다. 저는 어느 선교 단체 이사장도 하지 않습니다. 왜냐하면 우리 교회가 한쪽으로 치우칠 위험이 있기 때문입니다.

도박에 빠진 사람들은 나중에 집문서까지 들그 나가려고 합니다. 그때 절대로 봐주면 안 됩니다. 다리를 잡고 늘어져서라도 집문서를 도로 빼앗아서 모르는 데 감추어두어야 합니다. 사람들은 한번 거절하지 못해서 자신의 인생이나 재산을 다 날리는 경우가 있는데, 그렇게 하지 않는 것이 하나님을 경외하는 것입니다.

2. 게으름

아무것도 하지 않고 빈둥빈둥 놀면 정말 팔자가 좋은 사람 같습니다. 그러나 열심히 일을 하지 않고 놀기만 하면 결국 가난해질 수밖에 없습니다. 다행히도 우리나라 사람들은 대개 부지런한 편입니다. 오히려 너무 부지런해서 탈일 때가 많습니다. 그러나 집에 돈이라도 있고 유산이라도 많으면 빈둥거리면서 게으름을 부리게 됩니다.

> 6:6-8, "게으른 자여 개미에게 가서 그가 하는 것을 보고 지혜를 얻으라 개미는 두령도 없고 감독자도 없고 통치자도 없으되 먹을 것을 여름 동안에 예비하며 추수 때에 양식을 모으느니라"

옛날 말에 부자가 삼대를 가는 일이 없다고 했습니다. 부모로부터 많은 돈을 물려받아서 공부하거나 직장생활하는데 절박하지 않기 때문입니다. 요즘은 반도체라든지 전기차라든지 혁신이나 개발이 한발 늦어버리면 회사가 망해버립니다.

하나님의 지혜는 하나님으로부터 배우는 것도 있지만 작은 곤충에게 배울 것도 많이 있습니다. 본문은 개미에게 가서 배우라고 했습니다. 개미는 신기합니다. 어떻게 그렇게 부지런하게 양식을 모아서 저장해 놓는지 모릅니다. 그래서 아무리 추운 겨울이 와도 개미는 굶어 죽는 법이 없는 것입니다.

하나님의 백성에게 주어진 시간은 너무 짧습니다. 젊었을 때는 아무것도 모르고 열정에 미쳐서 날뛰다가, 나중에는 먹고 산다고 정신없다가 하나님의 일을 조금 하려고 철이 들면 벌써 늙어서 은퇴하게 되는 것입니다. 그래서 우리는 어떻게 해서든지 일을 해야 하고 시간을 허비하지 말아야 합니다.

잠이 많은 학생은 공부를 잘 못하는 경우가 많습니다. 제가 청소년 때 목사님 아들이 제 친구였습니다. 그런데 이 친구는 잠이 많았습니다. 그 엄마는 저와 같이 공부하면 아들이 잠을 덜 자고 공부할 것이라 생각해서 저를 그 집에서 자게 하셨습니다. 저는 잠이 와도 참고 공부하고 있는데 이 친구는 잠이 오면 제가 아무리 깨워도 이불을 끌어안고 잠을 자는 것입니다. 그런데 어느 날 그 엄마가 아들이 공부를 얼마나 열심히 하는지 보려고 몰래 그 방에 오셨습니다. 그런데 남의 집 아이는 밤늦게까지 공부하는데 자기 아들은 이불을 감고 잠을 자고 있으니까 그 엄마가 엄청 열을 받으셨습니다. 그래서 신고 있던 슬리퍼를 벗어서 아들을 때리시는데 얼마나 무섭게 패는지 저도 겁이 날 정도였습니다.

하나님의 경제학은 간단명료합니다. 즉 버는 것보다 많이 쓰면 결국 가난해지게 된다는 것입니다. 그래서 아무리 가난해도 수입의 범위 안에서 헌금도 내고 방세도 내고 쌀값도 충당해야 하는 것입니다. 결국 버는 이상으로 쓰면 망하게 되어 있습니다.

3. 하나님이 싫어하시는 것

우리가 이 세상에서 잘 살려고 하면 부지런하기도 해야겠지만 일단 하나님이 싫어하시는 짓을 하지 말아야 합니다. 세상에서 하나님이 싫어하시는 짓을 하면서 아무리 부지런해도 소용이 없습니다. 그 중의 하나가 말을 언제나 삐딱하게 하는 것입니다.

6:12, "불량하고 악한 자는 구부러진 말을 하고 다니며"

성품이 나쁘고 악한 사람은 말할 때 언제나 비꼬는 듯이 구부러지게 합니다. 말할 때 정직하게 바른 의사 표시를 해야 하는데 삐딱하게 냉소적으로 하면 듣는 사람이 굉장히 기분 나쁘게 되고 그를 불신하게 될 것입니다. 더욱이 하나님은 그런 식으로 말하는 사람들을 좋아하시지 않습니다. 그래서 이런 사람들은 공연히 오해를 사게 되고 다른 사람들의 마음에 상처를 주게 됩니다.

어떤 사람은 말하면서 너무 부풀려서 말하는 사람이 있습니다. 그러면 다른 사람이 그 사람의 말을 들을 때 디스카운트해서 듣게 됩니다. 그리고 그 사람의 말은 별로 신뢰하지 않게 됩니다. 그리고 하나님이 싫어하는 것은 나쁜 사람들이 편을 만드는 것입니다. 그래서 이 사람들이 모이면 항상 남을 욕하거나 깎아내리는 말을 하고 또 남에 대하여 없는 말을 퍼트리는 것입니다.

6:13-14, "눈짓을 하며 발로 뜻을 보이며 손가락질을 하며 그의 마음에 패역을 품으며 항상 악을 꾀하여 다툼을 일으키는 자라"

그들은 미리 모여서 가장 입이 거친 사람이 공격적인 말을 하기로 다 짜놓았습니다. 그러다가 어느 시점이 되면 그 말을 하라고 눈짓하든지 발로 차서 신호를 하는 것입니다. 그러면 그 사람은 큰 소리로 비난하는 말을 하고 심지어는 손가락질까지 하면서 공격하는데 주위에 있는 사람들은 은근히 편을 들어주는 것입니다. 그러면 될 일도 안되게 할 수 있고 안 되는 일도 되게 할 수 있습니다. 그러나 하나님은 그렇게 하는 사람들을 싫어하십니다. 그래서 15절에 "그러므로 그의 재앙이 갑자기 내려 당장에 멸망하여 살릴 길이 없으리라"고 했습니다. 하나님에게는 공격용 무기가 많습니다. 멀쩡하던 사람에게 갑자기 큰 질병이 찾아올 수 있습니다.

16절에 보면, 하나님께서 미워하시는 것이 예닐곱 가지가 있다고 했습니다. 그것이 전부 우리 몸과 관계되어 있습니다. 이것을 보면 사람들이 나쁜 마음을 먹었을 때 그 몸의 하나하나가 얼마나 나쁘게 사용되는지 알 수 있습니다.

그중의 하나가 "교만한 눈"입니다. 눈은 물체나 사람을 보는 유일한 기관입니다. 그러나 사람들은 이 눈으로 죄를 짓습니다. 그러나 사람은 그 눈으로 다른 사람의 눈을 보아야 합니다. 그리고 하나님이 싫어하는 것은 "거짓된 혀"입니다. 사실 사람들의 혀만큼 요사스러운 것이 없습니다. 사람의 혀는 크기가 얼마되지 않지만 이 혀로 사람을 기분이 좋게 할 수도 있고 사람을 공격해서 상처를 줄 수도 있고 거짓말해서 상대방을 속일 수도 있습니다. 사람의 혀는 독사의 혀같이 독을 품고 있습니다. 사람이 다른 사람의 나쁜 말을 들으면 독사에게 물리는 것과 같은데, 그 독이 빠지는데 몇 달이 걸리거나 화병에 걸려서 죽기도 합니다.

또 "무죄한 자의 피를 흘리는 손"입니다. 사실 손만큼 많은 일을 하는 지체는 없을 것입니다. 그러나 이 손을 무기로 삼아서 다른 사람을 때려서 상처를 입히기도 하고 죽이기도 하는 것입니다. 그래서 경찰이 범인을 잡으면 손부터 수갑을 채워서 꼼짝하지 못하게 합니다. 또 "악한 계교를 꾀하는 마음"입니다. 나쁜 계획을 가지고 있는 마음보다 더 악한 것은 없습니다. 그리고 "빨리 악으로 달려가는 발"입니다. 사실 발만큼 사람의 몸에서 중요한 부분도 없을 것입니다. 그런데 그 발이 악으로 달려가면 이보다 나쁜 일도 없을 것입니다. 그리고 하나님은 "거짓을 말하는 망령된 증인과 및 형제 사이를 이간하는 자"를 미워하십니다. 형제나 부부는 더 사랑하고 더 가까워져야 하는데 그 친한 사이에 끼어들어서 이들 관계를 멀어지게 하는 것입니다.

하나님의 지혜는 아주 구체적이고 모호하지 않습니다. 나팔이 분명한 소리를 내어야 군인들이 전쟁을 준비한다고 했습니다. 우리는 다른 사람의 불행을 책임질 수 없습니다. 부모도 자식의 불행을 책임질 수 없습니다. 자식도 부모의 모든 불행을 다 책임질 수는 없습니다. 우리는 하나님이 주시는 능력의 범위 안에서 모든 것을 하는 훈련을 스스로 잘 하시기를 바랍니다.

15

자기의 것이 아닌 것

잠 6:20-35

어느 기업에서 재정을 담당하는 직원이 다른 사람 모르게 수십억 원을 빼돌려서 자기 마음대로 썼다가 나중에 발각되어서 회사에도 큰 손해를 입히고 본인은 결국 감옥에 가는 일이 있었습니다. 이런 사람들은 세상을 쉽게 호화롭게 살려고 하다가 결국 남의 돈을 자기 돈처럼 불법적으로 사용하다가 자기 인생 자체를 망치게 된 것입니다. 이것은 돈만이 문제가 아닙니다. 어떤 사람은 논문이나 책을 쓰는데 다른 사람의 논문이나 책을 베끼다시피 해서 나중에 표절시비가 붙게 되었고, 결국 사표를 내고 책이나 논문도 다 폐기되고 말았습니다. 요즘은 크게 히트한 가수들의 음악에 대해서도 표절한 것이라고 고소하는 바람에 재판해야 할 때도 있습니다. 또 학력을 위조하거나 거짓으로 알리는 바람에 사회적으로 물의를 일으키고 망신을 당하는 경우도 많습니다.

잠언은 "여호와를 경외하는 것이 지식의 근본이라"고 권면하고 있습니다. 여호와를 경외한다는 것은 한순간의 기분으로 남의 보증을 서 주지 않는 것부터 시작해서 게으르지 않는 것, 그리고 하나님이 싫어하시는 이간질을 하지 않는 것이라고 교훈하고 있습니다. 또 여호와를 경외하는 것에는 자기 것이 아닌 것을 가지고 흥청망청 즐기면서 살거나 혹은 자기 아내가 아닌 사람이 예쁘다고 해서 음란한 짓을 하지 않는 것까지 포함하고 있습니다. 즉 여호와를 경외하는 것은 반드시 자기 것을 가지고 남의 것을 탐내지 않고 사는 것이 진정으로 여호와를 경외하는 것이라는 교훈입니다.

1. 새로운 출입증

요즘 큰 회사나 기관에 들어가려고 하면 반드시 목이나 가슴에 출입증을 걸어야 합니다. 그 출입증은 그 회사나 기관에 들어갈 수 있는 자격을 증명하는 표시이기 때문입니다. 이것은 군대 같은 곳에서는 더 엄격합니다. 군부대에 출입하려고 하면 군복만 입어서는 안 됩니다. 반드시 그 부대에 출입할 수 있는 출입증을 가슴에 달아야 들어갈 수 있습니다. 이와 마찬가지로 우리가 이 세상에서 경찰에 붙들리지 않고 다른 사람에게 망신당하지 않고 떳떳하게 살아가려고 하면 하나님의 출입증을 항상 가슴에 달고 다녀야 합니다. 그것이 바로 하나님의 말씀이고, 하나님을 경외하는 것입니다.

6:20-21, "내 아들아 네 아비의 명령을 지키며 네 어미의 법을 떠나지 말고 그것을 항상 네 마음에 새기며 네 목에 매라"

성경은 마음에 아버지의 가르침을 새겨놓으라고 말씀합니다. 사람의 가슴 속에는 심장이 있습니다. 우리는 어떤 사람에 대하여 말할 때 "저 사람은 심장이 따뜻한 사람이다"라고 하든지, 아니면 "저 사람은 심장이 차가운 사람이다"라는 말을 합니다. 이는 그 사람이 다른 사람에 대하여 따뜻한 마음이 있는지 없는지를 나타내는 표현입니다. 사실 사람의 마음에 하나님의 말씀을 새겨야 하는데, 이것이 생각만큼 잘되지 않습니다. 요즘은 부모의 말도 잘 듣지 않습니다. 왜냐하면 그 말은 늘 지당하신 말씀이고 나를 어린애 취급하는 말씀이고 늘 똑같은 잔소리이기 때문입니다.

그러나 여기서 언급하는 아버지의 말이나 어머니의 법은 그냥 하는 잔소리가 아닙니다. 아버지와 어머니는 미리 하나님의 말씀을 가지고 인생을 사신 분들입니다. 그들은 세상을 따라가다가 실패하기도 했고 하나님의 징계 채찍을 맞아서 망해보기도 했습니다. 그래서 이들의 말씀은 산 체험이 있는 하나님의 말씀인 것입니다. 그러나 자녀들은 이렇게 가까이에 있는 하나님의 말씀 듣기 귀찮아합니다. 하나님의 말씀은 언제나 자신 안에 있는 욕망을 죽이라는 말씀이고 세상을 따라가지 말라는 말씀이기 때문입니다. 우리는 이 세상을 한번 내 마음껏 살아보고 싶고 저 넓은 세상에 나가서 해보고 싶은 것을 다 해보고 싶은 욕망이 있습니다. 그러나 성경은 우리 가슴에 하나님의 말씀을 새기고 하나님의 말씀을 가슴에 달아서 출입증으로 삼으라고 말씀하고 있습니다.

6:22-23, "그것이 네가 다닐 때에 너를 인도하며 네가 잘 때에 너를 보호하며 네가 깰 때에 너와 더불어 말하리니 대저 명령은 등불이요 법은 빛이요 훈계의 책망은 곧 생명의 길이라"

하나님의 말씀을 가슴에 매달면 어디든지 갈 수 있습니다. 왜냐하면 하나님의 말씀은 항상 의로운 출입증이기 때문입니다. 어떤 사람이 하나님의 출입증을 가슴에 새겨놓고 있으면 잡아가지 못합니다. 왜냐하면 지은 죄가 없기 때문입니다. 그리고 아침에 일어났을 때 하나님의 말씀과 이야기할 수도 있습니다. 즉 그 말씀은 오늘 하루는 어

떻게 살아야 아름다운 인생을 살 수 있을까 하는 삶의 스케줄을 가르
쳐주는 것입니다.

밤에 등불이 없으면 여기가 길인지 아니면 논두렁인지 구별이 되
지 않습니다. 마찬가지로 혼란스러운 때에는 어디가 길인지 아니면
함정인지 구별이 되지 않습니다. 그래서 하나님의 말씀이 시키는 대
로 가면 생명을 잃지 않을 수 있습니다. 빛이 없는데 위험한 곳을 가
는 것은 여호와를 경외하지 않는 것입니다. 물론 우리가 이 세상에서
모험해야 할 때도 있습니다. 그때 하나님께서는 우리 마음에 성공할
수 있다는 확신을 주십니다. 이것이 바로 빛입니다. 우리는 이 세상에
서 우리의 아까운 생명을 헛되게 망칠 수는 없습니다. 그러나 세상 지
혜를 따라가면 인생을 망칠 가능성이 큽니다.

사람이 밤에 술집 여자를 본다든지 혹은 술에 취해서 여자를 본다
면 너무나도 아름답게 보일 것입니다. 그들이 다정하게 대해주고 정
말 자기를 사랑하는 것처럼 웃으면서 품에 안기고 기분 좋게 대해주
면 너무 좋아서 입을 벌리고 웃으면서 따라가는 사람들이 많습니다.
그러나 그 여자의 아름다움은 하나의 미끼입니다. 그 여인의 가슴 속
에는 도저히 빠져나갈 수 없는 낚싯바늘이 들어있는 것입니다. 그래
서 그런 세상적인 여인의 아름다움은 무서운 칼이나 마찬가지입니다.

여기서 "이방 여인"은 자기 것이 아닌 것을 가지고 이 세상을 편
하게 살려고 하는 욕망입니다. 이 세상에서 가장 무서운 이방 여인은
자기 자신 속에 있는 이성에 대한 호기심과 성공에 대한 욕망입니다.
이 세상에 자신이 목석같은 사람이라면 유혹할 수 있는 여자는 없을

것입니다. 아무리 여자가 눈꺼풀을 파르르 떨고 눈을 흘기고 해도 감정이 없는 사람을 유혹할 수는 없습니다. 그때 비로소 그 음녀의 본성이 드러나는 것입니다. "나는 저런 목석같은 인간은 처음 봐" 하면서 욕을 하면서 가버리게 되는 것입니다. 그래서 이 세상에서 가장 무서운 유혹자는 자기 자신입니다.

2. 가슴에 불을 품는 사람

사실 젊은 사람들의 가슴에는 언제나 뜨거운 열정이 있습니다. 만약 젊은이의 마음속에 뜨거운 열정이 없으면 아무것도 하려고 하지 않을 것입니다. 그러나 가슴의 불 중에서 가장 위험한 불은 자기 것이 아닌데 품고 있는 사람입니다. 자기 아내가 아닌 여인을 품고 사랑하거나 혹은 학위가 없는데도 학위가 있는 것처럼 행세하거나 혹은 자기 돈이 아닌데도 자기 돈인 것처럼 마구 쓰는 사람은 모두 가슴 속에 불을 넣고 사는 사람입니다. 그 사람은 겉으로 보기에는 멀쩡한 것 같지만 그의 속은 불로 타들어 가고 있는 것입니다.

6:26-28, "음녀로 말미암아 사람이 한 조각 떡만 남게 됨이며 음란한 여인은 귀한 생명을 사냥함이니라 사람이 불을 품에 품고서야 어찌 그의 옷이 타지 아니하겠으며 사람이 숯불을 밟고서야 어찌 그의 발이 데지 아니하겠느냐"

〈이솝의 우화〉에는 이런 이야기가 있습니다. 어떤 아이가 여우를 한 마리 잡았는데 그것을 빼앗기기 싫어서 옷 안에 넣고 숨겼습니다. 그래서 어떤 사냥꾼이 여우를 보지 못했느냐고 물어도 보지 못했다고 대답했습니다. 그러나 그동안에 여우는 그 아이의 배를 뜯어 먹어서 그 아이는 배에서 피를 쏟으면서 쓰러지고 말았습니다. 그 아이는 위험한 짐승을 옷 안에 넣고 있었기 때문입니다.

사람이 진짜 불이 붙어 있는 숯이나 나무를 가슴에 품고 있으면 결국 가슴이 타들어가고 옷도 다 타버리고 말 것입니다. 또 불이 붙어 있는 곳을 맨발로 밟고 간다면 발에 화상을 입게 될 것입니다. 결국 가슴에 불을 넣고 있는 것은 바로 자기 것이 아닌 것을 자기 것처럼 쓰는 사람입니다. 사람이 자기 것이 아닌 것을 자기 것처럼 쓰면 얼마나 풍부하고 쉽게 세상을 살 수 있을지 모릅니다.

솔로몬 당시에 가장 문제가 되었던 것은 불륜이었습니다. 어떤 사람이 자기 아내가 아닌 다른 여인을 사랑해서 밤마다 달려가서 가슴에 품고 있다면, 물론 품는 그 즉시는 행복하고 기분이 좋겠지만 그는 지금 불을 품고 있는 것입니다. 그래서 그의 가슴은 타 들어가고 있고 그의 발도 데고 있는 것입니다.

> 6:29, "남의 아내와 통간하는 자도 이와 같을 것이라 그를 만지는 자마다 벌을 면하지 못하리라"

자기 아내가 아닌 여자와 "통간"하는 것은 가슴에 진짜 불이 붙은 숯이나 나무토막을 집어넣는 것입니다. 그는 참고 있지만 가슴에는 자꾸 살이 타들어 가는 냄새가 나게 됩니다. 결국 그는 심한 화상으로 죽게 되고 발도 너무 많이 데어서 그 벌로 다리를 잘라내든지 해야 할 것입니다.

3. 남의 것을 사용한 결과

사람이 남의 것을 자기 것처럼 사용하면 그것을 얻기 위해서 고생하지 않아도 되기 때문에 너무 편하게 살 수 있습니다. 그리고 그것이 다른 사람에 의해 들키지 않고 넘어가면 너무나도 좋을 것입니다. 그러나 이 세상에는 생각하지 못했던 엉뚱한 사건으로 이런 비리가 폭로되게 됩니다.

6:30-31, "도둑이 만일 주릴 때에 배를 채우려고 도둑질하면 사람이 그를 멸시하지는 아니하려니와 들키면 칠 배를 갚아야 하리니 심지어 자기 집에 있는 것을 다 내주게 되리라"

요즘 현대판 장발장 사건이 있습니다. 어떤 사람이 도저히 먹을 것이 없어서 편의점에 들어가서 빵과 우유를 훔쳐서 나오다가 주인에게 들켰습니다. 그는 결국 경찰에 잡혀가게 되었습니다. 비록 훔친 액수는 얼마 되지 않지만 편의점에서는 하도 그런 경우가 많아서 용서하지 않으므로 그 사람은 결국 감옥에 가게 되었습니다. 여기서 음녀는 한 조각의 떡만 남긴다고 했는데 그래도 한 조각이라도 남겨주니까 음녀가 의리 있다고 생각할지 모르지만 그것이 바로 미끼입니다. 결국 미끼 뜯어 먹다가 재산 다 날리고 가정은 다 파괴되는 것입니다.

또 도둑이 먹을 것이 없어서 도둑질하면 그를 멸시하지는 않는다고 했는데, 이것은 들키지 않았을 때의 이야기입니다. 도둑질하다가 들키게 되면 그때부터 그는 사람 취급을 받지 못합니다. 결국 도둑질하다가 잡히면 사회생활도 하지 못하고 사라져야 합니다. 그러면 자연인이 되든지 아니면 노숙자가 되어야 하는데 얼마나 비참한 인생입니까? 그러니까 이 세상을 편하게 고생하지 않고 살려고 하다가는 인생이 비참하게 되는 것입니다.

다음에 성적인 유혹에 대해서 다시 주의를 주고 있습니다.

6:32, "여인과 간음하는 자는 무지한 자라 이것을 행하는 자는 자기의

요즘은 부부 사이에 상대방이 바람났다 싶으면 미행하든지 아니면 흥신소 같은데 의뢰하게 됩니다. 남자 같으면 외박을 자주 한다든지 여자 같은 경우에는 늦게 들어온다든지 하게 되는데 흥신소 사람들은 귀신같아서 사진을 다 찍어놓습니다. 그들은 카메라를 들고 숨어 있다가 결정적인 순간에 사진을 찍어서 속옷만 입고 도망치는 장면이라든지 아니면 알몸으로 끌려 나와서 사람들 앞에서 망신당하게 됩니다. 이들이 망신당하는 이유는 자기 영혼을 팔아먹었기 때문입니다.

옛날에는 우리나라에 간통죄가 있어서 현장에서 잡히면 남자나 여자는 감옥에 들어가고 이혼하게 되었는데 이제는 간통죄가 없어졌습니다. 그래서 남자들이 마음 놓고 바람을 피우는지도 모르겠습니다.

6:33, "상함과 능욕을 받고 부끄러움을 씻을 수 없게 되나니"

성적으로 범죄하면 매를 맞기도 하고 또 사람들에게 손가락질당하는데 부끄러움을 씻을 길이 없습니다. 더욱이 요즘은 전자 발찌를 차게 해서 위치 추적이 다 되게 하고 있습니다. 자기 아내를 빼앗긴 남편은 분노하는데 다른 것은 몰라도 불륜은 용서하지 않고 배상금도 필요 없고 많은 선물을 주어도 듣지 않는다고 했습니다.

요즘은 남성이나 여성이나 결혼하지 않는 추세로 가고 있습니다. 그리고 비혼주의자들이나 여성 중에는 비혼으로 아기를 낳아서 키우는 사람도 있습니다. 그리고 남자가 누구인지 절대로 말하지 않습니다. 어떤 분이 뉴욕에 가서 시위하는 사람을 보았는데 '우리는 부끄럽지 않다'고 하는 팻말을 들고 가기에 알아보니 그들은 동성애자들이었습니다. 그런데 그 뒤에 노인 부부들이 '우리는 우리 아이가 동성애자인 것이 자랑스럽다'라는 팻말을 들고 따라가며 시위를 하더라는 것입니다. 동성애자들의 결혼이 허락되니까 아이들도 입양합니다. 나중에 이 아이들이 크면 얼마나 양부모를 부끄러워할지 모릅니다. 지금 우리나라에서 입법하고 있는 것 중에 예전에는 부부여야 가족이었는데 이제는 같이 살면 부부같이 보호해 주는 법을 추진하고 있다고 합니다. 이렇게 하는 이유는 동성애자들이나 결혼하지 않고 동거하는 자들도 법적으로 보호하기 위함이라는 것입니다. 이것은 마치 우리가 사는 이 사회가 소돔과 고모라의 유황불 안으로 뛰어드는 것과 같습니다.

부모는 자녀들에게 자기의 것이 아니면 무엇이든지 욕심을 내지 말아야 하고, 가지려고 해서는 안 된다고 가르쳐야 합니다. 자기 돈이 아니거나 자기 글이 아니거나 자기 사람이 아닌 사람을 사랑하면 전부 미끼에 걸리게 되는 것입니다. 우리는 사도 바울이 말한 "내게 능력 주시는 자 안에서 내가 모든 것을 할 수 있느니라"(빌 4:13)는 확신에 찬 고백을 굳게 붙들어야 합니다. 우리는 자기 것이 아닌 것을 가지고 자기 것인 것처럼 마음대로 쓰거나 공금에 손을 내면 나중에 그 인생이 망하게 됩니다. 자기가 가진 것으로 만족하고 감사하고 끝까지 잘 사용해서 하나님의 이름이 높임 받을 수 있게 되기를 바랍니다.

16

음녀의 길

잠 7:1-27

철학자 중에는 니체를 천재적인 사람이라고 추앙하는 사람들이 많습니다. 그러나 니체는 길을 잘못 드는 바람에 정신병에 걸려서 병원에서 거의 식물인간으로 의식 없이 누워있다가 죽었습니다. 니체는 원래 신학을 공부해서 목사가 되려고 했었습니다. 니체의 아버지도 목사였고 니체의 어머니도 그가 목사가 되기를 원했습니다. 그러나 니체는 기독교의 신앙을 부정하고 무신론자의 길을 걸었습니다. 그는 그리스 신화의 세계로 들어갔고 그 안에서 포도주를 마시고 취하는 디오니소스 신이 있는데 이 신을 따르는 자들은 모두 포도주에 취해서 광란에 빠집니다. 그래서 광기에 사로잡혀서 사람을 죽이기도 하고 무분별한 음란에 빠지기도 합니다. 아마도 니체는 이런 광기가 딱딱한 성경보다 좋았던 것 같습니다. 그래서 니체는 기독교가 말하는 신은 죽었다고 주장합니다. 이것이 그의 첫 번째 망하는 길이었습니다. 그리고 그가 망한 두 번째 길은 음란한 여자를 찾아가서 좋지 않은 성행위를 한 것이었습니다. 그때 그는 매독에 걸렸던 것 같은데 매독균이 그의 뇌까지 파고 들어가서 결국 미치게 됩니다. 그는 정신 이상에 빠져서 십 년 이상 정신병원에 입원해 있다가 그 아까운 시간을 다 잃어버리고 죽게 됩니다.

우리가 사는 이 세상은 마치 살얼음판을 걸어가든지 아니면 눈이 얼어있는 높은 산에 올라가는 것과 같아서 한 걸음만 잘못 디디면 천 길 낭떠러지로 떨어져서 인생 전체를 망치게 됩니다. 그래서 우리는 세상에서 성공하는 것도 좋지만 망하는 길로 가지 않는 것이 더 중요합니다.

1. 하나님의 말씀을 허리에 매라

기술자들이 아주 높은 건물이나 전압선 같은 데서 작업할 때는 반드시 자기 몸을 튼튼한 밧줄로 묶어서 안전한 곳에 매어놓고 일을 합니다. 아무리 기술자가 조심스럽게 안전에 신경 쓰면서 일한다고 하더라도 언제 무슨 일이 일어날지 모르기 때문입니다.

7:1, “내 아들다 내 말을 지키며 내 계명을 간직하라”

먼저 오늘 본문은 “내 아들아”라고 시작하고 있습니다. 즉 이 본문은 믿음의 자녀들에게 주는 교훈입니다. 하나님의 자녀들은 어떤 최악의 일이 발생하기 전에 말씀의 눈으로 먼저 그 상황을 알 수 있습니다. 그래서 언제 무슨 일이 일어난다는 것은 정확히는 모르지만 대충 미래에 일어날 일을 예측할 수 있습니다. 그러나 마음속에 하나님의 말씀이 없는 사람은 미래를 보지 못합니다. 단지 지금 행복하고 달콤하면 그것으로 충분하다고 생각합니다.

세상 사람들에게 가장 무서운 점은 죄가 죄라는 사실조차 모르고 있다는 것입니다. 그러나 하나님의 자녀들은 그것이 죄라는 사실을 분명히 알고 있습니다. 비록 우리가 인간이기 때둔에 유혹을 느끼는 것은 어쩔 수 없다 하더라도 죄를 일단 알면 빨리 거기에서 벗어나려고 할 것입니다. 그래서 죄를 죄로 아는 것과 그것조차 모르는 것 사이에는 엄청난 차이가 있습니다.

그런데 본문을 보면 아들들에게 "내 말을 지키며 내 계명을 간직하라"고 했습니다. 이것은 마치 어느 집에서 자녀들이 그 집 대대로 내려오는 가보를 잘 보관하는 것과 같습니다. 더 나아가 보관만 하라는 것이 아니라 "지키라"고 했습니다. 이것은 그 말씀대로 살기 위해서 노력하는 것을 말합니다.

7:2, "내 계명을 지켜 살며 내 법을 네 눈동자처럼 지키라"

세상 사람들에게는 세상에서 돈을 많이 벌고 유명해지는 것이 성공이지만, 하나님의 자녀들은 말씀에서 벗어나지 않는 것이 성공입니다. 그래서 우리가 이 세상에서 성공하는 것과 세상 사람들이 성공하는 것은 개념이 완전히 다릅니다.

"내 법을 네 눈동자처럼 지키라"고 했습니다. 만약 우리가 하나님의 말씀을 내 눈동자로 삼으면 하나님의 말씀으로 모든 사물을 보게 될 것입니다. 만약 우리가 우리 자신이나 다른 사람을 나의 감정 특히 분노나 의심의 감정으로 본다면 죄를 지을 수밖에 없을 것입니다.

7:3, "이것을 네 손가락에 매며 이것을 네 마음판에 새기라"

우리가 무엇을 손가락에 매는 것은 약속하는 것을 의미합니다. 우리가 어렸을 때 친구들과 중요한 약속할 때는 손가락을 걸고 합니다. 그리고 부부가 결혼할 때는 결혼반지를 손가락에 끼움으로 한평생 사랑하겠다고 약속합니다. 그래서 우리는 하나님의 말씀과 약속해야 합니다. 즉 ‘나는 하나님의 말씀을 절대로 버리지 않고 항상 평생의 반려자로 생각하겠다. 모든 것을 하나님 말씀의 눈으로 보겠다’고 약속해야 하는 것입니다.

그리고 “이것을 마음판에 새긴다”는 것은 내 인생의 가장 중요한 목표로 결심한다는 것입니다. ‘마음판에 새기는 것’은 가장 중요한 결심을 말합니다. 하나님의 백성에게는 세상적인 성공보다 하나님의 말씀에서 벗어나지 않는 것이 가장 중요한 삶의 목표입니다.

7:4, “지혜에게 너는 내 누이라 하며 명철에게 너는 내 친족이라 하라”

“누이”에게 오빠는 가장 가깝고 나를 지켜주는 사람입니다. 그리고 또 하나는 “친족”입니다. 즉 하나님의 말씀은 아주 가까운 친척 형과 같은 것입니다. 친척 형을 따라다니면서 많은 것을 배우게 되고 또 재미있는 경험도 많이 하게 됩니다. 마찬가지로 우리가 하나님의 말씀을 가까이할 때 다른 곳에서는 도저히 경험할 수 없는 좋은 체험을 많이 하게 되는 것입니다.

특히 우리가 하나님의 말씀을 누이나 친척 형처럼 좋아하고 따를 때 모든 인간이 빠질 수 있는 가장 무서운 함정을 피할 수 있게 됩니다.

7:5, “그리하면 이것이 너를 지켜서 음녀에게, 말로 호리는 이방 여인에게 빠지지 않게 하리라”

우리가 하나님의 말씀을 가까이하고 따르게 되면 가장 큰 유익은 바로 모든 인간이 빠질 수 있는 큰 함정인 악한 유혹에서 보호될 수 있다는 것입니다. 그 이유는 하나님의 말씀 안에는 세상의 유혹보다 더 강한 하나님의 은혜가 있기 때문입니다. 특히 죄가 부글부글 끓고 있는 이 세상에서 이기는 길은 성령의 불을 받는 것밖에 없습니다.

2. 유혹에 빠지는 과정

오늘 본문에 보면, 어떤 어른이 한 어리석은 청년이 잘못된 유혹에 빠지는 장면을 안타까운 마음으로 창문을 통해 지켜보고 있습니다.

들창으로 내다본다는 것은 숨어서 다른 사람의 행동을 관찰하는 것을 말합니다. 그런데 대개 죄라는 것은 누구든지 드러내놓고 하기보다는 숨어서 몰래 하는 것이기 때문에 특히 아무도 보는 사람이 없을 때 하는 것이 특징입니다. 그래서《아무도 보는 이 없을 때 당신은 누구인가?》라는 제목의 책이 있습니다. 물론 책 내용은 제목과 다르지만, 제목이 멋있는 것은 사실입니다. 우리가 아는 사람들이 있으면 누구든지 예의 바르고 깨끗하게 행동할 것입니다. 그러나 밤이 되면 달라지는 사람들이 많습니다. 왜냐하면 아무도 자기를 알아보지 못하기 때문입니다.

본문에 보면, 누군가 한 청년이 하는 행동을 숨어서 지켜보고 있습니다. 그러나 이 청년은 누군가가 자기를 지켜보고 있다는 사실을 모르고 죄를 지으려고 합니다. 죄는 여기서부터 시작하는 것입니다. 하나님의 자녀에게 있어서 가장 심각한 것은 우리가 어디서 무엇을 하든지 하나님은 보고 계신다는 사실을 안다는 것입니다. 그래서 하나님 백성의 가장 큰 스트레스는 마음속에는 다른 사람들처럼 죄의 욕망이 있는데 하나님이 지켜보고 계시기 때문에 감히 죄를 지을 수 없다는 것입니다. 그러나 우리 안에 죄를 짓고 싶은 마음이 강해지면 하나님은 보시더라도 양심의 경고를 꺼버리고 죄를 짓게 됩니다.

이 청년은 다른 사람들의 보는 눈이 있어서 훤한 대낮에는 가지 못하고 얼굴이 잘 보이지 않는 밤을 틈타서 죄짓는 곳을 찾아갔습니다.

7:8-9, "그가 거리를 지나 음녀의 골목 모퉁이로 가까이 하여 그의 집쪽
으로 가는데 저물 때, 황혼 때, 깊은 밤 흑암 중에라"

우선 이 청년은 자기 얼굴이 다른 사람에게 알려지지 않도록 밤을
타서 조심스럽게 이 음녀의 집으로 가고 있습니다. 그런데 이 청년이
이 골목 모퉁이에 음녀의 집이 있다는 사실을 어떻게 알게 되었을까
요? 아마도 이곳에 먼저 온 경험 있는 친구나 누군가가 소개해 주었을
것입니다. 즉 누군가가 죄를 소개해 주는 사람이 있었던 것입니다. 그
래서 어떤 사람과 사귀느냐 하는 것이 우리가 바르게 사는 데 아주 중
요합니다. 그러서 하나님의 백성이 공동체로부터 떨어져서 혼자서 돌
아다니는 것은 좋지 않습니다.

이 청년이 어리석게도 누군가로부터 음란한 정보를 듣고는 호기
심을 이기지 못해서 밤에 음란한 곳을 찾아갔습니다. 그랬더니 거기
에는 이미 음란한 여자가 그를 기다리고 있었습니다.

7:10-12, "그 때에 기생의 옷을 입은 간교한 여인이 그를 맞으니 이 여인
은 떠들며 완악하며 그의 발이 집에 머물지 아니하여 어떤 때에는 거리,
어떤 때에는 광장 또 모퉁이마다 서서 사람을 기다리는 자라"

여기서 "기생의 옷"을 입었다는 것은 이 여자가 다른 여자들보다
훨씬 화려한 옷을 입었다는 뜻입니다. 남자들이 좋아하는 옷은 얇고
부드러우며 속이 비치는 옷일 것입니다. 밤에 여인이 짙은 화장을 하
고 불빛 아래 이러한 옷을 입고 나타나면 아무리 못난 여자라 해도 아
름답게 보일 것입니다. 그러나 이 여자는 성질도 아주 못됐고 말도 자
기 멋대로 하고 도대체 차분하게 집에 있지 못하고 여기저기 돌아다

니는 바람난 여자입니다. 그런데 남자들은 그 입의 달콤한 말과 밤에 불빛 아래의 아름다움에 속아서 이 여자가 이 세상에서 가장 아름답고 착한 여자인 줄 착각하게 되는 것입니다.

이 여자는 이 어리석은 청년에게 얼마나 다정하고 친절하게 대해 주는지 그를 기다리고 있었다고 말하고 붙들고 입을 맞춥니다. 그리고 자기가 얼마나 그를 찾았는지 모른다고 말하고 있습니다. 이 여자가 이렇게 말하는 이유가 무엇일까요? 이 청년의 영혼을 도둑질하려는 것입니다. 이 세상에 있는 죄 중에서 가장 재미있는 죄가 다른 사람의 영혼을 도둑질해서 타락시키는 것입니다. 그러면서 이런 말을 합니다.

14절에 “내가 화목제를 드려 서원한 것을 오늘 갚았노라”고 했습니다. 여기서 이 청년은 완전히 헷갈리게 됩니다. 즉 지금까지 이 여자가 하는 행동을 보면 직업적인 창녀인데 여기서 하는 말을 보면 신앙심이 좋은 것 같습니다. 즉 자기는 하나님께 화목제물을 바쳤고 서원한 제사도 드렸기 때문에 이제 그 제물을 가지고 성도의 교제를 나누려고 한다는 것입니다. 여기서 우리가 생각해야 할 것은 과연 이렇게 이상한 성도의 교제가 있느냐는 것입니다. 특히 남녀가 단둘이 만나서 성도의 교제를 나눈다는 것은 이상합니다. 죄에 빠지는 사람들도 처음부터 죄짓자고 하지는 않습니다.

그런데 이 여자는 남자에게 너무나도 행복한 즐거움이 준비되어 있다고 말합니다.

7:16-20, "내 침상에는 요와 애굽의 무늬 있는 이불을 폈고 몰약과 침향과 계피를 뿌렸노라 오라 우리가 아침까지 흡족하게 서로 사랑하며 사랑함으로 희락하자 남편은 집을 떠나 먼 길을 갔는데 은 주머니를 가졌은즉 보름 날에나 집에 돌아오리라 하여"

여기서 우리는 잘못된 사랑의 죄에 빠지는 과정을 볼 수 있습니다. 가장 먼저 누구로부터 잘못된 사랑에 대한 정보를 듣고 호기심을 가지는 것입니다. 그래서 처음에는 양심의 가책으로 고민하다가 어느 순간 충동을 이기지 못해서 죄짓는 곳을 찾아가게 됩니다. 그때 이 사람은 죄라는 것이 너무 환상적이며 자기를 영원히 행복하게 해줄 것으로 생각합니다. 특히 죄는 안전하며 상대방은 절대로 자기를 배반하지 않을 것이라는 확신을 가집니다. 그러나 이 청년은 하나님의 축복을 도둑질하려고 하다가 결국은 자기 영혼을 사냥당하게 됩니다.

대개 사람이 이성 간의 사랑에 속는 이유는 이 사랑이 얼마나 추한지 모르고 너무나도 진실하고 순수한 사랑으로 착각하기 때문입니다. 그리고 이런 사랑은 얼마든지 비밀이 지켜질 수 있고 영원히 나를 행복하게 할 것이라고 믿는다는 것입니다. 그러나 실제로 이런 사랑은 너무나도 추한 사랑이며 결코 이런 비밀은 지켜지지 않습니다. 더 무서운 것은 이런 사랑은 중독성이 있어서 한 번으로 끝나지 않고 자꾸자꾸 반복되다가 결국 파멸에 빠지게 된다는 것입니다. 그래서 잘못된 사랑의 죄는 마약 중독보다 더 무서운 줄 알아야 합니다.

3. 잘못된 사랑에 빠진 결과

이 청년은 여자가 하는 달콤한 말에 속아서 잘못된 사랑에 빠지게 되었습니다. 그러나 이 청년은 어리석게도 이것이 일시적으로는 육체

적인 쾌락을 주는지 몰라도 자기 영혼을 팔아먹는 일인지 모르고 있
다는 것입니다.

잘못된 사랑은 물고기가 미끼를 무는 것과 같습니다. 아마 물고기
에게는 낚싯바늘에 매달려있는 지렁이가 환상적이고 맛있게 보일 것
입니다. 그러나 일단 물고기가 그 미끼를 무는 순간부터는 그 낚싯바
늘에서 벗어날 수 없습니다. 마찬가지로 세상의 죄는 무서운 중독성
을 가지고 있어서 일단 한번 걸려들고 나면 거기서 빠져나오지 못합
니다. 여기에 보면 이 청년은 도수장에 가는 소와 같다고 했습니다.
이 청년은 절대로 이 도수장에서 살아서 나가지 못할 것입니다.
결국, 잘못된 사랑에 빠지면 자기들은 계속 사랑하지만 사회가 그
것을 용납하지 않고 정죄하고 비난하니까 아내나 가족을 버리고 도
망하게 되는데 도망을 가도 가도 더 갈 수 없으면 결국 자살을 하든지
망하게 됩니다.

죄를 따라간 자는 결국 "화살이 그 간을 뚫게" 됩니다. 그러니까
바른길에서 탈선하면서부터 이 청년은 타락한 사랑의 감정과 양심 사
이에 엄청난 고민을 하다가 간이 다 녹을 지경까지 됩니다. 세상 사람
들은 죄의 결과가 무엇인지 모르기 때문에 자포자기해 버리지만 하나
님의 백성은 죄의 유혹이 눈앞에서 살랑거릴 때 그 가증한 실상과 나

중의 비참한 결과까지 보기 때문에 죄에 빠지지 않습니다. 우리가 이런 잘못된 죄의 유혹에 빠지지만 않아도 우리 가치를 상실하지는 않을 수 있습니다. 물론 우리가 이 세상에서 그렇게 성공하거나 돈을 많이 벌지는 못했을지라도 내 영혼을 뜯어먹거나 내 간에 화살이 뚫리지 않으면 성공한 것입니다.

그러나 너무나도 많은 사람이 하나님의 말씀을 믿지 않고 자기감정에 속아서 인생을 망치고 때로는 죽음(스올)의 길에 이른다고 경고하고 있습니다.

> 7:24-27, "이제 아들들아 내 말을 듣고 내 입의 말에 주의하라 네 마음이 음녀의 길로 치우치지 말며 그 길에 미혹되지 말지어다 대저 그가 많은 사람을 상하여 엎드러지게 하였나니 그에게 죽은 자가 허다하니라 그의 집은 스올의 길이라 사망의 방으로 내려가느니라."

너무나도 많은 사람이 우리 안에 있는 이 죄의 유혹을 우습게 생각하는 바람에 스스로 유혹에 빠져서 망했다고 교훈하고 있습니다. 결국 이 음녀의 길은 누가 강요해서 빠지는 것이 아니라 순전히 자기 스스로 빠지는 것입니다. 그래서 그 길에 빠진 사람은 누구를 원망하지도 못합니다. 우리가 이 길에 빠지지 않고 자기 영혼을 지킬 수 있는 길은 하나님의 말씀을 붙드는 것뿐입니다. 그러면 하나님의 말씀이 죄를 지으려는 길을 막을 것입니다. 그리고 우리에게 죄의 그 비참한 말로와 그 가증한 실체를 보게 하셔서 우리 영혼을 지켜주실 것입니다.

17

수지맞는 초청

잠 8:1-13

백화점 지하 식품부를 가면 저녁에 문을 닫을 시간이 다 되어가면 아직 팔리지 않고 남아 있는 채소나 생선을 거의 반값으로 바겐세일을 합니다. 그래서 아예 그 시간을 노려서 늦게 백화점에 가서 반값에 채소나 생선을 사는 머리가 좋은 사람들도 있습니다. 더욱이 백화점이 한 번씩 모든 물건을 싸게 팔 때가 있습니다. 그때 만약 명품 가방이나 옷이나 시계를 반값에 세일한다면 다른 모든 일을 제쳐놓고 다른 사람들이 발에 밟히든지 말든지 사람들을 뚫고 들어가서 명품을 사고야 말 것입니다.

얼마 전에 어떤 도둑들이 기름을 빼서 팔아먹으려고 큰일을 벌렸습니다. 그들은 송유관 가까운 곳에 집을 하나 빌리고 심지어는 주유소까지 세를 내서 빌린 집에서 땅을 파들어가기 시작했습니다. 그들은 소리가 나지 않도록 삽이나 곡괭이 같은 것으로 파들어갔는데 송유관을 30센티 남겨놓고 들키게 되었습니다. 일당들이 모두 체포되고 그들이 수고하고 노력한 것은 전부 물거품이 되고 말았습니다.

우리 인간의 지혜는 그야말로 최고 수준까지 올라간 것 같습니다.

우리는 지금의 최첨단 기술만 배워도 얼마든지 잘 살 수 있을 것 같습니다. 그러나 우리가 알아야 할 것은 우리가 사는 이 세상에는 주인이 있다는 사실입니다. 우리는 모두 이 세상에 세 들어 사는 사람들입니다. 그래서 만일 우리가 이 세상에서 핵무기를 만들어서 터트리거나 독재 정치를 해서 많은 사람이 죽이거나 혹은 동성애자들이 많아져서 온 도시를 더럽히게 된다면 주인이 엄청나게 싫어하실 것입니다. 결국 그 사람들은 하나님의 세상에서 망하든지 쫓겨나게 될 것입니다.

1. 지혜가 부르는 소리

우리가 어디를 찾아가려고 할 때 가장 중요한 것은 그곳으로 가는 길을 찾는 것입니다. 그런데 대개는 친절하게도 버스 정류장에 노선을 붙여놓습니다. 우리는 그 안내 노선을 보고 버스를 타면 목적한 곳에 갈 수 있습니다. 또 어떤 사람이 큰 사막에서 길을 잃고 헤매고 있다면 빨리 사람을 만나든지 아니면 안내판을 보고 그 사막에서 벗어나야 살 수 있습니다.

우리 인간은 사실 모두 몸이 병들어 있고 전부 사막에서 길을 잃고 방황하고 있습니다. 그래서 인간은 살 수 있는 길을 찾는 것이 중요합니다. 그러나 다행스럽게도 하나님의 백성에게 가면 우리가 살 수 있는 길을 친절하게 안내하고 있습니다. 즉 어디를 가든지 사람들이 서서 큰 소리로 우리를 초청하고 있습니다.

8:1-3, "지혜가 부르지 아니하느냐 명철이 소리를 높이지 아니하느냐 그가 길 가의 높은 곳과 네거리에 서며 성문 곁과 문 어귀와 여러 출입하는 문에서 불러 이르되"

이스라엘 나라와 교회의 가장 놀라운 특징은 길에서부터 친절한 사람들이 나와서 우리를 불러서 어디로 가느냐 물어보고 우리가 가야 할 길을 가르쳐준다는 것입니다. 심지어 어떤 분은 거리에서 큰 소리로 하나님의 지혜를 홍보하기도 하고 길에 아주 조금 높은 데 서서 그 위에서 사람을 부르고 있습니다. 그리고 성안에 들어가면 성문에서부터 안내하는 사람들이 서서 영생하는 길과 이 세상에서 죄짓지 않는 지혜를 가르쳐 준다고 소리 높여서 우리를 초청하고 있다는 사실입니다.

그러면 우리 인간은 도대체 무엇 때문에 이런 지혜의 초청을 받아야 할까요? 그것은 우리 모두 미치는 병에 걸려 있기 때문입니다. 이 미치는 병은 다른 데서는 고칠 수 없습니다. 이것은 반드시 하나님의 말씀을 들어야 고칠 수 있는 병입니다.

옛날 제정 러시아 때 러시아 사람들 열다섯 명 정도가 늑대에게 물려서 광견병에 걸리게 되었습니다. 그때 프랑스에서 파스퇴르는 막 광견병 백신을 개발한 상태였습니다. 러시아 황제는 늑대에 물린 이 열다섯 명을 빨리 프랑스 연구소에 보내었습니다. 그래서 파스퇴르는 늑대에게 물린 열다섯 명에게 막 개발된 백신으로 주사를 놓았습니다. 그 결과 한 명은 죽고 다른 열네 명은 깨끗하게 광견병이 나아서 돌아왔습니다. 그것을 보고 러시아 황제를 너무 고마워서 파스퇴르에게 황금을 보내었습니다. 파스퇴르는 그 황금을 가지고 더 크고 현대적인 파스퇴르 연구소를 지었다고 합니다. 만일 러시아 황제가 늑대에게 물린 사람들을 파스퇴르에게 보내지 않고 그냥 방치해 두었다면 이 사람들은 곧 눈빛이 이상해지면서 입에서 침을 흘리면서 미쳐서 모두 다 죽고 말았을 것입니다.

사람들은 모두 사탄에게 물린 존재입니다. 그래서 처음에는 사람들이 모두 선한 것 같고 괜찮은 것 같은데, 술을 마시면 개가 되는 사람이 있고, 마약에 중독되어 눈빛이 이상한 사람이 있고, 특히 분노

조절이 안 되어서 모르는 사람에게도 폭력을 행사하거나 혹은 자동차로 가게 같은 데 돌진하는 사람도 있습니다.

모든 사람은 정도의 차이는 있지만 모두 다 조금씩 미쳐서 살다가 나중에는 전부 다 죽습니다. 이것이 인간이 가진 치명적인 병입니다. 우리 인간은 큰 사막에서 모두 길을 잃은 사람들과 같습니다. 겨우 오아시스 같은 데를 찾아서 임시로 거기에 집을 지어놓고 장사도 하고 공부도 하면서 살지만, 결국 인간은 사막에 에워싸여 있으므로 그곳을 벗어날 수 없습니다. 그래서 인간이 이 광기의 인생을 치료받고 진정으로 가치 있는 삶을 살기 위해서는 병을 치료하는 곳을 찾아가는 것이 매우 중요합니다. 그러나 인간이 살고 있는 이 세상에는 그런 지혜가 없습니다. 그런데 놀랍게도 하나님의 백성을 찾아가면 그 지혜를 배울 수 있습니다. 다른 곳에서는 사람들이 모두 이상한 것만 가르쳐주고 있는데 교회를 찾아가면 우리를 살리는 지혜가 얼마나 풍성한지 아예 길에서 큰 소리로 부르면서 그 지혜를 가르쳐주려고 하는 것입니다.

사람들이 이스라엘에 와서 놀라게 되는 것이 바로 이것입니다. 이스라엘에나 교회에서는 이 세상 어느 곳에서도 들을 수 없는 하나님의 말씀이 풍성하다는 것입니다. 그리고 또 놀라운 것은 그곳에 사는 사람들은 오히려 하나님의 말씀이 너무 풍성하니까 그 가치를 모르고 하나님의 말씀을 잔소리로 생각한다는 것입니다. 그리고 그 백성은 오히려 세상 지식이나 세상 성공을 더 좋아한다는 것입니다. 그래서 예수님은 "먼저 된 자로서 나중 되고 나중 된 자로서 먼저 될 자가 많으니라"(마 19:30)라고 말씀하셨습니다. 이스라엘이나 교회는 하나님의 말씀을 먼저 받았습니다. 그러나 그들은 하나님의 말씀이 너무 흔하다 보니까 하나님의 말씀은 뻔한 잔소리라고 생각해서 세상 지식을 배우고 따라가는 것입니다. 거기에 비해서 세상에서 방황하던 사람들은 하나님의 말씀을 듣고 너무 엄청난 가치에 놀라서 이 말씀을 배우고 사랑하는 바람에 더 큰 믿음을 가지게 되는 것입니다.

그렇다면 우리는 다 죽는데 그것은 무엇입니까? 그것은 우리가 잠시 옷을 갈아입는 시간입니다. 우리는 육신의 옷을 벗고 천사의 옷으로 갈아입습니다. 그래서 죽은 자가 더 하나님과 가까이 예수님과 함께 인생의 모든 재능을 백만 배나 사용하면서 더 알차게 살게 됩니다. 우리는 한 비밀을 알고 있습니다. 그것은 그리스도가 천사들의 나팔 소리와 함께 오실 때 우리는 영원히 썩지 않을 몸을 입게 된다는 것입니다. 이 썩을 것이 썩지 아니함을 입겠고 이 죽을 것이 죽지 아니할 몸을 입을 것입니다. 그때 우리는 하나님의 지혜를 배우기를 얼마나 잘했는지 깨닫고 영원히 감사하게 될 것입니다.

2. 우리는 모두 어리석은 자

만약 우리 모두 지혜가 있고 영생을 가지고 있다면, 우리는 굳이 새로운 하나님의 지혜를 배울 필요가 없을 것입니다. 그러나 우리 모든 인간은 지금 어리석습니다. 우리는 정말 무지해서 하나님에 대해서도 아무것도 모르고 자기 자신에 대해서도 모르고 미래에 대해서도 아무것도 모르고 있습니다. 그래서 우리는 하나님의 지혜를 배워야 합니다.

8:5, "어리석은 자들아 너희는 명철할지니라 미련한 자들아 너희는 마음이 밝을지니라"

사람들에게 가장 시급하게 필요한 것이 있다면 그것은 어리석은 것과 미련한 것에서 벗어나는 것이라고 합니다. 어떤 의사가 말한 것을 보니까 요즘은 대장암이라든지 많은 암이 수술하고 항암치료를 하고 방사선 치료를 하고 표적 치료를 하면 백 퍼센트 살 수 있다고 합니다. 그런데 이런 치료를 거부해서 죽는 환자들이 너무 많다고 합니다. 우리가 하나님의 말씀을 들으면 생명의 길을 알 수 있고 마음이 밝아지게 됩니다. 그러나 사람들은 그 말을 듣지 않고 자기 방법으로 고치려고 하다가 죽는 것입니다.

여기서 “가장 선한 것”은 하나님의 뜻에 맞는 것을 말합니다. “정직”이라는 것도 마찬가지입니다. 인간은 아무리 진실하게 말한다고 하지만 그 안에는 거짓이 있고, 아무리 바른길을 간다고 하지만 비뚤어진 길을 가게 됩니다. 그 이유는 인간의 마음 자체가 비뚤어져 있기 때문입니다. 여기서 중요한 것은 “선하다”는 것입니다. 여기서 ‘선한 것’은 단순히 착한 것이 아닙니다. 하나님의 뜻에 맞는 것이 선한 것이고, 하나님의 뜻을 거역하고 대적하는 것이 비뚤어진 것입니다.

여기서 “나”라고 하는 일인칭 지혜의 주인공이 등장합니다. 이 주인공은 지혜의 안내자가 아니라 지혜의 주인공입니다. 그는 진리의 주인입니다. 구약 시대 사람들은 여기 나오는 ‘내’가 누구인지 알지 못했습니다. 그러나 욥은 엄청난 고통을 겪는 가운데 이 지혜의 주인을 알게 되었습니다. 그는 “내 가죽이 벗김을 당한 뒤에도 내가 육체 밖에서 하나님을 보리라”(욥 19:26)고 했습니다. 다윗도 이 지혜의 주인을 알았습니다.

여기 지혜의 주인은 바로 성자 하나님이십니다. 이분은 진리만 이야기하십니다. 그 진리는 우리가 사는 길이고, 우리가 아름다운 인생을 사는 길입니다. 그의 말에는 "굽은 것과 패역한 것이" 하나도 없습니다. 왜냐하면 그는 이 세상에서 유일하게 하나님의 지혜를 가지셨기 때문입니다. 반대로 인간이 가지고 있는 지혜는 보증이 되지 않은 가설들입니다. 모두 모조품들입니다. 이것은 진짜가 아닙니다. 하나님의 지혜는 이미 검증이 다 된 말씀입니다.

우리가 배우는 하나님의 말씀은 이미 이 말씀에 순종해서 총명이 있고 지식을 얻은 자가 있습니다. 그 대표적인 인물이 아브라함입니다. 아브라함이 하나님을 믿으니 하나님은 그를 의롭다고 하셨습니다(롬 4:3). 또 모세도 한평생 방황하다가 하나님의 말씀을 듣고 총명을 얻었습니다. 다윗도 이 지혜를 얻었습니다. 신약에서 사도 바울도 이 지혜를 배웠습니다. 그는 세상에서 성공하기 위하여 아주 험한 길을 걸었지만 예수님 앞에 한 번 거꾸러지고 난 후에는 진리를 위하여 평생을 살았고 이 지식을 말하는 자가 되었습니다.

3. 하나님 지혜의 가치

오늘 이 세상에서 우리에게 가장 필요하고 중요한 것이 있다면 그것은 무엇일까요? 아마 '돈'일 것입니다. 돈은 이 세상의 모든 가치를 금액으로 환산한 것입니다. 우리가 돈 다음으로 중요하게 생각하는 것은 성공이나 명예일 것입니다. 즉 이 세상에서 남들보다 뛰어나서 내 이름이 유명하게 되는 것입니다.

그러나 아무리 돈이 많고 부자이고 좋은 집을 가지고 있다 하더라도 죽을병에 걸린 사람은 그 돈이나 집이 아무 소용이 없습니다. 결국 한평생 모은 돈을 다 두고 죽어야 합니다. 만일 그가 원하는 것이 하나 있다면 병을 고치고 사는 것입니다. 그런데 성경은 우리에게 지혜가 얼마나 가치 있는지 말씀하십니다.

8:10, "너희가 은을 받지 말고 나의 훈계를 받으며 정금보다 지식을 얻으라"

여기서 "은"은 돈을 말합니다. 하나님께서는 우리에게 돈을 가지는 것보다는 하나님의 훈계를 받으라고 말씀하십니다. "훈계"는 꾸중하는 것을 말합니다. 어떤 경우에는 육체적으로 연단하시는 것을 말합니다. 우리는 야단맞아가면서 하나님의 말씀을 듣는 것보다는 세상에서 돈을 많이 버는 것을 원합니다. 돈이 많이 있으면 무엇인가 할 수 있고 나이 든 사람은 아무 걱정 없이 살 수도 있기 때문입니다.

여기서 지혜는 누군가가 우리에게 돈을 주면 돈보다는 하나님의 훈계를 요구하라고 말씀하고 있습니다. 또 누군가가 금덩어리를 주려고 하면 하나님의 지식을 달라고 하라는 것입니다. 그러나 우리가 한 번 솔직하게 생각을 해보면 지금 하나님의 말씀보다는 돈을 많이 가지는 것을 원하지 않을까요? 우리가 하나님의 지식을 배우는 것보다는 부자가 되는 것이 더 중요한 일이 아닐까요?

8:11, "대저 지혜는 진주보다 나으므로 원하는 모든 것을 이에 비교할 수 없음이니라"

"진주"는 얼마나 아름답고 비싼 보석입니까? 아마 진주 목걸이 하나만 가지고 있으면 성경은 몇백 권을 사고도 남을 것입니다. 우리는 자나깨나 돈을 가지고 싶을 것입니다. 그래서 저도 어렸을 때 가장 행복했던 꿈은 길에서 땅에 떨어진 돈을 줍는 꿈이었습니다. 그런 꿈에서 깨어날 때는 얼마나 아까웠는지 모릅니다. 그러나 성경은 돈보다 금보다 건강보다 젊음보다 권력보다 좋은 건물보다 높은 명성보다 하나님의 책망하는 말씀을 더 좋아하라고 교훈하고 있습니다. 왜냐하면 하나님의 책망을 받는 자는 틀림없는 하나님의 아들이기 때문입니다. 성경에는 부모는 자기 자녀를 반드시 훈계한다고 했습니다.

8:12, "나 지혜는 명철로 주소를 삼으며 지식과 근신을 찾아 얻나니"

여기 "나 지혜"는 '하나님의 아들'을 말합니다. 그는 우리를 지으신 분이고 우리에게 생명을 주신 분입니다. 우리가 그분을 찾아가는 주소가 있습니다. 그 주소는 "명철"로 되어 있습니다. 즉 교회와 성경 말씀을 따라가면 그분을 만날 수 있습니다. 그분은 우리에게 "지식과 근신"을 찾아 얻는다고 하셨습니다. 즉 우리에게 하나님의 말씀에 대한 뜨거운 열망을 찾으시고 부지런한 마음을 보신다고 말씀하십니다. 그것이 있으면 우리는 하나님 지혜의 주인공에게 합격 점수를 얻는 것입니다.

지금까지의 말씀만 보면 우리는 왜 돈보다 훈계를 사랑하고 정금보다 지식을 얻으라고 하는지 잘 알 수 없습니다. 그러나 13절에 그 답이 나옵니다.

8:13, "여호와를 경외하는 것은 악을 미워하는 것이라 나는 교만과 거만과 악한 행실과 패역한 입을 미워하느니라"

우리에게 하나님의 지식이 돈이나 성공이나 권력보다 중요한 이유는 이 세상의 주인이 있기 때문입니다. 우리는 모두 하나님의 세상에 세 들어 사는 사람들입니다. 예를 들어서 어떤 사람이 건물 주인으로부터 큰 건물을 무상으로 빌렸지만 그 건물을 더럽히고 도둑질하려고 한다면 그가 아무리 돈이 많고 유몃하고 권력이 있다고 하더라도 주인은 그들을 그 집에서 쫓아낼 것입니다. 마찬가지로 이 세상에는 주인이 있습니다. 그래서 여호와를 경외하는 것이 지식의 근본이라고 했습니다. 우리가 이 세상에서 주인의 뜻대로 바로 사용할 때 우리는 주인의 도움을 받을 수 있고 또 그 이상의 많은 복을 받을 수도 있습니다. 그래서 하나님을 경외하는 것은 악을 미워하는 것입니다.

예수님은 돈과 하나님을 겸하여 섬길 수 없다고 말씀하셨습니다. 이 세상의 모든 것은 하나님의 뜻을 이루는 수단입니다. 그럼에도 불구하고 하나님을 인정하지 않는 것은 "교만"입니다. 하나님의 도를 배우고 순종하지 않는 것이 "거만"입니다. "악한 행실"은 진리를 거역하는 것입니다. "패역한 입"은 하나님의 진리를 반대하는 것입니다. 하나님은 이런 것을 미워하신다고 했습니다. 우리는 하나님의 집에 세 들어 사는 사람입니다. 하나님에게 우리가 돈이 많거나 지식이 많거나 성공한 사람이거나 하는 것은 중요하지 않습니다. 하나님의 말씀을 배우고 악을 미워하면서 살 따 하나님은 우리에게 놀라운 복을 베풀어주실 것입니다.

18

지혜의 주인공

잠 8:14-36

자녀들은 대개 부모의 머리를 이어받습니다. 그래서 부모가 머리가 아주 좋아서 공부를 잘했으면 그 자녀들도 잘하는 것을 볼 수 있습니다. 우리나라가 일제 강점기를 보낼 때 조선에는 3대 천재가 있다고 했습니다. 한 사람은 춘원 이광수였고, 또 한 사람은 육당 최남선, 그리고 다른 한 사람은 벽초 홍명희였습니다. 춘원은 우리나라에 최초로 현대 소설다운 소설을 썼습니다. 그의 소설《유정》을 보면 주인공이 그 옛날 비행기도 제대로 없을 시절에 바이칼호까지 가는 내용이 나옵니다. 육당 최남선의 역사 실력은 엄청났습니다. 그리고 벽초가 쓴《임꺽정》은 지금도 많은 사람이 즐겨 읽는 소설 중 하나입니다. 그런데 이분들이 천재일지는 몰라도 그들의 생애는 행복하지 못했습니다. 춘원은 나중에 조선 청년들에게 학도병으로 가라고 연설하는 등 친일 행각을 해서 해방이 된 후 수치를 많이 당했고, 북한군에게 잡혀가다가 죽은 것 같습니다. 육당 최남선도 6.25 때 북으로 끌려가다가 죽은 것 같습니다. 그리고 홍명희는 공산당 간부였습니다. 그러나 그는 아마도 남로당을 숙청할 때 죽은 것 같습니다.

이 세상에는 우리가 알지 못하는 엄청난 지혜가 있습니다. 그래서 하늘이 있고 바다가 있으며 사람들에게는 지능이 있고 사람들에게는 정의감이라는 것이 있습니다. 나무 한 그루, 벌레나 새 한 마리를 보아도 놀라운 지혜가 있습니다. 이 세상 전체는 어떤 어마어마한 지혜의 작품입니다. 그런데 도대체 이 지혜는 어디에 있으며 어디서 이 지혜를 얻을 수 있을까요? 바로 그 지혜의 주인공이 있는 것입니다. 세상의 지혜 있는 사람들은 모두 이 지혜의 주인공이 지혜를 빌려주신 것입니다.

우리가 사는 이 세상과 우주와 그 안에 있는 생명체들은 모두 지혜 덩어리입니다. 도대체 이 지혜는 누구의 지혜이며 누가 우리에게 지혜를 줄까요?

1. 지혜를 얻는 비결

이 세상에 있는 지혜는 그냥 우연히 있는 것이 아니라 이 모든 것을 만든 주인의 작품이 녹아 있는 것입니다. 다시 말해서 우리 인간의 지혜는 물론이고 새나 야생동물이나 식물들의 모든 지혜까지 그것을 만든 주인이 있다는 것입니다. 우리가 그 주인에게 가서 지혜를 달라고 간절히 요구하면 그 주인은 우리에게 지혜를 주실 것입니다.

8:14, "내게는 계략과 참 지식이 있으며 나는 명철이라 내게 능력이 있으므로"

여기 "계략"은 어떤 일을 하는 전략이나 계획을 의미합니다. 예를 들어서 어떤 기술자가 큰 배를 주문받아서 만들었지만 바다에 그 배를 띄울 수 없고 만일 그 배가 가라앉아 버린다면 그 사람은 계략이 없는 것입니다. 이 지혜는 미래 일까지 예측할 수 있는 지혜를 말하는 것입니다. 우리나라에서 처음 경부고속도로를 만들 때 야당에서는 반대가 심했습니다. 그들은 우리나라 농민들의 땅을 다 파헤쳐서 돈 있는 사람만 놀러 가게 한다고 반대했습니다. 만약 그 고속도로가 없었더라면 우리나라는 아직도 후진국에서 벗어나지 못했을지 모릅니다.

그러나 여기 나오는 "나"라는 주인공은 미래에 일어날 수 있는 모든 부작용을 다 예측하고 그것에 대비되어 있습니다. 그는 참 지식을 가지고 있습니다. "참 지식"은 어떤 가설과 다른 것입니다. 가설은 '이럴지도 모르겠다'고 추측하는 것입니다. 그러나 '참 지식'은 '이것이다' 라고 말할 수 있는 것입니다. 즉 모든 것의 정체를 다 알고 있는 지식입니다. 대표적인 가설이 '공산주의' 입니다. 모든 생산 시설을 공유하면 더 많은 사람이 공평하게 잘 살 수 있을 것이라는 가설인데 실제로는 모두 다 가난해져 버렸습니다. 그리고 그 체제를 유지하기 위하여 더 많은 사람을 속여야 했고 더 많은 사람을 죽여야 했습니다.

또 이 지식의 주인공은 "명철"이라고 했습니다. 이것은 하나의 이론이 아니라 현실적인 지혜입니다. 그래서 능력이 있습니다. 즉 병을 치료하고 사람의 생명을 살리고 지구를 돌게 하는 능력이 있는 것입니다. 왕이나 대통령이나 장관이나 국회의원들은 이 지혜를 가져야 나라를 바로 통치할 수 있습니다.

8:15-16, "나로 말미암아 왕들이 치리하며 방백들이 공의를 세우며 나로 말미암아 재상과 존귀한 자 곧 모든 의로운 재판관들이 다스리느니라"

왕이 이 지혜나 명철을 배우지 못하면 독재로 흐를 수밖에 없습니다. 즉 나라를 다스리기는 해야겠는데 아는 것이 없으니까 똑똑한 사람들을 모두 감옥에 집어넣고 통계를 조작해서 사람들을 속이는 것입니다. 그리고 재판관들은 말도 안 되는 엉터리 재판을 합니다. 왜냐하면 그래야 자기 신분이 보장되기 때문입니다. 그런 자들이야말로 무지한 자들이 권력을 잡고 있는 것입니다. 결국 민주주의의 가장 큰 약점은 표만 많이 얻으면 당선이 되고 권력을 잡는다는 것입니다. 나라야 망하든지 말든지 정권만 잡으면 되는 것입니다. 그럼에도 불구하고 우리나라가 망하지 않고 이 정도까지 온 것은 하나님이 우리를 지켜주셨기 때문입니다. 우리는 바로 이 지혜자에게 배워야 합니다.

이 세상에는 최고 지혜자의 주인이 있습니다. 우리가 그분에게 지혜를 배워야 적어도 거짓말하지 않을 것이며 다른 사람들을 윽박지르지 않고 사랑으로 대할 수 있을 것입니다. 결국 최고의 지혜는 다른 사람을 사랑으로 대하는 것입니다.

우리가 이 최고의 지혜를 얻으려면 두 마음을 가져서는 안 됩니다. 즉 세상에서 재미도 보면서 이 지혜를 얻으려고 하면 안 됩니다. 오직 간절한 마음으로 이 지혜를 구해야 합니다.

8:17, "나를 사랑하는 자들이 나의 사랑을 입으며 나를 간절히 찾는 자가 나를 만날 것이니라"

우리가 지혜의 주인공을 알고 지혜자를 사랑하면 그 지혜의 주인공도 그 사람을 특별히 사랑하십니다. 그리고 이 지혜의 주인공을 만나려고 하면 간절히 그를 찾아야 합니다. 모세 같은 경우에는 사십 년을 광야에서 헤매면서 이 지혜의 주인공을 찾았습니다. 사도 바울은 예루살렘에서 율법 공부를 엄청나게 잘해서 이 지혜를 붙잡은 것 같았는데 아니었습니다. 그는 다메섹으로 가는 길에서 이 지혜의 주인공이 살아 있는 것을 보고 땅에 엎드려지고 눈이 멀어버렸습니다.

이 지혜의 주인공에게는 부귀도 있고 장구한 재물도 있고 정의도

있습니다. 주인공이 만드는 열매는 금이나 정금보다 낫고 그의 소득
은 순은보다 낫다고 했습니다(19절). 우리 생각으로는 우리가 지혜자
를 찾는 동안 세상 사람들이 세상의 좋은 것을 다 가져가 버리기 때문
에 우리가 차지할 것은 가난밖에 없는 것 같습니다. 그러나 지혜자는
부귀를 만들어내고 재물을 만들어내고 금과 순금을 만들어내고 돈을
만들어냅니다. 금과 순금의 차이를 아십니까? 바로 18금과 24금의 차
이입니다. 지혜의 주인공은 모든 것을 만들 수 있습니다. 우리는 아직
그 방법을 배우지 못한 것입니다.

단 이 지혜를 배우려는 자는 반드시 공의로운 길을 걸어야 합니
다. 즉 부정하고 자기 배를 채우기 위해서 지혜를 배워서는 안 되는
것입니다. 그는 재물을 얻더라도 그것으로 영혼을 사서 하나님의 창
고를 채워야 합니다(21절).

2. 지혜자의 기원

사람들은 지혜의 주인공이 있다는 것을 알지 못합니다. 그래서 자
기가 좀 성공하고 높은 자리에 있으면 최고로 머리가 좋은 줄 압니다.
그런데 성경에 나오는 지혜자는 우리가 상상하는 이상의 정말 엄
청난 분이라는 것이 소개되고 있습니다.

8:22-23, "여호와께서 그 조화의 시작 곧 태초에 일하시기 전에 나를 가
지셨으며 만세 전부터, 태초부터, 땅이 생기기 전부터 내가 세움을 받았
나니"

성경의 지혜자는 그분 자체가 지혜이고 지혜로 꽉 찬 분이십니다.
그런데 그분은 천지가 창조되기 전에, 우주가 만들어지기 전에 하나

님과 함께 계셨습니다. 물론 이 지혜자가 있었다고 해서 하나님은 지혜가 없으셨다는 뜻이 아닙니다. 그는 모든 우주와 세상을 만드는 실무자였던 것입니다. 우리는 해가 뜨는 것이나 바다가 밀물 썰물이 교치되는 것, 식물이 자라는 것이나 곤충 하나하나까지 잘 살펴보면, 얼마나 놀라운 지혜로 만들어졌다는 것을 알게 됩니다.

여기 하나님이 "태초에 일하시기 전에 나를 가지셨으며"라는 것은 나를 붙잡으셔서 사용하셨다는 뜻입니다. 그런데 그는 피조물이 아니라 하나님이셨습니다. 또 그가 "땅이 생기기 전부터" 있었다는 것은 땅을 만들었다는 뜻입니다. 지구는 처음에 용암이 넘쳐흐르고 땅이 굳어지지 않아서 수렁과 같았고 온 천지가 뜨거워서 엉망진창이었습니다. 그러나 이 지혜자는 용암을 가두고 땅을 단단하게 하셔서 물이 진정되게 하셨습니다. 또 그는 바다가 생기기 전에 큰 샘들이 있기 전에 나셨다고 했습니다(24절). 이것은 결국 그가 바다를 만드셨고 큰 샘들을 만드셨다는 뜻입니다. 지구는 물이 많은 별이었습니다. 아마 부글부글 끓는 물이고 수증기가 가득했을 것입니다. 그러나 그는 물을 식혀서 거대한 바다가 생기게 하셨고 육지에는 지하수나 호수가 생기게 하셨습니다.

지혜자는 산이 세워지기 전에, 언덕이 생기기 전에 났다고 했습니다(25절). 즉 그는 땅에 주름이 잡혀서 산이 생기게 하고 언덕도 생기게 했다는 뜻입니다. 하나님이 땅도, 들도, 세상의 흙도 만드시기 전에 지혜자는 하나님과 함께 있었습니다(26절). 그는 말씀이었고 사랑이었습니다. 그는 제2위 하나님이셨습니다. 그러나 솔로몬도 이분의 정체를 정확하게 알지는 못한 것 같습니다.

그는 하늘을 만드셨고 바다와 하늘이 서로 뒤집어지지 않도록 거기서 감독하셨다고 했습니다. 하늘은 우리가 머리를 드는 공간이고 우리가 숨을 쉴 수 있는 공기가 있는 곳입니다. 하나님은 하늘을 높이 만드셨는데 견고하게 만드셔서 무너지거나 내려오지 않습니다. 그는 구름 하늘을 견고하게 하셨고 바다의 샘은 굳게 하셨습니다(28절). 바다에 성난 파도가 몰려올 때는 땅을 다 삼켜버릴 것 같은데 한계를 정하셔서 항상 어느 선 이상을 올라오지 못하게 하신 것입니다. 이것은 모두 하나님의 사랑입니다.

지혜자가 만드는 것마다 너무나도 하나님의 생각과 똑같으셔서 하나님은 기뻐하셨고 즐거워하셨습니다.

> 8:30-31, "내가 그 곁에 있어서 창조자가 되어 날마다 그의 기뻐하신 바가 되었으며 항상 그 앞에서 즐거워하였으며 사람이 거처할 땅에서 즐거워하며 인자들을 기뻐하였느니라"

이 지혜자의 정체가 드디어 여기에 나옵니다. 그는 창조자이셨습니다. 그는 하나님과 함께 우주와 세상을 창조하셨는데 그 만드신 것 하나하나가 너무나도 지혜로 가득 차 있어서 하나님은 기뻐하셨습니다. 그는 사람들이 살 땅을 만드시고 기뻐하셨고 특히 인생을 만드신 후에 너무나도 즐거워하셨습니다.

3. 지혜에 대한 태도

놀랍게도 이 지혜자의 모든 지혜는 한 권의 책 성경 안에 다 들어 있습니다. 그 지혜의 말씀을 매일 읽고 들어서 내 속을 하나님의 지혜로 채워야 합니다.

> 8:32, "아들들아 이제 내게 들으라 내 도를 지키는 자가 복이 있느니라"

지혜자의 지혜를 배우고 지키는 자는 복이 있습니다. 왜냐하면 악한 자가 와서 그를 해치지 못하기 때문입니다. 그리고 이 지혜 안에 부귀와 영화가 있고 건강과 장수도 있고, 모든 것이 다 들어 있습니다. 왜냐하면 하나님의 지혜가 우리 안에 새 인생을 창조하기 때문입니다. 이 세상의 지혜는 우리를 똑똑하게 하고 말을 잘하게 하지만 하나님의 지혜는 무에서 유를 창조하고 실패한 인생을 새 인생으로 창조합니다.

중요한 것은 '이 지혜를 버리지 말라'는 것입니다(33절). 에서는 팥죽 한 그릇으로 이 지혜를 팔아버렸습니다. 가룟 유다는 은 30에 이 지혜를 팔아 버렸습니다. 사울 왕은 왕 자리에 대한 욕심 때문에 이 지혜를 버렸습니다. 이스라엘 백성들은 가나안 땅에 대한 욕심 때문에 이 지혜를 버렸습니다. 우리는 혹시 이 세상에서 잘 살고 싶은 욕심에 이 지혜를 버리지 않습니까? 하나님의 말씀을 버리는 것이 지혜를 버리는 것이고 미련하게 되는 것입니다. 하나님의 지혜를 버린 사람들의 말로는 비참합니다.

우리가 하나님의 지혜를 얻으려고 하면 끈질기게 하나님의 말씀에 매달려야 합니다.

우리가 이 지혜를 얻으려고 하면 매일 주님의 말씀을 들어야 합니다. 그리고 한 말씀이라도 더 듣기 위해서 주님이 나가시는 문 곁에 서 있고 문설주 옆에서 기다려야 합니다. 왜냐하면 주님의 지혜를 얻는 자는 영생을 얻기 때문입니다. 그리고 주님의 지혜를 받는 자는 하나님의 독점적인 은총을 받습니다. 즉 다른 사람들은 절대로 받지 못하는 복을 혼자서 받는 것입니다.

8:36, "그러나 나를 잃는 자는 자기의 영혼을 해하는 자라 나를 미워하
는 자는 사망을 사랑하느니라"

하나님의 지혜를 잃는 자는 자기 영혼을 잃어버리는 자입니다. 그
는 영혼이 없는 사람이 됩니다. 더욱이 자기 영혼에 해를 끼치기 때문
에 자기 영혼을 망치로 부수든지 도끼로 찍어서 너덜너덜하게 만드는
사람입니다. 더욱이 하나님의 지혜를 미워하는 자는 사망을 사랑하게
됩니다. 그들은 죽는 것을 좋아합니다. 자살을 좋아하고 매일 죽는 것
을 생각합니다. 그러다가 결국 죽음에 빨려 들어가서 죽고 마는 것입
니다.

우리는 하나님의 지혜를 붙잡아야 합니다. 그러면 지혜자가 우리
에게 아름다운 새 인생을 창조해주실 것입니다. 이것을 믿는 것이 인
생의 갈림길입니다. 눈에 보이는 것보다 하나님의 지혜를 믿어야 합
니다. 우리는 하나님의 지혜 때문에 살게 됩니다. 하나님의 지혜로 모
두 아름다운 새 인생을 사시기 바랍니다.

19

지혜로 지은 집

잠 9:1-18

전라도에 있는 어떤 사람은 한평생 냇가나 강바닥에 있는 돌을 주워다가 남대문이라든지 첨성대라든지 불국사 같은 돌집을 지었다고 합니다. 그 사람은 지금도 매일 돌을 주워 와서 집을 쌓고 있는데 지금 있는 그 돌집들을 만드는 데 30년이 걸렸다고 했습니다. 물론 그가 쌓은 돌집들은 사람이 살 수 없는 모형만 만든 것입니다. 그 솜씨도 대단하고 인내심도 엄청납니다. 그는 죽기 전에 무엇인가 하나 기념될 만한 것을 남기려고 돌집을 지었다고 했습니다.

영화를 보면 어린아이들이 너무나도 초콜릿을 좋아하기 때문에 아이들의 꿈이 초콜릿으로 만들어진 집에 놀러가는 것이었습니다. 그런데 어느 초콜릿 공장 사장인 할아버지가 이런 아이들의 소원을 알고는 진짜 초콜릿으로 집을 만들어서 아이들을 초청했습니다. 아이들은 신이 나서 소리를 질렀습니다. 집에 올라가는 계단도 초콜릿이고 문도 초콜릿이고 탁자와 의자도 전부 초콜릿으로 만들어져 있었습니다. 아이들은 초콜릿이 먹고 싶으면 그냥 책상다리를 먹든지 아니면 문고리를 잡고 먹으면 되는 것입니다. 아이들이 이런 집에 초청되어

간다면 너무 신이 날 것입니다.

그런데 어떤 집은 집 전체를 지혜로 만들어진 집이 있습니다. 그 집은 안에 있는 모든 것이 지혜인데, 수돗물도 지혜이고 먹는 음식도 지혜이고 나누는 대화도 지혜입니다. 우리가 그런 집에 한 번 들어갔다 나오면 엄청나게 똑똑한 사람이 되어 나올 것입니다.

1. 지혜로 만들어진 집

이 세상에 실제로 지혜로 만들어진 집이 있었습니다. 그 집은 전체가 지혜로 만들어졌으므로 아무리 어리석고 미련한 사람도 그 집에 들어갔다 나오기만 하면 천재가 되어 나온다고 하니 그런 집에 들어갔다 나오면 얼마나 좋겠습니까?

9:1, "지혜가 그의 집을 짓고 일곱 기둥을 다듬고"

보통 이 세상의 지혜는 먼저 그 지혜를 가진 사람에게 돈을 주고 배워야 합니다. 그러나 하나님의 지혜는 사람들에게 돈을 받지 않습니다. 전부 무료입니다. 그런데 하나님의 지혜는 단지 사람의 어려움만 도와주는 것이 아니라 멋지고 튼튼한 집을 지어서 믿음을 가진 사람들을 그 집에 초청해서 실컷 배부르게 먹게 하고 실컷 음료수를 마시게 해서 힘이 넘치게 만들어 줍니다.

더욱이 이 지혜의 집은 일곱 개의 기둥으로 되어 있어서 절대로 무너지지 않습니다. 옛날에 우리나라 대학에 대하여 어떤 사람들은 자조 섞인 말로 "똑똑한 아이들이 입학해서 졸업할 때는 바보가 되어서 졸업한다"고 했습니다. 사실 이런 대학들이 있다면 문제가 심각합니다.

이 세상에는 집 전체가 예술로 만들어진 집도 있을 것입니다. 예를 들면 유명한 뮤지움이라든지 아니면 로마의 성 베드로 성당 같은 곳입니다. 그런데 만일 이 세상에서 지혜로만 만들어진 집이 있는데 그 안에 들어가기만 하면 지혜로 배가 부르고 인생의 갈증이 없어지는 집이 있을까요? 그런 집이 있습니다. 그곳은 바로 교회입니다. 옛날에는 예루살렘 왕궁이었는데 예수님이 오신 후에는 예루살렘 왕궁이나 성전에서 교회로 옮겨지게 되었습니다.

교회 안에서 예수 믿는 사람들은 모두 지혜자입니다. 그래서 요엘 선지는 "어린아이는 예언할 것이고 청년들은 환상을 보고 노인들은 꿈을 꾸리라"(욜 2:28)고 예언했습니다. 하나님의 지혜는 천지를 지은 지혜입니다. 하늘의 그 수많은 별을 보면 얼마나 웅장하고 물리학적으로도 완벽합니까? 그리고 하나님의 지혜는 우리 인간을 만든 지혜입니다. 우리 인간의 뇌와 심장, 신경이나 구조는 얼마나 완벽합니까? 그 지혜의 주인공이 이 세상에 오셔서 우리를 지혜의 제자로 삼아 주셨습니다. 그래서 우리는 단순히 어떤 한두 가지 어려움만 해결하는 지혜만 배우는 것이 아니라 하나님의 집에 오면 완전히 배가 부를 정도로 지혜를 배우게 되고, 모든 갈등이 다 사라질 정도로 모든 것을 깨닫게 되는 것입니다.

하나님의 집은 참된 진리의 집입니다. 그래서 예수님께서는 "너희가 내 말에 거하면 참으로 내 제자가 되고 진리를 알지니 진리가 너희를 자유롭게 하리라"(요 8:31-32)라고 말씀하셨습니다.

9:2-3, "짐승을 잡으며 포도주를 혼합하여 상을 갖추고 자기의 여종을 보내어 성중 높은 곳에서 불러 이르기를"

하나님의 지혜의 집은 집만 있는 것이 아니었습니다. 이 안에는 정말 먹을 것이 무진장 많았고 또 마실 것이 무한정으로 있었습니다. 그런데 그 먹는 것이 전부 지혜였고, 마시는 것도 전부 지혜가 생기는 것이었습니다. 그래서 이사야 선지는 "너희 모든 곡마른 자들아 물로 나아오라 돈 없는 자도 오라 너희는 와서 사 먹되 돈 없이, 값 없이 와서 포도주와 젖을 사라"(사 55:1)고 했습니다. 더운 날씨에 먼 길을 걸어온 사람 중에 목마른 사람들이 얼마나 많겠습니까? 이 사람들은 너무 지쳐서 그 자리에서 쓰러지려고 하고 있을 때 누군가가 너무나도 시원한 얼음물을 무료로 나누어준다면 목마른 사람은 살 수 있을 것입니다. 이 시원한 물을 마시는 데는 돈이 필요 없습니다. 또 물을 마시면 포도주도 주고 젖도 준다고 했습니다. 바로 이 집이 하나님의 집입니다.

우리가 살아가는 인생은 길이 없습니다. 그야말로 절벽길이고 살얼음판과 위험한 곳입니다. 그런데 만일 그런 위험한 길을 술에 잔뜩 취해서 비틀거리면서 간다면 당장 미끄러져서 팔다리가 부러지고 목이 부러져서 죽을 것입니다. 우리는 그런 길을 가기 전에 지혜의 집에서 충분히 주의 사항을 듣고 신발도 미끄러지지 않는 것으로 신고 뾰족한 지팡이도 준비하고 배를 든든하게 채우고 출발하면 떨어지지 않을 것입니다.

예수님께서는 지혜로운 자와 미련한 자를 집 짓는 비유로 말씀하셨습니다(마 7:24-27). 지혜로운 자는 주님의 말씀을 듣고 순종하는 사람입니다.

9:4-6, "어리석은 자는 이리로 돌이키라 또 지혜 없는 자에게 이르기를 너는 와서 내 식물을 먹으며 내 혼합한 포도주를 마시고 어리석음을 버리고 생명을 얻으라 명철의 길을 행하라 하느니라"

등산하는 사람 중에 자기 실력으로는 도무지 지금은 무리라고 생각하는 사람들은 안내자의 말을 듣고 대피소에 들어가서 눈이 그치거나 바람이 멎을 때를 기다릴 것입니다. 그러나 자기는 자신만만하다

고 하면서 끝까지 고집을 부리고 산에 올라간 사람은 중간에 얼어 죽
든지 아니면 사고 당할 가능성이 큰 것입니다. 왜냐하면 인간은 미래
를 알 수 없는 동물이기 때문입니다.

2. 지혜에 대한 반응

지혜가 우리가 사는 길이라면 누구든지 지혜를 얻으려고 할 것입
니다. 그러나 이 세상에는 지혜를 싫어하는 사람들이 훨씬 더 많습니
다. 그 이유는 자기가 지혜보다 더 똑똑하다고 생각하기 때문입니다.

9:7, "거만한 자를 징계하는 자는 도리어 능욕을 받고 악인을 책망하는
자는 도리어 흠이 잡히느니라"

우리는 여기서 거만한 자라고 해서 늘 하는 행동이 오만하고 자기
만 잘 난 체하는 사람이라고 생각하기 쉽습니다. 그러나 본문에서 말
하는 거만한 사람은 그런 사람이 아닙니다. 이 사람은 다른 사람에 대
하여 친절하기도 하고 남을 불쌍히 여길 줄도 아는 사람입니다. 그러
나 이 사람이 보기에는 성경적인 태도가 마음에 들지 않는다는 것입
니다. 즉 자기는 충분히 이 길을 가도 될 것 같은데 하나님의 말씀은
가지 말라고 하고, 또 설교하는 자가 모든 것을 하나님의 말씀에 사람
들을 다 묶어버리려고 한다고 생각하는 것입니다. 사람에게는 많은
가능성과 잠재력이 있는데 그것을 격려해서 더 자신 있게 세상을 살
게 해야 하는데, 하나님의 말씀만 절대시해버리면 사람은 아무것도
아닌 것이 된다고 생각해서 여기 오만한 자들은 지나치게 성경적인
지혜를 비인간적이라고 싫어합니다.
그래서 이런 사람들은 하나님의 말씀을 가지고 책망하면 굉장히

화를 냅니다. 말씀을 가르치는 사람은 하나님의 말씀만이 절대적이라고 주장하고 다른 가능성은 인정하지 않으므로 화가 나는 것입니다. 즉 사람의 능력이나 잠재력을 축복해주고 잘 해보라고 해야 하는데, 우리가 할 수 있는 것은 아무것도 없다고 하니까 화가 나는 것입니다. 즉 하나님의 말씀은 언제나 우리를 어린아이 취급한다는 것입니다.

그러나 거만한 자가 높은 데서 떨어지거나 수렁에 빠지면 그대로 내버려두는 수밖에 없습니다. 왜냐하면 본인이 한번 겪어보지 않으면 옆에서 아무리 뭐라고 해도 귀에 들리지 않기 때문입니다. 그럴 때는 자기가 해보고 싶은 대로 끝까지 해보는 수밖에 없습니다. 그래도 안 되면 그때야 생각을 바꾸게 되는 것입니다. 그러나 그렇게 되기까지 너무 많은 시간과 인생을 낭비하게 됩니다.

물론 사람이 악해서 그런 것은 아닙니다. 하나님의 말씀을 업신여기는 사람이 악한 것입니다. 그런 사람을 하나님의 말씀을 가지고 책망하면 화가 나니까 가르친 사람의 흠을 찾아내서 공격합니다. 즉 "그렇게 잘난 체하는 너는 허물이 없느냐?"는 것입니다. 물론 말씀을 전하는 자 중에서 허물없는 사람이 어디 있겠습니까? 그리고 하나님이 아니고서는 어떻게 모든 것을 다 알 수 있고 모든 병을 다 고칠 수 있겠습니까? 그러나 지혜로운 자의 특징은 절대로 고집을 부리지 않는다는 것입니다. 그리고 자기가 틀린 것을 알 때 바로 시인하고 사과합니다.

그래서 사람마다 하나님의 말씀에 대한 반응이 모두 다릅니다. 어떤 사람은 결사적으로 하나님의 말씀을 듣는 반면에, 어떤 사람은 취미나 교양으로 설교를 듣는 것입니다. 사람들은 결사적으로 하나님의 말씀을 듣는 사람들을 '광인이다, 미쳤다'고 합니다. 그러나 사람이 한번 인생 밑바닥까지 갔다가 오면 하나님의 말씀밖에 길이 없다는 것을 깨닫게 됩니다.

거만한 자를 굳이 바로 잡으려고 하지 말라고 했습니다. 왜냐하면 그렇게 했다가는 원수가 되기 쉽기 때문입니다. 우리가 굳이 원수를 만들 필요는 없습니다. 사람이 자신의 부족을 깨닫는 데는 결국 시간이 필요합니다. 그러나 하나님의 말씀을 사랑하는 자는 아무리 야단치는 설교나 성경을 가지고 무슨 설교를 해도 오해하지 않습니다. 왜냐하면 그는 이미 하나님 말씀의 달고 오묘한 맛을 보았기 때문입니다. 그래서 그런 사람들에게는 마음 놓고 설교할 수 있습니다. 그리고 의로운 사람은 가르치면 학식을 더하게 됩니다. 왜냐하면 이런 사람들은 더 공부를 해서 다른 사람들을 꼭 도우려고 하기 때문입니다.

3. 지혜의 근본

여기서 지췌, 지혜라고 하는데 이 지혜는 무엇일까요? 그것은 우리가 이 세상에서 인생을 망치지 않고 절벽에서 떨어져 죽지 않고 아름답고 가치 있게 사는 것을 말합니다. 사람들은 모두 젊었을 때는 이 세상에서 성공하고 멋있게 살려고 많은 꿈을 가집니다. 그러나 막상 이 세상을 다 살고 나면 남는 것이 없습니다. 그냥 이 세상에 태어나서 밥 먹고 살다가 어느 순간에 늙어버린 것입니다.

그래서 지혜의 중심을 꽉 잡아야 합니다. 지혜는 여호와를 경외하는 것입니다.

**9:10, "여호와를 경외하는 것이 지혜의 근본이요 거룩하신 자를 아는 것
이 명철이니라"**

"여호와를 경외하는 것"이란 도대체 무엇을 말하는 것일까요? 우
리가 보통 '경외한다'는 말을 쓸 때는 '두려워한다'는 뜻이 있습니
다. 그런데 "여호와를 경외하는 것"은 무엇보다 먼저 하나님을 인정
한다는 뜻입니다. 사람들은 하나님이 눈에 보이지 않기 때문에 하나
님을 자꾸 잊어버립니다. 그리고 우리는 사람들의 반응을 먼저 생각
합니다. 이것은 하나님을 경외하는 것이 아닙니다. 즉 우리는 하나님
을 인정해야 합니다. 하나님이 계시며 이 세상에는 하나님이 기뻐하
시는 삶이 있고 하나님이 나의 삶을 인도하고 계시며 나를 사랑하시
고 좋은 길로 인도하신다는 것을 믿어야 합니다. 이것이 바로 하나님
을 경외하는 것입니다. 하나님을 경외하는 것은 나의 삶에서 내가 주
인공이 아니라 하나님이 주인공이 되시게 하는 것입니다.

그리고 우리는 하나님을 속이려고 하면 안 됩니다. 하나님을 속이
는 것은 미련한 것입니다. 왜냐하면 하나님은 절대로 속지 않으시기
때문입니다. 우리가 하나님을 인정하면 참 지혜를 이미 가진 것입니
다. 그는 하나님의 세계를 알고 있고 인간의 세계도 알고 있습니다.
인간의 세계에 인간이 예측할 수 없는 것은 '우연'이라는 것입니다.
우연히 일어나는 일은 인간이 절대로 예측할 수 없고 대비할 수 없습
니다. 그러나 하나님은 바로 그 일을 막아주십니다.

**9:11, "나 지혜로 말미암아 네 날이 많아질 것이요 네 생명의 해가 네게
더하리라"**

지혜로운 자는 오래 살 것이라고 했습니다. 물론 요즘은 오래 사
는 것이 반드시 좋은 것만은 아닙니다. 건강하게 오래 살아야 복될 것

입니다. 그러나 지혜가 있으면 생각하지 못한 일로 절벽에서 떨어지거나 산에서 얼어 죽는 일을 당하지 않을 것입니다. 왜냐하면 자기 생각보다 더 지혜로운 하나님이 계시기 때문입니다. 그래서 지혜를 듣는 사람은 무조건 오래 산다는 것이 아니라 생각하지 못한 재난으로 죽지 않는다는 의미입니다. 하나님은 지혜자의 생명을 지켜주십니다.

9:12, "네가 만일 지혜로우면 그 지혜가 네게 유익할 것이나 네가 만일 거만하면 너 홀로 해를 당하리라"

지혜를 사랑하는 자는 하나님의 말씀에서 하나님의 육성을 들을 수 있습니다. 너무나도 생생한 하나님의 말씀을 듣고 또 그 말씀대로 이루어집니다. 또 하나님은 우리에게 바른길을 가고 있다는 많은 표적을 보여주십니다. 그러나 하나님의 말씀이 전부가 아니고 내가 주인이 되어서 인생을 살면 생각지도 못한 위기에 대처하지 못합니다. 결국 많은 해를 당하거나 목숨을 잃게 되는 것입니다.

여기에 또 다른 여자가 나옵니다. 이 여자는 바로 세상 지혜입니다. 이 세상 지혜는 인간의 본성과 너무 잘 맞으므로 사람들은 이 여자의 말을 잘 듣습니다.

9:13-14, "미련한 여인이 떠들며 어리석어서 아무것도 알지 못하고 자기 집 문에 앉으며 성읍 높은 곳에 있는 자리에 앉아서"

"미련한 여인"은 '세상 지혜'를 말합니다. 이 여인은 눈앞에 있는 것만 압니다. 즉 어떻게 하면 돈이 생기고 어떻게 하면 유익을 얻을 수 있는지만 생각합니다. 이 미련한 여인도 지식이 있기 때문에 대문 앞에서 산의 높은 곳에서 사람들을 불러서 강의합니다. 그런데 이런 미련한 여인의 강의는 사람들에게 인기가 높습니다. 기분 나쁜 이야기를 일절 하지 않고 또 잔소리도 하지 않기 때문입니다. 이 여인은 청렴한 것처럼 보입니다. 그래서 그의 책은 날개가 돋친 듯이 팔리고 그의 강의를 들으려고 하면 아주 높은 강사료를 지불해야 합니다.

그러나 그의 사상의 핵심이 무엇입니까?

9:17, "도둑질한 물이 달고 몰래 먹는 떡이 맛이 있다 하는도다"

사실 이 말보다 인간의 본성을 잘 표현해 주는 말은 없을 것입니다. 인간은 하지 말라, 하지 말라 하는 것을 하라고 하면 너무 좋아합니다. 그리고 죄를 지어도 아슬아슬하게 죄를 짓는 맛은 기가 막힙니다. 사람이 공짜로 기차를 타거나 비행기를 타면 얼마나 기분이 좋겠습니까? 이 미련한 여인은 사람들에게 대가를 지불할 필요가 없다고 가르칩니다. 무조건 그때그때 좋은 것이 있으면 먼저 가지는 것이 임자라고 가르칩니다. 뇌물을 받을 때는 왕창 받고 걸리지 않으면 된다고 가르칩니다. 그리고 재수 없이 걸리면 할 수 없다고 가르칩니다. 얼마나 현실적이고 멋진 가르침입니까? 이 세상을 바르게 살려고 낑낑거릴 필요가 있겠습니까? 도둑질하는 것이 훨씬 쉽게 사는 길이고 사기 치는 것이 빨리 부자가 되는 길이라는 것이지요.

그러나 이런 교훈을 따라가는 자는 이 미련한 여인 앞에 얼마나 많은 시체가 누워 있는지 그리고 그 앞에 얼마나 무서운 무덤이 입을 벌리고 있는지 모르는 것입니다. 우리는 지혜로 집을 지어야 합니다. 그리고 하나님 말씀의 달고 오묘한 맛을 자기 것으로 삼으시기를 바랍니다.

20

하나님의 꽃다발

잠 10:1-15

오래전에 제가 강원도 대학생들이 모인 곳에서 3~4일 정도 설교한 적이 있었습니다. 그때 저는 개척 교회를 목회하고 있었는데, 교인들이 교회가 잘 맞지 않아서 그런지 저와의 관계가 좋지 않게 되었습니다. 그런 형편이어서 무거운 마음으로 설교를 했습니다. 그런데 설교를 마쳤을 때 학생들은 하나님의 말씀에 엄청나게 기뻐했습니다. 그리고 학생 대표가 강단에 올라와서 저에게 큰 꽃다발을 줬는데 보라색이 나는 꽃이었습니다. 저는 그 꽃다발을 받고 엄청나게 기뻤고 용기가 생겼습니다. 저는 더 이상 사람들이 교회에 많이 오든지 적게 오든지 두렵지 않았습니다. 그런 일이 있고 난 후 교인들이 좀 빠져나갔습니다. 개척 교회니까 사람이 열 명만 나가도 엄청난 숫자였습니다. 그러나 얼마 후부터 불같은 부흥이 일어나기 시작했습니다.

잠언은 크게 세 부분으로 나눌 수 있습니다. 첫 번째는 1장부터 9장까지입니다. 그 내용은 "여호와를 경외하는 것이 지혜의 근본이라"는 주제의 일정한 구조를 갖춘 잠언입니다. 그리고 10장부터 29장까지는 그런 구조 없이 지혜의 꽃을 그냥 무더기로 모아서 꽃다발로

만든 부분입니다. 어떻게 보면 이 부분이 진짜 잠언인데 설교하기에
는 많이 어려워하는 부분이기도 합니다. 그리고 끝에 가서 30장과 31
장은 솔로몬이 아닌 다른 사람의 잠언으로 구성되어 있습니다. 그래
서 지금부터 우리가 살펴보려고 하는 것은 지혜의 꽃다발입니다. 어
떻게 보면 무질서하게 보이기도 하지만 지혜의 가장 아름다운 꽃송이
만 모아서 꽃다발로 만든 내용입니다. 우리는 이 말씀을 살펴보면서
하나님으로부터 꽃다발을 한 아름 받게 될 것입니다.

1. 자녀의 믿음

사람들이 젊었을 때는 자기가 성공하고 잘 되는데 보람을 찾지만
자녀들이 태어나고 자라게 되면 자녀들이 똑똑하고 믿음이 좋아지는
것보다 더 기쁜 일은 없을 것입니다. 부모들이 성공하면 자기가 성공
한 것을 가지고 자식들에게 도움이 되고 싶어 합니다. 그래서 자기가
높은 자리에 근무하는 학교나 직장에 자녀를 입학시키거나 취직하는
데 도움이 되고 싶어 할 것입니다. 그러나 생각이 있는 자녀라면 그런
도움을 거절해야 합니다. 왜냐하면 그가 이 세상을 사는 것은 자기 인
생을 사는 것이지 부모의 인생을 사는 것이 아니기 때문입니다.

그러므로 부모에게 가장 행복한 열매는 자녀가 자기 스스로 때로
는 고민도 하고 헤매기도 하지만 결국 하나님을 만나고 열심히 믿음
생활하면서 자기 길을 찾아나가는 것입니다. 그래서 부모의 신앙 열
매는 자녀들의 신앙을 통해서 꽃피울 때가 많이 있습니다.

10:1, "솔로몬의 잠언이라 지혜로운 아들은 아비를 기쁘게 하거니와 미
련한 아들은 어미의 근심이니라"

지금까지 우리는 솔로몬의 잠언을 들었는데, 또 "솔로몬의 잠언이라"고 시작하는 것은 이제부터는 새로운 솔로몬의 잠언이 시작된다는 뜻입니다. 즉 지금까지의 잠언이 솔로몬의 잠언 1부였다면, 지금부터는 솔로몬의 잠언 2부가 시작된다는 것입니다. 솔로몬의 잠언 2부의 특징은 그야말로 어떤 논리적인 구조 없이 아름다운 잠언들의 꽃송이를 꺾어서 꽃다발로 만든 잠언이라는 것입니다. 원래 다른 잠언집들도 보면 그 사람의 명언만 모아서 책으로 엮은 것이 많이 있습니다. 예를 들어서 공자의 《논어》, 셰익스피어의 명언집이나 《채근담》 같은 책입니다. 솔로몬의 어떤 잠언을 보면 세상의 유명한 잠언과 비슷하기도 합니다. 그러나 꽃은 비슷해 보여도 밑으로 내려가 보면 줄기가 다르고 뿌리가 다른 것을 알 수 있습니다. 즉 세상의 잠언은 삶의 체험에서 나온 것이지만, 솔로몬의 체험담은 하나님의 지혜에서 나온 것임을 알게 됩니다.

여기서 가장 먼저 "지혜로운 아들은 아비를 기쁘게 하거니와"라는 말이 나옵니다. 성경에서 "지혜로운 아들"은 공부 잘하는 아들을 말하는 것이 아닙니다. 왜냐하면 공부를 잘해서 좋은 대학을 나와서 의사나 변호사를 하는 아들이나 딸은 결혼하고 난 후에는 그의 부모가 촌스럽다고 해서 집에 얼씬도 하지 못하게 하기 때문입니다.

그런데 지혜로운 아들은 젊었을 때부터 하나님의 말씀을 잘 배운 자녀입니다. 이들은 청년의 때에도 자신의 죄 문제로 고민하기도 하고 하나님을 체험하기 위해서 수련회도 가고 성경도 읽고 하다가 하나님을 만나기도 합니다. 그리고 마음속에 하나님을 경외하는 마음을 가지고 자신의 길을 고민하고 기도하면서 찾아가는 자녀입니다. 이런 아들이나 딸은 처음에는 길이 잘 열리지 않아서 부모가 걱정도 많이 하지만 나중에 보면 자기 자신이 알아서 자기 길을 찾아갑니다. 그래서 나중에는 부모의 기쁨이 되는 것입니다.

그러나 돈이나 머리만 가지고 키운 아들은 "어미의 근심"이라고 했습니다. 왜냐하면 틈만 나면 술 마시고 친구나 다른 사람에게 시비를 걸어가지고 싸워서 경찰에 붙들려가서 엄마가 경찰서까지 찾아가서 각서를 쓰고 아이를 데려와야 하기 때문입니다. 그래서 부모는 아이들이 공부만 잘한다고 좋아할 것이 아니라 신앙을 가지는 것을 좋아해야 합니다.

어떤 어린이들은 어른 설교를 다 이해하고 있을 뿐만 아니라 부모님이 읽은 저의 설교집까지 거의 읽은 어린이도 있습니다. 이것은 정말 지혜로운 아들과 딸로 키우고 있는 것입니다. 그리고 이것이야말로 최고의 농사를 짓고 있는 것입니다. 자녀들을 믿음의 사람으로 키우는 것이야말로 어마어마한 농사입니다.

2. 재물의 한계

요즘은 돈이면 안 되는 것이 거의 없는 시대입니다. 그래서 아예 노골적으로 돈이 최고라고 말을 하곤 합니다. 그런데 성경은 다른 말씀을 하고 있습니다.

10:2, "불의의 재물은 무익하여도 공의는 죽음에서 건지느니라"

예를 들어서 어떤 사람이 큰 권력을 가지고 있어서 재물을 끌어 모았다고 합시다. 그는 엄청난 부자이고 부족할 것이 아무것도 없습니다. 아마 그 사람은 이 세상에서 가장 행복한 사람일 것입니다. 그러나 그는 그 과정에서 잃어버린 것이 있습니다. 그것은 바로 많은 사람의 존경과 신뢰일 것입니다.

그러나 공의를 사랑하는 사람이 있습니다. 그는 하나님 앞에서 바로 살려고 애쓰는 사람입니다. 그 사람은 다른 사람의 시기와 질투를 받고 모함을 받기도 합니다. 또 세상에서는 부정한 재물이 중요할 것 같습니다. 왜냐하면 그것이 있어야 비자금으로 쓸 수 있고 뇌물로 사용할 수 있기 때문입니다. 그래서 돈 있는 사람들은 자꾸 비자금을 마련하려고 합니다. 그러나 정의로운 사람은 욕심을 부리지 않고 하나님이 능력을 주시는 범위 안에서 모든 것을 하려고 합니다. 그래서 그의 사업이 빨리 크지 못합니다. 그러나 그가 모함에 걸려서 죽을 때가 되었을 때 하나님은 그가 그렇지 않다는 증거들이 드러나게 하셔서 죽음에서 놓여나게 됩니다. 다니엘이 그 대표적인 사람입니다.

10:3, "여호와께서 의인의 영혼은 주리지 않게 하시나 악인의 소욕은 물리치시느니라"

영혼이 주린다는 것은 무슨 뜻입니까? 무슨 일을 해도 만족이 되지 않는 것입니다. 마음에 세상 야망이나 욕심을 가지고 있는 사람들은 아무리 성공해도 만족하지 않습니다. 그러나 하나님을 경외하는 사람들은 먼저 하나님을 봅니다.

10:4, "손을 게으르게 놀리는 자는 가난하게 되고 손이 부지런한 자는 부하게 되느니라"

사람이 자신의 길을 찾는 것만 중요한 것이 아닙니다. 자기 길을 찾았으면 그 기술을 부지런히 연습해서 대가가 되는 것이 중요합니다. 그래서 저는 바이올린을 하는 사람을 만나면 손가락 끝을 만져봅니다. 바이올리니스트 중에서 연습을 많이 한 사람은 손가락 끝이 굳은살이 박여서 딱딱합니다. 옛날에 추사 김정희라고 하면 글씨를 그 당시 가장 잘 썼던 사람입니다. 그러나 그는 이런 말을 했습니다. 자기가 글을 잘 쓰기까지는 먹을 가느라고 벼루가 열 개나 구멍이 났고 붓이 천 개가 닳아버렸다고 했습니다. 그래서 천재는 그냥 나타나는 것이 아닙니다. 이런 정도의 노력이 없으면 천재라는 소리를 들을 수 없는 것입니다.

10:5, "여름에 거두는 자는 지혜로운 아들이나 추수 때에 자는 자는 부끄러움을 끼치는 아들이니라"

"여름에 거두는 자"는 때를 아는 사람을 말합니다. 이스라엘은 보리나 밀이 주식이기 때문에 여름에 추수를 해야 합니다. 그래서 지금이 어느 때인지 때를 아는 것이 아주 중요합니다. 그런데 그때를 알지 못하고 시도 때도 없이 술이나 마시고 자는 사람은 결국 부끄러움을 끼치게 되는 것입니다. 왜냐하면 때를 놓쳐버려 양식이 없어서 양식을 빌리러 다녀야 하기 때문입니다.

세상의 모든 일에는 '때' 라는 것이 있습니다. 아이들은 자랄 때가 있고 청년의 때가 있습니다. 공부할 때가 있고 공부할 수 없을 때가 있습니다. 건강할 때가 있는가 하면 병들 때도 있습니다. 젊을 때도 있고 늙을 때도 있습니다. 부흥의 때도 있고 침체의 때도 있습니다. 부흥의 때에 영적인 씨를 많이 뿌리고 영적인 열매도 많이 거두어야 합니다. 침체기가 오게 되면 모든 것이 잘되지 않습니다. 그러나 어리석은 자들은 부흥의 때에 엉뚱한데 정력을 다 소모해 버려서 그 뒤에 부끄러움을 당하게 됩니다.

3. 삶의 열매

사람은 모두 죄인이기 때문에 악의 씨가 모든 사람 안에 있습니다. 그런데 우리가 의인이 될 수 있는 것은 이 세상의 줄기에서 끊어져서 하나님의 줄기에 붙었기 때문입니다. 우리 안에 독사의 독이 있어서 이 독을 빼내지 않으면 한평생 살면서 다른 사람들을 물어서 그 독으로 죽게 할 것입니다. 일단 이 독이 가장 많이 모이는 곳이 우리의 입입니다. 독사는 혀 밑에 있는 이빨에 독이 있어서 그 독으로 사람이나 다른 짐승을 물어서 죽입니다.

10:6, "의인의 머리에는 복이 임하나 악인의 입은 독을 머금었느니라"

일단 의인은 그의 머리에 하나님의 말씀이 임합니다. 그래서 의인은 그 몸에서 나오는 분노의 독이 하나님의 말씀과 중화되어서 없어집니다. 그리고 하나님의 복이 의인의 머리에 임하기 때문에 우리가 기도하는 것이 잘 이루어집니다. 그리고 우리에게 임한 복이 다른 사람에게 전염되게 됩니다. 우리가 다른 사람들을 좋은 마음으로 보기 때문에 그대로 이루어지게 됩니다. 즉 우리가 원하는 대로 다른 사람들이 복을 받는 것입니다.

그러나 하나님 말씀의 진액을 받지 않은 사람은 마음속에 독이 있습니다. 즉 마음속에 다른 사람이 못되기를 바라는 마음이 있으므로 반드시 입으로 좋은 말을 하지 않습니다. 그런 사람들의 마음에는 독사의 독이 있어서 언제나 나쁜 말을 하기 때문에 사람을 죽게 하거나 병들게 합니다. 교만한 사람은 언제나 다른 사람을 비판해야 직성이 풀립니다. 그런 사람의 혀에는 독사의 독이 있기 때문에 한번 물린 사람은 심장이 퉁퉁 붓고 그 영혼이 아프게 됩니다.

사람들은 느구든지 죽을 때 무엇인가 자기의 이름을 남기고 싶어 합니다. 그래서 어떤 사람은 정말 아무 가치도 없는 자서전 같은 것을 만들어서 출판 기념회를 하는데 누구도 그런 책을 보지 않을 것입니다. 기독교에서도 이미 돌아가신 분을 높이고 추모예배도 드리고 자꾸 그분과 자신과의 관계를 이야기하는데 그것은 거의 우상숭배에 가까운 것입니다.

10:7, "의인을 기념할 때에는 칭찬하거니와 악인의 이름은 썩게 되느니라"

우리나라 사람들에게 가장 이해 안 되는 부분은 죽은 사람들을 위해 동상을 만들고 미화시키는 일을 하는 것입니다. 모든 칭찬은 하나님으로부터 온다고 했으니 하나님이 모든 것을 판단하실 것입니다. 그래서 악인의 이름은 썩게 된다고 했습니다. 즉 악인들은 사람들에게 남을 가치가 없으며 남는다 하더라도 그의 썩은 모습을 기억하게 될 것입니다.

10:9, "바른 길로 행하는 자는 걸음이 평안하려니와 굽은 길로 행하는 자는 드러나리라"

하나님의 말씀대로 인생길을 걸어가는 자는 평안하기보다는 길이 없을 때가 많습니다. 그러나 길이 끝났다고 생각되는 순간 전혀 생각하지 못했던 길이 열립니다. 이스라엘 백성은 홍해 앞에서 모두 죽는 줄 알았는데 홍해가 갈라졌습니다. 이것은 사람의 머리로는 상상할 수 없는 일입니다. 그러나 자기 지혜로 걸어가는 자는 자기 생각에는 바른길을 간다고 생각했는데 그 길 자체가 굽은 길이었던 것입니다. 그의 길은 굽었기 때문에 아무리 바로 가더라도 엉터리 길로 가게 됩니다. 그리고 나중에 보면 길이 끊어져서 더 나아갈 길이 없는 것입니다.

10:10, "눈짓하는 자는 근심을 끼치고 입이 미련한 자는 멸망하느니라"
여기에 "눈짓하는" 자가 나옵니다. 외국의 여자나 남자들은 윙크를 통해서 친밀함을 드러내기도 하고 관심이 있다는 것을 표시하기도 합니다. 그런데 그 눈짓을 따라가면 악에 빠지게 됩니다. 차라리 그런 눈짓은 못 본 체하고 무시해야 합니다. 그렇지 않고 눈짓한다고 봐주면 또 그만한 대가로 뇌물을 받게 됩니다. 나중에는 그 부정이 드러나서 다 망하게 됩니다.

"입이 미련한 자"는 멸망하게 됩니다. 사람은 머릿속에 생각나는 것을 다 말하면 안 됩니다. 할 소리나 하지 않을 소리를 마음대로 지껄이는 자는 다른 사람의 신뢰를 받지 못합니다. 그래서 우리의 모든 삶의 열매는 말로 나타나게 됩니다. 즉 의인의 입은 "생명의 샘"입니다(11절). 사람들은 그 입에서 나오는 말로 죽을 지경에서 벗어나서 생명을 얻습니다. 그러나 악한 자의 입에는 독이 들어 있기 때문에 그런 사람의 말을 들으면 기분이 나빠지고 나중에는 독이 퍼져서 살이 썩고 나중에는 심장까지 멎게 됩니다.

지혜로운 자는 하나님의 지식을 마음속에 항상 쌓아두어야 합니다. 왜냐하면 언제 독사나 맹수가 덤벼들지 모르기 때문입니다. 그러나 하나님의 지혜를 가까이 하지 않는 자는 언제든지 망할 수 있습니다. 그 사람 주위에는 수많은 올무와 덫이 놓여 있기 때문입니다. 불이나 총이 없이 깊은 숲속에 들어가면 늑대 떼가 공격하든지 사자나 곰이 습격하게 됩니다. 우리는 항상 불과 총을 준비해서 숲에 들어가야 맹수의 습격을 물리칠 수 있습니다.

의인의 수고

잠 10:16-32

어떤 사람이 어느 날 비가 많이 온 후에 서울의 양재천을 산책하다가 여자 어린아이 하나가 물에 휩쓸려 떠내려 가는 것을 보았습니다. 이 사람은 그 즉시 옷을 벗고 물속에 뛰어 들어가서 그 떠내려가는 여자아이를 건져내었습니다. 그런데 얼마 후에 어느 곳에서 이 사람에게 전화 연락이 오기를 당신은 의인으로 뽑혔기 때문에 상금을 받으러 오라는 것이었습니다. 그래서 이 사람은 졸지에 의인이 되었고, 또 상금까지 받게 되었습니다. 여기서 우리가 알 수 있는 것은 의인은 반드시 어떤 행동이 있어야 한다는 것입니다. 말만 해가지고는 의인이 될 수 없습니다. 그러나 많은 경우 그렇게 하는 것이 귀찮거나 혹은 자기 생명의 위험을 느끼거나 혹은 굳이 그런 일을 할 필요가 없기 때문에 그냥 구경만 하다가 그 기회를 놓치고 맙니다. 그래서 의인이 되려고 하면 항상 마음속에 어려운 사람을 도와야 한다는 생각이 있어야 할 뿐 아니라 그런 일을 위해서 자기 자신을 희생하는 훈련을 스스로 해야 하는 것입니다.

어떤 여자분은 버스를 탔는데 자기 옆에 서 있던 아저씨가 갑자기 쓰러졌습니다. 그런데 숨을 잘 쉬지 못하고 있었습니다. 이 여자분은 그 자리에서 심폐소생술을 해서 그 사람을 살렸는데, 예전에 자기가 병원에 간호사로 있으면서 심폐소생술을 배운 것이 도움이 되었다고 합니다. 아마 그 버스가 방향을 돌려서 병원으로 달려가지 않았으면 그 쓰러진 사람은 죽었을 가능성이 큽니다. 그러나 그 용감한 여자분은 용기가 있었기 때문에 한 사람의 생명을 살렸습니다.

1. 의인은 많은 노력이 필요하다

하나님의 백성은 하나님의 말씀을 듣는 가운데 믿음으로 의롭다함을 받은 사람들입니다. 특히 예수 믿는 사람들은 예수 그리스도의 보혈로 모두 값없이 의롭다함을 받았습니다. 즉 우리는 모두 의인인 것입니다. 그런데 우리가 진짜 의인이 되려고 하면 행동을 해야 합니다.

10:16, "의인의 수고는 생명에 이르고 악인의 소득은 죄에 이르느니라"

아무리 의인이라 하더라도 실제로 행동하지 않으면 그의 의는 죽은 의가 됩니다. 예를 들어서 여리고의 기생 라합을 들 수 있습니다. 라합은 자기 집으로 도망 온 이스라엘 두 정탐꾼을 만나게 됩니다. 라합의 마음속에는 하나님을 믿는 믿음이 있었고, 여리고 사람들과 같이 멸망하고 싶지 않은 마음이 있었습니다. 그러나 만약 기생 라합이 마음으로 믿기만 하고 이스라엘 두 정탐꾼이 여리고 군인들에게 잡혀가도록 내버려두었다면 그의 믿음은 진짜 믿음이 아닌 것입니다. 기생 라합은 들통나면 자기도 틀림없이 죽는다는 것을 알면서도 이스라엘 두 정탐꾼을 지붕에 늘어놓은 삼대 밑에 숨겼습니다. 그리고 거짓말을 해서 이스라엘 두 정탐꾼을 살렸습니다. 그래서 기생 라합은 자기 목숨도 건지고 두 정탐꾼의 목숨도 건졌습니다.

마리아는 천사가 와서 "네가 처녀로 임신하게 될 것이라"고 했을 때 "하나님의 뜻대로 순종하겠습니다"라고 즉시 순종함으로 모든 인류를 구원받게 하는 예수님의 어머니가 되었습니다. 또 예수님은 우리를 위하여 실제로 체포되셔서 채찍에 맞으시고 십자가에 못 박혀 죽으셨습니다.

그래서 "의인의 수고는 생명에 이른다"고 했습니다. 그렇다고 해서 우리가 모두 죽어야 한다거나 혹은 모든 사람을 다 살려야 한다는 뜻은 아닙니다. 즉 내게 능력 주시는 범위 안에서 하면 되는 것입니다. 그래서 야고보 사도는 행함이 없는 믿음은 죽은 믿음이라고 했습니다(약 2:17).

"악인의 소득은 죄에 이르느니라"고 했습니다. 이 악인은 자기 이익이나 돈을 가장 중요하게 생각합니다. 결국 악인은 돈을 위해서 삽니다. 그러나 그 돈이 그 사람을 의인되게 하지 못하는 것입니다. 그는 의인과 돈을 바꾸어버립니다. 결국 그는 그 돈으로 자기 육신이 편하거나 자식을 위해서만 쓰지 생명에는 아무 도움이 되지 않는 것입니다. 물론 우리는 의인이지만 우리 몸은 아직 어린아이와 같아서 빨리빨리 움직여지지 않고 또 장애인과 같아서 몸이 마음대로 움직여지지 않습니다. 그래서 교회에서 빨리 행동하는 법을 배워야 하고, 또 자신을 희생하는 것을 자꾸 연습해야 합니다. 그래서 의인이 되려고 하면 수고해야 하는 것입니다. 그렇지 않으면 그렇게 몸을 아껴서 결국 죄짓는 데 쓸 뿐입니다.

여기에 의인의 훈련과정이 나옵니다.

10:17, "훈계를 지키는 자는 생명 길로 행하여도 징계를 버리는 자는 그릇 가느니라"

여기 "훈계"라는 말 속에는 징계나 훈련이라는 뜻이 들어 있습니다. 남자들이 군대에 가기 전에는 전부 머리로 공부하고 입만 살아 있습니다. 그러나 군대 가서 신병 훈련을 받게 되면 말은 필요 없습니다. 가라고 하면 가야 하고, 물에 들어가라고 하면 들어가야 합니다. 총도 쏘아보아야 하고 행군도 해봐야 합니다. 그리고 그것이 안 되면 기합도 받아 봐야 합니다. 그러면 나중에 자신감이 생기고 어떤 사고가 생겼을 때 몸부터 움직이게 됩니다. 그런데 "징계를 버리는 자"들이 있습니다. 이런 사람들은 하나님의 징계를 아주 싫어합니다. 즉 목사가 듣기 싫은 설교를 하면 대듭니다. 이들은 수고하는 것을 너무 싫어합니다. 이런 사람은 항상 다른 사람을 판단합니다. 그런 사람은 점점 의인의 길에서 멀어지고 있는 것입니다. 훈련은 화끈하게 받아야 용기가 생깁니다. 그리고 징계는 좋은 것입니다. 왜냐하면 징계받는 자는 틀림없는 하나님의 아들딸이기 때문입니다.

"미움을 감추는" 사람은 언제나 다른 사람에 대한 미움을 마음속에 가지고 있는 사람을 말합니다. 이 사람은 항상 다른 사람에 대한 원한과 미움을 가지고 있습니다. 그 이유가 무엇일까요? 이 사람의 마음속에는 하나님의 사랑이 한 번도 비친 적이 없기 때문입니다. 그래서 이런 사람의 마음은 항상 차가운 방입니다. 그리고 이런 사람은 너무나도 의지가 강해서 웬만한 사람의 불행에는 눈 하나 깜짝하지 않습니다. 왜냐하면 자기는 늘 의롭기 때문입니다. 이런 사람은 철저하게 목적을 위해서 일을 합니다. 즉 다른 사람들은 자기 목적을 위한 수단이 되는 것입니다. 그래서 이런 사람이 입으로 아무리 사랑을 이야기하고 진리를 이야기해도 그것은 전부 거짓말입니다. 그는 실제로 사람을 사랑하지 않습니다. 우리 생각에는 미움을 말로 표출해서 다른 사람에게 상처를 입히는 것보다는 속으로 감추고 있는 것이 더 낫지 않느냐고 말할지 모릅니다. 그러나 이것은 서로 다른 것입니다. 이 사람은 개인적으로는 사람을 미워하고 못된 말을 합니다. 그러나 여러 사람 앞에서는 사랑이 많은 체하는 것입니다.

"중상하는 자는 미련한 자"라고 했습니다. "중상"은 다른 사람은 죄가 없는데 죄를 만들어내서 뒤집어씌우는 것입니다. 그러면 다른 사람은 죄를 짓지도 않았는데 나쁜 사람이 되고 죄인이 됩니다. 예전에는 이런 식으로 무고한 사람을 죄인으로 몰아서 감옥에 보내기도 하고 죽이는 일도 많았습니다. 그러나 죄 없는 자를 죄인으로 만드는 것은 미련한 사람이라고 했습니다. 왜냐하면 그는 이중적으로 악한 자이기 때문입니다. 그는 자기도 악하고 죄 없는 자도 죄인으로 만들기 때문입니다. 결국 중상을 당한 자의 피가 하나님께 부르짖으면 하나님은 그 피의 호소를 듣고 그 중상한 자를 심판하실 것입니다. 즉 그를 회개하지 못하는 영벌에 처하시는 것입니다.

2. 의인은 혀를 연단해야 한다

의인이 되는데 가장 어려운 것은 말로 다른 사람에게 상처를 주지 않는 것입니다. 그렇게 하려면 말을 하지 않는 법을 배워야 합니다. 자기가 뭔가 안다고 떠들어대기 시작하면 자기가 아는 것으로 끝나는 것이 아니라 다른 사람에게 상처를 주기 때문입니다. 즉 자기가 바보가 되어서 입을 다물고 다른 사람들을 똑똑하게 만드는 것이 의인이 해야 할 일입니다. 그렇게 하려면 다른 사람의 말을 경청해야 하고 남들에게 말할 기회를 많이 주어야 합니다.

10:19, "말이 많으면 허물을 면하기 어려우나 그 입술을 제어하는 자는 지혜가 있느니라"

의인이 가장 많이 해야 하는 것은 말을 하지 않는 훈련입니다. 물론 사람이 너무 말을 하지 않으면 다른 사람과의 관계가 서먹해지고 분위기가 딱딱해지기 쉽습니다. 그러나 설사 분위기가 딱딱해진다하더라도 너무 말을 많이 해서 사람들을 기쁘게 하는 것보다는 낫습니다.

야고보 사도는 말은 큰 말을 움직이는 고삐와 같고 큰 배를 움직이는 배의 키와 같다고 했습니다(약 3:3-4). 그리고 나쁜 말은 다른 사람의 인생을 불태우는 지옥불이라고 했습니다. 그러니까 사람이 나쁜 말을 한번 들으면 얼마나 그 사람의 마음속에 고통의 불이 붙겠습니까? 야고보 사도는 사람이 모든 것을 다 길들일 수 있지만 사람의 혀는 길들일 수 없다고 했습니다(약 3:8).

특히 사람이 말을 많이 하면 기쁘지 않고 속이 공허하게 되는데 그것은 진이 빠지기 때문입니다. 사람이 말을 하는 것은 많은 힘이 듭니다. 그래서 직업적으로도 말을 많이 하는 사람은 빨리 늙거나 병이 오게 됩니다. 그래서 교회에서는 말을 하는 사람보다 듣는 사람이 더 복됩니다.

"그 입술을 제어하는 자는 지혜가 있느니라"고 했습니다. 우리는 말을 많이 해야 다른 사람들이 관심을 가지게 되고 또 그의 주장을 따라가게 된다고 생각합니다. 물론 어느 정도는 이것도 사실입니다. 그러나 '의'라는 것은 말하는 데 있지 않고 행동하는 데 있습니다. 그래서 사도 바을은 "하나님의 나라는 말에 있지 아니하고 오직 능력에 있음이라"(고전 4:20)고 했습니다.

10:20, "의인의 혀는 순은과 같거니와 악인의 마음은 가치가 적으니라"

의인은 꼭 해야 할 말만 합니다. 그러나 그 말은 대개 마음이 상한 자를 위로하는 말이고, 낙심한 자에게 용기를 주는 말입니다. 그래서 의인의 말은 순은과 같이 높은 가치를 지니고 있습니다. 즉 의인의 말은 돈과 같은 가치가 있고, 그것보다 더 큰 가치가 있습니다. 그 이유는 돈으로 할 수 없는 일을 할 수 있기 때문입니다. 의인의 기도는 하나님을 움직여서 병을 낫게 합니다. 또 의인의 혀는 낙심한 자에게 용기를 주고 희망을 줍니다. 그러나 악인의 말은 아무 가치가 없을뿐더러 오히려 그 혀에 독사의 독이 있어서 물리기 쉽습니다. 악인은 말은 많이 하는데 그중에서 쓸 만한 말은 거의 없는 것입니다.

10:21, "의인의 입술은 여러 사람을 교육하나 미련한 자는 지식이 없어 죽느니라"

의인의 입술은 하나님의 말씀을 가지고 이야기합니다. 그래서 그 안에 생명이 있습니다. 하나님의 말씀을 듣는 사람은 절대로 망하지 않습니다. 그래서 의인은 많은 사람을 가르칠 수 있습니다. 이것이 부흥입니다. 그러나 악인은 하나님의 말씀이 없으므로 사람을 죽게 만듭니다. 즉 부흥의 불을 꺼트리고 마음이 상한 자를 죽이는 말을 하는 것입니다.

3. 의인에게 주시는 복

하나님은 의로운 자에게 복을 주십니다. 이 '의인'은 의를 위하여 노력을 많이 한 사람을 말합니다. 식물만 해도 많은 노력을 합니다. 즉 농부가 씨를 뿌려 땅에 떨어지면 씨는 거기서 싹을 내야 하고 땅의 수분을 끌어올려서 줄기를 만들고 꽃을 피워야 하고 열매를 맺어야 합니다. 마찬가지로 의의 열매를 맺는 사람도 하나님의 능력을 끌어오고 말씀을 듣고 또 자신의 욕망을 제어해서 의의 열매를 맺도록 노력해야 합니다.

하나님은 의를 위해서 노력하는 자에게 복을 주십니다. 하나님은 "부를 주시고 근심은 주시지 않는다"고 했습니다(22절). 그 이유는 하나님은 돈부터 주시지 않고 은혜를 먼저 주시기 때문입니다. 그래서 하나님은 우리에게 은혜를 엄청나게 주신 후에 부도 주시기 때문에 그 부는 사실 하나님의 주신 은혜의 만분의 일도 안 되는 것입니다. 그래서 그는 돈이 있다고 해서 근심하지 않습니다. 왜냐하면 그에게 돈은 대단한 것이 아니기 때문입니다.

그리고 의인과 악인은 즐거워하는 것이 다릅니다.

10:23, "미련한 자는 행악으로 낙을 삼는 것 같이 명철한 자는 지혜로 낙을 삼느니라"

나쁜 사람은 죄짓는 것을 너무나도 좋아합니다. 왜냐하면 죄가 주는 짜릿한 맛이 있기 때문입니다. 그러다가 한번 걸려들면 망하고 맙니다. 그런데 의인은 하나님의 말씀이 너무 재미있습니다. 이런 사람들은 이미 하나님의 말씀 안에서 헤엄을 칠 정도로 자유롭습니다.

10:24-25, "악인에게는 그의 두려워하는 것이 임하거니와 의인은 그 원하는 것이 이루어지느니라 회오리바람이 지나가면 악인은 없어져도 의인은 영원한 기초 같으니라"

악인들은 늘 마음이 불안합니다. 어느 날 자기에게 심판이 올지 모르기 때문입니다. 그는 자기가 모은 재물이 겨와 같다는 것을 압니다. 그래서 한번 강한 회오리바람이 불면 악인은 재산이나 자기 자신이나 모든 것이 다 날아가고 맙니다. 그러나 의인은 미래에 그의 소원이 이루어집니다. 하나님이 놀라운 일을 행하셔서 그가 한평생 원하던 것이 이루어지게 하십니다. 의인은 회오리바람이 불어도 집의 기초같이 없어지지 않습니다.

게으른 자는 모든 것을 입으로만 때웁니다. 이 사람은 일은 하지 않고 말만 자꾸 하기 때문에 그 위에 있는 사람에게도 골칫덩어리입니다. "이에 식초 같이" 시다고 했습니다. 어떤 사람이 물만 마셔도 이가 시리다면 뽑아버리고 싶을 것입니다. 이만 튼튼하면 얼마든지 오래 살 수 있다고 합니다. 그래서 여호와를 경외하는 자는 장수한다고 했습니다. 이것은 무조건 오래 사는 것이 아니라 하나님이 건강을 주셔서 멋있게 노년을 보내는 것입니다.

그런데 악인의 수명은 짧아집니다. 즉 그는 건강하지 못합니다. 그리고 늙어지면서 더 심술이 많아지게 됩니다. 또 "눈에 연기 같다"는 것은 눈을 뜨지 못하도록 눈을 따갑게 하는 것입니다. 이렇게 말만 하는 자는 우리를 항상 괴롭게 합니다. 그러나 이 세상에 그런 사람이 없을 수는 없습니다. 이런 사람이 변화되어 불이 활활 붙는 장작이 된다면 정말 기적일 것입니다.

의인의 소망은 헛되지 않습니다. 그리고 우리에게 기쁨을 줍니다. 하나님의 말씀이 정직한 자에게는 산성처럼 그를 지켜줍니다. 악한 자가 와서 아무리 성을 허물려 해도 빈틈이 없기 때문입니다. 그러나 행악하는 자는 구멍이 숭숭 뚫려 있어서 이자가 오르거나 내리거나 아파트값이 오르거나 폭락하거나 망하게 됩니다. 결국 돈에 대한 욕심을 가지고 있으면 그 돈이 오래가지 않습니다.

의인은 쫓겨나지 않습니다. 그는 정직하기 때문입니다. 그러나 악인은 어디든지 오래 있지 못합니다. 성실하지도 못하고 다른 사람들과 자꾸 싸우기 때문입니다. 목사 중에도 한 교회에 꾸준히 있지 못하고 장로들과 자꾸 싸워서 교회를 옮기는 이들이 있습니다. 어떻게 보면 능력이 대단한 것 같습니다. 또 의인의 입에는 지혜가 있습니다. 하나님 진리의 말씀이 있기 때문에 싫어하는 사람들도 있지만 하나님의 백성은 반드시 옵니다. 왜냐하면 그 말씀을 먹어야 살기 때문입니다. 의인은 사람을 기쁘게 하고 희망을 갖게 하는 말을 합니다. 그러나 악인은 언제나 부정적인 이야기를 하고 반항하는 말을 합니다. 의인은 행하는 노력을 꾸준히 배우고 연습해야 합니다. 그래야 그 믿음이 진짜 믿음이 되고 하나님의 복이 오며 하나님의 말씀이 산성이 되어줍니다.

우리는 바보처럼 보여도 말을 하지 않는 법을 배워야 합니다. 그래야 말의 실수가 적고 사람을 기쁘게 하고 침체에서 용기를 내는 말을 하게 됩니다.

22

정직한 자

잠 11:1-15

우리는 모두 예수님의 보혈을 믿음으로 의롭다함을 받은 자들입니다. 그렇다면 우리는 다른 사람을 섬기고 살리기 위하여 언제나 준비되어 있어야 합니다. 그래서 누군가가 어려움을 당하게 되었을 때 움직여서 그 사람을 살리는 일을 해야 하는 것입니다. 그런데 이번 장에서는 의인은 정직한 자라고 말씀하고 있습니다. 사실 요즘은 사람들이 거짓말을 너무 많이 하기 때문에 믿을 수 있는 사람이 별로 없습니다.

그런데 우리나라에도 국가적으로 가짜 뉴스들이 큰바람같이 불어와서 사람들에게 나쁜 영향을 미칠 때가 종종 있습니다. 그런 것을 '괴담'이라고 합니다. 한때 우리나라에 미국산 소고기 괴담이 퍼져서 엄청난 시민들이 데모한 적이 있었습니다. 즉 미국산 소고기는 3년 넘은 것이어서 광우병에 걸린 것들이 수입된다는 것입니다. 그것을 먹으면 아기나 청소년들이 광우병에 걸린다고 했습니다. 그런데 그것은 근거 없는 거짓말이었습니다. 한때 사드 괴담도 돌았습니다. 우리나라에 사드를 설치하면 그 방사능이 식물에 들어가서 방사능에 오염된다는 주장이었습니다. 그것도 거짓말이었습니다. 얼마 전에는 후쿠시마 방사능 괴담이 있었습니다. 일본 후쿠시마 원전에서 방사능에 오염된 물을 바다에 방류하면 이것이 우리나라까지 와서 물고기나 소금이 다 오염된다는 것이었습니다. 그래서 갑자기 소금을 사재기 시작하고 수산시장에는 손님이 오지 않아서 어시장이 텅텅 비어있기도 했습니다. 이것도 근거 없는 거짓말인데 정부에 타격을 주기 위해서 누군가가 만들어서 퍼트린 가짜 뉴스였습니다.

1. 사람이 정직하지 못한 이유

과연 '정직'이라는 것은 무엇일까요? '정직'은 사실을 있는 그대로 이야기하는 것입니다. 그리고 모르는 것은 모른다고 말하는 것입니다. 그런데 왜 인간은 거짓말을 할까요? 몇 가지로 생각할 수 있을 것입니다.

첫째로 사람들은 거짓말을 해야 당장 손해 보지 않거나 이익 볼 때가 많기 때문입니다. 예를 들어서 가짜 참기름이나 가짜 꿀을 속여서 팔면 이익이 되기 때문에 거짓말을 합니다. 또 기업가나 장사하는 사람들은 세금을 낼 때 이익을 속여서 신고하면 세금을 적게 낼 수 있기 때문에 자료를 속일 때가 많습니다.

또 사람들이 거짓말하는 두 번째 이유는 누군가 자기가 거짓말하는 것을 보고 있다는 사실을 모르기 때문입니다. 누군가 이 사람이 하는 모든 것을 보고 있는 사람이 있다는 사실을 안다면 거짓말하지 못할 것입니다. 그 사실을 아는 사람이 그 사람의 말은 거짓말이라고 말해버릴 것이기 때문입니다. 거짓은 진실 앞에서 맥을 추지 못합니다. 이 세상 모든 것을 다 보고 계신 분이 있습니다. 그분은 바로 하나님이십니다. 사람들은 하나님이 자신의 모든 말이나 행동을 보고 계신다는 것을 모르기 때문에 사람의 눈만 속이면 된다고 생각하는 것입니다.

그리고 세 번째로 거짓말을 하는 이유는 모든 사람의 마음이 원래부터 자연스럽게 거짓말하게 되어 있기 때문입니다. 그래서 누구든지 정직하려면 하나님의 은혜로 그 마음이 똑바로 되어야 합니다. 그렇지 않으면 사람들은 거짓말하는 것이 재미있고 자기 본성에 더 맞는 것을 느끼게 됩니다.

그리고 네 번째로 사람들이 거짓말을 좋아하는 이유는 진실을 말하면 그 진실에 책임을 져야 하기 때문입니다. 창세기를 보면 처음 인류가 선악과를 따 먹고 범죄했을 때 아담은 자기가 먹었다고 하지 않고 하나님이 만드셔서 있게 한 여자가 주어서 먹었다고 변명했습니다. 그리고 하와는 뱀이 자기를 속여서 먹었다고 핑계를 대었습니다. 그러나 뱀은 핑계를 댈 대상이 없었기 때문에 바로 저주를 당하고 말았습니다.

거짓말하는 다섯 번째 이유는 인간은 상상력이 뛰어나서 얼마든지 거짓말을 지어서 할 능력이 있기 때문입니다. 어린아이도 상상력이 뛰어난 아이는 거짓말을 진짜같이 지어내기도 합니다. 그래서 요즘은 거짓말을 하지 못하도록 여러 곳에 카메라를 설치하기도 합니다.

2. 하나님은 다 보고 계신다

사람들이 하나님을 알게 되었을 때 가장 먼저 나타나는 현상은 사랑을 아는 것입니다. 하나님이 나를 사랑하신다는 것을 알게 되고 또 다른 사람들도 사랑받아야 한다는 것을 알게 됩니다. 하나님의 사랑 받은 사람들이 다른 사람을 사랑할 방법은 그에 대하여 정직한 것입니다. 왜냐하면 다른 사람에 대하여 거짓말을 하는 것은 그를 사랑하지 않는 것이기 때문입니다. 그래서 하나님의 사랑을 받은 자들에게 나타나는 첫 번째 현상은 진실입니다. 그들은 진실한 것을 사랑합니다. 하나님께서 진실한 것을 사랑하시기 때문입니다. 하나님을 믿는 사람들은 하나님의 성품을 가지게 됩니다.

11:1, "속이는 저울은 여호와께서 미워하시나 공평한 추는 그가 기뻐하시느니라"

옛날에 상인들은 주머니 안에 무게가 다른 두 개의 추를 가지고 있었습니다. 그래서 대개는 실제보다 가벼운 저울로 물건을 달아주고, 만일 검사 같은 것이 나오면 정직한 저울로 달아주었던 것 같습니다. 그런데 사람들이 보기에 사소한 이런 거짓된 행위도 하나님은 다 보고 계십니다. 하나님은 누구든지 거짓된 방법으로 이익 얻는 것을 싫어하십니다. 그 대신에 정직한 방법으로 돈을 버는 사람을 기뻐하십니다. 그러나 정직한 방법으로는 돈을 벌 수 없는 세상일 때가 많습니다. 부정한 방법이라도 추가로 수입을 올려야 빨리 부자가 될 수 있지, 정직하게 다 주면 아무리 오래 장사를 하거나 사업을 해도 돈을 벌 수 없습니다.

그러나 오늘 잠언에서는 돈을 더 벌어서 빨리 부자가 되는 것이 중요한가 아니면 하나님이 기뻐하시는 사람이 되는 것이 더 중요한가를 물어보고 있습니다. 어느 것이 더 중요할까요? 하나님은 부자가 되지 못해도 정직해야 한다고 말씀하십니다. 그것이 내가 하나님의 사랑을 받은 증거이기 때문입니다.

그래서 잠언은 하나님이 보신다는 것을 인정하지 않는 사람을 교만한 사람이라고 부릅니다.

11:2, "교만이 오면 욕도 오거니와 겸손한 자에게는 지혜가 있느니라"

교만한 사람은 하나님을 인식하지 않는 사람입니다. 이런 사람은 모든 것을 자신의 즉흥적인 생각에 따라서 말하고 행동합니다. 교만한 사람들은 하나님을 모르기 때문에 모든 것을 자기 마음대로 합니다. 그래서 교만한 자들은 다른 사람에게 불편을 주고 피해를 주기 때문에 욕을 먹게 됩니다.

그러나 겸손한 사람은 그런 얕은꾀를 부리지 않습니다. 전세금이 폭동을 일으킬 때도 올리지 않습니다. 그러면 세 든 사람이 아주 고마워하면서 칭찬할 것입니다. 그러나 어떤 건물 주인은 세입자의 가게가 장사 잘된다 싶으면 자기가 건물을 사용하겠다고 하면서 세 든 사람에게 나가라 하는데 그러면 권리금도 받지 못하고 쫓겨날 때가 많습니다. 겸손한 자에게는 지혜가 있다고 했습니다. 이 겸손한 자는 돈을 목적으로 살지 않는 사람입니다. 하나님은 이 사람이 자신의 인생길을 찾아가게 하시고 자녀들이 바른길을 가게 하십니다.

11:3, "정직한 자의 성실은 자기를 인도하거니와 사악한 자의 패역은 자기를 망하게 하느니라"

정직은 하나님 백성의 기본입니다. 이 사람은 인생의 기초가 이미 만들어진 사람입니다. 이 사람이 이 정직 위에서 성실하게 살면 결국 성공하게 됩니다. 그러나 자신의 이익을 위해서만 사는 사람은 다른 사람들과 자주 싸우게 됩니다. 왜냐하면 자꾸 돈을 더 받으려고 하기 때문입니다. 이런 사람들은 다른 사람의 존경을 받지 못하고 자녀들도 부모를 무시하게 됩니다. 결국 망하게 됩니다.

3. 하나님 진노의 날

모든 날이 다 별일 없이 지나가면 좋겠지만 하나님께서는 한번씩 이 세상의 거짓된 사람들을 심판하시는 날이 있습니다. 그때 거짓으로 산 사람들은 모두 망신을 당하든지 아니면 하나님의 심판으로 망하게 되는 것입니다.

11:4, "재물은 진노하시는 날에 무익하나 공의는 죽음에서 건지느니라"

어떤 사람들이 아무리 부자라 하더라도 병이 들면 돈이 소용이 없습니다. 결국 그는 죽을 때 모든 것을 다 빼앗기고 죽어야 합니다. 그래서 사람들은 죽기 전에 무엇인가 하나라도 자기 이름을 남기려고 엄청나게 노력합니다. 언젠가 유명했던 한 영화배우는 재산이 많은데 자기가 관에 들어가는 데는 성경책 하나만 충분하다고 해서 전 재산을 사회에 기부하겠다고 했습니다. 얼마나 멋있는 사람인지 모릅니다.

죽음 앞에서 돈은 아무 도움이 되지 않습니다. 그러면 죽음을 이길 수 있는 것이 무엇입니까? 그것은 믿음입니다. 즉 하나님께 대한 믿음으로 산 것이 죽음을 이깁니다. 그래서 "공의는 죽음에서 건지느니라"고 했습니다. 공의는 사람을 차별하지 않고 또 자기가 부요하거나 가난하거나 하나님을 믿는 믿음으로 사람들을 대하는 것입니다. 부자라고 해서 더 잘 대해주지도 않고 가난하다고 해서 더 업신여기지도 않는 것입니다.

11:5, "완전한 자의 공의는 자기의 길을 곧게 하려니와 악한 자는 자기의 악으로 말미암아 넘어지리라"

과연 이 세상에서 완전한 사람이 있을 수 있을까요? 사람은 아무도 완전할 수 없습니다. 그러나 우리가 하나님을 믿고 살면 하나님이 모든 허물을 가려주셔서 완전하게 됩니다. 이런 사람은 자기 길을 찾아갑니다. 즉 이런 사람은 언제나 말씀이 고갈되지 않습니다. 그리고 이 세상에서도 자기가 할 수 있는 보람된 일을 찾아갑니다. 이런 사람은 자신이 한평생 산 것에 대하여 후회하지 않습니다. 그러나 악한 자는 믿음이 없이 산 사람입니다. 이런 사람은 자기가 살았던 욕심들이 모두 걸림돌이 되어서 앞으로 나갈 수 없습니다. 마치 발이 쇠사슬에 매인 것처럼 앞에 있는 영생을 향해서 나가려고 해도 나갈 수 없습니다.

11:6-7, "정직한 자의 공의는 자기를 건지려니와 사악한 자는 자기의 악에 잡히리라 악인은 죽을 때에 그 소망이 끊어지나니 불의의 소망이 없어지느니라"

역시 돈을 위해서 산 사람은 죽음으로써 모든 가진 것을 잃게 됩니다. 그리고 그에게는 소망이 없습니다. 죽으면서 그의 인생은 끝장나기 때문입니다. "불의의 소망"은 악한 자가 가진 소망을 말합니다. 건물을 더 가지고 싶고 더 오래 살고 싶고 이익을 더 챙기려고 하는 소망입니다. 그러나 그런 소망은 없어집니다. 그 대신에 정직한 자의 소망은 이루어집니다. 그래서 교회도 부흥되고 자녀들도 훌륭하게 되고 그가 하던 일들도 다 사람에게 인정받게 됩니다.

의인은 설사 고난당한다 해도 하나님의 도움을 받습니다. 그러나 악한 자는 멸망의 길을 가게 됩니다. 우리가 보기에 이 세상에서 정직한 사람은 좀 미련하고 너무 융통성이 없어 보일 때가 많습니다. 그런데 말씀을 보면 악인들은 그 입으로 이웃을 망하게 하지만 의인은 지식으로 구원을 얻는다고 했습니다. 그리고 의인이 형통하면 성읍이 기뻐하고 악인이 망하는 것을 사람들은 다 좋아한다고 했습니다(10

절).

이것은 무엇을 말합니까? 사람들의 마음속에는 모두 선이 무엇이고 악이 무엇인지 아는 지식이 있다는 뜻입니다. 그런데 하나님의 말씀으로 사는 사람이 형통하면 사람들은 희망을 갖게 됩니다. 아직까지 그 사회가 완전히 썩은 것은 아니기 때문입니다. 즉 정직한 자가 성공하는 사회는 아직 공의가 살아있고 정의가 살아 있는 사회인 것입니다. 사람들은 이런 것을 보고 세상에 살아갈 용기를 가지게 됩니다. 그러나 불의한 자가 떼돈을 벌고 거짓말로 잘난 체하는 사회는 완전히 썩은 사회이고 희망을 가질 수 없는 사회입니다.

11:11, "성읍은 정직한 자의 축복으로 인하여 진흥하고 악한 자의 입으로 말미암아 무너지느니라"

정직한 자가 있는 도시는 그들의 축복의 기도를 하나님이 들어주셔서 도시가 발전하게 됩니다. 그러나 사람들이 구습이나 미신에 묶여 있고 융통성이 없는 도시는 쇠퇴하게 됩니다. 옛날에 어떤 도시는 기차가 들어오려고 하니까 어떻게 양반 도시에 쇠로 만든 차가 들어오려고 하느냐고 반대하는 바람에 그 도시가 작아져서 발전하지 못한 곳도 있습니다.

11:12, "지혜 없는 자는 그의 이웃을 멸시하나 명철한 자는 잠잠하느니라"

정직한 자는 결국 지혜가 있는 사람입니다. 그런 사람은 이웃을 절대로 무시하지 않습니다. 교회 안에서 다른 사람을 무시하는 사람은 정말 어리석은 사람입니다. 왜냐하면 우리는 모두 축복받은 사람들이기 때문입니다. 우리는 어린아이로부터 노인까지 모두 서로 존경받고 축복받아야 할 사람입니다.

11:13, "두루 다니며 한담하는 자는 남의 비밀을 누설하나 마음이 신실
한 자는 그런 것을 숨기느니라"

"두루 다니며 한담하는 자"는 쓸데없이 여러 곳을 다니면서 이런 소리 저런 소리를 지껄여대는 사람을 말합니다. 그런 사람들은 남의 흉을 보는 것을 좋아합니다. 특히 다른 사람의 사적인 비밀 같은 것을 퍼트리고 다녀서 상대방을 난처하게 만듭니다. 이 세상에 허물이 없는 사람이 어디 있습니까? 그런데 허물을 잘 덮어주면 그 사람이 좋은 사람이 될 수 있는 것입니다.

11:14, "지략이 없으면 백성이 망하여도 지략이 많으면 평안을 누리느니
라"

여기서 "지략"은 정직한 자의 머리에서 나오는 전략을 말합니다. 사람들은 모두의 미래를 알지 못합니다. 그러나 하나님은 정직한 자에게 지혜를 주셔서 미래를 대비하게 하십니다.

우리가 이 세상 사는 시간은 너무나도 짧은 시간입니다. 우리는 남의 이야기나 하고 얼렁뚱땅 살기에는 너무 아까운 인생입니다. 모두 자기의 길을 잘 찾아서 후회 없는 인생을 사시고 영광의 나라에 다 들어가시기 바랍니다.

23

베푸는 사람

잠 11:16-31

젊은 여성이나 사랑하는 사람들은 꽃이 만발해 있는 꽃밭에 들어가서 사진 찍는 것을 좋아합니다. 봄이 되면 온 천지가 노란 유채꽃밭에 들어가서 사진 찍기도 하고, 초여름에는 평창에 가서 달밤에 소금을 뿌려놓은 것 같은 메밀꽃밭에서 사진 찍기도 합니다. 그리고 가을이 되면 길가에 피어있는 코스모스꽃밭에 들어가서 사진 찍는 것을 좋아합니다. 그런 꽃밭은 한 번만 보기에는 너무 아깝기 때문에 두고두고 기억하기 위하여 사진을 찍는 것입니다.

잠언은 세상에서 가장 아름다운 지혜의 꽃밭입니다. 우리는 이 잠언의 세계 안에 들어와서 꽃다발을 받기도 하고, 또 하나님의 꽃밭에서 영원히 잊지 못할 사진을 찍기도 합니다. 우리가 이 예배에 참석해서 잠언의 말씀을 듣는 것은 그냥 딴 데 갈 데가 없으니까 교회에 와서 듣는 것이 아닙니다. 우리는 지금 하나님의 꽃밭에 들어와 있는 것입니다.

오늘 말씀은 참으로 지혜로운 자는 어떤 사람인가를 말해주고 있습니다. 참으로 지혜로운 자는 다른 사람에게 베푸는 사람이라고 합

니다. 우리가 다른 사람에게 물건이나 돈이나 무엇인가를 주면 우리
는 분명히 내 것을 잃거나 손해 보게 될 것입니다. 그런데 우리가 남
에게 무엇인가를 주면 반드시 나에게 돌아오는 것이 있습니다. 그것
은 바로 기쁨입니다. 이 세상에서 전혀 기쁨 없이 사는 사람은 남에게
베풀 줄 모르는 사람입니다. 그리고 우리가 남에게 무엇인가를 베풀
면 우리에게 삶의 보람이 돌아오게 됩니다.

1. 남에게 베풀 수 있는 것

우리가 다른 사람에게 무엇인가 베풀기 위해서는 우선 자기에게
가진 것이 있어야 합니다. 돈이 한 푼도 없는 사람이 다른 사람을 돈
으로 도울 수 없고, 또 다 떨어진 옷을 입고 있는 사람이 다른 사람에
게 좋은 옷을 선물로 줄 수 없을 것입니다. 그래서 우리가 다른 사람
에게 자비롭기 위해서는 무엇보다 부지런해야 하고 낭비하는 습관이
없어야 합니다.

11:16, "유덕한 여자는 존영을 얻고 근면한 남자는 재물을 얻느니라"

여기에 "유덕한 여자"가 "근면한 남자"보다 앞에 나오는 것을 볼
수 있습니다. 그것은 아무래도 어려운 사람을 불쌍히 여기고 도와주
는 데 있어서는 남자보다 여자가 사랑하는 마음이 더 많기 때문일 것
입니다. 그런데 남을 도울 수 있는 사람은 근면한 사람이어야 합니다.
즉 늘 부지런하게 일을 하고 낭비하지 않는 사람이 남에게 베풀 수 있
는 재물을 얻게 되는 것입니다.
여기 "유덕한 여자"는 집에 있는 모든 것을 아껴 쓰지만 누군가
주위에 어려운 사람이 있으면 너무 인색하지 않고 따뜻한 마음으로

도와주는 여자를 말합니다. 그러나 일단 다른 사람에게 무엇인가를
베풀 수 있으려고 하면 그 사람은 낭비해서는 안 되고 부지런한 것이
습관되어 있어야 합니다. 사람은 누구든지 자기에게 남는 것이 있습
니다. 그것을 가까운 사람이나 그것이 필요한 사람들에게 나누어주면
마음속에 기쁨이 있게 됩니다.

11:17, "인자한 자는 자기의 영혼을 이롭게 하고 잔인한 자는 자기의 몸
을 해롭게 하느니라"

"인자한 자"는 다른 사람에 대하여 빡빡하지 않고 관대한 사람을
말합니다. 그런 사람은 너무 고민하거나 신경 쓸 일이 별로 없습니다.
다른 사람이 해달라고 하는 대로 해주면 되기 때문입니다. 그러나 다
른 사람에 대하여 아주 적은 것이라도 손해 보지 않으려고 하는 사람
은 자기 몸을 해롭게 하는 사람입니다.

요즘 거의 모든 병은 스트레스에서 온다고 봐야 합니다. 사람이
스트레스를 받으면 심장이 충격받게 되고 이것은 결국 피가 적게 돌
게 해서 심근경색이라든지 심장마비라든지 아니면 암이나 우울증이
나 공황장애가 생기게 됩니다. 그래서 예수님께서는 악한 자를 이기
려고 하지 말라고 말씀하셨습니다. 그렇게 해야 영혼에 병이 생기지
않고 육신도 병이 생기지 않기 때문입니다. 그러나 우리가 악한 자를
기어코 이기고 복수하려고 하면 악한 자보다 더 악한 자가 되어야 합
니다. 결국 자기 자신이 괴물이 되어버리는 것입니다.

11:18-19, "악인의 삯은 허무하되 공의를 뿌린 자의 상은 확실하니라
공의를 굳게 지키는 자는 생명에 이르고 악을 따르는 자는 사망에 이르
느니라"

성경은 "죄의 삯은 사망이요"(롬 6:23)라고 했습니다. 마찬가지로 "악인의 삯"은 허무한 것입니다. 즉 이 세상에서 많은 악을 저질렀는데 그 결과는 아무것도 남지 않는 것입니다. 그러나 모든 것을 공평하게 한 사람은 확실한 상을 받습니다. 그는 끝까지 사람의 존경을 받는 것입니다. 결국 악으로 성공한 자는 죽습니다. 그러나 그의 죽음은 영원한 멸망입니다. 그러나 공의로 정직하게 산 사람은 죽어도 영생에 이르게 됩니다. 그래서 하나님의 백성은 공평해야 합니다. 즉 자기 편 사람을 만들면 안 되고 공연히 다른 사람을 공격해서도 안 됩니다. 왜냐하면 그것이 자기를 망하게 하는 길이기 때문입니다.

2. 악한 이기주의자의 말로

지금 우리가 사는 이 세상은 사랑만 가지고는 살 수 없는 세상입니다. 모든 것을 돈으로 계산해야 하고 남에게 절대로 손해 보지 않는 자세로 살아야 살 수 있는 세상입니다. 결국 우리가 이 세상에서 산다는 자체가 우리 마음을 강퍅하게 만드는 것입니다. 우리가 이 세상에 살다보면 크리스천의 마음도 강퍅해지고 목회자의 마음도 강퍅해집니다. 세상에 화나는 일이 너무 많고 사람이 순하면 반드시 손해를 보기 때문입니다. 그런데 우리가 이 세상에서 어떻게 하면 눈물이 있고 마음이 따뜻하며 강퍅해지지 않을 수 있을까요? 그것은 우리 마음 자체를 두들겨서 하나님을 향한 똑바른 마음으로 만들어야 합니다.

11:20, "마음이 굽은 자는 여호와께 미움을 받아도 행위가 온전한 자는 그의 기뻐하심을 받느니라"

사람의 마음은 굽어 있습니다. 그래서 아무리 똑바르게 산다고 해도 결국 굽은 길로 가게 됩니다. 즉 사람의 마음은 항상 남이 망하고 못되기를 좋아하는 것입니다. 그러나 하나님은 이런 굽은 마음을 가진 자를 미워한다고 했습니다. 결국 우리가 이 세상에서 강팍해지지 않으려면 내 마음을 망치로 두들겨 펴서 하나님을 향하여 똑바른 마음을 만들어야 합니다. 그 망치가 바로 하나님의 말씀입니다. 하나님이 기뻐하시는 자가 일단 그 인생이 가치가 있고 끝까지 사람들의 존경을 받습니다.

하나님은 행위가 온전한 자를 기뻐하신다고 했습니다. 그런데 과연 사람의 행위가 온전할 수 있을까요? 요즘 자신은 말이나 행동에 있어서 멋대로 하면서 다른 사람에게는 조금도 실수가 없는 완전한 행동을 요구합니다. 결국 이런 위선적인 자세가 사람에게 정신병이 생기게 하는 것입니다. 사람은 무엇인가 부족한 것도 있고 어수룩한 부분도 있어야 다른 사람들이 마음의 상처를 덜 받고 마음이 안심됩니다. 우리는 행위가 온전할 수 없습니다. 그러나 그것을 하나님 앞에서 인정하고 살 때 하나님은 큰 실수를 막아주십니다. 그래서 완전하게 되는 것입니다. 즉 실수는 많지만 다른 사람들은 큰 부담을 느끼지 않고 마음의 상처를 받지 않는 것입니다. 이런 사람들이 행위가 완전한 사람입니다.

11:21, "악인은 피차 손을 잡을지라도 벌을 면하지 못할 것이나 의인의 자손은 구원을 얻으리라"

악인은 서로 손을 굳게 잡고 절대로 서로 원수가 되지 않고 비밀을 끝까지 지키기로 약속합니다. 물론 이 악인의 친구는 재판장이고 수사관이고 정치 실세일 수 있습니다. 그런데 놀라운 것은 이상하게 그 사람이 한 것이 알려지게 되는 것입니다. 같은 편끼리 아무리 해먹고 감싸고 해도 세상은 뒤집어지게 되어 있습니다. 하나님께서는 파전이나 부추 전을 굽듯이 판을 한 번씩 뒤집으시는 것입니다. 그러면 그렇게 감추어두었던 비리들이 다 드러나게 됩니다.

여기에 보면 사치스러운 귀부인의 모습을 너무 잘 표현하고 있습니다.

11:22, "아름다운 여인이 삼가지 아니하는 것은 마치 돼지 코에 금 고리 같으니라"

"돼지 코에 금 고리"를 끼우면 아름다울까요? 아마 그것을 보는 사람들은 모두 웃을 것입니다. 만일 돼지 발굽이 잘 생겼다고 해서 그 발톱에 매니큐어를 칠하면 아름다울까요? 멧돼지가 아무리 금이빨을 하고 발톱에 매니큐어를 칠해도 멧돼지는 멧돼지일 뿐입니다. 마찬가지로 여인의 성격이 못됐는데 아무리 명품 가방을 들고 비싼 차를 타고 금이빨을 해도 다른 사람의 눈에는 명품을 멘 멧돼지로 밖에는 안 보이는 것입니다.

3. 베푸는 자가 받는 축복

11:23, "의인의 소원은 오직 선하나 악인의 소망은 진노를 이루느니라"

"의인의 소원"은 어디에 있을까요? 그는 살아있는 이 아름다운 날 동안 하나님의 뜻을 더 이루어드리고 사람들에게 무엇인가 유익을 주고 싶을 것입니다. 그래서 의인은 아무리 오래 살아도 좋은데 이상하게도 좋은 분들은 빨리 돌아가시고 악한 자들은 또 금방 죽지 않습니다. 그러나 악한 자가 원하는 것은 돈을 더 많이 벌고 더 오래 살고 더 맛있는 것 많이 먹고 사람들의 대접을 더 많이 받고 인정받으면서 사는 겁니다. 그러나 그런 소망은 진노를 이룬다고 했습니다. 이런 사람은 아무리 오래 살아도 하나님은 좋아하시지 않습니다.

11:24, "흩어 구제하여도 더욱 부하게 되는 일이 있나니 과도히 아껴도 가난하게 될 뿐이니라"

내 돈을 억척같이 모으지 않고 남을 구제하는데 어떻게 더 부자가 될 수 있을까요? 그것은 하나님께서 그 사람의 불필요한 지출을 막아주시기 때문입니다. 즉 그 집 식구에게는 큰 병이 생기지 않고 사고가 생기지 않고 자녀들은 좋은 학교에 척척 붙으니까 사실 돈을 버는 것입니다. 그러나 지나치게 인색하게 사는데도 못사는 사람들이 있습니다. 그 이유는 그 사람들은 돈을 아끼는데 자꾸 여기저기서 돈이 나가기 때문입니다. 아이가 나가서 사고를 치고 오거나, 또 직원 중에 누군가가 회사에 큰 손해를 입히기도 하고, 자신의 몸에도 큰 병이 생겨서 병원에 다닌다고 돈을 다 쓰게 되는 것입니다.

11:25, "구제를 좋아하는 자는 풍족하여질 것이요 남을 윤택하게 하는 자는 자기도 윤택하여지리라"

사람의 얼굴이 윤택한 것은 굶지 않고 고통받지 않고 행복하게 살기 때문입니다. 마찬가지로 다른 사람을 행복하게 하는 사람은 자기도 행복하게 됩니다. 왜냐하면 하나님은 우리가 남에게 한 대로 갚으시기 때문입니다.

그런데 흉년이 되었을 때 곡식을 팔지 않는 사람이 있습니다. 이 사람은 매점매석을 해서 몇 배의 이익을 보려는 자들입니다. 이런 사람들은 저주를 받습니다. 왜냐하면 나중에 왕이 그런 사람을 알고는 처벌하기 때문입니다. 그러나 그런 때에도 정상적으로 쌀이나 물건을 파는 사람은 다른 사람들을 사랑하는 사람이고, 그런 사람은 사람들의 칭찬을 받습니다.

11:27, "선을 간절히 구하는 자는 은총을 얻으려니와 악을 더듬어 찾는 자에게는 악이 임하리라"

"선을 간절히 구하는 자"는 어떤 사람이겠습니까? 자기가 살아있는 동안 정말 다른 사람들에게 유익을 끼치고 도움이 되기를 간절히 원하는 사람입니다. 하나님께서는 그런 사람의 소원이 이루어지도록 도와주십니다. 그러나 남들이 보지 않는 동안 손으로 더듬어서 한순간이라도 악한 짓을 하려는 자는 결국 그 손이 독사에게 물리든지 아니면 전갈이나 말벌에게 쏘이든지 해서 큰 고통을 받게 됩니다.

다음은 너무나도 아름다운 말씀입니다.

11:28, "자기의 재물을 의지하는 자는 패망하려니와 의인은 푸른 잎사귀 같아서 번성하리라"

"자기의 재물을 의지하는 자"는 아무리 아니라고 해도 교만하게 되어 있고 썩게 되어 있습니다. 그래서 그 주위에 가면 썩는 냄새가 나게 되어 있습니다. 그것은 영혼이 썩는 냄새이고, 그의 육체가 썩어가고 있는 것입니다. 그러나 이 세상을 믿음으로 살고 깨끗하게 살려고 하는 자는 푸른 잎사귀 같아서 생명력이 있고 더운 날에도 시원한 그늘을 만들어줍니다.

11:29, "자기 집을 해롭게 하는 자의 소득은 바람이라"

자기 가족도 돌보지 않고 자기 가족에게 고통을 주면서 돈을 많이 벌어도 그 돈은 바람과 같이 사라지게 됩니다. 자기 가정 식구들도 돌보지 않으면서 돈을 벌면 무슨 소용이 있겠습니까? 결국 그는 가족에게 엄청난 고통을 주게 됩니다. 즉 돈 욕심으로 투자하거나 도박하거나 무리한 사업을 하면 결국 가족이 집도 잃고 자녀들은 학교도 다니지 못하고 힘든 직장에서 일을 하게 되는 것입니다.

30절이 요절입니다.

11:30, "의인의 열매는 생명 나무라 지혜로운 자는 사람을 얻느니라"

"의인"은 남에게 베푸는 사람입니다. 이 사람의 마음에는 생명나무 열매가 많이 맺힙니다. 그래서 의인은 자기도 살고 그의 열매를 먹는 사람도 살게 됩니다. 이것이 바로 참된 지혜입니다.

그러나 성경은 베푸는 자라고 해서 무조건 좋은 말만 하지 않습니다. 즉 아무리 의인이라도 그 사람에게는 더러운 부분이 있기 때문에 깨끗함을 받기 위해서 세상에서 환난과 어려움을 당하고 사람들의 욕을 먹습니다. 그리고서 그 사람은 깨끗해지는 것입니다. 하물며 세상에서 어려움도 당하지 않고 모든 것을 자기 하고 싶은 대로 한 사람의 마지막은 비참한 멸망뿐입니다.

오늘 지혜의 꽃다발은 베푸는 사람입니다. 선을 간절히 원하는 사람은 하나님의 은총을 받습니다. 우리는 내가 간절히 원하는 것이 나 개인이나 내 자식이 잘되는 것뿐인지, 아니면 하나님의 나라가 잘되는 것인지 한번 진지하게 생각해 보시기 바랍니다.

24

사람의 됨됨이

잠 12:1-14

사람 중에 겉으로 보기에도 아주 신중하고 믿을 수 있는 사람이 있는가 하면 말만 많이 하고 실제로는 속에 든 것이 아무것도 없는 사람이 있습니다. 이차대전이 일어나기 전에 영국의 수상은 챔벌린이라는 사람이었습니다. 그는 독일과 평화협정을 믿고 전쟁은 일어나지 않는다고 장담했습니다. 그러나 윈스턴 처칠은 독일의 사악성을 간파하고 독일과의 평화협정을 믿는 것은 독일의 노예가 되는 것이라고 주장했습니다. 물론 윈스턴 처칠의 전쟁론은 인기가 없었고 전쟁광이라는 비난을 받았습니다. 그러나 독일이 체코를 공격했을 때만 해도 영국은 독일을 믿었습니다. 그러나 독일이 폴란드를 침공했을 때야 비로소 영국 사람들은 처칠의 말이 옳았다는 것을 깨닫게 되었습니다. 챔벌린은 수상 자리에서 물러나고 처칠이 수상이 되어서 전쟁이 끝날 때까지 영국을 이끌어가게 됩니다. 결국은 듣기 좋은 챔벌린의 말이 틀렸고, 비록 듣기는 싫었지만 독일과는 전쟁해서 나라를 지켜야 한다는 처칠의 말이 옳았던 것입니다.

이것은 신앙에 있어서도 마찬가지입니다. 목사가 세상적으로 웃기는 이야기를 하고 정치인의 관심을 끌어서 정치인이나 연예인들이 교회에 오는 것을 좋아할 것이라고 생각하지만, 언젠가는 사람들이 그것은 진정한 기독교가 아니라 싸구려 기독교라는 것을 깨닫게 될 때가 올 것입니다. 그래서 가장 중요한 것은 사람의 말재간이나 겉으로 보이는 인기가 아니라 사람의 됨됨이 자체인 것입니다. 예수님은 사람의 나무가 좋아야 좋은 열매가 맺히고, 나쁜 나무에는 나쁜 열매가 맺힐 수밖에 없다고 말씀하셨습니다. 즉 겉으로 보기에 맛있어 보이는 열매를 찾을 것이 아니라 나무 자체가 좋은 나무가 되어야 한다는 것입니다. 마찬가지로 좋은 대학을 나오고 좋은 집에서 사는 것보다는 사람 자체가 믿을 수 있고 신실한 사람이 하나님의 사랑을 받고 하나님의 복을 받는 것입니다.

1. 사람의 본성의 변화

이 세상에서 가장 어려운 일이 있다면 사람 자체가 변하는 것입니다. 사람 자체가 변하지 않으면 그 사람이 일시적으로 아무리 선한 말을 하고 선한 체하여도 결국 그 사람은 악한 말이나 악한 행동을 하게 되어 있습니다.

12:1, "훈계를 좋아하는 자는 지식을 좋아하거니와 징계를 싫어하는 자는 짐승과 같으니라"

여기에 보면 "훈계를 좋아하는 자"가 나옵니다. 사실 훈계를 좋아하는 사람은 아무도 없을 것입니다. 훈계라는 것은 잔소리 아닙니까? 그리고 무엇인가를 잘못했다고 책망받고 벌을 받는 것을 말합니다. 모든 사람은 칭찬받는 것을 좋아하고 다른 사람이 자기에게 좋은 말을 해주는 것을 좋아합니다. 그러나 다른 사람이 야단치는 것이나 벌을 주는 것을 좋아하는 사람이 있습니다. 그 사람은 자기에게 부족한 것이 있다는 것을 아는 사람입니다.

이 세상에서 가장 어려운 것이 사람이 변하는 것입니다. 사람이 변하는 것은 고철을 녹여서 새로운 쇠를 만드는 것이나 혹은 대리석을 깎아서 멋진 조각품을 만드는 것보다 훨씬 어려운 일입니다. 또 사람을 변화시킨다는 것은 기적으로 병든 사람을 고치는 일보다도 훨씬 어렵습니다.

얼마 전 미국에서는 어떤 청년이 총을 가지고 마트에 들어가서 20여 명을 총으로 쏘아 죽였는데, 법원에서는 90회 연속 종신형을 선고했습니다. 즉 이 사람은 종신형을 살고 죽고, 또 살아나서 종신형을 살고 또 죽고 이런 과정을 90번을 해야 한다는 것입니다. 그러면 이 사람이 90번 종신형을 살 수도 없겠지만 만약 산다고 해도 이런 사람은 절대로 변하지 않는 사람으로 판단한 것입니다.

"훈계를 좋아한다"는 것은 자기에게 심각하게 부족한 부분이 있다는 것을 깨닫는 것입니다. 즉 훈계를 좋아하는 사람은 자기 영혼이 하나님 앞에서 너무나도 가난하고 병들어 있고 비참하다는 것을 깨달은 사람입니다. 그래서 우리 인간을 새 사람으로 바꾸는 것은 하나님의 말씀밖에 없습니다. 우리가 하나님의 말씀을 들으면 하나님 앞에서 너무 가난하고 비도덕적이며 비참하다는 사실을 깨닫게 됩니다. 그래서 야단맞고 잔소리를 듣는다 하더라도 내 부족을 고쳐서 새사람이 되고 싶어 합니다.

우리의 영혼에 하나님의 말씀이 비치지 않으면 자기가 무엇을 모르는지 깨닫지 못합니다. 오히려 그는 성경 말씀이 잔소리라고 생각해서 멀리해버립니다. 설교도 잘 듣지 않습니다. 물론 보통 사람들은 자기 발전을 위해 많은 것을 배우려고 합니다. 더 좋은 학교에 더 높은 학위에서 이것저것 많이 배워서 똑똑한 사람이 되려고 노력합니다. 그러나 그런 사람에게라도 하나님의 말씀이 비치지 않으면 가장 중요한 부분을 빼놓고 쓸데없는 것만 잔뜩 배우게 됩니다. 그런데 하나님 앞에서 자신의 가난함을 깨달은 사람은 부족한 그것을 찾으러 갑니다. 영혼이 죽어가고 있으면 다른 공부를 다 때려치우고 영혼부터 살려야 하는 것입니다.

또 "징계를 싫어하는 자는 짐승과 같으니라"고 했습니다. 징계나 고통을 좋아하는 사람이 누가 있겠습니까? 그러나 사람은 말로 고쳐지지 않습니다. 사람은 고통을 통하여 안으로 익게 됩니다. 그래서 하나님의 훈계를 싫어하는 자는 짐승과 같다고 했습니다. 그는 멧돼지와 같고 이리와 같아서 여차하면 다른 사람들을 공격하고 물어뜯고 들이받는 것을 좋아합니다. 옛날 다윗은 할례받지 않은 자를 야생 동물로 생각했습니다. 그래서 다윗은 적장 골리앗이 아무리 체격이 크고 중무장을 하고 나왔어도 그를 곰이나 늑대 같은 야생동물로 생각하고 싸워 이겼던 것입니다.

12:2, "선인은 여호와께 은총을 받으려니와 악을 꾀하는 자는 정죄하심을 받으리라"

"선인"은 말씀으로 변화되어서 고쳐진 사람을 말합니다. 하나님은 이런 사람들을 좋아하십니다. 그래서 하는 모든 일에 은총을 주셔서 잘 되게 하십니다. 그래서 기도 응답도 잘 되고 어떤 때는 생각하지 못한 것까지 응답해 주실 때가 있습니다. 그러나 아직 말씀의 맛을 보지 못한 사람은 여전히 계획하는 모든 것이 오직 돈이고 남에게 피해를 주는 것만 생각합니다. 그들은 자기들이 하는 말이나 행동이 남에게 얼마나 많은 아픔을 주고 상처를 주는지 생각하지도 않습니다. 그래서 이런 사람의 말을 듣거나 상처를 받게 되면 정신적인 고통을 이기지 못해서 스트레스를 받아서 자살하거나 공황장애로 고통을 받게 됩니다. 이런 피해를 주는 사람들은 정신적인 살인자들입니다. 우리나라 사람들의 왕따 본성은 어디 가나 다 있습니다. 중고등학교에 가도 있고, 농촌에 가도 새로 이사 온 사람을 왕따시키고, 대학에 교수로 가도 있고, 군대에 가거나 의사나 간호사 세계에 가도 다 있습니다. 그것은 자신이 못나서 그렇게 하는 것입니다. 그래서 하나님은 그런 사람에게 ‘못난 자식’ 이라는 딱지를 붙여 정죄하시는 것입니다.

악한 사람은 그 줄기나 뿌리가 튼튼하지 못합니다. 왜냐하면 기초가 없기 때문입니다. 악한 자는 기초에서 중요한 것을 다 빼먹어 버렸습니다. 집을 지으면 철근을 빼먹어 버리고 나무를 심어도 뿌리가 거의 다 잘려졌고 사람을 사귀어도 단물만 빨아먹고 버리는 식입니다. 결국 그런 사람은 기초가 없으므로 무엇이든지 제대로 되지 않습니다. 이는 나무는 있는데 뿌리가 없는 것과 같습니다. 즉 나무를 심은 것이 아니라 꽂아놓은 것입니다. 그러나 의인은 뿌리가 깊습니다. 그 뿌리가 파고들고 파고들어서 하나님에게까지 연결되어 있기 때문입니다.

사람이 변화되면 결국 배우자를 선택하는 데까지 연결되게 됩니다. 중심이 변화된 자는 결혼할 때 외모나 돈이나 학벌을 보지 않습니다. 그들은 자기에게 맞는 사람을 찾아서 결혼합니다. 그런 여성은 남편의 면류관입니다. 이런 여인과는 싸울 일이 없고 또 최선을 다해서 남편을 돕기 때문입니다. 그러나 결혼할 때 돈 많은 것만 보고, 잘 생긴 것만 보고, 아무 생각 없이 결혼하게 되면 나중에 아무것도 맞는 것이 없어서 매일 싸우게 됩니다. 그러니까 이런 집은 모든 성향이 서로 맞지 않아서 집이 조용할 때가 없습니다. 더욱이 부인이 돈도 없는데 과소비한다든지, 걸핏하면 다른 사람과 삿대질하면서 싸운다든지 하면 남편은 죽을 지경일 것입니다. 이런 것을 뼈가 썩는 고통이라고 하는데 뼈가 썩어서 고름 나오는 병이 가장 고통스러운 병이라고 합니다.

2. 모든 것은 생각에서 비롯된다

사람의 모든 행동은 결국 생각이 결정하게 됩니다. 그런데 많은 사람의 행동을 결정하는 것은 충동적일 때가 많습니다. 갑자기 충동적으로 백화점에 가서 물건을 사버린다든지, 혹은 갑자기 친구에게 전화를 걸어서 해외에 가려고 한다든지, 또 다른 사람에게 아무 말이나 하는 바람에 싸우게 되는 때도 있습니다. 이런 사람은 아무 생각이 없이 행동하기 때문입니다.

12:5, "의인의 생각은 정직하여도 악인의 도모는 속임이니라"

"의인의 생각"은 정직합니다. 의인은 모든 것을 있는 그대로 솔직하게 보고 내가 할 수 있는 일인지 아니면 해서는 안 되는 일인지, 이 말을 하면 유익한지 아니면 남에게 상처를 주게 되는지 깊이 생각해서 말하게 됩니다. 악인은 언제나 무슨 음모를 꾸밉니다. 그들의 생각이 정직하지 못하기 때문입니다. 그래서 그들은 하나님이 일하시는 것을 믿지 못하기 때문에 자꾸 인간적인 음모를 꾸미게 됩니다. 그러나 의인은 정직하기만 하면 두려워할 것이 없습니다. 결국 죄만 짓지 않으면 하나님이 다 해주시기 때문입니다.

12:6, "악인의 말은 사람을 엿보아 피를 흘리자 하는 것이거니와 정직한 자의 입은 사람을 구원하느니라"

악인은 다른 사람이 다치거나 불행하게 되는 것을 좋아합니다. 그들은 늘 심술에 가득 차 있기 때문입니다. 사실 사람들의 마음에는 다른 사람이 못되기를 바라는 심술이 다 있습니다. 그러나 성령 충만한 사람은 그런 어려움이 오기 전에 다른 사람들에게 알려서 그들을 어려움에서 건져냅니다. 예를 들어서 어느 곳에 아주 사나운 개가 있으면 다른 아이들에게 알려서 빨리 피하게 할 것입니다.

12:7, "악인은 엎드러져서 소멸되려니와 의인의 집은 서 있으리라"

악인은 성공하는 것 같은데 넘어져서 없어집니다. 그는 지금 당장만 생각하지, 앞으로 어떤 일이 일어날지 모르기 때문입니다. 결국 지혜가 없으면 망하게 됩니다. 왜냐하면 미래를 예측할 수 없기 때문입니다. 세상에는 금리가 낮을 때도 있고 또 올라갈 때도 있습니다. 그러나 악한 사람은 늘 금리가 낮을 줄 알고 은행에서 돈을 많이 빌렸다가 금리가 올라가면 감당이 되지 않게 됩니다. 그러나 의인은 할 수 있으면 은행 같은 데서 돈을 빌려서 집을 짓거나 므리하게 큰 사업을 벌이지 않습니다.

12:8-9, "사람은 그 지혜대로 칭찬을 받으려니와 마음이 굽은 자는 멸시를 받으리라 비천히 여김을 받을지라도 종을 부리는 자는 스스로 높은 체하고도 음식이 핍절한 자보다 나으니라"

　　사람은 지혜로 칭찬을 받습니다. 목사는 설교로 칭찬받게 되어 있습니다. 교수는 강의로 칭찬받습니다. 의사는 진찰과 치료로 칭찬받게 됩니다. 그러나 자기 할 일을 제대로 하지 않고 자리만 차지하고 돈만 챙기려고 하는 사람은 언젠가는 다른 사람으로부터 멸시를 받게 됩니다. 남들이 알아주지 않아도 심복이 있는 사람은 스스로 높은 체하면서 실속이 없는 자보다 훨씬 나을 것입니다.

3. 지혜의 결과

　　사람이 하나님의 말씀으로 믿음을 가지게 되면 모든 것을 똑바로 하게 됩니다. 그래서 그는 큰 것에서부터 아주 사소한 것에 이르기까지 엉터리로 일을 하지 않습니다.

　　12:10, "의인은 자기의 가축의 생명을 돌보나 악인의 긍휼은 잔인이니라"

　　의인은 가축을 자기 가족같이 돌봅니다. 그래서 주인을 잘 만난 가축은 사람보다 더 행복하게 살 수 있습니다. 그러나 어떤 악인은 유기견을 돌본다고 많이 모아놓고 팔리지 않으니까 전부 개들을 버려두고 도망가는 바람에 수십 마리의 개들이 굶어 죽은 경우도 있습니다. 요즘은 이러한 일들이 비일비재합니다. 이렇게 악인들이 하는 일은 언제나 잔인합니다.

　　12:11, "자기의 토지를 경작하는 자는 먹을 것이 많거니와 방탕한 것을 따르는 자는 지혜가 없느니라"

하나님의 지혜는 자기 직업으로 연결되게 됩니다. 그래서 하나님 앞에서 늘 가난한 사람은 열심히 일을 해서 점점 브요하게 됩니다. 그러나 하나님 앞에서 부족한 것을 모르는 사람은 방탕하게 살다가 나중에는 엄청난 빚더미에 빠지게 되는 것입니다.

악한 자는 자기 돈이 아닌 것으로 돈 쓰는 것을 좋아합니다. 그러나 나중에 문제가 생기게 되면 그것을 다 물어내고 감옥에 가야 합니다. 그러나 지혜로운 자는 늘 하나님을 상대로 해서 살기 때문에 돈을 쓸 일이 없고 주인이 없는 검은 돈을 만지는 것을 아주 싫어합니다. 검은 돈은 언젠가는 인생을 망치는 돈이기 때문입니다. 악인은 입술로 변명합니다. 그러나 그는 말을 지어내어서 하기 때문에 말을 할 때마다 이야기가 다릅니다. 그러나 의인은 사실을 이야기하기 때문에 몇 번 물어도 똑같은 말을 합니다. 그는 사실만을 이야기하기 때문입니다. 결국 정직한 사람은 정직한 말을 하기 때문에 사람들의 인정을 받게 됩니다. 결국 입술의 열매와 그 손의 수고로 그의 삶에 부족함이 없는 하나님의 축복을 받게 됩니다.

25

미련한 사람

잠 12:15-28

이 세상에는 현명한 사람이 있는가 하면 미련한 사람도 있습니다. 대개 미련한 사람은 자기가 잘못된 길을 가면서도 남의 말을 듣지 않고 자기가 옳다고 끝까지 고집을 부리다가 큰 피해를 보게 됩니다.

이제 우리나라 기후가 예전과는 전혀 다르다는 사실을 보게 됩니다. 여름이면 아열대 지방처럼 되어서 한순간에 물 폭탄이 쏟아지는 기후가 되었다는 것입니다. 그래서 이제는 산사태나 침수 사고가 일어날 만한 곳은 미리 공사해서 배수 시설을 잘해놓아야 합니다. 그러나 우리나라 정치인들은 기후의 변화를 대비할 생각은 하지 않고 사고가 일어나면 서로를 공격만 하니까 결국 국민만 희생양이 되는 것입니다. 이제는 지방마다 산사태가 일어날 수 있는 곳이 많아지게 되었습니다. 그런 곳은 빨리 대피할 수 있는 곳을 만들어두어야 합니다. 그리고 비가 갑자기 오는 것에 대비해서 대처를 바로 해야 합니다. 이것은 지혜로운 자만이 할 수 있고 부지런한 자만이 할 수 있는 것입니다. 그래서 오늘 말씀을 보면 지혜로운 자는 부지런하다고 강조하고 있습니다.

우리가 잠언을 들을 때 여러 가지 태도가 있는 것을 볼 수 있습니다. 어떤 사람은 매일 똑같은 소리만 하고 있으니까 도대체 무슨 이야기를 하는지 모르겠다고 생각하는 사람이 있는가 하면, 어떤 사람은 자꾸 나이 든 사람에게 야단맞는다고 생각하니까 들을 때마다 기분이 좋지 않은 사람도 있을 것입니다. 그러나 지혜로운 사람은 잠언이 지혜의 꽃다발이라는 것을 압니다. 그래서 오늘은 어떤 지혜의 꽃다발을 받아서 돌아갈까 생각하니까 말씀에 기대가 되는 것입니다.

1. 미련한 자의 특징

미련한 자는 남의 말을 듣지 않고 자기 욕심을 채우기 위하여 끝까지 고집을 부리고 그 욕망대로 해버립니다.

외국의 어떤 비만한 사람 중에는 한국 의술의 도움을 받아서 새로운 인생을 산다고 좋아하는 사람들이 있습니다. 이들은 한국에 와서 위를 절제해서 줄이는 수술을 받았습니다. 일단 위가 작아지니까 음식을 얼마 먹지 못하게 되었고 아무리 위가 늘어난다 해도 한계가 있었습니다. 이들은 결국 살이 많이 빠져서 상당히 날씬한 몸을 가지게 되었습니다.

이 세상에서 다른 사람이 야단치는 것을 좋아하는 사람은 아무도 없을 것입니다. 그러나 다른 사람의 야단을 달게 듣는 사람은 자기가 무엇인가 부족한 것이 있다고 생각합니다. 술이나 노름이나 바람피우는 일에 너무 빠졌을 때 목회자나 가족이 거기서 빠져나오라고 하면 그런 충고를 달게 들어야 하는데 대개는 화를 내면서 내 문제에 상관하지 말라고 고집부리는 경우를 흔히 보게 됩니다. 그러나 이런 훈계의 말을 들으면 얼마든지 그 사람의 인생은 망치지 않을 수 있습니다.

그러나 사람들은 미련하기 때문에 이런 훈계를 듣지 않고 자기 하고 싶은 대로 하기 때문에 무참하게 망가진 인생이 되고 마는 것입니다.

12:15, "미련한 자는 자기 행위를 바른 줄로 여기나 지혜로운 자는 권고를 듣느니라"

미련한 자는 자기가 얼마든지 자신이 하는 일을 감당할 수 있다고 생각하기 때문에 남의 말을 듣지 않습니다. 즉 미련한 자는 자기가 부족하다는 것을 인정하지 않는 사람입니다. 그래서 이런 사람들은 자신감이 넘치는 것처럼 보입니다. 예를 들어서 지하차도가 물에 잠겨 있다는 것을 알았을 때 지혜 있는 자는 절대로 차를 몰고 그 안에 들어가지 않을 것입니다. 그러나 미련한 사람은 자기 차의 엔진으로 얼마든지 고인 물을 헤쳐 나갈 수 있다고 생각하기 때문에 차를 몰고 들어가다가 결국 빠져나오지 못하고 죽는 것입니다. 사실 사람이 미련한 것과 지혜로운 것의 차이는 그야말로 순간적일 때가 많습니다. 즉 사람이 죽느냐 사느냐 하는 것도 한순간의 차이로 결정되는 것입니다.

그런데 우리가 겪는 어려움은 이런 위기가 있을 때 우리에게 이런 말을 해주는 사람이 없다는 것입니다. 누군가가 옆에서 코치해 주는 사람이 있으면 좋겠는데 우리는 남의 말을 듣기 싫어할 뿐 아니라 화까지 낼 때가 많은 것입니다. 그리고 어떤 때는 내 마음은 원하지만 육신이 약하여 마음먹은 대로 되지 않고 늘 실패하는 것입니다. 그렇지만 많은 경우 부인은 남편을 바른길로 인도하기 위하여 하나님이 주신 안내자입니다. 그런데 미련한 자는 일체 자기 부인이라든지 정직한 부하의 조언을 받아들이지 않으려고 합니다. 자기는 얼마든지 모든 것을 해결할 수 있는 자신감이 있다고 생각하기 때문입니다. 그러나 이런 사람은 자기 힘으로 해결할 수 없는 어려움을 만나면 망하게 됩니다.

그러나 지혜로운 자는 권고를 듣는다고 했습니다. 그런데 실제로 우리에게 위기가 덮치는 것은 한순간이고, 다른 사람의 말을 들을 시간적인 여유가 없을 때가 많습니다. 그리고 어떤 때는 권고의 말을 듣고 그대로 하고 싶어도 현실이 뜻대로 되지 않을 때가 많습니다. 그러나 하나님은 평소에 우리에게 위험한 자의 자리에 앉지 말라고 경계하셨습니다(시 1:1). 그리고 나에게 지나가는 말로 한마디 해 주는 사람이 있는가 하면, 조용히 생각할 때 하나님은 성령으로 지시하실 때가 많이 있습니다. 우리는 중요한 문제는 반드시 전문가의 조언을 받아야 합니다. 그리고 기도하면서 다른 사람들이 지나가는 말로 하는 세미한 음성을 들을 필요도 있습니다.

성경에 보면 제자 중에 주님으로부터 가장 많이 야단맞았던 제자는 베드로였습니다. 심지어 베드로는 예수님으로부터 "사탄아 물러가라"는 책망까지 들었습니다. 그는 주님을 위해서 기도하고 싶었지만 육신이 약하여 잠을 잤고, 주님이 붙들리실 때 칼을 빼서 제사장의 종의 귀를 잘랐습니다. 베드로는 예수님을 모른다고 세 번이나 부인했습니다. 그는 여러 번 실패했지만 또 일어섰습니다. 우리는 자꾸 주님의 책망을 들어야 하고 주님의 음성을 듣는 훈련을 해야 합니다.

2. 말하는 자의 감정

우리는 다른 사람에게 무슨 말을 할 때 내비게이션이 안내하듯이 말할 수는 없습니다. 우리는 이야기할 때 항상 감정이 들어가는데 어떤 때는 기쁨의 감정이 들어가기도 하고 어떤 때는 화가 나서 말을 할 때도 있습니다. 그러나 이 세상에서 말하는 기술보다 더 어려운 기술은 없을 것입니다. 우리가 어떻게 하면 화를 내지 않고 다른 사람의 성질을 건드리지 않고 지혜롭게 말할 수 있을까요? 우리는 그것을 알지 못합니다.

단지 우리는 처음에 말을 하지 않는 훈련부터 받아야 합니다. 우리가 지혜로운 말은 하지 못한다 하더라도 기분 나쁜 말이나 더 옳은 것이 생각나도 입을 다물고 있을 수는 있을 것입니다. 우리는 좋지 못한 분위기에서 다른 사람을 설득하려고 하다가 더 큰 싸움을 할 때가 있습니다. 그때 우리는 남이 하는 말을 듣고 참아야 합니다. 그 이야기를 통해서 수욕을 느껴도 일단은 참고 넘어가는 것을 배워야 합니다. 그러면 언젠가는 주님이 바른길로 인도하실 것입니다.

12:17, "진리를 말하는 자는 의를 나타내어도 거짓 증인은 속이는 말을 하느니라"

우리가 무엇이 옳은지 깨달았을 때는 이미 시간이 지나갔을 때가 많습니다. 또 으리가 무엇이 옳고 틀리는지 바로 알려고 하지만, 어떤 때는 몇 년이 걸릴 때도 있습니다. 우리가 하나님이 아닌 이상 항상 바른말을 생각할 수 없습니다. 단지 우리가 악이 틀린 것 같다는 생각만 해도 성공한 것입니다.

그런데 어떤 사람은 말하는데 칼로 찌르는 것 같이 함부로 말하는 사람이 있습니다. 이런 사람은 마치 독사가 사람을 무는 것처럼 이빨로 독을 퍼트리는 사람입니다. 이런 사람의 말을 들으면 듣는 즉시는 잘 모르는데 점점 독이 몸에 퍼져서 나중에는 심장이 썩고 나중에는 온몸이 붓게 됩니다. 그래서 이런 사람들과는 어느 정도 거리를 두어야 합니다. 그래야 물리지도 않고 그들이 입으로 독을 쏘아도 눈이 멀지 않습니다. 누군가 말로 독을 쏘면 나중에는 옆에 사람들이 없어집니다. 언젠가는 저 이빨로 나를 물 것이라고 생각하기 때문입니다. 그러나 지혜로운 사람은 어려운 사람을 위로해 주고 또 기쁜 이야기를 해주어서 마음의 병을 치료해 줍니다.

얼마 전에 어떤 분이 저를 찾아왔는데 그분은 암 환자인데도 얼마나 인터넷으로 설교를 듣고 기쁜 이야기를 잘하시는지 정말 그 순간 저의 마음이 기뻤습니다. 그분의 말은 양약이었습니다. 하나님의 말씀을 사랑하는 자의 말은 한 마디 한 마디 모두가 양약입니다.

12:19-20, "진실한 입술은 영원히 보존되거니와 거짓 혀는 잠시 동안만 있을 뿐이니라 악을 꾀하는 자의 마음에는 속임이 있고 화평을 의논하는 자에게는 희락이 있느니라"

어떻게 "진실한 입술"이 영원히 보존될 수 있을까요? 이것은 진실한 말의 효과를 말합니다. 어떤 사람이 진실된 이야기를 할 때 그 말은 듣는 사람의 인생을 변화시키게 됩니다. 그래서 그 사람의 책이나 말은 영원히 남게 됩니다.

얼마 전에 어떤 여자 박사님이 책을 써서 제게 보내었는데, 그 박사님은 중학생 때부터 저와 성경공부를 했던 분이었습니다. 그분은 책갈피에 자신이 가장 감수성이 예민하고 불안정할 때 하나님의 말씀으로 자신을 붙들어주셔서 감사하다는 글을 썼습니다. 그러나 이 세상에는 거짓된 혀가 훨씬 더 많습니다. 이런 혀들은 그냥 잠시 사람의 기분을 즐겁게 하다가 끝나는 말입니다. 그리고 그런 말들은 다시는 기억도 나지 않습니다.

3. 하나님의 판단

사람의 모든 인격은 그가 하는 말을 통해서 나타나게 됩니다. 그래서 하나님께서 사람들의 됨됨이를 평가할 때도 그가 하는 말을 통해서 평가하게 됩니다.

하나님께서는 모든 사람이 하는 말들을 다 듣고 계십니다. 그런데 사람들이 하는 말 중에서 거의 모든 말은 의미 없는 말들이 많습니다. 마치 많은 사람이 모여 웅성웅성하는 소리처럼 의미 없는 것입니다. 그런데 사람들은 자동으로 거짓말하게 되어 있습니다. 사람의 마음속에는 거짓으로 가득 차 있기 때문입니다. 그래서 그 거짓을 여과하지 않고 생각나는 대로 지껄이는 사람들은 하나님이 미워하십니다. 왜냐하면 그 사람은 구정물을 아무렇게나 길이나 사람들에게 쏟아 붓는 사람들이기 때문입니다.

그러나 자기 마음에서 나오는 말을 진리로 한번 여과하면 깨끗한 말이 나오게 됩니다. 하나님은 이런 사람을 기뻐하십니다. 그래서 의인에게는 재앙이 임하지 않습니다. 그러나 악한 사람에게는 재앙이 떠날 때가 없습니다. 왜냐하면 자기가 뿌린 씨를 거두어야 하기 때문입니다. 사람이 하는 말은 모두 씨를 뿌리는 것입니다. 그래서 악한 말을 한 사람은 악을 거두어야 하는 것입니다.

왜 슬기로운 자는 자신의 지식을 감출까요? 우리 인생의 중요한 것은 말로 되는 것이 아니라 행동으로 결정될 때가 많기 때문입니다. 그래서 슬기로운 자는 다른 사람들이 회의하느라고 시간 보내고 있을 때 이 사람은 바로 행동에 옮기는 일을 합니다. 위기가 닥쳤을 때 아무리 떠들고 잘난 체해봐야 소용이 없습니다. 이럴 때는 무조건 먼저 행동에 옮기는 사람이 현명한 사람입니다. 그러나 미련한 자는 똑같은 소리를 자꾸 하면서 아무 행동도 하지 않습니다. 결국 그동안에 사고는 터지고 사람들은 죽게 되는 것입니다.

그래서 지혜로운 자는 부지런합니다. 그는 위험한 큰 비가 온다고 판단되면 미리 현장을 둘러보고 부실한 곳을 대비해 놓습니다. 그리고 산사태가 날 것 같은 곳에 있는 사람들을 대피시켜 놓습니다. 이런 사람이 진정한 리더입니다.

진정한 리더는 부지런해야 하고 공평해야 하고 의로워야 합니다. 악인은 자기 자신이 헷갈리기 때문에 진정한 리더가 될 수 없습니다. 그리고 이런 사람들은 사고가 터진 후에 움직이기 때문에 자기 살길을 찾는 수밖에 없는 것입니다.

게으른 자는 누군가가 잡아 준 고기도 굽기 싫어서 먹지 않는다고 했습니다. 짐승을 잡아서 털까지 다 벗겨주었는데 굽는 것이 싫어서 먹지 않고 있는 것입니다. 그러나 부지런한 자는 닭털도 다 벗기고 고기를 삶고 그 안에 대추나 찹쌀도 넣어서 사람들을 먹여 살리는 것입니다. 결국 공의로운 길에 생명이 있습니다. 물론 공의를 지키려고 하다가 악한 자에게 죽임당하는 자들도 있습니다. 그러나 그들의 삶은 결코 헛되지 않으며 그들에게는 하나님의 영원한 상급이 있을 것입니다.

지혜의 고속열차

잠 13:1-13

어느 날 신문에 실린 기사를 보았습니다. 어떤 아버지가 13년 전에 넘어지신 후에 전신마비가 와서 자리에 누워있는데, 이 병상을 지키는 50대 여성의 이야기였습니다. 이 여성의 아버지는 80대인데 13년 동안 누워서 가족들이 대소변을 받아내어야만 했습니다. 이 여성은 아버지의 늙은 모습이 너무 처참한 것을 보고 인생의 회의를 느꼈습니다. 남에게 좋은 일만 하면서 사신 아버지의 노년이 이렇게 비참하다면 인생을 잘 살 필요가 있을까 하는 회의였습니다. 그는 누워만 계시는 아버지를 심심하지 않게 하려고 몇 년째 책을 읽어드리고 있었습니다. 이세이, 고전문학, 우화집까지 닥치는 대로 읽어드렸습니다.

그런데 놀라운 것은 아버지에게 책을 읽어드리면서 아버지가 치유되셨는데 자기 자신도 치유되는 것을 느꼈다는 것입니다. 물론 책을 읽어드리면서 아버지도 행복해하셨고 죽음에 대해서도 아버지와 깊은 대화를 나눌 수 있었다고 했습니다. 그 여성은 책을 통해서 아버지와 더 깊이 있는 대화를 나눌 수 있었고 자기가 아버지의 많은 장점을 물려받았다는 것을 알게 되어서 가슴이 뿌듯하였다고 했습니다. 그리고 그는 자녀들에 대해서도 무조건 성취하고 이기는 것이 중요하다고 생각했는데, 책을 읽는 가운데 재미를 느끼는 것이나 몰입의 즐거움을 느끼는 것이 더 중요한 공부라는 사실을 알게 되었다고 했습니다. 그는 자신이 아버지에게 책을 읽어드린 경험을 글로 써서《요즘 저는 아버지께 책을 읽어드립니다》라는 책을 출판했습니다.

우리가 서울이나 지방을 갔다 오려면 고속열차를 타면 됩니다. 기차표를 예약해 놓고 시간에 맞추어서 역에 나가서 그 열차를 타기만 하면 틀림없이 우리는 목적지에 갈 수 있습니다. 그런데 만일 우리가 역에 늦게 도착한다든지 혹은 다른 역에서 내려버린다든지 하면 목표한 곳에 가지 못할 것입니다.

하나님의 백성에게는 하나님의 축복으로 가는 열차가 예약되어 있다는 사실입니다. 우리가 할 것은 고생하면서 산을 넘고 강을 건너서 목표한 곳을 찾아가는 것이 아니라, 그 열차를 타기만 하면 된다는 것입니다. 그리고 다른 데서 내리지만 않으면 되는 것입니다.

예수 믿는 사람에게는 이미 축복의 길이 열려 있고 예약도 되어 있습니다. 단지 우리가 반항하지 않고 엉뚱한 길로만 빠지지 않으면 틀림없이 하나님의 복을 받게 되어 있습니다. 그래서 오늘 본문인 잠언 13장은 1절에 "지혜로운 아들은 아비의 훈계를 들으나"로부터 시작해서 12절과 13절에 "소망이 더디 이루어지면 그것이 마음을 상하게 하거니와 소원이 이루어지는 것은 곧 생명 나무니라 말씀을 멸시하는 자는 자기에게 패망을 이루고 계명을 두려워하는 자는 상을 받느니라"는 말씀으로 연결됩니다.

1. 아름다운 출발점

하나님의 백성에게는 이미 아름다운 출발점이 있습니다. 우리가 그 출발점으로 가서 그 열차에만 잘 올라타면 축복의 목표를 향하여 달리게 됩니다. 처음에 시간에 맞추어서 그 열차를 바로 올라타기만 하면 되는 것입니다.

13:1, "지혜로운 아들은 아비의 훈계를 들으나 거만한 자는 꾸지람을 즐겨 듣지 아니하느니라"

이 세상 사람에게는 생명나무로 가는 길이 없거나 알 수도 없습니다. 그리고 그들은 하나님의 축복의 길을 알지도 못합니다. 그래서 세상 사람들의 특징은 닥치는 대로 길을 가보는 것입니다. 특히 많은 사람이 가는 길을 그대로 따라가 보는 수밖에 없습니다. 그래서 기차를 타고 가면서도 많은 사람이 우르르 내리면 자기도 따라서 일단 내리는 것입니다. 그러고는 다음에 어디로 가야 할지 몰라 길을 잃어버립니다.

이 세상 사람들은 자기 생명을 살리는 지혜의 길을 알지 못합니다. 지혜의 길이라고 해 봐야 공자의 길이나 소크라테스의 길인 것입니다. 그러나 하나님의 백성에게는 하나님 말씀의 길이 있습니다. 그리고 아주 가까이에 그 길을 인도하는 선생님들이 있습니다. 즉 성경을 가르쳐주시는 선생님이나 목사님이라든지 혹은 아버지나 어머니가 생명 길의 선생님이신 것입니다.

그런데 우리가 생각하기에는 세상 길이 더 재미있을 것 같고 그 길을 꼭 가고 싶은데 선생님이나 부모님은 그 길로 가지 말라고 하십니다. 여기서 착한 아이는 그 말씀에 순종해서 바른 말씀의 길로 들어섭니다. 그래서 어려서부터 성경을 배우고 어려서부터 예배를 드립니다. 어릴 때부터 성경을 읽고 예배를 드린다고 하는 것은 엄청난 축복의 세계를 가지고 있는 셈입니다. 이런 아이들은 미신에 사로잡히지도 않고 다른 아이들과 싸우지도 않고 자살 충동이나 절망 같은 것을 느끼지 않습니다. 왜냐하면 교회에서 하나님의 말씀 듣는 것이 너무 재미있기 때문입니다.

그러나 아이 중에도 고집이 센 아이들이 있습니다. 이런 아이들은 하지 말라고 하는 짓을 골라서 합니다. 그래서 성경 말씀을 듣지도 않고 선생님에게 대들기만 하고 교회의 부정적인 것만 머릿속에 쌓아놓는 것입니다. 이 아이는 고속열차를 타지 않고 다른 곳으로 가는 열차를 타려고 고집을 부립니다. 가끔 청소년들을 지도하는 분들의 말씀을 들어보면 정말 손을 쓸 수 없을 정도로 반항적인 아이들이 많이 있다고 합니다. 부모가 돈은 많지만 아이들을 오만하게 만들어 놓은 것입니다. 이 아이들은 하나님이 자기들을 축복의 길로 초청하고 있는데도 불구하고 그 초청을 무시하고 업신여기고 있는 것입니다. 그런데 하나님의 말씀이 아무리 가까이 있다고 해도 입구로 들어가지 못하면 멸망에 떨어질 수밖에 없습니다.

13:2, "사람은 입의 열매로 인하여 복록을 누리거니와 마음이 궤사한 자는 강포를 당하느니라"

사람의 입은 그가 들은 것들이 입으로 나오게 됩니다. 그래서 하나님의 말씀을 들은 사람들은 입에서 자동으로 하나님의 말씀이 나오게 되고, 욕하는 것만 들었던 사람은 자기도 모르게 그 입에서 욕설이 나오게 됩니다. 저는 어렸을 때 불렀던 찬송을 지금도 부를 때가 있습니다. 그것은 우리가 주일학교를 마치고 집에 돌아갈 때 "오늘에 배운 말씀을 잊지를 마십시다. 또다시 만날 때까지 안녕히 계세요"라는 노래입니다. 그리고 또 기억나는 것 중에 "동무여 갑시다. 참 길로.

주 예수께서 가신 길 참 길로"라는 노래입니다.

우리가 하나님의 말씀을 듣고 그것이 입으로 나오면 "입의 열매"입니다. 우리는 자동적으로 하나님의 복을 받습니다. 미래가 열리고 공부도 잘하게 되고 세상에 기여하는 길도 열리게 되는 것입니다. 그러나 나쁜 것을 배운 사람들은 욕을 하고 나쁜 말을 하게 되어서 자꾸 그런 나쁜 길로 가게 됩니다. 그래서 우리는 일단 욕을 하지 않는 법을 배워야 하고 화를 내지 않는 자세를 배워야 합니다. 만약 우리가 말을 하면서 화만 내지 않아도 우리는 분명히 축복의 길로 가고 있는 것이 틀림없습니다.

13:3, "입을 지키는 자는 자기의 생명을 보전하나 입술을 크게 벌리는 자에게는 멸망이 오느니라"

요즘 같은 때 교사들은 아이를 야단칠 수 없고, 그렇다고 그냥 둘 수도 없는데, 부모가 조금만 자기들 마음에 들지 않으면 고소하는 이때 기도하는 수밖에 없습니다. 결국 입을 하나님께 향하는 수밖에 없습니다. 그러나 그것을 참지 못해서 부모와 싸우거나 아이에게 큰소리치면 그들이 벌 떼같이 덤벼들 것입니다.

그래서 사람들은 살아남으려고 하면 악해지거나 비겁해지는 수밖에 없습니다. 이때 성경을 많이 알고 있으면 성경 구절을 하나 암송하면 다른 사람들이 꼼짝도 하지 못할 것입니다. 결국 바른 소리를 하되 예의를 잃지 않든지 아니면 아무 소리도 하지 않는 것이 최고의 해결 방법입니다.

2. 부지런한 자의 길

농사짓는 사람들에게 가장 중요한 덕목은 부지런함입니다. 만일 농사짓는 사람이 게으르면 잡초만 무성하게 자라고 열매는 잘 맺히지 않을 것입니다. 마찬가지로 우리는 좋은 것이 주위에 있을 때 부지런하게 주워서 많이 가지는 것이 좋을 것입니다. 예수님께서는 세례 요한 이후로 천국은 침노하는 자가 빼앗는다고 말씀하셨습니다(마 11:12). 천국 문이 활짝 열렸을 때 빨리 들어가서 모든 좋은 것을 많이 가지는 사람이 이기는 것입니다. 물론 우리가 이 세상에 있는 물건을 너무 탐욕스럽게 많이 가지려는 것은 망하는 길이 될 수도 있습니다. 그러나 하나님 나라의 진리나 하나님의 능력은 많이 가지면 가질수록 유리합니다.

그래서 우리는 다른 것은 몰라도 하나님의 말씀에 있어서는 절대로 다른 사람에게 뒤져서는 안 됩니다. 성경은 밭에 감추인 보화와 같습니다(마 13:44). 우리가 밭에 엄청난 금화가 들어있는 항아리가 감추어져 있다는 것을 안다면 우리는 부지런히 땅을 파서 그 금화가 들어있는 항아리를 찾아야 하고 그 금화를 끄집어내서 자기 것으로 만들어야 할 것입니다.

13:4, "게으른 자는 마음으로 원하여도 얻지 못하나 부지런한 자의 마음은 풍족함을 얻느니라"

게으른 자는 박사도 되고 싶고 운동이나 악기 연주도 잘하고 싶지만 실제로 아무것도 하지 않으니까 할 수 있는 것이 아무것도 없습니다. 그러나 부지런한 자는 자기가 잘할 수 있는 길을 찾아서 꾸준히 쉬지 않고 파고 들어가니까 그 사람은 그 분야에는 대가가 되는 것입니다.

13:5, "의인은 거짓말을 미워하나 악인은 행위가 흉악하여 부끄러운 데에 이르느니라"

우리가 진리의 길을 달릴 때는 부지런해야 합니다. 그러나 너무 욕심을 부린 나머지 거짓말을 하면 그 달린 것이 욕심이 되거나 헛된 것이 될 수 있습니다. 그래서 지혜로운 사람의 말은 신중해야 합니다. 즉 자신의 상태를 정확하게 알고 그것을 말해주어야 다른 사람이 정확한 판단을 하게 되는 것입니다. 그러나 우리 사회는 지도자급 인사들이 거짓말을 너무 많이 하는 모습을 보게 됩니다. 거짓말하는 것은 모래 위에 집을 짓는 것과 같아서 조금만 큰 비가 오거나 홍수가 나면 모두 다 무너지고 맙니다. 그래서 진실을 말하지 않는 사람은 악한 사람이고 그가 아무리 높은 지위에 있다 하더라도 나중에는 부끄러운 데 가게 됩니다. 거기는 바로 감옥입니다.

13:6, "공의는 행실이 정직한 자를 보호하고 악은 죄인을 패망하게 하느니라"

악한 자들이 큰소리치는 것은 공의가 등장할 때까지입니다. 사람들이 아무것도 모를 때는 거짓말로 큰소리를 치다가 공의가 나타나게 되면 그들은 모두 도매금으로 쓸려가게 됩니다. 반대로 정직한 자는 거짓된 자의 함정과 올무에 빠져서 고통을 받다가 공의가 나타나면 매여 있던 모든 사슬이나 올무를 풀어버리고 여전히 의로운 길을 갈 수 있습니다.

3. 의인의 재물

어떤 사람은 재산이 많은 것처럼 큰소리를 칩니다. 그러나 나중에 알고 보니까 모든 재산이 다 저당 잡혀 있고 담보가 설정되어 있어서 자기 돈은 한 푼도 없었습니다. 결국 이런 사람들은 이미 망한 사람입니다.

13:7, "스스로 부한 체하여도 아무 것도 없는 자가 있고 스스로 가난한 체하여도 재물이 많은 자가 있느니라"

그래서 우리는 남의 돈을 가지고 부자가 되려는 생각은 절대로 가져서는 안 됩니다. 신학 교수들이 조심해야 하는 것 중의 하나는 바로 어떤 문화사업을 하는 것입니다. 옛날에 제가 신학생으로 있을 때 저를 좋아하셨던 교수가 있었습니다. 그분은 서울대 체육과 출신이었습니다. 그런데 이분이 교수 일만 착실하게 하면 되는데, 실천신학을 하시는 분이니까 무엇인가 실천적인 일을 해보고 싶었습니다. 그래서 이분은 그때 아주 신앙적인 뮤지컬팀을 맡아서 사장이 되었습니다. 그러나 우리나라 기독교인들은 뮤지컬 같은 것을 그때나 지금이나 별로 좋아하지 않는 편입니다. 그런데 막상 이분이 뮤지컬팀을 운영해야 하니까 가수나 연기자들의 월급을 줘야 하겠고 공연도 해야 하는데 재정이 너무 부족해서 결국 파산하고 말았습니다. 그분이 가지고 있던 아파트는 경매에 넘어가고 그래서 빚 때문에 스트레스를 엄청나게 받은 것 같습니다. 결국 그분은 암으로 돌아가셨습니다.

어떤 교회는 헌금을 거두자마자 은행에서 와서 그대로 다 가져가는 경우도 있다고 합니다. 이것이 바로 부한 체하여도 아무것도 없는 것입니다.

돈이 많은 사람은 돈을 가지고 뇌물을 쓰고 돈을 가지고 풀려나기도 하지만, 가난한 자는 풀려나거나 잡혀갈 일도 없습니다. 우리나라는 일단 재벌만 되면 정부가 무슨 사업을 한다고 해서 돈을 내라고 하고 또 건방진 것 같으면 무슨 핑계를 걸어서든지 회장을 잡아 가둡니다. 사실은 길을 들이는 것이지요. 그러나 기업이 그 정도로 그렇게 크지 않으면 큰돈을 내라고 할 일도 없고 회장이 잡혀갈 일도 없는 것입니다. 그러나 세상은 부자는 부자대로 가난한 자는 가난한 자대로 협박하고 압제하는 세상이기 때문에 뭐든지 좀 튄다고 생각되면 두들겨 잡는 세상입니다.

이 악한 세상에서도 숨어서 빛을 발하는 사람들이 있습니다. 이런 사람들이 진정한 의인이고 숨어서 남을 돕는 사람들입니다. 그런데 이들은 숨어 있는 그 덮개가 벗겨지면 그의 의가 환하게 빛나게 됩니다. 사람들이 그의 의를 알아주는 것입니다. 의사 중에서 어떤 여자 의사는 한평생 냄새나는 노숙인을 위해 봉사한 사람도 있습니다. 한 번씩 신문에 나면 감동적이지요. 그러나 악인의 성공은 시한부이기 때문에 기름이 떨어지면 꺼지게 됩니다. 그래서 아무도 그를 기억하지 않습니다. 이런 사람이 신문에 나면 사람들은 '아직 이 사람이 살아 있나?' 라고 하면서 놀라게 됩니다.

다시 원점으로 돌아와서 남의 진실한 조언이나 설교를 듣는 것이 복됩니다. 그러나 교만하여 하나님의 말씀과 싸우고 자기가 하나님보다 더 똑똑하려고 하는 사람은 인생을 허비하는 것입니다. 망령되게 얻은 재물은 줄어갑니다. 그는 돈을 벌 줄 모르기 때문입니다. 그러나 작지만 기술이 있든지 성실한 사람은 재물이 늘어갑니다.

> 13:12-13, "소망이 더디 이루어지면 그것이 마음을 상하게 하거니와 소원이 이루어지는 것은 곧 생명 나무니라 말씀을 멸시하는 자는 자기에게 패망을 이루고 계명을 두려워하는 자는 상을 받느니라"

바로 이 말씀이 우리가 가려는 목적지입니다. 우리는 때때로 우리 믿음의 결과가 빨리 나타나지 않아서 마음이 상할 때가 있습니다. 믿음이 의심되기도 하고 다른 사람과 비교될 때도 있습니다. 우리는 모두 '빨리 빨리'를 좋아합니다. 그러나 하나님은 그렇게 서두르지 않으십니다. 빨리 빨리 성공하면 망하기도 쉽기 때문입니다. 그러나 우리가 목적지에 도달하면 생명나무 열매를 무한정으로 따 먹을 수 있습니다. 결국 하나님의 말씀을 멸시하는 자는 패망합니다. 그의 인생은 실패한 인생이 됩니다. 그러나 하나님의 말씀을 붙잡고 끝까지 낙심하지 않은 사람은 하나님의 상을 받습니다. 우리는 하나님의 말씀을 멸시하지 말아야 합니다. 그리고 세상을 너무 사랑하거나 당장 성공한 사람들을 너무 부러워하면 안 됩니다. 우리에게는 축복의 길이 열려 있기 때문입니다.

지혜와의 동행

잠 13:13-25

사람이 집을 지을 때도 건축이나 해당되는 법이나 재료에 대하여 잘 아는 분이 집을 지으면 멋있고도 싸고 빨리 지을 수 있을 것입니다. 그러나 건축도 잘 모르는 분이 그냥 무턱대고 집을 지으면 돈은 더 들고 기간드 오래 걸리게 될 것입니다. 어떤 나이 드신 부인이 시골을 여행하다가 어느 오래된 집을 보았는데 그 집을 잘 수리하면 멋진 전원생활을 즐길 수 있을 것 같았습니다. 그래서 이분은 그 오래된 집을 전원주탁으로 쓰려고 수천만 원을 주고 샀습니다. 그리고 이 집을 수리하는 테도 꽤 들 것으로 예상했습니다. 그런데 막상 그 집을 수리하려고 집을 건드리는 순간 그 집은 반쪽이 무너져버렸습니다. 알아보니까 그 집이 겉으로 보기에는 멀쩡했지만 지붕을 받치는 기둥의 아랫부분이 썩어 있어서 건드리면 무너지게 되어 있었던 것입니다. 그래서 어쩔 수 없이 집을 다 헐고 다시 지을 수밖에 없었습니다. 그러나 이분이 군청 민원실소에 가보니까 옛날 집 철거하는 자체가 너무나도 복잡하다는 사실을 알았습니다. 즉 철거하기 전에 철거 신고를 해야 하고 철거하면서도 보고해야 하고 철거를 다 하고 난 후에

폐기물까지 어디에 버렸는지 신고를 다 해야 한다는 것이었습니다. 이분은 시골에서 좀 편하게 살려고 하다가 자기는 시골을 몰라도 너무 몰라서 이 고생을 한다고 한탄했습니다. 이분은 돈은 있었지만 시골에서 집을 보는 지혜가 없어서 불필요한 고생을 엄청나게 했던 것입니다.

본문의 잠언 말씀은 우리가 하나님의 지혜와 함께 동행하는 것이 얼마나 우리의 삶을 편하게 하고 유익하게 하는지 강조하고 있습니다. 반대로 하나님의 지혜가 아니라 세상의 미련한 지혜로 세상을 살려고 하면 갈수록 어렵고 나중에 파멸에 빠지게 된다고 경고하고 있습니다.

1. 지혜와 악의 대결

우리는 자주 이 세상에서 믿음과 불신앙이 대결하는 경우를 맞닥뜨립니다. 그럴 때마다 우리가 체험하는 것은 믿음은 판판히 실패하고 세상의 지혜가 성공하는 것을 보게 된다는 것입니다. 세상의 지혜는 암기하는 것이고 수단과 방법을 가리지 않는 것이며 겉으로 보이는 외모를 그럴듯하게 하는 것입니다. 거기에 비해 하나님의 지혜는 먼저 자신의 됨됨이를 만들고 믿음으로 하려고 하니까 모든 일에 늦고 세상적으로 실력이 부족하게 되는 것입니다. 물론 인생을 짧은 눈으로 볼 때에는 세상 지혜가 이기는 것이 사실이지만 조금만 멀리 보면 하나님의 지혜가 이긴다고 말씀하고 있습니다.

13:13, "말씀을 멸시하는 자는 자기에게 패망을 이루고 계명을 두려워하는 자는 상을 받느니라"

"말씀을 멸시하는 자는 자기에게 패망을 이루고"라고 했습니다. 과연 정말 그럴까요? 그렇습니다. 그 대표적인 예가 얼마 전 전라도 광주에서 문제가 된 아파트 단지를 들 수 있습니다. 이 아파트는 수십 동을 짓는데 일반 건설업체가 아니고 LH(토지주택공사)가 짓는 아파트였습니다. 그런데 아파트에서 지하 주차장으로 내려가는 상판이 무너져서 조사해 보니까 철근이 하나도 들어있지 않다는 사실을 알게 되었습니다. 그래서 그 아파트 기둥을 전부 조사해 보니까 기둥들의 약 3분의 1 정도가 안에 철근이 하나도 없는 것으로 밝혀졌습니다. 아무리 공사라 하더라도 원 시공자는 돈만 받고 공사를 하청주고 또 그 회사는 밑의 회사에 하청주니까 결국 재료를 빼먹을 수밖에 없었던 것입니다. 결국 이 부실공사를 한 모든 사람은 다 조사를 받고 철장 안에 들어가게 되었습니다.

거기에 비해서 하나님의 계명을 두려워하는 자는 머리나 재능이 특출하지는 않지만 자기 일을 꾸준히 합니다. 이 세상에서 무엇이든지 꾸준히 하는 사람은 이길 수 없습니다. 옛날에 우리나라 자동차 공장은 외제 엔진에다가 껍데기만 입히는 식이었습니다. 그러니까 우리나라 자동차 산업이 발전할 수 없었습니다. 그러나 우리나라 자동차 기술자들은 언진을 죽으라고 연구해서 드디어 국산 엔진을 만드는 데 성공했습니다 이제는 미국 시장에서 독일 차와 성능을 겨눌 수 있는 수준이 되었습니다.

하나님의 말씀을 멸시하는 자들은 한탕해 먹고 도망치는 것은 잘하지만 꾸준한 것이 없습니다. 하나님을 두려워하지 않는 어떤 학생과 부모는 유명한 아빠 찬스와 엄마 찬스를 이용해서 명문대학을 나오고 의전까지 나와서 의사가 되고 학교 다닐 때 장학금까지 받았지만 그 서류가 엉터리 서류라는 것이 밝혀지니까 대학과 대학원 졸업 그리고 의사 자격이 다 박탈되고 말았습니다. 그 청년은 세상 지혜를 써서 높은 자리까지 올라갔지만 그 기초가 엉터리였기 때문에 땅바닥으로 떨어지고 만 것입니다.

13:14, "지혜 있는 자의 교훈은 생명의 샘이니 사망의 그물에서 벗어나게 하느니라"

이 세상 모든 사람은 사망의 그물 안에 갇혀 있는 새와 같습니다. 며칠 전에 그 뜨거운 날씨에 밭에 일하러 갔다가 뚯 분이 일사병으로 돌아가셨습니다. 무엇때문에 그 더운 날 노인이 밭에 일하러 갑니까? 폭우가 나서 밭에 풀을 뽑아야 하는데 가만히 있으려고 하니까 속이 타서 못 있겠다는 것입니다. 우리는 밭일보다는 내 생명을 지키는 것이 더 중요합니다.

하나님의 말씀은 재미가 있습니다. 그리고 그 말씀을 들으면 그 안에서 생명의 샘이 흘러나오기 때문에 이 세상에서 지치지 않습니다. 하나님의 말씀을 들은 사람은 절대로 허무감에 빠지거나 자기 분수에 넘치는 일을 하려고 하지 않습니다. 우리가 그 생명수를 마시고 정신을 차리고 보면 사망의 그물에서 나가는 구멍이 보입니다. 지금 우리는 그 구멍으로 나왔습니까? 아니면 아직도 그 안에 갇혀 있습니까? 아직도 죽는 것이 절망적이고 자살 충동을 느끼고 미래에 소망이 없으면 아직 사망의 그물에 갇힌 것입니다. 그러나 죽는 것이 두렵지 않고 미래가 소망이 있고 하루하루 사는 것이 기쁨이 있으면 생명수를 마시고 사망의 그물에서 나온 것입니다.

13:15, "선한 지혜는 은혜를 베푸나 사악한 자의 길은 험하니라"

선한 지혜를 따라가는 자는 은혜를 받습니다. 모든 것이 은혜입니다. 살아 있는 것만 해도 은혜인데 영생이 있습니다. 이 세상에서도 부와 명예가 있지요, 가정과 자녀도 있지요, 말씀의 교회도 있지요,

선한 지혜를 따라가는 자는 부족한 것이 없습니다. 그러나 사악한 세상 지혜를 따라가는 자는 살아가면 갈수록 사는 것이 힘들어집니다.

2. 지혜를 가진 자

우리가 하나님의 말씀을 따라가면 결국 지혜를 가진 자가 됩니다. 그리고 우리는 또 하나를 가지게 되는데 그것은 바로 믿음입니다. 우리가 가지고 있는 두 가지 무기는 지혜와 믿음입니다. 거기에 비해서 말씀을 멸시하는 자는 두 가지 무기를 가지게 되는데 고집과 무지막지한 힘입니다.

13:16, "무릇 슬기로운 자는 지식으로 행하거니와 미련한 자는 자기의 미련한 것을 나타내느니라"

《천로역정》을 보면 '크리스천'과 '소망'이 믿음의 길을 가다가 지름길이 있는 줄 알고 딴 길로 가는데, 그만 '절망'의 거인에게 붙들리게 됩니다. 절망의 거인은 매일 크리스천과 소망을 두들겨 패면서 죽으라고 했습니다. 절망의 거인에게는 부인이 있었는데, 그 이름은 '자포자기'였습니다. 크리스천은 절망하고 있다가 자기에게 약속의 열쇠가 있다는 것을 알고는 그 열쇠로 지하 감옥의 문을 열어서 도망치는 데 성공합니다. 무식한 사람들은 모든 것을 힘으로 하려고 합니다. 그러나 지혜 있는 사람은 힘으로 하지 않습니다. 끝까지 고집도 부리지 않습니다. 왜냐하면 하나님 약속의 열쇠만 찾으면 되기 때문입니다. 세상은 눈이 먼 거인입니다. 우리는 그 손에 붙잡히지만 않으면 거인의 눈을 찔러서 이길 수 있습니다. 눈이 보이지 않는 거인은 아무리 소리를 질러도 우리를 잡을 수 없습니다. 다윗은 자만심에 빠

진 거인 골리앗을 물맷돌 던져서 이마를 맞추었습니다. 거인은 다윗
이 던진 돌에 이마를 맞아서 쓰러져 죽게 됩니다.

13:17, "악한 사자는 재앙에 빠져도 충성된 사신은 양약이 되느니라"

악한 사신은 부정적인 이야기만 해서 사람들을 불안하게 합니다.
악한 사신은 안 된다는 말만 합니다. 왜냐하면 책임지기 싫고 또 게을
러서 사실 확인을 하지 않고 대충 자기 생각만 말하기 때문입니다. 그
런데 충성된 사신은 아무리 불가능한 상황이라도 바늘구멍 같은 희망
을 찾아냅니다. 그래서 충성된 사람은 희망을 이야기 합니다. 우리는
무엇인가 할 수 있다고 말합니다. 이것이 얼마나 절망에 빠진 사람들
에게 힘이 되는지 모릅니다. 그래서 부하 중에 지혜자가 있는 사람은
복 받은 사람입니다. 왜냐하면 그 부하는 정답을 가지고 있기 때문입
니다. 그러나 악한 자는 위기 때 다 도망가 버리기 때문에 찾을 수조
차 없습니다.

13:18, "훈계를 저버리는 자에게는 궁핍과 수욕이 이르거니와 경계를 받
는 자는 존영을 받느니라"

하나님의 말씀은 우리의 잘못을 지적하거나 책망할 때가 많습니
다. 이 세상이 그만큼 위험한 세상이기 때문입니다. 그래서 배에서나
비행기에서나 고공 훈련을 할 때 안전수칙을 지키는 것이 중요합니
다. 안전수칙이라는 것은 그것을 지키지 않아서 사람이 죽고 생긴 것
이기 때문입니다. 얼마 전에 어떤 사람이 갑자기 비행기가 착륙하려
고 하는데 비행기 문을 열어버렸습니다. 아마 그는 정신이 좀 이상한
사람이었던 것 같은데 고도가 조금만 높았더라면 비행기가 추락하든
지 사람들이 빨려 나가든지 했을지도 모릅니다.

이 세상에서 믿을 수 있는 사람이라고는 없습니다. 결국 말씀이 없는 자는 하나님의 복을 받지 못하니까 수치를 당하게 되고 궁핍하게 됩니다. 그러나 하나님의 말씀을 의지하고 사는 자는 그 얼굴에서 빛이 나고 천사가 지켜주기 때문에 삼단봉보다 나은 무기가 있습니다.

3. 소원의 성취

사람들은 모두 이 세상에서 성공하고 싶은 소원이 있습니다. 물론 공부하는 사람들은 박사학위를 받고 교수가 되고 많은 연구를 해서 유명한 사람이 되는 것이 소원일 것입니다. 법을 전공하는 학생들은 변호사 시험에 우수한 성적으로 합격해서 나중에 검사나 판사가 되는 것이 꿈일 것입니다. 의대를 다니는 학생은 교수가 되어서 유명한 의사가 되는 것이 꿈일 것입니다.

그런데 막상 사람이 자기가 원하는 목표를 이루고 나면 더 이상의 목표가 없기 때문에 무엇을 해야 할지 몰라서 방황하게 됩니다. 즉 높은 산에 오르는 것을 목표로 정상까지 올라가고 나니까 더 이상 갈 곳이 없는 것입니다. 그러나 하나님의 말씀이 있는 사람은 한 사람 한 사람을 소중하게 생각하기 때문에 소원이 이루어지면 달콤함을 느낍니다. 왜냐하면 그때부터 새로운 인생이 시작되기 때문입니다. 우리 크리스천들은 언제든지 새 인생을 시작할 수 있습니다. 그러나 미련한 자는 계속 좋지 못한 것만 생각하기 때문에 결국 소원을 이루고 난 후에 죄나 향락에 빠지고 마는 것입니다. 우리는 소원이 성취되면 그때부터 시작인데, 하나님을 믿지 않는 사람들은 그때부터 목표가 없어서 죄에 빠집니다.

13:20, "지혜로운 자와 동행하면 지혜를 얻고 미련한 자와 사귀면 해를

받느니라"

하나님의 말씀을 사랑하는 사람과 친구가 되면 한 말씀 한 말씀 은 헤로운 말을 듣게 됩니다. 그 사람은 고난을 통과하면서 체험했기 때문에 우리에게 큰 위로가 됩니다. 더욱이 우리가 성경을 읽으면 성경에 나오는 수많은 사람의 인생을 우리는 내 인생으로 만들 수 있습니다. 우리가 소설을 읽으면 다른 사람의 경험을 간접 체험함으로써 삶을 풍성하게 만들어주기도 합니다. 그런데 성경을 읽으면 다윗이나 모세나 사도 바울이 다 우리의 친구가 됩니다. 그러나 미련한 자는 자기 자랑만 열심히 합니다. 그런 사람의 이야기를 들으면 마음에 허영이 생기게 됩니다. 결국 도움이 하나도 안 되는 것입니다. 그래서 자기가 목표로 생각하는 사람이 중요합니다. 왜냐하면 결국 그 사람을 따라가게 되기 때문입니다.

13:21, "재앙은 죄인을 따르고 선한 보응은 의인에게 이르느니라"

우리는 이 말씀을 믿어야 합니다. 우리가 하나님의 말씀을 사랑하면 인간적인 방법을 쓰지 않아도 선한 보응이 있다는 것을 믿어야 합니다. 그러나 악인은 한때는 유명하고 잘 나가지만 나중에 재앙이 옵니다.

하나님은 말씀을 사랑하는 자에게 결국 부(재물)도 선물로 주십니다. 그래서 선인은 산업을 자자손손에게 물려주지만, 죄인들의 재물은 의인을 위해서 빼앗긴다고 했습니다. 이 세상에 어느 누구도 집이나 돈을 영원히 소유할 수 없기 때문에 결국은 다음 사람에게 빼앗기게 됩니다. 하나님을 사랑하는 자는 가난해서 밭을 경작해서 양식이 생기게 됩니다. 그러나 불의한 자는 나쁜 것만 자꾸 생각하기 때문에 재물을 탕진하게 됩니다.

부모는 사랑하는 아들에게 매를 아끼면 안 된다고 했습니다. 왜냐하면 아무리 잘생기고 착한 아들이라 해도 죄인이기 때문입니다. 자녀가 너무 사랑스럽고 잘 생기고 공부도 잘 해서 야단을 치지 않으면 자기밖에 모르는 사람이 됩니다. 결혼하기 전까지는 부모님을 생각하지만 결혼하고 나면 아내 말만 듣습니다. 물론 부모가 아이를 때리라는 말은 아닙니다. 그러나 부모의 권위를 잃지 말아야 하고 자녀들과 솔직하고 정직한 대화를 나누는 것이 때리는 것보다 훨씬 낫습니다. 이때 아이의 장점은 인정하고 부족한 점은 보완하면 좋겠다고 하면 자녀들은 얼마든지 부모의 말씀을 받아들입니다.

우리가 세상적으로 좀 모자란다 하더라도 예수만 제대로 믿으면 얼마든지 위대한 삶을 살 수 있습니다. 왜냐하면 우리에게는 인생의 길 안내자가 있기 때문입니다. "내가 곧 길이요 진리요 생명이니 나로 말미암지 않고는 아버지께로 올 자가 없느니라"(요 14:6). 하나님을 향하여 가지 않는 사람의 인생이 보람 있거나 가치 있을 수 없습니다. 우리의 인생길을 잘 아시는 예수님과 늘 동행하시기 바랍니다.

28

집을 세우는 사람

잠 14:1-15

요즘 시골에 가면 사는 사람들이 없어서 빈집으로 버려져 있는 집들이 많습니다. 심지어는 수백억 원을 들여서 대규모 콘도나 펜션을 지었는데 손님들이 오지 않는 바람에 버려져서 쓰레기만 있는 건물들도 있습니다. 그러나 미련한 사람 중에는 의도적으로 자기가 지은 아까운 대학을 부수는 사람들이 있습니다. 요즘 몇몇 지방대학들이 학생을 모집하지 못해서 폐교가 된 곳이 있습니다. 학교 건물은 멋있게 세워졌는데 그 학교 안에는 아무도 없는 것입니다. 그 대학들은 총장이나 재단 이사장이 학교의 돈을 빼돌려서 횡령하는 바람에 망하게 된 것입니다. 이런 사람들은 학교를 세우는 것이 아니라 학교를 허무는 사람들입니다.

본문에 성경은 지혜로운 여인은 자기 집을 세우지만 미련한 여인은 자기 손으로 집을 허문다고 했습니다. 즉 많은 돈을 투자해서 넓은 땅을 사고 큰 캠퍼스를 만들었으면 학교를 열심히 가꾸어서 좋은 학교로 만들어야 하는데, 학교 돈을 빼내어서 자기 일에 써버리니까 학교가 망하게 되는 것입니다.

1. 집을 세우는 여인

　어떤 지방에는 한 여인이 이십 년 전에 아무것도 없는 시골에 들어가서 산을 17만 평을 샀습니다. 그리고 그 여인은 혼자 힘으로 십수 년 동안 그 산에 나무를 심고 또 4만 평 정도를 정원으로 가꾸었는데, 아주 예쁜 집들도 지었습니다. 그리고 그 정원에는 멋있게 생긴 나무나 돌들도 있었습니다. 또 나무로 멋진 집을 지어서 찻집으로 사용했는데 이제는 나이가 너무 들어서 찻집을 운영할 수 없다고 했습니다. 그분은 자신의 전 재산을 털어서 아름다운 산과 정원을 가꾸었다고 했습니다.

14:1, "지혜로운 여인은 자기 집을 세우되 미련한 여인은 자기 손으로 그것을 허느니라"

　지혜로운 여인은 집을 세운다고 했습니다. 어떤 여인은 집이 부유한데 시골에 땅이 약간 있었습니다. 이분은 너무나도 하나님의 말씀을 사랑하는 분이었기 때문에 자기 땅에 성경만 연구하는 신학교를 지었으면 좋겠다고 생각해서 그곳을 신학교에 기부했습니다. 그분은 자기 돈을 비싸고 화려한 물건을 사는 데 허비하지 않고 목회자들이 성경 연구하는 집을 짓는 데 사용했습니다. 그리고 얼마 전에 그 여자 이사장님은 돌아가셨습니다. 그분이 안 계신 신학교는 주인이 없는 집을 찾아가는 것 같아서 제 마음도 허전했습니다. 그러나 그분이 남긴 정신은 어느 누구도 흉내 낼 수 없는 대단한 유산이었습니다. 그분도 여성 사업가로 이름을 남기는 것보다는 신학대학원의 이사장으로 이름을 남기는 것이 훨씬 영광스러웠을 것입니다.
　지혜로운 여인은 남편이 집을 세우는 것을 함께 도와줍니다. 그리고 그 지혜로운 여인은 아이들을 말씀으로 잘 가르치고 공부도 가르

치고 함께 기도합니다. 그러면 나중에 그 집은 기도가 응답되고 성령
이 흘러넘치는 성전이 됩니다. 아이들은 집에서 엄마가 들려주는 성
경 말씀이나 함께 부르는 찬송에서 하나님을 체험하게 되는 것입니
다. 그러나 미련한 여인은 집의 가치를 오직 돈으로만 따집니다. 그래
서 언제나 아이나 남편 앞에서 집값이 얼마나 올랐고 또 얼마나 떨어
졌다고 불평하는 말을 합니다. 그는 돈은 좀 더 챙길 수 있을지 모르
지만 자기 집을 허물고 있는 것입니다. 그 미련한 여인은 자기 집 식
구들의 마음을 위로해 주거나 품어주지 못하고 온 집안에 독사의 독
이 가득하게 만듭니다. 그러면 결국 그 집이 무너지는 소리가 들리게
되는 것입니다.

우리에게는 더 중요한 집이 있습니다. 그것은 바로 교회라는 집입
니다. 제가 처음 교회를 개척했을 때 좋은 신앙을 가진 여인이 없어서
교회가 모래알 같았습니다. 그래서 하나님께 좋은 신앙을 가진 여인
을 한 명만 보내 달라고 기도했더니 저희 교회에 진짜 한 사람이 찾아
왔습니다. 그는 학교 다닐 때 제 제자였는데 결혼해서 남편과 같이 왔
습니다. 그리고 그런 여인들이 자꾸 모였습니다. 교회에서는 기도의
역사가 나타나고 부흥의 역사가 일어났습니다. 그러나 그 가치를 모
르는 사람들은 설교를 들으면 화를 내고 교회 안에서 자기주장을 시
끄럽게 하고 가구를 부수기도 했습니다. 그들은 미련한 자였습니다.
그래서 수많은 사람이 모이는 큰 교회보다 이런 좋은 신앙의 여인들
이 있는 교회가 더 행복합니다.

14:2, "정직하게 행하는 자는 여호와를 경외하여도 패역하게 행하는 자
는 여호와를 경멸하느니라"

하나님의 집을 짓는 자는 벌써 성품이 변합니다. 그래서 그들은
자동적으로 진실하지 않은 말을 싫어합니다. 거짓말은 자신의 가치

를 떨어트리기 때문입니다. 요즘 사람들은 거짓말을 예사로 합니다. 거짓말하는 것은 들통나지 않는 이상 아무도 모르기 때문입니다. 그러나 거짓말을 하는 자는 자기 양심의 가치가 떨어지고 하나님에게서 멀어지게 됩니다. 하나님은 사람의 가치를 판단하실 때 그 사람의 양심이 얼마나 깨끗한지를 보십니다.

여기서 "패역하게 행하는 자"는 반항하는 사람을 말합니다. 반항적인 사람은 거짓말을 예사로 합니다. 즉 그가 하는 말이 전부 거짓말입니다. 이런 사람들은 하나님을 우습게 압니다. 즉 하나님은 아무것도 모르시거나 없다고 생각하니까 자기 양심을 싼값에 팔아먹는 것입니다. 그러나 그런 사람은 사귈만한 아무 가치가 없습니다.

14:3, "미련한 자는 교만하여 입으로 매를 자청하고 지혜로운 자의 입술은 자기를 보전하느니라"

"미련한 자"는 '오만한 자' 입니다. 그는 자기가 최고라고 생각하기 때문에 아무 말이든지 지껄여댑니다. 시편에 보면 복 있는 사람은 "오만한 자들의 자리에 앉지 아니하고"(시 1:1)라고 했습니다. 자기가 최고라고 생각하는 사람은 남을 무시하거나 욕을 하거나 아무 말이나 하게 되는데 나중에 하나님이 매로 그 사람을 치십니다. 그래서 그의 부정이나 그가 했던 불의한 것들이 다 드러나서 부끄러움을 당하고 나중에는 감옥까지 들어가게 됩니다. 그러나 "지혜로운 자"는 욕심을 내지 않습니다. 그리고 법에 어긋나는 일은 절대로 하지 않습니다. 부정한 돈을 좀 더 받아봐야 그렇게 행복하지도 않습니다. 양심이 떳떳하고 하나님의 은혜가 충만해야 행복하지 돈은 행복하게 하지 못합니다.

14:4, "소가 없으면 구유는 깨끗하려니와 소의 힘으로 얻는 것이 많으니

라"

정말 중요한 말씀입니다. 어떤 사람이 소의 여물을 먹이고 또 산에 데리고 가서 풀을 뜯기고 소똥을 치우는 것이 싫어서 소를 팔아버리면 몸이 편해서 좋을 것입니다. 귀찮은 일을 하나도 하지 않아도 되기 때문입니다. 그러나 봄이 되어서 농사를 지으려고 하니까 소가 없어서 쟁기를 갈 수 없습니다. 옆집 사람에게 소를 좀 빌려달라고 하니까 안 된다고 합니다. 어디 가서 짐을 실어와야 하는데 짐을 실어 올 수도 없습니다. 소가 없기 때문입니다.

여인이 아기가 없으면 귀찮은 것이 하나도 없습니다. 임신이나 출산도 할 필요가 없고 기저귀를 빨 필요도 없고 학교에 따라가서 식사당번을 하거나 교통정리를 하지 않아도 됩니다. 오직 개만 죽으라고 사랑하고 돌보면 되는 것입니다. 그러나 자식이 없으면 자식의 결혼식을 할 수 없습니다. 그리고 할머니, 할아버지 소리를 들을 수도 없습니다. 교회도 안 나가면 너무 좋습니다. 하루 종일 텔레비전만 보고 잠이나 자면 좋을 것입니다. 그러나 천국에 갈 일도 없습니다.

교회에 주일학교가 없으면 너무 편할 것입니다. 성경학교도 하지 않고 교사로 봉사하지 않아도 됩니다. 그러나 세월이 좀 흐르고 보니까 교회에 머리가 허연 노인들만 있고 그분들이 돌아가시니까 교회는 사라져 버리는 것입니다.

2. 앞을 보는 지혜

운전할 때 앞을 보는 습관이 매우 중요합니다. 한번은 어떤 교인의 차가 뒤에서 달려온 차에 받혀서 뒤 범퍼가 많이 찌그러졌습니다. 그런데 뒤에서 박은 차는 앞의 라디에이터가 다 날아가 버렸습니다.

그 차가 사고를 낸 이유는 운전하면서 스마트폰 문자를 보다가 앞에 있는 차를 보지 못했기 때문이라고 합니다.

얼마 전에 몇몇 억대 갑부들이 바닷속에 있는 타이타닉의 잔해를 보러 간다고 잠수정을 타고 바닷속 3,000킬로까지 내려갔는데, 그 잠수정을 타는 비용이 1인당 3억 4천만 원이었다고 합니다. 그러나 그 잠수정은 불량이어서 수압을 견디지 못하고 부서지는 바람에 그 억대 부자들이 모두 죽었습니다. 그들은 돈만 많고 용기만 있었지 미래를 보는 눈이 없었던 것입니다.

14:5, "신실한 증인은 거짓말을 아니하여도 거짓증인은 거짓말을 뱉느니라"

신실한 증인이 거짓말을 하지 않는 이유는 그것이 자기 길이 아니기 때문입니다. 운전으로 치면 거짓말은 차선을 위반하는 것입니다. 자동차는 앞을 보고 잘 달려야지 급하게 차선을 바꾸면 차가 뒤집히게 됩니다. 그래서 신실한 증인은 차선을 바꾸지 않습니다. 거기에 비해 거짓 증인은 자꾸 말을 바꿉니다. 자기가 진실하지 않기 때문입니다. 운전할 때 보면 어떤 사람들은 차선을 급하게 바꾸는 사람도 있고, 화가 난다고 다른 사람의 차를 방해하는 사람도 있고, 무리하게 추월해서 앞을 가로막는 사람도 있습니다. 이 모든 것이 사고의 원인입니다.

14:6, "거만한 자는 지혜를 구하여도 얻지 못하거니와 명철한 자는 지식 얻기가 쉬우니라"

"거만한 자"는 '오만한 사람'입니다. 이런 사람은 많은 것을 아는 것 같지만 정작 자기가 가야 할 길을 알지 못합니다. 이런 사람들은 자기와 같은 부류의 사람들을 사귀기 때문에 서로가 길을 몰라서 싸웁니다. 그리고 이런 사람들은 바른길을 가르쳐줘도 듣지 않고 싸우려고 합니다. 그러나 "명철한 자"는 일단 말을 들으면 이것이 하나님의 지혜인지 사람의 욕심에서 나온 말인지 금방 구별합니다. 그래서 하나님의 말씀을 듣는 귀가 있으므로 지식을 얻기가 쉬운 것입니다.

14:7, "너는 미련한 자의 앞을 떠나라 그 입술에 지식 있음을 보지 못함이니라"

우리가 사회생활을 하다 보면 미련한 자들과도 어울려서 일을 하지 않을 수 없습니다. 오히려 이 세상에는 현명한 자보다는 미련한 자들이 훨씬 많습니다. 그 가운데서 우리는 살아남아야 합니다. 그래서 지혜로운 자는 미련한 자의 생리를 잘 알아야 합니다. 미련한 자는 한 번 겪은 후에는 더 이상 상관할 일이 없습니다. 그들은 더 이상 별 볼 일이 없는 사람들이기 때문입니다. 미련한 자는 언제 만나도 미련하기 때문에 더 이상 만날 필요가 없습니다.

14:8, "슬기로운 자의 지혜는 자기의 길을 아는 것이라도 미련한 자의 어리석음은 속이는 것이니라"

여기서 중요한 것은 지혜로운 자는 자신이 가야 할 길을 안다는 것입니다. 슬기로운 사람은 자기가 살아갈 길을 찾기 위해서 많은 고생을 합니다. 물론 처음에는 먹고 사는 길을 찾아야 합니다. 그러나 그는 점점 자신에게 가치 있는 길을 찾습니다. 그 길을 가려고 하면 남들이 가지 않는 좁은 문을 찾아야 하고 좁은 길을 가야 합니다. 좁은 문은 작아서 들어가기가 어렵습니다. 그리고 찾아서 들어갔다 하더라도 길이 너무 좁아서 꽉 끼는 바람에 앞으로 갈 수 없습니다. 더 두려

운 것은 이렇게 가다가 오도 가도 못하는 것이 아닌가 하는 생각이 든
다는 것입니다. 그러나 미련한 자는 세상에서 돈 버는 길을 찾으면 막
달리기 시작합니다. 외제 차를 타고 멋을 부리기도 합니다. 그러나 그
는 자신을 속이고 있습니다. 그는 인생의 길을 모르고 닥치는 대로 달
리고 있기 때문입니다.

3. 굽은 마음을 펴야 한다

우리는 가끔 어떤 사람을 볼 때 "저 사람은 항상 생각하는 것이 삐
딱하다"는 말을 합니다. 그 사람은 마음이 굽어 있어서 남의 말도 이
상하게 받아들이고 자기가 말을 해도 비비 꼬아서 하기 때문입니다.
우리는 이 세상에서 자신의 굽은 마음을 똑바로 펴는 것이 중요합니
다. 마음이 휘어져 있으면 하나님의 은혜와 축복이 막혀서 오지 못하
기 때문입니다.

14:9, "미련한 자는 죄를 심상히 여겨도 정직한 자 중에는 은혜가 있느니
라"

우리의 마음이 곧아야 하는 이유는 그래야 하나님의 은혜를 제대
로 받을 수 있기 때문입니다. 우리 마음이 똑바로 하나님을 향해야 엘
리야나 모세 같이 하늘 문을 열 수 있고 반석을 쳐서 물이 나오게 할
수도 있습니다. 그러나 마음이 굽은 자는 거짓말하는 것을 예사로 생
각합니다. 하나님은 거짓말하는 자를 가장 싫어하십니다.

14:10, "마음의 고통은 자기가 알고 마음의 즐거움은 타인이 참여하지
못하느니라"

하나님의 백성에게는 남들이 모르는 고통이 있습니다. 그것은 바로 오만한 자들로 인해서 상한 심령입니다. 이 상한 심령은 누구도 위로해 줄 수 없습니다. 오직 자기 자신이 하나님의 은혜로 강해지는 수밖에 없습니다. 그러나 하나님의 백성에게는 남들이 끼어들 수 없는 기쁨도 있습니다. 이것은 바로 하나님의 비밀 축복입니다. 하나님께서는 나만 알 수 있는 방법으로 기쁨을 주시는 것입니다.

14:11, "악한 자의 집은 망하겠고 정직한 자의 장막은 흥하리라"

악한 자는 당장은 잘 되고 성공하는 것 같지만 나중에는 아무것도 없습니다. 그러나 하나님 앞에서 정직하려고 애쓰는 사람은 결국 복을 받게 됩니다.

14:12, "어떤 길은 사람이 보기에 바르나 필경은 사망의 길이니라"

예수님께서는 멸망으로 가는 길은 넓어 그리로 가는 사람이 많다고 말씀하셨습니다. 사람들이 보기에는 그 길이 옳고 성공하는 길인 것 같지만 아닙니다. 지방에 가보면 공사를 마치지 않은 길이 있는데 처음에는 아스팔트가 새로 깔려 있어서 신나게 달리는데 얼마 가지 않아서 그 길이 끊어져 버린 경우가 있습니다. 그때 빨리 서지 않으면 절벽으로 떨어지게 됩니다.

우리가 사람을 볼 때 겉모습만 보고 판단하면 안 됩니다.

14:13, "웃을 때에도 마음에 슬픔이 있고 즐거움의 끝에도 근심이 있느니라"

어떤 사람은 다른 사람이 웃기는 말을 하면 웃기는 하지만, 마음에 고통이 있어서 억지로 미소 짓는 사람이 있습니다. 또 어떤 사람은 기뻐서 즐거워하는 것 같은데 집에 산더미 같은 걱정거리가 있는 사람도 있습니다. 그래서 사람이 웃는 것만 보고서 행복하구나, 즐거워하는구나 판단해서는 안 되는 것입니다. 사람이 웃다가 한숨을 쉴 때는 분명히 무슨 걱정이 있는 것입니다.

14:14, "마음이 굽은 자는 자기 행위로 보응이 가득하겠고 선한 사람도 자기의 행위로 그러하리라"

마음이 굽은 사람은 모든 것을 바로 받아들이지 않습니다. 이런 사람은 하나님의 말씀도 좋지 않은 자세로 받아들입니다. 그러면 그 사람은 그만큼 손해를 보는 것입니다. 그러나 하나님의 말씀을 있는 그대로 받아들이는 사람은 하나님의 복을 받습니다. 그래서 우리의 마음이 하나님을 향해서 곧아야 합니다. 즉 하나님을 향해서 고속도로를 뚫어야 하는 것입니다.

14:15, "어리석은 자는 온갖 말을 믿으나 슬기로운 자는 자기의 행동을 삼가느니라"

어리석은 사람은 몸에 좋다고 하면 모든 약을 다 사서 먹습니다. 그러나 그런 것은 다 검증된 것이 아닙니다. 우리 인체는 그렇게 간단하지 않습니다. 마찬가지로 우리 영혼은 더욱더 복잡합니다. 그래서 슬기로운 자는 아무 말이나 믿지 않고 따라가지 않습니다. 이런 사람들은 우직하게 성경 말씀만 따라갑니다. 거기에 바로 하나님의 보물 창고가 있는 것입니다.

29

어리석음의 한계

잠 14:16-27

세월은 좀 많이 흘렀지만, 그의 업적 때문에 세계적인 존경을 받는 이들이 있습니다. 그중의 한 사람이 어니스트 헤밍웨이입니다. 그는 《무기여 잘 있거라》와 《누구를 위하여 종은 울리나?》라는 작품을 쓴 뒤에 세계적인 명성을 얻었습니다. 그러나 그 후에 그는 거의 작품을 쓰지 못했습니다. 그 대신 매일 포도주를 한 병씩 마시는 바람에 알코올 중독자가 되었습니다. 사람들은 이제 헤밍위이의 작품 활동은 끝났다고 말했습니다. 그러나 헤밍웨이는 쿠바의 아바나에서 어떤 늙은 어부를 모델로 해서 《노인과 바다》를 쓰고, 이 작품으로 퓰리처상을 받고 노벨문학상까지 받습니다. 그러나 그 이후 그는 알코올 중독과 우울증으로 고통받다가 어느 날 엽총 자살로 인생을 마치게 됩니다. 그는 과연 지혜로운 사람이었을까요? 아니면 어리석은 사람이었을까요?

또 세계적으로 존경받는 사람이 게오르그 프리드리히 헨델입니다. 헨델은 독일 사람이지만 영국에서 활동했는데, 오페라로 유명한 사람이 되었습니다. 그러나 영국에서 오페라의 인기가 시들해지면서 그는 더 이상 오페라로 성공할 수 없었습니다. 헨델은 가난하게 되었고 두 번이나 심장발작이 와서 죽을 고비까지 넘겼습니다. 그러나 헨델은 이런 가난과 질병 가운데 어떤 자선 단체로부터 더블린의 가난한 사람을 위해서 음악회를 하자는 제안을 받았습니다. 그리고 그는 그 가사를 받았는데 그 내용 전부가 예수님의 생애에 대한 것이었고 전부 성경으로 되어 있었습니다. 특히 중간 부분에 "그는 멸시를 당하시고"를 읽으면서 자기 자신의 처지와 너무 똑같다고 생각했습니다. 그리고 헨델은 마치 신들린 것처럼 거의 잠도 자지 않고 음식도 먹지 않고 24일 동안 미친 듯이 오라토리오 〈메시야〉 54개의 곡을 작곡했습니다. 그리고 더블린에서 첫 공연 할 때는 헨델 자신이 직접 지휘를 했습니다. 아마 모든 종교음악을 통틀어서 가장 위대한 곡이라고 하면 헨델의 〈메시야〉일 것입니다. 헨델은 과연 지혜로운 자일까요? 미련한 자일까요?

사실 인간은 완전히 지혜로운 사람도 없고 완전히 미련한 사람도 없습니다. 모든 사람은 지혜로운 것과 미련한 것 사이에 끼어 있다고 말할 수 있습니다. 결국 어느 선을 기준으로 해서 미련한 사람이 되고 지혜로운 사람이 될까요?

1. 지혜와 자기 자신과의 관계

사람 중에서 죄가 나쁘다는 것을 모르고 죄를 짓는 사람은 없을 것입니다. 그럼에도 불구하고 사람이 살인하고 간음하고 폭행을 저지르는 것은 그것이 악한 줄 알지만 자기 힘으로는 그 악을 누를 수 없기 때문에 결국 저지르게 되는 것입니다. 그래서 사도 바울은 "자기가 원하는 선은 행하지 아니하고 자기가 원치 않는 악을 행하게 된다"(롬 7:15 참조)라고 고백했습니다.

예수님은 "미련한 사람은 마치 모래 위에 집을 짓는 자와 같아서 집을 빨리 짓기는 하지만 기초가 없으니까 큰 태풍이 불고 홍수가 나고 산사태가 나면 집이 다 무너져버리는 사람과 같고, 지혜로운 사람은 마치 반석 위에 집을 짓는 자와 같아서 처음에는 오래 걸리고 고생을 하지만 아무리 태풍이 불고 홍수가 나고 산사태가 나더라도 집이 무너지지 않는 사람과 같다"(마 7:24-27 참조)라고 하시면서, 말씀을 듣고 행하지 않는 자는 미련한 자이고 그 말씀을 듣고 순종하는 자는 지혜로운 사람이라고 강조하셨습니다.

14:16, "지혜로운 자는 두려워하여 악을 떠나나 어리석은 자는 방자하여 스스로 믿느니라"

지혜로운 자는 자기 안에 악이 있고 죄의 본성이 있으므로 자기를 믿을 수 없다는 것을 알고 있습니다. 그래서 아무도 없이 남자나 여자만 방에 있거나 혹은 너무나도 탐이 나는 물건이 앞에 있을 때 혹시라도 죄를 지을까 해서 그곳을 빨리 떠나는 사람입니다. 거기에 비해서 어리석은 사람은 자신에 대하여 항상 자신만만해서 세상에 아무것도 겁나는 것이 없이 자신의 도덕심이나 혹은 자신의 명성을 믿고 위험한 자리를 피하지 않습니다.

요즘은 자주 강박증이라는 말을 씁니다. 이 강박증이라는 말은 자신의 의사나 상식과는 다르게 집요하게 생기는 의심을 말합니다. 즉 집에서 나오고 차를 탄 후에 생각해 보니까 가스를 잠그지 않은 것 같고, 문을 잠그지 않은 것 같은 생각이 드는 것입니다. 어떤 사람은 운전해서 가다가 속도제한 40이라는 팻말을 보고는 자기는 사십이 되면 죽는다고 생각합니다. 우리 인간의 머리는 마치 구정물 통과 같아서 별의별 생각이 다 머리에 떠오릅니다. 그런데 그것을 믿어버리고 행동에까지 옮기게 되면 이것은 강박증에 사로잡힌 것이고 그때는 자기를 더 이상 믿어서는 안 됩니다. 그때부터는 상담이 필요한 것입니다.

기타를 예로 들어보면, 기타로 연주할 때는 선을 팽팽하게 당겨서 음을 맞추어야 합니다. 그러나 연주하지 않을 때는 줄을 풀어놓아서 느슨하게 해 주어야 나무가 휘지 않는다고 합니다. 그래서 사용하지 않을 때는 줄을 풀어주어야 합니다. 마찬가지로 사람에게도 '릴렉스'가 필요합니다. 그러나 사탄은 우리를 조금도 쉬지 못하게 성공을 향하여 몰아갑니다. 더욱이 우리 한국 사람에게는 이 '릴렉스'라는 것이 없습니다.

사람 중에는 성질이 급해서 급하게 성을 내는 사람이 있습니다. 그런 사람은 전후사정을 들어보지도 않고 화를 내거나 욕부터 하기 때문에 실수를 많이 합니다. 더욱이 왕이나 재판장의 경우에 성질이 급한 사람은 사정을 잘 알아보지도 않고 사람을 죽이는 결정을 내립니다. 대개 이럴 때는 화내는 사람을 불안하게 하는 충동자가 있습니다. 사실 이런 사람이 뒤에서 성질 급한 사람을 조종해서 급히 화를 내게 하는 것입니다.

셰익스피어의 작품《오셀로》를 보면 오셀로는 무어인이기 때문에 피부색이 검은 사람인데, 이태리 귀족의 딸 데스데모나가 그를 좋아해서 부모의 승낙도 없이 결혼합니다. 그러나 오셀로에게는 흑인이라는 열등감이 항상 있었습니다. 그때 파고든 것이 부관의 자리를 노리는 이아고라는 악한 자였습니다. 이아고는 오셀로의 열등감을 파고들어가서 자기 부인이 신하에게 친절한 것을 사랑하는 것이라고 거짓말로 충동질해서 자기 부인의 목을 졸라서 죽이고 맙니다. 그리고 오셀로는 자기도 죽습니다. 그 대신 이아고의 거짓말은 전부 들통나서 그는 고문을 당하고 처형당하는 판결을 받게 됩니다. 오셀로는 무엇이 급했길래 부인의 말을 들어보지도 않고 부인의 목을 졸라서 죽였을까요? 그에게는 열등감이 있었기 때문입니다. 자신이 있는 사람은 상대방이 설명하고 싶어 하면 다 설명하라고 하고는 기다립니다. 반드시 자기 생각이 옳은 것만은 아니기 때문입니다. 그래서 화를 자꾸 내는 사람은 분노 조절이 안 되고, 나쁜 말을 들으면 복수하려고 즉시 상대방을 찾아가게 됩니다.

어느 모임에 가든지 뒤에서 음모를 꾸미는 사람이 있습니다. 그리고 또 그 사람의 심부름꾼 노릇을 하는 사람들도 있습니다. 음모를 꾸미는 사람이 자기에게는 잘해주기 때문입니다. 결국 사람은 음모를 꾸미는 사람이 간사하면서도 자기 성질이 세기 때문에 모든 사람이 그 사람을 다 싫어하게 됩니다. 물고기가 아무리 크고 힘이 세다 하여도 미끼를 물면 결국은 낚싯바늘에 꽂혀서 낚싯줄에 끌려가게 됩니다. 결국 어리석음의 상급은 죽음입니다.

14:18, "어리석은 자는 어리석음으로 기업을 삼아도 슬기로운 자는 지식으로 면류관을 삼느니라"

어리석은 자는 그 끝이 비참하기 때문에 결국 다른 사람들로부터 치욕과 조롱을 당합니다. 그러나 슬기로운 자는 죄에 빠지지 않고 탈출하는 것이 지식이고 면류관입니다.

2. 지혜와 다른 사람과의 관계

악의 가장 중요한 문제는 결국 자기 안에 있습니다. 즉 자기 안에 있는 나쁜 성질을 다스릴 수 있느냐 없느냐에 따라서 미련할 수도 있고 지혜로울 수도 있습니다. 그러나 사람은 혼자 사는 것이 아니기 때문에 지혜롭거나 미련하면 반드시 다른 사람에게 영향을 미치게 됩니다.

우리가 당장 눈앞에 일어나는 일만 보면 악인이 이기는 것 같고 불의한 자가 승리하는 것 같습니다. 그러나 이상하게 세월이 흐르면 세상이 달라지게 됩니다. 즉 정권이 바뀌든지 악한 자들의 비리가 드러나든지 하게 되는 것입니다. 그러면 악인들은 결국 망하게 되고 불의한 자는 의로운 자 앞에서 무릎을 꿇게 됩니다. 그리고 여기에 "가난한 자"는 악한 일은 한 결과 가난하게 된 사람을 말합니다. 이런 사람은 악했을 뿐 아니라 가난하게 되니까 모든 사람이 그를 밉상으로 생각합니다. 반대로 지혜로운 자는 하나님의 복을 받아서 옛날에는 가난했지만 나중에는 부요하게 됩니다. 특히 신앙이 좋은 사람은 술도 안 마시고 노름도 하지 않고 나쁜 여인도 가까이 하지 않으니까 저절로 돈이 모이게 됩니다. 결국 이 사람이 참 지혜로운 사람이구나 하는 것을 알게 되면 사람들이 몰려오게 됩니다.

어리석은 자는 이웃을 멸시합니다. 자신을 최고라고 생각하기 때문에 가까운 사람들은 다 업신여기고 돈이 있고 유명한 사람들을 가까이하려고 합니다. 그러나 결국 그들은 허영이 많은 사람입니다. 이들에게는 진정한 친구가 없습니다. 자기가 친구 하고 싶은 유명한 사람들은 그를 심부름꾼 정도로 생각하지 진정한 친구로 생각하지 않기 때문입니다. 그리고 이 사람은 가까운 사람을 업신여기므로 친구가 없습니다. 빈곤한 이웃을 불쌍히 여기는 것이 얼마나 복된 일입니까?

가난한 자라고 해서 자존심이 없거나 무조건 달라고 하는 사람이 아
닙니다. 그들은 모든 것을 믿음으로 살아가기 때문에 더 바른 기준을
가지고 있고 더 당당할 때가 많습니다.

사람 중에 악을 계획하는 자들이 있습니다. 결국 이것은 권력 있
는 자에게 아부해서 인정받으려고 하는 계획입니다. 그러나 그것은
바른길을 가는 것이 아닙니다. 왜냐하면 이 아까운 삶을 살면서 남의
악한 심부름만 해 주고 인생을 허비하기 때문입니다.

14:22, "악을 도모하는 자는 잘못 가는 것이 아니냐 선을 도모하는 자에게는 인자와 진리가 있으리라"

"악을 도모하는 자"는 운전하는데 길을 역주행하거나 혹은 절벽
을 향해서 돌진하는 것과 같습니다. 가끔 도망치는 차들은 경찰에 잡
히지 않으려고 도로를 역주행해서 달립니다. 결국 이들은 다른 차나
경찰에 의해 길이 막히게 되고 경찰은 몽둥이로 유리창을 깨어서 끌
어냅니다. 또 절벽을 향해서 돌진하는 사람은 막을 수 없습니다. 결국
안전 분리대를 들이박고 낭떠러지로 떨어지는데 결국 자동차는 폭발
하게 됩니다. 세상은 순리대로 사는 것이 좋습니다. 튀어봐야 나중에
는 아무것도 남지 않기 때문입니다.

14:23, "모든 수고에는 이익이 있어도 입술의 말은 궁핍을 이룰 뿐이니라"

사람이 진리를 알고 난 후에는 결국 실천해야 합니다. 일단 열매
맺는 나무가 되고 나면 그 후에는 계속 열매를 맺히도록 잘 길러야 합
니다. 그러나 만약 그 나무 주인이 나무만 믿고 아무 일도 하지 않는
다면 좋은 열매를 얻지 못할 것입니다. 과일나무를 심었으면 잘 가꾸

어야 하고 길을 찾았으면 그 길을 걸어가야 합니다. 무리하지 않고 서
두르지 않고 차분하게 가기만 하면 성공하는 것입니다.

그리고 앞에서 말한 것을 다시 강조합니다.

**14:24, "지혜로운 자의 재물은 그의 면류관이요 미련한 자의 소유는 다
만 미련한 것이니라"**

미련한 자는 결국 죽습니다. 이것이 그의 재산입니다. 악한 것만
계획했고 미련한 짓만 했기 때문입니다. 그는 사람이 형편과 처지가
달라질 수 있다는 것을 생각하지 않습니다. 즉 이 세상은 상황이 항
상 변하게 되어 있습니다. 부동산 왕국을 건설했는데 부동산이 폭락
할 때가 있고, 이자가 쌀 때 많은 돈을 빌려서 많은 리조트나 콘도를
지었는데 갑자기 이자가 올라가는 바람에 집을 짓다가 중단한 경우도
많이 있습니다. 지금 경치 좋은 데 가보면 엄청난 자본을 들여서 세운
리조트나 콘도가 손님이 없어서 버려져 있습니다. 부도가 나고 경매
에 들어가도 아무도 사지 않으니까 결국 그 아까운 건물들이 버려지
게 되는 것입니다.

3. 지혜와 하나님의 관계

결국 지혜로운 사람과 미련한 사람의 경계선은 하나님을 두려워
하느냐 아니면 하나님을 생각하지 않느냐로 귀착되게 됩니다. 사람이
부정을 행하는 이유는 하나님을 겁내지 않기 때문입니다. 그러나 하
나님이 보고 계신다는 것을 아는 사람은 마음속에 욕심은 있지만 행
동에는 옮기지 못합니다.

14:25, "진실한 증인은 사람의 생명을 구원하여도 거짓말을 뱉는 사람
은 속이느니라"

사람은 결국 위기 때 자기가 살려고 남을 속이고 배반하게 됩니
다. 그러나 그렇게 해서 산 것은 산 것이 아닙니다. 다른 사람을 죽게
하면 자기는 살아도 결국은 죽은 것입니다. 미련한 자가 미련하게 되
는 것은 하나님을 생각하지 않기 때문입니다.

14:26-27, "여호와를 경외하는 자에게는 견고한 의뢰가 있나니 그 자녀
들에게 피난처가 있으리라 여호와를 경외하는 것은 성명의 샘이니 사망
의 그물에서 벗어나게 하느니라"

여호와는 밀물이 밀려오고 큰 홍수가 났을 때 피할 수 있는 큰 바
위입니다. 하나님을 두려워하는 자에게는 큰 바위가 있고 그 안에 구
멍이 있습니다. 그래서 아무리 회오리바람이 불고 비가 몰아치고 태
풍이 불어도 그 안은 안전합니다. 여기에 보면 "그 자녀들"이라고 했
는데 제자들을 말합니다. 즉 하나님의 말씀을 배운 제자들은 걱정할
필요가 없습니다. 그리고 그 안에는 생명의 샘물도 있습니다. 식수가
있으면 아무리 폭우가 내려도 안전합니다. 그리고 그 안에는 일용할
양식도 있습니다. 그래서 걱정할 것이 아무것도 없는 것입니다.

마귀는 이 세상에 사망의 투망을 던져서 모든 사람을 다 낚아서 지
옥으로 끌고 가려고 합니다. 그러나 이 사망의 그물에 걸리지 않으려
면 바로 하나님을 피난처로 삼아야 합니다.

30

목자의 리더십

잠 14:28-35

미국 영화 중에서 〈어퓨굿맨〉(A few good men)이라는 영화가 있습니다. 그 영화를 보면, 미국의 한 해병대 병사가 죽었는데 해병대에서는 사고사로 처리합니다. 그때 두 명의 해군 법무관이 나타나는데 한 사람은 톰 크루즈 중위이고 다른 한 사람은 여자 법무관 데미 무어 중위입니다. 이들은 결국 미국 해병대가 강한 군대를 만든다고 해서 적응을 잘하지 못하는 그 병사를 학대했고, 그 병사는 자살했다는 사실을 알아냅니다. 그리고 그 부대의 책임자인 연대장 해병 대령을 기소해서 재판받게 합니다. 이 연대장은 이 두 중위 법무관에게 "너희 해군들은 흰옷이나 입고 잘난 체하지만 그런 정신으로는 적을 물리칠 수 없단 말이야!"라고 한마디하고는 헌병에게 체포되어 갑니다.

교회에는 똑똑하고 강한 사람이 있어서 강한 훈련을 원하고 빡센 목회를 원하는 사람들도 많이 있지만, 반대로 병들어 있고 가난하고 조금만 세게 밀어붙이면 적응하지 못하는 사람들도 많이 있습니다. 창세기 말미에 보면, 야곱은 형 에서와 원수가 된 후 20년 만에 만나게 되었을 때, 형 에서가 야곱의 무리들을 에스코트해서 같이 가겠다고 제안합니다. 그때 야곱은 형 에서에게 "우리는 새끼를 밴 양이나 새끼들이 많아서 하루만 급하게 몰면 다 죽는다"고 하면서 아주 천천히 양무리들을 몰고 가겠다고 부드럽게 거절합니다. 저는 목회하면서 늘 야곱의 이 말을 생각합니다. 저도 강한 장교 훈련을 받은 사람이기 때문에 교인들을 강하게 훈련하고 말을 듣지 않는 사람이 있으면 욕을 하고 중직자 선거에서 탈락시키고 할 수 있지만 절대로 그렇게 하지 않습니다. 그 이유는 교회에는 약한 자들이 많이 있어서 아주 천천히 인도해야 상처를 입지 않기 때문입니다.

그동안 우리나라 교회에는 교회 안에 파벌을 나누어서 서로 분쟁하는 교회들이 많이 있었습니다. 물론 그 분쟁의 원인은 여러 가지가 있지만 그중에는 목회자가 하나님의 말씀을 먹이기보다는 너무 권위적으로 자기 마음대로 중요한 결정을 내려서 분쟁이 일어나는 경우도 많았습니다. 다른 사람들을 리드하는 방법에는 강압적이고 잔소리를 퍼붓고 잘못한 것만 지적해서 권위적으로 하는 사람이 있는가 하면, 그들에게 본을 보이고 설득시키고 자발적으로 일을 하도록 리드하는 사람이 있습니다. 즉 어떤 사람은 사람을 길들이는데 사나운 맹수를 길들이듯이 채찍으로 때려서 길들이는 사람이 있는가 하면, 양 떼들을 길들이듯이 좋은 풀과 시냇가로 인도해서 살찌게 하는 사람도 있습니다.

1. 이스라엘의 리더십

14:28, "백성이 많은 것은 왕의 영광이요 백성이 적은 것은 주권자의 패망이니라"

옛날에는 큰 나라가 되려면 먼저 영토가 넓어야 하고 백성의 수가 많아야 했습니다. 그러면 큰 군대를 만들 수 있고 다른 나라를 정복해서 더 큰 나라가 될 수 있을 것입니다. 반대로 나라가 작고 백성의 수도 적으면 늘 강한 나라의 공격을 받고 백성이 포로나 노예로 끌려가서 나라가 작아지고 오그라들게 될 것입니다. 그래서 옛날에 큰 나라는 전쟁으로 작은 나라들을 정복해서 된 나라들입니다. 그런데 이런 큰 나라들이 전쟁을 계속하려면 농사를 지을 사람들이 없을 텐데 무엇을 먹고 전정하겠습니까? 정복한 나라의 양식을 빼앗아서 먹는 것입니다. 그래서 이런 공격적인 나라들은 농사는 짓지 않고 늘 전쟁해서 빼앗기만 하면 되니까 사실 이런 나라들은 도둑질하는 나라였습니다. 이런 나라들이 강하고 큰 나라였습니다. 그러나 이스라엘은 큰 나라가 되는 방법이 달랐습니다.

성경에는 여러 곳에서 하나님과 이스라엘 백성과의 관계를 목자와 양의 관계로 비유합니다. 양은 맹수가 아니기 때문에 강하게 훈련할 필요가 없습니다. 그리고 양은 먹는 것 자체가 육식동물과 다릅니다. 양은 풀을 뜯어 먹기 때문에 다른 동물과 경쟁할 필요가 없고 다른 짐승들을 잡아먹을 필요도 없습니다. 목자는 양을 좋은 풀이 있고 맑은 시냇물이 흐르는 곳에 데리고 가서 먹게 하면 양은 저절로 살도 찌고 새끼도 잘 낳고 털도 많아지게 됩니다.

이것은 이스라엘 백성도 마찬가지입니다. 이스라엘 백성은 하나님의 양이기 대문에 목동은 양을 때려서 말을 잘 듣게 하거나 또는 사납게 만들어서 다른 짐승을 물게 훈련할 필요가 없습니다. 목자가 백성에게 하나님의 말씀을 잘 먹이고 신앙적인 본을 보이면 이스라엘 백성은 은혜를 받고 스스로 기도하게 됩니다. 이스라엘 백성이 말씀을 듣고 기도하면 저절로 부흥이 일어나고 복이 오게 되는데 그러면 인구도 늘고 국력도 강해지고 경제적으로도 부요하게 됩니다. 그러나 이스라엘 왕이 강한 나라가 되려고 하나님의 말씀을 멀리하고 전쟁을 자꾸 하면 이상하게 전쟁에 자꾸 지고 사람들이 죽으면서 인구가 자

꾸 줄어들게 됩니다. 이스라엘 백성이 하나님의 말씀을 듣지 못하면
사나워지게 되고 우상 숭배에 빠지게 되어서 아이도 잘 생기지 않고
경제적으로도 망하게 됩니다.

그 대표적인 예가 사울 왕입니다. 사울 왕이 처음에 신앙이 좋았
을 때는 암몬도 이기고 아말렉도 이겼습니다. 그러나 그의 치명적인
약점이 하나님을 믿기는 믿는데 하나님의 말씀을 전적으로 믿지 못하
는 것이었습니다. 그래서 사울은 자기 주위에 힘센 사람들을 스카우
트하고 다윗을 견제했습니다. 결국 사울은 길보아산에서 블레셋과 싸
우다가 수많은 백성이 죽고 자신과 아들들도 죽고 말았습니다. 그래
서 나중에 다윗이 이스라엘 왕이 되었을 때는 이스라엘은 완전히 부
도가 난 나라였습니다. 그러나 다윗은 하나님의 말씀을 믿었기 때문
에 예배를 정비하고 성가대를 만들고 말씀의 부흥을 일으켰습니다.
그랬더니 이스라엘은 전쟁하는 것마다 다 이기고 엄청나게 크고 부한
나라가 되었습니다.

14:29, "노하기를 더디 하는 자는 크게 명철하여도 마음이 조급한 자는 어리석음을 나타내느니라"

화를 참지 못하고 급하게 화를 내는 사람이 있습니다. 이런 사람
은 멀리 내다보지 못합니다. 즉 성격이 급한 사람은 가치 자동차가 과
속해서 달리는 것과 같습니다. 이런 운전자는 앞의 차가 멈추어 서 있
는 것을 보지 못하거나 사람이 건너는 것을 보지 못해서 사고를 일으
키게 됩니다. 조급한 사람은 하나님을 신뢰하지 않는 사람입니다. 그
래서 조금이라도 자기 뜻대로 되지 않으면 소리를 지르고 화를 냅니
다. 그러나 하나님에게는 '하나님의 때'라는 것이 있습니다. '하나님
의 때'를 기다리는 사람은 화를 쉽게 내지 않습니다. 그런 사람은 참
고 기다리다가 하나님의 때가 되면 자연스럽게 일이 풀리게 됩니다.

14:30, "평온한 마음은 육신의 생명이나 시기는 뼈를 썩게 하느니라"

여기서 '평온'하다는 것은 단순히 성질이 느긋하다거나 혹은 마음이 태평인 것을 말하지 않습니다. 이런 사람도 마음에 많은 갈등이 있고 고민이 있습니다. 그러나 최종적으로 믿음으로 모든 염려나 걱정을 극복하고 이긴 사람을 말합니다. 하나님께 모든 것을 맡겨버리면 내일 무슨 일이 일어날지 모르지만 이상하게 마음이 평안하게 됩니다. 이런 사람은 살게 됩니다. 영혼만 사는 것이 아니라 그의 육신까지도 살게 됩니다. 마지막 하룻밤 사이에 하나님이 어떤 일을 하시기 때문입니다.

그래서 다윗은 "천만인이 나를 에워싸 진 친다 하여도 나는 두려워하지 아니하리이다"(시 3:6)라고 했습니다. 천만 명이 우리를 공격하려고 진을 치고 있으면 얼마나 두렵겠습니까? 그러나 하나님은 하루 사이에 어떤 일을 하셔서 천만 명을 쫓아버리십니다. 히스기야 때 앗수르 군대 18만 5천이 예루살렘을 에워싸고 있었지만 하룻밤 사이에 전부 다 죽어버렸습니다.

"시기는 뼈를 썩게" 한다고 했습니다. 시기심이라는 것은 다른 사람이 잘되는 것을 못 봐주는 것입니다. 자기보다 더 유능하고 자기보다 똑똑하고 자기보다 더 좋은 학벌을 가진 사람을 미워해서 그가 망해야 직성이 풀리는 것입니다. 결국 그는 항상 누군가를 미워하게 됩니다. 그것이 얼마나 자기 자신에게도 스트레스인지 모릅니다. 다른 사람을 미워하고 망하기를 바라고 죽기를 바라는 사람은 자기 마음도 평안할 때가 없습니다. 그는 사울 왕처럼 히스테리 정신병이 생기게 됩니다. 결국 이런 사람은 뼈까지 썩어서 고름이 나오게 됩니다. 헤롯 아그리파는 기독교인들을 시기하고 자기가 하나님 같은 영광을 받으려고 했습니다. 그러다가 벌레가 창자를 파먹는 바람에 아파서 울부짖는 소리가 온 왕궁에 들렸고 그 창자 썩는 냄새가 지독했다고 합니다.

우리가 이 세상에 사는 이상 갈등이나 고민이 없을 수 없습니다. 그러나 하나님을 믿으면 마음이 평안하게 됩니다. 그리고 하나님은 하룻밤 사이에 일을 하셔서 우리가 망하지 않게 하십니다.

2. 정의의 리더십

한동안 우리나라에서는 '내로남불'이라는 말이 유행어같이 퍼진 적이 있습니다. 이것은 내가 다른 여자를 만나는 것은 로맨스이고, 다른 사람이 다른 여자를 만나면 불륜이라는 것입니다. 그러나 이 말 자체가 틀린 것입니다. 이런 식으로 얼렁뚱땅 넘어감으로써 사람들은 죄를 죄로 생각하지 않게 되었습니다. 이것이 바로 언어가 가지는 마취 효과입니다. 그동안 우리나라는 희한한 말들을 많이 만들어내었습니다. 그러나 더 이상 사람들은 죄를 죄라고 말하지 않게 되었습니다. 성추행이라고 하면 그것이 무엇인지 알 수 없습니다. 예전에는 강간이면 강간, 폭행이면 폭행이라고 분명히 했는데, 지금은 말만 들어서는 무엇을 말하는지 잘 알 수 없습니다. '성소수자'라고 하는데 중성을 말하는지, 동성애를 말하는지 알 수 없게 만들었습니다. 그리고 또 극단적인 선택이라고 하는데 이것이 무슨 극한을 말하는지 알 수 없습니다. 즉 자살하는 것인지 아니면 다른 추운데 일하러 가는 것인지 알 수 없습니다.

우리 사회는 언제부터인지 사람들은 자기편은 두둔하고 상대방에 대해서는 온갖 거짓말과 중상모략을 하는 세상이 되어버렸습니다. 자기편은 법을 어겨도 내버려두고, 상대편은 적폐 청산이라고 해서 없는 죄도 만들어서 전부 감옥에 집어넣어 버리는 것입니다. 이것이 바로 불의한 리더십입니다.

가난한 자를 멸시하는 이유는 정의롭게 해줘 봐야 돌아오는 것이 없기 때문입니다. 가난하니까 콩고물이 떨어지지 않는 것입니다. 그러나 부자를 유리하게 해 주면 반드시 거기에 응분의 보상이 있게 됩니다. 그러나 이것은 하나님을 멸시하는 것입니다. 가난한 자도 하나님이 만드셨고 훈련하는 중이기 때문입니다.

그래서 의로운 사람은 자기 자신에게 엄격해야 하고, 자기와 가까운 사람이라고 해서 봐주는 것이 없어야 합니다. 그리고 교회 안에서 좌파와 태극기파가 서로 싸우는 경우가 있는데, 교회 안에 좌파가 어디 있고 태극기가 어디 있습니까? 자기편이라도 틀린 것은 틀렸다고 해야 정의로운 것입니다. 특히 요즘 사람들은 자기 자식을 위해서라면 온갖 불의를 다 하는 것을 볼 수 있습니다. 이럴 때 자식은 부모의 영향에서 벗어나서 외국에 가든지 해야 자기 인생을 살 수 있습니다. 자기 자식이라고 해서 온갖 혜택을 다 주고 돈까지 물려주는 것은 공평하지 못한 것입니다. 자기 자식이라도 공부 못하면 비싼 학원에 보낼 것이 아니라 공장에 보내면 기술이라도 배울 수 있을지 모릅니다.

3. 정의의 결과

우리가 이 세상을 보면 항상 악한 자가 이기고 돈을 버는 것 같은데, 실제로는 이해할 수 없는 일이 일어날 때가 많이 있습니다. 그중의 하나가 사람이 갑자기 병들어 죽는 것입니다.

있느니라”

　　결국 인간의 모든 상급은 말하느냐 말하지 않느냐, 아니면 죽느냐
죽지 않느냐 하는 것으로 결판나게 되어 있습니다. 악인은 세상에서
잘 나가는 것 같습니다. 돈도 벌고 세상에서 인정도 받습니다. 그런데
이상하게 망하는 것입니다. 그 이유를 보면 그의 욕심이 그를 넘어지
게 한 것입니다.
　　그러나 의인은 인생 밑바닥에 떨어져도 거기서 살아나는 길이 있
습니다. 사람은 아무리 돈이 있어도 늙어가는 것은 막을 수 없습니다.
치매가 오는 것은 막을 수 없고 힘이 없어지는 것도 막을 수 없습니
다. 결국 죽으면 모든 것이 끝나고 맙니다. 그러나 의인은 죽음에 소
망이 있고 기쁨이 있습니다.

14:33, “지혜는 명철한 자의 마음에 머물거니와 미련한 자의 속에 있는 것은 나타나느니라”

　　지혜로운 자의 마음에는 비밀스러운 지혜가 있습니다. 이것은 결
국 하나님의 능력입니다. 그러나 어리석은 자는 자기의 어리석음 때
문에 망하고 죽게 됩니다. 우리의 무기는 믿음입니다. 그래서 하나
님의 말씀은 최후 순간까지 우리 마음을 지켜줍니다. 그러나 미련한
자는 미련한 것밖에 없습니다. 그들은 멸망으로 가는 길을 바꾸는 것
이 되지 않습니다. 결국 미련한 자들은 자동차 핸들이 묶여있는 것과
같습니다. 결국 미련한 자의 자동차는 절벽에 떨어져서 폭발하고 맙
니다.

14:34-35, “공의는 나라를 영화롭게 하고 죄는 백성을 욕되게 하느니라 슬기롭게 행하는 신하는 왕에게 은총을 입고 욕을 끼처는 신하는 그의

진노를 당하느니라"

공의가 시행되는 나라는 다른 나라가 무시하지 못합니다. 그러나 죄를 짓고서도 뻔뻔스럽게 자기 자리를 유지하는 나라는 욕이 됩니다. 처음에는 아첨하는 신하가 사랑을 받는 것 같지만 그것은 오래가지 않습니다. 그가 하는 말대로 하면 결국 나라가 엉망으로 되기 때문에 그 모든 욕이 왕에게 다 돌아오게 됩니다. 많은 나라가 이런 아첨꾼들의 말을 듣다가 망하거나 대통령이 하야하게 됩니다.

그러나 조언하더라도 지혜가 필요합니다. 어떤 사람은 바른말을 할 때도 화가 난 듯이 하고 무례하게 하는 바람에 상사의 기분을 상하게 할 때가 많습니다. 그러면 오히려 역효과가 나게 됩니다. 그래서 사람들은 바른말을 하더라도 상대방이 화가 나지 않도록 부드럽고 겸손하게 하는 것이 기술이고 능력입니다. 우리는 항상 지혜를 배우는 마음으로 이 세상을 살아야 합니다.

31

얼굴을 빛나게 하는 것

잠 15:1-15

연주자가 연주하기 위하여 무대에 서면 그를 잘 볼 수 있도록 환한 조명을 비춥니다. 그러면 마치 연주자의 얼굴에서 빛이 나는 것처럼 아름답게 보이고 그의 일거수일투족이 더 잘 보이게 될 것입니다. 혹시 그가 귀에 다이아몬드 귀걸이나 목걸이를 걸고 있다면 조명에 반사되어서 더 아름답게 빛날 것입니다. 관객은 연주자를 비추는 조명 때문에 그의 일거수일투족을 다 보게 되고 그의 표정이나 손놀림 하나하나에 감동받게 됩니다. 그러나 유감스럽게도 연주자의 입장에서는 그 조명 때문에 관람석이 잘 보이지 않습니다. 온통 시커멓고 사람의 윤곽만 희미하게 보일 뿐입니다. 그럼에도 불구하고 경험이 많은 연주자는 사람들이 잘 보이는 것처럼 웃으면서 이야기합니다. 우리가 텔레비전을 그렇게 재미있게 보는 이유 중 하나는 조명 때문이기도 합니다. 조명을 비추면 출연자의 얼굴에 빛이 나고 그가 벌써 특별한 사람처럼 보이게 되기 때문입니다.

사람의 얼굴에 빛이 난다는 것은 참 아름다운 것입니다. 여성은 자신의 얼굴에 빛이 나게 하기 위해서 화장을 합니다. 화장을 한 얼굴과 화장을 하지 않은 얼굴은 완전히 다른 사람처럼 보이기도 합니다. 제가 아는 어떤 목회자는 언제나 얼굴이 젊고 멋있게 보였습니다. 그분도 이제는 나이가 제법 들어서 늙었는데 왜 저렇게 젊고 멋있게 보일까 생각하다가 어느 날 비결이 생각났습니다. 그분은 항상 파운데이션을 바르고 또 화장하기 때문에 나이보다도 훨씬 젊어 보였던 것입니다. 그런데 사람 중에는 얼굴이 항상 좀 어두운 분들이 있습니다. 이런 분 중에는 염려와 근심이 있는 분들이 있습니다. 아무리 미인이고 화장했지만 마음에 근심이나 걱정이 있는 분은 얼굴이 빛나지 않는 모습을 보게 됩니다.

본문 15장 13절에 보면 "마음의 즐거움은 얼굴을 빛나게 하여도 마음의 근심은 심령을 상하게 하느니라"고 했습니다. 사람의 얼굴을 빛나게 하는 가장 좋은 방법은 마음을 기쁘게 하는 것입니다.

1. 지혜로운 자는 답을 알고 말한다

회의를 해보면 어떤 사람은 화가 나서 소리 지르거나 혹은 다른 사람을 공격해서 화를 나게 만드는 사람이 있는가 하면, 어떤 사람은 얼마나 슬기로운지 전혀 소리도 지르지 않고 남을 화나게 하지 않으면서도 자기의 의견을 잘 전달하는 사람도 있습니다. 그런 사람은 정말 너무나도 성품이 좋든지 지혜로운 사람이라는 생각이 듭니다. 그러나 자신을 공격하거나 반대하는 사람 앞에서 자신의 의견을 좋은 표정으로 차분하게 말할 수 있다는 것은 보통 재주가 아닙니다.

15:1, "유순한 대답은 분노를 쉬게 하여도 과격한 말은 노를 격동하느니라"

회의를 하다 보면, 정답을 아는 사람은 화를 내거나 소리 지를 필요가 없습니다. 그리고 이런 사람은 믿음을 가지고 있습니다. 그는 이럴 때는 반드시 하나님이 어려움을 해결하여 주신다는 믿음이 있기 때문에 소리 지를 필요가 없는 것입니다. 그러나 답을 모르는 사람은 답을 모르기 때문에 소리 지르게 되고 그래서 다른 사람들을 더 불안하게 만듭니다. 그러면 이 답을 아는 사람은 어떤 사람입니까? 그는 하나님의 말씀을 많이 묵상하는 가운데 지금 진행되는 일을 환하게 아는 사람입니다.

요셉은 애굽의 상황을 정확하게 알고 있었습니다. 그래서 그는 왕에게 차분하게 앞으로 애굽에 찾아올 7년 대풍년과 7년 대흉년을 설명하고, 7년 대풍년은 유혹이라고 했습니다. 그리고 그가 7년 대흉년이 왔을 때 잘 대처할 수 있었던 것은 답을 잘 알고 있었기 때문입니다. 그래서 애굽의 바로도 흉년이 왔을 때 당황하지 않고 요셉에게 가서 물어보라고 했습니다.

15:2, "지혜 있는 자의 혀는 지식을 선히 베풀고 미련한 자의 입은 미련한 것을 쏟느니라"

지혜 있는 자는 지식이 이미 소화되었기 때문에 상대방의 수준에 맞게 알아듣도록 가르쳐줍니다. 선생은 학생의 눈높이에서 그들이 알아듣기 쉽게 가르쳐주고 학생은 그 선생님의 가르침대로 하면 문제를 풀 수 있습니다. 그러나 미련한 선생은 자신이 소화되지 않은 상태에서 무조건 가르치기 때문에 학생이 알아들을 수 없고 무슨 말인지 몰라서 그대로 할 수도 없습니다.

2. 하나님은 보고 계신다

운동 경기에는 반드시 심판이 있어야 합니다. 만일 심판 없이 축구나 야구경기를 한다면 곧 격투기로 변하고 말 것입니다. 그런데 우리가 사는 세상에서는 심판이 없는 것 같습니다. 그러니까 힘 있고 돈 있는 사람이 모든 것을 다 지배하는 것입니다. 그러나 사실은 인간 세상에도 심판이 있습니다. 그분은 하나님이십니다. 그런데 하나님께서는 악인에게도 많은 기회를 주고 시간을 주십니다. 이것이 우리가 이해 안 되는 점입니다.

15:3, "여호와의 눈은 어디서든지 악인과 선인을 감찰하시느니라"

사람이 아무리 은밀한 곳에서 선한 일을 하거나 악한 짓을 해도 하나님은 다 보고 계십니다. 하나님은 선한 일을 했다고 해서 바로 발표하시거나 악한 짓을 했다고 해서 바로 퇴장시키시지 않습니다. 우리가 보기에 하나님은 악한 자들이 온갖 못된 짓을 다 해도 가만히 내버려두실 때가 많습니다. 하나님께서 그렇게 하시는 이유가 무엇입니까? 그것은 의인을 연단하시기 위함입니다. 의인을 연단하는 자들이 바로 악인입니다. 그래서 악인은 한평생 의인을 괴롭히고 죽이고 고문함으로 연단하는 일에 헌신하는 것입니다. 왜냐하면 악인이 이렇게 하지 않으면 의인은 절대로 깨끗해지지 않기 때문입니다.

15:4, "온순한 혀는 곧 생명 나무이지만 패역한 혀는 마음을 상하게 하느니라"

악인으로부터 훈련을 철저하게 받은 사람은 혀가 바로 생명나무가 됩니다. 그래서 그의 온순한 혀로 사람들을 살리게 됩니다. 그러나 못된 사람의 혀는 어려움에 대한 답은 주지 못하면서 사람의 마음을 상하게 합니다. 그래서 지혜로운 자는 악한 자의 악랄한 훈련도 고맙게 생각합니다. 하물며 하나님의 진리를 가르쳐주는 부모님이나 선생님은 얼마나 고마우신 분입니까?

15:5, "아비의 훈계를 업신여기는 자는 미련한 자요 경계를 받는 자는 슬기를 얻을 자니라"

다윗은 자식들을 너무 아끼고 사랑해서 듣기 싫은 말은 한마디도 하지 않았습니다. 그 결과 첫아들 암논은 이복여동생을 강간했고, 둘째 아들 압살롬은 형을 죽이고 나중에 아버지를 쫓아내고 자기가 왕이 되는 반역을 일으켰습니다. 반대로 왕이 될 순서가 되지도 못했던 솔로몬은 왕이 되어 나라를 부흥시켰습니다.

15:6, "의인의 집에는 많은 보물이 있어도 악인의 소득은 고통이 되느니라"

우리 교회에는 많은 보물이 있습니다. 의인의 집에는 많은 보물이 있습니다. 우선 의인의 집에는 그 자녀들이 보물입니다. 그 자녀들이 얼마나 하나님의 말씀을 좋아하고 하나님을 기쁘시게 하는지 모릅니다. 그리고 의인의 집에는 믿음이 있고 사랑이 있고 하나님의 말씀이 있습니다. 이것이 보물입니다.

얼마 전에 90세가 넘으신 할머니께서 성경 전체를 쓰셔서 담임목사님의 사인을 받기 위해 필사한 노트를 저에게 보냈습니다. 그런데 그 글씨가 도저히 90세 할머니가 쓰셨다고 믿을 수 없을 정도로 아름다웠고 글자가 하나도 비뚤어진 것이 없었습니다. 그 집에는 하나님의 말씀이 보물입니다. 그리고 자녀들이 복을 받아서 성공하고 부하게 됩니다. 반대로 악인의 집은 돈이 많을지 모릅니다. 그러나 그 자녀들은 돈이 많으니까 공부하지 않고 학교에서도 문제를 일으킵니다. 악인의 자녀는 그 돈으로 나쁜 데 씁니다. 그들은 술을 마시고 나쁜 친구를 사귀든지 도박하거나 이마에 땀을 흘리지 않고 떼돈을 벌려고 하다가 망하고 맙니다.

15:7, "지혜로운 자의 입술은 지식을 전파하여도 미련한 자의 마음은 정함이 없느니라"

미련한 자의 입에서 거짓 뉴스가 만들어지게 됩니다. 특히 요즘은 유튜브나 SNS를 통해서 증명되지 않은 거짓 뉴스가 빨리 퍼집니다. 거짓 뉴스가 훨씬 재미있기 때문입니다. 그러나 지혜로운 자의 입술은 과학적인 근거를 가지고 설명합니다. 그런데 사람들은 그런 말은 잘 믿지 않습니다. 오히려 거짓 뉴스는 상상할 수 없을 정도로 진짜같이 빨리 퍼지게 됩니다.

15:8, "악인의 제사는 여호와께서 미워하셔도 정직한 자의 기도는 그가 기뻐하시느니라"

입술이 정직하지 못한 자는 아무리 예배를 드려도 하나님은 받지 아니하실 뿐 아니라, 예배를 드리면 드릴수록 미워하십니다. 그래서 쓸데없는 예배는 자꾸 드리지 말아야 합니다. 아무리 화려한 격식을 갖춘 예배라도 바른 말씀이 없으면 하나님은 미워하십니다. 하나님은 하나님의 말씀을 두려워하는 자의 기도를 들으십니다. 그래서 기도의 응답이 있고 생각하지 못했던 일들이 일어나게 됩니다.

3. 지혜와 어리석음의 결과

15:9-10, "악인의 길은 여호와께서 미워하셔도 공의를 따라가는 자는 그가 사랑하시느니라 도를 배반하는 자는 엄한 징계를 받을 것이요 견책을 싫어하는 자는 죽을 것이니라"

악인의 길은 처음에는 잘 나가는 것 같은데 가면 갈수록 길이 험해지고 나중에는 낭떠러지에서 떨어지게 됩니다. 악인의 길은 끝까지 다 만들어져 있지 않기 때문입니다. 이것이 하나님께서 미워하는 자의 길입니다. 하나님의 말씀을 배반하는 자는 엄한 징계를 받습니다. 즉 이 세상이 얼마나 어려운지 깨닫게 하시는 것입니다. 특히 바른 하나님의 말씀을 듣기 싫어하는 자는 죽기 쉽습니다. 그는 세상이 얼마나 위험한지 모르기 때문입니다. 그러나 사실 다 큰 어른이 다른 사람의 견책을 받아들인다는 것이 얼마나 어려운 일인지 모릅니다. 모두 자존심이 있기 때문입니다. 사람들은 영생과 멸망이 있다고 해도 그런 소리 듣는 것을 아주 싫어합니다. 그렇지만 그 견책하는 소리에 불순종한 결과는 죽음뿐입니다.

15:11, "스올과 아바돈도 여호와의 앞에 드러나거든 하물며 사람의 마음이리요"

결국 모든 인간은 죽게 되고 무덤에 들어가게 됩니다. "스올"이나 "아바돈"은 '무덤 또는 사망의 세계'를 말합니다. 하나님은 우리의 미래를 가장 정확하게 아십니다. 그러나 하나님 말씀의 세계는 눈에 보이지 않지만 이 세상은 확실하게 존재합니다. 우리는 하나님이 말씀하는 미래를 믿어야 합니까? 아니면 눈에 보이는 이 세상 현실을 믿어야 합니까? 오늘 크리스천은 욕심스럽게도 두 가지 모두를 다 가지려고 합니다. 그래서 세상에서도 성공하고 천국에도 가려고 예수를 믿습니다. 이것이 과연 가능할까요?

우리가 과연 믿는다고 하면서 이 세상을 부정할 수 있을까요? 우리가 이 세상에서 멸시와 천대를 받으면서 천국을 사모할 수 있을까요? 하나님은 죽은 자들의 마음도 아시고 산 자들의 마음도 아신다고 했습니다. 우리가 세상에서 성공하려고 하는 것은 과연 죄일까요? 조금 전에는 의인의 집에는 많은 보물이 있다(6절)고 하지 않았습니까? 물론 우리는 이 세상에서도 하나님이 주시는 선물을 얼마든지 받아 누릴 수 있습니다. 그러나 이 세상의 성공이 우리 삶의 목적이 되어서는 안 됩니다.

"거만한 자"는 오만한 자를 말합니다. 그는 자기가 모든 것을 다 알고 있으며 항상 최고라고 생각합니다. 그는 누가 자기에게 가르쳐 주는 것을 좋아하지 않습니다. 특히 오만한 자는 지혜 있는 자에게 가서 무엇을 물어보는 것을 싫어합니다. 그러면 이런 사람에게는 발전이 없습니다. 그러나 지혜 있는 자는 다른 사람에게 배우는 것을 좋아하고 책을 읽는 것을 좋아합니다.

사람의 얼굴에서 빛이 날 때 다른 사람의 주목을 받게 되고 아름답게 보이게 됩니다. 사람들은 얼굴을 빛나게 하기 위해서 화장하거나 조명발을 받습니다. 그러나 얼굴이 가장 빛나는 사람은 마음에 기쁨이 있는 사람입니다. 이런 사람의 마음속에는 행복이 있습니다. 왜냐하면 그는 인생의 답을 알기 때문입니다. 그리고 그는 하나님에 대한 믿음이 있기 때문입니다.

15:14, "명철한 자의 마음은 지식을 요구하고 미련한 자의 입은 미련한 것을 즐기느니라"

지혜로운 자는 자신이 부족한 것을 알고 더 배우려고 합니다. 그러나 미련한 자는 더 배울 필요가 없다고 생각하기 때문에 더 배우려고 하지 않습니다. 그러면 그 사람은 아무 발전이 없기 때문에 매일 한 소리를 또 하고 또 할 것입니다. 그러면 그에게는 친구가 없어지고 아무도 가까이하려고 하지 않을 것입니다.

15:15, "고난 받는 자는 그 날이 다 험악하나 마음이 즐거운 자는 항상 잔치하느니라"

미련한 자는 처음에는 자기 마음대로 사니까 편한 것 같습니다. 그러나 그는 인생을 살면 살수록 사는 것이 험악해집니다. 이 세상을 사는 것이 생각만큼 쉽지 않기 때문입니다. 그리고 그는 누구에게나 쉽게 화를 내고 생활의 절제도 없어지니까 병이 생기게 되고 심술이 늘게 됩니다. 그러나 지혜로운 자는 나중에 정말 축복의 길을 달리게 됩니다. 그래서 지혜로운 자는 살아가면 갈수록 더 마음이 즐거워지게 됩니다. 나중에는 항상 잔치하게 됩니다. 물론 이 잔치가 많이 먹는 잔치라는 뜻이 아닙니다. 예배도 잔치입니다. 만남도 잔치입니다. 부흥회나 수련회도 잔치입니다. 그에게는 주일마다 천국 잔치가 열리게 되는 것입니다.

32

채소의 사랑

잠 15:16-24

우리는 때때로 자신에게 이런 질문을 할 때가 있습니다. '우리가 가난하게 사는 것과 하나님을 잘 믿는 것 중에 어느 것을 더 원하는가?' 그때 우리의 머릿속에는 아무리 하나님을 잘 믿어도 가난하면 무슨 소용이 있나, 차라리 신앙은 없어도 돈이 많은 부자가 되어서 떵떵거리면서 사는 것이 더 행복한 것이 아닐까 하는 생각이 들지도 모릅니다.

학생 같으면 예수를 잘 믿지만 좋지 못한 학교를 다니는 것보다는 신앙은 없어도 일류 대학 다니는 것이 더 자랑스럽지 않을까요? 어렸을 때부터 저는 가진 재주라고는 정말 아무것도 없었습니다. 그렇다고 해서 공부를 아주 뛰어나게 잘하는 것도 아니고, 우리 집이 잘사는 것도 아니었습니다. 그런데 저에게 누구보다 잘하는 재주 하나가 있었는데, 예수 믿는 것이었습니다. 저는 예수는 열심히 믿었지만 우리 집은 가난했고 저는 예수는 열심히 믿었지만 학교도 제대로 다니지 못한 양계장 출신이었습니다. 그때 제 마음속에는 '서울대도 신앙을 가지고 뽑으면 얼마나 좋을까? 그러면 내가 틀림없이 붙을 텐데' 라는 생각을 한 적도 있었습니다.

그런데 이것은 비단 우리의 문제만이 아니었습니다. 이것은 이스라엘 역사 내내 이스라엘 백성이 고민하고 시험도 받았던 문제였습니다. 이스라엘 백성은 '우리가 하나님만 믿고 가난하게 살면 무슨 낙이 있나? 하나님을 잘 믿지 않고 우상을 섬기더라도 세상에서 한번 잘 살아보자' 라는 유혹이 늘 마음속에 있었던 것입니다. 그러나 이스라엘 백성이 하나님을 버리고 세상을 따라간 결과는 비참한 실패였고 가난이었고 전쟁의 포로가 되는 것이었습니다. 그 이유는 이스라엘 백성 자신이 하나님 앞에서 얼마나 특별한 사람들인지 깨닫지 못했기 때문입니다.

사울 왕과 다윗을 비교해 봅시다. 사울은 하나님의 택함을 받아서 이스라엘 초대 왕이 되었고 백성의 존경도 받았습니다. 그러나 사울은 하나님의 말씀을 믿지 않았습니다. 그 대신 싸움 잘하는 사람들을 스카우트해서 자신의 권력 기반으로 삼았습니다. 거기에 비하여 다윗은 가난한 목동이었고 나중에는 사울 왕의 시기를 받아서 도망치고 있었고 내일을 기약할 수 없는 가난뱅이였습니다. 그러나 다윗은 하나님을 경외했습니다. 그리고 하나님의 율법을 너무나도 사랑했습니다. 우리는 두 사람의 결말을 성경을 통해 너무나도 잘 알고 있지 않습니까? 사울 왕은 수많은 이스라엘 백성과 함께 패배하고는 자살을 택합니다. 거기에 비하여 다윗은 도망자에서 돌아와서 이스라엘의 왕이 되어 이스라엘을 큰 나라로 부흥시킵니다.

1. 돈이냐 능력이냐?

우리가 성경을 통해 알 수 있는 것은 하나님을 경외하는 자들은 돈은 없지만 하나님의 능력을 가지게 된다는 것입니다. 그 대표적인 예가 성전 미문에서 나면서 걷지 못했던 장애인을 일으킨 베드로와 요한입니다. 베드로와 요한은 성전 미문에서 그들을 향하여 구걸하는 장애인을 향하여 "은과 금은 내게 없거니와 내게 있는 이것을 네게 주노니 나사렛 예수 그리스도의 이름으로 일어나 걸으라"(행 3:6)고 했습니다. 그러자 세상에 태어나서 한 번도 일어나본 적이 없던 장애인은 벌떡 일어나 걸었습니다.

15:16, "가산이 적어도 여호와를 경외하는 것이 크게 부하고 번뇌하는 것보다 나으니라"

어떤 사람은 돈이 없습니다. 그러나 여호와를 경외합니다. 그는 돈 대신 무엇을 가지게 됩니까? 하나님의 능력을 가지게 됩니다. 거기에 비하여 돈이 많은 부자가 있습니다. 이 부자는 돈을 지키기 위하여 밤낮으로 번뇌합니다. 우리가 짧은 시간으로 볼 때는 당장 돈이 있고 그 돈으로 마음대로 쓰는 사람들이 대단하게 보이지만 이 세상 일은 사람의 뜻대로 되지 않습니다. 그래서 결국 많은 돈을 잃어버리고 번뇌하고 후회하고 걱정하게 되는 것입니다. 그러나 하나님을 경외하는 사람은 하나님을 예배하는 것이 주업이고 다른 일은 부업이기 때문에 돈을 굳이 많이 벌려고 하지 않습니다. 그 대신 그는 하나님의 능력이 자기들을 지키고 계신 것을 느낄 수 있습니다. 즉 나사렛 예수의 이름이 능력 있어서 하나님의 불 말과 불 병거로 자기들을 지키는 것을 깨닫게 됩니다.

15:17, "채소를 먹으며 서로 사랑하는 것이 살진 소를 먹으며 서로 미워하는 것보다 나으니라"

우리가 어렸을 때는 모두 가난했습니다. 그래서 식구들이 점심식사를 하게 되면 큰 양푼이에 보리밥을 넣고 거기에 상추나 쑥갓이나 얼갈이 물김치를 넣고 고추장과 참기름을 넣어서 비빈 후에 모두 둘러앉아서 크게 한 숟가락씩 비빔밥을 떠서 볼이 터지도록 입에 넣고 우적우적 씹어 먹었습니다. 그때는 그렇게 먹는 것이 최고의 식사였습니다.

그러나 가족이 서로 돈 때문에 미워하고 있고 재산 때문에 다투고 있다면 고기 음식을 먹는 것이 의미가 없을 것입니다. 옛날에 정적을 죽일 때는 주로 식사에 초대해서 죽일 때가 많았습니다. 중세 때 피렌체의 체사레라는 야심가는 정적들을 모두 잔치에 초대해서 안심시키고 그들이 음식을 먹는 동안 부하들을 시켜서 다 죽여 버렸습니다. 중국에서도 적국 왕을 암살하려고 하면 고기 음식을 차려놓고 검무를 보여드리겠다고 하면서 장수가 칼을 들고 나와 춤을 추면서 상대 왕을 죽이려고 했습니다.

우리가 하나님을 경외한다는 것은 길을 찾았다는 뜻입니다. 우리가 인생의 길을 찾았다면 채소를 먹든 고기를 먹든 상관없을 것입니다.

2. 분노의 조절

오늘날 가장 심각한 문제 중의 하나는 대부분 사람이 분노의 감정이 조절되지 않는다는 것입니다. 그래서 미국 같은 경우에는 아무 이유 없이 총을 가지고 학교에 들어가서 교사나 학생들을 쏘아서 죽이는 사람도 있습니다. 우리나라에도 후드티를 입고 돌아다니면서 닥치는 대로 사람들을 칼로 찔러 죽인 후 체포되는 경우들이 생기고 있습니다. 그 이유는 그 사람의 마음속에 무엇인지 모르지만 분노가 꽉 차 있기 때문입니다. 과연 우리가 이 세상을 살면서 마음속에 있는 분노를 조절할 방법이 있을까요?

15:18, "분을 쉽게 내는 자는 다툼을 일으켜도 노하기를 더디 하는 자는 시비를 그치게 하느니라"

쉽게 분노하는 사람은 요새 다툼을 일으키는 정도가 아닙니다. 그는 밖으로 뛰쳐나가서 칼로 사람들을 찔러 죽이기도 하고 자살 소동을 벌여서 구급차가 출동하기도 합니다. 그런데 왜 이들은 쉽게 화를 낼까요? 우선 분노를 쉽게 내는 자들은 오랫동안 분노가 마음속에 쌓여 있었는데 이것을 눌러 놓았다가 어느 순간에 터져 나오는 것입니다. 원래 사람의 마음은 호수와 같아야 합니다. 거기에는 물이 있고 풀도 있고 나무도 있어서 시원한 그늘을 만들어주어야 합니다. 그러나 사람의 마음에 너무 오랫동안 비가 내리지 않으면 호수도 마르게 되고 풀이나 나무도 죽어서 사막으로 변하게 됩니다. 그러면 사람의 뇌가 너무 뜨거워지니까 이상하게 되어서 조현병 같은 병이 생기게 됩니다. 사람의 마음이 오랫동안 메말라 있으면 자기 스스로 남을 오해하고 화가 나서 참지 못하는 것입니다.

어떤 사람은 머리가 너무 좋아서 나쁜 일을 하나도 잊지 않고 기억하다가 폭발하는 경우도 있습니다. 또 어떤 사람은 열등감을 오래 가지고 있거나 가족 중의 누군가가 자살하거나 끔찍한 교통사고로 죽는 바람에 그 충격으로 정신병이 생길 수도 있습니다. 사람이 쉽게 화를 내지 않는 방법은 어렸을 때부터 사랑을 많이 받으면서 자라는 수밖에 없습니다. 그리고 설교 말씀을 들으면서 울고 웃고 하면서 치료받는 수도 있습니다. 그러나 이것이 병이 되었을 때는 약을 같이 먹어야 합니다.

직장에서 스트레스를 많이 받으면 직장을 그만두어야 할까요? 아니면 그럼에도 참아야 할까요? 하나님은 감당하지 못할 시험은 안 주신다고 하셨는데 기도하면서 참아야 할까요? 사람마다 다르겠지만 일단 기도하는 것이 중요하다고 생각합니다. 그리고 자연스럽게 옮겨질 수 있으면 직장을 옮기고, 그렇지 않으면 스트레스 주는 사람을 멀리 보내 달라고 해야 할 것입니다. 일단 분노는 말하면서 풀어지는 법인데 수다를 떤다든지 혹은 누군가에게 말하는 것도 필요합니다.

3. 길을 찾지 못한 사람들

우리가 이 세상에서 가야 할 길을 찾는 것은 참 어렵습니다. 사람이 만일 광야에서 길을 한번 잃어버리면 점점 더 길이 없고 위험한 곳으로 갈 가능성이 큽니다. 그러다가 목이 너무 말라서 지쳐서 쓰러지면 죽게 되는 것입니다. 그러나 우리가 믿음의 길을 가면 그곳에는 항상 물이 있습니다. 이스라엘 백성도 광야 길을 가면서 물이 없어서 죽는다고 모세를 원망했을 때 하나님은 모세에게 앞에 있는 큰 반석을 쳐서 생수가 나오게 하셨습니다.

이 세상은 광야와 같이 나갈 수 있는 길이 없이 제자리를 계속 돌기만 하는 곳인데, 세례 요한은 그 출구를 가르쳐주겠다는 것입니다. 바로 그분은 예수 그리스도이십니다. 결국 이 세상에서 미련한 자는 광야에서 나가는 길을 찾지 않은 채 돈 벌고 세상에서 성공하는 사람들입니다. 그러나 지혜로운 자는 무엇보다 가장 먼저 광야에서 나가는 길부터 찾는 사람입니다. 예수님은 좁은 문으로 들어가라, 멸망으로 가는 길은 넓어서 그리로 가는 사람이 많다고 말씀하셨습니다.

15:19, "게으른 자의 길은 가시 울타리 같으나 정직한 자의 길은 대로니라"

하나님의 길을 부지런히 찾는 사람은 마치 가시덤불에서 길을 찾는 것과 같습니다. 그래서 이 세상에서 길이 없는 것 같을 때도 있습니다. 예수님은 "너희는 먼저 그의 나라와 그의 의를 구하라"(마 6:33)고 말씀하셨는데 그렇게 하면 굶어죽을 것 같은 때가 많습니다. 그러나 일단 길을 찾고 난 후에는 길이 끝까지 나 있습니다. 그러나 반대로 이 세상 길만 찾는 사람은 처음에는 길이 대로인 것 같습니다. 머리만 좋고 노력만 하면 얼마든지 성공할 수 있을 것 같습니다. 그러나 그 길은 끝까지 나 있지 않습니다. 세상 길은 가면 갈수록 가시덤불밖에 없습니다. 결국 게으른 자는 가시덤불에 걸려서 넘어지고 잘못 넘어지면 절벽으로 떨어져 죽게 됩니다. 이 세상 길은 끝에 길이 없습니다. 그러나 행복의 길은 반드시 있습니다.

15:20, "지혜로운 아들은 아비를 즐겁게 하여도 미련한 자는 어미를 업신여기느니라"

지혜로운 아들은 아버지로부터 하나님의 말씀을 배운 후에는 자기 길을 알아서 찾아갑니다. 자식 중에서 부모가 뭐라고 잔소리하지 않아도 자기 길을 찾아가는 아들만큼 자랑스러운 아들은 없을 것입니다. 그러나 미련한 아들은 자기 길을 찾지 못합니다. 그래서 자꾸 부모에게 잔소리한다고 하면서 술이나 마시고 돈이나 달라고 하면서 애를 먹이는 것입니다. 부모는 곧 늙어가고 그들의 인생을 책임져줄 수 없습니다. 사실 믿음으로 자라고 믿음으로 늙어가는 것이 얼마나 아름다운지 모릅니다. 병원에 가면 다 환자인 것처럼 늙으면 다 노인입니다. 그러나 우리는 노인이 되면 안 됩니다. 우리는 날마다 젊어져야 합니다.

15:21, "무지한 자는 미련한 것을 즐겨 하여도 명철한 자는 그 길을 바르

하나님을 모르는 사람은 무지한 자입니다. 그들은 자꾸 미련한 것을 좋아합니다. 즉 비슷한 사람들끼리 어울려서 남의 흉이나 보는 것을 좋아합니다. 그러나 명철한 자는 자기에게 주어진 시간이 얼마나 귀한 시간인지 압니다. 그래서 힘이 있고 목숨이 남아 있는 한 하나님의 축복의 길을 만들어갑니다. 그래서 다른 사람들로 하여금 축복의 길을 찾아오게 합니다. 즉 살아있는 동안 다른 사람들이 길을 찾을 수 있도록 징검다리를 만드는 것입니다.

루터는 신구약 성경을 독일어로 번역했습니다. 루터는 밥상에서 제자들에게 하나님의 진리를 많이 가르쳤습니다. 제자들이 그것을 책으로 엮은 것이 루터의 《탁상담화》입니다. 이것이 영어로 번역되었는데 이미 독일 책은 없고 어떤 영국 왕이 루터의 책은 모두 태우라고 명령하는 바람에 이 책도 모두 타버렸습니다. 그런데 세월이 지난 후 누군가가 한 권을 땅에 파묻어둔 것이 발견되어 지금 우리나라 말로도 번역되어 있고 저도 가지고 있습니다. 칼빈은 《기독교강요》를 썼습니다. 존 번연은 《천로역정》을 썼습니다. 마틴 로이드존즈 목사는 《로마서 강해》를 14권이나 썼습니다. 우리나라 박윤선 박사도 성경 전체의 주석을 썼습니다. 옛날에는 박윤선 주석 전질 하나만 사는 것도 목회자들의 로망이었습니다.

교회 건물을 멋있게 짓는 것으로는 길을 바르게 하는 것이 되지 못합니다. 로마에 가면 꼭 가야 한다는 4대 성당이 있는데, 라테란의 베드로 성당, 성모 마리아 성당, 라테란의 요한 성당, 성 밖의 성 바오로 성당 들입니다. 그러나 이 화려하고 거창한 성당들이 사람들을 하나님께로 인도하는 길이 되지 못합니다. 이것 자체가 하나의 갇힌 동굴입니다. 그런데 요즘은 개신교들도 이것을 따라 하는 것 같습니다. 즉 교인들에게 하나님의 말씀으로 길을 가르쳐주려고 하지 않고 자꾸 예

배당만 화려하게 하고 사업만 많이 벌이려고 하는 것입니다. 우리가
생명으로 나아가는 길은 오직 예수님과 하나님의 말씀밖에 없습니다.

**15:24, "지혜로운 자는 위로 향한 생명 길로 말미암음으로 그 아래에 있
는 스올을 떠나게 되느니라"**

여기 "지혜로운 자"는 생명의 길을 찾은 사람을 말합니다. 이 사
람이 걸어가는 길 밑에는 스올의 지옥 불이 지글거리고 있습니다.
《천로역정》을 보면 '크리스천'이 사망의 골짜기를 지나가는데, 한쪽
은 죽음의 늪이고 다른 한쪽은 절벽이었습니다. 그런데 그 길에는 마
귀들이 있고 죽은 영혼들이 소리 지르는데 너무나도 무서웠습니다.
조금만 오른쪽으로 치우치면 절벽으로 떨어지고 조금만 다른 쪽으로
치우치면 늪에 빠지게 되는데, 도무지 길이 보이지 않았습니다. 그러
나 그는 용감하게 사망의 음침한 골짜기를 통과해서 환한 곳으로 나
오게 됩니다. 우리는 비록 우리 가는 길에 사망의 음침한 골짜기가 가
로막고 있고, 우리 밑에 귀신들과 악한 영들이 소리 지르고 있어도 두
려워하지 말고 담대한 믿음으로 통과해서 빛의 나라로 모두 들어가야
만 합니다. 그렇게 되시기를 간절히 바랍니다.

33

지혜의 태도

잠 15:21-33

이 세상에서 지혜 있는 사람은 어떤 사람이었습니까? 그리고 지혜 있는 사람은 어떤 태도로 다른 사람을 대했습니까? 아마도 가장 지혜 있는 사람은 일단 사람의 무게가 있을 것입니다. 그리고 겸손하고 온유할 것입니다.

우리나라에서 얼마 전까지 세계에서 바둑을 가장 잘 두는 기사가 있었습니다. 이 사람은 이미 십대에 세계 최고의 자리까지 올라가서 이십 대에는 상이란 상은 다 휩쓸었습니다. 그는 국가 대항 기전에서 놀라운 기록을 세웠습니다. 우리나라는 그 기사 혼자 남고 중국은 여러 명의 기사가 남아 있었습니다. 그러나 이 기사는 중국의 그 뛰어난 선수들을 한 명씩 전부 다 쓰러트리고 마침내 우승을 차지했습니다. 이를 두고 '상하이 대첩'이라고 불렀습니다. 이 선수의 별명은 '돌부처'였습니다. 그 선수는 이기거나 지거나 표정의 변화가 없었고 웃는 법도 없었습니다. 그는 인성이 좋아서 늘 겸손하고 자기를 높이는 법이 없었습니다.

요셉은 하나님의 지혜가 있는 사람이었습니다. 요셉은 애굽의 노

예였고 특히 감옥에 갇힌 노예 신분이었기 때문에 아무도 그를 인정
해 주지 않았습니다. 그러나 그는 지혜가 주는 무게가 있었습니다. 그
리고 그는 끝까지 하나님을 의지하는 자신감이 있었습니다. 지혜가
없는 사람들은 자기가 아는 약간의 지식을 자랑하고 자기를 드러내려
고 하기 때문에 매우 가볍게 행동합니다.

1. 지혜의 응집력

진정으로 지혜 있는 사람은 자기 혼자의 힘으로 모든 것을 다 하려
고 하지 않습니다. 오히려 자신의 지혜로 다른 사람을 설득해서 그들
을 움직이게 하는 힘을 가지고 있습니다. 이것이 바로 지혜가 가지는
공감력이고 응집력이라고 할 수 있습니다.

**15:22, "의논이 없으면 경영이 무너지고 지략이 많으면 경영이 성립하느
니라"**

"경영"이라는 말은 요즘 기업이나 학문에서 많이 쓰는 용어입니
다. 이 용어는 사업가가 회사를 움직여서 물건을 구매하든지 만들어
서 소비자에게 판매해서 이익을 만들어내는 것을 말합니다. 그래서
예전에는 회사를 경영하려고 하면 자본을 투자해서 공장을 세우고 기
계를 돌려서 물건을 만들어내서 판매했습니다. 그러나 옛날 방식으
로 물건을 만들어 내거나 판매하는 것은 자본이나 인건비가 많이 들
기 때문에 요즘은 물건을 만들 때도 '아웃 소싱'이라고 해서 다른 회
사에 맡겨서 만들기도 하고, 또 판매할 때도 매장에 직원을 두고 파는
것이 아니라 인터넷에 상품을 올려서 소비자와 직거래하는 방식의 경
영도 많습니다. 그러면 비용도 많이 절약할 수 있을 것입니다.

　그러나 오늘 말씀을 잘못 이해하면, 어떤 계획을 세우는데 너무 쓸데없는 말을 많이 해서 불필요한 계획이 많으면 그 계획을 망하게 하는 방법이라고 생각하기 쉽습니다. 흔히 "사공이 많으면 배가 산으로 올라간다"는 말이 있습니다. 배에 너무 사공이 많으면 배가 방향을 잡지 못해서 산으로 올라가 버린다는 속담입니다. 그런데 본문에서는 진정한 지혜는 "의논이 많다"고 했습니다. 이것은 단순히 쓸데없이 참견하거나 잘 알지도 못하면서 간섭하는 것을 말하지 않습니다. 진정한 경영은 모임을 자주 가지는 것을 말합니다. 그러다 보면 처음에는 서로의 생각에 차이가 많았는데 그런 차이를 점점 좁혀갈 뿐 아니라 나중에는 그 계획을 실천하는데도 아주 구체적인 방법까지 서로 생각해 내서 완전히 하나가 되는 것입니다. 그렇게 일을 추진해 나가면 큰 소리를 지르거나 일을 하면서 싸울 필요도 없습니다. 그냥 물 흐르듯이 자연스럽게 흘러가게 되는 것입니다. 그런데 쓸데없이 사람을 지배하기 위하여 회의를 자꾸 하는 것은 시간을 뺏는 것이고 시간 낭비이며 아무 유익이 없습니다. 그러나 어떤 큰일을 실행하려고 하면 관계되는 사람들이 자꾸 만나서 의견을 조율하는 것이 좋은 방법입니다.

　우리가 이 세상에서 다른 사람들의 방해나 경쟁을 이기고 성공하려면 자기만 가지고 있는 비밀 '노하우'가 있어야 합니다. 이것이 없으면 금방 다른 사람에게 따라잡히게 되고 다른 사람이 자기보다 좋은 성적을 내면 불안해지거나 초조해지게 됩니다. 그러나 많은 연단과 고통 가운데서 다른 사람은 흉내 낼 수 없는 기술을 가지고 있으면 그것을 다른 사람에게 가르쳐서 함께 힘을 합쳐서 전진하는 것입니다.

　이것은 신앙에 있어서도 마찬가지입니다. 모든 목회자나 교인들은 신앙의 대부흥과 하나님의 복을 원합니다. 그런데 사람들은 이것을 위해서 너무 많은 방법을 생각하고 너무 많은 계획을 가지고 있습니다. 그러나 그 방법대로 해보면 물론 성공하는 사람도 있겠지만 거의 대개는 실패하고 맙니다. 그것이 바른 방법이 아니기 때문입니다. 우리가 인생 밑바닥에서 배운 방법, 수많은 실패와 고통 가운데서 터득한 하나님의 방법을 이해하고 공감하는 사람이 많으면 결과는 대성공인 것입니다. 여기에 보면 "지략이 닳으면 경영이 성립한다"고 했습니다. 여기서 "지략"은 바로 인생 밑바닥에서 배운 하나님의 노하우를 말하는 것입니다.

요셉의 지혜는 하나님의 말씀을 가지고 인생 밑바닥에서 말씀과 현실 사이의 갭을 메우려고 몸부림치는 가운데 하나씩 터득한 것이었습니다. 그래서 요셉의 지혜는 누구도 흉내 낼 수 없는 독특한 장점을 가지고 있었습니다. 다윗도 마찬가지였습니다. 다윗이 이스라엘을 다스리는 지략은 사울에게 쫓겨서 도망 다니면서 하나님의 말씀을 묵상하면서 말씀과 현실의 차이를 고민하면서 하나씩 터득한 그만의 지혜였습니다. 그래서 정식 전쟁만 배운 사울의 군대는 다윗을 잡을 듯 잡을 듯 하면서 잡지 못했던 것입니다.

15:23, "사람은 그 입의 대답으로 말미암아 기쁨을 얻나니 때에 맞는 말이 얼마나 아름다운고"

사람에게 있어서 가장 어려운 것이 진실하면서도 재미있게 어떤 사실을 이야기하는 것입니다. 사실 이런 식으로 이야기하는 것은 가장 어려운 대화법 중의 하나입니다. 어떤 사람은 많은 이야기를 하기는 하는데 대개는 농담이든지 아니면 다른 사람을 웃길 목적으로 하는 쓸데없는 이야기인 경우가 많습니다. 대개 사람들은 모이면 자기 자랑을 하든지 아니면 남을 욕하는 이야기들을 합니다.

어떻게 하면 입의 대답으로 말미암아 질문한 사람이 기쁨을 얻을 수 있을까요? 이것은 정답을 알아맞히는 것입니다. 사실 정답을 아는 분은 예수님밖에 없습니다. 예수님은 우리가 무슨 말을 할 때 무슨 대답을 할까 걱정하지 말라고 하셨습니다. 우리 안에 있는 성령이 정답을 말씀해 주실 것이기 때문입니다. 사람들은 때대로 누군가의 이야기를 들을 때 "이것은 성령님이 하시는 말씀이야"라는 것을 다 같이 느낄 때가 있습니다. 그래서 처음에는 많은 사람이 왁자지껄 떠들어대다가 나중에는 모두 경청하게 됩니다. 그 이유는 그가 하는 이야기가 전혀 듣지도 못했거나 신기한 이야기이기 때문입니다.

또 "때에 맞는 말이 얼마나 아름다운고"라고 했습니다. 가족 중에 사고로 돌아가서 슬퍼하는 가족을 어떻게 위로하겠습니까? 암 진단을 받고 낙심하는 분을 어떻게 위로하겠습니까? 집이 불에 타버려서 울고 있는 사람을 어떻게 위로하겠습니까? 우리는 위로할 길이 없습니다. 사실 큰 어려움을 당했을 때 인간의 말로는 무슨 말을 해도 위로가 되지 않습니다. 그럴 때는 찬송만 부릅니다. 그러면 이상하게 위로가 되면서 말씀을 들을 마음이 생기게 됩니다. 그때 함께 하나님의 말씀을 들으면 위로가 됩니다.

15:24, "지혜로운 자는 위로 향한 생명 길로 말미암음으로 그 아래에 있는 스올을 떠나게 되느니라"

사람들은 자기 아래에 언제든지 죽음이 기다리고 있다는 사실을 알지 못합니다. 그래서 어리석은 자들은 자기 머리나 돈과 세력을 믿고 큰소리를 칩니다. 그래도 그가 금방 스올에 떨어지지 않는 이유는 하나님께서 기회를 주시기 때문입니다. 그러나 우리의 지혜가 사람의 말재간이 아니라 성령이 주시는 지혜를 말한다면 우리는 이미 하늘을 날고 있는 것입니다. 우리는 이 세상 사람들과는 다른 길을 가고 있습니다. 그 길은 바로 생명 길입니다. 그러나 세상에 아첨하고 일시적으로 성공하는 것을 목적으로 사는 사람들은 스올의 입이 그런 사람들을 빨아 당겨서 결국 캄캄한 죽음의 세계에 들어가게 될 것입니다.

2. 하나님의 도우심

우리가 이 세상에서 성공하려고 하면 아무래도 하나님의 도움을 받아야 합니다. 그러나 사람들은 하나님이 계신 것조차 믿지 않는데 어떻게 하나님의 도움을 받을 수 있겠습니까? 그런데 놀라운 것은 하나님은 우리를 돕기는 도우시되 우리가 전혀 느끼지 못하는 방법으로 도우십니다. 여기서 교만한 자와 겸손한 자가 갈라지게 됩니다. 교만한 자는 자기가 성공했거나 어떤 어려움에서 벗어났을 때 자기가 잘해서 그런 줄 알고 자랑합니다. 그러나 겸손한 자는 하나님이 보이지 않는 손길로 도우신 것을 알고 더 하나님을 의지합니다.

15:25, "여호와는 교만한 자의 집을 허시며 과부의 지계를 정하시느니라"

하나님께서는 아무것도 안 하시고 가만히 계신 것 같지만 실제로는 인간의 모든 행동을 다 보고 계시며 결정적인 순간에 간섭하십니다.

여기서 "교만한 자"는 주위에 있는 사람들을 볼 때 자기가 가장 똑똑하고 잘 났다고 생각합니다. 그리고 어디서든지 자기를 내세우기 좋아합니다. 그래서 다른 사람 앞에 나서서 자기의 지식을 뽐내는 것을 좋아합니다. 그뿐만 아니라 힘없는 자의 땅이나 집을 감언이설로 속여 차지하는 것을 좋아합니다. 또 악한 자들은 법을 잘 알지 못하는 과부의 재산을 노려서 빼앗는 것을 좋아합니다. 이런 사람들은 법을 잘 아는 사기꾼들에게 속아서 자기가 가지고 있는 전 재산을 잃어버리는 경우가 종종 있습니다. 그 대표적인 예가 전세 사기 사건입니다. 얼마나 이 사기에 관계된 사람이 많은지 은행원이나 부동산 중개업자나 변호사도 있었습니다. 하나님은 이런 사기꾼들을 그냥 두시지 않으십니다.

하나님께서는 과부의 집을 사기꾼들이 침범하지 못하도록 경계선을 정해놓으십니다. 물론 이것은 눈에 보이지 않는 경계선입니다. 이 과부는 어수룩한 하나님의 백성을 말합니다. 악한 자들이 아무리 우리가 가진 것을 노리고 빼앗으려고 해도 더 이상 빼앗을 수 없는 경계선이 있는 것입니다. 이것이 우리에게는 너무나도 감사한 일입니다. 이 세상에서 사람들은 좋지 않은 계획을 많이 세웁니다. 그 계획은 자기는 부자가 되고 다른 사람들은 망하게 하는 계획입니다.

15:26, "악한 꾀는 여호와께서 미워하시나 선한 말은 정결하니라"

하나님은 다른 사람은 망하게 하면서 자기만 유리하게 만드는 꾀를 "악한 꾀"라고 말씀하십니다. 그러나 이런 악한 꾀를 계획하는 사람들은 당장에는 이득을 보고 성공하는 것 같지만 나중에 보면 생각지도 않은 일이 터지면서 모든 계획을 망쳐버리게 됩니다. 이 세상은 사람의 생각대로 다 되지 않습니다. 그러나 "선한 말"은 정결하다고 했습니다. 선한 말은 욕심 내지 않는 것을 말합니다. 욕심 내지 않으면 거짓말할 필요가 없습니다.

15:27, "이익을 탐하는 자는 자기 집을 해롭게 하나 뇌물을 싫어하는 자는 살게 되느니라"

우리 생각으로는 "이익을 탐하는 자"는 자기 집을 이롭게 할 것 같습니다. 그는 욕심이 있기 때문에 돈을 모으고 악착같이 살아서 재산을 모읍니다. 그런데 거기서 딱 끝나면 좋은데 사람의 마음은 그렇지 않습니다. 그는 더 돈을 벌려고 주식이나 부동산 같은데 투자하다가 쫄딱 망하고 맙니다. 그러나 "뇌물을 싫어하는 자"는 정직하게 살려고 애쓰는 사람입니다. 이런 사람들은 하나님의 보호하심을 받습니다. 즉 하나님께서 그 사람을 위기 때 지켜주시는 것입니다. 다른 사람들이 그를 걸고넘어지려고 고소하지만 아무리 탈탈 털어도 부정한 것이 나오지 않으니까 해칠 수 없습니다.

3. 하나님이 좋아하시는 사람

하나님께서는 모든 인간을 사랑하시지만, 그중에서 특별히 사랑하시는 사람이 있습니다. 이들은 결국 하나님의 복을 받아서 존귀한 사람이 되고 유명한 사람이 되고 부자가 됩니다.

첫 번째는 말을 할 때 깊이 생각하는 사람입니다.

15:28, "의인의 마음은 대답할 말을 깊이 생각하여도 악인의 입은 악을 쏟느니라"

모든 사람의 마음속에는 탐욕이나 시기나 거짓이나 음욕이나 더러운 것이 다 들어있습니다. 그러나 하나님을 믿는 자는 무슨 말을 할 때 그냥 생각나는 대로 지껄여대는 것이 아니라 깊이 생각하면서 자기 안에 있는 더러운 욕심을 여과해서 합니다. 그러면 듣는 사람들이 깨끗한 말을 듣게 되니까 독을 덜 마시게 되고 상처를 덜 입게 됩니다. 그러나 악한 사람은 자기 속에 든 것을 생각나는 대로 여과 없이 쏟아냅니다. 이것은 마치 구정물 통을 다른 사람의 얼굴이나 머리에 붓는 것과 같습니다. 그러면 그와 말하는 사람은 정말 기분 나쁜 오물을 뒤집어쓰게 되고 마음에 깊은 상처를 입게 됩니다. 그래서 하나님은 모든 사람의 기도를 다 듣지 아니하십니다. 하나님은 악인은 멀리 하십니다. 즉 그가 기도하거나 예배드리는 것을 싫어하십니다. 그 대신 하나님은 의인의 기도를 듣고 응답하십니다.

두 번째는 눈이 밝은 사람입니다.

15:30, "눈이 밝은 것은 마음을 기쁘게 하고 좋은 기별은 뼈를 윤택하게 하느니라"

사람이 눈이 밝다는 것은 안경을 안 써도 된다는 뜻이 아닙니다. 눈이 밝은 것은 모든 것을 흐릿하게 보지 않고 분명하게 그 실체를 본다는 뜻입니다. 우리는 사람이나 어떤 일의 실체를 알지 못해서 속을 때가 많습니다. 그러나 하나님의 지혜는 우리 눈을 밝게 합니다. 또한 하나님은 우리에게 하나님으로부터 오는 기쁜 소식을 듣게 하십니다. 그것은 하나님이 우리 기도에 응답하셨다는 뜻입니다. 이런 소식을 들으면 뼈가 윤택해집니다. 하나님의 소식을 듣지 못했을 때는 골다공중에 걸린 것 같이 넘어지면 뼈가 부러졌는데 이제는 뼈가 부러지지 않고 관절도 아프지 않는 것입니다.

세 번째는 아무리 높은 자리에 있고 성공해도 여전히 하나님의 책망을 달게 듣는 사람입니다.

15:31-32, "생명의 경계를 듣는 귀는 지혜로운 자 가운데에 있느니라 훈계 받기를 싫어하는 자는 자기의 영혼을 경히 여김이라 견책을 달게 받는 자는 지식을 얻느니라"

자기 영혼의 가치를 쓰레기처럼 생각하는 사람들이 있습니다. 이런 사람들은 늘 다른 사람의 칭찬이나 듣고 아부성 말이나 들으려고 합니다. 그러ㄴ 사람들이 하는 아부의 말은 아무 유익이 없습니다. 오히려 그 말을 듣는 사람의 영혼이 쓰러기가 됩니다. 자기 영혼을 가치 있게 생각하는 사람은 하나님 앞에서 겸손하기 위해서 경책의 말씀을 듣고 겸손할 줄 아는 사람입니다.

33절에 "여호와를 경외하는 것은 지혜의 훈계라"고 했습니다. 하나님을 두려워하는 것이 지혜입니다. 그리고 "겸손은 존귀의 앞잡이"라고 했습니다. 자기가 잘났다고 생각하는 사람은 교만한 사람입니다. 자기가 엄청 똑똑하다고 생각하는 사람은 망할 것입니다. 그러나 겸손할 줄 아는 사람은 존귀하게 됩니다. 그는 존귀의 앞잡이이기 때문에 그 사람을 따라가는 사람들도 모두 존귀하게 됩니다.

34

하나님의 경영

잠 16:1-10

요즘 대학을 입학하는 학생에게 경영학과는 인기가 있는 학과 중 하나입니다. '경영'이라는 것은 기업에 해당하는 말입니다. 즉 회사를 운영해서 이익을 만들어내는 것을 경영이라고 합니다. 그래서 경영의 목표는 이익의 창출입니다. 기업가는 이익이 많이 생긴 어떤 업종을 찾아서 가장 먼저 계획하고 돈을 투자합니다. 이것이 바로 계획(Plan) 단계입니다. 그다음에는 공장을 지어서 물건을 만들든지 아니면 무역해서 물건을 팝니다. 이것이 바로 실천(Do) 단계입니다. 그리고 이익을 거두어서 직원의 봉급을 주든지 주주에게 돈을 나누어주든지 아니면 회사에 재투자하든지 할 것입니다. 반대로 회사에 이익이 나지 않으면 회사를 처분하든지 긴축하든지 할 것입니다. 이렇게 하는 것을 통제(Control)라고 합니다.

그런데 본문에는 기업이 없는데도 '경영'이라는 말을 사용합니다. 이것은 개인이 자기 인생에 대하여 계획을 세우고 노력하고 나중에 자신의 인생이 성공적이었다든지 혹은 실패했다든지 반성하는 것을 말합니다. 그러나 성경에는 하나님도 경영하신다고 했습니다. 하나님의 경영은 무엇을 경영하시는 것일까요? 물론 하나님은 이익을 많이 남기는 경영은 하시지 않습니다. 그러나 하나님의 경영에는 이 세상을 유지하게 하는 것도 있고, 보다 많은 사람이 예수 믿고 구원받는 것도 있고, 부흥이 일어나는 것도 있습니다. 그 대신에 악한 자를 심판하는 것은 큰 계획에 속하는 것은 아닌 것 같습니다. 기업가들이 사업의 종류를 잘 택하고 경영을 잘해서 큰 이익을 남기는 것처럼, 우리도 자신의 인생을 잘 계획해서 후회 없는 인생을 살도록 해야 할 것입니다.

1 . 인간의 경영

모든 사람은 자신의 하나밖에 없는 인생을 성공하기 위해서 많은 계획을 세웁니다. 물론 사람 중에는 자신이 세웠던 계획이나 꿈대로 성공하는 사람도 있지만 많은 경우 그 계획이나 꿈은 하나의 욕심에 불과해서 뜻대로 되지 않는 경우가 훨씬 많습니다.

16:1, "마음의 경영은 사람에게 있어도 말의 응답은 여호와께로부터 나오느니라"

우리가 이 세상을 살아가는 데 우리의 힘으로는 통제할 수 없는 변수가 많이 있습니다. 하나님을 믿지 않는 사람들은 그것을 '운' 이라고 말합니다. 아무리 계획을 잘 세워도 어떤 때는 태풍이 불어오고 폭우가 내려서 모든 물건이 다 떠내려갈 때도 있고, 조류 독감이나 구제역 같은 전염병이 퍼져서 그 아까운 돼지와 소나 닭을 죽여야 할 때도 있습니다. 또 갑자기 코로나 같은 전염병이 퍼져서 사람들이 집에서 나오지 않는다든지 하면 여행사나 비행기 회사는 망하게 될 것입니다. 그래서 사람들에게는 하나의 전제가 있습니다. 그것은 "모든 조건이 동일하다면…"이라는 것입니다. 즉 모든 조건이 동일하다면 이 계획이 가장 좋다는 뜻입니다. 그러나 만일 갑자기 예상치 못한 일이 발생하면 그 계획은 아무 소용 없게 됩니다. 그래서 사람이 아무리 자기 나름대로는 열심히 계획을 세워도 하나님이 '오케이' 해주시지 않으면 인간의 경영은 망하는 것입니다. 그러나 우리에게는 이 모든 '우연'을 이길 수 있는 강한 능력이 있습니다. 그것은 바로 기도의 힘입니다.

미국의 존 파이퍼 목사는 기도의 힘에 대하여 이야기하면서 한국에서 있었던 일을 소개하고 있습니다. 그것이 1974년도였는지 정확하지는 않은데, 우리나라 여의도 광장에 기독교인들 100만 명이 모여서 하나님의 말씀을 듣는 큰 대회를 가지려고 했습니다. 그러나 그때는 정치적으로 대통령이 유신 헌법을 제정해서 반대하는 데모가 대학마다 일어나고 있었습니다. 대통령은 이럴 때 백만 명이나 되는 사람들이 여의도에 모이게 되면 큰일이라고 생각해서 못하게 했습니다. 그때 그 대회를 주최했던 목사님들과 스텝들이 사십 일 동안 금식기도를 했습니다. 사십 일 금식기도를 마친 후 대통령의 마음은 바뀌어서 여의도 집회를 해도 된다고 허가했습니다. 그것을 예로 들면서 존 파이퍼는 기도는 대통령의 권력보다 더 힘이 세다고 했습니다. 바로 이것이 우리의 능력입니다. 우리의 기도는 북한의 핵무기보다 더 힘이 셉니다. 기도는 전염병도 이깁니다. 기도는 경기 침체도 이길 수 있습니다.

사람이 아무리 머리를 써서 좋은 계획을 세워도 하나님이 함께 하시지 않으면 그 좋은 계획이 하나도 소용없습니다. 기도는 하나님께서 날씨도 바꾸어버리는 힘이 있습니다. 기도는 전염병도 없애는 능력이 있습니다. 기도하면 하나님이 응답하시는데, 우리 믿는 사람조차도 이 세상의 불확실성에 너무 걱정을 많이 하고 있습니다.

16:2, "사람의 행위가 자기 보기에는 모두 깨끗하여도 여호와는 심령을
감찰하시느니라"

사람들이 생각하기에는 자기 생각이 다 정당하고 잘될 것 같습니다. 그러나 인간의 생각은 보지 못하는 다른 변수들이 수도 없이 많다는 것을 모릅니다. 더욱이 나라를 위해서 무슨 일을 한다고 하지만 결국은 자기 이익을 위해서 나라를 이용해 먹는 경우가 많습니다. 어떤 사람은 교회를 위한다고 하면서 은행에서 돈을 많이 빌려서 큰 예배당을 지었습니다. 그러나 교인들은 늘지 않고 은행 이자는 올라가니까 결국 예배당은 경매로 넘어가서 마트나 술집으로 팔리는 경우도 있습니다. 자기 생각이 틀림없이 옳은 것 같고 아무 문제가 없을 것 같은데 하나님이 보시기에는 위험천만한 것들이 많이 있는 것입니다.

그래서 우리가 위험한 재앙을 당하지 않으려면 하나님이 만드신 세계에 너무 손을 대지 않는 것이 좋습니다. 너무 똑똑하게 설칠 것도 아니고 너무 기발한 것도 만들어서 퍼트리지 않는 것이 좋은 것입니다. 즉 하나님이 만드신 이 세계에서 얌전하게 살다가 가는 것이 좋은 것입니다.

16:3, "너의 행사를 여호와께 맡기라 그리하면 네가 경영하는 것이 이루어지리라"

우리가 이 세상에서 지혜롭게 사는 방법은 우리가 하려고 하는 일을 하나님께 다 맡겨버리는 것입니다. 이것은 두 가지 의미로 생각할 수 있습니다. 하나는 우리가 절대로 하나님의 말씀보다 앞서지 않는 것입니다. 즉 하나님의 말씀을 앞세우고 우리는 뒤에서 따라가면 모든 일이 하나님의 뜻대로 다 이루어지게 되는 것입니다. 그리고 또 하나는 기도하면서 하나님의 뜻을 물어보는 것입니다.

예수님은 기도할 때 "뜻이 하늘에서 이루어진 것같이 땅에서도 이루어지이다"라고 가르쳐주셨습니다. 하늘에서 이루어지고 하늘에서 확정된 하나님의 뜻이 무엇인지 물어보라는 것입니다. 그러면 처음에는 잘 나타나지 않지만 시간이 지나면서 하나님의 뜻이 나타날 때가 많습니다. 그러나 자기 생각과 맞지 않다고 끝까지 그것을 인정하지 않고 반대하는 사람이 있습니다. 그런 사람은 고집스럽고 패역한 사람입니다. 하나님은 모든 것이 필요하므로 만들었다고 말씀하십니다.

16:4, "여호와께서 온갖 것을 그 쓰임에 적당하게 지으셨나니 악인도 악한 날에 적당하게 하셨느니라"

우선 우리가 동물을 보면 알 수 있습니다. 개는 집을 지킵니다. 고양이는 쥐를 잡습니다. 소는 농사를 짓고, 말은 사람을 태우고 달립니다. 닭은 맛있는 고기를 제공하고, 수탉은 알람 역할을 합니다. 구더기는 더러운 것을 분해합니다. 하이에나는 죽은 시체를 처리합니다. 박쥐는 하루에 모기 3천 마리를 먹을 수 있습니다. 수많은 날파리는 새들의 먹이감이 됩니다. 꿀벌은 식물을 수정하고 꿀을 만듭니다. 그러나 나쁜 곤충도 있고 무익한 짐승도 있습니다. 그러나 이런 것들도 다 쓸모 있는 것들입니다. 사자나 표범은 개체수를 조절합니다. 파리와 모기도 사람들에게 깨끗이 하라는 의미가 있을 것입니다. 악한 사람도 악한 일에 쓸모가 있습니다. 즉 악한 사람은 멍청한 사람을 훈련하는 역할을 하는 것입니다.

2. 하나님이 주시는 선물

그러나 하나님께서 전혀 좋아하시지 않는 사람이 있습니다. 하나

님이 싫어하시는 사람은 덜 똑똑한 사람도 아니고 뒤에 처지는 사람
도 아닙니다. 교만한 사람입니다.

"교만한 자"는 자신을 최고로 똑똑한 사람이라고 생각하는 사람
입니다. 그는 다른 사람들을 전부 자기보다 못하다고 생각하기 때문
에 남의 말을 듣지 않습니다. 2NE1의 가사 같이 '내가 제일 잘 나가.
내가 제일 잘 나가!' 라고 생각하는 사람입니다. 이런 사람들은 항상
자신의 뜻대로 되지 않으면 견디지를 못합니다. 그리고 가난하거나
자기보다 못한 사람을 노골적으로 무시합니다. 그는 다른 사람을 섬
길 줄 모르고 자기 위치를 이용해서 자기가 하고 싶은 것은 다합니다.
이런 사람들은 같은 사람들끼리 손을 잡습니다. 판사와 검사가 손을
잡고 변호사와 손을 잡습니다. 그들은 거대한 카르텔을 형성합니다.
그래서 구석구석까지 자기 사람을 심어놓고 자신들과 관계되는 사람
들만 돈을 벌게 합니다. 그 결과가 무엇입니까? 엄청난 부패의 카르텔
입니다. 돈도 썩고 사람도 썩고 기계도 썩는 것입니다.
　하나님은 그들에게 벌을 주십니다. 그들이 한 짓이 드러나는 자체
가 가장 무서운 벌입니다. 감옥에 가든지, 가지 않든지는 다음 문제
입니다. 그러나 하나님의 뜻에 순종하면 하나님께서 큰 선물을 주십
니다.

어떤 사람이 다른 사람에게 인자를 베풀었습니다. 그는 진실을 붙

들었습니다. 그랬더니 지금까지 지은 죄가 다 속죄받았습니다. 정말 놀라운 일입니다. 우리가 지금까지 지어온 죄를 어떻게 씻음받았는지 알 수 있습니까? 물론 우리가 회개하면 하나님이 다 용서해 주신다고 했습니다. 그런데 진짜 속죄받았는지 아닌지 어떻게 알 수 있습니까? 다른 사람에게 인자를 베푸니까 속죄를 받습니다.

그리고 사실 우리가 악한 길을 가면서도 거기서 벗어나기 참 어려울 때가 많습니다. 그런데 하나님을 경외하므로 악에서 벗어나는 것입니다. 여기서 하나님을 경외하는 것은 하나님의 말씀을 듣는 것입니다. 우리가 하나님의 말씀을 들으면 나쁜 습관들이 떨어져 나가버립니다. 술도 끊어지고 시기심도 없어지고 도벽도 없어지고 음란도 끊어지게 됩니다.

3. 하나님을 기쁘시게 하는 자

사람들은 나이가 들어가면서 누구를 기쁘게 하는 삶을 살 것인지 생각하게 됩니다. 물론 많은 사람은 자기를 기쁘게 하는 삶을 살 것입니다. 그래서 편한 집이나 사무실에서 맛있는 것을 먹으면서 시간을 보낼 것입니다. 부인을 위해서 사는 사람이 있을까요? 그렇다면 부인을 위해서 쇼핑하고 여행하고 집을 사든지 할 것입니다. 자녀들을 위해서 사는 사람은 자녀들에게 돈을 아끼지 않고 그들이 원하는 것은 다 해주려고 할 것입니다.

16:7, "사람의 행위가 여호와를 기쁘시게 하면 그 사람의 원수라도 그와 더불어 화목하게 하시느니라"

우리가 어떻게 하면 하나님을 기쁘시게 할 수 있을까요? 하나님의 말씀을 사랑하는 것입니다. 그리고 영과 진리로 예배드리는 것이 하나님을 기쁘시게 하는 것입니다. 그리고 다른 사람을 차별하지 않는 것이 하나님을 기쁘시게 하는 것입니다. 누구에게든지 공손하고 겸손한 것이 하나님을 기쁘시게 하는 것입니다. 이런 사람들은 하나님께서 원수와도 화목하게 하십니다. 즉 아무리 원수라 하더라도 이런 사람을 좋아하게 되는 것입니다.

16:8, "적은 소득이 공의를 겸하면 많은 소득이 불의를 겸한 것보다 나으니라"

사람의 가치는 대개 그의 봉급으로 결정될 때가 많습니다. 그러나 하나님은 봉급이 적어도 정의로운 자가 더 가치 있고, 어떤 사람은 봉급을 많이 받아도 불의하면 가치 없다고 말씀하십니다. 어떤 사람은 직위가 높아서 봉급 수준이 높습니다. 그런데 어떤 공사를 하는데 뇌물을 또 받습니다. 그는 회사의 물건을 구입할 때도 불량품을 사고 리베이트를 또 받습니다. 당장은 그 사람이 좋은 것 같지만 그가 행한 부정이나 욕심이 드러나면 그 사람은 전혀 가치를 인정받지 못합니다. 그 대신에 어떤 사람은 직책이 낮아서 연봉이 적지만 끝까지 부정을 반대하고 자신의 영혼을 지킨다면 더 가치가 있을 것입니다. 그런데 이 썩은 세상에서 그렇게 살 사람이 있을까요? 아마 거의 없을 것입니다.

16:9, "사람이 마음으로 자기의 길을 계획할지라도 그의 걸음을 인도하시는 이는 여호와시니라"

우리가 어디로 가려고 결정했는데도 거기로 갈 수 없는 경우가 많습니다. 몸에 병이 나기도 하고 홍수가 나기도 하고 전염병이 퍼지기도 해서 갈 수 없는 것입니다. 사도 바울도 그런 적이 몇 번 있었습니다. 그는 북쪽 비두니아로 가려고 했지만 예수의 영이 허락하지 않았다고 했습니다. 또 고린도로 가려고 했지만 가지 않고 마케도니아에서 디도를 기다려야만 했습니다. 그는 로마서에서 스페인까지 가겠다고 했지만, 갔는지 못 갔는지는 우리가 알 수 없습니다. 그러나 그는 그의 예상대로 로마에서 죽임을 당합니다. 우리는 우리 뜻대로 길을 갈 수 없습니다. 하나님이 우리의 갈 곳을 결정하시기 때문입니다.

솔로몬에게는 하나님의 지혜가 있었습니다. 그래서 솔로몬은 한 아기는 죽고 한 아기가 살았을 때 살아있는 아기가 서로 자기 아기라고 떼를 쓰는 여자들을 지혜로 판별했습니다. 성령님께서는 우리가 아무것도 몰라도 영감으로 아주 짧은 순간에 무엇인가를 알게 하실 때가 있습니다. 이것이 바로 왕의 지혜입니다. 우리는 왕의 지혜를 가진 자들입니다. 사탄에게 속지 마시고 잘 분별할 수 있기를 바랍니다.

35

말씀과 돈의 가치

잠 16:11-19

인간이 | 발명한 것 중에서 놀라운 것이 바퀴입니다. 인간은 바퀴를 만들었기 때문에 이동하는데 엄청나게 빨리 달릴 수 있게 되었습니다. 자전거에서부터 시작해서 자동차나 기차 같은 것들은 바퀴에 동력을 붙여서 엄청난 속도로 달립니다. 또 인간이 만든 놀라운 것은 전기입니다. 전기는 눈에 보이지도 않지만 어두운 세상을 대낮같이 단들고, 더운 곳을 에어컨으로 시원하게 만들고, 엄청나게 큰 기계를 돌려서 물건을 만들기도 합니다. 그러나 인간이 만든 것 중에서 인간이 가장 좋아하는 것은 '돈'입니다. 그래서 요즘 사람들이 가장 중요하게 생각하는 것은 돈 문제입니다. 사람들은 모두 돈을 많이 벌어서 부자가 되려고 합니다. 일단 돈만 많으면 무엇이든지 원하는 것을 할 수 있다고 생각하기 때문입니다. 그리고 돈으로 그 사람의 가치를 평가하기도 합니다.

우리나라가 만든 책 중에서 세계 최초의 금속 활자로 만든 책이 있습니다. 바로 《직지》라는 책입니다. 이것은 불교에 대한 책으로, 독일의 구텐베르크 성경보다 78년 전에 금속활자로 인쇄된 책이라고 합니다. 독일의 금속 활자는 당시 막 일어나고 있던 루터의 종교개혁과 맞물려서 서양 세계에 엄청난 영향을 미쳤습니다. 그러나 《직지》는 아주 소수의 사람에게만 읽혀서 큰 영향력을 나타내지 못했습니다. 이 책은 프랑스의 어느 헌책 수집가에게 180불에 팔려서 프랑스 국립 도서관의 폐지 수집창고에 있었는데, 우리나라 한 사서 박사가 집요하게 찾아내어 그 존재를 세계에 알렸습니다. 그 책은 현재 프랑스 국립 도서관에 있고 프랑스는 그 책을 우리나라에 빌려주지도 않고 있습니다.

성경은 여러 곳에서 하나님 말씀의 가치가 금이나 은보다 훨씬 높다고 강조하고 있습니다. 이것은 성경 말씀을 연구하면 바로 돈이 생긴다는 뜻은 아닐 것입니다. 우리가 올림픽 경기에서 금메달을 딴다고 해서 그것이 바로 돈이 되는 것은 아닙니다. 그러나 성경 말씀은 올림픽 금메달같이 우리 자신의 가치를 올려줄 것입니다. 하나님의 말씀은 우리 자신의 가치를 많은 금이나 은이 올려줄 수 있는 것보다 훨씬 더 높게 올려줄 것입니다.

1. 하나님의 말씀의 가치

오늘 가장 많은 사람이 가지고 있으면서도 그 가치가 무시당하고 있는 책이 있다면 그것은 바로 성경입니다. 이제는 사람들이 거의 성경을 읽지 않는 시대가 되었습니다. 그뿐만 아니라 대부분 크리스천이나 목회자들은 성경이 그렇게 가치 있는 말씀이라고 생각하지 않게 되었습니다. 그러나 여전히 잠언 말씀은 "성경 갈씀의 지혜를 얻는 것은 금이나 은을 얻는 것보다 더 가치가 있다"고 교훈하고 있습니다.

여기서 "지혜"는 우리가 성경 말씀을 읽고 들음으로 얻는 깨달음을 말합니다. 우리는 하나님의 말씀을 읽고 들을 때마다 무엇인가 전에 생각하지 못했던 것을 깨닫는 것이 있습니다. 그것이 바로 지혜입니다. 그런데 이것은 금을 얻는 것보다 비교할 수 없을 정도로 낫다고 강조하고 있습니다. 예를 들어서 금이라고 하는 것은 우리가 당장 돈으로 바꿀 수 있는 것입니다. 금목걸이라든지 금반지라든지 금괴 같은 것은 바로 돈으로 바꿀 수 있습니다. 또 "명철을 얻는 것"은 성경을 실제로 적용하는 것을 말합니다. 우리가 하나님의 말씀을 실천하는 것은 돈을 버는 것보다 훨씬 낫다고 교훈하고 있습니다.

우리는 어떻게 해서든지 자신의 인생이 더 아름답고 풍족하게 되기를 바랍니다. 그런데 만일 성경 말씀이 금이 되고 돈이 된다면 우리는 다른 일을 다 중지하고 성경만 죽으라고 파면 부자가 될 수 있을 것입니다. 그렇다면 다른 공부나 직장 일은 그만두고 성경만 파면 성공할 수 있을까요? 아니면 성경도 공부해야 하지만 세상의 다른 일도 열심히 해야 할까요? 이것이 바로 우리 신앙의 실천에서 어려운 점입니다.

예수님은 하나님의 말씀을 밭에 감추인 보화(마 13:44)라고 하셨습니다. 어떤 사람이 돈을 많이 가지고 있었는데 외국에 가야 할 일이 생겼습니다. 그래서 그 사람은 그 많은 보화를 단지에 넣어서 자기 밭에 묻어놓고는 먼 길을 떠났는데 돌아오지 못했습니다. 아마 외국에서 죽은 것 같습니다. 그래서 누구도 그 밭에 그 엄청난 돈이 있는 줄 몰랐습니다. 그런데 어떤 사람이 밭에서 일을 하다가 무엇인가 부딪치는 소리가 나서 파보니까 금화가 잔뜩 든 항아리가 묻혀 있었습니다. 이 사람은 그것을 아무에게도 말하지 않고 땅에 도로 묻은 후

밭 주인을 찾아가서 조금 더 비싼 값을 주고 그 밭을 샀습니다. 이것은 우리에게도 마찬가지입니다. 성경 안에 엄청난 돈다발이 들어있는 단지가 들어있는 것이 확실하다면 밤을 새워서라도 성경을 샅샅이 연구할 것입니다. 그러나 성경 안에는 돈 다발은 들어 있지 않습니다. 사도 바울은 우리를 보화가 잔뜩 들어있는 질그릇이라고 했습니다(고후 4:7). 만약 우리에게 보배가 잔뜩 들어있는 질그릇이 있다면 우리는 다른 것은 하지 않고 그 보배만 하나씩 빼내어서 팔아도 한평생 먹고 살 수 있을 것입니다. 그런데 우리에게 그런 보배가 없습니다.

그런데 왜 성경은 하나님의 말씀을 금이나 돈보다 더 귀하다고 했을까요? 하나님의 말씀은 우리 자신의 가치를 올려주기 때문입니다. 하나님의 말씀은 우리에게 금메달을 걸어주는 것과 같습니다. 물론 성경 자체가 금방 돈이 나오는 것은 아니지만 하나님의 말씀을 읽고 들을 때 이 세상 어떤 대학이나 박사 학위나 노벨상도 줄 수 없는 가치를 우리에게 주게 됩니다. 물론 세상 사람들은 그 가치를 인정하지 않습니다. 그러나 하나님은 그 가치를 인정하시고 우리에게 돈도 주시고 명예도 주십니다. 그러나 그것은 우리에게 어마어마한 하늘의 복을 주신 후의 일입니다. 그래서 우리가 물질적으로 복을 받는 것은 우리 자신의 가치에 비하면 너무나도 작은 것입니다.

그러나 우리는 이 세상 일도 해야 합니다. 우리도 인간이므로 먹고 살아야 하기 때문입니다. 그러나 그것이 우리의 가치는 아닙니다. 우리의 가치는 하나님을 아는 지식입니다. 우리가 세상일을 해야 하는 이유는 우리의 지혜가 허공에 뜬 지혜가 되지 않고 현실적인 지혜가 되기 위함입니다.

2. 적은 것에서 시작되는 지혜

우리에게 있어서 하나님의 지혜는 적게 시작됩니다. 그것은 바로 우리가 정직한 것을 좋아하는 사람이 되는 것입니다.

16:11, "공평한 저울과 접시 저울은 여호와의 것이요 주머니 속의 저울 추도 다 그가 지으신 것이니라"

옛날에는 장사하는 사람 중에 이중 저울을 사용하는 사람들이 많았습니다. 즉 물건을 팔 때 저울에 다는데, 좀 더 무거운 것이 있고 좀 더 가벼운 저울이 있다는 것입니다. 그래서 관에서 조사하러 나왔을 때는 제대로 된 저울로 물건을 달아주고, 보통 사람이 와서 물건을 살 때는 엉터리 저울을 사용해서 물건을 적게 주는 것입니다. 그래서 상인들은 그 적은 부당 이득에서부터 돈을 모으기 시작합니다. 그런데 하나님의 지혜를 가진 사람은 돈보다는 정직이 더 중요하기 때문에 정확하게 저울에 다는 것을 당연하게 생각합니다. 그러나 하나님의 지혜가 없는 사람들은 어떻게 해서든지 다른 사람들에게 나쁜 것을 주고 적게 주어야 돈을 빨리 벌 수 있다고 생각합니다. 그러나 하나님의 말씀을 읽은 사람은 정확한 물건을 주고 정확한 양을 주는 것을 사명으로 생각하는 것입니다. 그러면 그 사람은 언제 돈을 벌겠습니까?

하나님의 말씀을 들은 사람은 정직한 것을 좋아합니다. 그래서 그런 사람이 한 말은 믿어도 좋습니다. 그런 사람이 한번 말한 것은 틀림없기 때문입니다. 결국 이런 사람들은 다른 사람의 신용을 얻게 됩니다.

16:17, "악을 떠나는 것은 정직한 사람의 대로이니 자기의 길을 지키는 자는 자기의 영혼을 보전하느니라"

하나님의 말씀을 배운 사람은 아무리 많은 돈을 주고 아무리 높은 직책을 준다고 해도 악한 일을 떠납니다. 그 악한 일에는 아무 의미가 없기 때문입니다. 거기서 돈을 많이 받아도 기쁘지 않고 높은 자리를 얻어도 반갑지 않습니다. 그런 돈을 받아봐야 양심이 기쁘지도 않고 행복하지도 않기 때문입니다.

거짓된 길은 사실 길이 아닙니다. 겉으로 보기에는 길같이 보이고 또 거기에는 많은 사람의 박수갈채도 있고 수지가 맞는 길인 것 같지만 가다 보면 진창이 나오고 나중에는 구덩이에 빠지게 됩니다. 그리고 거짓말하는 사람은 거짓말을 숨기기 위해서 자꾸 거짓말을 하게 되기 때문에 나중에는 거짓말이 눈덩이같이 커져서 감당하지 못하게 됩니다. 그러나 정직한 길은 자존심을 버리고 자기가 그동안 정직하지 못했다는 것을 인정해 버립니다. 그러면 더 이상 거짓말도 할 필요가 없고 부풀려서 이야기할 필요도 없기 때문에 그동안 꼬이고 꼬였던 것이 풀려버리게 됩니다.

그리고 정직한 사람은 자기의 길을 찾습니다. 다른 것으로는 만족을 할 수 없기 때문입니다. 사람이 공부에 만족하고 일에 만족한다는 것은 거짓말입니다. 사람은 반드시 하나님의 말씀을 들어야 만족하게 되어 있습니다. 그것이 자기 길을 찾은 것입니다. 길을 찾은 사람은 더 이상 다른 길을 찾아서 헤맬 필요가 없습니다. 자기 길을 그대로 걸어가면 목표한 곳이 나오기 때문입니다. 그래서 "자기의 길을 지키는 자는 자기의 영혼을 보전하느니라"고 했습니다. 하나님의 백성은 언제나 영혼의 가치를 돈보다 더 중요하게 생각합니다. 또 깨끗한 양심을 가지는 것을 세상의 부자가 되는 것보다 더 귀하게 생각합니다. 성도들은 돈은 그 사람이 죽으면 끝나는 것이지만 영혼의 가치는 영원하다는 것을 알았습니다.

하나님의 말씀은 우리 영혼을 살리는 말씀이고 영생을 얻게 하는 말씀입니다. 아무리 나이가 들어가도 시들지 않는 보물입니다.

3. 지혜의 확대

우리는 혼자 하나님의 말씀을 연구하는 것이 현실에 무슨 유익이 있는가 의심하기 쉽습니다. 성경을 열심히 공부한다고 해서 당장 성적이 올라가는 것도 아니고 좋은 대학에 들어가는 것도 아니며 높은 자리에 올라가는 것도 아니기 때문입니다. 그러나 놀라운 것은 성경을 배우면서 스스로 판단하고 분별하게 된다는 것입니다. 하나님의 지혜는 아주 독특하기 때문에 세상 사람들이 가지고 있는 지혜와 완전히 다릅니다. 그래서 어떤 사고가 났든지 아니면 큰 어려움이 생겼을 때 전문가는 접근하는 방법 자체가 다릅니다. 그들은 전체적인 그림을 보고 접근을 합니다. 거기에 비해서 열심만 가진 사람은 사소한 것에 매이기가 쉽습니다.

악한 자들은 얼마나 간이 부었는가 하면, 왕까지도 속여 먹이려고 합니다. 즉 이들은 국민 전체를 상대로 해서 사기를 치는 것입니다. 우리도 그런 일을 당했습니다. 예를 들면 우리나라의 그 좋은 원전을 폐기해 버리는 것입니다. 그리고 정부 요직에 있는 사람들이 통계를 조작하거나 여론 조사를 엉터리로 하는 것입니다. 이것은 완전히 나라가 망할 때 하는 짓입니다. 그럼에도 이런 거짓말하는 사람들을 미친 듯이 좋아하는 사람들이 많습니다. 우리나라 사람들이 언제부터 이렇게 마음이 삐뚤어졌는지 모르겠습니다. 최고 권력자는 악을 미워해야 합니다. 물론 이 악은 거짓말을 해서 국민을 속이는 것을 말합니다. 사람들은 자기 자리가 사람들의 인기에 달렸다고 생각할지 몰라도 자리를 주시는 분은 하나님이십니다. 그런데 하나님의 말씀을 배운 사람은 개인 일만 정직하게 하는 것이 아니라 공직을 맡아도 미래를 보는 눈이 있어서 정직하게 행합니다.

16:13, “의로운 입술은 왕들이 기뻐하는 것이요 정직하게 말하는 자는 그들의 사랑을 입느니라”

“의로운 입술”은 정직하게 말하는 것을 의미합니다. 물론 처음에는 왕이나 최고 권력자가 이런 사람을 싫어하고 부담스러워하지만 나중에는 결국 이 사람을 좋아하고 기뻐하게 됩니다. 결국 정직한 사람은 왕의 사랑을 입습니다. 물론 처음에는 미움을 받고 눈에 가시처럼 취급당하지만 언젠가는 좋아하게 됩니다.

16:14-15, “왕의 진노는 죽음의 사자들과 같아도 지혜로운 사람은 그것을 쉬게 하리라 왕의 희색은 생명을 뜻하나니 그의 은택이 늦은 비를 내리는 구름과 같으니라”

지금도 마찬가지이지만 옛날에는 더욱더 왕이 진노하면 결국 그 미움 받은 신하는 죽게 됩니다. 반대로 왕이 기뻐하고 좋아하는 신하는 마치 메마른 땅에 비가 내리는 것과 같아서 왕이 좋은 정치를 하게 합니다. 지금은 우리나라 사람들이 똑똑하고 잘생겼다고 하지만 나라의 방향이 조금 틀어지면 끝없이 추락하게 됩니다. 그래서 나라에 가장 기초가 되는 것이 정직입니다. 정직하다는 것은 자기가 잘못한 것을 인정하는 것입니다.

16:18, “교만은 패망의 선봉이요 거만한 마음은 넘어짐의 앞잡이니라”

교만한 자는 남의 말을 듣지 않습니다. 거만한 자도 자기가 가장 똑똑하다고 생각합니다. 이들은 모두 선봉입니다. 즉 패망의 선봉이고 넘어짐의 앞잡이인 것입니다. 이런 사람들을 따라가면 반드시 같이 망하게 되어 있습니다.

"교만한 자"는 정직하지 않은 사람입니다. 그들은 자기 것이 아닌 것을 부정한 방법으로 챙긴 사람들입니다. 교만한 자와 함께 아무리 이익을 나누어도 소용이 없습니다. 배가 가라앉고 있는데 돈을 얼마 가지면 무슨 소용이 있겠습니까? 그러나 겸손한 자와 같이 마음을 낮추면 하나님이 함께하십니다. 아무리 하나님을 믿지 않는 사람이라 하더라도 실력이 있으면서 겸손한 사람을 좋아하지 않을 수 없습니다. 결국 실력이 있으면서 겸손한 사람은 하나님의 연단으로 만들어집니다. 이런 사람이 있는 회사나 나라가 잘살게 됩니다. 우리의 지혜는 정직이 출발점입니다. 작은 것에서부터 정직한 훈련을 하십시다.

36

멋있는 사람

잠 16:20-33

한 탈북 여성이 처음 서울 시내에 와서 보니까 어떤 젊은 여성이 까만 선글라스를 쓰고 빨간 자가용에서 높은 하이힐을 신고 내리는데 얼마나 그 모습이 멋있었는지 정신 나간 사람처럼 한참 쳐다보았다는 말을 들었습니다. 그러나 남한에는 그런 사람이 너무나 많기 때문에 선글라스 끼고 빨간 스포츠카에서 내렸다고 해서 멋있다고 말하는 사람은 별로 없을 것입니다. 아마 속으로 '자기 아버지나 남편이 돈이 좀 있는 모양이지' 라고 생각할 것입니다.

우리나라 어느 이름 있는 교수가 자기 교회 선배에 대해서 이야기했습니다. 그분은 자기가 다니는 교회 목사님 아들이었습니다. 한번은 학교에서 단체로 영화 구경을 가서 극장 앞에서 기다리고 있는데, 그 선배가 이 후배를 사랑해서 크리스천이 영화관에 가면 안 된다고 하면서 억지로 끌고 가더라는 것입니다. 그리고 그 선배는 이 후배에게 편지를 영어로 쓰자고 해서 편지를 주고받았는데, 그것이 나중에 영어 논문을 쓰는데 큰 도움이 되었다고 합니다. 그리고 이 교수는 유학을 준비한다고 여자를 만날 시간이 없었는데, 좋은 여성을 소개해

주어서 자기 아내가 되었다고 했습니다. 그 선배라는 분은 서울대 영문과 출신인데 젊은 시절 폐병에 걸려서 고생하다가 나중에 우리나라에 큐티를 뿌리내리게 한 분이었습니다. 그분은 로마서를 아주 꿰뚫어서 강의했는데 그 실력이 대단했습니다. 또 한평생 평신도로 지내시고 머리도 짧게 자르셨는데 기성교회 목사들로부터 욕을 많이 먹으셨습니다. 그분은 딱 70세가 되던 해 카리브해에서 교인들과 같이 성경 공부를 한 흐 스노쿨링을 하다가 심장마비로 돌아가셨습니다. 이런 분은 아주 멋있는 사람이라고 하겠습니다.

우리는 이 세상을 멋있게 살아가는 것이 중요합니다. 높은 자리에 앉았거나 재벌이라고 하면서 아웅다웅 싸우고 거칠게 사는 것은 아름답지 않습니다. 그리고 노인이라면 멋있게 늙어가는 것이 중요합니다. 시시한 것들은 젊은 사람들에게 다 맡겨버리고 자신의 인생을 자기 소신대로 끝까지 멋있게 살다가 죽는 것이 멋있는 인생입니다.

1. 성경을 조사하다

멋있다는 말의 반대되는 것이 고집스럽다든지 혹은 탐욕스럽다든지 혹은 지저분하다는 말일 것입니다. 요즘 우리나라에서는 멋있는 사람을 찾아보기가 참 어려운 것 같습니다. 실력도 있고 유머도 있고 탐욕스럽지도 않고 잘 웃기도 하는 분은 찾기가 정말 어려운 것 같습니다.

어떤 목사는 사람들을 많이 모아놓고 설교인지 강의인지 하는데 욕을 그렇게 닳이 하는 사람이 있습니다. 그리고 사람들은 그런 설교를 듣고 '아멘' 이라고 소리칩니다. 그러나 이것은 전혀 멋있는 모습이 아닙니다. 아주 혐오스럽고 역겨운 모습입니다.

우리가 이 세상을 멋있게 살아가려고 하면 돈이나 학벌이나 지위로 되지 않습니다. 우리가 진정으로 멋있게 살아가려면 성경 말씀에 주의를 기울여야 합니다.

16:20, "삼가 말씀에 주의하는 자는 좋은 것을 얻나니 여호와를 의지하는 자는 복이 있느니라"

옛날에는 목사나 교인들이 하나님의 말씀에 깊은 주의를 기울였습니다. 그래서 '부흥회'라고 하지 않고 '사경회(査經會)'라고 했는데, 이때 '사'자는 조사할 '사(査)'입니다.

하나님의 말씀을 사랑하는 사람은 멋있는 사람입니다. 이런 사람은 하나님의 말씀 한 자 한 자에 주의를 기울입니다. 즉 성경에 대하여 깊이 묵상하고 그 말씀 속을 파고들어 갑니다. 이런 사람은 성경을 대충 읽거나 책상 위에 꽂아놓고 일요일만 들고 다니는 것이 아니라 성경을 체계적으로 한 자, 한 자 주의해서 읽습니다. 그러면서 왜 성경은 이렇게 말씀하고 있는가, 이 말씀의 뜻은 무엇인가 하는 것을 곰곰이 생각합니다. 어떤 사람은 이것을 성경 속을 파고 들어간다고 말하기도 합니다. 우리가 성경을 펼치고 그 안에 있는 글을 읽기 시작하는 순간 우리는 하나님 진리의 보석 광산 안에 들어간 것입니다. 그렇다면 우리는 성경을 세밀하게 살펴서 왜 이 말씀들이 보석이 되는지 조사해야 하는 것입니다.

"하나님의 말씀에 주의하는 자는 좋은 것을 얻는다"고 했습니다. 이 말은 그는 하나님의 보석을 캐내어 가질 뿐 아니라 하나님이 붙들어주시는 멋진 사람이 된다는 것입니다. 우리가 하나님의 보석을 가지면 세상에 욕심낼 필요가 없습니다. 하나님께서는 우리가 생각하지 못한 복을 주시기 때문입니다. 사람이 세상의 지식이나 돈을 의지하면 정욕을 이길 수 없고 음탕한 유혹을 물리칠 수 없습니다. 결국 이런 사람은 멋있게 살 수 없습니다. 겉으로 보기에는 멋있게 사는 것 같지만 밤에는 술도 마시고 마약도 흡입하고 음란한 짓도 하게 되는 것입니다. 자기 정욕도 이기지 못하는 사람이 어떻게 멋있을 수 있겠습니까? 그래서 하나님의 말씀이 없이 돈이 많으면 많을수록 추해지게 됩니다.

"마음이 지혜로운 자"는 마음에 하나님의 말씀이 있는 사람입니다. 이런 사람은 현실에 어떤 어려움이 생겼을 때 아주 현명하게 처신합니다. 즉 자기 혼자만 살려고 하는 것이 아니라 모든 사람을 살리는 방법을 생각해내는 것입니다. 대개 사회적으로 큰 사고가 터지는 것은 사람의 생명이 귀한 줄 모르고 돈만 아는 자들이 있기 때문입니다. 이런 사람들은 돈만 중요하지 사람의 생명을 중요하게 생각하지 않습니다. 결국 다른 사람들을 죽게 만들면 자신의 인생도 아름다울 수 없습니다.

"입이 선한 자"는 모든 것을 다 해주지는 않지만 생각할 수 있는 좋은 자극을 줍니다. 결국 어떤 문제를 두고 다시 한번 생각해보는 것이 학식입니다. 이렇게 하는 것이 진짜 필요한 것인가 아니면 나중에 애물단지가 되는 것인지 생각하는 것이 학식입니다. 우리는 입이 선해야 합니다. 여기서 선하다는 것은 분별력이 있는 것을 말합니다. 우리는 말할 때 이미 맞는 말과 틀린 말을 구별해서 해야 합니다.

"명철한 자"는 다른 사람의 눈을 속이지 않습니다. 그래서 그들이 바른길을 찾는 것은 너무나도 어렵지만 일단 한번 찾으면 거기서 "생명의 샘"이 나옵니다. 즉 마르지 않는 하나님의 복이 나오는 것입니다. 그러나 미련한 자는 고집스럽고 남의 말을 일절 듣지 않습니다. 그는 자기가 생각하는 것이 틀림없이 옳다고 고집을 부리면서 밀어붙입니다. 그 결과가 무엇입니까? 세상이 자기의 생각과 달라지는 것입니다. 즉 갑자기 이자가 올라가기도 하고 경기가 침체되기도 해서 자산의 가치가 떨어지고 마는 것입니다. 결국 돈만 가지고 부자가 되려고 하는 사람들은 미련한 자입니다.

2. 하나님의 검을 연마하라

하나님의 종은 태권도가 아니라 검법을 연마하는 사람입니다. 하나님의 말씀은 검이기 때문입니다. "하나님의 말씀은 살아 있고 활력이 있어 좌우에 날선 어떤 검보다도 예리하여 혼과 영과 및 관절과 골수를 찔러 쪼개기까지 하며 또 마음의 생각과 뜻을 판단하나니"(히 4:12)라고 했고, "구원의 투구와 성령의 검 곧 하나님의 말씀을 가지라"(엡 6:17)고 했습니다.

우리가 하나님의 말씀을 가지고 다른 사람을 가르치고 설교하고 권면하는 것은 하나님의 검을 사용하는 것과 같습니다. 하나님의 검을 사용하려고 하면 검을 쓰는 법을 잘 익혀야 합니다. 그래서 하나님의 검을 가지고 악한 마귀의 칼이나 창이 날아오면 이 검으로 막아야 합니다. 그리고 환자에게 고름이나 암 덩어리가 있으면 그 검으로 환자의 고름 덩어리를 터트리고 암을 잘라내어 환자를 치료해주어야 합니다. 이것을 위해서 하나님의 종은 주야로 하나님의 검을 사용하는 법을 연단해야 합니다. 하나님 종의 검법은 악을 물리치는 검법이어야 하고 죽어가는 자를 살리는 검법이어야 합니다.

우리 마음에 하나님의 말씀이 있으면 우리의 입이 슬기로워지기 시작합니다. 그런데 사실 남의 감정을 상하지 않게 말을 지혜롭게 하는 것은 가장 어려운 기술입니다. 우리는 말하다 보면 울컥해서 언성이 올라가게 되고 소리 지르기 쉽습니다. 그래서 여기에 "그의 입술에 지식을 더하느니라"고 하는 것은 독서를 통해서 좋은 말을 하는 습관을 가지는 것입니다. 물론 성경을 암송하는 것은 엄청난 훈련이 될 것입니다. 어떻게 하면 말을 지혜롭게 할 수 있을까? 이것은 항상 하나님의 백성이 고민하고 연구해야 할 과제입니다.

어떤 사람은 말하는데 너무나도 재미있어서 꿀송이보다 더 단 사람이 있습니다. 이런 사람의 말은 병에 걸려서 살 의욕을 잃어버린 사람에게 힘이 될 것입니다. 이런 말을 들으면 뼈까지 병에 걸려 일어설 수도 없는 사람에게 힘이 생기면서 일어설 수 있게 됩니다. 우리가 어떤 말을 하면 병들어 누운 사람이 벌떡벌떡 일어날 수 있을까요? 정말 이 세상에 그 정도로 재미있는 말이 있을까요?

어떤 음악가는 《제인 에어》라는 책을 읽고 혼자 힘으로 일어선 이야기는 자기가 성공하는 데 큰 도움이 되었다고 고백합니다. 추사 김정희가 그렇게 글씨를 잘 쓰게 된 이유는 먹물을 가는 벼루 열 개가 구멍 뚫리고 붓 천 개가 닳아서 떨어질 때까지 연습했기 때문이라고 합니다. 사람들이 이야기하면서 분위기가 험악해지려고 할 때 멋진 이야기를 해서 모두 웃을 수 있게 한다면 그 사람은 대단한 입술을 가진 사람입니다. 이 세상에 입만 가지고 먹고사는 사람이 많이 있습니다. 그런데 꿀송이 같은 말을 할 수 있는 사람은 만나기 쉽지 않습니다. 칭찬은 돌고래도 춤추게 한다고 했는데 적절한 칭찬의 말은 힘을 줄 것 같습니다.

그러나 이 세상에는 선한 입술보다는 나쁜 입술이 훨씬 많습니다. 그래서 이 세상은 입에서 쏟아내는 더러운 말과 독으로 가득 차서 사람들이 많이 죽어가고 있습니다.

16:25, "어떤 길은 사람이 보기에 바르나 필경은 사망의 길이니라"

어떤 사람이 하는 말이 논리적으로는 맞는 말이고 또 그렇게 하면 틀림없이 성공할 것 같습니다. 그러나 하나님의 말씀이 없는 말은 건조하고 생명이 없습니다. 결국 끝에 가보면 죽는 길인 것입니다. 그래서 이런 사람들의 말은 처음부터 분별해서 따라가지 말아야 합니다. 재미있고 신기하다고 해서 따라가다 보면 망합니다. 대개 부정적인 사람들은 남을 비판하고 욕하는 말을 좋아합니다. 그러나 그런 말 중에는 생명의 길이 없습니다.

16:26, "고되게 일하는 자는 식욕으로 말미암아 애쓰나니 이는 그의 입이 자기를 독촉함이니라"

돈을 벌기 위해서 하루 종일 일을 하고 때로는 밤늦게까지 일을 하기도 합니다. 그런데 그런 사람들의 즐거움은 일을 마친 후 동료들끼리 모여서 식사하면서 술을 마시는 데 있습니다. 이것은 완전히 입을 위해서 그리고 배를 위해서 사는 것밖에 되지 않습니다. 그 사람에게 가장 중요한 것은 입이고 배입니다. 그러나 고기 먹그 술 마신다고 해서 멋있는 사람이 되는 것은 아닙니다. 그것은 누구든지 하는 일입니다. 오히려 배를 채우다가 성질이 나면 욕이나 퍼붓고 싸우게 됩니다.

그런 사람은 정나미가 떨어지는 사람이 되는 것입니다.

"불량한 자"는 반항적인 기질이 있는 사람을 말합니다. 이런 사람은 항상 불만이 있습니다. 그래서 입을 벌리기만 하면 입에서 지옥 불이 나와서 사람을 태워 죽입니다. 그런데 요즘은 그런 불을 끌 수 있는 물도 없습니다. 이런 맹렬한 불을 끌 수 있는 방법은 결국 성령의 맞불밖에 없습니다. 하나님의 말씀으로 부흥이 일어나고 생명의 생수가 터져야 분노의 불을 끌 수 있는 것입니다.

3. 끝까지 멋있는 사람들

마라톤하는 사람은 끝까지 완주하는 것이 멋있지, 중간에 포기해서 탈락해버리면 아무 멋이 없습니다. 마찬가지로 사람이 이 세상을 끝까지 멋있게 살아가는 것이 아름답지, 중간에 나쁜 길로 빠져 버린다면 영 볼품이 없을 것입니다. 우리가 구약 성경을 보면 이스라엘이나 유다 왕 중에서 처음에는 멋있게 출발하지만 나중에는 실패해서 탈락하는 사람들이 많이 있습니다. 대표적인 사람이 사울 왕입니다. 그는 처음에는 아주 멋있게 출발했습니다. 겸손했고 신중했으며 용기도 있었습니다. 그러나 그는 나중에는 다윗을 시기해서 죽이려고 쫓아다녔고, 제사장 85명을 죽이고 무당에게 가서 사무엘의 말을 들으려고 했습니다. 결국 그는 길보아 산에서 세 아들과 함께 비참하게 죽고 말았습니다. 이와 같이 우리 인생도 끝까지 멋있는 신앙의 사람으로 달리기는 것은 쉽지 않습니다.

우리는 대개 이 세상의 지위나 유명한 정도를 보고 그 사람의 가치를 이야기합니다. 그러나 세상의 지위나 유명한 것보다 더 중요한 것은 그 사람이 끝까지 자신의 길을 가고 있느냐는 것입니다. 그렇게 하기 위해서는 우리 힘으로는 불가능하고 하나님이 우리를 붙들어주셔야 합니다. 우리가 하나님의 손에 붙들리기 위해서는 하나님의 말씀을 끝까지 사랑해야지 중간에 하나님의 말씀을 배반하면 안 됩니다.

"패역한 자"는 언제나 다툼을 일으킵니다. 또 이집 저집 다니면서 말을 퍼트리기를 좋아하는 "말쟁이"가 있습니다. 이 사람들은 다른 사람의 비밀을 퍼트려서 결국 싸우게 만듭니다. 그래서 그에게는 친구가 거의 없습니다. 전부 말 때문에 싸웠기 때문입니다. "강포한 사람"은 폭력적입니다. 이런 사람은 마음이 약한 사람을 꾀어서 나쁜 짓을 하게 만듭니다. 그 첫 단계가 술을 마시게 하는 것입니다. 그다음 단계는 거짓말하게 합니다. 세 번째는 사기를 치는 것입니다.

"눈짓을 하는 자"는 패역한 일을 도모합니다. 자신이 정정당당하면 말로 하면 되지, 왜 눈을 꿈쩍꿈쩍할까요? 이것은 떳떳하지 못한 약속을 했기 때문입니다. 옳으면 말로 하면 되는 것입니다. 또 "입술을 닫는 자"는 진실을 말해야 하는데 끝까지 자기에게 불리한 것은 말하지 않는 사람입니다. 평소에는 그렇게 말을 잘도 하더니 정작 중요한 말을 해야 할 때는 뒤로 빠지거나 모른다고 발뺌하는 자입니다. 중요한 것은 31절입니다.

여기 "백발"은 그냥 흰머리를 의미하지 않습니다. 한평생 하나님의 말씀만 따르가고 자신의 입술이나 마음을 연단하다가 늙은 사람입니다. 이 사람은 무림의 고수입니다. 이 사람은 하나님의 말씀에 통달한 사람입니다. 이런 사람은 인생이 아름답고 멋있는 사람입니다.

16:32, "노하기를 더디하는 자는 용사보다 낫고 자기의 마음을 다스리는 자는 성을 빼앗는 자보다 나으니라"

화가 나는데 참을 수 있는 사람은 장군 계급장을 달고 열심히 싸우는 용사보다 낫습니다. 화를 내고 참지 못하는 장군은 자기 성질을 못이겨서 밑에 있는 사람들을 못살게 글기 때문입니다. 자기의 마음을 다스릴 수 있다면 성을 빼앗는 자보다 낫다고 했습니다. 성을 차지했지만 적은 다시 몰려와서 빼앗기기도 합니다. 그러나 자기 마음을 다스리면 이길 수 있습니다.

16:33, "제비는 사람이 뽑으나 모든 일을 작정하기는 여호와께 있느니라"

사람이 투표하고 뽑지만 그것을 뒤에서 결정하는 분은 하나님이십니다. 결국 내 마음에 들지 않는 사람이 뽑혀도 하나님이 교훈을 주시려는 것입니다. 끝까지 멋있게 살아가는 사람들이 많지 않습니다. 많은 사람이 돈에 걸려 넘어지고 여자나 남자에 걸려 넘어지고 명예에 걸려 넘어집니다. 삼가 말씀에 주의하는 사람이 끝까지 멋있게 살아갈 것입니다.

37

보석으로 된 사람

잠 17:1-14

우리나라에서 세계적인 수준의 피아니스트나 소프라노 연주회의 입장권은 엄청나게 비쌀 것입니다. 하나님께서는 하나님의 말씀을 사랑하는 우리를 연단하셔서 보석 인간으로 만들어주신다고 말씀하셨습니다. 보석도 땅에서 파내었다고 해서 바로 보석으로 팔리는 것이 아니라 아름답게 가공해야 합니다. 보석 원석을 깎아서 모양을 만들고 각을 세우고 빛을 나게 해야 비싼 보석으로 팔리는 것입니다. 벨기에나 뉴욕 같은 곳에는 다이아몬드만 가공하는 보석상도 있다고 합니다. 거기에는 여러 가지 색깔과 크기와 모양의 다이아몬드가 있을 것입니다.

옛날에 우리나라 학자 중에서 자칭 '국보'가 있었습니다. 이분은 원래 영문학자인데 고려나 신라시대 향가를 연구해서 많이 찾기도 하고 해석도 했습니다. 그래서 우리나라 향가에 있어서 독보적인 존재였습니다. 향가 하나만 많이 알아도 자칭 국보라고 했는데, 하나님의 말씀을 자유자재로 아는 우리는 얼마나 값비싼 존재이겠습니까? 우리는 보석으로 만들어진 인간입니다. 가격으로 치면 수조 원이 넘을 것입니다.

1. 연단하심

보통 땅이나 바위에서 은이나 금이나 보석의 원석을 캐냅니다. 사실 광산업을 하는 사람 중에서 이런 원석이 있는 곳을 찾아서 광산을 하나 만든다고 하면 엄청난 부자가 될 것입니다.

우리가 어렸을 때 금은방에 가보면, 주인아저씨가 작은 도가니 같은 것을 불에 올려서 작은 은 조각이나 부스러기를 넣으면 그것이 녹아서 은빛이 나는 물처럼 되는 모습을 자주 보았습니다. 만일 가공하는 것이 금 조각이 아니고 금 원석이라면 다른 방법을 써야 할 것입니다. 즉 금이 들어있는 원석을 먼저 부수어서 가루로 만들고 그 가루를 뜨거운 용광로 안에 넣어 완전히 녹여서 금물을 만든 후에 모든 불순물을 제거해야 할 것입니다. 특히 금은 순도에 따라서 가치가 엄청나게 달라지기 때문에 불순물을 철저하게 제거하는 것이 매우 중요합니다.

17:3, "도가니는 은을, 풀무는 금을 연단하거니와 여호와는 마음을 연단하시느니라"

보석 장인들이 보석을 얻으려면, 자연에서 채취한 대로 얻는 것이 아니라 불에 올려서 녹인 후에 불순물을 완전히 제거해야 합니다. 우선 장인들은 금이나 은을 깨어서 가루로 만들든지 작은 조각으로 만들고 난 후에는 그것을 불 위에 있는 도가니에 넣어서 가열합니다. 그러면 금이나 은 조각은 그 열을 견디지 못해서 녹기 시작하고 나중에는 형체가 완전히 없어져서 액체가 될 정도로 녹아버립니다. 그때 불순물이 떠오르게 되면 걷어낼 것입니다.

하나님은 우리의 마음을 연단하십니다. 그래서 우리의 마음이 정금이 되게 하시고 순수한 다이아몬드가 되게 하십니다. 하나님께서 우리에게 여러 가지 아픔과 고통을 주시는 이유는 우리가 미워서 벌 주시는 것이 아닙니다. 하나님은 우리 몸과 마음 전체를 보석으로 만드시기 위하여 불로 연단하시는 것입니다.

하나님은 우리가 억울한 일을 당해도 잘 참고 교만하지 않고 분노를 절제하고 아름다운 말을 할 수 있도록 가난과 질병과 주위에 있는 성질 나쁜 사람들을 통해서 연단하시는 것입니다. 하나님은 먼저 우리의 자존심을 깨트리십니다. 그래서 하나님의 백성은 자존심부터 깨어야 합니다. 우리가 자존심만 가지고 있으면 할 수 있는 것이 아무것도 없습니다. 그리고 누군가가 자존심을 건드리는 소리만 하면 그와 싸우려고 할 것입니다.

하나님은 우리를 망치로 부수고 불로 녹이셔서 백 퍼센트 물이 되게 하십니다. 금이 녹아서 물이 되면 기울이는 대로 흐르게 되고 무슨 모양이든지 만들 수 있게 됩니다. 그러나 하나님은 우리를 액체로 만드시는 과정에서 우리 안에 있던 여러 가지 찌꺼기들을 걸러내십니다. 한번만 걸러내는 것이 아니라 수도 없이 걸러내셔서 불순물이 하나도 없게 하십니다.

그래서 욥은 "하나님이 나를 단련하신 후에는 내가 순금같이 되어 나오리라"(욥 23:10)고 했습니다. 일단 우리가 하나님의 말씀을 들으면 금 성분이 들어있는 금 원석이 됩니다. 물론 그 원석도 색깔이 누렇고 빛이 비치면 빛나기도 하지만 불순물이 너무 많아서 금반지나 목걸이를 만들 수는 없습니다. 하나님은 우리를 부수고 녹이고 불순물을 완전히 제거하셔서 새로운 물건을 만들어주십니다. 이것이 바로 보석이고 보물입니다. 그래서 모든 하나님의 백성은 부서지고 깨어지고 녹여지는 연단을 겪어야 합니다. 그래서 우리는 자존심도 없고 고

집도 없고 분노할 줄도 모르고 무엇을 해야 할지도 모르는 물 같은 존재가 되는 것입니다.

우선 보석 인간의 가치는 먹는 데서도 나타납니다.

17:1, "마른 뜩 한 조각만 있고도 화목하는 것이 제육이 집에 가득하고도 다투는 것보다 나으니라"

순금 같은 사람은 떡 한 조각만 있어도 감사합니다. 하나님이 우리의 생명을 지켜주시기 때문입니다. 그리고 우리에게는 떡이 한 조각만 있는 것이 아닙니다. 하나님에게는 떡이 수백만 조각이 있다는 것을 알고 있습니다. 우리는 반드시 좋은 음식을 먹어야 행복한 것이 아닙니다. 좋은 음식보다 더 좋은 대화가 있기 때문입니다. 예수님은 죄인들과 식사하시면서 사람들에게 천국의 비밀을 다 말씀해 주셨습니다. 그러니까 예수님과 식사할 때는 빵 한 조각이 중요한 것이 아니라 그 엄청난 말씀이 더 중요했던 것입니다.

거기에 비해 오직 먹기 위해서 사는 사람들이 있습니다. 이들은 오직 먹는 것만 생각하기 때문에 서로 맛있는 것을 차지하려고 고기를 뜯고는 상 밑에 있는 개들에게 먹다 남은 뼈다귀를 던질 것입니다. 그들은 옷이 다 젖을 정도로 술을 흘리면서 마시고 그다음에는 시빗거리를 찾아서 싸울 것입니다. 그리고 자기가 어디서 자는지도 모르고 술에 취해서 쓰러져 잡니다. 식사래도 하나님의 말씀이 있어야 기쁨이 있고 평화가 있습니다.

17:2, "슬기로운 종은 부끄러운 짓을 하는 주인의 아들을 다스리겠고 또 형제들 중에서 유업을 나누어 얻으리라"

사실 "주인의 아들"이 미련하면 종이 얼마나 애를 먹는지 모릅니다. 주인의 아들은 나쁜 짓은 전부 종에게 시키고 또 말을 듣지 않으면 말 안 듣는다고 때립니다. 그런데 언젠가는 이 주인 아들의 만행이 들킬 때가 있습니다. 그때 주인은 종이 그동안 참아낸 것을 칭찬하게 될 것입니다. 그리고 그 종에게 "제발 이 못난 자식을 인간으로 만들어 달라"고 부탁할 것입니다. 그때부터 이 종은 종이 아니라 주인 아들의 가정교사가 되는 것입니다. 가정교사가 되면 그때부터 이 아들을 겁나게 훈련할 것입니다. 왜냐하면 사람을 만들어야 하기 때문입니다.

2. 혀를 연단하는 자

결국 사람의 인간 됨됨이는 그의 표정이나 말을 통해서 나타나게 됩니다. 그래서 지혜로운 자는 자신을 연단해서 좋은 표정을 가지게 하고, 또 연습을 많이 해서 지혜로운 말을 하도록 힘써야 합니다.

17:4, "악을 행하는 자는 사악한 입술이 하는 말을 잘 듣고 거짓말을 하는 자는 악한 혀가 하는 말에 귀를 기울이느니라"

예수님은 "사람은 마음에 쌓은 선에서 선한 말을 내고 반대로 마음에 쌓은 악에서 악한 말을 한다"고 하셨습니다(눅 6:45). 그래서 좋은 말을 하려고 하면 좋은 말을 많이 들어야 하고, 또 마음속에 좋은 이야기들을 많이 담아 놓아야 합니다. 그러나 악한 자들은 좋은 이야기나 말씀은 벌써 재미없고, 사악한 입술이 하는 나쁜 말을 좋아하고 악한 혀가 하는 거짓말에 귀를 기울이는 것입니다. 왜냐하면 사람들은 누구든지 평소에 자기가 좋아하는 말을 듣게 되어 있기 때문입니다. 악한 것을 좋아하는 사람은 사람들이 선한 말을 듣는 것을 이해하지 못합니다. 그 대신에 악한 사람들이 남을 욕하고 비난하는 말을 좋아하게 됩니다.

이런 사람들은 가난한 자를 보면 조롱합니다.

17:5, "가난한 자를 조롱하는 자는 그를 지으신 주를 멸시하는 자요 사람의 재앙을 기뻐하는 자는 형벌을 면하지 못할 자니라"

물론 가난한 자를 높이 평가하는 사람은 별로 없을 것입니다. 그러나 아무리 가난한 자라고 하더라도 그 인격을 멸시하는 자는 좋지 않습니다. 그것은 그 가난한 사람을 지으신 하나님을 멸시하는 것이기 때문입니다. 또 다른 사람이 재앙으로 망하는 것을 보고 기뻐하는 것도 좋지 않습니다. 모두 다 똑같은 인간이므로 재앙 당한 자를 보면 가슴 아파하는 것이 아름답기 때문입니다.

우리는 아무리 미워하는 사람이라도 불행한 일을 당하면 같이 안타까워하고 위로해주는 것이 보석다운 자세입니다. 다윗은 자기를 죽이려고 쫓아다니던 원수 사울 왕이 죽었을 때 좋아하지 않았습니다. 오히려 그는 노래를 지어서 애도했고, 죽은 사울 왕의 왕관과 팔찌를 벗겨온 아말렉 젊은이를 처형했습니다.

17:6, "손자는 노인의 면류관이요 아비는 자식의 영화니라"

할아버지가 신앙의 사람인데 손자도 아주 신앙이 좋다면 그 집은 정말 복 받은 집입니다. 대개 대도시의 교회를 보면 부모님은 장로와 권사이시고 교회 봉사도 열심히 하지만, 자녀들은 교회에 나오지 않고 교회 밖을 돌아다니는 모습을 자주 볼 수 있습니다. 이것이 바로 하나님의 복을 한 대만 받고 빼앗겨버리는 것입니다. 만일 부모가 세상에서 성공해서 정부의 고위직이라 하더라도 신앙이 없으면 배울 것

이 없습니다. 단지 그 집은 돈만 많을 뿐인 것입니다. 그러나 부모님
이 신앙이 좋은 분이라면 부모님을 통해서 기도를 배우고 예배를 배
우며 절대 금전적인 부정을 가까이 하지 않습니다. 거짓말이라고는
아예 할 줄도 모릅니다. 이것이 보석의 삶이지요.

17:7, "지나친 말을 하는 것도 미련한 자에게 합당하지 아니하거든 하물
며 거짓말을 하는 것이 존귀한 자에게 합당하겠느냐"

"지나친 말"은 자기 분수를 넘는 말입니다. 즉 사실이 아닌데 사
람들의 관심이나 인기를 끌기 위해서 학력이나 자기 성적을 부풀리는
것을 말합니다. 그런 거짓말은 다 들통이 날 때가 있습니다. 하물며
존귀한 자가 자기 자신에 대하여 없는 말을 꾸며서 할 필요는 없습니
다. 그것이 자기에게는 중요한 것이 아니기 때문입니다.

17:8, "뇌물은 그 임자가 보기에 보석 같은즉 그가 어디로 향하든지 형
통하게 하느니라"

이 구절은 "뇌물"이 좋다는 뜻이 아닙니다. 잠언에는 여러 곳에서
뇌물이 가지는 잘못에 대하여 지적하고 있습니다. 그러나 이 세상 사
람 중에서 뇌물을 좋아하지 않는 사람이 아무도 없습니다. 그래서 여
기 "뇌물"은 반드시 뇌물을 의미하는 것이 아니라, '비상금' 정도로
생각하는 것이 좋을 것입니다. 우리가 살아가다 보면 갑자기 남을 도
와야 하는 경우도 있고, 누군가에게 고마워서 돈을 주고 싶을 때가 있
습니다. 그럴 때를 대비해서 돈을 언제나 좀 가지고 다니는 것이 좋습
니다. 그런데 비상금이 아니라 '비자금'을 모으게 되면 이것은 업무
상 횡령이 됩니다. 우리는 세상을 살아가면서 언제 무슨 일을 당할지
모릅니다. 그때 돈이 필요합니다.

3. 위험한 사람들

결국 이 세상에는 끝까지 보석이 되지 못하고 찌꺼기가 되어서 하나님으로부터 버림받는 사람들이 있습니다. 우리는 그 찌꺼기 같은 사람들을 부러워하거나 가까이할 필요가 없습니다. 그들은 우리가 이 세상에서 멀리 해야 할 사람들입니다. 그들이 바로 미련한 사람들입니다. 그들이 미련한지 그렇지 않은지 알려고 하면 바른말이 통하는지 통하지 않는지를 보면 됩니다.

17:12, "차라리 새끼 빼앗긴 암곰을 만날지언정 미련한 일을 행하는 미련한 자를 만나지 말 것이니라"

대개 곰은 미련하게 보이지만 실제로 난폭한 곰들이 많이 있습니다. 우리나라 사람들이 산에서 멧돼지를 만나는 것은 아주 위험합니다. 멧돼지도 맹수에 속하기 때문에 집에서 키우는 돼지와 같은 줄 알고 돌을 던지든지 막대기로 때리면 덤벼들어서 들이박습니다. 아마 가끔 자연에서는 어미 곰이 먹이를 구하러 간 사이에 새끼를 다른 짐승들이 물어가는 경우가 있습니다. 그러면 곰은 자기 새끼가 없어졌다는 것을 알고는 흥분하여 이성 없는 짐승이 되어서 닥치는 대로 물고 할퀴고 할 것입니다. 특히 새끼를 잃은 곰은 아주 사납기 때문에 무조건 도망을 쳐야 살 수 있습니다.

미련한 사람의 특징은 남의 허물을 자꾸 이야기합니다.

17:9, "허물을 덮어 주는 자는 사랑을 구하는 자요 그것을 거듭 말하는 자는 친한 벗을 이간하는 자니라"

지혜로운 사람은 다른 사람의 허물을 이야기하지 않습니다. 그런 이야기를 하면 분명히 사이가 나빠지기 때문입니다. 그러나 아무리 친한 친구라 하더라도 그의 실수나 허물을 자꾸 이야기하게 되면 결국 친구를 잃어버리게 됩니다. 사람들이 좋은 친구를 잃는 방법은 친구의 허물을 원수에게 알려주는 것입니다. 이것은 친구를 배신하는 것이고 그때부터는 더 이상 친구가 아닙니다.

17:10, "한 마디 말로 총명한 자에게 충고하는 것이 매 백 대로 미련한 자를 때리는 것보다 더욱 깊이 박히느니라"

미련한 자를 매 백대 때려도 잘못을 고치지 않을뿐더러 더 미운 감정을 가지고 복수하려고 할 것입니다. 그래서 다른 사람에게 충고하거나 말하는 것은 굉장히 어려운 기술에 속합니다. 그러므로 한번 말을 했는데도 알아듣지 않는 사람은 포기하는 것이 좋습니다. 그러나 부모가 자식을 포기하기는 참 어려울 것입니다. 그래서 자식을 많이 낳지 않는 것이 좋고 자식이 어렸을 때 무엇이든지 억지로 무엇인가를 시키지 말아야 합니다.

악한 자에게는 잔인한 사자가 오게 됩니다.

17:11, "악한 자는 반역만 힘쓰나니 그러므로 그에게 잔인한 사자가 보냄을 받으리라"

외국이나 우리나라에서도 청소년들이 부모를 속이고 자꾸 마약을 한다든지 나쁜 아이들을 사귀고 돌아다니면 언젠가는 큰 사고를 치게 됩니다. 우리나라에서도 나쁜 아이들과 사귀면 결국 학폭을 하게 되는데 그러면 부모까지 망하는 것입니다. 결국 잔인한 사자인 경찰이나 기자가 와서 잡아가든지 그 잘못된 행위를 다 터트려 버립니다. 결국 미련한 자는 새끼 잃은 암곰처럼 사납습니다.

17:13-14, "누구든지 악으로 선을 갚으면 악이 그 집을 떠나지 아니하리라 다투는 시작은 둑에서 물이 새는 것 같은즉 싸움이 일어나기 전에 시비를 그칠 것이니라"

이 세상에 자기에게 선대한 사람에게 악을 행하는 것은 정말 악한 사람입니다. 짐승보다 못한 사람입니다. 그래서 멀리하는 것이 좋습니다. 그리고 댐이나 둑에 금이 가서 물이 샐 때는 이미 사고가 시작된 것입니다. 그러면 빨리 조치를 해서 물을 빼든지 해야지, 하지 않으면 결국 둑이 무너지면서 밑에 있는 동네는 급류에 쓸려가고 맙니다. 그래서 사소한 문제라고 해서 소홀히 해서는 안 됩니다. 사소한 문제이지만 큰 재앙이 될 수 있는 것은 근원부터 파헤쳐서 다시 공사를 해야 사람들이 다치거나 죽지 않습니다. 미련한 사람들은 이런 것을 미리 생각하지 못하고 닥치고 난 후에 고치려고 수선을 떱니다. 그런 일은 미련한 자들끼리 하도록 내버려두어야 합니다. 우리는 보석으로 된 사람입니다. 미련한 자와 어울려서는 절대 안 됩니다.

38

미련의 탈출

잠 17:12-28

사람이 미련하면 언제든지 큰 어려움을 당하기 됩니다. 이 세상은 날고 기는 사람도 자칫 잘못하면 사고를 당하든지 불행에 빠져서 망하는 세상인데 사람이 미련하기까지 하면 눈앞에 뻔히 위기가 오는 것을 보면서도 고집을 부리다가는 큰 낭패를 보게 됩니다.

어떤 중학교 여선생님은 참으로 미련했습니다. 그 여선생님은 처녀였는데 여름휴가 때 강원도로 가게 되었고, 장난삼아 도박장인 강원랜드에 가서 단순한 도박을 했습니다. 그리고 거기서 돈을 땄습니다. 바로 이것이 문제였습니다. 이 선생님은 이렇게 쉽게 돈을 버는 방법이 있구나 생각하고는 자꾸 오게 되었습니다. 얼마 지나지 않아 그 여선생님은 도박에 빠져서 차도 팔아서 도박에 넣고 전셋집도 찾아서 도박에 넣고 나중에는 교사직도 사표를 내고 그 퇴직금도 도박장에서 날려버렸습니다. 결국 도박에 중독되어서 그곳을 떠나지 못하고 주위에 있는 식당에서 접시를 닦고 빨래를 하면서 사는데 아직도 돈만 생기면 도박장으로 달라간다는 것입니다.

우리가 젊은 시절 하나님의 말씀을 배워야 하는 이유는 하나님의 말씀이 우리를 이 미련한 길에서 탈출하게 하기 때문입니다. 결국 우리는 그만큼 시간을 벌고 돈을 아끼고 인생을 벌게 되는 것입니다.

1. 미련한 자는 위험하다

17:12, "차라리 새끼 빼앗긴 암곰을 만날지언정 미련한 일을 행하는 미련한 자를 만나지 말 것이니라"

암곰이 새끼를 낳으면 자기 새끼를 보호하기 위해서 새끼를 해치려는 모든 동물을 공격하게 됩니다. 그래서 어떤 때는 새끼를 보호하려고 사자와도 싸우고 늑대와도 싸우고 표범하고도 싸워서 물리칩니다. 그래서 이 세상에서 가장 미련한 사람은 어미가 가까이 있는 줄 모르고 새끼 곰을 가져가는 사람입니다. 그런데 미련한 사람은 이런 어미 곰보다 더 위험하다고 했습니다. 이것을 보면 미련한 사람과 친구가 되고 미련한 사람을 믿고 따라가는 사람은 이 세상에서 가장 위험한 상태에 있다는 뜻입니다. 그 이유는 미련한 사람은 같이 있는 사람의 목숨만 위험하게 할 뿐 아니라 그의 인생과 영혼과 가족들의 영혼까지도 다 망치기 때문입니다.

그래서 지혜 있는 자는 미련한 자를 만날 시간이 없어야 합니다. 사람들이 미련한 사람을 만나서 그 이야기를 듣고 따라가는 이유는 시간과 돈이 남아돌기 때문입니다. 대개 사람은 돈이 자기 수중에 있으면 그것을 그냥 두지 못합니다. 어떻게 해서든지 그 돈을 키워서 이자라도 많이 받으려고 하다가 사기꾼의 수법에 걸려들게 되는 것입니다. 하나님의 백성은 하나님의 말씀을 배우기 때문에 다른데 신경 쓸 시간이 없습니다. 그리고 하나님의 백성에게는 말씀이 너무나도 귀하기 때문에 돈을 더 키우는 데 관심이 없습니다.

하나님의 백성이 하나님의 말씀을 배우면 일단 미련한 자를 만날 시간이 없어서 미리 파멸을 막을 수 있습니다. 그러니까 너무 친절해서 내 돈을 빌려준다고 말하는 사람을 아주 사나운 암곰으로 생각한다면 그런 사람을 만나지 않을 것입니다.

또 미련한 사람의 특징은 만족을 모른다는 사실입니다.

17:13, "누구든지 악으로 선을 갚으면 악이 그 집을 떠나지 아니하리라"

악한 자는 만족을 모르기 때문에 많은 돈을 벌어도 만족을 모릅니다. 즉 악한 자들은 자기가 살아 있고 먹고 사는 것이 얼마나 감사한 일인 줄 모릅니다. 그래서 악한 자들은 끊임없이 욕심을 부리기 때문에 결국 망할 수밖에 없습니다. 왜냐하면 이 세상일은 언제나 잘될 때만 있는 것이 아니기 때문입니다. 즉 잘될 때가 있으면 안 될 때도 있습니다. 그러나 미련한 자는 '스톱'이 되지 않습니다. 브레이크가 없기 때문에 점점 더 속도를 내게 됩니다. 악한 자는 이미 욕심에 중독되어서 자기 힘으로는 거기서 빠져나올 수 없습니다. 그래서 지혜로운 사람은 아예 처음 이상할 때 손해를 보고 도망쳐버립니다. 왜냐하면 그 정도 손해 본 것만 해도 다행이기 때문입니다.

17:14, "다투는 시작은 둑에서 물이 새는 것 같은즉 싸움이 일어나기 전에 시비를 그칠 것이니라"

댐의 둑이 한번 무너지면 수많은 사람과 집이 물에 쓸려 떠내려가게 됩니다. 그런데 처음 큰 둑이 무너질 때는 그냥 왕창 무너지는 것이 아니라 둑에 금이 가게 되고 그 금에서 물이 조금씩 새게 됩니다. 그래서 일단 댐에 금이 가고 물이 새는 것을 보면 그 둑에서부터 벗어나야 합니다. 그리고 그것 때문에 손해보는 것은 인생을 배우는 등록

금으로 생각해야 하는 것입니다. 우리는 차라리 작은 손해를 보았을 때 빨리 그 미련한 짓을 포기하는 것이 좋습니다.

2. 잘못된 가치관을 멀리함

17:15, "악인을 의롭다 하고 의인을 악하다 하는 이 두 사람은 다 여호와께 미움을 받느니라"

사람들은 악인은 악하다 하고 의인은 의롭다고 해야 하는데, 실제로 사람들은 자기편 사람들은 악해도 의롭다고 주장하고 의로운 사람도 악하다고 주장합니다. 요즘은 옛날의 기존 가치관이 다 사라져 버렸습니다. 그래서 무조건 사람들이 많이 모여서 떠들면 옳은 것이 되고 떠들지 않으면 사람들이 아예 관심조차 가지지 않게 됩니다. 그동안 우리 사회는 반항적인 것이 옳은 것이라는 사상을 많이 가지게 되었습니다. 그리고 어떤 사고가 터졌을 때마다 기가 막히게 말을 만들어내는 사람들이 있어서 그들이 지어낸 말이 여론을 좌우하게 될 때가 많습니다.

17:16, "미련한 자는 무지하거늘 손에 값을 가지고 지혜를 사려 함은 어찜인고"

미련한 자의 특징은 자기가 잘못한 것을 돈으로 덮으려고 한다는 것입니다. 결국 돈을 좋아하는 사람들끼리는 미련한 자의 뜻대로 돈으로 다 해결됩니다. 그러나 너무 큰 사고가 터지면 그때는 돈으로 그 죄가 덮어지지 않습니다. 그래서 하나님의 백성은 아예 처음부터 돈으로 해결하려는 것을 거절해야 합니다. 그리고 절대로 돈을 받고 틀린 것을 눈감아주면 안 됩니다.

우리가 하나님의 말씀을 잘 배우면 믿음의 형제들과 친구들이 생깁니다. 이들의 기도로 우리는 위기를 벗어나게 됩니다.

17:17, "친구는 사랑이 끊어지지 아니하고 형제는 위급한 때를 위하여 났느니라"

이것은 우리가 세상을 살면서 친구를 의지하고 형제의 도움을 기대하라는 뜻이 아닙니다. 우리는 누구의 도움도 받지 않고 혼자 설 수 있어야 합니다. 그러나 하나님이 뒤에서 움직이십니다. 그래서 믿음의 형제나 친구들을 통해서 위기에서 건져주시기도 하고 재앙을 피할 수 있는 안식처를 공급받기도 합니다. 이 사랑이 끊어지지 않습니다. 그리고 믿음의 형제는 위기 때 가만히 있지 않습니다. 하나님께서 그 마음에 감동을 주셔서 나를 돕게 하십니다. 하나님께서는 신실한 자에게는 계속 동역자를 붙여주십니다. 그래서 결국 그들의 도움이 있기 때문에 계속 의로운 길을 갈 수 있는 것입니다.

그러나 미련한 자는 다른 사람의 미래까지 책임을 지려고 합니다.

17:18, "지혜 없는 자는 남의 손을 잡고 그의 이웃 앞에서 보증이 되느니라"

우리는 하나님이 주시는 능력 안에서 모든 일을 해야 합니다. 그런데 어떤 사람은 너무 다른 사람을 사랑한 나머지 그들의 미래를 다 책임지려고 보증을 서거나 그런 약속을 합니다. 우리는 다른 사람의 미래를 다 책임질 수 없습니다. 그래서 우리는 다른 사람을 돕는다고 해도 조금밖에 돕지 못합니다.

3. 미련한 자의 망상

미련한 자는 현실을 볼 능력이 없습니다. 미련한 자는 자신을 대단한 사람으로 생각해서 그 우월감 때문에 남의 말을 잘 듣지 않습니다. 그래서 고집이 엄청나게 세고 생각하는 것이 딱딱하게 굳어 있습니다.

17:19, "다툼을 좋아하는 자는 죄과를 좋아하는 자요 자기 문을 높이는 자는 파괴를 구하는 자니라"

다른 사람과 다투는 것을 좋아하는 사람들이 있습니다. 이런 사람들은 평안하면 할 일이 없어서 미치려고 합니다. 그래서 결국은 시빗거리를 찾아내서 싸움을 일으켜야 직성이 풀립니다. 그러나 미련한 자는 남의 죄를 찾아내는 과정에서 자기 자신도 죄를 많이 짓게 됩니다. 물론 사람이 자기 문을 낮추어서 누구든지 집에 들어올 수 있게 하면 좋습니다. 더욱이 하나님의 백성은 문을 낮추어서 소자들이 들어올 수 있게 해야 합니다. 말씀을 듣고 찾아오는 사람이 소자입니다. 말씀을 가진 소자를 영접하는 자는 주님을 영접하는 자이고, 주님을 영접하는 자는 하나님을 영접하는 자입니다. 그런데 교만한 자는 자기 집 문을 높여서 부자나 잘난 사람이 아니면 아예 상대를 하지 않습니다. 그 결과 큰 폭탄이 떨어지게 되어 폭발이 일어나게 됩니다. 왜 문턱을 높이는데 폭탄이 떨어지게 됩니까? 이들은 결국 힘이 약한 자들을 약탈하는 음모를 꾸미고, 약한 자의 것을 빼앗는 짓을 하기 때문입니다.

17:20-22, "마음이 굽은 자는 복을 얻지 못하고 혀가 패역한 자는 재앙에 빠지느니라 미련한 자를 낳는 자는 근심을 당하나니 미련한 자의 아

마음이 바르지 못하고 굽은 사람들이 있습니다. 이들은 아무리 옳은 소리를 해도 절대로 받아들이지 않습니다. 오히려 바른 하나님의 말씀을 뒤틀어서 나쁘게 해석합니다. 마음이 비뚤어진 사람은 복을 받을 수 없습니다. 하나님의 말씀이 복인데 하나님의 말씀을 비틀어서 배격해버리기 때문입니다. 또 이런 사람은 혀가 아주 반항적입니다. 그래서 마치 독사의 혀와 같이 바른 말씀을 공격해서 바른 말씀을 전하지 못하게 됩니다. 그러면 결국 이런 혀 때문에 교회 안에서 부흥의 불은 꺼져버리게 됩니다. 부흥의 불이 꺼지면 기도를 하지 않게 되고 설교나 찬양도 힘이 없어지게 됩니다. 결국 마음이 비뚤어지고 혀가 패역한 사람은 자기 스스로 무덤을 파게 됩니다. 그런 사람은 항상 근심합니다. 끊임없이 어려운 문제들이 터지기 때문입니다.

미련한 자를 낳는 사람은 자기 자신입니다. 결국 자신이 이 세상을 편하게 살려고 미련한 길을 택하는 것입니다. 미련한 자가 근심할 수밖에 없는 것은 세상이 자꾸 자기 생각과 정반대로 흘러가기 때문입니다.

우리가 하나님 앞에서 미련을 탈출하고 바른길을 택하면 마음의 즐거움이 있습니다. 즉 마음이 후련하고 더 이상 고민하거나 걱정할 것이 없습니다. 하나님을 믿기 때문입니다. 그러나 마음을 비뚤게 먹은 자는 뼈가 마르게 됩니다. 일이 뜻대로 되지 않으니까 자꾸 고민이 되고 밤에 자지 못하기 때문입니다.

우리의 미련함이 만일 게으름이나 비만이라면 자신에게 채찍질해야 합니다. 하나님의 백성은 절대로 게으르면 안 됩니다. 우리는 하나님의 일도 배워야 하고 세상일도 배워야 하기 때문입니다. 만일 우리의 문제가 비만이라면 이것은 절대로 쉽게 되지 않습니다. 그러나 수

없이 실패할 각오를 하면서 도전해서 멋진 자신을 찾아야 합니다. 비
만을 한 번에 해결한다는 것은 불가능합니다. 그리고 자기가 잘했을
때는 자기 자신에게 상을 주시기 바랍니다.

17:23-24, "악인은 사람의 품에서 뇌물을 받고 재판을 굽게 하느니라 지혜는 명철한 자 앞에 있거늘 미련한 자는 눈을 땅 끝에 두느니라"

공직에 있는 사람은 특별한 사람입니다. 이들은 다른 사람들로부
터 식사 한 끼라도 얻어먹을 생각을 해서는 안 됩니다. 하물며 뇌물을
받고 재판을 굽게 하면 악한 재판장이고 하나님이 그를 심판하실 것
입니다. 지혜는 하나님의 말씀을 가진 자 앞에 있습니다. 물론 하나님
의 말씀을 가졌다고 해서 세상의 모든 일을 다 알지는 못합니다. 그러
나 분명히 길은 거기에 있습니다. 그러나 미련한 자는 언제나 허황된
꿈을 가지고 세상 끝을 바라봅니다. 그들은 하늘에서 공짜가 떨어질
것을 기다리고 있습니다. 그러나 그런 공짜는 전부 자기를 죽이는 독
입니다.

17:27, "말을 아끼는 자는 지식이 있고 성품이 냉철한 자는 명철하니라"

우리는 미련한 자가 아닌 증거가 있습니다. 첫째는 말을 아끼는
것입니다. 자기가 하고 싶은 말을 다 하는 사람은 몸에 있는 배설물
을 다 토해내는 지저분한 사람들과 같습니다. 그런 사람들은 자기만
이 아니라 다른 사람들까지도 자기 안의 지저분한 오물로 뒤집어쓰게
만듭니다. 지혜로운 자는 자기가 꼭 하고 싶은 말도 할 수 있으면 하
지 않습니다. 그 말들은 정화된 말이 아니기 때문입니다. 우리는 생각
한 모든 것을 다 말해야 속이 시원할 것 같지만 다른 사람들은 그 말
을 듣지 않습니다. 자기가 하고 싶은 말을 하지 않고 참을 수 있는 사

람은 지혜가 있는 사람입니다. 그리고 둘째로 그런 사람은 아주 냉철하게 상황을 판단할 수 있습니다. 그 사람은 냉정하고 지금 일어나고 있는 본질을 볼 수 있습니다. 거기서 어려운 문제에 대한 답이 나오는 것입니다.

17:28, "미련한 자라도 잠잠하면 지혜로운 자로 여겨지고 그의 입술을 닫으면 슬기로운 자로 여겨지느니라"

미련한 사람이 쓸데없는 말을 장황하게 떠들어대면 그가 얼마나 무식한 사람인지 다 알게 됩니다. 그런데 미련한 자라도 입을 꾹 다물고 있으면 그것은 대단한 것입니다. 다른 사람은 그가 미련한 사람인지 지식이 있는 사람인지 알지 못할 것입니다. 그러나 사실 미련하지만 입을 다무는 사람은 절대로 미련한 사람이 아닙니다. 미련한 사람은 입을 다물고 있을 수 없습니다. 미련에서 탈출한 지혜로운 자만 입을 다물 수 있습니다. 지혜는 미련을 탈출하게 합니다. 모든 일이 다 망하고 난 후에 후회하는 것보다 미리 길을 바꾸어서 인생을 아끼는 것이 복된 길입니다.

39

견고한 망대

잠 18:1-11

우리나라도 유사시가 되면 대통령이나 각 군의 중요한 지휘관들은 미리 준비된 벙커에 들어가서 군대를 지휘하게 됩니다. 지상에 있는 건물은 비행기 공격이나 미사일 공격에 노출되어 방비가 제대로 되지 않기 때문입니다. 반면에 벙커는 철근 콘크리트로 만들어져 있고 엄청나게 튼튼하게 지어져 있어서 대포는 물론이고 핵무기가 떨어져도 안전하다고 합니다. 그리고 그 안에는 기본적으로 한 달 정도는 먹고 살 수 있는 생수와 식량과 탄약이 비축되어 있습니다. 그런데 벙커와 대비가 되는 것이 참호입니다. 참호는 육군이 최전방에서 적과 교전하기 위해서 파놓은 긴 구덩이를 말합니다. 군인들은 전투할 때 몸을 보호하기 위하여 참호 안에서 얼굴만 내놓고 총을 쏩니다. 그러나 참호는 뚜껑이 없는 긴 구덩이로 연결되어 있고 중간중간에 지붕이 있더라도 나뭇가지나 흙을 덮어서 대충 만들었기 때문에 만일 대포가 정통으로 거기에 떨어지면 그 안에 있는 군인들은 죽거나 심한 상처를 입게 됩니다.

본문에서 가장 중요한 성경 구절은 10절인데 "여호와의 이름은 견고한 망대라 의인은 그리로 달려가서 안전함을 얻느니라"고 했습니다. 집채만 한 바위로 된 망대도 아니고 철근 콘크리트로 만들어진 벙커도 아닌데 어떻게 여호와의 이름이 견고한 망대가 될 수 있을까요? 만일 우리가 여호와 하나님의 이름으로 망대를 삼을 수 있으면 핵무기나 미사일 공격도 두려워하지 않을 것입니다.

복음송 중에는 본문 10절 한 절을 가지고 만든 멋진 찬송이 있습니다. 〈주의 이름 송축하리〉라는 복음송을 보면 후렴에 "주님의 이름은 강한 성루, 그곳에 달려간 자 안전하리"라고 노래하고 있습니다. 만약 주님의 이름이 강한 성루가 될 수 있다면 우리는 북한의 핵무기나 미사일 공격을 두려워하지 않을 것입니다.

1. 사람을 갈라지게 하는 것

야생동물의 세계에 있어서 동물에게 가장 위험한 것은 무리로부터 떨어져 혼자 되는 것입니다. 홀로 돌아다니는 동물은 아무리 힘이 강하고 사나운 짐승이라 하더라도 다른 동물의 공격 대상이 될 수밖에 없습니다. 아프리카의 물소는 힘이 굉장히 셉니다. 그리고 뿔이 아주 날카롭기 때문에 그 뿔에 한 번 찔리게 되면 아무리 사자라도 큰 부상을 입하게 됩니다. 그러나 그런 아프리카 물소도 혼자 돌아다니면 사자의 먹잇감이 되게 됩니다.

우리가 이 세상에서 안전하게 사는 데는 다른 사람과 떨어지지 않고 협력해서 사는 것이 중요합니다.

18:1, "무리에게서 스스로 갈라지는 자는 자기 소욕을 따르는 자라 온갖 참 지혜를 배척하느니라"

사람은 외딴곳에 혼자 떨어져 있으면 할 수 있는 것이 별로 없습니다. 혼자서는 양식도 구할 수 없고 맹수나 강도를 피하여 안전하게 집에서 잘 수도 없고 특히 아프거나 병들었을 때 치료받을 수도 없습니다. 물론 잠시 사람들을 떠나서 혼자 산을 오르거나 들판을 생각하면서 걸을 수 있지만 밤이 되면 집으로 돌아와야 안전하게 쉴 수 있습니다.

위기를 당했을 때 가장 중요한 것은 사람들의 마음이 일치단결하는 것입니다. 어떤 사람은 싸우려고 하는데 다른 사람은 도망갈 준비를 하고 있다면 그 성은 안전하지 못할 것입니다. 임진왜란 때 진주성은 왜군 삼만 명이 쳐들어 왔지만 김시민 장군을 중심으로 3천8백 명이 일치단결해서 물리쳤습니다. 그러나 두 번째 왜병에 쳐들어왔을 때는 마음이 하나되지 않아서 성은 함락되고 그 성에서만 7만 명의 사람들이 죽고 말았습니다.

결국 사람의 마음을 갈라지게 하는 것은 교만한 마음이고 독선입니다. 사실 사람들이 똑똑하면 똑똑할수록 그리고 많이 배우면 배울수록 마음이 하나되지 않습니다. 자기가 가장 잘났다고 생각하기 때문입니다. 바로 이 분열의 대표적인 예를 보여주는 것이 한국 장로교의 분열입니다. 아마 우리나라 장로교는 백 개가 넘는 장로교 교단으로 갈라져 있을 것입니다. 그렇게 된 원인은 너도나도 최고가 되고 싶은 욕심과 명예심 때문입니다. 여기에 "온갖 참 지혜를 배척하느니라"고 했습니다. 개척교회가 크게 부흥해서 대교회가 되면 남의 말을 듣지 않게 됩니다. 자기 생각만 옳다고 믿기 때문입니다. 그래서 그 교회를 한번 떠나서 오래된 교회에서 시집살이도 해보고 다른 교회에서도 교회를 지키기 위해서 애쓰는 장로나 권사들이 있다는 것을 알아야 한국 교회를 사랑할 수 있습니다.

18:2, "미련한- 자는 명철을 기뻐하지 아니하고 자기의 의사를 드러내기

우리는 남들이 하지 못하는 기발한 생각을 가지고 있는 사람들이 똑똑한 것처럼 보일 때가 많습니다. 더욱이 교회에서 그런 사람들이 외국에서 유학했거나 혹은 성공해서 유명하게 되었을 때는 더욱더 그렇게 보이기도 합니다. 이런 사람들은 전통적인 예배나 목회가 발전성이 없고 시대에 뒤떨어졌다고 생각합니다. 그래서 외국 다른 교회에 가보니까 예배형식이 완전히 다른데 그곳에서는 예배 시간에 간증도 있고 영화도 보여주고 연극도 하는데 정말 다양하고 은혜스럽던데, 우리도 그렇게 하자고 제안합니다. 그래서 한 시간 정도 드리는 예배에 그런 것을 다 하면 설교는 어느 정도 하게 될까요? 아마 설교할 시간이 거의 없을 것입니다. 그리고 교인들은 이미 다른 것으로 은혜를 받았기 때문에 설교 듣는 것을 지겨워할 것입니다. 어떤 분은 노골적으로 말하기를 설교로는 사람이 변하지 않는다고 합니다. 그리고 다른 사람의 간증이나 드라마를 보고 은혜 받고 눈물 흘린 사람들의 이야기를 많이 합니다.

그러나 우리가 아무리 똑똑해도 성경보다는 더 똑똑할 수는 없습니다. 신학을 공부한 교수 중에는 자기 마음대로 성경을 분해하고 해석해서 여기에 갖다 붙이고 저기에 갖다 붙이고 하는데 그것이 바로 본문에서 표현한 미련한 행동입니다. 이 사람은 신학만 잔뜩 공부했지 “명철”이 무엇인지 모르기 때문입니다. ‘명철’은 먼저 하나님의 말씀을 알고 그것을 통해서 현실을 바로 볼 수 있는 능력을 말합니다. 우리가 살아가고 있는 현실은 모두 가면을 쓰고 있기 때문에 진정한 모습을 보기가 어렵습니다. 그런데 하나님의 지혜를 가지고 가면을 한 꺼풀 벗기면 실체가 보이는 것입니다. 그래서 아무리 뛰어난 사상이라도 사람의 사상에는 장단점이 있습니다. 그래서 나중에 시간이 지난 후에 보면 절대적인 것 같던 사람이 욕을 얻어먹는 경우를 보게 됩니다.

18:3, "악한 자가 이를 때에는 멸시도 따라오고 부끄러운 것이 이를 때
　에는 능욕도 함께 오느니라"

　여기서 "악한 자"는 무조건 나쁜 것을 말하지 않습니다. 즉 하나
님의 말씀이 아닌 인간적인 생각을 가지고 주도권을 쥐려고 하는 사
람을 말합니다. 이런 사람들은 자기가 하자고 하는 대로 따라오지 않
는 사람들을 미워하고 뒤에서 중상모략합니다. 그런데 나중에 보면
자기가 멸시를 당하게 됩니다. 왜냐하면 그의 모략이 틀린 모략이기
때문입니다.

2. 깊은 곳에서 나오는 지혜

　우리가 물이나 차나 커피를 마실 때 가장 맛이 없는 것이 밍밍한
것입니다. 커피도 아주 차가운 것을 좋아하는 사람들이 있습니다. 반
면에 아주 뜨거운 커피를 좋아하는 사람들도 있습니다. 그 사람에게
는 커피가 미지근하면 맛이 없기 때문입니다. 대개 상류에서 흐르는
시냇물은 아주 투명하고 손을 넣으면 너무 차가워서 오래 담글 수 없
을 정도인데 그런 물은 마셔도 시원합니다. 더운 날 먼 길을 걸었을
때 그런 시원한 물을 마시면 정신이 돌아오고 새 기운이 생깁니다. 그
러나 목이 말라서 시냇물이 있는 곳에 갔는데 물이 깨끗하지도 않고
이끼가 끼어있고 차갑지도 않을 때 그 물을 마시면 틀림없이 배가 아
플 것입니다. 우리나라는 물이 보에 갇혀서 파란 이끼가 잔뜩 낀 물을
녹차 라떼라고 합니다. 그 물은 이미 썩은 물입니다.
　이것은 하나님의 말씀을 해석하는데도 마찬가지입니다. 하나님의

말씀을 깊이 연구하고 묵상해서 누구도 발견하지 못한 새로운 말씀을
해석해서 설교하는 것은 그야말로 따끈따끈하면서도 싱싱한 생수입
니다. 이런 하나님의 말씀을 들어야 속이 시원하고 이 세상의 더위나
피곤을 이길 수 있습니다. 그러나 이미 하나님의 말씀 자체를 해석하
는데 세상적으로 너무 오염되어 있고 들으나 마나 한 말씀은 미지근
해서 그 안에는 이미 박테리아가 많이 들어있습니다.

18:4, "명철한 사람의 입의 말은 깊은 물과 같고 지혜의 샘은 솟구쳐 흐
르는 내와 같으니라"

똑같은 성경을 가지고 설교하는데 어떤 사람의 말은 깊은 물과 같
아서 시원하고 깨끗하고 깊이를 알 수 없는 깊은 지혜의 말씀을 전합
니다. 이런 물은 땅에 고여 있는 물이 아니라 땅 깊은 곳에서 솟구쳐
오르는 싱싱한 물이어서 마시면 너무나도 달고 신선합니다. 반면에
어떤 사람은 거의 유치원 수준의 말씀이고 들으면 들을수록 화가 나
는 말씀이 있습니다. 세상적인 수준에서 성경을 보고 인간이 좋아하
는 수준에서 설교를 하기 때문입니다. 결국은 깊이 없는 말씀은 오염
된 녹차 라떼 물과 같아서 박테리아가 많고, 그것을 마시면 배가 아프
거나 식중독 증세가 나타나게 됩니다.

18:5, "악인을 두둔하는 것과 재판할 때에 의인을 억울하게 하는 것이
선하지 아니하니라"

사람이 다른 사람의 옳고 그른 것을 판단한다는 것은 아주 두려운
일입니다. 그런데 우리나라는 너무 많은 사람이 검사가 되고 판사가
되려고 합니다. 그 이유는 권력 때문입니다. 즉 죄인들 앞에서 큰소리
를 치고 싶고 내 마음대로 그들을 감옥에 집어넣을지 결정하고 싶기

때문입니다. 저도 군대 있을 때 군 교도소에 가서 설교한 적이 있습니다. 그런데 일단 쇠창살 안에 갇혀 있으면 창피합니다. 동물원의 짐승도 아니고 쇠창살 안에 갇혀 있다는 자체가 창피한 것입니다. 그리고 죄인은 이름을 부르지 않고 번호로 불리게 됩니다. 마음대로 누울 수 없고 사람을 만날 수도 없습니다.

재판장은 그런 의미에서 하나님의 대리자들입니다. 그들은 사람을 정죄하고 자유를 속박하고 어떤 때는 생명을 빼앗기도 합니다. 그런데 악인을 두둔하는 재판장이 있습니다. 그리고 의인을 억울하게 하는 재판장도 있습니다. 이들은 뻔뻔하고 양심이 굳은 사람들입니다. 재판장이 하나님을 두려워하고 정의롭게 재판하고 정치적으로 어느 한쪽으로 기울어지지 않고 공정하면 얼마나 존경받는지 모릅니다. 저판장 중에는 남편에게 폭행당하던 부인의 사정을 들어주기도 하고 못된 행동을 한 청소년에게 바른길 가라고 훈계하면서 관대한 판결을 너리는 사람도 있습니다. 그러나 법보다 더 중요한 것이 도덕이고, 도덕보다 더 중요한 것이 종교입니다. 만일 종교인이 공정성을 잃어버리면 그 사회는 마지막 둑이 무너진 것입니다.

18:6-7, "미련한 자의 입술은 다툼을 일으키고 그의 입은 매를 자청하느니라 미련한 자의 입은 그의 멸망이 되고 그의 입술은 그의 영혼의 그물이 되느니라"

여기서 "미련한 자"는 하나님 말씀을 업신여기는 사람을 말합니다. 이런 사람은 남을 공격하는 말을 마음대로 합니다. 그러나 그 말은 이미 자신의 신뢰를 잃게 합니다. 왜냐하면 듣는 사람의 마음속에 이미 깊은 상처를 주었기 때문입니다. 바로 이것이 하나 되지 못하게 하는 것입니다. 만약 교인들끼리 소리를 지르고 공격하게 되면 가슴이 상해서 피가 흐르게 됩니다. 이것을 치유하는 데는 긴 시간이 걸립니다. 이것이 결국 자기 영혼을 때리는 매가 됩니다. 아무리 하나님의 은혜를 받으려고 해도 양심이 단단해져서 은혜를 받지 못하기 때문입니다. 사람에게 가장 무서운 매는 은혜를 받지 못하는 마음입니다. 그리고 하나님 앞에 섰을 때 자기가 한 말 때문에 멸망으로 끌려가게 됩니다. 즉 자기가 한 말이 그물이 되고 올무가 되어서 끌려가는 것입니다.

사람들이 조심해야 할 것은 남의 흉보는 말을 하는 것입니다. 남의 말을 하면 너무 맛있는 별식을 먹는 것 같아서 정말 시간 가는 줄 모릅니다. 그리고 뱃속 깊은 데로 내려가기 때문에 금방 또 배가 고픕니다. 그래서 또 다른 사람의 욕을 해야 합니다. 그런 사람이 자기 일을 착실하게 할 수 없습니다. 남의 이야기를 하는 사람은 자기 일에 게으를 수밖에 없습니다. 결국은 남의 욕을 하다가 자기 집이 패가하게 됩니다. 왜냐하면 모든 일을 제대로 하지 않기 때문입니다.

3. 여호와의 이름은 견고한 망대

이 세상에 전쟁이 일어났을 때 견고한 망대 안에 들어가 있으면 안전할 것입니다. 이차대전 때 독일군은 런던에 무지막지한 공습을 했습니다. 그래서 런던 시민이나 어린이들은 거의 지방으로 피신을 갔습니다. 그럼에도 독일의 공습으로 런던 시민 중 3만 명 이상이 죽었다고 합니다. 그러나 그 와중에 그들은 하나님을 믿었습니다. 로이드

존즈 목사님의 교회는 원래 교인들은 떠났지만 전 세계에서 조종사나 간호사나 기자들이 몰려와서 그 빈자리를 채웠습니다. 조종사 중에는 한 번 예배드리고 그다음 날 출격하고는 돌아오지 못하는 사람들도 많이 있었습니다. 그들에게는 그야말로 하루하루가 마지막 예배였습니다. 그러나 그들은 이길 수 없는 전쟁에서 마침내 승리했습니다.

18:10, "여호와의 이름은 견고한 망대라 의인은 그리로 달려가서 안전함을 얻느니라"

이 세상에서 큰 바위로 만든 망대도 아니고 철저한 방어 시스템을 갖춘 벙커도 아닌데, 어떻게 여호와의 이름만으로 견고한 망대가 될 수 있을까요? 그것은 바로 하늘의 불 말과 불 병거 부대가 지키기 때문입니다. 앗수르 군대 18만 5천 명이 예루살렘을 포위했을 때 천사 하나가 내려가서 그들을 전부 죽게 만들었습니다. 그래서 의인들은 여호와의 이름만 믿으면 됩니다.

베드로와 요한은 나면서 걷지 못하는 걸인에게 "은과 금은 내게 없거니와 내게 있는 이것을 네게 주노니 나사렛 예수 그리스도의 이름으로 일어나 걸으라"(행 3:6)고 했습니다. 그랬더니 그 장애인은 벌떡 자리에서 일어났습니다. 예수님은 우리에게 겨자씨만 한 믿음만 있으면 산이 들려서 바다에 빠지라 하여도 그대로 될 것이라고 했습니다(마 17:20). 그러나 우리는 하나님을 믿는다는 것이 너무나도 어렵습니다. 하나님을 믿는다는 것은 도대체 무엇입니까? 우선 하나님의 말씀이 능력 있음을 믿는 것입니다. 그리고 하나님의 선하심을 믿는 것입니다. 이것이 가장 견고한 망대입니다.

그러나 견고한 망대처럼 보이지만 견고하지 않은 망대가 있습니다. 그것은 바로 돈으로 지어진 망대입니다.

18:11, "부자의 재물은 그의 견고한 성이라 그가 높은 성벽 같이 여기느니라"

부자가 모은 돈은 그가 죽고 난 후까지 행복하고 안전하게 지켜줄 것 같습니다. 그래서 부자의 재물은 그의 견고한 성이라고 했는데, 진짜 견고한 성이 아닙니다. 즉 자기 스스로가 그렇게 믿는 것입니다. 돈으로 된 성은 가난을 지킬 수 있고 추위와 굶주림을 지킬 수 있을지 모릅니다. 그러나 돈으로 지은 성은 늙어가는 것을 막을 수 없습니다. 그리고 병이 드는 것을 막을 수 없습니다. 그리고 죽는 것을 막을 수 없습니다. 또 전쟁이나 전염병을 막을 수 없습니다. 돈은 우리의 수단이지 의지의 대상이 될 수 없습니다. 우리는 돈을 잘 사용하면 되는 것이지, 쌓아놓고 죽을 때까지 잘살려고 하면 안 됩니다.

하나님의 이름은 견고한 망대입니다. 우리를 지키는 불 말과 불 병거를 바로 보셔야 합니다. 우리는 안전합니다. 핵무기나 전쟁의 소문을 두려워하지 마시기 바랍니다. 하나님의 허락 없이는 절대로 아무 일도 일어날 수 없습니다.

40

아름다운 처신

잠 18:12-24

사관생도 같이 정복을 입은 사람들을 길에서 보게 되면 다시 한번 보게 됩니다. 그들은 입은 옷이 자신의 학교나 신분을 나타내기 때문에 아주 조심해서 행동하게 됩니다. 사관생도는 학교에서 언제든지 절도 있고 예의 바르고 단정하게 행동하도록 훈련받습니다. 그래서 만약 사관생도가 사회에 나가서 술에 취해서 비틀거리거나 다른 사람과 시비 붙어서 싸움질이나 한다면 바로 퇴교 조치를 시킬 것입니다.

요즘 우리 사회는 예의나 절도 같은 것을 찾아볼 수 없는 아주 이상한 사회가 되고 말았습니다. 초등학교에서 어린이들이 선생님에게 욕을 하고 폭행하니까 부모까지 덩달아서 욕을 하고 교사가 자살하는 사태가 많이 일어나고 있습니다.

그러나 가끔 아주 태도가 올바른 사람을 만날 때가 있습니다. 이런 사람은 다른 사람이 말할 때 중간에 자르거나 자기 말을 떠벌리지 않고 소리도 지르지 않고 아주 예의 바르게 행동하는데 이런 사람을 보면 마치 천연기념물을 보는 것 같이 신기한 생각이 들게 됩니다. 그만큼 우리나라가 상식이 무너지고 예의가 없어지고 억지만 부리는 사회가 되었다는 뜻입니다.

오늘 본문은 하나님의 지혜를 가진 사람과 세상 지혜를 가진 사람은 엄청난 차이가 난다고 말씀하고 있습니다. 즉 하나님의 말씀을 배운 사람은 우선 예의가 있고 절도가 있으며 아주 지혜로운 처신을 합니다. 거기에 비해 세상적인 지혜만 배운 사람은 교만하기도 하고 다른 사람을 무시하고 자기만 잘난 체하다가 나중에 망하게 되는 것입니다.

1. 하나님의 지혜와 겸손

오늘 우리가 사는 세상은 누군가가 입을 다물고 조용히 있으면 바보인 줄 알고, 어떤 사람이 자기를 엄청나게 자랑하고 잘난 체하면 아주 똑똑한 사람으로 인정하는 이상한 곳이 되었습니다. 그래서 직장이나 세상에서 자신을 자랑하고 많이 선전해야 똑똑한 사람으로 인정받습니다. 그러나 하나님의 지혜는 이와 정반대로 잘난 체하는 사람이 아니라 겸손한 사람으로 만듭니다.

18:12, "사람의 마음의 교만은 멸망의 선봉이요 겸손은 존귀의 길잡이니라"

물론 세상은 다른 사람의 외모나 말 잘하는 것만 보고 판단하기 때문에 말을 잘하고 똑똑한 사람들이 이 세상에서 빨리 인정받고 빨리 높아지는 것이 사실입니다. 그런데 이상한 것은 교만하고 잘난 체하는 사람이 망할 때는 가장 먼저 망하는 경우를 볼 때가 많다는 것입니다. 그 이유는 그 교만한 자를 겪어보면 겪어볼수록 처음 생각한 것과 많이 다르다는 것을 알게 되기 때문입니다.

사람은 똑똑하고 남들보다 높은 자리에 있으면 교만하게 되어 있습니다. 그만큼 자기가 잘났고 우수하다고 생각하기 때문입니다. 그러나 사람이 성공하고 나면 어쩔 수 없이 나타나게 되는 것이 귀찮음과 법을 지키지 않는 것입니다. 자기가 최고로 똑똑하다는 생각이 들 때 마음속에 만족감이 드는 동시에 모든 것이 귀찮아지는 권태감이 생기게 됩니다. 그리고 높은 자리에 올라가면 올라갈수록 법을 지키지 않으려고 합니다. 높아질수록 그를 감독할 사람이 없어지고 자기 같은 사람은 굳이 법 같은 것을 지키지 않아도 다른 사람들이 알지 못할 것으로 생각하기 때문입니다. 그래서 이런 사람들은 행동하는데 조심을 하지 않습니다. 그래서 사람들이 잘 모를 때에는 교만한 사람이 똑똑한 것 같고 또 말을 잘하기 때믄에 좋은 자리에 앉기도 하지만 일단 유명해지고 난 뒤에는 자기 멋대로 행동하기 때문에 가장 먼저 몰락하게 됩니다.

거기에 비해 하나님의 지혜는 하나님의 백성을 겸손하게 합니다. 빨리 성공하지도 않고 잘난 것도 없으므로 자기 스스로도 내세울 것이 없다고 생각하는 것입니다. 그래서 잘 드러나지 않고 잘난 체하지 않습니다. 그 대신에 자기가 맡은 일에 대해서는 엄청 성실하게 합니다. 그것을 언젠가 다른 사람들이 알게 됩니다. 사실 사람이 알기 전에 하나님이 먼저 아십니다.

18:13, "사연을 듣기 전에 대답하는 자는 미련하여 욕을 당하느니라"

대화하는 데 있어서 가장 중요한 태도는 '경청'을 하는 것입니다. 즉 다른 사람이 하는 이야기를 끝까지 다 들어보는 것입니다. 대화를 나누는데 이것보다 더 중요한 것은 없습니다. 그러나 거만한 사람들은 아예 다른 사람이 말하는 것을 들으려고 하지 않고 자기 말만 주장합니다. 성질이 급한 사람은 다른 사람의 말이 끝나지도 않았는데 중간에 끼어들어서 자기 말을 장황하게 하든지, 아니면 다른 사람이 말하고 있는 중간에 잘라버리고 엉뚱한 말을 해버립니다. 그러면 그 사람은 다시는 자기 마음을 열지 않게 됩니다. 그래서 실제로는 다른 사람의 이야기를 들으려고 갔는데 자기 이야기만 실컷 떠들고 오는 경우가 많습니다.

18:14, "사람의 심령은 그의 병을 능히 이기려니와 심령이 상하면 그것을 누가 일으키겠느냐"

사람이 정신이 똑바르면 혹시 병에 걸리더라도 병을 이기기 위하여 밥도 먹고 약도 먹고 절제하고 노력해 나갑니다. 그러나 마음이 상해있으면 모든 의욕을 잃어버리기 때문에 병을 나으려고 생각하지 않습니다. 차라리 이 병이 낫지 않고 죽었으면 좋겠다고 생각하기 때문에 나을 병도 낫지 않는 것입니다. 이것이 바로 화병입니다.

옛날에 우리는 어떤 분이 화병으로 죽었다는 말을 들으면 대수롭지 않게 들었습니다. 그러나 나이가 들어보니까 화병이라는 것이 얼마나 무서운 병이고 그것 때문에 죽는 사람이 있다는 것이 얼마나 나쁜 일인지 알게 되었습니다. 예수님도 형제에 대하여 화를 내고 바보라고 하는 자는 다 지옥 불에 던져지게 된다고 말씀하셨습니다. 즉 나쁜 말을 하고 소리를 지르는 것이 사실은 살인하고 있다는 것입니다. 그래서 오늘날은 더 깊은 설교 말씀으로 마음을 치유해야 돈 문제라든지 이성 문제라든지 사업 문제를 이기고 살 수 있습니다.

2. 지혜와 배움

　사람은 태어났을 때부터 자라기 시작하다가 청년기가 되면 성장이 멈추고 그다음부터는 쇠퇴하기 시작합니다. 그래서 대개 한 50대 정도 되면 전성기를 맞이한다고 볼 수 있습니다. 그리고 그 후부터는 대부분 인생은 내리막길로 내려가게 됩니다. 그래서 나이가 들면 새로운 비전을 가질 수 없고 새로운 일을 시작할 수 없습니다. 남아 있는 시간이 많지 않기 때문입니다. 이제는 다시 공부할 수도 없고 기술을 배울 수도 없습니다. 그러나 하나님의 백성은 항상 무엇을 배웁니다. 그런데 이들이 무엇인가를 배우는 동안은 늙지 않고 젊어질 수 있습니다.

18:15, "명철한 자의 마음은 지식을 얻고 지혜로운 자의 귀는 지식을 구하느니라"

　"명철한 자"는 자꾸 새로운 지식을 배우려고 합니다. 그래서 그의 마음은 늙지 않고 언제나 젊을 수 있습니다. 즉 새로운 지식을 배우는 동안은 늙지 않을 수 있는 것입니다. 요즘 목회자나 기업가나 인문학을 배워야 한다는 말을 많이 합니다. 이것은 사실입니다. 목회자가 신학만 배우면 늘 설교에서 '이것이 죄냐, 아니냐?'만 이야기하기 때문에 폭이 아주 좁아집니다. 그래서 인문학을 알면 말하는 폭이 넓어지고 보는 시각이 달라질 수 있습니다. 역사라든지 혹은 문학이라든지 철학을 알면 인생을 보는 폭이 넓어질 수 있습니다. 그러나 사실 인문학도 한계가 있습니다. 인문학을 전혀 모르는 사람에게는 그것이 대단하게 보일 수 있지만 책을 많이 읽어보면 그것도 또한 사람 사는 이야기인 것을 알 수 있습니다. 그러나 성경에는 수많은 사람의 이야기가 나옵니다. 그 안에는 시도 있고 이야기도 있고 설교나 연설도 있습니다. 우리가 그 뜻을 잘 몰라서 그렇지, 성경은 인문학과 비교할 수 없는 깊이와 넓이가 있습니다.

18:16, "사람의 선물은 그의 길을 넓게 하며 또 존귀한 자 앞으로 그를 인도하느니라"

우리가 이 구절을 잘못 이해하면 사람에게 선물을 주어서 환심을 사면 막혔던 길도 열리고 또 자신에게 중요한 결정을 하는 사람에게 손이 닿을 수도 있다고 생각할 수 있습니다. 그러나 이 구절은 그런 뜻이 아닙니다. 사람이 돈은 열심히 벌되 그것을 지혜롭게 사용하라는 의미입니다. 물론 우리가 번 돈을 전부 선교나 장학금으로 쓰라는 뜻이 아닙니다. 우리는 자녀 학원비도 내야 하고 가족이 옷을 사 입거나 맛있는 것을 사 먹을 수도 있습니다. 그런데 헌금을 내는 것이 중요합니다. 이것이 내 돈을 하나님께 내놓는 첫걸음입니다. 그리고 유익한 데 돈을 쓰면 됩니다. 그러다 보면 인생의 폭이 넓어져서 여러 사람을 알게 되기도 하고 나중에는 소문이 나서 최고의 지위에 있는 사람을 만나게 되기도 하는 것입니다. 평소에 좋은 일을 하면 자연히 그의 길이 넓어지게 될 것입니다.

사람들은 모든 것을 자기 관점에서 봅니다. 그래서 서로 다투고 있는 사람의 말을 들어보면 둘 다 맞는 것 같습니다. 재판하는 사람도 원고의 이야기를 들으면 그 사람의 말이 맞는 것 같고 변호사의 말을 들으면 변호사의 말이 맞는 것 같습니다.

18:17, "송사에서는 먼저 온 사람의 말이 바른 것 같으나 그의 상대자가 와서 밝히느니라"

그래서 요즘 우리나라나 미국에서는 어떤 변호사를 쓰느냐 하는

데 따라서 감옥에 가기도 하고 풀려나기도 합니다. 왜냐하면 사람들은 자기에게 불리한 것은 감추고 유리한 것만 이야기하기 때문입니다.

18:18, "제비 뽑는 것은 다툼을 그치게 하여 강한 자 사이에 해결하게 하느니라"

예를 들어서 자리는 하나밖에 없는데 두 명이 동시에 그 자리에 앉으려고 하면 서로 싸우게 됩니다. 그래서 돈을 주고 표를 사기도 하고 상대방의 비리를 찾아서 공격하는 흑색선전을 하기도 합니다. 그런데 어느 정도 시민의식이 성숙되었다면 서로 합의해서 룰을 만들고 그 룰에 따라서 당선자를 결정하게 되므로 다툼이 일어나지 않을 것입니다. 결국 다툼이 일어나는 것은 페어플레이를 하지 않고 약속을 깨기 때문입니다. 그래서 어느 사회든지 사람을 뽑는 것이 가장 어려운 일인 것 같습니다.

18:19, "노엽게 한 형제와 화목하기가 견고한 성을 취하기보다 어려운즉 이러한 다툼은 산성 문빗장 같으니라"

형제는 어렸을 때는 참 좋은 친구처럼 싸우면서도 잘 지냅니다. 그러나 형제도 결혼하면 각기 자기 길을 찾아가게 됩니다. 우리나라의 형제 사이의 관계는 '제사'라는 조상이나 부모에 대한 숭배가 견고하게 붙들어주었습니다. 그러나 부모님이 돌아가시면 형제들은 잘 모이지 않고 형제끼리 싸우게 될 때가 있습니다. 대개 부모 유산 분배 때문에 싸우거나 종교가 다르다든지 하면 아무리 어렸을 때 우애가 깊었던 형제라 하더라도 남보다 더 멀어질 때가 있습니다. 또 나중에 부모가 늙어서 누군가가 모셔야 하는 문제로 형제끼리 싸우게 됩니다. 이때 형제의 마음 문을 여는 것은 성문 빗장을 여는 것보다 더 어렵습니다.

3. 입술의 열매

사람들은 끊임없이 말하게 됩니다. 우리 속담처럼 "말 한마디로 천 냥 빚을 갚는" 사람이 있는가 하면, 수고를 실컷 해놓고 끝에 가서 말을 함부로 하는 바람에 욕만 실컷 얻어먹는 사람도 있습니다. 그래서 사람이 지혜롭게 말한다는 것은 참으로 어려운 문제입니다.

18:20, "사람은 입에서 나오는 열매로 말미암아 배부르게 되나니 곧 그의 입술에서 나는 것으로 말미암아 만족하게 되느니라"

어떤 사람은 말을 많이 했지만 자기 자신은 물론 다른 사람의 마음이 허전할 때가 있습니다. 그것은 사실이 아닌 말을 했거나 혹은 자기도 모르는 말을 지껄였기 때문입니다. 사람이 쓸데없는 소리를 길게 하는 것보다 옳은 말 한마디를 들으면 말하는 자나 듣는 자나 모두 감동되고 속이 시원합니다. 그 이유는 성령이 역사하시기 때문입니다. 그러나 우리는 무엇이 옳은 말인지 모릅니다. 왜냐하면 공부를 하지 않기 때문입니다. 과학이 무엇인지 모르고 생태가 무엇인지 모르니까 사이비 교수들이 통계를 늘어놓으면 거기에 속아 넘어가게 되는 것입니다.

18:21, "죽고 사는 것이 혀의 힘에 달렸나니 혀를 쓰기 좋아하는 자는 혀의 열매를 먹으리라"

사람의 혀에는 독사의 독이 있습니다. 그래서 어떤 사람이 나쁜 의도로 말하는 것을 들으면 그 사람은 서서히 죽어가게 됩니다. 그러나 그 독을 해독하는 말이 있습니다. 그것이 바로 하나님의 말씀입니다. 그래서 말하는 것이 그 사람의 인격의 열매입니다. 그는 사람을 죽이기도 하고 살리기도 하는 것입니다.

18:22, "아내를 얻는 자는 복을 얻고 여호와께 은총을 받는 자니라"

여기 "아내"는 '좋은 아내'를 말합니다. 남편이라고 해서 완전하지 않습니다. 그것을 이해하는 아내가 좋은 아내입니다. 그래서 남편의 실수를 눈감아 줄 수 있는 아내가 좋은 아내입니다. 좋은 아내를 가진 남자는 주의 은총을 받은 사람입니다. 예쁘고 상냥하고 믿음도 좋고 옷이나 가방 사는데 중독이 안 된 여자는 복덩어리입니다.

18:23-24, "가난한 자는 간절한 말로 구하여도 부자는 엄한 말로 대답하느니라 많은 친구를 얻는 자는 해를 당하게 되거니와 어떤 친구는 형제보다 친밀하니라"

"가난한 자"는 누구든지 부담스러워합니다. 돈을 빌려달라고 할까 봐 겁나기 때문입니다. 그래서 가난하면 아무래도 친구가 없어질 수밖에 없습니다. 이때는 광야 때이고 하나님을 바라볼 때입니다. 부자가 "엄한 말"을 하는 것은 사람을 쫓아다니지 말라는 뜻입니다. 친구를 많이 두면 성공한다고 믿는 사람들이 있습니다. 그러나 신앙의 친구는 가족보다 낫습니다. 병들었을 때 응급실에 같이 가기도 하고 수술을 받으면 병실을 지켜주기도 합니다. 쓸데없이 사람들에게 잘 보이려고 하지 말고 하나님의 마음에 합당한 성도들이 다 되시기를 바랍니다.

41

영혼을 사랑하는 자

잠 19:1-11

아마 이 세상에서 자기 자신을 사랑하지 않는 사람은 별로 없을 것입니다. 그러나 사람은 자기 영혼을 사랑하는 법을 알지 못합니다. 그래서 주로 외모를 아름답게 꾸민다든지 혹은 아름다운 옷을 입는다든지 아니면 좋은 차를 타거나 성공한 사람이 되는 것이 자기 자신을 사랑하는 것이라고 생각합니다. 요즘 사람들은 자동차를 탈 때에도 옛날에는 승차감이 좋아야 했는데 요즘은 하차감이 좋아야 한다고 합니다. 여기서 '하차감'이라는 것은 승용차에서 내릴 때 다른 사람들이 부러운 눈으로 봐주는 것을 말합니다.

우리는 모두 자기를 사랑합니다. 그러나 자기 영혼을 사랑하는 법을 모르기 때문에 자기 껍데기인 외모만 꾸미고 돈을 들이고 있는 것입니다. 그러나 우리의 외모를 아무리 가꾸어도 늙어가게 되어 있고 아무리 좋은 음식을 먹고 아무리 좋은 옷을 입는다 해도 그 사람의 성격은 변하지 않는 것입니다. 어떻게 하는 것이 우리의 영혼을 사랑하는 것일까요?

오늘 본문 8절에 보면 "지혜를 얻는 자는 자기 영혼을 사랑하고 떙철을 지키는 자는 복을 얻느니라"고 했습니다. 여기서 가장 중요한 것은 사람이 자기 영혼을 사랑하는 것입니다. 우리는 어떻게 하면 자기 영혼을 사랑할 수 있을까요?

영혼을 깨끗하게 하는 첫째 방법은 환경을 바꾸는 것입니다.

1. 환경을 바꾸는 사람들

요즘 현대인 중에는 도시에 살면 사람들의 관계가 복잡하고 분위기가 소란스러우니까 복잡한 도시를 떠나서 사람들이 살지 않는 공기 좋은 산속에 들어가서 혼자 사는 사람들이 가끔 있습니다. 그래서 남자 중에는 텔레비전 프로 중에서 〈나는 자연인이다〉라는 프로를 즐겨 본다는 이들이 많습니다. 또 여성에게는 〈나 혼자 산다〉라고 해서 나이가 들어서도 결혼하지 않고 혼자 사는 연예인의 일상을 다루는 프로가 인기 있다고 합니다.

그런 〈자연인〉 프로를 보면 방송극 PD가 자연인의 소문을 듣고 아주 깊은 산까지 들어가서 자연인을 만나서 이야기도 하고 같이 산나물이나 약초도 캐고 자연인이 사는 방에 들어가서 밥도 얻어먹고 오기도 합니다. 그런 자연인은 세상에서 사업을 하다가 사기를 당하기도 하고 직장 생활이 너무 힘들거나 혹은 암 같은 병에 걸려서 세상을 등지고 산에서 혼자 산다고 합니다. 그러나 사실 아무도 살지 않는 산에 살면 얼마나 무섭고 외롭겠습니까?

사실 우리가 사는 이 세상은 우리의 영혼을 아주 어지럽고 더럽게 만듭니다. 일단 우리가 도회지에 사는 이상 우리 귀에는 항상 소음이 들립니다. 그리고 특히 우리의 영혼을 복잡하게 만드는 것이 텔레비전입니다. 이제 텔레비전은 얼마나 광고를 많이 하는지 그것이 사람들의 정신을 지배하고 있습니다. 또 어떤 정치적인 이슈나 사회 문제를 한쪽 방향으로 계속 이야기하면 그런 쪽으로 세뇌가 되어버리는 것입니다. 요즘은 유튜브나 인터넷도 사람들의 영혼을 중독시킵니다. 그래서 스마트 폰이 없으면 잠시도 견디지 못하는 사람이 많습니다. 스마트 폰으로 통화도 하고, 문자메시지를 주고받기도 하고, 뉴스도 보고 영화도 보고 음악도 듣기 때문에 스마트 폰이 없으면 세상과 단절된 느낌이 들게 됩니다.

우리가 비싼 스마트 폰을 사고 인공위성 TV를 설치해서 다양한 프로를 보면 우리 자신을 사랑하는 것이 될까요? 옛날 사람들은 누군가가 좋지 않은 이야기를 하는 것을 듣게 되면 귀를 씻어야 한다고 했습니다. 우리는 어떻게 하면 귀를 씻고 깨끗한 영혼을 가질 수 있을까요?

요즘은 기자들이 산에 가보면 옛날 자연인들이 살던 집들이 텅텅 비어서 아무도 살지 않는 집이 수두룩하다고 합니다. 결국 사람들은 다른 사람과 어울려야 살 수 있습니다. 우리가 다른 사람과 어울리면서 내 영혼이 더럽혀지지 않으려고 하면 일단 자신의 삶에 만족하고 더 잘 살려고 하는 욕심을 내지 말아야 합니다.

19:1, **"가난하여도 성실하게 행하는 자는 입술이 패역하고 미련한 자보다 나으니라"**

사람이 세상에서 성공하려고 하면 진흙탕에 뛰어들어서 다른 사람들과 엎치락뒤치락하면서 싸워서 이겨야 합니다. 다른 사람에게 욕을 하고 다른 사람을 깎아 내려야 올라갈 수 있습니다. 그러나 본문은 가난하게 살면서도 자기에게 주어진 일에 성실하면 된다고 했습니다. 더 부자가 되려고 하지 말고, 구두 수선공이면 열심히 구두를 수선하고, 빵 만드는 직업이면 열심히 빵을 만들고, 이발을 하는 사람이면 열심히 다른 사람의 머리를 깎아주는 것입니다. 열심히 하다보면 기술도 생기게 되고 좋은 손님도 생기게 될 것입니다. 그리고 주일이 되면 깨끗한 옷을 갈아입고 교회에 와서 봉사하는 것입니다. 그런 사람을 무시할 수 있는 사람은 아무도 없을 것입니다.

입술이 패역한 사람들이 있습니다. 이들은 욕을 하고 다른 사람에게 시비를 걸거나 입에 담을 수 없는 말을 하는 사람들입니다. 입술을 패역하게 하는 가장 큰 주범은 술입니다. 사람이 술을 마시면 욕도 하게 되고 과격한 말도 하게 됩니다. 결국 그의 영혼이 더러워지게 되는 것입니다. 사람에게 환경이 중요하다고 하지만 속에 하나님의 말씀을 집어넣는 것보다 더 우리 영혼을 깨끗하게 하는 것은 없습니다.

19:2, "지식 없는 소원은 선하지 못하고 발이 급한 사람은 잘못 가느니라"

"지식 없는 소원"은 하나님 말씀의 가르침이 없는 소원을 말합니다. 하나님의 말씀을 듣지도 않고 세상적으로 성공하고 출세하기를 바라지만 소용이 없습니다. 왜냐하면 현실을 모르는 소원은 헛된 공상에 불과하기 때문입니다. 요즘 사람들은 남들이 하는 것이 멋있어 보이면 앞뒤 생각도 하지 않고 당장 따라서 합니다. 길을 걸을 때에도 너무 마음이 급하면 돌부리나 혹은 웅덩이 같은 것을 보지 못해서 넘어지는 경우가 많습니다. 그래서 너무 성격이 급한 것은 좋지 못합니다.

19:3, "사람이 미련하므로 자기 길을 굽게 하고 마음으로 여호와를 원망하느니라"

사람에게 있어서 가장 어려운 것은 자기 길을 찾는 것입니다. 그런데 내가 가야 할 길은 감추어져 있기 때문에 좀처럼 찾기가 어렵습니다. 예수님은 좁은 문으로 들어가라고 말씀하셨는데, 좁은 문을 찾기가 너무 어렵습니다. 사람들은 자기 나름대로 성공하는 길을 간다고 넓은 길로 갔는데, 나중에 정신을 차리고 좁은 길을 가려고 하면 멀리 간 거리만큼 다시 돌아와야 합니다. 그래서 애당초 처음부터 고생하더라도 자기가 가야 할 길을 찾아야 합니다. 그때 정말 자기 길 같은데 아닐 때도 많이 있습니다. 이런 길을 가는 사람들은 하나님을 원망하고 자기 팔자를 원망해도 소용이 없습니다. 왜냐하면 자기 자신이 굽은 길을 선택했기 때문입니다.

2. 다른 사람과의 만남

우리의 영혼을 깨끗하게 하는 두 번째 방법은 비슷한 취미나 생각을 가진 사람들과 모임을 가지는 것입니다. 여성 중에는 꽃꽂이를 위해서 만나는 사람들도 있고, 다도를 배우기 위해서 만나는 사람들이 있습니다. 테니스나 배드민턴이나 조기 축구나 골프를 위해서 만나는 사람들이 있을 것입니다. 우리 생각에는 이런 만남이야말로 건전하고 유익한 만남인 것 같은데 그렇지 않습니다. 사람들은 이런 모임으로 만족하지 못하고 꼭 모임이 끝난 후에는 식사해야 만족하고 식사하면 술을 마시고 나중에는 버스를 타고 놀러가든지 아니면 해외여행까지 가야 직성이 풀리는 것입니다. 그러면서 서로 싸우기도 하고 편을 가르기도 하면서 사이가 나빠지게 되는 것입니다.

19:4, "재물은 많은 친구를 더하게 하나 가난한즉 친구가 끊어지느니라"

사람들은 친구들을 만들려고 하면 밥이나 술도 한 번씩 사주어야 하는데 돈은 안 쓰고 얻어먹기만 하고 잘난 체만 하는 사람은 친구가 없어지는 것입니다. 그러나 사실 이런 친구들은 끊어야 합니다. 돈으로 사귄 친구들은 돈이 있는 동안에만 친구가 될 수 있기 때문입니다. 돈이 없어지면 아무리 만나자고 해도 만나주지 않습니다. 그런데 어려울 때 친구가 된 사람은 진짜 내가 좋아서 친구가 된 사람입니다. 이런 사람에게는 내 속에 있는 것을 털어놓을 수도 있고 어떤 때는 위험한 부탁도 들어주는 것입니다. 그래서 돈이나 인기를 가지고 만든 친구는 아무리 많아도 아무 소용 없습니다. 진정한 친구는 정말 가난할 때 아무것도 가진 것이 없을 때 만난 친구입니다.

19:5, "거짓 증인은 벌을 면하지 못할 것이요 거짓말을 하는 자도 피하지 못하리라"

법정에서 누군가가 증인이 되어주어야 하는데 막상 법정에서는 정반대 엉터리로 증언을 해버리는 사람이 있습니다. 그러면 피고로 몰린 사람은 죄를 다 뒤집어쓰고 감옥에 들어가든지 엄청난 벌금형을 받게 될 것입니다. 우리는 자기가 전혀 하지 않은 일을 했다고 누군가가 증언하게 되면 변명할 말이 없습니다. 물론 당장에는 죄인으로 몰려서 처벌을 받지만 시간이 지난 후에는 상대방이 누구의 돈을 받고 거짓 증언을 했다든지 아니면 어떤 사람들과 짜고 거짓 증언 했다는 것이 드러나게 됩니다.

19:6, "너그러운 사람에게는 은혜를 구하는 자가 많고 선물 주기를 좋아하는 자에게는 사람마다 친구가 되느니라"

여기서 "너그러운 사람"은 다른 사람의 잘못에 대해서 꼬치꼬치 캐거나 따지지 않고 관대하게 넘어가는 사람을 말합니다. 물론 이런 너그러운 사람이라고 해서 바보는 아닙니다. 그러나 그는 남의 잘잘못을 따지는 것보다는 자기 영혼이 더럽혀지지 않는 것이 더 중요하고 또 상대방도 그 영혼이 다치지 않는 것이 중요하다고 생각하기 때문에 너그럽게 대하는 것입니다. 사람들은 이런 사람들을 좋아합니다. 이런 사람이 친구로 있으면 마음이 편하기 때문입니다. 그런데 반대로 다른 사람의 옳고 그른 것에 대하여 사사건건 따지는 사람은 벌써 마음이 옹졸한 사람이기 때문에 그런 사람을 친구로 하면 자기 영혼이 좁아져서 그를 가까이 하지 않게 됩니다. 그리고 선물을 자꾸 주는 사람은 누구든지 좋아합니다. 선물을 주는 사람은 마음에 사랑이 있기 때문입니다. 그래서 예수님께서는 "불의의 재물로 친구를 사귀라"고 말씀하셨습니다. 우리가 이 세상에서 가지고 있는 돈은 아무리 깨끗한 돈이라 하더라도 영원히 가지고 갈 것이 아닙니다. 그래서 이 세상에 있는 동안에 선물도 사주고 음식도 사주면 자기 마음도 기쁘고 상대방은 너무 좋아하고 하나님께서도 기뻐하십니다.

19:7, "가난한 자는 그의 형제들에게도 미움을 받거든 하물며 친구야 그를 멀리 하지 아니하겠느냐 따라가며 말하려 할지라도 그들이 없어졌으리라"

가난한 사람은 형제도 찾아가는 것을 별로 좋아하지 않습니다. 그 사람이나 그 식구들이 와봐야 밥만 축내고 돈이나 달라고 할지 모르기 때문입니다. 부모는 자식이 가난하건 잘살건 똑같이 사랑하지만 형제만 되어도 절대로 그렇지 않습니다. 하물며 친구들이야 가난한 친구를 얼마나 부담스러워하겠습니까? 그러나 하나님께서는 우리를 연단하시느라고 가난하게 하십니다. 그래서 가장 어리석은 사람은 다른 사람을 따라가면서 친구를 만들려고 하는 사람입니다.

여기에 보면 "따라가면서 아무리 말을 하려고 해도 듣지 않고 사라진다"고 했습니다. 우리는 다른 사람을 따라갈 필요가 없습니다.

가난하면 가난한 대로, 어려우면 어려운 대로 자기 길을 꾸준히 가면 형제나 친구들이 찾아와서 만나게 됩니다.

다음 구절이 아주 중요한 말씀입니다.

"자기 영혼을 사랑"하는 사람은 어떤 사람입니까? 지혜를 얻는 사람입니다. 즉 자기 마음을 하나님의 말씀으로 채우는 사람은 그 영혼이 보석같이 빛나게 되고 존귀하게 됩니다. 또 우리 영혼이 더러워졌을 때는 눈물로 기도하는 것이 자기 영혼을 아름답게 하는 것이고 깨끗하게 하는 것입니다. 그러나 자기 속을 세상의 욕심으로 채우는 사람은 결국 머릿속에 든 것이 없기 때문에 빈 깡통 소리밖에 나지 않습니다. "명철을 지키는 자"는 하나님의 말씀을 자신에게 적용해서 실천하는 사람을 말합니다. 이 사람은 자기가 가졌던 지혜가 이 세상에서 먹혀들어가기 때문에 성공하게 됩니다.

3. 노하지 않는 사람

사람 중에 다른 사람이 하는 행동이 틀렸거나 자기 생각과 맞지 않으면 불같이 화를 내면서 소리를 지르는 사람들이 있습니다. 이런 사람들은 결국 자기 영혼이 메말라 있기 때문에 그렇게 행동하는 것입니다. 우리나라는 봄이 되면 산이 아주 건조해지게 됩니다. 이때 담배꽁초를 아무 데나 버린다든지 혹은 마당에서 쓰레기를 태운다든지 했다가 바람이 불면 큰 산불이 발생하게 됩니다. 지금 우리가 사는 이 세상은 항상 건조주의보가 발효 중입니다. 그래서 누구든지 별것 아닌 것을 가지고 소리 지르거나 성질을 부리면 다른 영혼들이 다 타서 죽어버리게 됩니다. 그래서 소리를 지르는 것을 아주 조심해야 합니다.

19:9, "거짓 증인은 벌을 면하지 못할 것이요 거짓말을 뱉는 자는 망할 것이니라"

이 구절은 앞에서 한 말씀을 또다시 하고 있습니다. 그 이유는 거짓 증인이나 거짓말이 당시에도 너무 많고 미치는 독이 컸기 때문입니다. 지금도 사람들은 예사로 거짓말을 합니다. 심지어는 이것은 틀림없다고 하면서 맹세까지 합니다. 그러나 거짓말은 자기 양심을 더럽히는 것입니다. 결국 하나님 앞에서 중요한 것은 양심이 깨끗한 것입니다. 그런데 양심이 돌같이 단단하게 굳어 있으면 그 사람은 살기가 어렵습니다. 간경화증보다 무서운 것이 양심 경화증입니다. 이런 사람은 아무리 거짓말하고 화를 내어도 부끄러운 줄도 모르고 자기 영혼이 썩는 줄도 모릅니다.

우리나라 사람들은 거짓말을 해서라도 그때단 넘어가면 된다고 생각하지만 하나님의 책에는 다 기록되어 있습니다.

19:10, "미련한 자가 사치하는 것이 적당하지 못하거든 하물며 종이 방백을 다스림이랴"

미련한 자는 자기가 미련한 줄 알아야 하는데, 돈이 있으니까 비싼 옷을 입고 사치하는 것입니다. 그러나 다른 사람들은 그가 천박한 것을 알고 인정해주지 않습니다. 또 어떤 사람은 생각하는 수준이 종밖에 안 되는데 이런 사람이 최고 높은 자리에 앉아서 높은 계급에 있는 사람들을 책망하고 쫓아낸다면 결국 그 나라는 망할 수밖에 없는 것입니다. 사람은 자기 분수를 알아야 하는데 누구나 다 자기 분수를 알지 못합니다.

19:11, "노하기를 더디하는 것이 사람의 슬기요 허물을 용서하는 것이
자기의 영광이니라"

　사람이 노하기를 더디 하는 것이 좋은 이유는 조금만 참으면 분노의 감정이 가라앉기 때문입니다. 그래서 어떤 사람들은 화가 치밀어 오를 때마다 무슨 말을 하기 전에 마음속으로 '하나, 둘, 셋' 하면서 뜸을 들이면 확실히 화를 덜 내게 된다고 합니다. 우리가 노하기를 더디 해야 하는 이유는 자기 자신도 허물이 있기 때문입니다. 그래서 다른 사람의 허물을 책망하려고 하다가도 '나도 하나님 앞에 죄인인데 이렇게 해도 되나?' 라고 생각하기 때믄에 급하지 않게 되는 것입니다. 그러나 그 사람이 깨닫지 못하고 자꾸 충동질하거나 다른 사람을 선동할 때는 어쩔 수 없이 칼을 빼들 수밖에 없습니다.

　다른 사람의 허물을 용서하는 것이 자기의 영광이라고 했습니다. 다른 사람의 잘못을 모르는 체하고 넘어가면 다른 사람들이 보고 그의 덕을 칭찬하게 됩니다. 그러나 다른 사람의 허물을 꼬치꼬치 따지면 그 사람도 따지고 반박하게 되는데, 그러면 결국 그 사람과 같이 되고 마는 것입니다. 자신의 영혼을 깨끗이 하셔서 멋진 인생을 사시기 바랍니다.

42

영혼을 지키는 자

잠 19:12-29

요즘은 영혼이라는 말을 엉뚱한 데 많이 사용하는 것을 볼 수 있습니다. 한때는 우리나라 공무원에 대하여 "영혼이 없다"는 말을 썼습니다. '영혼이 없는 공무원' 이라는 말은 아무 생각이 없다는 뜻입니다. 위에서 하라고 하면 하고 아무 소리도 없으면 아무 일도 하지 않는다는 것입니다. 물론 일의 결과에 대하여 절대 책임도 지지 않습니다. 공무원이 영혼이 없으면 국민은 불행하게 됩니다. 또 요즘은 '영끌' 이라는 말을 많이 씁니다. 아파트 투자를 할 때 있는 돈 없는 돈 다 끌어가지고 사는데 결국 자기 영혼까지 팔아서 아파트를 사는 세태를 말합니다. 또 어떤 사람은 다른 사람에게 돈을 다 털렸는데 자기 영혼까지 다 털렸다는 말을 합니다. 즉 자기 생각만이 아니라 개인적인 프라이버시까지 다 털린 것을 말합니다.

본문 16절을 보면 "계명을 지키는 자는 자기의 영혼을 지키거니와 자기의 행실을 삼가지 아니하는 자는 죽으리라"고 했습니다. 즉 우리에게 가장 중요한 것은 자기 영혼을 지키는 것입니다. 이 세상에는 수많은 유언비어나 더러운 사상이나 거짓된 교훈들이 우리의 영혼 안어 들어오려고 합니다. 이때 마음의 문을 꼭 닫아서 절대로 이런 불순한 사상이나 생각들이 들어오지 못하게 막아야 자기 영혼을 지킬 수 있습니다. 만약 사람의 영혼이 더러우면 그 사람의 행동이 깨끗할 수 없고 그 사람이 말을 해도 무슨 말인지 알아들을 수 없습니다. 그리고 그는 결국 악한 자의 꾀를 따라가서 망하게 되는 것입니다.

1. 깨끗한 양심은 중요한 것을 지킨다

우리는 밖에 있는 출입문을 꼭 잠가야 집 안의 귀중한 물건들을 도둑맞지 않습니다. 게으른 사람들은 대문을 잠그지 않고 잠을 자는 바람에 도둑이 들어와서 아까운 물건을 훔쳐가는 경우가 있습니다. 마찬가지로 나라에 있어서도 절대로 도둑맞아서는 안 되는 중요한 것이 있습니다. 물론 나라의 영토를 빼앗겨서는 안 됩니다. 특히 그 나라의 중요한 군사기밀이나 기술정보 같은 것도 다른 나라에 빼앗겨서는 안 됩니다. 또 더 중요한 것은 국민이 가지고 있는 정신을 도둑맞으면 안 된다는 것입니다. 조선말에 그런 정신이 없었기 때문에 나라를 일본에 팔아먹는 사람들이 있었습니다. 지금도 우리 남한은 북한과는 다른 정신 위에 세워진 나라입니다. 그래서 나라의 사상을 물타기 해서 우리 국민의 정신을 흐리멍덩하게 해서는 안 되는 것입니다.

19:12, "왕의 노함은 사자의 부르짖음 같고 그의 은택은 풀 위의 이슬 같으니라"

여기서 "왕"은 한 나라의 지배자나 주권자를 의미합니다. 나라의 모든 질서가 잘 지켜지고 관리나 국민이 자기 할 일을 열심히 하기만 하면 왕은 노할 필요가 없습니다. 즉 왕의 "은택", 하나님의 은택이 이슬같이 내리기 때문에 모든 사람은 느끼지도 못하는 가운데 하나님의 복을 받게 됩니다. 그러나 관리 중에 부패해서 자기 배만 불리거나 혹은 국민이 방자해서 국가에서 하는 모든 일마다 반대한다면 왕은 사자같이 화를 내게 되는 것입니다. 그러면 모두 힘을 합쳐서 나라를 위해 일을 해도 부족한 처지에 서로 싸운다고 힘을 다 빼앗겨 버립니다.

지금 우리나라는 국민의 정신을 하나로 묶을 수 있는 정신이 없습니다. 옛날에는 충효 같은 유교 사상이나 기독교 정신이라는 것이 있었지만 지금은 우리나라뿐 아니라 다른 나라도 전부 국민을 이끌 수 있는 정신이 없습니다.

영혼을 지키는 사람은 자기 가정을 지킵니다.

19:13, "미련한 아들은 그의 아비의 재앙이요 다투는 아내는 이어 떨어지는 물방울이니라"

아버지에게는 자식보다 더 중요한 재산은 없을 것입니다. 그러나 아버지가 자기 돈 모으는 것이나 자기 출세만 생각하면 아들을 도둑맞게 됩니다. 자녀가 돈맛을 보고 학교에서 다른 아이들을 때린다든지 마약에 빠진다면 그들을 도둑맞는 것입니다. 이런 자식이 있으면 아버지에게는 재앙입니다. 또 자녀들이 서로 사랑해서 결혼해야 하는데 돈만 보고 결혼하면 결혼생활 내내 싸우든지 아니면 결혼한 지 얼마 되지도 않아서 갈라지는 경우가 많이 있습니다.

이것은 결국 지붕에 구멍이 뚫어져서 계속 비가 새는 것과 같습니다. 그런 집은 비가 오기만 하면 온 방에 물이 흥건하고 가구가 다 물에 젖어서 썩게 되는 것입니다.

19:14, "집과 재물은 조상에게서 상속하거니와 슬기로운 아내는 여호와

께로서 말미암느니라”

어떤 사람이 부모를 잘 만나서 상속도 많이 받고 성공해서 남들이 부러워하는 직업을 가졌다고 합시다. 그런데 부부끼리는 서로 성격이나 의견이 맞지 않을 때가 많습니다. 왜냐하면 그들은 하나님을 의지하지 않고 부모의 재산만 믿었기 때문입니다. 결국 그들이 가진 재산은 아무 소용 없게 됩니다.

더욱이 영혼을 지키지 못하는 사람은 게으른 사람입니다.

19:15, “게으름이 사람으로 깊이 잠들게 하나니 태만한 사람은 주릴 것이니라”

자기 영혼을 지키지 않는 자는 게으른 자입니다. 밤마다 대문을 단속해야 하는데 일어나는 것이 귀찮아서 대문을 열어놓고 자다가 도둑이나 강도가 들어오는 것입니다. 그래서 하나님의 백성은 자만에 빠지거나 자기도취에 빠져서는 안 됩니다. 늘 자신을 부족하게 생각하고 남에게 무엇을 시키기보다는 자기가 움직여서 주어진 일을 열심히 해야 합니다.

2. 영혼을 지키는 자는 희망이 있다

19:16, “계명을 지키는 자는 자기의 영혼을 지키거니와 자기의 행실을 삼가지 아니하는 자는 죽으리라”

집을 지은 후에 문을 달지 않으면 제대로 안심하고 생활할 수 없습니다. 대문을 달아놓고 빗장을 걸어놓아야 비로소 자신들의 생활이 보호되고 밤에도 안심하고 잠을 잘 수 있을 것입니다. 마찬가지로 우리가 여러 잡생각이나 염려 근심으로부터 자기 영혼을 지키는 방법은 하나님의 말씀을 듣는 것입니다. 하나님의 말씀을 들으면 영혼에 대문이 생기면서 문이 닫히게 됩니다. 그래서 문밖에서 아무리 불량배들이 소리 지르고 문을 두들겨도 열어주지만 않으면 두려워할 필요가 없습니다.

이것은 교회도 마찬가지입니다. 교회가 복음을 설교하지 않으면 마치 교회에 문이 없는 것 같아서 아무나 들락거립니다. 그러나 복음을 설교하면 육중한 문이 닫히면서 마귀의 시험은 교회 안에 들어오지 못합니다. 그래서 계명을 듣고 지키는 자가 자기의 영혼을 지키는 자입니다. 자기 영혼을 지키는 자는 일단 영혼이 고상하고 깨끗하며 하는 행동이 일정하고 사람들의 신뢰를 받게 됩니다. 그러나 자신의 행동을 말씀으로 통제하지 못하고 성질 나는 대로 행동하는 사람은 죽임을 당하게 됩니다. 왜냐하면 그런 자들을 노리는 청부 살인업자들이 있기 때문입니다.

특히 영혼을 지키는 사람은 가난한 자를 무시하지 않습니다.

19:17, "가난한 자를 불쌍히 여기는 것은 여호와께 꾸어 드리는 것이니 그의 선행을 그에게 갚아 주시리라"

물론 우리가 가난한 자를 부자로 만들어줄 수는 없습니다. 그러나 가난한 자도 똑같은 하나님의 백성이라고 생각하고 무시하지만 않아도 가난한 자들은 용기를 내게 됩니다. 더욱이 가난한 자를 도울 수 있다면 아주 좋은 기회입니다. 이런 기회를 놓치지 않고 가난한 자를 도우면 하나님께 빌려주는 것이 되어서 하나님이 언제든지 갚아 주십니다. 자기 영혼을 지키는 사람은 하나님께 꾸어준 것이 있기 때문에 어려울 때도 희망이 있습니다. 그러나 우리가 어떻게 감히 하나님께 빌려드릴 수 있겠습니까? 우리가 가진 모든 것이 하나님의 것입니다. 그래도 하나님은 빌린 것으로 생각하신다는 것입니다.

영혼을 지키는 자는 자식을 도둑맞지 않습니다.

19:18, "네가 네 아들에게 희망이 있은즉 그를 징계하되 죽일 마음은 두지 말지니라"

아버지가 자기 영혼을 지키는 것을 본 아들은 절대로 개망나니가 될 수 없습니다. 오히려 아들에게 희망이 있습니다. 예전에 어머니 중에는 예수 믿지 않는 집에서 혼자 예수를 믿어서 핍박을 많이 받는 분들이 많이 있었습니다. 그 어머니들은 아이들을 결사적으로 교회 보내어서 그들이 나중에 목사도 되고 중요한 인물이 되니까 옛날 그 핍박하던 삼촌이나 할아버지 할머니가 꼼짝하지 못하고 교회에 나가게 되는 경우가 많았습니다.

물론 아들을 징계하면서 죽일 마음까지 가지는 부모는 없을 것입니다. 징계하되 죽일 마음을 두지 말라는 것은 절대로 아들을 포기하지 말라는 뜻입니다. 많은 목회자는 자녀보다는 항상 교인에게 관심을 쏟기 때문에 자녀들이 아버지와 사이가 나쁜 경우가 많습니다. 그러나 자녀들을 무조건 윽박지를 것이 아니라 부모가 자녀에게 제대로 돌보아주지 못해서 미안하다고 사과하면 그들이 이해할 것입니다.

자기 영혼을 지키는 사람은 화를 불같이 내는 사람을 가까이 하지 않습니다.

19:19, "노하기를 맹렬히 하는 자는 벌을 받을 것이라 네가 그를 건져 주면 다시 그런 일이 생기리라"

"노하기를 맹렬히 하는 자"는 분명히 제정신이 아닙니다. 이런 사람은 항상 입에서 불을 뿜어내는 용과 같습니다. 이런 사람은 가는 곳마다 화를 내어서 다툼을 일으킵니다. 결국 이런 사람은 지금 당장은 아니더라도 언젠가는 나에게도 불을 뿜을 때가 있습니다. 그래서 가까이 하지 않는 것이 좋습니다.

> 19:20, "너는 권고를 들으며 훈계를 받으라 그리하면 네가 필경은 지혜롭게 되리라"

처음부터 모든 것을 다 알거나 어려움을 척척 해결할 수 있는 사람은 없습니다. 항상 우리 마음에 두 구멍이 있는데 하나는 깨끗한 생수가 흘러나오는 구멍이고, 다른 하나는 더러운 물이 흘러나오는 하수구입니다. 우리는 더러운 물이 나오는 구멍은 막고 깨끗한 물이 나오는 구멍은 열어야 합니다. 그리고 내 마음을 오염시킨 더러운 물은 빨리 밖으로 내보내어야 합니다. 그러면 항상 영혼이 깨끗하게 되어서 우리 마음에 성령이 충만하게 됩니다. 우리 영혼이 깨끗하면 지혜로워지게 됩니다.

3. 결국 하나님의 뜻이 이루어진다

사람이 아무리 계획을 세우고 아무리 발광해도 결국에는 하나님의 뜻만 이루어지게 됩니다. 그러면 악한 자들이나 마귀는 하나님의 뜻을 위해서 실컷 이용당하는 것밖에 되지 않는 것입니다.

> 19:21, "사람의 마음에는 많은 계획이 있어도 오직 여호와의 뜻만이 완전히 서리라"

가룟 유다가 예수님을 배반하여 은 삼십에 팔고, 대제사장이나 빌
라도는 온갖 불법을 행해서 예수님을 십자가에 못 박아 죽였습니다.
그러나 예수님은 죽음에서 부활하셔서 우리의 죄를 해결하시고 죽음
까지 해결하셨습니다. 결국 가룟 유다나 대제사장이나 빌라도는 전부
하나님의 뜻을 이루는 데 사용되는 엑스트라에 불과했습니다. 이것은
우리 자신에게도 마찬가지입니다. 우리가 아무리 많은 것을 생각하고
계획상으로는 잘될 것 같지만 하나님의 뜻이 아닌 것은 다 실패하게
됩니다. 또 하나님의 뜻이 아니면 미리 실패하는 것이 좋습니다. 그래
야 시간이나 노력을 낭비하지 않고 절약할 수 있기 때문입니다.

하나님의 뜻은 우리가 다른 사람에게 인자한 것입니다.

19:22, "사람은 자기의 인자함으로 남에게 사모함을 받느니라 가난한
자는 거짓말하는 자보다 나으니라"

우리는 세상에서 성공하고 돈을 많이 버는 것이 목적이지만, 하나
님의 목적은 우리가 연단을 받아서 겸손하고 인자한 사람이 되는 것
입니다. 그래서 우리는 좋은 머리로 성공하려고 몸부림을 치지만 결
국은 실패해서 실컷 고생하고 나중에는 인자한 사람이 되게 됩니다.
인자한 사람은 다른 사람의 사랑과 존경을 받습니다. 결국 인자하게
되는 것이 성공하는 것입니다.

가난한 자와 거짓말하고 돈 버는 자 중에 누가 더 똑똑할까요? 우
리 생각으로는 거짓말해서 돈을 더 버는 것이 훨씬 현명하고 잘한 것
같이 보일 것입니다. 그러나 하나님 앞에서는 거짓말해서 돈 버는 사
람은 자기 영혼을 팔아서 돈을 버는 것입니다. 자꾸 거짓말을 하면 영
혼 없는 사람이 됩니다. 결국 영혼 없는 사람은 짐승과 같습니다. 짐
승은 영혼이 없습니다.

19:23, "여호와를 경외하는 것은 사람으로 생명에 이르게 하는 것이라 경외하는 자는 족하게 지내고 재앙을 당하지 아니하느니라"

"여호와를 경외하는 것"은 원래 '하나님을 두려워한다'는 뜻입니다. 그러나 우리 믿는 자들에게 '경외'는 공포의 두려움이 아니라 사랑의 두려움입니다. 우리가 하나님을 경외하는 것은 모든 일에 하나님을 믿는 것입니다. 우리가 하나님을 믿으면 미래 일을 두고 그렇게 걱정할 필요가 없습니다. 그렇지 않으면 너무 생각을 많이 해서 머리가 아프게 되고 우울증이 생기게 됩니다. 우리가 하나님을 믿으면 재앙을 당하지 않습니다.

19:25-27, "거만한 자를 때리라 그리하면 어리석은 자도 지혜를 얻으리라 명철한 자를 견책하라 그리하면 그가 지식을 얻으리라 아비를 구박하고 어미를 쫓아내는 자는 부끄러움을 끼치며 능욕을 부르는 자식이니라 내 아들아 지식의 말씀에서 떠나게 하는 교훈을 듣지 말지니라"

25절에는 "거만한 자를 때리라"고 했습니다. 요즘은 거만한 자를 때리라고 해서 맞고 있을 사람도 없습니다. 그러나 하나님이 때리시면 아무리 거만한 자라 하더라도 고쳐집니다. 하나님이 한번 때리시면 거의 죽다가 살아나게 하시기 때문에 아무리 거만한 자라 하더라도 겸손해지게 됩니다. 즉 '내가 이렇게 살아도 되는가?' 하는 생각을 깊이 하게 되는 것입니다.

또 "명철한 자를 견책하라"고 했습니다. 물론 책망하고 야단치는 것보다는 칭찬하는 것이 더 효과가 있을 것입니다. 그러나 너무 약하게 키우면 시련을 이겨낼 수 없습니다.

26절에는 "아비를 구박하고 어미를 쫓아내는 자는 부끄러움을 끼치며"라고 했습니다. 이런 사람은 아무리 성공하고 높은 자리에 있어도 사람의 가치가 없는 사람입니다. 자기 부모를 알아보지도 못하는 자가 어떻게 사람이라고 할 수 있겠습니까? 부모님은 늙으서도 부모님이시지요.

27절에는 "지식의 말씀에서 떠나게 하는 교훈을 듣지 말지니라"고 했습니다. 바른 말씀에서 떠나게 하는 것은 인간의 생각이고 철학이고 종교일 수 있습니다. 또 최신 유행하는 사상일 수 있습니다. 그동안 우리나라도 바른 지식에서 떠나게 하는 교훈이 많았습니다. 아무리 세상의 유명한 사람들이 그런 사상을 따라가고 칭찬해도 절대로 따라가지 말아야 합니다.

28절에 "망령된 증인"은 겁대가리가 없는 증인을 말합니다. 이들은 하나님을 겁내지 않고 진리에 반대되는 말만 지껄입니다. 그들은 자기의 죄를 벌컥벌컥 먹고 있습니다. 결국 이런 자들을 위하여 하나님의 심판과 처찍이 준비되어 있습니다. 자기 영혼을 지키지 못하면 영원한 지옥에서 불의 채찍으로 맞을 것입니다.

43

산에서 내려오기

잠 20:1-13

어떤 산악인이 높은 산을 올라갔다가 내려오니까 기자가 그 산악인에게 물었습니다. "목숨 걸고 그 고생하면서 저 높은 산에 올라가도 돈이 생기는 것도 아닌데 왜 저런 높은 산을 올라가려고 합니까?"라고 물으니까, 그는 "산이 있기 때문에 산에 오른다"고 대답했습니다. 다른 욕심 같은 것은 없고 그냥 산이 좋아서 산에 오른다는 뜻입니다. 그러나 그것은 사실이 아닙니다. 사람들이 높은 산봉우리에 오르면 산을 정복했다는 만족감이 있고 온 세상이 내 발아래 있다는 자부심이 생기는 것입니다.

사람들은 누구든지 어렸을 때부터 기어서라도 위로 올라가는 것을 좋아합니다. 그리고 일단 꼭대기까지 올라가고 난 후에는 잘 내려오지 않으려고 합니다. 꼭대기에 계속 있으면 편하기도 하고 인기를 계속 유지할 수 있기 때문입니다. 그러나 사람은 아무리 유능한 사람이라 하더라도 계속 최고 높은 자리에만 있을 수는 없습니다. 누구든지 다 늙게 되어 있고 늙으면 힘이 없어지고 집중력이 떨어지며 기억력이 나빠져서 그 자리에 있을 수 없게 되기 때문입니다. 그래서 사람들은 흔히 "박수 칠 때 떠나라"는 말을 하곤 합니다. 그러나 자리에서 끝까지 내려오기 싫어하는 사람들도 있습니다.

우리가 이 세상을 사는 것은 마치 살얼음판 위를 걷는 것과 같고 눈이 꽁꽁 얼어있는 산꼭대기를 걸어가는 것과 같습니다. 만일 우리가 이 높은 산꼭대기에서나 살얼음판 위에서 한 걸음만 잘못 디딘다면 천 길 낭떠러지로 굴러 떨어져서 죽든지 아니면 얼음이 깨어져 물에 빠져서 죽게 됩니다. 그래서 우리가 어떤 자세로 높은 곳을 올라가며 또 꼭대기에서 어떤 자세로 그곳에서 내려오느냐 하는 것은 우리 한평생의 성공과 실패를 결정하는 중요한 문제입니다.

1. 인생의 산을 올라가기

제 고향에는 산꼭대기가 분지처럼 되어 있고 억새가 피고 부드럽게 되어 있지만, 그 산꼭대기까지 올라가는 길은 별로 볼 것도 없고 가팔라서 숨이 찰 때가 많습니다. 특히 그 중간에 '깔딱 고개' 라는 곳이 있는데 거기서는 누구든지 숨이 '깔딱' 넘어갈 정도로 숨이 찹니다. 그 깔딱 고개를 참고 올라가야 정상까지 가게 되고 정상에서 멋진 광경을 볼 수 있습니다. 그런데 누구든지 이 세상에서 성공한 사람을 보면 바로 이 인생의 '깔딱 고개'를 넘어가지 않은 사람은 아무도 없습니다.

우리가 인생의 산을 올라가려면 자기의 길을 찾아야 합니다. 그런데 사람에게 자기가 잘할 수 있는 길을 찾는 것보다 더 어려운 것은 없습니다. 사람들은 거의 모두 생각하는 것이 비슷하고 누구나 다 평범해서 특별히 잘할 수 있는 것이 잘 보이지 않기 때문입니다.

20:5, "사람의 마음에 있는 모략은 깊은 물 같으니라 그럴지라도 명철한

사람은 그것을 길어 내느니라"

사람이 세상에서 성공하려고 하면 자신의 잠재적인 능력을 찾아 내어야 하고 개발해야 합니다. 두레박도 없는데 우리가 어떻게 그 깊은 우물 속에 내려가서 물을 길어내겠습니까? 그런데 "명철한 사람"은 그것을 길어낸다고 했습니다. 이 '명철한 사람'이 누구이겠습니까? 그는 바로 하나님을 만나고 하나님 말씀의 우물 속에 들어가는 사람입니다.

일단은 우리가 어려서 하나님을 만나고 성경을 읽는 것은 깊은 우물 속에 들어가는 것과 같습니다. 하나님이 깊은 지혜의 하나님이시기 때문입니다. 우리가 하나님을 만나지 못하면 물을 얻을 수 없습니다. 그리고 성경을 많이 읽는 것이 필요합니다. 우리가 성경을 많이 읽으면 성경에 나오는 수많은 사람의 인생을 배우게 되고 내 길을 찾을 수 있는 밧줄을 얻게 됩니다. 그러나 이 세상 사람들은 일단 길을 찾는 것보다는 빨리 가려고 합니다. 사람은 아무리 빨리 가봐야 나중에 다 만나게 됩니다. 그리고 사람들은 경쟁해서 이기려고 합니다. 즉 다른 사람을 한 사람이라도 떨어트려야 자기가 올라가게 된다고 생각합니다.

20:9-10, "내가 내 마음을 정하게 하였다 내 죄를 깨끗하게 하였다 할 자가 누구냐 한결같지 않은 저울 추와 한결같지 않은 되는 다 여호와께서 미워하시느니라"

사람들은 자기 길은 찾지 않고 인기 있고 많은 사람이 가는 길을 따라가면서 경쟁에서 이기려고 합니다. 그래서 경쟁에서 이기면 조금 더 높은 점수를 얻고 조금 더 좋은 학과에 갈 수 있습니다. 그러나 얼마 가지 않아서 그런 길은 지름길인 줄 알았는데 길이 사라져 버립니다. 그래서 하나님을 만나지 못하고 자기 길을 찾지 못한 사람은 없는 길을 헤매면서 방황합니다. 결국 인생의 의미를 찾지 못해서 자살하기도 하고 망하기도 하고 낭패를 보기도 합니다.

우리는 하나님의 지혜가 있어야 자기 길을 찾을 수 있습니다. 그 길은 바로 아브라함이 걸었고, 모세가 걸었고, 예수님이 걸으셨던 길입니다. 그리고 우리가 그 길을 끝까지 걸어야 정상까지 가게 됩니다. 산에 올라갈 때 서두르면 안 됩니다. 그리고 반드시 길을 따라서 올라가야 하고 숨이 차더라도 끝까지 가야 합니다. 잘 나가다가 게을러서 망하는 사람들이 있습니다.

2. 꼭대기에 있는 사람

일단 산꼭대기까지 올라가면 더 이상 올라갈 곳이 없습니다. 그래서 산꼭대기에 올라가면 인생의 목표가 사라져 버립니다. 그러나 꼭대기에 올라간 것으로 만족하지 못하고 더 큰 목표를 만드는 사람들이 많이 있습니다. 그러나 의욕은 여전하지만 역시 사람의 체력이나 집중력에는 한계가 있기 때문에 성공하지 못하는 경우가 많습니다. 그러나 성공한 사람들은 아직 열정이 남아 있고 지혜가 있기 때문에 할 수 있는 한 산에서 내려가려고 하지 않습니다. 또 권력이나 돈의 힘이 너무나도 좋기 때문입니다. 그런데 높은 자리에 계속 버티고 있을 때 권태가 찾아오게 됩니다. 즉 예전 같은 순수한 열정은 없어지고 대충대충 살려고 하는 것입니다. 이때 사람을 가장 짧은 시간에 만족시켜 주는 것이 있는데, 첫째가 술이고 둘째가 이성이고 셋째가 불법입니다. 다 조심해야 하는 것들입니다.

20:1, "포도주는 거만하게 하는 것이요 독주는 떠들게 하는 것이라 이에

미혹되는 자마다 지혜가 없느니라"

돈 있고 성공한 사람들이 가장 빨리 행복해지는 방법은 술에 취하는 것입니다. 술은 정신을 마비시켜서 행복하게 하는 것입니다. 그러나 나중에 정신이 들면 머리가 깨어질 듯이 아프고 술 마신 것을 후회하게 됩니다. 그러나 다른 재미있는 것이 없으니까 술을 마시게 됩니다.

사실 우리 모든 인간이 들판의 짐승이라면 하나님은 사자와 같습니다. 사자가 한번 크게 소리를 지르면 다른 짐승은 하던 일을 멈추고 도망갈 준비를 해야 합니다. 그러나 사람이 성공하면 자기가 사자인 줄 착각합니다. 그래서 성공한 사람은 법이라는 것은 시시한 사람이나 지키는 것이고 자기같이 뛰어난 사람은 법을 지킬 필요가 없다고 생각합니다. 그러나 나중에 세상이 바뀌고 나면 그가 불법을 행한 것이 다 들통나서 걸리게 됩니다.

20:2, "왕의 진노는 사자의 부르짖음 같으니 그를 노하게 하는 것은 자기의 생명을 해하는 것이니라"

결국 초원의 사자는 하나님이십니다. 하나님이 울부짖으면 전부 도망쳐야 합니다. 그러나 사람들은 자신이 죽을 것을 생각하지 않습니다. 천년만년 살 줄 알고 집을 아름답게 꾸미고 또 육체적인 정욕을 따라서 살려고 합니다. 그러다가 사자가 부르짖는 소리가 나면 갑자기 뇌졸중이 생기기도 하고 심근경색이 와서 숨을 쉬지 못해서 갑자기 죽음을 맞이하게 되기도 합니다.

더욱이 자신이 꼭대기에 있으면 내려오지 않고 자꾸 젊은이들과 경쟁하고 싸우려고 합니다. 몇몇 교회를 보면 이삼십 년 목회하고 물러선 원로 목사가 젊은 목사가 목회하는 것에 불만을 품고 편을 나누어서 싸우는데, 그렇게 싸우는 동안 교인들의 마음은 많은 상처를 입고 새로 믿는 사람들은 교회를 떠나고 사람들은 교회를 욕하게 됩니다. 그럼에도 나이가 들면 '노욕'이라는 것이 생겨서 예전 같은 권세를 휘두르려고 하는 것입니다.

20:3, "다툼을 멀리 하는 것이 사람에게 영광이거늘 미련한 자마다 다툼을 일으키느니라"

사람이 높은 자리에 있으면 자기가 사자인 줄 알고 한 번씩 소리를 지릅니다. 그러면 아랫사람들이 모두 두려워서 벌벌 기게 될 것입니다. 그러나 이 사람은 자기가 한 번씩 소리 지를 때마다 수명이 얼마씩 단축되는지 알지 못합니다. 또 높은 자리에 있으면 말로 다른 사람을 시켜서 모든 일을 다 합니다. 그러니까 자기는 아무것도 하지 않는 게으름뱅이가 되고 그의 마음속에는 외로움과 허전함이 찾아옵니다. 즉 이 세상에 누구와도 마음을 나눌 수 있는 사람이 없게 됩니다.

20:4, "게으른 자는 가을에 밭 갈지 아니하나니 그러므로 거둘 때에는 구걸할지라도 얻지 못하리라"

어떤 사람은 젊었을 때 얼마나 부자였는지 그 동네에 들어가려고 하면 그 사람의 땅을 밟지 않고는 들어갈 수 없다고 했습니다. 그런데 어떻게 되었는지 몰라도 아들이 사고를 쳤다고 해서 땅 팔아서 수습하고 또 사기당해서 팔고 하다가 나중에는 그 큰 땅이 하나도 없어지게 되었습니다. 그 이유는 이 사람이 땅이 많은 것만 믿고 게을렀기 때문입니다.

3. 산에서 내려오기

사람이 높은 산에 올라갔다고 다시 평지로 내려오는 것은 쉽지 않습니다. 사람이 산꼭대기까지 올라갔다가 내려오려고 하면 언젠가는 자기가 죽는다는 것을 생각해야 합니다. 그것을 알면 조금이라도 시간이 있을 때 자기 인생을 돌아보고 무엇인가 자기가 정말 좋아할 수 있는 일을 찾아보는 것이 필요합니다. 사람이 죄에 빠지지 않으려면 죄짓는 것보다 더 재미있는 무엇인가를 가지고 있어야 합니다. 그래서 자기가 좋아하는 것을 정신없이 즐기다 보면 시간 가는 줄 모르고 심심한 줄 모르고 하루하루 살게 됩니다.

사람들은 나이가 들어서 평범하게 사는 것을 아주 싫어합니다. 특히 군대에서 장성계급으로 있던 분들은 늘 명령만 내렸기 때문에 평범해지기가 어렵습니다. 그래서 사람은 처음부터 겸손한 것이 좋습니다. 즉 남을 섬기는 자세로 살아야 낮아질 수 있습니다. 그리고 무엇인가 인생에 새로운 일을 찾아보는 것도 좋은 것입니다.

어떤 초등학교 교장 선생님은 교직에서 은퇴한 후 폐지를 주워서 사회단체에 일억 원을 기부했습니다. 그는 학교 담임을 할 때 어떤 한 학생이 높은 데서 떨어졌는데 그때 속으로 '이 아이가 죽으면 나는 교사 일이 끝나는 것이고, 이 아이가 살아나면 나의 남은 인생을 다른 학생을 위해서 살겠다'고 결심했다고 합니다. 그런데 그 아이는 많이 다치지 않고 일어나서 학교를 다녔다고 합니다. 그 교장 선생님은 마음속으로 '네가 나를 살렸다'고 하면서 은퇴하고 나서 폐지를 주워서 번 돈을 전부 사회단체에 기부했다는 것입니다.

20:6, "많은 사람이 각기 자기의 인자함을 자랑하나니 충성된 자를 누가 만날 수 있으랴"

사람들은 자기가 성공하고 난 후에는 다른 사람에게 선심을 써서 좋은 인상을 주려고 합니다. 사실 사람은 나이가 들면 자신에 대한 좋은 이름을 남기려고 합니다. 그중의 하나가 자서전을 쓰는 것입니다. 즉 옛날부터 자기 사진을 다 모으고 자신의 인생에 좋은 부분만 기억해서 멋진 책으로 남겨놓는 것입니다. 어떤 사람은 동상을 남기는 것을 좋아하고 어떤 사람은 자기 이름으로 된 건물을 남기는 것을 좋아합니다.

우리가 산에서 안전하게 내려오는 가장 중요한 방법은 일단 욕심을 포기해야 한다는 것입니다. 명예 욕심, 돈 욕심, 여자 욕심, 권력 욕심을 버려야 합니다. 그래야 끝까지 충성하는 자가 될 수 있습니다.

20:7, "온전하게 행하는 자가 의인이라 그의 후손에게 복이 있느니라"

부모가 욕심을 버리고 끝을 깨끗하게 마칠 때 자손들은 매우 깨끗한 사람들이 됩니다. 대개 자손이 탐욕스러운 것은 부모가 욕심을 버리지 못하기 때문입니다.

20:8, "심판 자리에 앉은 왕은 그의 눈으로 모든 악을 흩어지게 하느니라"

사람들은 살아있는 동안 자꾸 악을 쌓아서 악의 성을 만들려고 합니다. 그래서 앞으로 두고두고 자기 자손들이 모든 것을 다 해먹으려고 합니다. 그러나 하나님은 그런 욕심을 흩어지게 하십니다. 인간이 아무리 자기 성을 튼튼하게 쌓아놓아도 하나님은 다 무너지게 하십니다. 결국 정직하게 사는 사람이 산에서 안전하게 내려오게 됩니다.

20:9-10, "내가 내 마음을 정하게 하였다 내 죄를 깨끗하게 하였다 할

사람들은 부자가 되었으면 욕심을 낼 필요가 없을 것 같은데, 자기
버릇을 고치지 못한다고 여전히 옛날 하던 방식대로 치사하게 돈을
버는 것입니다. 자기 입으로는 정직하게 되었다고 하고 죄를 다 씻음
받았다고 하지만, 옛날부터 해 오던 버릇은 버리지 못하는 것입니다.
이 사람은 아직까지 춥고 미끄러운 산꼭대기에서 내려오지 않고 있는
것입니다.

그러나 어린아이라도 자기가 옳은 것은 당당하게 말할 수 있습니
다. 어른들은 비겁하지만 아이들은 비겁하지 않습니다.

어린아이도 자기가 잘못한 것은 인정합니다. 그러나 자기가 잘못
하지 않은데도 잘못했다고 하면서 벌을 주면 받아들이지 않습니다.
하나님은 모든 것을 보고 계시고 모든 말을 다 듣고 계시고 모든 생각
을 다 읽고 계십니다. 우리가 정직한 자라고 하면 내 것은 없고 언젠
가는 다 두고 가야 할 줄 알 것입니다. 우리가 그런 마음을 가지고 있
으면 언제나 당당할 수 있습니다.

사람은 잠자고 노는 것을 좋아해서는 안 됩니다.

하나님의 백성이 평지에 내려오는 것은 좋지만 늘 잠이나 자고 놀

러 다니려고 해서는 안 됩니다. 우리가 이 세상 사는 동안에는 부지런해야 합니다. 열심히 하나님의 일을 해서 열매를 남겨야 하고, 자기 것을 많이 가지려는 욕심을 부리지 말아야 합니다. 사람이 죽고 난 후에 많은 사람이 알아주면 무슨 소용이 있습니까? 이미 죽었기 때문에 아무것도 알지 못할 것입니다. 사람은 살아 있는 동안 하루하루를 즐겁고 의미 있게 살아야 합니다.

44

영혼은 하나님의 등불

잠 20:11-30

얼마 전 신문에 인공위성이 밤에 한반도를 찍은 사진을 실었는데, 북한은 온 땅이 깜깜한 데 비하여 남한은 온 땅이 불빛으로 환한 모습이었습니다. 십 년 전에도 그런 위성사진이 신문에 실린 적이 있었는데 그때보다 지금은 더 심해졌습니다. 남한은 더 환해지고 북한은 더 깜깜해져 버렸습니다. 신문의 제목에는 민주주의와 공산주의의 칠십 년이 이런 결과를 가져왔다고 했습니다.

밤에 가로등이 있는 곳과 없는 곳에는 범죄가 일어날 확률이 확실히 다릅니다. 가로등이 없는 캄캄한 곳에는 아무래도 강도나 강간범이 숨어 있다가 사람을 공격하기가 쉽습니다. 그러나 가로등이 환하게 켜져 있는 곳에서는 저 쪽에 사람이 있는 것이 다 보이기 때문에 미리 대피할 수도 있고, 또 범죄자의 인상착의 같은 것이 다 보이기 때문에 범죄를 저지르기가 쉽지 않습니다.

오늘 본문에는 아주 중요한 내용이 나옵니다. 그것은 27절에 나오는 "사람의 영혼은 여호와의 등불"이라는 것입니다. 하나님은 사람의 마음속에 하나님의 등불을 하나씩 켜놓으셨습니다. 즉 사람의 영혼은 어두울 수도 있고 환할 수도 있습니다. 사람의 영혼이 어두우면 마음대로 죄를 짓게 됩니다. 즉 살인도 하고 남의 물건을 빼앗기도 하는데 조금도 양심의 가책을 느끼지 못합니다. 그러나 사람의 영혼이 환하게 밝으면 자기가 하는 모든 것을 하나님이 모두 보고 계신다는 사실을 알기 때문에 차마 죄를 지을 수 없습니다. 그래서 그 사람의 영혼은 더 환하게 되고 더 가치 있게 되는 것입니다.

1. 영혼의 불을 밝히는 법

우리에게 가장 중요한 것은 일단 영혼의 등불에 불을 밝혀야 우리 안의 인격이 제대로 작동하게 되는 것입니다. 만일 사람의 영혼이 캄캄하면 양심이라든지 분별력 같은 것이 전혀 작동하지 않기 때문에 짐승처럼 행동하게 됩니다. 일단 우리의 영혼에 하나님의 등불이 켜지려고 하면 우리의 귀에 부모님의 말씀이나 하나님의 말씀이 들려야 합니다. 그래서 아무것도 보지 못하고 아무 소리도 듣지 못하는 아이는 그 영혼에 등불이 켜지기가 어렵습니다.

20:11-12, "비록 아이라도 자기의 동작으로 자기 품행이 청결한 여부와 정직한 여부를 나타내느니라 듣는 귀와 보는 눈은 다 여호와께서 지으신 것이니라"

어린아이가 어릴 때는 본능적으로 행동합니다. 그래서 불편하면 울고, 배가 고프면 울고, 기분이 나쁘면 떼를 씁니다. 그러나 걸어 다닐 정도가 되면 무엇이 옳은지 그른지 분별하기 시작합니다. 어떤 아이는 초등학교 어린이였는데 형에게 덤벼들고 부모 말씀도 잘 듣지 않더니 어느 날 예배드리면서 설교를 들었는데, 무슨 말씀에 은혜를 받았는지 모르겠지만 아이가 울면서 회개하는 것이었습니다. 그리고 형에게 잘못했다고 하고 그 후에는 정말 예배를 잘 드리고 바르게 생활했습니다. 하나님은 사람의 귀를 만드시고 눈을 만드셨습니다. 이것은 사람의 영혼이 내면의 생각으로 등불이 켜지는 것이 아니라 외부에서 무슨 소리를 들어야 등불이 켜진다는 뜻입니다.

사람이 불을 켜려고 하면 성냥으로 켜든지 전기 스위치를 올려야 되지, 등잔이나 전구 자체만으로는 불이 들어오지 않습니다. 그리고 정전이 되면 방이 캄캄하게 되고 아무것도 할 수 없게 됩니다. 그래서 우리의 눈으로 보고 우리의 귀로 듣는 것은 우리 영혼에 불을 켜는 것과 같습니다. 그래서 부모는 어린아이에게 무엇이 옳은지 그른 것인지 가르쳐야 하고, 또 그 기준인 성경 말씀을 자꾸 이야기해 주어야 합니다.

사람의 영혼이 캄캄하면 자꾸 잠만 자게 되고 아무것도 하지 않게 됩니다. 그래서 발전이나 성장이라는 것이 없습니다. 또 사람들은 물건을 살 때 하는 말과 그 사람이 속으로 생각하는 것은 다를 때가 많습니다. 대개 사람들이 물건을 살 때는 어떻게 해서든지 그 물건의 흠을 찾으려고 합니다. 그 이유는 조금이라도 값을 깎으려고 그렇게 하는 것입니다. 그래서 장사하는 사람들은 손님이 하는 말을 절대로 다 진지하게 받아들여서는 안 되고 손님도 장사가 하는 말을 다 믿어서는 안 됩니다. 장사들이 물건을 팔면서 손해 보면서 판다는 말은 다 거짓말입니다. 그래서 말도 다 같은 말이 아닙니다. 진지하게 들어야 할 말이 있고 그러려니 하고 넘어가야 할 말이 있습니다. 그래서 이 세상에서 진지하게 들어야 할 말씀이 있습니다.

2. 진지한 말씀

20:15, "세상에 금도 있고 진주도 많거니와 지혜로운 입술이 더욱 귀한
보배니라"

사람들이 금을 살 때는 속지 않으려고 신중하게 살펴볼 것입니다.
금 중에는 18K가 있고 24K가 있고 가짜로 금도금을 한 것도 있을 것
입니다. 그러나 진짜를 사기 어려운 것은 너무 비싸기 때문입니다. 또
진주는 그야말로 값의 차이가 큽니다. 이미테이션이라고 해서 인조로
만든 진주가 있는데 겉으로 보기에는 진짜 진주와 별로 차이가 나지
않습니다.

그런데 사람의 말을 분별하는 것이 가장 중요합니다. 진짜 하나님
의 말씀은 우리 영혼과 몸 전체를 다이아몬드 같은 보석으로 만들어
줄 것이기 때문입니다. 그러나 만일 가짜 말씀이라면 아무리 들어봐
야 그냥 잡석으로 있게 됩니다. 그래서 진정한 하나님의 말씀을 전하
는 입술을 찾아야 합니다. 그 입을 찾지 못하면 한평생 돈 벌고 성공
해 봐야 그 인생은 금도금한 것밖에 되지 않습니다. 우리는 도대체 어
디에 가면 그런 입술을 찾을 수 있습니까?

우리나라 교인들은 설교라고 하면 외제를 무조건 따라가려고 하
고, 사람이 많이 모이는 유명한 교회는 무조건 받아들이려고 하는데,
자기 영혼을 그렇게 싼 값에 팔아넘기면 안 됩니다.

여기 두 가지 예를 들고 있습니다. 하나는 다른 사람의 인생을 보
증 서는 사람입니다.

우리는 '인정'이라는 것이 있어서 친한 사람이 보증을 서 달라고
하면 거절하기가 몹시 어렵습니다. 그래서 마음속으로는 하기 싫은데
인정상 보증 섰다가 나중에 집이 차압당하고 경매에 넘어가는 경우도
많습니다. 여기에 보면 어떤 사람이 모르는 사람을 위하여 보증을 섰
으면 도망가기 전에 몸을 볼모 잡아 놓으라고 합니다.

우리는 다른 사람의 인생을 책임질 수 없습니다. 부모도 자식의
인생을 책임질 수 없고, 형도 동생의 인생을 책임질 수 없고, 친구끼
리도 다른 사람의 인생을 책임질 수 없습니다. 그럴 때 돈 빌려달라고
하면 잘 난 체 말고 비겁하게 말을 해서 그 자리를 피해야 합니다.

또 하나는 남을 속여서 먹는 음식물입니다.

자신의 전문 지식을 악용해서 가까운 사람들을 속이는 사람들이
많이 있습니다. 결국 다른 사람을 속이고 그 돈으로 비싼 음식을 사
먹고 다니면 일시적으로는 기분이 좋은 듯하지만 다른 사람을 비참하
게 만들고 나중에 붙들리면 결국 그의 입에 모래가 가득하게 될 것입
니다. 그래서 너무 귀에 솔깃한 다른 사람들의 이야기에 넘어가면 신
세를 망치게 됩니다. 즉 이자가 다른 데보다 훨씬 높다고 하든지, 틀
림없이 수입을 보장한다든지, 어디에 신도시를 계획하고 있다든지 해
서 투자하게 하는데 그것을 너무 믿으면 안 되는 것입니다. 이런 솔깃
한 이야기는 아예 듣지 말아야 합니다.

요즘은 교회가 오래 되어서 낡아지면 그 교회를 팔고 먼 데로 이사

가서 남는 땅값으로 잘 지어서 크게 되는 교회도 있습니다. 그러나 그렇게 하는 것이 인간적으로는 참 현명한 것 같지만 하나님이 보시기에 과연 잘하는 것인지는 알 수 없습니다. 교회가 오래되어도 말씀만 있으면 얼마든지 뜨겁고 부흥될 수 있기 때문입니다.

20:18, "경영은 의논함으로 성취하나니 지략을 베풀고 전쟁할지니라"

"경영"은 어떤 단체를 운영해 나가는 것을 말합니다. 그런 경우에는 생각하지 못하는 변수가 많으므로 최고로 뛰어난 사람들의 의견을 모아야 합니다. 더욱이 이것이 나라끼리 전쟁하는 것이라면 정말 유능한 지휘관들이 모여서 미리 전략을 짜야 합니다. 이때 가장 위험한 사람은 너무 독단적인 결정을 밀어붙이는 사람이든지 아니면 상사에게 잘 보이려고 잘못된 결정인 줄 알면서도 아첨하는 사람들입니다. 기업을 경영할 때 냉정하게 현실을 분석하고 자신의 역량을 검토한 후에 계획을 세워야 할 것입니다.

20:21, "처음에 속히 잡은 산업은 마침내 복이 되지 아니하느니라"

무엇이든지 맨 처음 나온 것을 잡으면 하자가 생길 수 있습니다. 어떤 사람은 처음 나온 모델의 승용차를 샀는데 하자가 있을 수 있습니다. 이런 것은 장거리 운행을 해보지 않으면 알 수 없는 것입니다. 그래서 그런 것은 남들이 하는 것을 보면서 하자가 충분히 드러나고 리콜이 되고 하자가 고쳐졌을 때 사면 안전할 것입니다.
　특히 자신만의 노하우의 비밀을 지키는 것이 중요합니다.

20:19, "두루 다니며 한담하는 자는 남의 비밀을 누설하나니 입술을 벌린 자를 사귀지 말지니라"

우리가 아는 어떤 지식은 아주 중요한 정보일 경우가 있습니다. 또 어떤 것은 절대로 다른 사람이 알아서는 안 되는 것입니다. 그러나 사람 중에는 아주 입이 '싼' 사람들이 있습니다. 이런 사람들은 아무 데나 가서 자기가 들은 이야기를 떠들기 때문에 멀리 해야 합니다.

3. 하나님을 인정하는 지혜

하나님께서 우리의 삶에 개입하며 인도하고 계신다는 것을 믿는다면 우리는 무엇을 무리하게 하지 않을 것입니다. 우리가 하나님을 인정하면 성공의 속도는 다른 사람보다 늦을지 모르지만 크게 실패하지는 않을 것입니다.

가장 중요한 것은 자기 마음이나 교회의 불을 꺼트리지 않는 것입니다.

20:20, "자기의 아비나 어미를 저주하는 자는 그의 등불이 흑암 중에 꺼짐을 당하리라"

옛날 집에서 군불을 때거나 연탄을 땔 때 가장 중요한 것이 불을 꺼트리지 않는 것입니다. 만약 식구 중에 누군가가 게을러서 군불을 떼지 않고 자거나 연탄 불을 꺼트리게 되면 새벽에 너무 추워서 잠을 자지 못하게 됩니다. 그런데 여기서 아비나 어미는 가장 정직하게 조언해 줄 수 있는 분들입니다. 그분들은 무엇인가 바라는 것도 없습니다. 그런데 자기가 생각한 것을 하지 말라고 한다고 해서 저주하고 자기 고집대로 일을 추진하면 나중에 불이 꺼져서 떨게 됩니다.

여기에서 "아비나 어미"는 말씀을 가르치는 자로 생각할 수 있습니다. 교회에서 말씀이 바로 증거되고 교인들이 기도를 열심히 하면 부흥의 불이 훨훨 타오르게 됩니다. 그런데 그것이 자기 생각과 맞지 않는다고 해서 시기하거나 대적하는 사람들이 꼭 있습니다. 그러면 한순간에 불이 꺼지면서 교회가 힘을 잃게 됩니다. 그래서 부흥의 불을 끄는 사람은 가장 무서운 벌을 받게 될 것입니다.

그리고 우리는 원수를 내 손으로 직접 갚을 필요가 없습니다.

20:22, "너는 악을 갚겠다 말하지 말고 여호와를 기다리라 그가 너를 구원하시리라"

우리는 다른 사람의 원수를 갚는다고 쫓아다니기에는 너무나도 아까운 인생입니다. 그래서 이 아까운 인생을 원수 갚는데 쓸 시간이 없습니다. 그 대신 우리가 하나님을 믿고 할 일을 열심히 하면서 살아가면 하나님께서 알아서 복수를 하실 것입니다. 결국 진리를 대적한 자가 끝까지 행복할 수는 없습니다.

그리고 우리 인생을 살아가는 것이 우리 마음대로 되지 않습니다. 우리는 마치 바다 물결에 떠밀려가는 나무토막 같습니다. 그래서 우리는 지금까지 이루어진 것이 하나님의 손길이라고 믿어야 합니다.

20:24, "사람의 걸음은 여호와로 말미암나니 사람이 어찌 자기의 길을 알 수 있으랴"

이 세상 사람들은 자기가 생각한 대로 갈 때도 많이 있습니다. 그러나 예수 믿는 사람들의 인생은 마치 호랑이 등을 탄 것 같아서 어디로 갈지도 모르고 어디에 떨어지거나 어디서 먹힐지도 모릅니다. 그때 우리가 기억해야 할 말은 "호랑이에게 물려가도 정신만 차리면 산다"는 것입니다.

우리가 이 세상 살면서 가장 중요한 것은 내 영혼의 등불을 어둡게 하지 않는 것입니다.

20:27, "사람의 영혼은 여호와의 등불이라 사람의 깊은 속을 살피느니라"

하나님은 우리의 영혼을 하나님의 등불로 불을 켜 놓으셨습니다. 우리는 이 등불로 우리 자신의 깊은 내면도 살피고 성경의 깊은 의미도 생각하고 다른 사람의 생각까지도 살필 수 있습니다. 그래서 시편 기자는 "주의 말씀은 내 발에 등이요 내 길에 빛이니이다"(시 119:105)라고 했습니다. 우리가 밤에 길을 가는데 등불이 있으면 절대로 절벽에서 떨어지지 않고 구덩이에 빠지지 않고 뱀을 밟지 않고 안전하게 갈 수 있습니다.

우리에게는 하나님이 주신 힘이 있습니다. 이 힘을 잘 사용해야 합니다.

20:29, "젊은 자의 영화는 그의 힘이요 늙은 자의 아름다움은 백발이니라"

젊은 자에게는 힘이 있습니다. 그래서 젊은 자는 아무리 달리고 공부하고 일을 해도 힘들지 않습니다. 그리고 그들에게는 시간이 있습니다. 그들에게는 사고를 당하지 않는 이상 아직 세상에서 시행착오를 할 시간이 있습니다. 이것은 엄청난 재산입니다.

그러나 나이 든 사람에게는 시간이 별로 없습니다. 그는 공부도 할 수 없고 새로운 음악이나 사업이나 운동을 시작할 수 없습니다. 그리고 그에게는 힘이 없습니다. 그런데 노인에게는 지혜가 있습니다. 그리고 경험이 있고 아무리 가난하다 해도 청년들보다는 돈이 있습니다.

그래서 젊은이는 힘과 시간을 잘 써야 합니다. 교회 중심으로 사는 것이 최고입니다. 그리고 늙은이는 자기에게 남은 시간이 많지 못하기 때문에 남은 시간을 어떻게 보낼 것인지 잘 생각해야 합니다. 무리하게 일을 벌이면 마치지 못하고 죽게 될 것입니다. 노인들은 어떻게 하든지 시간을 아껴서 가치 있는 삶을 살아야 합니다. 여기서 "백발"은 한평생 진리로 산 백발을 말합니다. 그런 백발은 존경을 받습니다. 요즘은 노인이 많아지고 있습니다. 아무리 노인이 되서도 갈렙같이 건강하고 성령이 충만하시기를 바랍니다.

45

하나님은 보신다

잠 21:1-14

사람들은 많은 사람이 보는 앞에서는 어떻게 해서든지 자신의 좋은 모습을 보여주려고 하고 멋지게 보이려고 할 것입니다. 그러나 아무도 자기를 보는 사람이 없을 때는 자기 멋대로 행동하고 악한 행동도 서슴지 않고 합니다. 요즘은 우리나라 웬만한 곳에는 거의 CC-TV가 설치되어 있어서 사람들이 하는 행동이 찍히게 되어 있습니다. 차에도 거의 모든 차에는 블랙박스가 설치되어 있어서 사고가 난 과정들이 다 찍히게 되어 있습니다. 그래서 웬만한 사고나 범죄는 발뺌할 수 없습니다.

본문 2절에 "사람의 행위가 자기 보기에는 모두 정직하여도 여호와는 마음을 감찰하시느니라"고 했습니다. 그리고 12절에도 "의로우신 자는 악인의 집을 감찰하시고 악인을 환난에 던지시느니라"고 했습니다. 이것을 보면 잠언 21장에서 가장 중요한 키 워드는 '하나님은 보고 계신다' 는 것입니다.

오늘 우리에게 하나님이 보고 계신다는 것이 무서운 일일까요, 아니면 사람들이 아는 것이 더 두려운 일일까요? 우리는 하나님이 보신다는 것보다는 사람들에게 알려지는 것을 더 두려워합니다. 하나님은 인간이 하는 행동을 전부 다 보고 계시지만 가만히 계십니다. 그러나 우리가 하나님의 눈을 더 두려워해야 애당초 죄를 짓지 않게 됩니다.

1. 하나님이 보시는 눈

우리는 사람들의 눈은 얼마든지 속일 수 있습니다. 왜냐하면 사람이 말하는 것은 죄를 지어도 일단 증거가 없으면 죄를 확정할 수 없기 때문입니다. 그래서 법원에서도 재판장이 판결 내릴 때 증거물이 있느냐 아니면 목격자가 있느냐 하는 항목을 가장 중요하게 생각하는 것입니다.

21:1, "왕의 마음이 여호와의 손에 있음이 마치 봇물과 같아서 그가 임의로 인도하시느니라"

여기서 "왕"은 죄인을 재판하는 재판장으로서의 왕을 말합니다. 왕은 증거물이 없어서 피고인을 무죄로 판결하려고 하는데, 하나님이 한번 증거물을 쏟아내시면 마치 봇물이 터지듯이 증거와 증인들이 쏟아져 나와서 죄를 지은 사람은 꼼짝하지 못하고 벌을 받게 되는 것입니다.

참으로 놀라운 것은 이 세상에 수십억 명의 사람이 있지만 그중의 누구도 지문이 똑같은 사람이 없다는 것입니다. 그래서 살해 현장에 지문이 있다는 것은 그 사람이 거기에 있었다는 움직일 수 없는 증거가 되는 것입니다. 요즘은 유전공학이 발달되어 사람의 DNA도 재판의 증거로 채택이 됩니다. 사람이 아무리 권력이 있고 법이 있다고 해도 사실 권력 있는 사람은 법을 무시할 때가 많습니다. 그러나 하나님이 모든 것을 보고 계시기 때문에 결국은 억울한 자의 누명은 벗겨지게 되는 것입니다.

21:2, "사람의 행위가 자기 보기에는 모두 정직하여도 여호와는 마음을 감찰하시느니라"

어떤 사람은 많은 기부를 하고 어떤 사람은 헌금하고 어떤 사람은 고아들을 돕습니다. 사람들이 보기에는 이런 행동이 얼마나 아름답고 훌륭한지 모릅니다. 그래서 이런 기부를 한 사람들의 이름은 신문에도 나고 주위 사람들의 칭찬도 받습니다. 그러나 하나님은 사람들의 마음을 감찰하시는 분이십니다. 하나님께서 그 사람들의 동기를 보시고 그들의 과거를 다 알고 계십니다.

21:3, "공의와 정의를 행하는 것은 제사 드리는 것보다 여호와께서 기쁘게 여기시느니라"

사람들은 하나님께 예배드리고 헌금을 바치기만 하면 자신의 모든 죄가 다 용서받는다고 믿습니다. 물론 예배드리지 않는 것보다는 예배드리고 헌금을 바치는 것이 수십 배 나은 일입니다. 그러나 이 세상에서 악을 행하거나 다른 사람의 억울한 것을 풀어주지 않으면서 예배만 거룩하게 드리는 것은 아무 소용이 없습니다. 하나님께서는 사무엘 선지자를 통해서 "순종이 제사보다 낫다"는 엄청난 말씀을 하셨습니다. 하나님은 종교적인 열심이나 선행보다 하나님의 말씀에 순종하는 것이 가장 중요하다고 말씀하셨습니다. 즉 사람들은 하나님을 위하고 교회를 위한다고 말하지만 그 속에는 자기 명예심이나 욕심이 들어있는 것입니다.

하나님께서는 하나님을 위한답시고 자기 이름을 내는 그런 예배는 필요 없다고 말씀하시는 것입니다. 오히려 그런 욕심 때문에 하나님이 탐욕스러운 분으로 사람들에게 비치게 되는 것이 더 악한 것입니다.

21:4, "눈이 높은 것과 마음이 교만한 것과 악인이 형통한 것은 다 죄니라"

여기 "눈이 높은 것"은 다른 사람을 자기 눈 아래로 깔고 보는 행위입니다. 즉 자기가 더 높다는 뜻입니다. "마음이 교만한 것"은 자기가 옳고 성공했다고 우쭐거리는 마음입니다. "악인이 형통한 것"은 하나님의 말씀을 무시하는 사람이 잘 되는 것을 말합니다. 하나님은 이 모든 것은 하나님의 영광이 아니고 죄라는 것입니다.

2. 하나님이 나쁘게 보시는 것

21:5, "부지런한 자의 경영은 풍부함에 이를 것이나 조급한 자는 궁핍함에 이를 따름이니라"

하나님의 백성은 부지런할 수밖에 없습니다. 하나님도 섬겨야 하고 세상일도 해야 하기 때문입니다. 우리는 우리의 영적인 성장을 위해서 기도도 하고 성경도 읽고 예배도 드리고 교회 봉사도 해야 합니다. 그렇지만 우리의 세상일도 저절로 되는 것은 없습니다.

우리에게 드는 의심이 있는데, 과연 우리가 이 여러 가지 일을 다 할 수 있을까 하는 것입니다. 세상 사람들은 모두 하나의 일만 하는 것도 힘들어하는데 어떻게 하나님의 일과 세상일을 다 하면서도 둘 다 잘할 수 있을까요? 우리 힘으로는 다 잘할 수 없습니다. 그러나 하나님이 우리를 도와주실 것입니다. 하나님은 우리의 부지런함을 보시고 우리가 탈진하지 않도록 새 힘을 주십니다. 그리고 우리가 하는 일이 힘들지 않도록 형통하게 하십니다. 사실은 우리가 하나님의 일을 부지런히 하는 것이 세상일에 형통하는 비결입니다.

"조급한 자"는 세상일을 더 중요하게 생각하고 그것을 따라가려고 애를 쓰는 사람입니다. 그런 사람은 아무리 애를 써도 무엇인가가 잘되지 않습니다. 하나님의 도움 없이 세상일을 하기 때문입니다. 우리가 하나님의 일을 부지런히 하면 궁핍할 것 같은데 이상하게 풍부해집니다. 하나님의 천사가 우리와 함께 하면서 우리 일을 돕기 때문입니다.

21:6, "속이는 말로 재물을 모으는 것은 죽음을 구하는 것이라 곧 불려 다니는 안개니라"

"속이는 말로 재물을 모으는 것"은 무슨 뜻일까요? 이것은 '사기'를 치는 것입니다. 어떤 고층빌딩은 그 안에 철근이 없습니다. 외벽은 바람이 불면 그대로 뜯겨서 떨어집니다. 어떤 위층에 사는 사람은 소파에 앉아 있다가 밑의 집까지 떨어졌습니다. 이런 일들은 불과 얼마 가지 않아서 자기들이 한 일이 들통난다는 사실을 생각하지 않은 결과입니다. 사람들은 남을 속이는데 점점 더 방법이 교묘해지는 것 같습니다.

그러나 이것은 결국 죽음을 구하는 것이라고 했습니다. 이런 일을 하는 사람은 '메뚜기 한 철'이라는 말처럼 불려 다니는 안개와 같습니다. 결국은 여기저기 사기 치다가 더 이상 사기 칠 때가 없으면 감옥에 들어가게 되는 것입니다.

21:7, "악인의 강포는 자기를 소멸하나니 이는 정의를 행하기 싫어함이

니라”

“강포”는 폭력을 쓰는 것을 말합니다. 폭력을 사용하는 사람은 힘이 있는 사람입니다. 그러나 누군가가 폭력을 쓰면 다른 사람들은 그를 피하게 되고 나중에 더 강한 자가 나타나서 박살이 나게 됩니다. 사람이 힘이 있는 것은 약한 자를 도우라는 것이지 자기 편하라고 있는 것이 아닙니다. 어떤 명문대 교수는 그것을 그만두고 장애인들을 찾아가서 그들을 돕는 일을 했습니다. 이것이 그에게 정의입니다. 그는 명문대 교수 때보다 더 존경을 받았습니다. 정의는 강한 자가 약한 자를 돕는 것입니다. 그리고 힘이 있는 사람이 장애인들을 도와주는 것입니다.

21:8, “죄를 크게 범한 자의 길은 심히 구부러지고 깨끗한 자의 길은 곧으니라”

지진이 일어나면 길이 굽게 됩니다. 사실 길이 굽게만 되는 것이 아니라 도로가 유실되고 산사태가 나서 길이 막히게 됩니다. 죄를 크게 지으면 지진이나 산사태가 일어나서 길이 막히거나 흙더미에 깔려 죽게 됩니다. 그러나 마음이 깨끗한 자의 길은 이상이 없습니다. 길이 곧게 뻗어 있기 때문에 시간이 가면 갈수록 잘 달리게 됩니다.

21:9, “다투는 여인과 함께 큰 집에서 사는 것보다 움막에서 사는 것이 나으니라”

왜 다투는 여인과 함께 살게 될까요? 상대방을 사랑하지 않으면서 돈만 보고 결혼했기 때문입니다. 돈만 보고 결혼하면 아내가 얼마나 콧대가 높은지 집 안에서도 여왕처럼 군림합니다. 결국 남편은 아내의 잔소리를 견디지 못하는 것입니다. 그래서 남자는 여자의 돈을 보고 결혼할 것이 아니라 가난해도 사랑하는 여자와 결혼하는 것이 행복하다는 것입니다. 움막에 살면 소리칠 필요도 없고 또 방이 좁으니까 언제나 붙어서 잘 수 있고 아내는 남편을 존경하고 사랑하게 됩니다.

21:10, "악인의 마음은 남의 재앙을 원하나니 그 이웃도 그 앞에서 은혜를 입지 못하느니라"

악인은 자기 외의 다른 사람의 행복에 대해서는 관심이 없습니다. 그래서 아주 가까운 이웃이 어려움을 당했는데도 도와주지 않습니다. 그러다가 언젠가 형편이 달라질 때가 있습니다. 그때 이웃 사람들이 그를 도와주지 않습니다. 어떤 집은 아주 부잣집인데 소작하는 사람들을 많이 돌보아주었다고 합니다. 그런데 전쟁이 나고 공산당이 쳐들어와서 그 부자를 죽이려고 하니까 소작인들과 종들이 몰려와서 그분을 죽이지 말라고 막았다고 합니다. 결국 자기가 베푼 사랑은 언젠가는 돌아오게 됩니다.

3. 하나님의 처벌

하나님은 악한 자도 사람이기 때문에 그들이 잘못했다고 해서 당장 벌을 주시지 않습니다. 그러나 악한 자가 끝까지 돌이키지 않고 자기 고집대로 나가면 하나님께서는 그를 아주 비참하게 망하게 하십니다.

21:11, "거만한 자가 벌을 받으면 어리석은 자도 지혜를 얻겠고 지혜로

운 자가 교훈을 받으면 지식이 더하리라"

사람이 거만한 이유는 자기 나름대로 성공했고 최고의 위치에 올라갔다고 생각하기 때문입니다. 그러나 이 세상에 하나님의 공의가 실현될 때는 봐주는 것이 없습니다. 왜냐하면 그 높은 자리에 있는 사람이 불법을 행하고 다른 사람에게 피해를 많이 주었기 때문입니다. 자기가 최고라고 생각하는 사람은 이상하게 죄를 짓게 됩니다. 그리고 그 죄가 밝혀지면서 갑자기 몰락하게 됩니다.

그러나 지혜로운 자의 행복은 교훈을 받는 데 있습니다. 그래서 이런 사람은 마음속에 차곡차곡 교훈을 쌓아둡니다. 나중에 이 사람은 아주 점잖고 존경받는 사람이 됩니다. 사람들은 그런 사람이 자기 나라에 있다는 것을 자랑스럽게 생각하게 됩니다.

21:12, "의로우신 자는 악인의 집을 감찰하시고 악인을 환난에 던지시느니라"

하나님은 "의로우신 자"입니다. 그래서 하나님은 악인이나 그 자식들이 하는 것을 일일이 다 조사하십니다. 그래서 우리가 생각하기에는 악한 자를 상대해야 하는 우리가 위험하다고 생각하지만, 실제로는 악한 자가 더 위험합니다. 왜냐하면 하나님이 언제 환난에 던지실지 모르기 때문입니다.

21:13, "귀를 막고 가난한 자가 부르짖는 소리를 듣지 아니하면 자기가 부르짖을 때에도 들을 자가 없으리라"

세상일은 하나님과 연결되어 있습니다. 그래서 우리가 다른 사람에게 인색하면 하나님도 우리에게 인색하십니다. 그래서 남에게 주고 싶은 감동이 생기거나 교회에 바치고 싶은 생각이 들면 마음이 변하기 전에 빨리 바치시기를 바랍니다. 시간이 지나면 마음이 변하게 되고 그러면 하나님의 마음도 닫히게 되기 때문입니다. 그래서 남에게 주고 싶으면 이유가 없습니다. 무조건 줘버려야 합니다. 그래야 하나님께서도 우리에게 복을 주십니다.

21:14, "은밀한 선물은 노를 쉬게 하고 품 안의 뇌물은 맹렬한 분을 그치게 하느니라"

본문을 잘못 해석하면 뇌물을 바치라는 뜻으로 이해하기 쉽습니다. 그러나 뇌물이 아니라 선물입니다. 즉 누군가가 나 때문에 화가 많이 났을 때 말로 사과하는 것보다는 은밀하게 선물을 주면 화가 가라앉습니다. 사람의 마음은 물건을 보면 화가 가라앉게 되어 있습니다. 그래서 여성에게 실례했을 때도 그냥 모르는 체하고 넘어갈 것이 아니라, 사과하고 선물도 주면 맹렬한 분도 가라앉게 됩니다. 여성이 자살을 기도했다면 90퍼센트는 남자의 배신 때문입니다. 물론 남자가 여자를 배신하면 안 되지만 무엇인가 말이나 행동이나 기분 나쁘게 했을 때 여성이 좋아할 만한 것으로 선물하고 진심으로 사과하면 그 마음의 상처가 사라지게 될 것입니다. 하나님은 마음의 동기를 보시고 중심을 감찰하시는 분입니다. 이 세상의 어느 누가 하나님 앞에서 합격을 받을 수 있겠습니까? 우리는 늘 하나님께 죄를 자백하고 위선을 회개하며 진실하도록 노력해야겠습니다.

46

하나님은 이기지 못한다

잠 21:15-31

오늘 잠언에는 여러 가지 이야기가 나오는데, 30절에 "지혜로도 못하고, 명철로도 못하고 모략으로도 여호와를 당하지 못하느니라"고 했습니다. 그리고 31절에 "싸울 날을 위하여 마병을 예비하거니와 이김은 여호와께 있느니라"고 했습니다. 이 두 구절이 오늘 잠언의 요절이라고 할 수 있습니다. 사람이 아무리 날고 기는 재주가 있다고 해도 하나님을 이길 수는 없습니다. 하나님은 이 세상 모든 것을 만드신 분이고 인간의 생명을 좌우하시는 분이시기 때문입니다.

사람은 제아무리 똑똑하고 유능하다 해도 하나님을 이길 수는 없습니다. 만일 하나님을 큰 반석이라고 하면 그 반석을 발로 차거나 주먹으로 때리거나 머리로 박치기하는 사람은 자기 머리나 손이 부서지게 됩니다. 우리는 하나님이란 큰 반석 위에 서 있어야 합니다. 예수님은 자신이 성전의 머릿돌인데 이 반석에 부딪치는 사람은 부서질 것이요 반석이 그 사람 위에 떨어지면 그 사람은 가루로 만들어버릴 것이라고 하셨습니다(눅 20:17-18). 우리는 예수님의 반석 위에 서 있어야 안전할 수 있습니다.

1. 사망으로 가는 사람들

우리가 보기에 이 세상 사람은 모두 잘살려고 노력하는 것 같고 성공의 길을 가고 있는 것 같습니다. 그러나 사람에게 있어서 치명적인 결점은 미래를 알지 못한다는 것입니다. 우리는 현재 잘 살고 성공하는 것만 가지고 미래를 알 수 없습니다. 그러나 하나님의 백성은 대충 미래를 알 수 있습니다. 그것은 하나님의 말씀에 따라가는 사람은 반드시 성공하고 모든 일이 잘 되지만 욕심을 따라가는 사람은 언제일지 몰라도 망한다는 사실입니다. 그래서 교회에서는 교인에게 하나님의 도를 자꾸 가르쳐주어야 합니다.

21:15, "정의를 행하는 것이 의인에게는 즐거움이요 죄인에게는 패망이니라"

우리가 이 세상을 보면 정의라고 하는 것 자체가 없는 것 같습니다. 오직 성공이냐 실패냐, 돈을 많이 버느냐 망하느냐는 있지만 정의는 없는 것 같습니다. 우리가 세상에서 돌아가는 것을 보면 승진하는 것이나 거래하는 것도 돈을 먹여야 하고 자리를 하나 차지하는데도 돈을 주어야 하는 것 같습니다. 그런데 정의는 자기가 해야 할 일을 열심히 하고 하나님의 결과를 기다리는 것입니다. 하지만 아무리 오래 기다려도 하나님으로부터 소식이 오지 않는 것입니다. 이 세상 사람들은 자기에게 돈을 주는 사람에게 우선권을 주기 때문입니다.

그래서 하나님을 의지하고 기다리는 사람은 성공하는 것을 포기하고 있어야 할 때가 많습니다. 즉 '하나님께서 나에게 이 일을 하라고 하시니까 열심히 하는 것이지, 더 높은 자리에 올라가는 것에는 관심이 없다' 라고 해야 하는 것입니다. 그러면 이상하게 하나님이 돈한 푼 쓰지 않은 성실한 사람을 합격하게 하시고 승진하게 하실 때가 있습니다. 그때 돈을 쓴 사람은 오히려 뇌물공여죄에 걸려서 감옥에 들어가게 됩니다. 그래서 크리스천은 이 세상에서 크게 성공하는 것에 대하여 너무 많은 의미를 부여하면 안 됩니다.

마틴 로이드 존즈가 의사로 성공의 길을 달리고 있을 때, 그는 웨일즈를 위해서 연설하게 되었습니다. 그는 웨일즈의 미래를 어둡다고 하면서, 왜 크리스천이 부자가 되는 것에 관심을 가지고 세상에서 성공하고 유명해지는 것을 중요하게 생각하느냐고 하면서 이것 자체가 교회가 타락한 증거라고 했습니다. 그는 장래가 촉망되는 바돌로뮤 병원의 교수가 되는 길을 포기하고 시골 웨일즈에 전도사로 가는 것을 생각하고 있었습니다. 결국 그는 의사의 길을 포기하고 웨일즈 시골 교회에 전도사로 가서 거기서 놀라운 부흥을 체험하게 됩니다.

정의는 하나님의 말씀대로 살고 그 결과를 하나님께 맡기는 것입니다. 하나님은 나에게 가장 맞는 길을 인도해 주실 것입니다. 그러나 서상적인 방법과 자기 성질대로 행한 사람은 패망하게 됩니다. 인간은 짧은 미래밖에 보지 못하기 때문입니다. 그는 자신의 긴 미래에 멸망이 기다리고 있는 것을 보지 못합니다.

21:16, "명철의 길을 떠난 사람은 사망의 회중에 거하리라"

"명철의 길"은 하나님의 말씀에 순종하고 따라가는 길입니다. 그 길을 떠난 사람은 오래 걸리든지 성공하지 못하든지 할 것입니다. 세상일은 행동이 재빠르고 사람의 비위를 잘 맞추는 사람이 성공하기 때문입니다. 그런데 그들은 모두 사망의 회중에 들어있습니다. 즉 그들은 모두 세상을 따라가는 멸망의 동창생인 것입니다.

21:17, "연락을 좋아하는 자는 가난하기 되고 술과 기름을 좋아하는 자는 부하게 되지 못하느니라"

이런 사람은 파티를 좋아합니다. 그래서 높은 사람들을 자꾸 고급 요정이나 술집 같은데 불러서 성공하려고 합니다. 그러나 높은 사람은 그 사람이 돈으로 자기를 매수하려는 사실을 알게 됩니다. 그런데도 계속 돈을 받고 술대접을 받으면 같이 망하게 됩니다. 여기 "술과 기름"이라고 했는데 '기름'은 고기를 말합니다. 우리나라도 죄가 드러나고 형사처분을 받을 때 언제 어디서 무슨 향응을 받았다는 것이 전부 다 드러나게 됩니다.

21:18, "악인은 의인의 속전이 되고 사악한 자는 정직한 자의 대신이 되느니라"

아무 죄도 없는 사람이 악인의 손에 걸려드는 바람에 완전히 인질이나 노예처럼 고통을 받는 경우가 있습니다. 그런데 나중에 보니까 악인은 의로운 자 대신으로 감옥에 들어가고, 사악한 자는 정직한 자 대신으로 처벌을 받게 됩니다. 하나님이 이 모든 것을 보고 계시기 때문입니다. 이 세상에 비밀이라는 것은 없습니다. 결국은 모든 것이 다 들통나게 되는 것입니다.

21:19, "다투며 성내는 여인과 함께 사는 것보다 광야에서 사는 것이 나으니라"

여인이 다투며 성내는 것은 돈만 보고 결혼한 경우를 말합니다. 여자도 남자의 인물이나 학벌만 보고 결혼했습니다. 그런데 결혼한 후에 보니까 모든 것이 생각한 것과 다르니까 매일 싸우는 것입니다. 그래서 결혼한 후에 이혼하니 안 하니 하는 것보다는 안 하는 것이 낫다는 뜻입니다. 한번 결혼한 후에 서로 맞지 않아서 싸우면 본인의 인생도 너무 고통스럽고 그 이야기를 듣는 부모의 속도 새카맣게 다 타

들어 갑니다.

2. 지혜로운 자가 모으는 재산

어떤 사람은 책을 많이 모으는 사람이 있습니다. 그래서 개인이 얼마나 많이 모았던지 6만 권의 책을 모은 사람이 있었습니다. 그러나 그분은 그 책을 다 읽지는 못할 것입니다. 어떤 신학자는 오래된 헌책에 필이 꽂혀서 유학을 가서는 헌책만 사 모으기도 하고, 어떤 수집가는 서울에 있는 인사동에 가서 도자기를 사 모으기도 합니다. 그러다 보면 의외로 보물을 발견해서 소장하기도 합니다.

21:20, "지혜 있는 자의 집에는 귀한 보배와 기름이 있으나 미련한 자는 이것을 다 삼켜 버리느니라"

"지혜 있는 자의 집"은 교회를 의미하기도 합니다. 거기에는 귀한 하나님의 말씀이 쌓여 있습니다. 어리석은 자의 집에는 역사와 전통과 허식이 남아 있지만 지혜로운 자의 집에는 말씀이 남아 있습니다. 그리고 그 말씀을 사모하는 사람들이 모여 있습니다. 그러나 "미련한 자"는 그 가치를 모르고 다 팔아먹어 버립니다. 그래서 하나님의 말씀 대신에 세상의 가수를 부르고 진리를 사랑하는 사람 대신에 부자나 세상 지식을 가진 자들을 모으는 것입니다. 그러나 이 재산은 오래가지 않습니다.

21:21, "공의와 인자를 따라 구하는 자는 생명과 공의와 영광을 얻느니라"

"공의와 인자를 따라 구하는" 사람이 있습니다. 이 사람은 결국 생명을 얻습니다. 세상 길을 멀리하고 바른길을 따라가는 자는 공의와 영광을 얻습니다. 왜냐하면 하나님이 능력을 주시기 때문입니다.

21:22, "지혜로운 자는 용사의 성에 올라가서 그 성이 의지하는 방벽을 허느니라"

"용사의 성"이 있습니다. 그 성은 이 세상에서 정말로 전쟁을 잘하고 강한 자들이 그 성을 빼앗아서 세운 성입니다. 누가 감히 그 용사의 성을 정복하고 그 성의 벽을 헐고 거기에 깃발을 꽂을 수 있겠습니까? 그러나 하나님이 함께하는 사람들은 용사들의 약점을 압니다. 그 성은 어느 쪽이 약하다든지 혹은 군수품의 공급이 어렵다든지 불공격에 약하다든지 하는 약점이 반드시 있는 것입니다.

우리는 기름을 모아야 합니다. 그 기름은 바로 성령의 기름입니다. 이 기름으로 불을 붙이면 악한 세력은 달아납니다. 성령의 기름 없이는 마귀의 군대를 이길 수 없습니다. 모든 귀신을 향해 불을 질러버려야 이길 수 있습니다.

3. 미련한 자의 실패

21:23, "입과 혀를 지키는 자는 자기의 영혼을 환난에서 보전하느니라"

사람은 해야 할 말이 있는가 하면 하지 말아야 할 말이 있습니다. 그래서 무게 있는 사람은 다른 사람들을 만나서 쓸데없는 말을 잘 하지 않습니다. 왜냐하면 그런 말은 다른 사람을 욕하는 말이고 자기 자랑하는 말이거나 아니면 거짓된 말이기 때문입니다. 그러나 입이 가벼운 사람은 다른 사람들을 찾아가서 남의 비밀을 실컷 이야기합니다. 그러면 나중에 이 말이 누구의 입에서 나왔는지 조사하게 됩니다. 그래서 근거도 없이 남을 비난한 사람은 처벌받습니다.

요즘 우리 사회에서는 너무나도 그럴듯한 가짜 뉴스가 많이 퍼지고 있습니다. 더욱이 요즘은 '보이스 피싱'이라고 해서 속이는 전화가 많이 오고 있습니다. 사람들이 이자에 민감하니까 지금 받는 이자보다 높은 이자로 옮겨드리겠다고 해서 좋아라 하면 걸러드는 것입니다. 늘 조심해야 합니다.

21:24, "무례하고 교만한 자를 이름하여 망령된 자라 하나니 이는 넘치는 교만으로 행함이니라"

원래 "망령된 자"는 '허황된 말을 하는 사람'을 말합니다. 이런 사람의 특징은 무례하고 교만한 것입니다. 이들은 예의가 없습니다. 그리고 아무나 대놓고 싸우려고 말을 함부로 합니다. 이런 사람은 정상적이 아닙니다. 이런 사람은 아주 허황되고 실속이 없습니다. 그런 형편없는 사람이 실력 있는 사람을 보니까 물고 늘어지려고 시비를 거는 것입니다. 그러나 그런 사람은 싸울 가치가 없습니다.

21:25, "게으른 자의 욕망이 자기를 죽이나니 이는 자기의 손으로 일하기를 싫어함이니라"

게으른 사람이 욕망까지 가지고 있으면 어떻게 되겠습니까? 자신의 욕망을 실현하려고 하면 부지런해야 하는데, 게으르면서 욕심이 많으면 결국 남을 속이든지 사기를 치든지 훔치든지 해야 할 것입니다. 그래서 하나님의 백성은 이마에 땀을 흘려야 합니다. 물론 하나님께서 시련을 주셔서 전혀 할 일이 없을 때 까마귀의 도움을 받을 수는 있습니다. 그러나 하나님의 백성은 게으르면 안 됩니다. 그리고 아무데나 나서 쓸데없는 소리를 해서도 안 되고 무례해서도 안 됩니다.

욕심이 많은 사람은 하루 종일 다른 사람이 가지고 있는 것만 생각합니다. 그러나 의로운 자는 자기가 가진 것을 어떻게 하면 다른 사람에게 줄 수 있을지를 생각합니다. '저 어려운 사람에게 어떻게 하면 돈을 줄 수 있을까?', '이 가방을 누구에게 주면 좋을까?' 하면서 자꾸 줄 생각을 하는 것입니다.

악한 사람이 아무리 예배를 드려도 하나님은 받지 않으십니다. 왜냐하면 이런 예배는 자기 자랑과 자기 교만으로 가득 차 있기 때문입니다. 결국 응답이 없는 예배인 것입니다. 그런데 만일 어떤 사람을 망하게 하는 목적으로 예배를 드리면 하나님이 받으시겠습니까? 교회가 편을 나누어 싸우면 서로 예배를 방해하면서 찬송을 부릅니다. 그리고 상대방을 저주하는 기도를 드립니다. 이런 저주는 자기 머리로 돌아오게 됩니다.

우리나라도 "누가 카더라"는 말이 많습니다. 즉 자기가 직접 들은 것도 아니면서 몇 다리 건너서 들은 말을 진짜인 것처럼 말하는 것입니다. 그러나 속지 않으려면 본인에게 직접 들어야 하고, 만일 말을 잘 알아듣지 못했으면 다시 한번 말해달라고 해야 합니다. 그렇게 들어야 하는 것이 바로 진리입니다.

이제 드디어 가장 중요한 본론이 나오게 됩니다. 그래서 하나님의 말씀은 끝까지 들어야 합니다. 적당하게 듣다가 다 들었다고 하면 진짜 중요한 말씀을 놓치게 됩니다.

21:30, "지혜로도 못하고, 명철로도 못하고 모략으로도 여호와를 당하지 못하느니라"

사람이 아무리 머리를 굴리고 모략을 짜고 전략가들이 모여서 계획을 세워도 사람이 하나님을 이길 수는 없습니다. 엘리사의 종에게 보였던 하나님의 불 말과 불 병거를 보아야 핵무기를 두려워하지 않습니다. 아무리 똑똑한 사람이 정책을 세워도 하나님을 이길 수는 없습니다. 그래서 하나님의 지혜는 배워야 하고 하나님의 계획을 믿어야 합니다.

21:31, "싸울 날을 위하여 마병을 예비하거니와 이김은 여호와께 있느니라"

전쟁을 위하여 나라마다 미사일을 준비하고 핵무기를 준비하고 잠수함을 준비합니다. 그러나 전쟁의 결과는 하나님께 달렸습니다. 전쟁은 결국 돈으로 하는 것입니다. 아무리 무기가 있다고 해도 보급이 안 되면 이길 수 없습니다. 그래서 전쟁하려고 하면 경제력이 뒷받침되어야 합니다. 결국 하나님의 지혜가 이기게 됩니다. 이 길을 꾸준히 갈 수 있기를 바랍니다.

47

돈보다 중요한 것

잠 22:1-16

우리나라에서도 인기가 있었던 한 중국 배우는 출연한 영화가 흥행에 성공해서 3천억 원 정도를 벌었다고 합니다. 그런데 그는 자신의 전 재산을 사회에 기부하고 돈이 없어서 지하철을 타고 다닌다고 했습니다. 그래서 기자가 그에게 어떻게 그 많은 돈을 기부할 수 있었느냐고 물어보니까 자기는 모른다고 하면서 아내가 기부하라고 해서 그대로 했다는 것입니다. 정말 그는 멋을 제대로 아는 배우였습니다. 그는 연기만 잘한 것이 아니라 깨끗하고 존경받는 삶이 무엇인지 아는 사람이었습니다.

젊었을 때는 가장 중요한 것이 돈인 것 같습니다. 돈이 있어야 공부도 하고 차도 사고 결혼도 할 수 있고 집도 구할 수 있기 때문입니다. 중년이 되어도 여전히 중요한 것은 돈인 것 같습니다. 돈이 있어야 자녀 대학 학비를 댈 수 있고 좋은 집에서 살 수 있고 사람들의 인정을 받을 수 있기 때문입니다. 그러나 이 세상에 재앙이 닥치면 아무리 많은 돈도 별로 소용이 없습니다. 지진이 일어나거나 폭우가 쏟아져서 사람이 죽으면 돈은 그야말로 휴지 조각밖에 되지 못합니다. 또

한 사람이 늙으면 돈은 별 도움이 되지 못합니다. 돈이 있다고 해서 아프지 않는 것도 아니고 돈이 많다고 해서 죽지 않는 것도 아니기 때문입니다. 그래서 하나님은 우리에게 돈이 가장 중요한 것이 아니라고 말씀하고 있습니다.

1. 하나님 앞에 소중한 인생

오늘 본문의 잠언을 읽다 보면 납득되기도 하지만 고개가 갸우뚱하게 되는 말씀이 처음부터 나옵니다.

22:1, "많은 재물보다 명예를 택할 것이요 은이나 금보다 은총을 더욱 택할 것이니라"

여기서 "명예"는 세상적인 명예가 아니라 '깨끗한 명예'를 말합니다. 그리고 "은총"은 하나님의 '은총'보다는 '사람들의 존경과 신뢰'를 말합니다. 사람은 일단 현실이 중요한데 현실을 무시하는 자는 바보 취급을 받을 것입니다.

사실 사람이 나이 들면서 재물과 깨끗한 명예 중에서 어느 것을 택하느냐 하는 것은 중요한 문제입니다. 그런데 일반적으로는 명예보다 돈을 많이 받는 것이 훨씬 현명할 것입니다. 돈이 있어야 집을 사고 그것으로 운동도 하고 해외여행도 다닐 수 있기 때문입니다. 그러나 여기서는 돈을 택하지 말고 깨끗한 명예를 택하라고 했고, 금이나 은을 많이 가지는 것보다 은총을 택하는 것이 낫다고 했습니다.

돈이냐 깨끗한 명예냐 하는 것은 물론 본인이 선택할 문제이지만, 명예를 선택한다면 바보처럼 보이는 세상이 되어버렸습니다. 그러나 하나님께서는 재물보다는 명예를 택하라고 하셨습니다. 즉 바보 같은 인생을 사는 것이 하나님 앞에서 상이 있다는 것입니다.

22:2, "가난한 자와 부한 자가 함께 살거니와 그 모두를 지으신 이는 여호와시니라"

세상에는 가난한 사람도 살고 부자도 살아가지만 사람 자체는 아무 차이가 없습니다. 모든 사람은 하나님이 똑같이 만드셨습니다. 그러나 사람들은 부자는 훨씬 더 가치 있고 가난한 사람은 아무리 많이 있어도 별로 가치 없는 사람으로 생각합니다. 그러나 영혼은 부자나 가난한 자나 다 똑같이 가치가 있습니다. 그래서 사람을 부자냐 가난한 자냐 하는 것으로 구별하는 것 자체가 순수성을 잃어버리고 속물이 되는 것입니다.

그래서 이사야 선지는 "가난한 자들에게 복음이 증거될 것이라"고 했습니다(사 61:1). 그러나 가난한 자라고 해서 다 복음을 사모하는 것은 아닙니다. 가난하면서도 물질에 더 욕심을 내고 복음을 거부하는 자들도 많이 있고, 부자이고 학식이 있으면서도 하나님의 말씀을 사모하는 사람도 많이 있습니다.

22:3, "슬기로운 자는 재앙을 보면 숨어 피하여도 어리석은 자는 나가다가 해를 받느니라"

하나님의 말씀을 들은 자는 자기가 가려는 길이 옳은 길이 아니라는 생각이 들면 그 길을 버리고 바른길로 돌아옵니다. 그 길은 교만하게 하고 부정이 있어서 결국 망하기 때문입니다. 그러나 하나님의 말씀이 없는 사람은 일부러 그런 길을 갑니다. 그 길이 사람들의 인정을 받고 자신이 대단하게 보이고 또 자기 고집대로 끝까지 해보고 싶기 때문입니다. 결국 이런 사람은 갈 데까지 갔다가 망하고 빈손으로 돌아오게 됩니다. 그렇게 한두 번 실패하면 노인이 되어버리는 것입니다. 그래도 만신창이가 되어서 하나님께 돌아오는 사람은 대단한 사람입니다. 자기가 지금 옳지 않은 길을 가고 있으면 그 길을 피해야 하는데 자기 힘으로는 피하기가 쉽지 않습니다. 그래서 하나님의 말씀을 들어야 합니다.

다음 구절이 본문에서 가장 중요한 말씀입니다.

22:4, "겸손과 여호와를 경외함의 보상은 재물과 영광과 생명이니라"

사람이 교만한 길을 가지 않고 겸손한 길을 택하고 하나님을 두려워하는 길을 걸어가면 일시적으로는 바보처럼 보이지만 결국 하나님은 그에게 재물도 주시고 명예도 주시고 장수와 영생도 주십니다. 우리 생각에 겸손하고 다른 사람들과 다투지 않고 신앙생활만 열심히 하는 사람들은 사교성이 부족하기 때문에 다른 사람의 인정을 받지 못할 것 같습니다. 그러나 이런 사람들은 꾸준히 자기 일을 해 나가기 때문에 나중에 하나님께서 남들이 생각하지 못하는 지혜를 주서서 한 번씩 대박을 터트리게 하십니다. 그래서 우리는 하나님이 나의 삶을 풍성하고 아름다운 삶으로 인도하신다는 것을 믿어야 합니다.

2. 잘못된 시각을 가진 인생

이 세상에 장애를 가지고 있어서 큰 불편을 겪는 분들이 많이 있습니다. 그러나 육체적인 장애보다 더 심각한 것이 정신적인 장애입니다. 즉 세상을 똑바로 보지 못하고 항상 삐딱하게 보는 사람들이 많이 있습니다.

22:5, "패역한 자의 길에는 가시와 올무가 있거니와 영혼을 지키는 자는 이를 멀리 하느니라"

여기 "패역한 자"는 모든 일에 있어서 반항적인 사람을 말합니다. 가정에서도 반항적인 사람이 있고 사회적으로도 반항적인 사람이 있습니다. 물론 이들 중에 정의로운 사람도 많이 있습니다. 그러나 많은 사람이 입을 다물고 있는 것은 정의를 몰라서 그렇게 하는 것이 아닙니다. 대부분 사람은 소리를 지르고 반발한다고 해서 좋아지는 것이 하나도 없다는 사실을 알기 때문에 하나님이 바로 잡으실 때까지 참고 있는 것입니다.

그래서 자기 영혼을 잘 지키는 것이 중요합니다. 자기 영혼을 지키는 것이 무엇입니까? 죄나 음란한 것이 내 마음에 들어오지 못하도록 자신을 지키는 것입니다. 물론 죄나 음란이 내 마음속에 들어온다고 해서 당장 내가 망하는 것은 아닙니다. 그러나 우리 자신은 마음속에 죄나 음란이 들어온 만큼 면역성이 떨어지게 됩니다. 즉 점점 죄에 대한 저항력이 떨어지게 되는 것입니다.

22:6, "마땅히 행할 길을 아이에게 가르치라 그리하면 늙어도 그것을 떠나지 아니하리라"

아이를 무조건 화풀이로 때리거나 혹은 돈이 있다고 마음대로 살게 하면 그 아이의 인생은 망치게 됩니다. 그래서 부모는 먼저 자기 자신을 가르쳐야 합니다. 자기 자신이 마땅히 가야 할 길을 가야 합니다. 그리고 아이들과 대화를 나누어서 왜 이 길을 가야 하는지 바로 가르쳐주어야 합니다. 그러면 어렸을 때 머리에 심어놓은 사상은 늙었을 때까지 머릿속에 남아 있게 됩니다. 그래서 사람들은 나이가 들었어도 어머니가 옛날에 하신 말씀을 기억합니다. 부모로서는 남들을

위해서 많은 일을 하는 것보다도 자기 자녀를 바른길 가게 하는 것이
더 위대합니다.

22:7, "부자는 가난한 자를 주관하고 빚진 자는 채주의 종이 되느니라"

이 잠언 말씀은 1절과 반대되는 내용처럼 보입니다. 위에서 일을
부리는 사람들은 다 부자이고 또 살기 위해 부자에게 빚을 지니까 가
난하게 되어 종으로 팔려가게 되는 것입니다. 그러면 결국 중요한 것
이 돈이고 권력이 아니겠습니까?

그러나 하나님의 백성이 가난하거나 종이 되는 것은 영구적인 것
이 아닙니다. 이것은 하나님께서 우리를 일시적으로 훈련하기 위해서
사용하시는 방법입니다. 그래서 이스라엘 백성도 애굽에서 노예 생활
을 했고, 다윗도 사울 왕에게 쫓겨다녔습니다. 그러나 그들의 마지막
은 항상 해피 엔딩이었습니다. 즉 우리가 부자가 되거나 높은 사람이
되었을 때에는 그렇게 하지 말라는 교훈을 배우는 것입니다.

22:8, "악을 뿌리는 자는 재앙을 거두리니 그 분노의 기세가 쇠하리라"

사람 중에는 가는 곳마다 "악을 뿌리는" 사람들이 있습니다. 이들
은 가는 곳마다 어떤 사람에 대하여 나쁜 소문을 퍼트립니다. 그래서
모두 그 사람에 대하여 나쁜 이미지를 가집니다. 이것이 악을 뿌리는
것입니다.

"새도 죽을 때는 우는 소리가 아름답고, 사람도 죽을 때는 선해진
다"는 말이 있습니다. 사람이 늙으면 좀 순해져야 하는데 끝까지 독
을 피우는 사람이 있습니다. 이들은 벌써 늙어도 인상이 험악해서 사
람들이 무서워서 피합니다.

22:9, "선한 눈을 가진 자는 복을 받으리니 이는 양식을 가난한 자에게 줌이니라"

교인들이 은혜를 받으면 눈에서 독기가 빠지고 눈이 비둘기같이 순하게 바뀝니다. 그리고 모든 것을 항상 아름답게 봅니다. 아름다운 사람에게는 모든 것이 아름답게 보이게 되어 있습니다. 이들은 자기 자신이 복을 받습니다. 아름다운 사람은 늙어도 아름답습니다. 그리고 이들은 양식이 있다고 거만하지 않습니다. 그런 여인은 남는 양식을 어려운 사람들에게 나누어줍니다. 역시 모든 것을 아름답게 보는 사람은 하는 행실조차도 아름답습니다. 그래서 사람들은 그런 사람을 존경합니다.

3. 하나님의 심판

하나님께서는 사람들이 하는 일들을 조용히 지켜보시기만 하십니다. 그래서 어떤 때는 하나님이 안 계신 것 같기도 하고, 힘이 있는 자들 마음대로 세상을 쥐고 흔드는 것처럼 보입니다. 그러나 하나님이 한번 손을 쓰시면 악한 자는 흔적도 없이 망하고 맙니다.

22:10, "거만한 자를 쫓아내면 다툼이 쉬고 싸움과 수욕이 그치느니라"

어떤 사람은 거만해서 항상 싸움을 일으키고 다른 사람 마음에 상처를 주기만 합니다. 그러나 그가 힘이 있어서 다른 사람들은 꼼짝도 하지 못합니다. 그런데 하나님이 참고 참으시다가 어느 날 천사들에게 쫓아내라고 명령하시면 갑자기 그 사람이 사라져 버립니다. 그리고 갑자기 평화가 오게 됩니다. 사람들은 이 놀라운 변화에 놀라게 됨니다.

　22:11, “마음의 정결을 사모하는 자의 입술에는 덕이 있으므로 임금이
　그의 친구가 되느니라”

　이 세상에서 자기 마음이 깨끗하기 위하여 애를 쓰는 사람들이 있
습니다. 이들은 나쁜 것을 보지도 않고 나쁜 말을 듣지도 않으려고 합
니다. 그래서 “마음의 정결을 사모하는 자”는 다른 사람들과 잘 어울
리지 못하고 적극적이지도 않기 때문에 사람들의 인정을 받지 못합니
다. 그런데 이들의 마음이 정결하려고 하면 하나님의 말씀으로 자기
속을 채우는 수밖에 없습니다. 그렇게 되면 마음이 정결한 자는 많은
사람이 알아주거나 인정해주지 않는 것 같지만 소리 없이 소문이 퍼
지면서 많은 사람이 그를 좋아하게 됩니다.

　22:12, “여호와의 눈은 지식 있는 사람을 지키시나 사악한 사람의 말은
　패하게 하시느니라”

　하나님의 눈은 하나님의 말씀을 붙드는 사람을 지켜줍니다. 아침
저녁으로 지켜주셔서 시험에 들지 않게 하십니다. 그러나 못된 말만
하고 다니는 자는 어느 날 망하게 하십니다. 하나님이 모든 것을 보시
는 이상 사악한 사람은 행복하게 늙을 수 없습니다.

　22:13, “게으른 자는 말하기를 사자가 밖에 있은즉 내가 나가면 거리에
　서 찢기겠다 하느니라”

　게으른 자는 밖에 나가면 사고를 당하게 된다고 생각합니다. 즉
사람은 집 안에 있어야 안전하지 밖에 나가면 병에 걸릴 수 있고 개에

게 물릴 수 있고 자동차 사고를 당할 수도 있기 때문에 집밖에 나가려고 하지 않습니다. 즉 집밖에는 사자가 있다고 생각한다는 것입니다. 물론 이 세상에는 사고도 있고 실패도 있지만 그래도 사람은 나가서 일을 해야 먹고 살 수 있습니다. 청년들은 실패도 해보고 시험에 떨어져보기도 하고 다치기도 해봐야 담대한 사람이 될 수 있습니다.

22:14, "음녀의 입은 깊은 함정이라 여호와의 노를 당한 자는 거기 빠지리라"

이 세상에서 가장 무서운 사람이 음란한 여자입니다. 이런 음녀에게 한번 걸려들면 온몸이 밧줄에 칭칭 묶이듯이 갇기기 때문에 정욕에서 빠져나올 수 없습니다. 음란한 여자에게 걸린 남자는 돈도 잃고 가족도 잃고 신뢰도 잃고 직장도 잃고 완전히 모든 것을 다 털리게 됩니다. 그러면 사람들은 그 형편없는 껍데기만 남은 사람을 무시할 것입니다. 그런데 알고 보니까 그는 항상 하나님을 노하게 하는 사람이었습니다. 하나님의 말씀에 반발하고 자신의 고집이나 정욕대로 따라가다가 결국 더 무서운 음녀에게 걸려들게 되는 것입니다.

22:15-16, "아이의 마음에는 미련한 것이 얽혔으나 징계하는 채찍이 이를 멀리 쫓아내리라 이익을 얻으려고 가난한 자를 학대하는 자와 부자에게 주는 자는 가난하여질 뿐이니라"

어린아이는 미래가 있습니다. 이들은 크게 될 수도 있고 죄인이 될 수도 있습니다. 그래서 아이에게 가차 없이 하나님을 가르쳐야 합니다. 여기서는 아이에게 징계하는 채찍으로 때리라고 했습니다. 이것은 너무나도 사랑하는 아들이라고 해서 하고 싶은 대로 다 해주지 말고 너무 자기도취에 빠지지 않게 하라는 뜻입니다. 사람이 자기도취에 빠지면 자신을 대단하게 생각해서 자기가 하고 싶은 일은 다 해 버립니다. 결국 이런 사람들은 하나님의 매를 맞아야 돌아오게 되는데 하나님의 매는 너무나도 아픕니다. 하나님이 우리를 때리시면 거의 죽여놓다시피 하십니다. 그래서 자녀로 하여금 교만해서 우쭐거리게 해서는 안 됩니다.

이익을 얻으려고 가난한 자를 학대하고 부자에게 돈을 주는 자는 아첨하는 사람입니다. 아첨하는 사람은 하나님의 인정을 받지 못합니다. 사람들은 이런 아첨꾼들을 싫어합니다. 이런 것은 일반 사람들이 보기에도 혐오스러운 짓입니다. 세상은 결코 바보가 아닙니다. 이런 아첨하는 사람들은 나중에 다른 사람들에게 밟히게 됩니다.

성경은 돈보다 중요한 것이 깨끗한 양심이고 명예라고 강조하고 있습니다. 우리가 신앙을 붙들면 하나님이 우리 인생에 좋은 선물로 가득하게 하십니다.

48

지혜에 능숙한 자

잠 22:17-29

많은 사람이 타는 여객기나 큰 배를 조종하는 기장이나 선장은 운전에 아주 능숙해야 합니다. 만일 능숙하지 못한 초보자가 비행기나 배를 몰다가 사고라도 나면 많은 사람이 죽을 것입니다. 이와 같이 어떤 일을 할 때 능숙하게 한다는 것은 매우 중요합니다. 하물며 운전하는 사람이 술을 마시고 운전한다면 너무나도 위험할 것입니다. 얼마 전에 어떤 여성이 만취해서 운전하다가 좌회전하는 오토바이와 충돌해서 오토바이 탄 사람이 사망했는데 그 여성은 자기 개만 끌어안고 있었다고 해서 사람들의 비난이 심했습니다.

산악자전거를 능숙하게 타는 사람은 완전히 직각에 가까운 길도 너끈히 내려오고 중간에 절벽이 있으면 공중에서 회전하여 착지해서 달립니다. 그러나 자전거에 능숙하지 못한 사람은 조금만 길이 가팔라도 어쩔 줄 몰라서 비틀거리고 옆에 절벽이 있으면 겁을 집어먹어서 자전거와 함께 떨어지게 됩니다. 이런 숙련과 자신감과 용기는 경기나 전쟁이나 경영이나 모든 면에서 다 중요합니다.

본문 22장 29절에 "네가 자기의 일에 능숙한 사람을 보았느냐 이러한 사람은 왕 앞에 설 것이요 천한 자 앞에 서지 아니하리라”고 했습니다. 어떤 일을 능수능란하게 하는 사람이 있다고 합시다. 그 사람은 자신의 탁월한 기술로 많은 사람을 죽을 수밖에 없는 위기에서 살렸습니다. 결국 이런 사람은 대통령이 만나고 싶어 하고 왕이 한번 만나기를 원합니다. 왜냐하면 그 사람은 많은 사람의 생명을 살린 영웅이기 때문입니다.

그리스도인도 얼마든지 이 세상에서 성공할 수 있습니다. 그런데 기술을 익히기 전에 먼저 자기 마음을 연단해야 하고, 자기가 성공하려는 목적이 무엇인지를 생각해야 합니다.

1. 마음을 연단하기

경기하거나 시험 치기 전에 ‘이번에 반드시 이기고야 만다’고 하는 자신감이 중요합니다. 이런 사람은 경기나 시합이 자신에게 불리하게 진행되어도 끝까지 포기하지 않고 결사적으로 덤벼들어서 역전을 시켜놓고야 말기 때문입니다.

원래 하나님을 믿는 백성은 지혜의 백성입니다. 단지 실제 상황에서 이기지 못하는 것은 이 지혜가 숙련되지 않거나 믿음이 부족해서 그런 것입니다.

22:17-18상, “너는 귀를 기울여 지혜 있는 자의 말씀을 들으며 내 지식에 마음을 둘지어다 이것을 네 속에 보존하며”

어떤 일을 하는 사람에게 가장 위험한 것은 ‘멍’ 하게 정신을 놓고 있는 것입니다. 이런 사람은 자기가 해야 할 일에 집중하지 못합니다.

하나님의 백성에게 가장 중요한 것은 온 마음과 뜻과 정성을 다해서 하나님의 세미한 음성을 듣는 것입니다. 그러나 우리 귀에는 언제나 사람의 말이 더 잘 들리고 세상의 소리가 더 크게 들리게 되어 있습니다. 그래서 우리는 "귀를 기울여 지혜 있는 자의 말씀을" 들어야 합니다. 즉 우리는 사람의 소리는 듣지 않는 훈련을 해야 하고 세상의 소리도 할 수 있으면 듣지 않는 훈련을 해야 합니다. 왜냐하면 하나님의 말씀은 원래 우리 귀에 잘 들리지 않기 때문입니다.

그러나 우리가 아무리 하나님의 말씀을 듣는다고 해도 그 뜻을 잘 모를 때가 많습니다. 그래서 우리가 이 세상에서 성공하기 위해서는 사람의 소리나 세상의 소리는 줄이고 하나님의 말씀에 집중해야 합니다. 하나님께서는 이스라엘 백성에게 "네 마음을 다하고 뜻을 다하고 목숨을 다하고 힘을 다하여" 하나님의 말씀을 사랑하라고 하셨습니다. 우리가 하나님으로부터 듣는 말씀 하나 하나는 단지 내가 성공하기 위한 말씀이 아니라 나와 다른 사람의 미래를 살리는 말씀이기 때문에 온 마음과 뜻을 다해서 들어야 합니다.

"내 지식에 마음을 둘지어다"라고 했습니다. 즉 이 방법이나 저 방법 섞지 말고 하나님의 방법 하나에만 매달리라는 뜻입니다. 또 "이것을 네 속에 보존하며"라고 했습니다. 즉 하나님의 말씀을 항상 마음에 담아두라는 뜻입니다. 그래서 하나님의 말씀이 필요할 때마다 그 말씀이 줄줄줄 나와야 합니다. 예를 들어서 먹을 것이 떨어졌을 때는 "사람이 떡으로만 살 것이 아니요"라고 해야 하고, 빨리 성공하고 싶을 때는 "좁은 문으로 들어가기를 힘쓰라"는 말씀이 입에서 저절로 나와야 합니다.

22:18하, "네 입술 위에 함께 있게 함이 아름다우니라"

하나님의 말씀이 입에서 줄줄줄 나오는 것이 아름다우니라고 했습니다. 왜냐하면 우리 마음에 하나님의 말씀이 있을 때 우리의 정신이 흩어지지 않고 하나님께 집중하기 때문입니다. 사람은 자기 마음을 지키지 못하고 이랬다저랬다 하는 바람에 좋은 기회를 다 놓치고 맙니다. 왜 그럴까요? 자기 마음을 지키지 못하기 때문입니다. 더 중요한 것은 자신의 미래를 알지 못하므로 자꾸 다른 사람의 말을 듣고 흔들리기 때문입니다. 그런데 우리가 하나님의 말씀을 자꾸 들으면 누가 뭐라고 하든지 하나님의 말씀이 내 속에 들어오게 됩니다. 그러면 흔들리지 않게 될 것입니다.

22:19, "내가 네게 여호와를 의뢰하게 하려 하여 이것을 오늘 특별히 네게 알게 하였노니"

오늘 우리가 이 세상에서 실패하지 않는 비결은 오직 하나밖에 없습니다. 그것은 바로 하나님을 의뢰하는 것입니다. 사람들은 어려운 일을 당하면 하나님의 도움을 받고 싶습니다. 그래서 자녀가 대학 시험을 치면 합격을 위해 기도하고, 결혼을 앞두고도 기도하고, 취업이나 유학이나 승진이나 큰 수술을 앞두고도 기도합니다.

그런데 그렇게 열심히 기도해도 하나님의 도움을 받는 경우도 있고 받지 못하는 경우도 있습니다. 그 이유가 어디에 있을까요? 하나님을 의지하는 비결 때문입니다. 그것은 바로 온 마음과 뜻과 생명을 다해서 하나님의 말씀을 사랑하는 것입니다. "이것을 오늘 특별히 네게 알게" 한다고 했습니다. 물론 하나님의 도움을 받지 못한다고 해서 지옥에 간다는 뜻은 아닙니다. 그러나 우리가 하나님의 말씀만 붙잡으면 하나님의 능력의 파도를 탈 수 있습니다.

2. 우리가 성공하려는 목적

종이 주인의 심부름을 맡아서 어디에 무슨 말이나 말을 전하러 가게 되었을 때 그에게 가장 중요한 것은 가는 길 중간에 있는 구경거리를 보지 않고 오직 주인이 가라고 하는 곳에 가서 주인이 시킨 일을 하고 돌아오는 것입니다. 종은 주인이 무슨 말을 전하라고 하면 전해주고, 무엇을 주고 오라고 하면 주고 오면 되는 것입니다.

그러나 우리는 이 세상에 살면서 내가 성공하려고 하는 이유를 잊게 될 때가 많습니다. 돈을 많이 버는 것이 성공인 줄 아는 사람도 있고, 유명해지는 것이 성공인 줄 아는 사람도 있습니다. 그러나 중요한 것은 하나님이 나를 이 세상에 보내신 목적을 이루어드리는 것입니다.

22:20-21, "내가 모략과 지식의 아름다운 것을 너를 위해 기록하여 네가 진리의 확실한 말씀을 깨닫게 하며 또 너를 보내는 자에게 진리의 말씀으로 회답하게 하려 함이 아니냐"

하나님이 우리에게 하나님의 말씀을 기록하신 목적이 있습니다. 그것은 우리가 늘 하나님의 말씀을 들어도 잊어버리기 때문입니다. 그런데 하나님께서 기록하신 말씀은 "모략과 지식의 아름다운 것"입니다. 즉 하나님은 우리에게 쓸데없는 불필요한 말씀이 아니라 모략과 지식의 아름다운 것만 기록하신 것입니다. 하나님의 말씀 안에 모략이 있습니다. 그래서 하나님의 말씀을 항상 먹는 사람들에게는 하나님께서 성령의 영감을 주십니다. 그래서 우리는 '이렇게 해야 되겠구나, 혹은 저렇게 해야 되겠구나' 하는 생각이 생깁니다. 혹은 '이것은 욕심이구나', '이것은 멋있어 보이지만 나에게 맞지 않는 것이구나', '이것은 사탄이 나를 유혹하는구나' 하는 생각이 드는 것입니다. 이런 성령의 영감이 우리를 강하게 합니다. 그것이 바로 사탄의 약점이기 때문입니다. 하나님이 기록하신 말씀은 지식과 모략의 보물입니다. 그런데 사람들은 왜 이런 보물을 모르고 점을 치러 다니고 중언부언하는 기도를 드리고 있습니까?

"너를 보내는 자에게 진리의 말씀으로 회답하게 하려 함이 아니냐"고 했습니다. 하나님은 우리를 이 세상에 어떤 임무를 주셔서 보내셨습니다. 그러므로 우리는 달란트 맡은 종처럼 주님 앞에 가서 자기에게 맡겨진 사명에 충성했다고 분명히 대답할 수 있어야 '착하고 충성된 종'이 될 수 있는 것입니다(마 25:14-30, 눅 19:11-27). 그러나 지금은 자기 사명을 잊은 사람들이 대부분입니다. 자기에게 있는 권력과 힘과 돈을 남용해서 가난하고 무식한 자들의 돈을 뺏고 학대하는 사람들이 많이 있습니다.

22:22, "약한 자를 그가 약하다고 탈취하지 말며 곤고한 자를 성문에서 압제하지 말라"

세상에서 돈이 많고 권력이 있는 사람들은 권력 없는 사람의 좋은 것을 탈취하려고 합니다. 또 세상에서 가난으로 고통당하는 자들을 압제하고 돌아보지 않는 사람들이 많습니다. 그러나 이런 사람들은 자기가 이 세상에 왜 태어났는지 모릅니다. 하나님께서 판단하실 때 자기 삶의 목적을 모르는 자들을 죽이실 것입니다. 즉 "그를 노략하는 자의 생명을 빼앗으시리라"(23절)고 했습니다.

22:24-25, "노를 품는 자와 사귀지 말며 울분한 자와 동행하지 말지니 그의 행위를 본받아 네 영혼을 올무에 빠뜨릴까 두려움이니라"

"노는 품는 자"는 자기 뜻대로 되지 않으니까 화를 내게 됩니다.

이런 사람은 자기가 하나님 노릇을 하려고 합니다. 이런 자와 사귀지 말아야 합니다. 또 "울분한 자"는 세상이나 하나님에 대하여 불만이 많은 사람입니다. 그들과 동행하지 말아야 하는 이유는 그들의 행위를 본받는 것이 우리의 영혼을 올무에 빠뜨리기 때문입니다. 어떻게 이 세상이 우리 뜻대로 될 수 있겠습니까? 우리는 마음에 들지 않아도 맞추어서 살아가야 합니다.

22:26, "너는 사람과 더불어 손을 잡지 말며 남의 빚에 보증을 서지 말라"

"사람과 더불어 손을" 잡는 것은 동맹을 맺는 것입니다. 우리는 이미 하나님과 동맹을 맺은 사람입니다. 우리는 모두 특별한 사람입니다. 우리가 다른 사람의 빚에 보증을 서지 말아야 하는 이유는 다른 사람의 인생을 책임질 수 없기 때문입니다. 모든 사람은 각자가 하나님 앞에서 자기 인생을 책임져야 합니다.

3. 자기 일에 숙달된 사람

하나님의 백성은 자기 인생의 방향이 정해지면 한눈을 팔지 않고 자기에게 주어진 일에 전력을 다해야 합니다. 즉 우리가 갈 길을 찾았으면 다른 사람을 부러워하면서 욕심을 낼 것이 아니라 자기가 맡은 일에 숙달해야 합니다.

22:28, "네 선조가 세운 지계석을 옮기지 말지니라"

여기 "지계석"은 하나님께서 각자에게 주신 땅의 경계선을 말합니다. 그래서 이스라엘 백성은 아무리 땅을 넓히려고 해도 지계석이 있어서 그 이상 넘어갈 수 없었습니다. 그래서 땅에 욕심이 있는 사람은 흉년이 들었을 때 가난한 사람에게 양식을 빌려주고 갚지 못하면 그 땅을 차지했습니다. 그래서 지계표를 그만큼 넓히는 것이었습니다. 그러나 하나님께서는 하나님의 백성에게 그렇게 하지 말라고 경계하셨습니다. 왜냐하면 이미 자기에게 주어진 것으로 충분하기 때문입니다.

우리는 하나님의 말씀과 현실을 가지고 자꾸 연마하는 훈련을 해야 합니다.

22:29, "네가 자기의 일에 능숙한 사람을 보았느냐 이러한 사람은 왕 앞에 설 것이요 천한 자 앞에 서지 아니하리라"

어떤 사람이 자기가 맡은 일을 열심히 했습니다. 그는 자기 분야에서 최고의 기술자가 되었습니다. 이 사람에 대한 소문은 왕의 귀에도 들어가서 왕을 만나게 되었습니다. 옛날 영국의 엘리자베스 여왕은 유명한 목사들의 교회에 와서 설교를 듣고 예배 마친 후에 그와 악수하는 것이 전통이었다고 합니다. 우리는 자기가 맡은 일에 최고가 되도록 합시다.

49

먹기를 탐하는 자

잠 23:1-14

가끔 사람들이 이야기하다 보면 텔레비전에서 먹방 프로그램을 보신 분이 의외로 많은 것을 볼 수 있습니다. 시청자들은 먹방에서 그 많은 음식 먹는 출연자를 보면서 과연 짐승인지 사람인지 헷갈릴 때가 있습니다. 아마 이렇게 대식을 하면 틀림없이 몸에 좋지 않을 텐데 그렇게 먹는 것을 좋아하는 사람들이 있습니다. 요즘은 우리가 살만해지면서 사는 목적이 오직 먹는 데 있다는 사람들은 별로 없는 것 같습니다. 요즘 사람들은 먹기 위해서 살지는 않습니다.

우리 속담에 "소문난 잔치에 먹을 것이 없다"는 말이 있습니다. 옛날에 청와대에 초청되어 가서 대통령과 한 테이블에 앉아서 먹으면 잘 먹을 줄 알았는데, 그 대통령이 가장 좋아하는 것은 칼국수였습니다. 그래서 청와대까지 가서 칼국수만 먹고 나오니까 너무 배가 고파서 나오자마자 다시 식사를 했다고 합니다.

오늘 본문에서 지혜자는 높은 사람과 식사하는 것을 아주 조심하라고 교훈하고 있습니다. 왜냐하면 거기에는 공짜가 없기 때문입니다.

1. 지나친 부자의 고통

사람 중에는 자기가 가지고 있는 부로 만족하지 못하고 더 부자가 되려고 하는 사람들이 있습니다. 우리와는 상관이 없는 것 같지만 젊은이들 사이에 금수저, 흙수저라는 말이 많이 오르내리는 것을 보면 사실 이런 부를 부러워한다는 것을 알 수 있습니다. 그러나 부자는 부자대로 애로가 있습니다. 대기업 회장은 최고 실력자가 돈을 기부하라고 해서 했다가 뇌물죄로 걸려서 감옥살이를 해야만 했습니다. 그래서 높은 사람과 식사하는 것을 좋아한다든지 너무 먹는 것을 좋아하는 것은 위험할 수 있습니다. 가난하면 이런 일은 절대로 없습니다.

어떤 부자나 높은 관리의 초청을 받아서 식사한다면 그것은 보통 명예가 아닐 것입니다. 더욱이 먹는 것을 좋아하는 먹보들은 거기에 있는 음식을 하나도 남기지 않고 싹싹 닦아서 먹고 배를 두들기면서 만족해할 것입니다. 그리고 자기는 어떤 사람의 초청을 받아서 맛있는 것을 실컷 먹었다고 자랑할 것입니다.

그런데 대개 관리들은 대접받는 사람이지 대접하는 사람은 아닙니다. 그러나 관리들은 절대로 다른 사람의 향응을 함부로 받아서는 안 됩니다. 왜냐하면 관리를 대접하려는 사람은 무엇인가 이해관계가 있기 때문입니다. 그래서 대접한 후에는 어떤 공사 입찰을 유리하게 해 달라고 하거나 혹은 자기 회사 물품을 납품하게 해 달라든지 요청할 것입니다. 그러나 그런 향응을 받은 것들이 전부 그 회사 비용이기 때문에 나중에 뇌물죄로 걸릴 수 있습니다. 그런데 어떤 사람이 관리의 대접을 받는다고 하면 이것은 보통 일이 아닙니다. 무엇 때문에 권력을 가지고 있는 관리가 일반사람을 불러서 대단한 음식을 대접하겠습니까? 거기에는 반드시 무슨 목적이 있는 것입니다.

성경에 보면, 높은 자리에 있는 왕자가 자기 동생이라든지 관리들을 불러서 식사 대접하는 내용이 나옵니다. 압살롬은 자기 여동생을 강간한 형 암논을 죽이기 위해서 왕자들을 식사 자리에 초대했습니다. 압살롬이 암논을 죽이려고 왕자들을 초청했는데 압살롬이 더 악한 마음을 먹었으면 거기에 온 왕자들을 다 죽일 수도 있었던 것입니다. 그래서 압살롬이 암논을 죽이는 것을 보고는 다른 왕자들은 도망쳤습니다. 그리고 아도니야는 요압이나 아비아달이나 다른 왕자들을 식사 자리에 초대하고는 자기가 왕이 되려고 했습니다. 그러나 아도니야의 초청받았던 요압 장군이나 제사장 아비아달은 숙청되어서 그 자리에서 쫓겨나게 됩니다. 그러니까 오라고 해서 무조건 좋다고 하면서 가면 자기도 모르게 그 사람 편이 되어버리고 그 일에 동참하는 사람이 되어버리는 것입니다. 그래서 중요한 것은 최고 권력자가 나를 불러서 식사 대접한다는 것이 중요한 것이 아니라, 이 사람이 왜 나를 불렀으며 나에게 요구할 것이 무엇인지를 생각해야 하는 것입니다. 음식은 하나의 미끼에 불과하고 중요한 것은 그 뒤에 숨어 있습니다.

그래서 너무 유명하거나 너무 부자가 되어서 다른 사람들이 배 아파할 정도가 되었다면 다른 사람의 식사 초대나 향응 초대에 가지 않는 것이 좋습니다. 예전에 우리나라 목회자 중에서 대통령 조찬기도회 같은데 서로 초대받으려 하고, 심지어는 북한에 초대되어 방문하려는 사람도 많았습니다. 그런데 어떤 사람이 북한에 초대되어서 간 사람 중에 김일성, 김정일 동상에 절하지 않은 사람이 있느냐고 했습니다. 만경대로 가는 것이 코스로 되어 있는데 단체로 가서 인사하지 않는 것은 불가능하다는 것입니다. 그리고 이용 가치가 있는 사람들은 북한 호텔에서 밤에 자는데 예쁘게 생긴 여성동무가 들어오는데 같이 자자고 한다는 것입니다. 그리고 그 모든 행동이 CC-TV에 다 찍히는데 다음 날 아침에 그 사진을 보여주면서 남한에 가서 친북 활동을 하지 않으면 폭로하겠다고 협박한다는 것입니다. 그런데 무엇 때문에 그렇게 북한에 가려고 하는지 알 수 없습니다.

성경은 부자가 나쁘다고 말하지 않습니다. 자기가 열심히 일해서 풍족하게 사는 것은 하나님의 축복입니다. 그런데 부자가 되려고 애를 쓰는 사람이 있습니다. 이런 사람들은 사사로운 자기 머리를 굴리는 사람들입니다. 우리나라 많은 기업이 중국에 몇조 원짜리 공장을 지었습니다. 그런데 중국 경기가 나빠지니까 공장 비용도 건지지 못하고 철수했는데 재산의 3분의 1이 날아갔다고 합니다. 결국 돈 욕심을 내면 분별력이 없어지고 나중에는 망하고 맙니다. 왜냐하면 이 세상은 내 머리보다 높은 지혜가 다스리고 있기 때문입니다.

2. 미련한 자의 눈

대개 사람들의 눈을 보면 그 사람의 상태를 알 수 있습니다. 어떤 사람은 눈이 아주 불안정한 사람이 있는가 하면 눈이 아주 사나운 사람도 있습니다. 거짓말을 자꾸 하는 사람의 눈은 당당할 수 없습니다. 그런 사람은 자꾸 눈이 주위를 살피게 되어 있습니다. 눈에 화가 잔뜩

나 있는 사람은 마치 시한폭탄과 같습니다. 좀 덕을 보려고 친하게 지내다가 폭탄이 터지면 가까운 사람부터 다치게 되어 있습니다.

23:6, "악한 눈이 있는 자의 음식을 먹지 말며 그의 맛있는 음식을 탐하지 말지어다"

사람이 아무리 입으로는 웃어도 눈에 화가 잔뜩 나 있으면 그 사람과 만나는 것을 조심해야 합니다. 여기에 보면 모순된 것 같은 내용이 나옵니다. 즉 상대방은 악한 눈을 가졌는데 맛있는 음식을 차려놓은 것입니다. 왜 화가 난 사람이 맛있는 음식을 차려놓았을까요?

호주의 한 이혼한 여성은 이혼한 남편 가족을 모두 식사 자리에 초청했습니다. 그래서 시어머니, 시아버지 그리고 시동생 모두 다 왔는데 정작 전남편만 일이 있어서 오지 않았습니다. 이 여성은 시집과의 관계가 아주 좋지 못했던 것 같습니다. 그래서 시집 식구들은 화해하려고 하는가보다 생각하고 기쁜 마음으로 왔습니다. 그날 요리는 맛있는 버섯 요리였습니다. 그러나 그날 요리를 먹은 시집 식구들은 모두 다 죽었습니다. 그 안에 독버섯이 들어있었기 때문입니다. 그런데 정작 죽이려고 했던 전남편은 죽지 않고 다른 식구들만 다 죽어버린 것입니다. 그래서 할 수 있으면 친하지 않은 사람이 식사하자고 하면 적당한 핑계를 대고 가지 않는 것이 좋습니다.

23:7, "대저 그 마음의 생각이 어떠하면 그 위인도 그러한즉 그가 네게 먹고 마시라 할지라도 그의 마음은 너와 함께 하지 아니함이라"

어떤 교회 장로님은 불륜에 빠졌습니다. 그는 자기 교회에서 젊은 여자와 같이 있을 수 없으니까 다른 큰 교회에 가서 같이 예배를 드렸습니다. 그런데 그의 아내가 그 큰 교회 목사님에게 편지를 보내었습니다. “내 남편이 장로인데 젊은 여자와 그 교회를 다닌다고 하는데 그런 사람을 숨겨주는 것이 큰 교회가 하는 일이냐?”고 따진 것입니다. 그래서 그 목사님은 설교 시간에 “내가 이런 편지를 받았는데 그 장로님은 이 교회에서 나가시라”고 했습니다. 사람이 아무리 말은 그럴듯하게 하고 좋은 일을 하는 것 같아도 그 사람이 죄를 지었으면 그 모든 행동도 악한 것입니다. 그러나 죄를 중단하고 처음 신앙으로 돌아오면 그 사람은 얼마든지 다시 은혜받을 수 있습니다.

23:8, “네가 조금 먹은 것도 토하겠고 네 아름다운 말도 헛된 데로 돌아가리라”

진정한 사랑이 아니면 아무리 상대방의 마음을 얻기 위해서 음식을 같이 사 먹어도 도로 토해내게 됩니다. 즉 그런 관계는 오래가지 못합니다. 그리고 그들이 했던 수많은 사랑의 고백과 보낸 편지도 모두 헛된 것이 됩니다. 왜냐하면 그 사랑이 영원하지 않기 때문입니다. 그래서 아무리 아름답고 좋은 사람이 있어도 그냥 내버려두어야지 자기 사람으로 만들려고 욕심을 내면 모든 것이 나빠지게 됩니다. 건드리지 않는 것이 끝까지 가는 좋은 사랑입니다.

우리는 다른 사람에게 바른 이야기를 가르치면 그 사람이 바른길로 돌아올 것으로 생각할 때가 많습니다. 그러나 사람들은 대개 바른말은 잔소리라그 생각해서 절대로 들으려고 하지 않습니다.

23:9, “미련한 자의 귀에 말하지 말지니 이는 그가 네 지혜로운 말을 업신여길 것임이니라”

사람들은 모두 미련해서 다른 사람이 아무리 바른말을 해도 듣지 않습니다. 그러면 사람은 무엇을 원할까요? 상대방이 자기 말 들어주기를 바라고 자기를 알아주기를 바랍니다. 그래서 가장 좋은 대화는 상대방의 말을 들어주는 것입니다. 그러므로 상대방의 말을 들어주고 알아주기 전에는 아무리 좋은 이야기를 해도 소용없다는 것을 아서야 합니다.

그래서 성경은 돼지에게 진주를 주지 말라고 했습니다. 왜냐하면 돼지는 진주의 가치를 모르기 때문입니다. 그래서 진리의 가치를 모르는 사람은 말씀을 뺏기는 수밖에 없습니다.

3. 그들의 구속자는 강하시다

사람들은 모두 권력이나 돈을 많이 가지려고 합니다. 왜냐하면 힘이 있으면 약한 자의 것을 빼앗을 수 있기 때문입니다.

23:10-11, "옛 지계석을 옮기지 말며 고아들의 밭을 침범하지 말지어다 대저 그들의 구속자는 강하시니 그가 너를 대적하여 그들의 원한을 풀어 주시리라"

여기 "지계석"은 땅의 경계선을 말합니다. 대가 고아나 과부는 힘이 없기 때문에 무시를 당하거나 가지고 있는 집이나 땅을 빼앗기기 쉽습니다. 그러나 그들에게는 "구속자"가 계십니다. 이 구속자는 이들의 모든 삶을 책임지고 있습니다. 형이든지 삼촌이든지 가까운 친척이 구속자가 됩니다. 그런데 이들의 구속자는 하나님이십니다. 하나님은 약한 자의 땅을 뺏거나 재산을 빼앗는 자에게 복수하실 것입니다. 그래서 우리가 죄인이 되지 않으려면 죽으라고 말씀을 붙드는 수밖에 없습니다. 만일 말씀과의 관계가 조금이라도 느슨해지는 순간 누구든지 탐욕에 빠질 수밖에 없습니다.

"착심"이 무엇입니까? 우리의 마음이 말씀에 붙는 것입니다. 그래서 자꾸 하나님의 말씀에 귀를 기울여야 합니다. 그래야 회개도 되고 죄도 떨어져 나가게 됩니다.

그런데 다음 말씀은 참 이해하기 어렵습니다.

23:13-14, "아이를 훈계하지 아니하려고 하지 말라 채찍으로 그를 때릴지라도 그가 죽지 아니하리라 네가 그를 채찍으로 때리면 그의 영혼을 스올에서 구원하리라"

하나님께서는 어린아이를 채찍으로 때리라고 하셨습니다. 어린아이들이 얼마나 귀엽고 순수합니까? 그런 아이를 때릴 데가 어디 있다고 채찍으로 때리라고 하시는 것일까요? 마틴 루터 당시의 그림을 보면 아예 선생님이 교실에 매를 잔뜩 꺾어놓고 아이들의 엉덩이를 때리는 모습을 볼 수 있습니다. 요즘은 친부모도 아이를 잘 때리지 않습니다. 미국에서는 부모가 자기 아이를 때리면 경찰에 신고한다고 합니다. 그냥 아이들이 잘못 했을 때 따끔하게 야단만 치면 되지 않을까요? 물론 잘못 행동한 아이는 야단을 맞아야 하지만 한번은 심하게 맞아보는 것도 좋을 것 같습니다. 왜냐하면 아이 때부터 한 번도 야단맞지 않고 크면 나중에 자라서 자기도취에 빠지기 쉽기 때문입니다.

사람이 자기도취에 한 번 빠지면 이것은 아무리 수술하고 감옥에 가두어도 고칠 수 없습니다. 그래서 어렸을 때 한번 매를 맞음으로 '나는 신이 아니라 하나의 피조물에 불과하구나' 하는 것을 깨달아야 하는 것입니다. 자기도취라는 병은 암보다 무섭습니다. 우리의 욕심이 너무 커지지 않도록 하나님의 말씀에 착념해야 합니다.

돛대 위에 누운 자

잠 23:15-35

어떤 사람은 자기 인생이 마치 롤러코스터를 탄 것과 같다고 합니다. 롤러코스터는 유원지의 놀이기구로 청룡열차라고 부르기도 합니다. 청룡열차를 타면 처음에는 열차가 레일 위를 천천히 올라가다가 맨 꼭대기까지 올라가서는 밑바닥을 향하여 전력으로 질주합니다. 그때 사람들은 모두 튕겨 나가는 줄 알고 비명을 지릅니다. 그리고는 위로 올라가기도 하고 옆으로 회전하기도 하다가 사람들의 정신을 반쯤 나가게 한 후에 정차합니다. 저도 청룡열차를 한번 타본 적이 있는데 그때 들었던 생각이 왜 비싼 돈을 주고 이 짓을 해야 하나 하는 생각뿐이었습니다. 물론 이것은 재미와 스릴을 느끼기 위해서 하는 놀이이지만, 인생 자체가 올라갈 때는 정신없이 올라가다가 떨어질 때는 절벽에서 떨어지듯이 수직 낙하를 한다면 본인은 물론이고 가족도 정신이 없을 것입니다.

본문 34절에 보면 "돛대 위에 누운 사람" 이야기가 나옵니다. 그는 가장 시원한 곳을 찾아서 돛대 위에 자리를 펴고 거기에 누워 있었습니다. 사면에서 불어오는 바람으로 시원하고 또 누워서 망망대해

를 볼 수 있어서 너무나도 행복했습니다. 그러나 갑자기 하늘이 시커
멓게 되더니 폭풍우가 몰려왔습니다. 이 배는 그야말로 하나의 낙엽
처럼 파도가 올라갈 때는 하늘 꼭대기까지 올라갔다가 파도가 내려갈
때는 바다 밑바닥까지 내려가는 것 같았습니다. 그는 결국 배의 요동
치는 것을 이기지 못해서 밑으로 떨어졌는데 폭풍이 몰아치는 바다에
떨어지게 되었습니다. 그 심한 폭풍 속에서 아무도 그를 건져줄 사람
이 없었습니다. 그 사람의 인생은 롤러코스터 인생이었습니다. 그는
올라갔다가 내려갔다가 반복하다가 죽고 말았습니다.

어떻게 하면 우리 인생이 이렇게 올라갔다 내려갔다 요동치지 않
고 평화로운 인생길을 갈 수 있을까요?

1. 유연한 마음이 되어야 한다

사람이 이 세상에서 성공할 수 있는 가장 중요한 조건은 좋은 선
생을 만나는 것입니다. 대개 어린 학생은 자기가 무엇을 잘할 수 있는
지, 또 무엇을 하면 성공할 수 있는지 잘 모릅니다. 그런데 아주 뛰어
난 선생님은 어린아이들의 잠재력을 볼 수 있다고 합니다. 이것은 목
회에 있어서도 마찬가지입니다. 아주 훌륭하신 목사님은 부흥회를 왔
다가 설교 듣는 아이 중에서 아주 특별하게 하나님의 말씀에 열정을
가진 아이를 보면 이 아이는 나중에 목회자가 되면 아주 훌륭한 목회
자가 되겠구나 하는 생각을 하게 됩니다.

스펄전은 어렸을 때 할아버지 집에서 몇 년 살았는데, 어떤 유명한
목사님이 그 할아버지 교회에 와서 설교하시고는 어린 스펄전을 안고
“하나님, 이 아이가 자라서 런던에서 가장 큰 교회에서 설교하게 해
주십시오”라고 기도했습니다. 그런데 실제로 스펄전은 목사가 되어
서 런던에서 가장 큰 교회에서 설교했고, 그 자신의 교회도 메트로폴

리탄 테버내클 처치라고 해서 런던에서 가장 큰 교회가 되었습니다. 사람들은 이런 만남을 운명적인 만남이라고 하는데, 사실은 운명이 아니라 하나님께서 그렇게 인도하신 것입니다. 이런 훌륭한 선생님은 이런 아이들 속에 잠재되어 있는 천재적인 재능을 본 것입니다.

우리 인생이 이 세상에서 추락하지 않고 아름답게 살려고 하면 우리의 삶이 하나님의 마음에 맞아야 하고 하나님을 기쁘시게 해야 합니다. 하나님은 다윗을 보았을 때 "내 마음에 합한 사람"이라고 하셨습니다. 사무엘 같은 경우에도 하나님의 마음에 잘 맞는 사람이었습니다. 그러나 우리 눈에 하나님은 보이지 않기 때문에 하나님은 우리에게 신앙의 아버지와 어머니를 주셨습니다. 그래서 우리가 하나님의 말씀을 잘 듣고 지혜롭게 행하면 아버지의 마음이 즐겁습니다. 그리고 우리가 말하는 것이 모두 정직하면 아버지의 마음이 유쾌하게 됩니다.

여기에는 교회의 목사님도 포함이 됩니다. 목사님은 하나님의 말씀대로 살라고 하고 정직하게 살라고 가르치기 때문에 그 말씀대로 살면 복을 받습니다. 물론 자기 정체성을 찾는 과정에서 부모에게 반발하기도 하고 목사님에게 대어들 때도 있지만 일시적인 과정에 불과합니다. 우리는 성공하기 이전에 하나님의 말씀을 잘 받아들이는 마음이 되어야 합니다. 그러나 만일 반항적인 마음이 뿌리를 내려서 에서나 가룟 유다 같이 끝까지 하나님의 말씀을 무시하고 거부한다면 하나님의 귀한 축복을 잃어버릴 뿐 아니라 멸망으로 가게 됩니다.

예수님은 수로보니게 여인이 자기 딸의 귀신 들린 것을 고쳐달라고 했을 때 "부모가 자녀 먹을 떡을 개에게 주지 않는다"고 말씀하셨습니다. 그러나 수로보니게 여인은 "개도 주인의 상에서 떨어지는 부스러기는 먹습니다"라고 대답함으로 예수님께 그 딸이 고침을 받았습니다(막 7:24-30).

23:17, "네 마음으로 죄인의 형통을 부러워하지 말고 항상 여호와를 경외하라"

우리가 하나님의 뜻에 순종하는 마음을 가지고 있으면 세상 사람들의 성공을 부러워하거나 탐내지 않습니다. 왜냐하면 세상 사람들이 받아야 할 복이 있고 우리가 받을 복이 따로 있기 때문입니다. 그래서 우리는 부모님이나 말씀을 가르치는 분들에게 좋은 마음을 가져야 합니다.

23:22, "너를 낳은 아비에게 청종하고 네 늙은 어미를 경히 여기지 말지니라"

혹시 부모님이 많이 배우지 못하셨을 수 있습니다. 그리고 경제가 돌아가는 것을 잘 모르실 수 있습니다. 그러나 부모님을 무시하거나 우습게 생각해서는 안 됩니다. 왜냐하면 그분은 나를 위해서 기도해 주시고 항상 염려하시기 때문입니다. 이것은 교회 목사도 마찬가지입니다. 목사는 말씀을 전할 뿐 아니라 나와 내 자식을 위해서 기도하는 분입니다. 그런 분과 대적이 되는 것은 영적으로 너무나도 큰 파멸입니다. 우리는 성공하기 이전에 마음을 긍정적으로 만들어야 합니다.

23:18, "정녕히 네 장래가 있겠고 네 소망이 끊어지지 아니하리라"

우리의 마음이 하나님의 말씀을 받아들이는 마음이 있으면 축복된 미래가 있습니다. 그리고 우리의 소망이 절대로 끊어지지 않는다고 약속하셨습니다.

2. 하나님의 지혜를 사라

우리나라에서 대학교수가 되려고 하면 지식을 사야 합니다. 여기서 지식을 산다는 것은 대학 졸업장으로는 안 되고 대학원에 가서 박사 학위를 받아야 합니다. 그런데 전 세계에서 좋은 대학치고 한국 유학생이 없는 대학이 없을 정도로 많은 한국의 젊은이들이 외국에 가서 지식을 배우고 있습니다. 그런데 이 세상에서 성경을 가르쳐주는 대학은 어디에 있을까요? 저는 청년 때 너무나도 성경을 배우고 싶어도 성경을 가르쳐주는 교회나 신학교는 없었습니다.

놀라운 것은 이 세상에 하나님의 진리를 가르치는 스승이 굉장히 드물다는 사실입니다. 유럽 같은 경우에도 존 칼빈, 조지 휫필드, 찰스 스펄전, 로이드 존즈 목사 같은 분은 백 년에 한 번 날까 말까 한 인물이었다는 것을 알 수 있습니다. 그래서 우리는 이 세상 아무 데 가서나 말씀을 듣는 것이 싸구려라는 것을 알아야 합니다.

23:23, "진리를 사되 팔지는 말며 지혜와 훈계와 명철도 그리할지니라"

성경은 우리에게 "지혜를 사라"고 했습니다. 이것은 돈을 주고 사라는 뜻이 아닙니다. 이것은 대가를 지불하고 진리를 배우라는 뜻입니다. 가장 중요한 것이 자기 마음을 하나님의 말씀 앞에 내어놓아야 한다는 것입니다.

23:26, "내 아들아 네 마음을 내게 주며 네 눈으로 내 길을 즐거워할지

지혜는 우리에게 "네 마음을 내게 달라"고 합니다. 즉 자기 마음을 꽁꽁 싸매어놓고 자기 마음에 들면 받아들이고 자기 마음에 들지 않으면 닫아버린다면 그는 진리를 배우지 못할 것입니다. 우리가 진리를 제대로 배우려고 하면 그 진리에게 내 마음을 전부 다 주어야 합니다.

23절에서 "진리를 사라"는 말은 일단 진리를 가르치는 곳을 찾아가야 한다는 것입니다. 아무리 멀고 힘들어도 바른 말씀을 배워야 합니다. 진리를 배우기 위해서라면 장로나 권사나 선교사 같은 타이틀을 다 내려놓아야 하는 것입니다. 그리고 또 "사라"는 말은 시간을 내어서 들으라는 뜻입니다. 우리가 아무리 진리를 파는 곳을 알아도 가서 내 것으로 만들지 않으면 소용이 없습니다. 즉 시간을 내어서 말씀을 들어야 합니다. 그리고 또 말씀을 배우면서 시키는 것이 있으면 순종을 하라는 것입니다. 즉 봉사해야 하는 것입니다.

또 "진리를 팔지 말라"고 했습니다. 이것은 하나님의 진리 때문에 핍박이 오고 어려움이 올 때 진리를 배신하지 말라는 뜻입니다. 끝까지 그 진리를 붙들고 가야 하는 것입니다. "지혜와 훈계와 명철도 그리할지니라"고 했습니다. 여기서 "지혜"는 교리입니다. 교리를 버리면 안 됩니다. "훈계"는 훈련입니다. 훈련도 잘 받아야 합니다. 그리고 "명철"은 현실에 적용하는 것입니다. 우리는 실컷 하나님의 말씀을 듣고 세상 사람들이 하는 대로 생활하면 안 됩니다. 우리는 하나님의 백성답게 살아야 합니다.

23:19, "내 아들아 너는 듣고 지혜를 얻어 네 마음을 바른 길로 인도할지니라"

우리는 지혜를 들어야 하나님을 알 수 있고, 지혜를 들어야 믿음이 생깁니다. 만일 우리에게 믿음이 없으면 믿지 않는 자와 다를 것이 아무것도 없을 것입니다. 그래서 세상에 흩어져 있고 자기 멋대로 가려고 하는 마음을 조정해서 바른길로 가게 해야 합니다.

그때 우리에게 중요한 것이 진리를 바로 가르쳐주는 선생입니다. 이 세상의 모든 것이 다 그렇지만 실력 있는 선생은 어려운 것을 쉽게 배울 수 있게 하고, 그것을 죽으라고 따라 하다 보면 어느새 자기가 선생을 능가하는 수준이 되어 있게 됩니다. 이것이 바로 인생에 성공하는 것입니다.

3. 나쁜 유혹을 멀리하라

이 세상에는 우리를 망하게 하는 유혹이 여러 곳에 놓여 있습니다. 예를 들어서 높은 산을 올라가는 사람에게는 수직 절벽이 있을 수 있고, 아주 미끄러운 얼음 비탈도 있고, 크레바스라고 해서 보이지 않지만 눈에 덮여있는 절벽도 있습니다. 눈 폭풍이나 눈사태도 일어날 수 있습니다. 등산하는 사람들은 이런 위험을 전부 다 피해야 산을 살아서 올라가고 살아서 내려올 수 있습니다.

우리가 인생 사는데 가장 위험한 것은 술을 즐기는 것입니다.

23:20, "술을 즐겨 하는 자들과 고기를 탐하는 자들과도 더불어 사귀지 말라"

술친구를 사귀면 자꾸 술을 마시게 됩니다. 그런데 모든 죄가 다 술 마시는 데서 나옵니다. 술을 마시고 취해서 바람을 피우고 술에 취해서 다른 사람과 싸우거나 죽이기도 하고 술 때문에 '미투'에 걸려서 인생을 망칩니다. 그럼에도 불구하고 너무나도 많은 사람이 술을 좋아합니다. 술은 우리를 기분 좋게 하고 몽롱하게 하고 흥분시키는 효과를 가지고 오기 때문입니다.

"고기를 탐하는 것"도 좋지 못합니다. 지금은 고기가 흔하지만 옛날에는 고기가 아주 귀했습니다. 그래서 고기가 뇌물이 될 수 있었습니다. 누군가가 고기를 사주거나 고기로 대접하면 마음이 넘어가 버리는 것입니다.

또 술과 떼려야 뗄 수 없는 것이 음녀입니다.

23:27-28, "대저 음녀는 깊은 구덩이요 이방 여인은 좁은 함정이라 참으로 그는 강도 같이 매복하며 사람들 중에 사악한 자가 많아지게 하느니라"

음녀는 일단 한번 빠지면 빠져나올 수 없습니다. 특히 그 입구가 너무 좁아서 들어갈 때는 어떻게 들어갔는데 나오는 구멍이 너무 좁습니다. 그래서 여자에게 걸려든 사람은 그 구덩이에서 자기 의지로 빠져나오지 못하고 망신은 망신대로 당하면서 망하게 됩니다. 인간은 자기 스스로 유혹을 이기지 못하기 때문입니다.

모든 불행이 어디에서 옵니까? 술에서 옵니다.

23:29-30, "재앙이 뉘게 있느뇨 근심이 뉘게 있느뇨 분쟁이 뉘게 있느뇨 원망이 뉘게 있느뇨 까닭 없는 상처가 뉘게 있느뇨 붉은 눈이 뉘게 있느뇨 술에 잠긴 자에게 있고 혼합한 술을 구하러 다니는 자에게 있느니라"

모든 나쁜 것은 술 마시는 데서 나옵니다. 특히 "혼합한 술"을 마시는 자는 더 독한 술을 마시는 자인데, 독한 술을 마시면 제정신을 가질 수 없습니다. 특히 포도주가 얼마나 매력적인지 경계하고 있습니다. 그러나 포도주의 향기로운 맛은 독사의 독입니다.

우리는 포도주가 얼마나 맛있고 향기로운지 잘 모릅니다. 그러나
포도주를 좋아하는 사람들은 포도주의 색깔과 냄새만 맡고도 몇 년도
어느 산 포도주라는 사실을 알아냅니다. 사람 중에는 죽기 전에 꼭 먹
어야 하는 포도주가 있다고 합니다. 포도주는 색깔이 붉고 맛이 있고
향기가 있지만 독사라고 했습니다. 어느 순간에 입술을 물고 심장을
물어서 죽일 것입니다.

33절에 "눈에는 괴이한 것이 보인다"고 했습니다. 그것은 사람이
두 사람으로 보이는 것입니다. 자기는 바로 걷는데 땅이 올라갔다 내
려갔다 할 것입니다. 그리고 혀가 꼬부라져서 이상한 말을 할 것입니
다. 그리고 바다에 누워있게 됩니다. 바다에 누워있으니까 얼마나 좋
습니까? 그러나 사실 그는 맨땅에 누워있고 이미 얼굴은 땅에 부딪혀
피투성이가 되어 있습니다. 또 그는 돛대 꼭대기에 누워있습니다. 올
라갈 때는 하늘 꼭대기까지 올라가는데 떨어질 때는 바다 바닥까지
떨어집니다. 즉 그의 인생이 잘 나가다가 바닥으로 굴러떨어지는 것
입니다.

35절에 보면 그는 사람이 때려도 아프지 않습니다. 자기가 감각이
없다는 것을 압니다. 그리고 술이 깨기만 하면 또 술통을 찾아 마십니
다. 그는 사람인지 술통인지 구별되지 않는 것입니다. 우리 성도들은
진리를 사시기 바랍니다. 그리고 절대로 진리를 팔아먹지 마시기 바
랍니다.

51

실패 없는 인생

잠 24:1-19

이 세상에서 실패 없는 인생을 사는 사람은 아무도 없습니다. 그 이유는 인간은 처음에는 모두 미숙하고 지혜가 없고 힘이 없기 때문입니다. 그래서 사람은 처음에는 잘 달리는 것 같다가 넘어집니다.

우리나라에 유명한 관광지들이 많이 있습니다. 한때는 그곳에 관광객이나 수학여행 온 학생들로 사람이 넘쳤습니다. 그래서 주인들은 더 많은 돈을 벌기 위해서 더 큰 현대식 리조트나 호텔이나 펜션을 지었습니다. 그러나 이제는 시대가 달라져서 사람들이 여행지에 가서 잠을 자고 오는 시대가 아닙니다. 그래서 수백억 원을 들여서 큰 리조트나 호텔을 지은 건축주들은 오른 이자를 갚지 못해서 부도를 내고 건축하던 건물들은 폐허가 되어서 버려져 있는 곳이 많이 있습니다. 이것은 이런 건물을 지은 사업주들이 인구절벽이라는 것이 얼마나 무서운 것이고 이자가 오를 것을 예측하지 못하고 욕심만 부린 결과였습니다. 자기들만 망한 것이 아니라 자기를 믿고 같이 투자한 많은 사람을 망하게 만들었습니다. 이것을 보면 사람이 자기 분수를 알고 무리하게 욕심을 내지 않는 것이 얼마나 중요한지 알 수 있습니다.

하나님의 백성은 이 세상에서만 성공해서는 안 됩니다. 우리 인생은 하나님 앞에서 인정받는 삶이어야 합니다. 그렇게 하려면 세상 사람들이 생각하는 것보다 훨씬 더 정교하게 하나님의 뜻에 자신의 인생을 맞추어야 합니다.

1. 소속을 분명히 하라

사람 중에는 여기에 붙든지 저기에 붙든지 무조건 성공만 하면 된다고 생각하는 사람이 많이 있습니다. 그래서 이 사람이 성공할 것 같으면 그 사람에게 가서 붙고, 저 사람이 성공할 것 같으면 또 그 사람에게 붙는 것입니다. 우리나라 영화 〈기생충〉이 인기가 있다고 합니다. 그리고 요즘 정치인들을 보면 어떤 사람을 '숙주'로 해서 정치를 한다고 합니다. 여기서 '숙주'는 그야말로 기생충이 들어가서 살고 있는 몸체를 말합니다. 우리가 한평생 다른 사람의 기생충으로 살아가는 것은 성공한 것이 아니라 비참한 것입니다. 그래서 하나님의 백성은 절대로 다른 사람의 기생충이 되어서는 안 됩니다. 하나님의 백성은 그 소속이 분명해야 합니다. 그들은 하나님께 속한 사람이 되어야 하는 것입니다.

24:1, "너는 악인의 형통함을 부러워하지 말며 그와 함께 있으려고 하지도 말지어다"

아주 악한 사람이 있는데, 그는 성공을 위해서는 수단과 방법을 가리지 않고 거짓말을 밥 먹듯이 합니다. 그런데 그런 악한 사람이 권력을 가지고 있는 것입니다. 이런 악한 사람의 특징은 자기에게 아부하고 충성하는 자만 키워주고 도와준다는 것입니다. 그런데 만일 하나님의 백성이 그런 악한 자를 부러워해서 그의 도움을 받고 인정을 받아서 충성하고 아부한다면 그 사람은 하나님께 속한 사람이 아닙니다. 그 사람은 그 악한 사람의 기생충이든지 부하가 되는 것입니다.

그래서 하나님의 백성은 성공하기 전에 먼저 자신의 소속을 분명히 해야 합니다. 그것은 바로 사람의 종이 아니라 하나님의 종이라는 것입니다. 그는 오직 '한 권의 책', 성경책에만 충성하는 사람이 되어야 합니다. 사람들은 존 웨슬레를 "그는 한 권의 책에만 충성된 사람"이라고 했습니다. 하나님의 백성이 하나님의 말씀 외에 다른 것으로 성공하면 성공한 것이 아니라 매춘행위를 한 것입니다.

24:2, "그들의 마음은 강포를 품고 그들의 입술은 재앙을 말함이니라"

하나님의 말씀을 붙들고 있지 않은 사람은 아주 "강포"합니다. 여기서 강포하다는 것은 '사납다' 혹은 '공격적이다' 혹은 '즉흥적이다' 라는 뜻을 가지고 있습니다. 악한 자의 마음은 언제나 용광로가 부글부글 끓고 있는 것과 같습니다. 그래서 어떤 때는 다른 사람의 것을 빼앗기 위하여 불을 뿜습니다. 어떤 때는 자기에게 기생하지 않는 자에게 욕을 퍼붓기도 하고 고성을 지르기도 합니다. 어떤 때는 재앙과 저주를 퍼붓기도 합니다. 악한 사람은 죄 없는 사람도 죄를 만들어 내서 고발합니다.

그러나 하나님의 백성은 하나님의 지혜로 집을 짓습니다.

24:3, "집은 지혜로 말미암아 건축되고 명철로 말미암아 견고하게 되며"

여기서 집을 짓는다는 것은 자기 혼자 잘 되는 것이 아니라 하나님의 말씀을 사랑하는 사람을 많이 만드는 것입니다. 집을 지혜로 짓는다는 것은 무슨 뜻입니까? 일단 집의 디자인이 멋이 있어야 합니다.

그런데 더 중요한 것은 그 집이 무너지지 않도록 보이지 않는 곳에 철근이나 기초를 튼튼히 하는 것입니다. 그리고 "명철로 말미암아 견고하게 되며"라고 했습니다. 집의 세부적인 부분도 비가 샌다거나 집이 쓸모가 없다거나 보안에 약하면 소용이 없습니다. 옛날 집들은 적이 쳐들어올 것에 대비해 벽돌로 튼튼하게 지었고 문도 아주 튼튼해서 부술 수 없도록 만들었습니다. 그리고 지하실이나 옥상으로 대피할 수 있는 길을 만들어 놓았습니다. 이것이 바로 하나님의 지혜이고 하나님의 명철입니다. 그래서 이 세상일은 잘될 때도 있고 못될 때도 있으므로 어느 경우든지 간에 대비해 놓아야 합니다.

24:4, "또 방들은 지식으로 말미암아 각종 귀하고 아름다운 보배로 채우게 되느니라"

하나님의 집에는 많은 방이 있습니다. 그런데 이 방들을 하나님의 지식으로 채워야지, 세상의 재물이나 성공으로 채우면 아무 소용이 없습니다. "또 방들은 지식으로 말미암아"라고 했습니다. 어떤 빌딩은 겉으로 보기에는 멋있게 지었는데 너무 실속 없게 지은 건물이 있습니다. 이런 집은 쓸모가 없습니다.

하나님의 백성은 방마다 하나님의 보물로 채웁니다. 어느 방은 기도로 채우고, 어느 방은 말씀으로 채우고, 어떤 방은 찬양으로 채웁니다. 우리에게는 아름다운 보배가 너무 많습니다. 이런 보배로 채우니까 하나님이 그 안에 계신 것입니다.

24:5, "지혜 있는 자는 강하고 지식 있는 자는 힘을 더하나니"

하나님의 말씀만 가지고 있으면 세상의 돈이나 힘이 없다고 생각하기 쉽습니다. 그러나 하나님의 지혜의 집이 있는 자는 강합니다. 왜냐하면 하나님이 힘을 주시기 때문입니다. 그래서 우리가 강해지려고 하면 하나님의 지식과 지혜로 충만해야 합니다. 즉 하나님의 말씀을 조금만 아는 것이 아니라 속이 꽉 차서 흔들기만 하면 하나님의 말씀이 쏟아져 나와야 합니다.

우리는 싸울 때 전략으로 싸워야 합니다.

24:6, "너는 전략으로 싸우라 승리는 지략이 많음에 있느니라"

여기서 "전략으로 싸우라"는 것은 계획을 세워서 싸우라는 것입니다. 즉 전략은 적이 어떻게 나올 것을 미리 알고 대비할 뿐 아니라 적의 심리를 잘 이용할 수 있는 것을 말합니다. 그래서 적이 생각할 수 있는 것보다 몇 단계 높은 수준의 전략을 가져야 이길 수 있습니다.

24:7, "지혜는 너무 높아서 미련한 자가 디치지 못할 것이므로 그는 성문에서 입을 열지 못하느니라"

하나님의 지혜는 보통 사람이 생각하는 것보다 훨씬 높은 수준이기 때문에 아무리 설명해 줘도 미련한 사람들은 도무지 이해하지 못합니다. 그래서 사실은 하나님의 지혜를 다 설명하기 어렵습니다. 보통 사람들은 늘 자기들이 해오던 방식대로 하려고 고집을 부리기 때문에 세상이 변한 것을 알지 못합니다.

지금은 옛날에 비해서 세상이 너무 변했습니다. 이제 더 이상 세상 방식은 통하지 않습니다. 그러나 우리는 사탄의 약점을 찾을 수 있습니다. 우리는 사탄의 약점을 찾아서 꾸준히 공격하면 무너지게 할 수 있습니다.

2. 하나님의 백성의 책임

하나님의 백성은 이 세상에서 죽음과 멸망을 향해서 가는 사람들을 건져내어야 할 책임이 있습니다. 우리가 죽음을 향하여 끌려가는 사람이 있는데도 불구하고 모르는 체하고 그대로 두면 하나님은 우리를 심판하실 것입니다.

악한 자는 다른 사람의 생명에 관심이 없습니다.

24:8, "악행하기를 꾀하는 자를 일컬어 사악한 자라 하느니라"

여기 "사악한 자"는 정말 나쁜 사람을 말합니다. 이런 사람은 우발적으로 남에게 피해를 준 것이 아니라 악해서 남에게 피해를 주고야 마는 것입니다. 이런 사람은 남에게 악한 짓 하기를 계획합니다. 이들은 다른 사람을 속이고 다른 사람에게 피해를 주고 다른 사람의 눈에 눈물을 흘리게 만듭니다. 얼마 전 어떤 공무원은 맡은 일이 도로 공사였던 것 같습니다. 그런데 어떤 주민이 너무 많은 민원을 넣고 또 악성 민원을 넣어서 그 공무원은 자살한 시체로 발견되었습니다. 이렇게 남을 망하게 할 생각을 가진 사람이 사악한 사람입니다.

24:9, "미련한 자의 생각은 죄요 거만한 자는 사람에게 미움을 받느니라"

"미련한 자"는 자기가 하는 행동이 죄인지 아닌지 생각하지 않습니다. 이런 사람은 무조건 자기가 하고 싶은 것을 하고야 맙니다. 미국에는 미성년자와 관계를 가지면 무조건 중형입니다. 그리고 아동 포르노를 자기 스마트폰에 가지고 있어도 감옥에 갑니다. 거만한 자는 자기가 부자이고 사장이라고 죄를 무시합니다. 우리나라도 음주단

속에 걸리면 국회의원이나 경찰 간부도 붙들려갑니다. 일반 사람들은 그런 모습을 보고 속 시원해합니다.

그리고 하나님의 백성은 낙심하면 안 됩니다.

24:10, "네가 만일 환난 날에 낙담하면 네 힘이 미약함을 보임이니라"

우리는 환난이 닥쳤을 때 '내가 반드시 이 환난을 이기고 정금으로 나온다'고 믿어야 합니다. 환난 날에 낙심하거나 침체하면 우리 믿음이 약한 것입니다. 우리는 아무리 어려워도 반드시 살 길이 있습니다. 그래서 끝까지 용기를 가져야 합니다.

우리는 사망으로 끌려가는 자가 있으면 반드시 끌어내어서 살려야 합니다.

24:11, "너는 사망으로 끌려가는 자를 건져 주며 살륙을 당하게 된 자를 구원하지 아니하려고 하지 말라"

예를 들어서 어떤 사람이 절벽에서 자살하려고 할 때 크리스천은 그 사람의 다리를 붙잡고 끌어올려서 살려야 합니다. 힘이 달리면 어쩔 수 없지만 할 수 있는 최선을 다해야 합니다. 어떤 사람이 불량배나 테러범에게 붙잡혀 죽게 되었다면 내가 가지고 있는 무기로 싸워서 그들을 살려야 합니다. 이것이 우리 크리스천의 책임입니다. 만약 우리가 사람이 죽어가고 있는데 몰랐다고 하면 어떻게 되겠습니까? 물론 진짜 몰랐을 수도 있습니다. 이런 경우는 어쩔 수 없지만 얼마든지 알고 있으면서도 모르는 체했다면 하나님께서 보응하신다고 했습니다. 크리스천은 어떻게 해서든지 한 사람이라도 건져내어야 합니다.

그러나 날이 갈수록 사람들이 더 지능적이 되므로 우리도 지능적으로 사람들을 살려야 할 것입니다. 믿지 않는 사람들도 찬양을 참 좋아하는 것 같습니다. 그래서 찬양집회를 통해서 예수 믿게 할 수도 있습니다. 어린이들은 만화영화를 좋아합니다. 그래서 모세나 요셉 같은 만화영화를 통해서 어린이들이 구원받을 수도 있을 것입니다. 청소년들도 음악을 좋아합니다. 한류 음악을 통해서 그들에게 전도할 수 있을 것입니다.

3. 힘을 길러라

우리가 다른 사람을 건지고 내 영혼을 지키려고 하면 힘이 있어야 합니다. 그러나 지금 세대는 스트레스나 우울증이 우리의 힘을 다 갉아먹고 있습니다. 우리는 스트레스나 우울증을 이기고 힘을 길러야 합니다. 그렇게 하려면 일단 고칼로리 음식을 먹어야 합니다.

24:13, "내 아들아 꿀을 먹으라 이것이 좋으니라 송이꿀을 먹으라 이것이 네 입에 다니라"

옛날에 감기에 걸렸거나 피로에 지쳤을 때 꿀물을 타서 먹으면 금방 힘이 나곤 했습니다. 꿀이 흡수력이 빠르기 때문입니다. "송이꿀"은 자연 그대로 달려 있는 벌집에서 채취한 자연산 꿀을 말합니다. 사람들은 벌집채 꿀을 먹기도 합니다. 이것은 꿀물이 아니라 진짜 꿀을 먹는 것입니다. 그런데 크리스천이 먹어야 할 고칼로리 송이꿀은 지혜의 말씀입니다. 이어서 "우리에게 장래가 있겠고 소망이 끊어지지 않는다"고 했습니다(14절). 그래서 우리의 소망이 끊어지지 않으려면 고칼로리 하나님의 말씀을 계속 먹어야 합니다.

악한 자의 실수는 자꾸 의인의 집을 엿보고 공격하려는 것입니다.

24:15, "악한 자여 의인의 집을 엿보지 말며 그가 쉬는 처소를 헐지 말지니라"

의인이 집에서 쉬고 있는데 그것이 보기 싫어서 집을 부수지 말라는 것입니다. 그 집은 하나님의 집이기 때문입니다. 물론 의인이라고 해서 실패하지 않는 것은 아닙니다. 그러나 그것은 길을 찾는 과정에서 시행착오를 하는 것입니다. 그래서 "일곱 번 넘어져도 다시 일어난다"고 했습니다. 이것이 바로 칠전팔기(七顚八起)입니다. 길을 찾고 있는 과정이기 때문이고 아직 젊기 때문입니다. 그러나 악한 자는 한 번 넘어지면 일어나지 못합니다. 그것은 하나님의 심판이 치명적이기 때문입니다.

그러나 크리스천이 조심해야 할 것이 있습니다. 그것은 내가 미워하고 내 원수인 사람이 망하는 것을 보고 기뻐하지 않는 것입니다. 하나님은 크리스천이 그렇게 하는 것을 싫어하시기 때문입니다. 그래서 속으로는 기분이 좋을지 몰라도, 겉으로는 안 됐다는 표정을 지어야 합니다. 그 악한 자도 그 징계를 통해서 회개할 수 있기 때문입니다. 악한 자들은 모두 불쌍하고 어리석은 자들입니다. 우리는 그런 사람들 때문에 기분 나빠하거나 분을 품지 말고 불쌍히 여기는 마음을 가지시기 바랍니다. 그러면 우리 인생은 절대로 실패하지 않습니다.

52

악인의 장래

잠 24:20-34

사람 중에 겉은 멀쩡한데 속은 곪은 수박 같은 사람이 있습니다. 전에 어떤 형제는 키도 크고 인사도 잘하고 성격이 좋아 보였습니다. 그런데 어느 주일 교회에서 청년모임을 할 때 보니까, 그 청년이 의자를 발로 차고 다른 자매에게 욕을 퍼붓고 있었습니다. 알고 보니까 그 청년은 조현병이 있었던 것입니다. 그래서 이 형제는 돈을 벌지 못했고 성격이 이상하니까 결혼도 하지 못했습니다. 그런데 이 형제의 장점은 순수하다는 것이었습니다.

세월이 오래 지난 후 그 형제는 자기가 결혼했다고 하면서 아내를 저에게 소개했습니다. 부인은 키가 작고 통통한 우즈베키스탄 고려인 여성이었습니다. 이 여성은 외모는 잘 생기지 못했지만 진짜 예수를 제대로 믿었습니다. 저는 처음에 이 여인이 잘 모르고 결혼한 것이 아닌가 걱정했는데, 이 여인이 아내로서 남편을 잘 컨트롤해서 행복하게 살고 있습니다. 특히 이 여인은 러시아어를 하는데 우리나라에 러시아인 2세들을 위해 많은 일을 하고 있습니다. 이 러시아인 2세들은 러시아 선원들이 배를 타고 한국에 와서 낳은 아이들입니다. 이 아이들은 한국어를 전혀 하지 못합니다. 그런데 그 여인은 이 아이들에게 한국어를 통역해주는 일을 합니다. 그 여인과 결혼한 청년의 인생은 실패할 수밖에 없었는데 속사람이 아내의 사랑으로 채워지는 바람에 좋은 인생을 살 수 있었습니다.

1. 악인의 미래

우리가 이 세상에서 성공하는 방법은 두 가지가 있습니다. 하나는 세상적인 방법으로 성공하는 길이 있고, 또 다른 하나는 하나님의 방법으로 성공하는 길이 있습니다. 그런데 우리가 보기에 하나님의 방법은 계속 하나님의 말씀만 듣게 하고, 앞으로 나가게 하지는 않습니다. 거기에 비해 세상적인 방법은 사람을 찾아가서 부탁하기도 하고 세상 사람들이 성공하는 길이라고 하면 그 길을 따라 투자하기도 해서 실제로 무엇인가 움직이는 것을 보게 됩니다. 그런 의미에서 사람들은 이 세상에서 성공하기 위해서는 그 방법이 옳으냐, 틀리느냐 하는 것을 떠나서 무조건 재주가 좋고 운이 좋으면 성공한다고 생각합니다. 그러나 성경은 그렇게 말씀하지 않습니다.

24:20, "대저 행악자는 장래가 없겠고 악인의 등불은 꺼지리라"

여기서 "행악자"는 악한 방법으로 돈을 벌고 성공하려는 사람을 말합니다. 이런 행악자는 미래가 없습니다. 이들은 미래에 축복이 있고 부귀와 영화가 있을 것 같은데 막상 살아보니까 아무것도 없는 것입니다. 특히 행악자는 하나님의 말씀을 떠나서 자기 욕심대로 사는 사람들을 말합니다. 이 세상에서 성공하는 것은 돈을 많이 버는 것이 아니라 영혼을 알차게 하는 것입니다. 성공한 사람은 그 영혼 속에 하나님의 말씀이 꽉 차 있고 그의 양심이 깨끗한 사람입니다. 이런 사람들은 절대로 인생을 과속하지 않습니다. 오히려 좁은 문으로 들어가고 좁은 길로 가기 때문에 거기에 있는 꽃 하나하나, 벌레 하나하나까지 관찰하면서 걸어갑니다.

우리가 보기에는 행악자의 성공이 부럽고 그들의 출세가 빠른 것 같습니다. 그러나 그들의 뇌를 열어보면 그 안에 아무것도 든 것이 없습니다. 왜냐하면 그들은 머릿속에 아무것도 넣지 않았기 때문입니다. 겉으로 보기에는 그럴듯한데 속을 열어보면 안이 텅텅 비어 있는 것입니다. 그래서 악인은 미래가 없습니다. 그들의 미래는 완전 '꽝'인 것입니다.

그뿐만 아니라 "악인의 등불은 꺼질 것이라"고 했습니다. 악인들은 밤에 등불을 켜서 미친 듯이 춤을 추고 술을 마시고 음란한 짓을 합니다. 사람들이 그런 곳을 얼마나 좋아하는지 몸을 움직일 틈이 없습니다. 그런데 갑자기 그 건물에 불이 나면 춤추던 사람들은 소릴 지르면서 문으로 빠져나가려고 하지만 사람들이 너무 많이 몰려서 한 사람도 빠져나가지 못하고 불에 타 죽든지 연기를 마셔서 죽을 것입니다. 결국 악인의 등불은 꺼집니다. 그런 미친 광란은 멀쩡한 사람들만 죽거나 망하게 하고 끝나는 것입니다.

24:21, "내 아들아 여호와와 왕을 경외하고 반역자와 더불어 사귀지 말라"

여기 "내 아들"은 하나님의 말씀을 배우는 모든 사람을 말합니다. 하나님의 백성은 여호와를 두려워해야 합니다. 하나님은 모든 것을 다 보고 계시고, 참고 계시기 때문입니다. 그래서 우리는 바른길에서 조금 벗어났을 때도 하나님이 참고 계신 동안 빨리 돌아오면 얼마든지 살 수 있습니다.

그리고 "반역하는 자와 더불어 사귀지 말라"고 했습니다. 반역하는 자가 주로 왕을 욕하는 이유는 자기가 왕보다 더 똑똑하다고 생각하기 때문입니다. 왕보다 더 똑똑하면 얼마나 똑똑한 사람이겠습니까? 그는 얼마든지 왕을 쫓아내고 자기가 왕이 되면 더 잘할 것처럼 말을 합니다. 그러나 그런 말은 허풍입니다. 왕이라는 자리는 모든 사람의 욕심을 눌러서 조절하는 자리이기 때문에 그런 사람이 그 자리에 가면 하루도 버티지 못하고 쫓겨날 것입니다.

정부와 반대해서 싸우고 이기면 얼마나 기분이 좋겠습니까? 정부를 상대로 해서 이기면 세상에서 최고로 힘이 센 사람일 것입니다. 거기서 한 걸음 더 가서 하나님과 싸워서 이기면 얼마나 대단한 사람이겠습니까? 하나님의 종들을 쫓아내고 하나님의 종들을 꾸짖고 하나님의 종들을 죽이는 권력을 가지고 있다면 자기가 하나님이나 마찬가지입니다. 그러나 하나님은 조용히 보고 계십니다. 그들은 너무나도 자기 자신을 모르고 있는 것입니다. 권력자와 싸우는 것은 지혜롭지 못합니다. 얼마든지 대화로 풀 수 있고 안 되면 져주는 척하는 것이 결국 이기는 것입니다.

2. 잘못된 재판

이것을 보면 23절 이하에 나오는 말씀은 생각하지도 않는 데서 튀어나온 지혜인 것을 알 수 있습니다. 즉 잠언을 기록하는 저자가 자료

들을 정리하는데 어디서 글이 하나 튀어나온 것입니다. 그래서 기록
자가 가만히 보니까 이것도 틀림없는 지혜자의 말씀이었습니다. 솔로
몬이 쓴 것인지 누가 쓴 것인지는 알 수 없지만 틀림없는 하나님의 지
혜이기 때문에 여기에 이어서 기록한다는 뜻입니다.

24:23하, "재판할 때에 낯을 보아 주는 것이 옳지 못하니라"

왕이나 관리가 재판합니다. 그런데 지금 재판받는 피고인이 잘 아
는 사람이고 아주 친한 사람의 아들이라고 합시다. 그러면 대개 사람
들은 자기가 아는 사람이거나 또는 자기에게 뇌물을 준 사람은 형을
가볍게 하거나 재판에서 이기게 하기가 쉽습니다.

그러나 왕이나 관리가 재판하는 순간은 하나님의 천사로 그 자리
에 서 있는 것입니다. 그는 더 이상 개인이 아니라 공인입니다. 그래
서 친한 사람이 아무리 원망하고 또 친한 사람의 아들이라 하더라도
공정하게 재판해야 합니다. 그는 하나님의 천사이기 때문입니다. 그
러나 만약 그가 천사이기를 포기하는 순간 그는 악마가 됩니다. 그래
서 재판받는 사람은 재판장에 의해 재판을 받지만 재판하는 사람은
천사인지 악마인지 하나님의 판단을 받게 됩니다. 그래서 우리는 함
부로 다른 사람을 비판하지 말아야 합니다. 왜냐하면 잘못된 비판을
하는 사람은 악마이기 때문입니다.

24:24, "악인에게 네가 옳다 하는 자는 백성에게 저주를 받을 것이요 국
민에게 미움을 받으려니와"

천사는 악인에게는 "네가 틀렸다"고 해야 합니다. 그러나 권력에
아부하느라고 악한 자에게 옳다고 하면 그는 백성에게 업신여김을 당
하게 됩니다. 왜냐하면 그는 맛을 잃은 소금이고 남을 판단할 자격이

없는 사람이기 때문입니다. 그는 판단력이 백성이나 국민보다 못한 것입니다. 교회도 이상하게 목사나 장로들이 교인보다 훨씬 판단하는 수준이 낮은 것을 볼 때가 있습니다. 결국 그들은 존경받을 수 없을 것입니다.

24:25, "오직 그를 견책하는 자는 기쁨을 얻을 것이요 또 좋은 복을 받으리라"

보통 사람들은 감히 악한 자를 악하다고 판단하기 어렵습니다. 왜냐하면 그는 오히려 역공을 당하거나 그 자리에서 쫓겨날 수도 있기 때문입니다. 그러나 정의로운 재판장이 충분히 힘을 가지고 있고 많은 사람의 지지를 받고 있다면 정의로운 판단을 내릴 때마다 기쁠 것입니다. 왜냐하면 하나님이 천사의 축복을 주시기 때문입니다.

24:26, "적당한 말로 대답함은 입맞춤과 같으니라"

대개 사람들은 악한 사람이 하는 것을 봐도 감히 악하다고 말할 자신이 없을 때가 많습니다. 그뿐만 아니라 당사자들이 싸우는 것이 복잡해서 누가 옳거나 그른지 모를 때가 많습니다. 그럴 때는 적당한 말로 대답하는 것이 좋습니다. 왜냐하면 이 세상에는 나와는 상관없이 싸우는 것이 많은데 일일이 관계할 필요가 없기 때문입니다. 그래서 목사나 교인들이 정치에 너무 깊이 빠지거나 혹은 특정 이익 집단에 너무 편드는 것은 쓸데없는 짓입니다.

3. 실속이 형편없는 사람들

지혜자는 사람들 앞에서는 너무나도 세련되고 남의 일에 적극적
으로 관계하는데, 막상 자기 일은 엉망으로 하는 사람들을 보았습니
다. 지혜자는 왜 저 사람들이 자기가 맡은 일은 저렇게 형편없게 하면
서 쓸데없이 남의 일에는 저렇게 흥분하며 나서는지 이해가 되지 않
았습니다. 그래서 지혜자는 깊이 생각해보았습니다. '과연 저렇게 하
는 것이 정의로운 것인가? 아니면 다른 사람들의 밥그릇 싸움에 관계
하는 것이 잘하는 것인가?' 를 생각해보았던 것입니다.

24:27, "네 일을 밖에서 다스리며 너를 위하여 밭에서 준비하고 그 후에
네 집을 세울지니라"

사람이 밖에 나가서 무조건 큰소리를 친다고 해서 사람들이 인정
하거나 추종하는 것이 아닙니다. 밖에서 일을 다스리려고 하면 꾸준
하게 자기 일을 하면서 다른 사람을 섬겨야 합니다. 아무리 하나님의
말씀을 한다고 하더라도 꾸준히 말씀 사역을 해서 신실한 제자들을
키워야 합니다. 특히 자기 밭에서 일을 열심히 해야 사람들의 존경을
받게 됩니다. 그리고 자기 집을 잘 세워서 비가 새지 않게 해야 하고
무너진 곳이 없도록 해야 사람들의 존경을 받을 수 있습니다.

24:28, "너는 까닭 없이 네 이웃을 쳐서 증인이 되지 말며 네 입술로 속
이지 말지니라"

옛날에는 이웃이 정말 서로를 지켜주는 사람이었습니다. 집으로
치면 받쳐주는 기둥과 같은 사람들이 이웃이었습니다. 이웃 사람들은
농사도 같이 하고, 수해가 와도 서로 돕고, 결혼식을 해도 와서 도와

주고, 초상이 나도 와서 지켜주고 상여도 매어줍니다. 그런데 이런 사람을 쳐서 하지도 않은 짓을 했다고 증언하면 나중에는 그 사람에게는 친구가 한 명도 없게 됩니다.

요즘은 친한 이웃 없이 혼자 살다가 돌아가시면 그냥 시체가 썩을 때까지 버려져 있게 됩니다. 그래서 한 번씩 서로 전화도 하시고 서로 미워하지도 말아야 합니다. 이제 살 날도 얼마 남지 않았는데 서로 미워하면 무슨 소용 있겠습니까?

어떤 사람은 묵은 원한을 한평생 가슴에 품고 사는 사람이 있습니다. 그래서 몇십 년 전에 있었던 섭섭했던 일을 가지고 그대로 갚으려는 사람이 있습니다. 그러면 그 사람의 인생은 그 섭섭했던 일에 붙잡혀서 한걸음도 앞으로 나가지 못하게 됩니다. 좋지 않았던 일이 있어도 훌훌 털어버리고 새 인생을 살아야지 인생이 아름다운 것이지, 옛날 원한만 생각하는 사람은 발전이 없습니다. 이 세상에 못난 사람을 상대해봐야 무슨 소용이 있습니까? 못난 사람은 못난 대로 내버려 두고 나는 새 인생을 살아가야 합니다.

게으른 자나 지혜 없는 자는 너무 실속이 없는 인생을 살고 있었습니다. 그의 밭은 가시덤불로 포도원도 잡초가 다 덮여있었습니다. 그래서 지혜자는 게으름에 대하여 깊이 생각했습니다. 이 세상은 자기가 심는 만큼 거두고 노력하는 만큼 열매를 거두는데 놀거나 미련하게 행동할 여유가 없는 것입니다. 얼마 지나지 않으니까 다 죽을 때가 오는데 게으르고 지혜 없는 자는 게으르고 미련하게 평가되어 죽는 것입니다. 우리 인생의 시간은 너무나도 빨리 흘러갑니다. 우리의 인생은 극상품의 포도의 인생이 되고 최고의 감람유의 인생이 되어야 하는데 게으른 바람에 다 망쳐버리게 되는 것입니다.

> 24:33-34, "네가 좀더 자자, 좀더 졸자, 손을 모으고 좀더 누워 있자 하니 네 빈궁이 강도 같이 오며 네 곤핍이 군사 같이 이르리라"

아이들이 어렸을 때 엄마가 일어나라고 하면 아이는 좀 더 자게 해 달라고 하고 공부 시간에도 좀 더 졸려고 하고 차렷 자세로 좀 더 자려고 하는데 그렇게 살면 인생은 망하는 것입니다. 그러면 갑자기 가난이 찾아오고 궁핍함이 찾아와서 실패한 인생이 되고 마는 것입니다. 우리는 자신의 인생의 미래를 내다보아야 합니다. 그리고 궁핍하지 않도록 또 사람들에게 게으른 인생이었다는 소리를 듣지 않도록 준비하시기를 바랍니다.

53

은의 찌꺼기

잠 25:1-13

어떤 사람이 진짜 금을 보관하고 있다면 어려운 시기를 닥쳤을 때 그것만 가지고 있어도 위기를 견디어낼 수 있을 것입니다. 박경리 씨가 쓴 《토지》라는 소설을 보면, 서희의 할머니가 며느리는 바람이 나서 종과 같이 도망가버리고 아들은 폐병에 걸려서 콜록콜록하는데, 나이 어린 손녀가 도저히 이 넓은 토지나 집을 지키지 못하리라고 판단합니다. 그래서 할머니는 살아 있을 때 어린 손녀에게 어디를 가더라도 나무로 만든 큰 궤짝은 꼭 가지고 가라고 당부합니다. 결국 나라는 망하고 서희는 친척에게 땅과 집을 다 뺏기고 만주 용정으로 피난을 가는데, 할머니가 신신당부하신 그 나무 궤를 소달구지에 실어서 만주로 갑니다. 그런데 할머니는 땅이나 집이나 모든 것을 다 빼앗길 줄 알고 나무 궤 밑받침에다 아무도 모르게 금괴를 차곡차곡 넣어두었던 것입니다. 서희는 나중에 그 나무 궤에서 금괴를 찾아서 나무 장사를 해서 다시 일어서게 됩니다.

우리는 이 세상 사는 동안에 어떻게 해서든지 가치가 있는 사람이 되어야 합니다. 우리가 이 세상에 살면서 가짜 인생을 산다면 인생을 다 마친 후 우리 영혼과 육체는 그야말로 쓰레기장에 버려지게 될 것입니다. 그러나 우리가 이 세상에 살면서 자기 자신을 갈고닦아서 진정한 금덩이가 되고 비싼 보석이 된다면, 우리는 나이가 들어도 존경받을 것이고 죽고 난 후에도 소망이 있을 것입니다.

1. 인생의 찌꺼기는 버리라

사람이 사는 곳에는 반드시 쓰레기장이 있고 배설물 버리는 곳이 있습니다. 일단 사람이 사는 곳에는 반드시 음식 찌꺼기가 생기게 되어 있고, 또 사람이 음식을 먹는 한 배설물이 생기게 되어 있습니다. 그래서 옛날부터 사람들은 항상 강가에 집을 짓고 살았습니다. 식수를 구하기도 쉽고 얼굴이나 몸을 씻기도 쉽고 그 물을 버리기가 쉬웠기 때문입니다. 그러나 사람들이 배설물을 창문 밖으로 버리거나 길에다가 마구 버린다면 생활 환경이 너무 불결하고 냄새가 나서 함부로 다닐 수 없을 것입니다.

25:1, "이것도 솔로몬의 잠언이요 유다 왕 히스기야의 신하들이 편집한 것이니라"

우리가 이것을 보면 잠언이 전부 다 솔로몬에 의하여 쓰인 것은 아니고, 긴 세월이 지나면서 다듬어지고 편집된 것을 알 수 있습니다. 25장 이하의 잠언은 솔로몬의 잠언인데 따로 보관되어 내려오던 것을 히스기야 왕의 신하들이 편집해서 잠언에 포함했다는 것을 알 수 있습니다. 이것을 보면 잠언은 하나의 책으로 완성되어서 후손에게 내려온 것이 아니고 여러 개로 나누어져 있다가 나중에 한 권의 책으로 편집된 것임을 알 수 있습니다. 그리고 솔로몬의 잠언이라고 하지만 꼭 솔로몬이 말한 것은 아니고 아마 그 시대부터 내려온 잠언이라는 사실도 알 수 있습니다. 아마 히스기야 왕의 신하들이 이 문서를 자세히 보니까 솔로몬 시대의 잠언에 비하여 가치가 조금도 떨어지지 않는다고 생각해서 솔로몬의 잠언에 포함한 것 같습니다.

25:2, "일을 숨기는 것은 하나님의 영화요 일을 살피는 것은 왕의 영화니라"

하나님은 어떤 일을 하셔도 잘 드러내지 않고 숨어서 몰래 하실 때가 많습니다. 왜냐하면 하나님은 결코 잘난 체하는 분이 아니시기 때문입니다. 그 대신에 하나님의 백성이 깨닫고 하나님이 일하신 것을 깨닫고 하나님의 살아계심을 믿고 하나님께 영광을 돌리기를 바라십니다.

하나님은 온 우주와 태양과 바다를 만드시고도 '내가 만들었다'고 하면서 자랑하시지 않습니다. 하나님은 위대한 일을 하시고서도 숨어 계십니다. 그래서 인간은 우리 머리로는 이해할 수 없는 위대한 일을 보고도 하나님을 발견하지 못합니다. 그리고 이 일은 우연히 된 것이라고 말하기도 하고 내가 잘해서 된 일이라고 말하기도 합니다.

어쩌면 우리는 이 세상에 살면서 하나님과 숨바꼭질할 때가 많습니다. 하나님은 우리의 어려운 일을 해결하시고서도 숨어 계십니다. 그러면 우리가 우리에게 일어난 놀라운 일을 보고 깊이 묵상하고 근원을 찾아가 보면 거기에 하나님이 계신 것입니다. 그때 우리는 다시 하나님의 능력과 신실하심에 놀라게 되고 감사하게 됩니다. 예수님은 공중에 나는 새를 보고서도 하나님을 보셨고 들에 핀 백합화나 참새 한 마리를 보고서도 하나님을 볼 수 있었습니다. 그래서 우리는 모든 일에서 하나님을 볼 수 있어야 합니다.

왕이 할 일은 군대를 모아서 다른 나라를 공격해서 영토를 넓히고 많은 후궁을 두어서 흥청망청 먹고 마시는 것이 아니라고 했습니다. 모든 일을 자세히 살펴서 하나님의 일을 찾아내는 것이 왕이 할 일입니다. 즉 죄를 지은 사람을 찾아내고 가난한 자를 찾아내고 하나님께서 감추어놓으신 말씀을 찾아내는 것이 왕이 할 일이라는 것입니다.

우리에게는 이미 편집이 다 되어 있는 어마어마한 하나님의 말씀이 있습니다. 이 말씀 안에는 사막도 있고 바다와 호수도 있고 산과 광야도 있습니다. 우리가 이 속을 파고 들어가서 숨어 있는 하나님의 말씀을 찾아내는 것이 우리의 할 일이고 그런 사람의 가치가 왕의 가치를 가진 것입니다.

25:3, "하늘의 높음과 땅의 깊음 같이 왕의 마음은 헤아릴 수 없느니라"

여기서 왕은 세상의 정치인을 말하는 것이 아닙니다. 정치인들이 원하는 것은 뻔한 것입니다. 그들은 명예나 돈을 원합니다. 특히 이 세상에서 특권 누리는 것을 원합니다. 그러나 숨어 있는 하나님의 말씀을 찾아내는 사람들은 저 하늘 위에 있는 하나님의 뜻을 찾아내고 하늘의 문을 열고 닫는 기도의 능력이 있습니다. 모세는 물 한 방울 나지 않는 광야에서 반석을 쳐서 생수가 터져 오게 했습니다. 지도자는 이런 믿음을 가지고 있어야 합니다.

25:4, "은에서 찌꺼기를 제하라 그리하면 장색의 쓸 만한 그릇이 나올 것이요"

사람들의 눈에는 은으로 도금하거나 다른 성분이 많이 섞인 은그릇이 멋지게 보일 것입니다. 그러나 그런 그릇은 땅에 떨어지면 바로 깨어져버리고 또 오래되면 변색되어 쓸 수 없습니다. 우리가 아무리 하나님의 말씀을 잘 안다고 해도 그 안에는 불순물이 가득합니다. 그래서 우리는 설교하고 설교하고 또 준비하고 또 설교해서 자꾸 자꾸 설교에서 불순물을 없애야 합니다. 또 개인적으로도 하나님의 말씀을 읽으면서 자꾸 불순물을 없애야 합니다. 그러면 우리는 언젠가 왕과 같이 존귀한 사람이 되어 있을 것입니다.

25:5, "왕 앞에서 악한 자를 제하라 그리하면 그의 왕위가 의로 말미암아 견고히 서리라"

물론 왕은 자기 앞에서 아첨하면서 못된 짓을 하는 자를 없애야 합니다. 이런 사람들은 나쁜 짓은 다 하면서 다른 사람에게 말할 때는 왕이 시켜서 한다고 속이기 때문입니다. 그래서 이런 사람들이 많이 있을수록 왕의 평가는 나빠지게 될 것입니다. 그러나 더 중요한 것은 우리 속에 있는 악한 사람을 제거하는 것입니다. 우리가 이 세상에서 아무리 경건으로 유명하고 학식으로 이름이 나 있다고 하더라도 우리 안에는 여전히 나쁜 사람이 살아 있습니다. 마음속에는 음란을 좋아하는 악한 사람이 있고 거짓말을 좋아하는 악한 사람이 있습니다. 또 성공하면 권태에 빠지기 쉽습니다. 그래서 어느 날 자기 안에 있는 악한 사람이 시키는 대로 했는데 이것이 스캔들이 되고 부정이 되어서 한평생 쌓은 인생이 다 무너지고 결국 숨어 살든지 해야 합니다. 그래서 늘 조심하고 우리 속에 있는 악한 사람을 제거해야 합니다.

2. 다른 사람의 평가

우리는 너무 지나치게 다른 사람들의 평가에 좌우될 필요는 없습니다. 그러나 여러 사람이 보기에 눈살을 찌푸리게 하는 것은 확실히 나쁜 것입니다.

사람들은 어떻게 해서든지 왕이나 높은 사람 옆에 서서 자기 자신을 과시하고 또 높은 체하기를 좋아합니다. 그런데 자기가 그런 자리에 서려고 새치기를 하거나 다른 사람을 밀치고 그런 자리에 가는 것보다는 왕이 그 사람의 실력을 인정하고 그 사람을 좋아해서 손을 잡고 자기 옆에 서도록 하는 것이 보기에 좋고 아름답습니다. 사람들은 자기 자신을 객관적인 눈으로 보지 못하기 때문에 자기가 최고인 줄 압니다. 그래서 자기가 무조건 높은 자리에 서기만 하면 되는 줄로 아는데 주위 사람들은 그 사람이 잘난 체하는 것을 싫어합니다. 대인이 되려고 하면 정말 속이 바다같이 넓어야 하고 아는 지식이 많아야 하고 다른 사람을 이끌 수 있는 지도력이 있어야 합니다.

25:7, "이는 사람이 네게 이리로 올라오라고 말하는 것이 네 눈에 보이는 귀인 앞에서 저리로 내려가라고 말하는 것보다 나음이니라"

어떤 사람이 그 지방에서 자기가 좀 높은 사람이라고 생각해서 가운데 자리에 앉아 있었습니다. 그런데 조금 있으니까 자기보다 높은 사람들이 많이 들어오는 것입니다. 그때 행사를 진행하는 사람이 "죄송하지만 당신의 자리는 이 자리가 아닙니다. 자리가 없으니까 밖으로 나가주시기 바랍니다"라고 하면 아주 창피를 당하게 될 것입니다.

사람이 관대하면 관대할수록 다른 사람을 함부로 욕하지 않습니다.

25:8-10, "너는 서둘러 나가서 다투지 말라 마침내 네가 이웃에게서 욕을 보게 될 때에 네가 어찌할 줄을 알지 못할까 두려우니라 너는 이웃과 다투거든 변론만 하고 남의 은밀한 일은 누설하지 말라 듣는 자가 너를 꾸짖을 터이요 또 네게 대한 악평이 네게서 떠나지 아니할까 두려우

니라”

다른 사람과의 관계에서 잘 싸우는 이미지를 주는 것은 좋지 않습니다. 왜냐하면 다른 사람이 그 사람을 볼 때 무식하게 힘만 믿고 설치는 사람이라고 생각하기 때문입니다. 그리고 사람들이 모여서 누군가를 욕을 할 때 입을 다물고 있는 것이 가장 좋습니다. 우리는 다른 사람의 마음을 모르기 때문입니다. 그 사람이 틀릴 수도 있고 그렇지 않을 수도 있기 때문입니다. 그런데 만일 사람들이 욕할 때에는 그 자리를 떠나야 합니다. 욕할 때는 나에게 그곳을 떠나라는 뜻이기 때문입니다.

혹시 다른 사람과 다툴 때는 “변론”만 하라고 했습니다. 이것은 팩트 즉 사실만 이야기하고 다른 사람의 인격은 말하지 말라는 뜻입니다. 왜냐하면 다른 사람의 인격을 판단하는 일은 하나님만이 하실 수 있기 때문입니다. 만일 우리가 다른 사람들을 비판만 한다면 그는 미래를 향하여 나가지 못할 것입니다. 그리고 다른 사람도 그에게 악평의 딱지를 붙여서 죽을 때까지 그런 사람으로 취급할 것입니다.

3. 과녁을 맞추기

활을 쏘는 사람에게 중요한 것은 과녁의 중심을 맞추는 것입니다. 다른 사람들이 보기에는 활 쏘는 것이 쉬워 보일지 몰라도 실제로는 아주 어렵습니다. 활로 과녁의 중심을 맞히려고 하면 손이 흔들리지 말아야 하는데 활을 들면 손이 자꾸 움직입니다. 그뿐만 아니라 오래 서 있으면 다리도 자꾸 후들거립니다. 그런데 많은 훈련을 하고 연습하면 팔도 고정되고 다리로 떨리지 않아서 과녁의 중심을 맞추게 됩니다. 그런데 말이라는 것도 과녁의 중심에 맞추지 못하면 하나마나

입니다.

25:11, "경우에 합당한 말은 아로새긴 은 쟁반에 금 사과니라"

사람이 경우에 딱 맞는 말을 해야 하는데, 사실 무슨 말을 해야 할지 모를 때가 많습니다.

카네기는 말을 잘하려면 첫 번째로 상대방의 말을 잘 들어주라고 했습니다. 상대방이 아무리 쓸데없는 소리를 하고 틀린 말을 해도 일단 들어주라고 했습니다. 그리고 이야기할 때 나의 입장에서 설득하려고 하지 말고 상대방의 입장에서 이야기하라고 했습니다.

하나님의 백성에게는 정확하게 맞출 수 있는 활이 있습니다. 그것은 바로 성경 말씀입니다. 성경 말씀을 많이 알고 있으면 그 상황에 딱 맞는 구절을 말할 수 있습니다. 그러면 모든 상황은 종료되는 것입니다.

"은 쟁반에 금 사과"라고 하면 얼마나 아름다운 말입니까? 그래서 일단 말의 중요성을 알아야 합니다. 그리고 말을 할 때 속으로 핵심에 맞는 말이 무엇인지 생각해보아야 합니다.

25:12, "슬기로운 자의 책망은 청종하는 귀에 금 고리와 정금 장식이니라"

어떤 사람이 영적으로 성숙해서 상대방에게 하나님의 말씀을 잘 알아듣게 한다면 듣는 사람은 상을 얻게 됩니다. 즉 귀에 금고리를 달고 정금 장식을 붙인 것처럼 그 귀가 복되게 됩니다. 그래서 좋은 하나님의 말씀을 들을 수 있는 귀를 가진 사람은 최고로 비싼 귀고리를 달고 있는 것입니다.

25:13, "충성된 사자는 그를 보낸 이에게 마치 추수하는 날에 얼음 냉수
같아서 능히 그 주인의 마음을 시원하게 하느니라"

어떤 사람은 주인이 심부름을 시키면 너무 엉터리로 해서 주인의
속을 새카맣게 타게 만드는 사람이 있습니다. 이런 사람은 절대로 중
요한 심부름을 시키면 안 됩니다. 그런데 충성된 사자는 아무리 어려
움이 있고 반대가 있어도 끝까지 뚫고 들어가서 주인이 원하는 것을
이루어옵니다. 이런 사람은 더운 날 얼음냉수와 같습니다. 그 사람의
말을 들으면 속이 얼마나 시원한지 그 시원한 것은 말로 표현할 수 없
습니다. 우리는 우리 인생에서 쓸데없는 찌꺼기는 다 빼버리고 정금
과 보석만 남기시기를 바랍니다.

54

방정맞은 행동

잠 25:14-28

어떤 사람은 다른 것은 다 좋은데 말하는 것이 방정맞아서 주위에 있는 사람들로부터 미움받는 사람이 있습니다. 예를 들어서 어떤 처녀가 살을 좀 빼야겠다고 생각해서 본인 나름대로는 엄청나게 굶었습니다. 그래서 자기 자신이 보기에도 좀 살이 빠진 것 같아 보였습니다. 그런데 친구 중에 입이 좀 방정맞은 친구가 있었습니다. 그 친구는 다이어트하는 친구를 보자마자 "얘는 얼굴이 부었나? 아니면 살이 쪘나? 사람을 몰라보겠네"라고 했습니다. 자기 나름대로는 웃기려고 그런 말을 했는지 모르겠지만 그 친구는 너무 마음이 상하고 낙심이 되었습니다. 이 처녀는 아무리 노력해도 소용없는 모양이라고 해서 자살을 해버렸습니다. 결국 한 친구의 방정맞은 말 한마디가 나름대로 노력하고 있는 친구를 죽게 만든 것입니다. 또 어떤 사람이 아파서 병원에 입원했는데 심방을 가서 "얼굴을 보니 금방 죽겠다. 수술받는 것보다 집에 가서 죽는 게 돈을 절약하겠다"라고 한다면 그렇지 않아도 걱정하는 가족을 더 낙심하게 만들 것입니다.

방정맞은 말의 반대말은 용기를 주는 말이고, 경우에 딱 맞는 말입니다. 잠언에는 "경우에 합당한 말은 아로새긴 은 쟁반에 금 사과"라고 했습니다. 선수들이 올림픽에서 금메달을 땄을 때 시상식에는 멋진 그릇 위에 금메달과 꽃다발을 가지고 와서 목에 걸어줍니다. 금메달을 딴 선수가 목에 메달을 걸고 꽃다발을 높이 쳐들었을 때 얼마나 멋있고 당당한지 모릅니다.

어떤 사람에 대해서는 "럭비공 같아서 어디로 튈지 모른다"고 하기도 하고, "저 사람은 개구리 같아서 어디로 튈지 모른다"고 비평하기도 합니다. 하나님의 백성은 다른 사람들이 보기에 그의 행동을 예측할 수 있어야 하고 아침에 해 뜨는 시간처럼 정확해야 합니다. 왜냐하면 그래야 다른 사람들이 덜 불안하기 때문입니다.

1. 예상할 수 없는 사람들

가끔 부모나 선생님 중에서 자기가 기분이 좋을 때는 너무 잘 해주시는 분이 있습니다. 아이를 칭찬해즈기도 하고 선물이나 맛있는 것을 사주기도 합니다. 그러다가 어느 날 자기가 조금 기분이 좋지 않으면 아이의 뺨을 때리기도 하고 심하면 몽둥이로 두들겨 패기도 합니다. 이때 아이는 부모나 선생님의 행등을 예측할 수 없습니다. 그래서 부모나 선생님의 눈치를 자꾸 살피게 됩니다. 그러면 그 아이는 당장 하루하루는 넘어갈지 모르지만 나중에는 정서불안이 생겨서 많은 고통을 받게 됩니다. 결국 그런 상태로 성년이 되었을 때 자기 마음에서 시도 때도 없이 분노의 감정이 터져 나오고 호흡을 할 수 없는 공황장애가 생기기 때문에 다른 사람과 원만한 관계를 맺을 수 없게 됩니다. 그래서 우리가 다른 사람을 사랑한다면 기분이 좋을 때 잘 대해주고 기분이 나쁘면 뺨을 때리거나 욕을 퍼부을 것이 아니라 항상 일정하게 사랑하고 행동해야 합니다. 그래서 부모나 선생님의 행동이 일관

되면 아이들은 불안하지 않기 때문에 자신 있게 말하고 행동을 할 수 있습니다.

25:14, "선물한다고 거짓 자랑하는 자는 비 없는 구름과 바람 같으니라"

어떤 사람이 친구들에게 좋은 선물을 줄 것이라고 선전합니다. 그래서 친구들은 그 사람이 아주 좋은 선물을 줄 것이라고 기대를 잔뜩 합니다. 그러나 막상 선물을 줄 때가 되었는데 친구들에게 선물을 주지 않고 핑계만 된다면 그에 대한 신뢰가 없어지게 될 것입니다. 이런 사람은 다른 사람을 잔뜩 기대하게 해 놓고는 실망을 하게 만듭니다. 이런 사람은 가뭄에 구름이 생기기는 했는데 실제로는 비는 한 방울도 내리지 않는 날씨와 같습니다.

가끔 실제 선물은 별것도 아닌데 포장만 커다란 박스에 넣어서 주는 사람이 있습니다. 그래서 큰 기대를 가지고 박스를 뜯어보았는데 그 안에 든 것은 너무나도 작고 무가치한 것일 때 사람들은 그런 선물을 받는 즉시 쓰레기통에 던져버릴 것입니다.

어떤 사람은 다른 사람에게 선물을 주어도 자기가 못쓰는 것만 주는 사람들이 있습니다. 자기가 못 쓰는 선물은 다른 사람도 쓰지 않습니다. 선물을 주려고 하면 자기에게 너무나 소중하지만 두 개가 있어서 하나를 다른 사람에게 준다면 그 사람은 감사할 것입니다.

사람은 과연 오래 참을 수 있을까요? 우리는 특히 효과가 빨리 나타나는 일에 돈이나 노력을 투자하는 것을 좋아합니다. 그러나 아주 오래 기다려야 겨우 효과가 나타나는 것은 사람들이 별로 관심을 가지지 않습니다.

25:15, "오래 참으면 관원도 설득할 수 있나니 부드러운 혀는 뼈를 꺾느니라"

사람이 "오래 참으면 관원도 설득할 수 있나니"라는 말을 통해서 얼마나 옛날 관리들이 뻣뻣했고 남의 갈은 듣지 않았는지 알 수 있습니다. 그러나 오래 참고 기다리면 관리도 인간이기 때문에 마음이 변하게 된다고 합니다. 우리나라 사람들은 무엇이든지 오래 참는 것을 하지 못합니다. 그래서 말을 하자마자 당장 결과가 나타나는 것을 좋아합니다. 그리고 되는 것도 아니고 안 되는 것도 아닌 어중간한 상태에서 몇 년을 기다려야 한다면 아마도 답답해서 미칠 지경일 것입니다. 그런데 관리의 마음은 바뀌지 않을지 몰라도 하나님은 그 관리의 마음을 바꾸실 수 있습니다. 그래서 우리는 우리 뜻대로 되지 않는다고 해서 불평할 것이 아니라 자신의 의사를 분명하게 밝히고 기다려야 합니다. 그러면 하나님께서 그 관리의 마음을 바꾸어주실 것입니다. 그래서 어떤 때는 전혀 불가능한 일인데 이상하게 될 때가 있습니다. 이것은 전부 하나님이 하시는 일입니다.

여기에 보면 놀라운 말씀이 나옵니다. "부드러운 혀는 뼈를 꺾느니라"

어떤 사람의 고집은 뼈같이 딱딱합니다. 그래서 아무리 이야기해도 그 사람은 통하지 않습니다. 그런데 부드러운 혀로 이야기할 때 그 뼈가 꺾여서 팔 다리가 움직여지는 것입니다. 그래서 이야기할 때 가장 중요한 것은 상대방이 관심 가지는 것을 가지고 이야기하는 것입니다.

어떤 사람은 다른 회사에 납품하려고 하는데 담당자가 처음부터 안 된다고 하면서 쫓아내는 것입니다. 그는 몇 년을 찾아갔지만 바늘조차도 들어가지 않았습니다. 그런데 그 담당자가 좋아하는 것은 강아지였습니다. 이 사실을 알고는 이 사람은 물건 이야기는 하지 않고 그 강아지 이야기만 했습니다. 어떤 때는 그 강아지 이야기만 한 시간 넘게 했습니다. 그러고는 말도 안 했는데 물건을 납품하라고 하는 것이었습니다.

크리스천은 일관성이 있어야 하고 다른 사람의 처지나 생각에 관심을 가지고 있어야 합니다.

2. 지나친 것은 금물

세상에 아무리 좋은 것이 많이 있다 하여도 지나치게 많이 가지는 것은 좋지 않습니다.

25:16, "너는 꿀을 보거든 족하리만큼 먹으라 과식함으로 토할까 두려우니라"

옛날에는 꿀만큼 달고 맛있는 간식이 없었습니다. 그러나 아무리 꿀이 귀하고 몸에 좋다고 해도 너무 많이 먹으면 설사를 하거나 토하게 되기 때문에 지나친 것은 손해라고 했습니다. 옛날에는 참기름이 참 귀했기 때문에 비빔밥이나 나물에 참기름을 넣어 먹으면 그렇게 고소할 수 없습니다. 그런데 어떤 사람이 집에 아두도 없는 틈을 타서 참기름을 병째 마셔버렸습니다. 그 후부터 트림해도 참기름 냄새이고 설사하는데도 참기름 설사이니 도저히 참기름 냄새 때문에 견딜 수 없었습니다. 그 후에 그 사람은 한평생 참기름을 먹지 않았다고 합니다.

우리에게 항상 적당량이 어느 정도인지 결정하기는 어렵습니다. 어떤 배는 사람이나 차나 물건을 너무 많이 싣는 바람에 배가 뒤집히는 사고를 당하기도 합니다. 그러나 사람이나 물건을 조금만 더 실으면 돈을 얼마나 더 벌게 되는데 그것을 자르기가 너무 어려운 것입니다.

25:17, "너는 이웃집에 자주 다니지 말라 그가 너를 싫어하며 미워할까

두려우니라"

어떤 사람은 친구를 너무 좋아했습니다. 그래서 시간만 나면 아침에도 그 친구 집에 가서 놀고 바둑도 두고 아침밥도 같이 먹고 점심도 같이 먹고 저녁까지도 같이 먹습니다. 이 사람은 너무나도 좋은 친구처럼 보입니다. 그러나 사실 암 덩이보다 더 귀찮은 친구입니다. 그 사람은 좋을지 몰라도 그 사람의 부인은 그 친구가 얼마나 싫겠습니까?

사람이 한번 망하면 그렇게 뻔질나게 찾아오던 사람들이 잘 만나주지도 않습니다. 더욱이 돈을 빌린다는 것은 상상할 수도 없는 일입니다.

25:18, "자기의 이웃을 쳐서 거짓 증거하는 사람은 방망이요 칼이요 뾰족한 화살이니라"

또 자기와 가까운 사람을 공격하는데 너무 심하게 하는 사람이 있습니다. 이 사람은 가까운 사람을 비난하고 욕하니까 신이 납니다. 그리고 자기 자신이 굉장히 똑똑한 것 같습니다. 그러나 그 사람은 외로운 방망이입니다. 왜냐하면 여인들이 빨래할 때는 열심히 방망이질을 하지만 빨래를 다 마치고 나면 구석에 처박아 놓기 때문입니다. 그래서 너무 말이 날카로운 사람은 친구가 없습니다. 지금 당장은 다른 사람을 공격하느라고 나를 자기편으로 알지만 언젠가는 나를 공격할 때가 오기 때문입니다. 모든 사람은 방망이라든지 날카로운 칼이나 뾰족한 화살촉은 좋아하지 않습니다. 언젠가는 내 손을 찌를 때가 있기 때문입니다.

3. 언제나 믿을 수 있는 사람

하나님의 백성은 언제든지 다른 사람들이 어려울 때 믿고 의지할 수 있는 사람이 되어야 합니다. 다른 사람들은 그런 사람이 한 명만 있어도 용기를 가집니다. 그 사람의 입에서 나오는 말은 하나님의 말씀이기 때문입니다.

25:19, "환난 날에 진실하지 못한 자를 의뢰하는 것은 부러진 이와 위골 된 발 같으니라"

어려운 일을 당했는데 주위에 진실한 사람이 한 명도 없으면 어떻게 되겠습니까? 결국 거짓말하는 사람을 의지할 수밖에 없습니다. 그런데 이 사람은 사실 부러진 이빨과 같아서 음식을 씹을 수 없습니다. 그리고 부러진 다리와 같아서 일어날 수도 없습니다.

노인은 이만 튼튼해도 오래 사실 수 있다고 합니다. 왜냐하면 음식을 씹어서 먹을 수 있기 때문입니다. 그러나 이가 없거나 좋지 않으면 음식을 씹을 수 없어서 먹어도 소화가 되지 않습니다. 또 이 사람은 급히 어디론가 가야 하는데 다리뼈가 부러져서 일어날 수 없습니다. 그러나 아주 신실한 하나님의 백성과 친하면 그가 튼튼한 이빨같이 음식을 씹을 수 있게 해줍니다. 그리고 얼마든지 일어나서 달릴 수 있도록 다리가 되어 줍니다.

어떤 사람이 노래를 너무나 좋아합니다. 그래서 이 사람은 다른 사람이 노래를 듣고 싶어 하지 않는데도 자기가 노래를 부르고 싶으니까 노래를 자꾸 부릅니다.

25:20, "마음이 상한 자에게 노래하는 것은 추운 날에 옷을 벗음 같고 소다 위에 식초를 부음 같으니라"

어떤 사람이 너무 마음이 슬퍼서 좀 혼자 있고 싶어 합니다. 그런
데 노래를 잘 부르는 사람은 자기 노래를 들어보라고 하면서 돼지 멱
따는 소리로 노래를 부릅니다. 아마 그 노래를 듣는 사람은 너무 괴로
울 것입니다. 그러나 마음이 상했을 때 아무리 불러도 지겹지 않은 노
래가 있습니다. 그것은 바로 찬송가입니다. 마음이 슬프거나 상했을
때 찬송가를 부르면 가슴이 시원해집니다. 마음이 상한 자에게 노래
를 자꾸 시키거나 그 앞에서 노래를 부르면 추운 날 옷을 벗는 것 같
아서 너무 고통스럽습니다. "소다 위에 식초를 부음"과 같다고 했습
니다. 다른 번역에는 상처에 초를 붓는다고 되어 있습니다. 아픈 상처
에 초를 부으면 살이 다 타버릴 것입니다.

25:21-22, "네 원수가 배고파하거든 음식을 먹이고 목말라하거든 물을
마시게 하라 그리 하는 것은 핀 숯을 그의 머리에 놓는 것과 일반이요
여호와께서 네게 갚아 주시리라"

원수가 배고파하면 내쫓지 말고 목말라하거든 물을 마시게 하라
고 했습니다. 그러나 우리는 원수가 고통받는 것을 얼마나 좋아하는
지 모릅니다. 그러나 원수에게 잘해주는 것은 그 머리에 불이 핀 숯을
얹는 것과 같습니다. 이 사람은 이때부터 균형을 잘 잡아야 할 것입니
다. 그렇지 않으면 자기 얼굴에 뜨거운 숯불이 쏟아질 것이기 때문입
니다.

25:25, "먼 땅에서 오는 좋은 기별은 목마른 사람에게 냉수와 같으니라"

"먼 땅에서 오는 좋은 기별"은 복음의 소식입니다. 복음은 정말
먼 데서 온 사람의 말씀입니다. 이 말씀을 싫어하는 사람은 한평생 목
마를 것입니다. 하나님의 말씀은 목마른 자에게 시원한 냉수입니다.

우물이 더러워지고 샘이 오염되면 그 물을 먹는 사람은 병에 걸리게 됩니다. 특히 우물에 오염된 물이 들어가거나 돼지우리의 오물이 들어가면 모두 배가 아프게 되고 기생충이 생기고 급기야는 콜레라 같은 전염병이 퍼지게 되면서 많은 사람이 죽게 됩니다.

"의인이 악인 앞에 굴복"한다는 것은 결국 하나님의 말씀이 사람들의 주장에 무릎을 꿇는 것입니다. 그러면 깨끗한 물이 없어져서 모두 피부병이 생기고 장염이 생기고 나중에는 죽게 됩니다. 우리는 모두 깨끗한 물을 지키고 깨끗한 말씀을 지키시기 바랍니다.

55

미련한 자의 실체

잠 26:1-16

군인이나 직장인의 상사 중에는 인격적으로나 능력 면에서 아주 뛰어난 사람도 있지만 무능하거나 성격이 아주 못된 사람도 있습니다. 우리가 생각하기에 기왕 상관이 유능하고 인격이 훌륭하면 좋겠지만 그렇지 못하고, 만약 그중의 한 가지만 있다면 미련한 사람이 나을까요, 아니면 성질이 못된 사람이 좋을까요? 마키아벨리는 상사는 미련한 자보다는 악한 자가 더 낫다고 했습니다. 왜냐하면 악한 자는 아래 사람을 괴롭히기는 하지만 전부 다 몰살당하게 하지는 않는데, 미련한 상사는 아무것도 모르기 때문에 자신은 물론이고 부하들까지 전부 몰살시키는 길로 갈 때가 있기 때문입니다.

사람이 미련하게 되는 이유는 미래를 보지 못하고 현재만 보기 때문입니다. 현명한 사람은 미래를 현재에 가지고 와서 보기 때문에 당장은 고생해도 나중에는 성공하게 됩니다. 그러나 미련한 사람은 현재 자기가 가진 것으로 만족하기 때문에 미래에 완전히 망하게 됩니다. 그래서 어떤 사람을 지도자로 모실 때 현재만 보는 사람은 망하게 하는 사람입니다. 거기에 비해서 미래를 현재같이 볼 수 있는 사람을 따라가면 틀림없이 성공할 수 있습니다.

사람이 가난해지는 것은 수입보다 지출이 많기 때문입니다. 자기 수입의 범위 안에서 돈을 쓰면 아무리 돈을 써도 가난해지지 않습니다. 그런데 수입보다 더 많은 돈을 쓰는 이유가 무엇일까요? 그것은 바로 허영 때문입니다.

1. 미련한 자는 누구인가?

여기서 "미련한 자"는 '안 되는 것을 억지로 밀어붙이는 사람'을 말합니다. 예를 들어서 계곡에서 산 아래로 물이 흐르는 것은 자연스러운 일입니다. 그런데 미련한 자는 물을 산 밑에서 위로 거꾸로 올리려고 합니다. 산 밑에서 위로 물을 올리려고 하면 양동이 같은 것에 물을 담아서 올려야 하는데 그것은 힘들 뿐 아니라 힘들게 올려봐야 다시 아래로 흘러내리고 맙니다. 이것은 마치 밑 빠진 독에 물을 붓는 것과 같습니다. 그런데 이 사람은 고집이 너무 세서 도저히 다른 사람의 말을 듣지 않고 끝까지 자기 하고 싶은 대로 다합니다. 그 사람은 미련한 사람입니다. 즉 미련한 사람은 일을 순리로 하지 않고 역리로 합니다. 그는 하는 모든 일에 사람들로 하여금 자발적으로 하게 하는 것이 아니라 억지로 하게 해서 자기의 이름을 내려고 합니다.

그런데 "미련한 자에게는 영예가 합당하지 아니하니"라고 했습니다. 즉 미련한 자가 어떤 일을 무리하게 하는 것을 보고 칭찬하고 명예를 돌리는 것은 옳지 않은 것입니다. 왜냐하면 그는 멋있어 보이는 이상으로 많은 사람에게 피해를 끼치기 때문입니다. 그래서 사람들은 처음에는 그 사람이 대단한 일을 했다고 칭찬하다가 나중에 그 사람 때문에 엄청난 재앙이 오고 나면 전부 욕을 하게 되는 것입니다.

미련한 자가 어떤 일을 하는 것은 여름에 눈이 오는 것 같고, 추수할 때 비가 오는 것과 같습니다. 여름에 곡식이 익어야 할 때 눈이 오면 그 해는 과일이나 채소가 하나도 열리지 않게 됩니다. 그리고 가을에 추수할 때는 날씨가 좋아야 하는데 비가 오면 처음에는 날씨가 서늘해서 좋겠다고 하지만 곧 추수한 곡식이 비 때문에 다 썩는 것을 보게 되는 것입니다.

그래서 미련한 자는 건드리면 안 되는 것을 힘이 있다고 해서 억지로 밀어붙이다가 결국 자기도 망하고 다른 사람도 망하게 만듭니다. 그래서 이렇게 억지로 일을 하는 사람은 '잘한다'고 칭찬해서는 안 되는 것입니다. 왜냐하면 모든 곡식을 다 썩게 만들기 때문입니다.

26:2, "까닭 없는 저주는 참새가 떠도는 것과 제비가 날아가는 것 같이 이루어지지 아니하느니라"

이렇게 무리해서 일을 하는 사람은 자기 뜻에 따르지 않고 반대하는 사람들을 욕하고 저주합니다. 그러나 이런 사람들은 절대로 말을 듣지 않습니다. 마치 참새가 도망가는 것 같이 잡으러 가면 저 나무까지 도망갔다가 또 잡으러 가면 도망가는데 결국 한 마리도 잡지 못합니다. 제비도 자기 집을 짓거나 새끼에게 벌레를 먹일 때는 돌아오지만 가을이 와서 따뜻한 나라로 가려고 날아가면 아무리 못 가게 막아도 막을 수 없습니다. 남쪽 나라로 간 제비는 그다음 해가 되면 자연스럽게 돌아올 것입니다. 그때까지 기다려야 합니다. 즉 배를 타고 나갔는데 역풍이 불면 좀 기다렸다가 바람의 방향이 바뀌었을 때 앞으로 가면 되는 것입니다.

중국의 마오쩌둥은 참새가 해로운 새라고 해서 모두 잡아 죽이라고 했습니다. 그래서 참새를 많이 사냥했는데 그다음 해에 나무마다 벌레가 생겨서 농사는 흉년이 들고 말았습니다. 대약진 운동 때 무려 삼천만 명이 굶어 죽었다고 합니다. 제비는 추워지면 남쪽 나라로 가게 하고, 참새도 죽이지 말고 추수한 알곡을 먹지 못하도록 쫓아버리면 되는 것입니다.

미국의 와이오밍 주는 늑대가 나쁜 짐승이라고 해서 사냥해서 이십만 마리를 죽였습니다. 나쁜 짐승을 다 죽였기 때문에 와이오밍 주는 천국이 되었느냐? 그것이 아니었습니다. 초식 동물들이 너무 많이 번식해서 풀과 나무를 다 뜯어 먹어서 폐허가 되고 말았습니다. 나무가 없으니까 새가 없어지고 풀이 없으니까 벌레가 생기지 않고 냇물에는 물고기조차도 없었습니다. 결국 와이오밍 주는 그 원인을 알고 캐나다에서 늑대 스무 마리를 사서 풀어놓았더니 초식동물을 잡아먹어서 개체수가 조절되고 다시 참새나 다람쥐가 돌아오고 벌레들이 생겨서 정상적인 자연으로 회복되었다고 합니다. 그래서 모든 것을 정상적으로 하는 것이 좋습니다. 정상적으로 생기는 것은 생기게 하고 도태되는 것은 도태되게 해야 합니다.

말이 앞으로 가지 않으려고 하면 채찍으로 때립니다. 말은 잘 달릴 수 있는데도 자기 멋대로 앞으로 가지 않으려고 하는 것입니다. 나귀는 풀을 뜯어 먹느라고 또 가지 않으려고 합니다. 그러면 입에 재갈을 물려서 풀을 먹지 못하게 하면 할 수 없이 짐을 등에 싣고 갑니다. 미련한 자는 등을 막대기로 때려야 말을 듣습니다. 그런데 다 큰 어른의 등을 누가 때리며 권력자의 등을 누가 함부로 때릴 수 있겠습니까? 결국 하나님이 그 등을 막대기로 때리셔야 하는 것입니다. 즉 자기가

한 행동으로 엄청난 재앙이 일어나고 소동이 일어나면 조금 물러서려
고 하는 것입니다.

빚이 얼마나 무섭고 이자가 얼마나 무서운지 모릅니다. 이자가 조
금 올랐는데도 돈은 은행으로 다 몰리고 건설하는 사람들은 돈을 구
하지 못해서 공사가 중단되고 부도가 납니다. 그래서 이자가 쌀 때는
반드시 오를 때가 있다는 것을 염두에 두고 사업을 해야 합니다.

26:4, "미련한 자의 어리석음을 따라 대답하지 말라. 두렵건데 너도 그
와 같을까 하노라"

미련한 자가 무리한 계획을 발표할 때 잘 보이려고 너무 앞장서서
찬동하지 말라는 것입니다. 그러면 나중에 자기가 책임을 다 뒤집어
쓰고 욕만 먹게 됩니다. 그럴 때는 객관적인 조사 자료를 가지고 이러
면 이렇게 되고 저러면 저렇게 된다고 해 놓고 상사의 뜻을 따르는 척
해서 미움을 받지 않도록 하라는 것입니다.

26:5, "미련한 자에게는 그의 어리석음을 따라 대답하라 두렵건대 그가
스스로 지혜롭게 여길까 하노라"

4절과 5절은 똑같은 말씀인 것 같은데, 결론은 다른 쪽으로 흘러갑
니다. 앞의 말씀은 상사가 무리한 계획을 밀어붙일 때 적극적으로 찬
동하거나 앞장서지는 말라는 것입니다. 그러면 똑같은 미련한 사람이
되기 때문입니다. 그러나 뒤의 말씀은 무리한 정책에서 생기는 부작
용도 이야기하라는 것입니다. 그러면 상사는 자기가 보지 못한 것도
있다고 생각해서 조금은 불안한 마음을 가지게 된다는 것입니다.

결국 사람이 미련하게 되는 것은 미래를 보지 못하기 때문입니다.
모든 인간은 미래를 보지 못하기 때문에 미련합니다. 그러나 하나님

의 백성은 어느 정도 미래를 짐작할 수 있습니다. 왜냐하면 모든 것이 하나님의 말씀대로 되기 때문입니다.

2. 미련한 자를 의지하는 자

사람 중에는 좀 무리를 하지만 리더십도 있고 박력도 있어서 그런 사람을 좋아하고 따르는 사람들이 있습니다. 그러나 어리석은 사람을 믿는 사람은 결국 자기 다리를 베어버리는 것과 같으므로 스스로 해를 입게 됩니다.

26:6, "미련한 자 편에 기별하는 것은 자기의 발을 베어 버림과 해를 받음과 같으니라"

심각한 문제가 생겼을 때 아주 고집스럽고 정직하지 못한 사람에게 도움받을 수밖에 없을 때가 있습니다. 그러나 미련한 사람은 부탁한 사람의 말을 전하는 것이 아니라 자기 생각만 이야기하고 오기 때문에 그 사람의 말을 믿어서는 안 됩니다. 그런 사람은 막상 상대방에게 가서는 이 사람이 하지 않은 말까지 부풀려서 하기 때문에 관계를 굉장히 악화시켜놓을 때가 있습니다. 그러면 미련한 사람을 믿었다가는 자기 발을 베어버려서 걷지도 못하게 됩니다.

26:7, "저는 자의 다리는 힘 없이 달렸나니 미련한 자의 입의 잠언도 그러하니라"

미련한 자도 아주 그럴 듯한 말을 할 수 있습니다. 이런 사람들도 공부를 많이 했기 때문에 누구보다 유식한 사람입니다. 그래서 이런 사람이 대학 총장도 하고 장관도 합니다. 그는 더욱더 나라를 망하게 하는 말을 하고 정책을 세우려고 합니다. 그러나 그의 다리는 똑같지 않습니다. 즉 한쪽 다리는 힘이 있지만 다른 쪽 다리는 힘이 없어서 이 사람의 사상은 절름발이인 것입니다. 그래서 이런 사람은 무슨 말을 해도 무리한 말을 합니다. 그는 그 나라에서는 맞지 않는 말을 자꾸 해서 사람에게 혼란을 줍니다. 그러다가 어느 날 그 사람은 소문도 없이 사라져버리고 맙니다. 그 사람의 말은 두 다리가 다르기 때문입니다.

26:8, "미련한 자에게 영예를 주는 것은 돌을 물매에 매는 것과 같으니라"

미련한 사람이 큰일을 해내어서 상을 주든지 감투를 주든지 합니다. 그러나 이것은 아무 소용없습니다. 미련한 자는 그런 상으로 만족하지 않을 뿐 아니라 그가 한 모든 것이 거짓말이었다는 것이 금방 드러나기 때문입니다.

26:9, "미련한 자의 입의 잠언은 술 취한 자가 손에 든 가시나무 같으니라"

술 취한 사람이 손에 가시나무를 들면 가까이 있는 사람부터 쳐서 얼굴에 피를 흘리게 하고 등에 가시나무를 맞아서 쓰러지게 될 것입니다. 미련한 자는 국민을 위하는 척 말을 하는데 결국 모든 잘못의 책임을 가까운 부하에게 넘겨버립니다.

26:10, "장인이 온갖 것을 만들지라도 미련한 자를 고용하는 것은 지나가는 행인을 고용함과 같으니라"

주인은 온갖 물건을 다 만들 수 있는 기술을 가지고 있습니다. 그래서 용광로에 쇠를 넣어서 호미를 만들고 식칼을 만들고 도끼를 만들었습니다. 그런데 미련한 자를 고용했더니 제멋대로 일을 해서 주인이 애써 만든 물건을 다 못 쓰게 망쳐버렸습니다. 차라리 지나가는 행인처럼 구경만 하고 있어도 좋은데 그는 도와준다고 하면서 물건을 다 부수어버렸던 것입니다.

3. 변하지 않는 사람들

아무리 나쁜 사람이라 하더라도 내가 잘 해주고 세월이 지나면 변할 것이라고 기대합니다. 사실 이 세상에서 가장 보람된 일이라고 하면 나쁜 사람이 좀 더 좋은 사람으로 변하는 일일 것입니다. 그런데 놀랍게도 빨리 변하는 사람이 있는가 하면 아무리 세월이 흘러도 변하지 않고 똑같은 짓을 하는 사람이 있습니다. 바로 이 변하지 않는 사람들이 미련한 사람입니다.

26:11, "개가 그 토한 것을 도로 먹는 것 같이 미련한 자는 그 미련한 것을 거듭 행하느니라"

이 구절은 아주 유명한 말씀입니다. 그래서 신약 성경에서도 여러 번 인용되고 있습니다.

벧후 2:22, "참된 속담에 이르기를 개가 그 토하였던 것에 돌아가고 돼지가 씻었다가 더러운 구덩이에 도로 누웠다 하는 말이 그들에게 응하였도다"

마 7:6, "거룩한 것을 개에게 주지 말며 너희 진주를 돼지 앞에 던지지 말라 그들이 그것을 발로 밟고 돌이켜 너희를 찢어 상하게 할까 염려하라"

개는 더럽다는 것을 잘 알지 못합니다. 더욱이 돼지는 진흙에 뒹구는 것을 아주 좋아합니다. 몸에 진흙이나 배설물이 발려 있어야 모기나 파리도 덜 덤벼들고 피부도 덜 손상되기 때문입니다. 그래서 개나 돼지에게 가장 화가 나는 일은 진주나 비싼 보석을 던져주는 것입니다. 그들이 좋아하는 것은 오직 먹는 것과 뒹구는 진흙탕이기 때문입니다. 마찬가지로 미련한 자는 욕망을 물리치지 못합니다. 그래서 또 넘어지고 또 넘어집니다. 이것을 이길 방법은 말씀에 충격을 받아서 자기를 미워하는 길밖에 없습니다. 옛사람이 완전히 죽어야 하는 것입니다.

26:12, "네가 스스로 지혜롭게 여기는 자를 보느냐 그보다 미련한 자에게 오히려 희망이 있느니라"

스스로 지혜 있다고 생각하는 사람은 아주 위험한 사람입니다. 왜냐하면 그는 더 이상 배우려고 하지 않기 때문입니다. 그리고 다른 사람을 판단해서 시험에 빠트립니다. 미련한 자도 위험한데 말씀을 배우지 않는 자는 미련한 자보다 더 위험한 사람입니다. 이런 사람은 변하지 않습니다.

26:13, "게으른 자는 길에 사자가 있다 거리에 사자가 있다 하느니라"

게으른 자는 집 밖에 나가기를 싫어합니다. 집에서 나가는 순간 위험한 일을 당할 수 있기 때문입니다. 강도를 만날 수도 있고 불량배를 만날 수도 있습니다. 그러나 사람은 이런 불확실성 속에서 믿음으로 살아가는 것이지 완전한 안전이라고 하는 것은 없습니다. 그러나 게으른 자는 방안에서 돌면서 잠만 자려고 합니다. 물론 사람이 아무것도 할 수 없을 때가 있습니다. 그때는 하나님이 나를 연단하실 때입니다. 그래도 내가 할 수 있는 범위 안에서 최선을 다해야 기회가 왔을 때 치고 나갈 수 있습니다.

15절에 "게으른 자는 그 손을 그릇에 넣고도 입으로 올리기를 괴로워한다"고 했습니다. 과연 그 정도로 게으른 사람이 있을까요? 다른 사람이 다 만들어놓은 음식도 먹기 싫어하는 사람이 있을까요? 그는 음식의 가치를 모르는 자입니다. 그러나 하나님의 말씀은 다 연구해 놓고 듣기만 하면 되는데 그것도 싫어하는 사람들이 많습니다.

26:16, "게으른 자는 사리에 맞게 대답하는 사람 일곱보다 자기를 지혜롭게 여기느니라"

이 말씀은 놀랍게도 《천로역정》에 인용됩니다. '크리스천'이 장차 세상이 망할 줄 알고 도망칠 때 '고집'과 '비겁'이 크리스천을 데리고 가려고 따라옵니다. 그때 '고집'은 크리스천에게 돌아가자고 합니다. 그때 크리스천이 자기는 돌아가지 않겠다고 하니까 '고집'은 어리석은 자는 지혜로운 사람 일곱 명보다 자기가 더 지혜롭다고 생각한다고 비꼬면서 자기만 먼저 돌아갑니다. 그러니까 게으른 자는 지혜로운 자들이 아무리 이야기해도 듣지 않는다는 뜻입니다. 우리는 세상의 이야기를 듣지 말아야 합니다. 수백 번이라도 듣지 말아야 합니다. 그러나 하나님의 말씀을 듣고 뒤를 돌아보지 마시기 바랍니다. 예수님은 쟁기를 잡고 뒤를 돌아보는 자는 합당하지 않다고 하셨습니다. 오직 앞만 바라보고 나가시기 바랍니다.

56

무가치한 인생

잠 26:17-28

본문의 잠언은 아무 쓸데 없는 무익한 인간에 대하여 말씀하고 있습니다. 그런데 이 말씀을 뒤집어서 쓸모 있는 사람이 된다면 그 사람이나 그 사람을 돕는 사람은 한순간에 벼락부자가 될 수 있습니다.

저는 대학원을 다니면서 앞으로 무엇을 할 것인지 생각을 많이 했습니다. 그때 한 영혼이 온 천하보다 더 귀하다는 주님의 말씀이 생각났습니다. 그래서 저는 결심을 했습니다. '빌 게이츠나 스티브 잡스는 컴퓨터를 가지고 세계 부자가 되었지만, 나는 사람의 가치를 바꾸어서 부자가 되겠다.' 그리고 저는 쉬어본 적이 없을 정도로 사람의 영혼이 있는 곳이면 어디든지 달려갔습니다. 그렇게 지내다 보니 어느 순간 나이가 들어버렸습니다. 그때 저는 생각을 해보았습니다. '내가 과연 부자가 되었는가. 그리고 내가 세상에서 유명하게 되었는가?' 저는 부자나 유명한 사람도 되지 못했습니다. 그래서 한 영혼이 천하보다 더 귀하며 하나님의 말씀이 보물보다 더 귀하다는 말씀이 맞는 것인가 엄청나게 고민했습니다.

그런데 한 청년과 통화하게 되었습니다. 물론 지금은 장년이 되었습니다. 그는 하나님의 말씀보다 더 귀한 것은 없다고 했습니다. 그리고 저에게 "목사님이 강원도 춘천에서 설교하실 때 자기가 거기에 있었는데 그 당시 엄청난 은혜를 받았다"고 했습니다. 자기는 목사님을 위해서라면 어디든지 갈 수 있고 무슨 일이든지 할 것이라고 했습니다. 저는 그 말을 듣고 '한 사람이 은혜를 받으니까 정말 누구도 할 수 없는 말을 하고 누구도 할 수 없는 일을 기꺼이 하려고 하는구나' 생각하게 되었습니다. 이 세상에 어느 누가 저 같은 사람을 위하여 돈이나 미래를 다 희생하려고 하겠습니까? 그때 저는 다시 용기가 생겼습니다. '그래, 하나님의 말씀은 틀림이 없어! 나는 죽을 때까지 설교만 하면 돼.'

어떤 교인은 이렇게 말합니다. "목사님, 돈 같은 것은 걱정하지 마십시오." 사실 그 당시 저는 돈 걱정을 많이 했습니다. 그러나 말씀에 은혜받은 교인은 저에게 돈 걱정은 하지 말라고 했습니다. 얼마나 놀라운 말이었는지 모릅니다. 저는 '세상 일은 현실이다'라고 생각하고 있었는데, 저에게는 현실을 이기는 믿음을 가진 성도들이 여러 명이나 있었던 것입니다.

1. 인생의 목표가 없는 사람

우리는 세상을 살아가면서 자신의 목표가 있어야 합니다. 목표가 없이 사는 사람은 아무래도 게으르게 되고 쓸데없이 남의 일에 참견하게 됩니다.

26:17, "길로 지나가다가 자기와 상관 없는 다툼을 간섭하는 자는 개의 귀를 잡는 자와 같으니라"

학교도 가지 않고 집에서 놀고 있는 아이들은 심심하니까 자기 집 강아지의 귀를 잡아당깁니다. 귀를 잡아당기면 강아지는 '깨갱깨갱' 소리를 냅니다. 그런데도 또 귀를 잡아당기려고 하면 그때는 귀를 잡히지 않으려고 이빨로 아이의 손을 물려고 할 것입니다. 저는 아주 어렸을 때 강아지가 밥을 먹는데 심심해서 강아지 밥그릇을 건드렸습니다. 강아지는 자기 밥 먹는데 굉장히 예민해져서 그때 바로 제 발을 물어서 결국 저는 엄마 등에 업혀서 병원에 가서 주사 맞고 온 적이 있습니다. 그리고 그 강아지가 물었던 흉터는 지금도 남아 있습니다.

우리는 살아가면서 삶의 목표를 가져야 합니다. 만약 우리에게 삶의 목표가 없다면 친구와의 시시한 만남에 빠지거나 혹은 술이나 노름에 빠져서 미친개에게 물리듯이 인생을 망치고 맙니다. 그런데 우리 인생의 목표가 무엇입니까? 우리의 인생 목표는 하나님께 가까이 가는 것입니다.

우리는 때때로 다른 사람의 일에 관계해야 할 때가 있습니다. 그런데 그냥 사람들이 말다툼하거나 서로 소리 지르면서 싸우는 일에는 관여할 필요가 없습니다. 왜냐하면 우리의 인생은 너무나도 귀한 인생이기 때문입니다. 길에서 다른 차를 탄 사람과 싸울 필요가 없습니다. 먼저 미안하다고 하면 되는 것입니다. 그런 시시한 싸움에서 이겼다고 한들 무슨 소용 있겠습니까?

26:18, "횃불을 던지며 화살을 쏘아서 사람을 죽이는 미친 사람이 있나니"

어떤 사람이 이웃에게 나쁜 감정을 가지고 있었습니다. 그래서인지 동네에 난리가 났을 때 그 집에 횃불을 던져서 그 집을 다 태워버렸습니다. 그러나 나중에 보니까 그 집에서 죽은 사람들은 자기와 아무 상관이 없는 사람들이었습니다.

어떤 사람은 화가 난다고 지하철 안에 휘발유에 불을 붙여서 던져서 많은 사람이 죽었습니다. 죽은 사람들은 모두 억울한 사람들이었습니다. 어떤 사람은 사무실에 휘발유를 던지고 자기 몸에도 불을 질러서 사무실 사람들을 죽게 하고 자기도 죽었습니다. 기왕 지옥에 가려면 곱게 혼자 갈 것이지 멀쩡한 사람들까지 죽인 것입니다. 지금은 점점 미친 사람들이 많아지고 있습니다. 그래서 우리는 매일 기도해야 합니다. "시험에 들게 하지 마옵시고 다만 악에서 구하옵소서."

26:19, "자기의 이웃을 속이고 말하기를 내가 희롱하였노라 하는 자도 그러하니라"

여기 "속인다"는 말도 좋지만, "괴롭힌다"는 말을 쓰면 더 이해가 잘 될 것입니다. 어떤 사람은 힘이 좋아서 같은 학년 친구들을 못살게 굴었습니다. 그것이 그에게는 장난이었습니다. 그러나 괴롭힘을 당하는 약한 자에게는 죽느냐 사느냐 하는 문제입니다. 예를 들어서 어떤 아이가 지나가는 개미를 보고 발로 밟아 죽였습니다. 아이는 장난으로 그렇게 했습니다. 그러나 개미에게는 사느냐 죽느냐 하는 문제였던 것입니다. 그래서 자기 멋대로 말하거나 행동하고는 '장난이었다'고 하거나 '농담이었다'라고 하는 자는 악한 사람입니다.

2. 불타는 나무

불이 계속 붙어 있으려면 나무를 계속 가져와서 불 위에 얹어야 합니다. 사람에게는 좋은 불이 있는가 하면 나쁜 불도 있습니다. 좋은 불은 부흥의 불, 성령의 불을 말합니다. 부흥의 불, 성령의 불이 붙으려면 사람들이 모여서 하나님의 말씀을 들어야 합니다. 그러나 나쁜 불도 있습니다. 그것은 분노의 불이고 다른 사람을 미워하는 불입니다. 그런데 성령의 불보다는 분노의 불이 훨씬 더 잘 붙습니다.

어떤 곳이든지 꼭 싸움을 일으키는 사람이 있습니다. 그런 사람은 별것도 아닌 것을 가지고 소리를 지르면서 싸우려고 합니다. 그러나 그런 싸움은 아무 유익이 없고 그런 싸움을 하는 사람도 가치가 없는 사람입니다. 이런 사람은 아무리 좋은 분위기의 모임이라도 금방 나쁘게 만들어버립니다. 그때는 그 사람을 내버려둘 것이 아니라 가까이 있는 사람이 그 사람을 데리고 나가버리면 됩니다. 그런데 아무도 손해를 보지 않으려고 그를 못 본 체하고 있으면 그 사람은 계속 소리를 지르면서 분위기를 험악하게 몰아갑니다. 이런 사람은 누군가가 팔짱을 끼고 데리고 나가면 문제가 해결됩니다.

말이 많은 사람은 내보내어야 회의가 진행될 수 있습니다. 그런 사람이 마이크를 쥐고 오래 이야기를 하는 동안 회의는 중단되고 맙니다.

숯불 위에 새 숯을 얹으면 불이 더 타오를 것입니다. 또 타는 불 위에 새 나무를 얹으면 불이 더 뜨겁게 타오를 것입니다. 사탄의 이런 불을 막는 것은 성령의 맞불입니다. 산에서 엄청난 산불이 바람을 타고 오면 그 불을 끌 수 없습니다. 그러면 최후 수단으로 노련한 소방 대장이 맞불을 질러서 두 불을 합치게 만들면 순간적으로 산소가 없어지면서 불이 꺼지게 됩니다. 그래서 사탄의 불을 끄는 방법은 성령의 불을 붙이는 것입니다.

26:22, "남의 말 하기를 좋아하는 자의 말은 별식과 같아서 뱃속 깊은 데로 내려가느니라"

사람들은 남의 말을 하거나 듣는 것을 좋아합니다. 그 이유는 새로운 뉴스이고 호기심을 충족시켜주기 때문입니다. 그런데 "남의 말 하기를 좋아하는" 사람은 자기 가치가 떨어지게 됩니다. 가치가 있는 사람은 남의 이야기를 좋아하지 않습니다. 언제나 자신을 돌아보고 침묵의 시간을 좋아합니다.

3. 이중 입술을 가진 자들

사람 중에서 가장 어려운 기술을 가진 사람은 속으로는 미워하면서 입으로는 듣기 좋은 말을 하는 사람입니다. 보통 사람은 이렇게 하기가 어렵습니다. 누군가를 미워하면 벌써 얼굴이 굳어지든지 입이 다물어지지, 미워하는 사람에게 웃으면서 칭찬의 말을 하기가 어려운 것입니다. 이런 기술을 배우려고 하면 술집 같은 데를 몇 년 다녀야 할 것입니다. 술 파는 여자들은 말하는 것과 속마음이 다르기 때문입니다. 그것도 오래 닦고 닦아야 그렇게 되지, 처음부터 그런 실력은 나오지 않습니다.

26:23, "온유한 입술에 악한 마음은 낮은 은을 입힌 토기니라"

상대방이 나에게 말은 아주 부드럽게 하는데 마음속에는 악이 가득 차 있다면, 그런 것을 내가 알 턱이 없습니다. 그런데 우연히 이 사람이 다른 사람에게 악을 쓰는 모습을 보게 되면 그 사람의 속마음을 알게 됩니다. 이런 사람은 은으로 된 그릇인 것 같은데 실제로는 흙 위에 얇은 은도금을 한 것입니다. 이런 사람의 말은 전혀 가치가 없습니다. 그래서 진짜 은그릇과 가짜 은그릇을 구별할 수 있어야 합니다.

결국 사람의 마음에 하나님의 말씀이 들어가야 정금이 됩니다. 사람의 마음속에 하나님의 말씀이 들어가지 않고 세상 지식이나 사람의 말만 들어가면 은도금을 한 가짜 그릇이 되는 것입니다.

26:24, "원수는 입술로는 꾸미고 속으로는 속임을 품나니"

말로는 좋은 말을 하는데 마음속에는 거짓이 있다면 이 사람은 나를 죽이려고 하는 사람입니다. 가룟 유다는 예수님을 배신하고서도 예수님의 입에 키스를 했습니다. 이것이 바로 배반의 입맞춤이지요.

26:25, "그 말이 좋을지라도 믿지 말 것은 그 마음에 일곱 가지 가증한 것이 있음이니라"

입으로 좋은 말을 한다고 다 믿어서는 안 됩니다. "그 마음에 일곱 가지 가증한 것"을 품고 있기 때문입니다. 그것은 바로 시기와 미움과 분노와 망하는 것과 탐심 같은 것들이 들어있기 때문입니다. 그런데 말은 부드럽게 하는 이유는 지금 내가 가진 힘을 속이려고 하기 때문입니다. 그러다가 상대방이 약점을 보이면 여지없이 파고 들어와서 독을 뿜습니다.

26:26, "속임으로 그 미움을 감출지라도 그의 악이 회중 앞에 드러나리라"

이상한 것은 악한 자의 속마음은 아무리 감추어도 나중에는 여러 사람 앞에 드러나게 됩니다. 그 사람에게 당한 사람이 한두 사람이 아니기 때문입니다. 악을 행하는 사람은 자기가 악을 행한 것을 잘 잊어버립니다.

26:27, "함정을 파는 자는 그것에 빠질 것이요 돌을 굴리는 자는 도리어 그것에 치이리라"

나쁜 사람은 다른 사람을 빠지게 하려고 함정을 파놓습니다. 그러고는 자기가 함정을 판 것을 잊어버립니다. 그래서 자기가 그 함정 위를 걸어가다가 빠져버립니다. 또 다른 사람을 깔아뭉개기 위해서 큰 돌을 산에 받쳐놓았습니다. 그런데 자기가 돌을 거기에 둔 것을 잊어버리고 그 돌 밑에서 얼쩡거리다가 갑자기 돌이 구르는 바람에 자기가 그 돌에 깔려 죽습니다.

26:28, "거짓말 하는 자는 자기가 해한 자를 미워하고 아첨하는 입은 패망을 일으키느니라"

"거짓말하는 자"는 남을 해치고도 미워합니다. 즉 이런 사람은 미안하게 생각하거나 반성하는 모습이 전혀 없습니다. 즉 자숙하는 것이 없습니다. 아첨하는 입도 마찬가지입니다. 이쪽 비밀을 상대방에게 다 말해놓고 난 후에도 시치미를 떼고 있는데 결국 들통이 나면서 쫓겨나게 됩니다. 이런 사람들은 전부 가치가 없는 사람들이고 이런 사람의 말을 믿으면 망합니다.

우리는 스스로 가치 있는 사람이 되어야 합니다. 우리는 다른 사람을 얕은꾀로 속이려 해서도 안 되고, 입에 발린 소리를 해서도 안 됩니다. 진실을 사랑하는 성도들이 다 되시기 바랍니다.

57

인간의 미래

잠 27:1-13

자신의 미래만 알 수 있다면 우리가 세상 사는 것은 아무것도 아닐 것입니다. 그러나 인간은 당장 내일 자신에게 일어날 일조차도 알지 못하기 때문에 불안해하고 걱정하면서 살아가고 있습니다. 아무리 똑똑하고 온갖 것들을 다 만든다 하더라도 미래에 대하여 아무것도 알지 못하는 것이 인간의 한계입니다. 그런데 인간의 미래는 두 가지 종류가 있습니다. 하나는 우리가 살아있는 상태에서 겪어야 하는 미래입니다. 그리고 또 하나의 미래가 있습니다. 그것은 바로 인간의 영원한 운명입니다. 만일 인간이 죽은 후에 진짜 지옥이 있다면 지옥에 간 사람은 영원히 거기서 빠져나오지 못하고 고통과 비참함 가운데 있게 될 것입니다. 그래서 우리는 인간의 미래에 대하여 두 가지 가정을 할 수 있습니다. 즉 인간의 미래에 하나님이라는 분이 안 계시다면 인간이 살아가는 것은 진짜 운에 달린 것입니다. 운이 좋으면 성공하는 것이고 운이 나쁘면 망하는 것입니다. 그러나 만일 인간의 미래에 하나님이 계신다면 우리 인간의 미래는 예측할 수도 있고 바꿀 수도 있습니다.

우리 인생은 모두 하나님께서 임시로 빌려주신 것입니다. 그래서 하나님께서 우리의 미래를 거두어가시면 우리의 인생은 바로 그 순간 끝나는 것입니다. 그래서 우리가 우리 자신에 대하여 자랑할 것이 없습니다. 우리가 하나님의 말씀대로 행동한 것은 자랑해도 됩니다. 왜냐하면 그 칭찬이 영원하기 때문입니다. 그러나 만일 하나님의 뜻을 거슬러서 자기 마음대로 성공했다고 자랑하다가는 하나님이 몽둥이로 내리치시게 되면 한순간에 망하고야 마는 것입니다.

1. 인간의 미래

사람의 가장 큰 두려움은 내일 일을 알지 못한다는 것입니다. 지금까지는 잘 살아오고 있지만, 어느 날 갑자기 세상이 무너진다든지 아니면 누군가가 내 비리를 떠드는 바람에 신문이나 방송에 크게 난다면 돈은 돈대로 다 뺏기고 또 감옥에 들어가게 되고 명예는 명예대로 땅에 떨어지고 말 것입니다. 그래서 어떤 사람들은 말하기를 "정치인이나 기업가는 교도소 담장을 걸어가는 사람" 이라고 했습니다. 즉 교도소 담장을 걸어가다가 이쪽으로 넘어지면 괜찮지만, 만약 교도소 안쪽으로 떨어지면 거기서 나오지 못하고 감옥살이를 하게 될 것입니다.

27:1, "너는 내일 일을 자랑하지 말라 하루 동안에 무슨 일이 일어날는지 네가 알 수 없음이니라"

지혜자는 젊은이나 늙은이에게 미래를 두고 자랑하지 말라고 했습니다. 왜냐하면 우리는 미래 일을 100퍼센트 내 뜻대로 된다고 할 수 없기 때문입니다. 예를 들어서 어떤 물류 회사는 어느 곳에 아주 큰 자재 창고를 지었습니다. 그런데 그날 밤에 자재를 쌓아놓은 창고에서 원인을 알 수 없는 불이 나게 되었습니다. 요즘은 현장에서 공사하던 사람이 죽으면 현장 소장만이 아니라 그 회사 사장까지 구속당하게 되어 있습니다. 갑자기 하루 저녁에 원인도 알 수 없는 불이 나는 바람에 회사는 망하고 만 것입니다. 그래서 우리는 미래에 대해서는 항상 겸허할 수밖에 없습니다. 하룻밤 사이에 무슨 일이 일어날지 모르기 때문입니다. 그런데 만일 우리 성도에게 미래에 진짜 좋은 일이 일어나게 되어 있다면 그것도 말을 하면 안 될까요? 그렇지 않습니다. 공개적으로 떠들지 않고 정말 믿을만한 사람에게만 이 기쁜 소식을 이야기할 수 있습니다. 그러면 좋은 생각도 나고 함께 하나님께 감사하게도 되고 같이 기도도 하게 되기 때문에 좋은 것입니다.

사람은 자기 건강을 두고서도 큰소리를 쳐서는 안 됩니다. 영화배우 중에서 페트릭 스웨이지라고 하면 많은 사람이 알 것입니다. 〈더티 댄싱〉과 〈사랑과 영혼〉에서도 나오고, 남북 전쟁을 다룬 〈남과 북〉에서도 나옵니다. 제가 감동받았던 영화는 〈남과 북〉이었습니다. 같이 웨스트포인트 사관학교를 입교한 두 친구가 남군과 북군으로 갈라져서 싸워야 하는데, 이 두 사람은 끝까지 우정을 지킨다는 내용입니다. 그런데 그가 진짜 암에 걸렸습니다. 나중에 그가 죽기 전의 사진을 보면 완전히 하나의 해골이지 절대로 페트릭 스웨이지의 그 미남 얼굴을 찾아볼 수 없었습니다. 그런데 참 놀라운 것은 열심히 말씀을 듣고 기도하는 성도들은 10년이 지나고 20년이 지나도 그대로인 경우가 많습니다. 도무지 늙었다고 말할 수 없습니다. 이런 것을 보면 하나님께서는 우리의 건강만이 아니라 피부까지도 지켜주시는 것을 알 수 있습니다.

우리의 미래에도 안전하려면 일단 법을 어겨서는 안 됩니다. 법을 어기면 언젠가는 망하게 되어 있습니다. 그리고 아무리 내 안에 욕심이 끓어올라도 결정적인 순간에는 하나님의 말씀이 나를 다스리게 해야 합니다. 그러면 망하지도 않고 수치를 당하지도 않게 될 것입니다.

27:2, "타인이 너를 칭찬하게 하고 네 입으로는 하지 말며 외인이 너를 칭찬하게 하고 네 입술로는 하지 말지니라"

　여기서 "칭찬"은 자랑하는 것을 말합니다. 보통 딸을 너무 자랑하는 사람을 '딸 바보'라고 합니다. 자기 딸이 가장 예쁘고 똑똑한 줄 알지만, 딸을 둔 부모의 눈에는 다 똑같기 때문입니다. 사람이 자기 스스로를 자랑하는 것은 자기도취에 빠져 있기 때문입니다. 자기도취에 빠졌다는 것은 술 취한 것과 같습니다. 그래서 제정신이 똑바로 박힌 사람은 절대로 자기 입으로 자기 자랑을 하지 않습니다.

　사람의 마음속에는 정의감이나 겸손함 같은 순수한 감정이 심겨 있습니다. 그래서 자기 자신을 칭찬한다든지 자기 성공을 자랑할 때는 무엇인가 낯이 간지러워짐을 느낍니다. 이것은 자연스러운 감정이 아니기 때문입니다. 그래서 사람들이 자서전을 쓰거나 혹은 살아있는 사람의 전기를 쓸 때는 낯이 간지러울 때가 많습니다. 부끄러운 부분은 다 빼버리고 잘한 것만 자랑하기 때문입니다. 그런 점에서 어거스틴의 《고백록》은 정말 훌륭한 책입니다. 그는 자신의 죄도 추하지 않게 고백하면서 자기 자랑도 하지 않습니다. 그러나 대개 사람은 자신의 성공을 통해서 자신의 과거를 세탁합니다. 그래서 옷 세탁도 하고 돈 세탁도 하고 학벌 세탁도 하지만 인간 세탁도 합니다. 인간 세탁은 사람을 세탁기에 넣어서 돌리는 것이 아니라 실컷 죄짓고 방탕하게 살다가 나중에 구제한다거나 헌금을 해서 의인처럼 보이려고 하는 것입니다. 우리는 자신을 세탁할 필요 없이 그냥 예수님의 의의 옷을 입으면 됩니다. 사람이 위험한 이유는 언제나 뱃속에 무거운 것을 늘 깔고 다니기 때문입니다. 그것은 폭발력을 가지고 있습니다.

27:3, "돌은 무겁고 모래도 가볍지 아니하거니와 미련한 자의 분노는 이
둘보다 무거우니라"

"돌"은 보통 좋은 뜻으로 사용될 때가 많습니다. 아무리 세월이 흘러도 큰 바위는 그대로 있습니다. 그래서 어렸을 때 친구들과 뛰놀던 뒷동산에 나이가 들어서 올라 가보면 친구들은 다 없어졌지만 놀던 바위는 그대로 남아 있는 것입니다. 그러나 밭에 있는 돌이나 길을 막고 있는 돌은 정말 치울 수가 없습니다. 특히 어떤 사람은 알박기라고 해서 다른 사람들이 아파트를 다 지었는데 조그만 땅에 4층 집을 지어서 사람이 다니지 못하게 합니다. 돈을 더 받으려고 하는 것입니다. 이것이야말로 심술의 극치입니다. 이런 사람들은 남을 고생시켜야 자기가 더 똑똑해진다고 생각하는 것 같습니다. 그런데 얼마나 많은 사람이 그 길을 돌아가면서 그 방해하는 사람의 욕심을 저주하면서 지나가겠습니까? 그리고 그런 식으로 심술을 부린 사람의 후손이 복을 받겠습니까?

27:4-5, "분은 잔인하고 노는 창수 같거니와 투기 앞에야 누가 서리요
면책은 숨은 사랑보다 나으니라"

"분"은 다른 사람을 잔인하게 공격합니다. 그리고 "노"는 창수 같다고 했습니다. 그래서 분노가 합쳐지면 엄청난 홍수가 되어 마을이나 둑이나 논이나 밭을 다 휩쓸어갑니다. 분노도 홍수와 같은데 "투기"는 얼마나 잔인하겠습니까? 즉 다른 여자가 자기보다 예쁘다든지 더 사랑받는다든지 더 인기가 있으면 옛날에는 머리를 뽑기도 하고 손목을 부러트리기도 하고 얼굴에 칼집을 내기도 했습니다. 남자가 의처중에 걸리면 부인을 때리고 교회에서도 잡아내어 갑니다. 다른 사람의 행복을 인정하는 것이 과도한 사랑보다 나은 것입니다. 우

리는 다른 사람도 행복할 자격이 있다는 것을 인정해주는 것이 좋습
니다. 너무 지나친 관심은 굉장한 부담이 될 때가 있습니다.

2. 인생을 수정할 기회

세상 사람들은 하나님의 존재를 믿지 않기 때문에 자기 인생을 수
정하지 않습니다. 죄를 짓거나 나쁜 짓 하는 것도 하나의 인생이라고
생각하기 때문입니다. 그러나 하나님을 믿는 사람은 수시로 수정할
기회가 있습니다.

**27:6, "친구의 아픈 책망은 충직으로 말미암는 것이나 원수의 잦은 입맞
춤은 거짓에서 난 것이니라"**

학교에서 친한 친구들은 자기 친구가 술을 마시고 나쁜 불량배들
과 어울리면 그 길로 가지 말라고 충고합니다. 그런케 아무리 좋은 친
구의 충고나 책망이라 하더라도 한계가 있습니다. 본인이 그런 말을
듣기 싫어하기 때문입니다. 그래서 가장 좋은 친구는 하나님의 말씀
입니다. 하나님의 말씀을 들으면 처음에는 아무 감동이 없어도 마치
바위에 물방울이 떨어지는 것처럼 조금씩 떨어져서 나중에는 바위에
구멍이 뚫려버리게 됩니다. 그래서 인생길을 바로 가는 데는 하나님
의 말씀을 지속적으로 듣는 것보다 더 좋은 것은 없습니다. 그런데 고
집스러운 사람들은 잘 돌이키지 않습니다. 그래서 자기가 가고 싶어
하는 대로 끝까지 갔다가 다 망하고 난 뒤에 두 손을 들고 돌아오는
것입니다.
스펄전의 어려서부터 친구는 할아버지 서재에 있는 청교도 책이
었습니다. 스펄전은 그 책 중에서《천로역정》을 백 번 이상 읽었다고

합니다. 우리에게는 좋은 친구들이 있습니다. 하나님의 말씀이 우리
의 좋은 친구이고 설교 말씀이 우리의 좋은 친구입니다.

27:7, "배부른 자는 꿀이라도 싫어하고 주린 자에게는 쓴 것이라도 다니
라"

결국 사람이 무엇을 받아들이느냐, 받아들이지 않느냐는 작은 위
에 달렸습니다. 위에 무엇인가 꽉 차면 아무리 맛있는 음식을 먹으라
고 해도 먹을 수 없고 위가 비어있으면 아무리 쓴 나물이라도 맛있게
비벼서 먹게 되는 것입니다. 그래서 세상의 좋은 것으로 배가 꽉 차
있으면 아무리 좋은 하나님의 말씀이라도 들어가지 않습니다. 그러나
배고픈 자는 하나님의 말씀을 주면 허겁지겁 먹습니다. 그래서 세상
에서 채움받지 못하는 자가 복이 있습니다. 왜냐하면 그들은 하나님
의 말씀이 주어지면 허겁지겁 먹게 되기 때문입니다. 우리 교인 중에
는 배고픈 사람도 있고 배부른 사람도 있습니다. 두 사람 중에 배고픈
사람이 더 복된 사람입니다.

3. 인생의 미래

우리의 미래는 하나님의 손에 달렸습니다. 우리는 처음에 그냥 산
에서 깎아낸 대리석과 같았는데 하나님의 손에 다듬어지면서 멋진 조
각상으로 빚어지게 됩니다. 그 엄청나게 크고 완전한 균형과 아름다
움을 갖춘 다윗상은 높이가 5미터입니다. 이것은 피렌체 광장에 버려
진 골칫덩어리 대리석이었는데 거장 미켈란젤로의 손에서 그 위대한
조각품으로 다듬어지게 됩니다. 멋진 조각품이 되려고 하면 목표가
분명해야 하고 밑그림이 확실해야 합니다.

27:8, "고향을 떠나 유리하는 사람은 보금자리를 떠나 떠도는 새와 같
으니라"

어떤 사람이든지 한 사람의 위대한 조각가에 의해 긴 세월에 걸쳐
다듬어져야 합니다. 그래서 중국의 무술하는 사람들은 소림사나 아니
면 도시에 있는 정무문파 같은데 들어가서 스승으로부터 오랜 시간에
걸쳐서 무술을 배우고 연마해야 합니다. 그런데 사부가 보기에 성실
하지 않고 욕심만 많으면 제자 중에서 쫓아 내어버립니다. 새들도 새
끼가 너무 많으면 부리로 쪼아서 새끼 새를 둥지 밖으로 떨어트려 죽
여버립니다. 그리고 살아남은 새끼들에게 나는 법이나 먹이를 잡아먹
는 법을 가르쳐줍니다.

그런데 하나님의 말씀에는 두 가지 들어있는 것이 있습니다. 그것
은 바로 기름과 향입니다.

27:9, "기름과 향이 사람의 마음을 즐겁게 하나니 친구의 충성된 권고가
이와 같이 아름다우니라"

"기름"은 마음을 빛나게 하고 상처를 치유해줍니다. 그리고 "향"
은 우리의 나쁜 냄새를 없애주고 멋있게 합니다. 우리가 하나님의 말
씀을 배우면 상처가 치유되고 향기가 나게 됩니다. 악취가 나는 것은
하나님의 말씀이 아닙니다. 썩은 냄새가 나는 곳도 하나님 말씀이 있
는 곳이 아닙니다.

우리에게는 도움이 되는 사람들이 있습니다. 그들은 우리의 친구
요 이웃입니다. 오늘 현대 사회는 이웃이 없습니다. 같은 아파트에 살
아도 몇 달 가도 사람 얼굴을 보지 못할 때도 있습니다. 그러나 우리
는 교회에서 이웃을 찾게 됩니다. 그리고 우리는 교회에서 친구도 찾
습니다. 결국 우리의 최고의 재산은 하나님의 말씀입니다.

　그러나 남을 위해서 보증 서는 것은 망하는 길입니다. 왜냐하면 이것은 인정에 지는 것이고 또 다른 사람의 인생을 책임지는 것이기 때문입니다. 우리에게는 그런 힘이 없습니다. 그래서 다른 사람에게 말씀을 주는 것이 최고의 선물입니다. 그러나 말씀을 듣기 싫어하는 자는 어쩔 수 없습니다. 그는 자기 갈 길을 가야 하는 것입니다. 우리의 미래는 하나님의 말씀 안에 있습니다. 하나님의 말씀을 따라가는 자는 절대로 망하지 않습니다.

철이 철을 연단한다

잠 27:14-27

제가 어렸을 때 우리 동네에 대장간이 있어서 저는 지나가면서 쪼그리고 앉아서 대장간 아저씨가 일하는 모습을 구경하곤 했습니다. 아저씨는 칼을 시뻘건 불에 넣어서 달군 후에 시뻘겋게 달구어진 칼을 모루 위에 얹고는 큰 망치로 '땅땅' 때리고는 물에 넣어서 '푸식 푸식' 식혔습니다. 그러고는 물에 식은 칼을 다시 꺼내어 불에 넣어서 시뻘겋게 달군 후 또 큰 망치로 때리는 일을 반복했습니다. 나중에 칼이 단단해지고 나니까 돌리는 숫돌로 칼을 갈아서 날카롭게 했습니다. 그때 저는 비로소 깨달았습니다. '그냥 무쇠는 무겁고 단단하지만, 힘이 없다. 이것이 다른 나무나 칼과 부딪쳐서 부러지지 않으려면 불에 넣어서 달군 후에 망치로 때려야 하는구나' 하는 것을 깨달았습니다. 우리나라에서 수백 년 전부터 내려오는 명검이 있는데 이 검은 백번을 불로 달구어서 때린 검이라고 합니다. 명검은 일단 다른 칼과 부딪쳐도 부러지지 말아야 합니다. 그리고 아주 예리해서 머리카락 같은 것도 벨 수 있어야 하고 가벼워서 칼 주인이 자우자재로 그 칼을 휘두를 수 있어야 합니다.

본문 17절을 보면 "철이 철을 날카롭게 하는 것 같이 사람이 그의 친구의 얼굴을 빛나게 하느니라"고 했습니다. 사람은 자기 멋대로 하고 싶은 대로 하게 해서는 안 되고 아주 훌륭한 선생님 밑에서 불에 넣어서 때리고 물에 식히고 또 불에 넣어서 달구어서 때리는 과정을 수없이 반복할 때 아주 날카로운 명검이 만들어지게 되는 것입니다.

그래서 명연주자나 학자나 명검 같은 사람이 되려고 하면 상상할 수 없을 정도로 배우고 야단을 맞고 연습해야 백 년에 한 번 나올까 말까 한 탁월한 사람이 만들어지는 것입니다. 그 대신 게으름이나 부리고 자기 하고 싶은 대로 하는 사람은 그렇게 될 수 없습니다.

1. 자제력을 배우지 못한 사람들

세상에서 무엇이든지 탁월하게 잘하려면 그 사람이 가지고 태어난 천부적인 능력도 있어야 하지만 그것 못지않게 중요한 것이 세계적으로 탁월한 선생 밑에서 야단을 맞으면서 강훈련을 받아야 한다는 것입니다. 명조각가나 연주자나 설교자가 되려고 하면 무엇보다 먼저 자기 몸을 최고의 악기나 도구로 만들어야 합니다. 사람은 다 같은 손을 가지고 있고 몸을 가지고 있지만, 그가 만들어내는 것은 하늘과 땅의 차이가 있습니다. 어떤 사람의 손에서는 상상할 수 없는 명품이 만들어지지만, 어떤 사람은 도무지 봐줄 수 없을 정도로 재료만 망치는 사람도 있습니다. 그 차이는 자기 몸을 최고의 도구로 만드느냐 아니면 원래 생긴 대로 내버려 두느냐의 차이입니다.

설교자도 하나님의 말씀을 전하는 도구이기 때문에 목의 상태가 중요하고 아무 소리나 할 것이 아니라 아주 감동되고 성경을 바르게 해석하는 영성과 자세가 요구됩니다. 저는 전도사 때 부산 어느 교회에서 수요일 저녁 설교를 하게 되어 있었는데, 시간이 많이 남아서 해

운대에 가서 바닷가를 몇 번 왔다 갔다 했습니다. 그리고 교회에 가서 설교하려고 단에 섰는데 너무 피곤하니까 원고가 하나도 보이지 않았습니다. 본문이 히브리서였는데 원고가 보이지 않으니까 혀가 꼬이면서 아주 어렵게 설교를 마쳤습니다. 그때 한 교인이 "역시 강해 설교를 하신다고 하더니 강해 설교는 어렵네요." 하면서 나갔습니다. 그 뒤로 저는 설교 전에는 사람도 만나지 않고 식사도 하지 않습니다.

27:14, "이른 아침에 큰 소리로 자기 이웃을 축복하면 도리어 저주 같이 여기게 되리라"

이 사람은 대인관계의 예절에 대하여 전혀 훈련받지 않았습니다. 사람에게 인사한다는 것은 참 중요한 일입니다. 본문을 보면 어떤 사람이 다른 사람을 축복하는데 시간을 전혀 생각하지 않습니다. 그래서 아주 이른 아침에 문을 두드려서 자기 딴에는 인사를 합니다. 그러나 인사를 받는 사람은 갑자기 누가 큰소리로 인사하니까 깜짝 놀라게 되고, 또 큰소리로 축복하니까 오히려 사람들의 구경거리와 웃음거리가 되어서 창피하게 되었습니다. 아침은 하루를 시작하는 시간입니다. 그리고 하루를 시작하기 전에 자신을 준비하는 시간입니다. 그러나 이 사람은 그런 생각이 없습니다. 그래서 자기가 기분이 좋으면 이른 아침이라도 사람을 찾아가서 문을 두드리면서 인사하고 깜짝 놀라게 큰소리로 축복하는데 듣는 사람 입장에서는 축복이 아니라 저주로 들리는 것입니다.

요즘은 오전에 심방하거나 전화하는 것은 대단한 실례입니다. 왜냐하면 아침은 여성에게는 커피를 마시고 자신을 생각하는 개인 시간이기 때문입니다. 어떤 사람은 바른말을 한다고 하는데 너무 기분 나쁜 투로 하는 사람들이 있습니다. 그 사람의 말이 아무리 옳은 말이라도 그런 식으로 말을 하면 업신여기는 말로 들리게 될 것입니다. 그래

서 사람은 날카로운 칼이 되거나 세계적인 일인자가 되기 전에 남의
상태나 기분을 배려하는 것부터 배워야 합니다.

27:15, "다투는 여자는 비 오는 날에 이어 떨어지는 물방울이라"

물론 여성은 남편이나 아이가 집을 더럽게 하거나 음식을 바닥에
흘리면 잔소리를 할 수밖에 없을 것입니다. 그래서 어느 집이든지 청
소년 아이를 둔 엄마는 우유 마실 때 잔소리를 하게 되고 아이는 그
말을 듣지 않으려고 합니다. 그런데 엄마나 부인이 남편과 자녀를 따
라다니면서 모든 일에 잔소리를 하고 고치라고 한다면 아마 미치려고
할 것입니다.

27:16, "그를 제어하기가 바람을 제어하는 것 같고 오른손으로 기름을 움키는 것 같으니라"

여자가 성격이 아주 나쁘지만 얼굴이 예쁘고 돈이 많은 것만 보고
결혼했다면 끝없는 잔소리를 듣게 됩니다. 그리고 그런 사람은 누구
의 말도 듣지 않습니다. 그래서 바람을 잡으려는 것 같고 기름을 손으
로 움키는 것 같이 끝없이 흐르게 됩니다. 그래서 가장 중요한 것은
그 사람의 됨됨이입니다.

그런데 성격이 정말 자기 멋대로인데 큰 일을 해낸 사람이 있습니
다. 그가 바로 스티브 잡스입니다. 그에게는 예의라는 것은 기대할 수
없고 자기 멋대로 소리를 지르고 자기 생각과 다른 것은 남이 아무리
오래 연구한 것도 제대로 보지도 않고 욕을 하는 사람인데도, 그는 성
공했습니다. 스티브 잡스의 장점은 남이 필요하다고 생각하기 이전에
필요한 것을 아는 사람이었습니다. 그래서 그는 아이패드나 아이폰으
로 세상을 즐겁고 편리하게 시대에 앞서가게 했습니다. 그래서 성질

이 나쁜 사람도 쓸모 있다는 것을 알게 됩니다.

2. 날카롭게 연단된 사람

세계적인 선수나 연주자가 되기 이전에 먼저 사람이 되어야 합니다. 왜냐하면 그 사람의 행동 하나하나가 자라는 아이나 다른 많은 사람에게 영향을 끼치기 때문입니다.

27:17, "철이 철을 날카롭게 하는 것 같이 사람이 그의 친구의 얼굴을 빛나게 하느니라"

무쇠 덩어리나 고철만 가지고는 아무 데도 쓸모없습니다. 철은 일단 뜨거운 불에 넣어서 녹여야 하고, 그다음에는 큰 방망이로 두들겨야 하고, 그리고 또 물에 식히는 과정을 반복해야 아주 단단한 쇠가 될 수 있습니다. 그것을 아주 날카롭게 갈면 명검이 되는 것입니다. 그러나 사람이 만들어지기도 전에 먼저 날카로운 칼이 되어버리면 그 칼을 가지고 사람을 닥치는 대로 베어서 죽이는 무법자가 되고 말 것입니다.

칼을 명검으로 만들려고 하면 큰 망치로 때려야 합니다. 그런데 그것도 그냥 때려서는 아무 소용이 없고 그 칼을 시뻘건 불에 넣어서 뻘겋게 달구어야 합니다. 그리고 망치로 때리고는 찬물에 넣어서 '푸식푸식' 식혀야 합니다. 이 과정을 많이 하면 할수록 칼은 단단해지게 됩니다. 명검은 녹이 하나도 슬지 않게 보관하기 때문에 칼날에는 자기 얼굴이 그대로 비칩니다. 여기에 보면 "친구의 얼굴을 빛나게 한다"고 했습니다. 명검을 가지고 싸우는 친구는 자기 친구가 적의 칼날에 죽임을 당하려고 할 때 그 칼로 적을 찔러서 친구를 구하게 됩니다.

이것은 대리석에도 마찬가지입니다. 대리석은 그 자체만 가지고는 별로 가치가 없는 돌덩이입니다. 그런데 조각가가 대리석을 다듬고 다듬으면 살아있는 사람과 똑같은 명품이 만들어지게 됩니다. 로댕은 사람의 손을 많이 조각했습니다. 로댕이 만든 사람 손은 만 개 정도 된다고 합니다. 그런데 그 많은 손 조각이 그 하나하나에 주름이 있고 손톱이 있는 것이 진짜 손과 똑같이 보입니다. 이와 같이 우리는 연주를 하든지 운동을 하든지 설교를 하든지 죽도록 연습해서 마치 살아 움직이는 것 같은 작품을 만들어야 합니다.

사람이 노력을 하면 반드시 얻는 것이 있습니다.

27:18, "무화과나무를 지키는 자는 그 과실을 먹고 자기 주인에게 시중 드는 자는 영화를 얻느니라"

어떤 종이 무화과나무를 지키는 책임을 맡았습니다. 그래서 열심히 무화과나무를 지키다보니까 너무 잘 익어서 떨어지는 열매가 있었습니다. 그것은 그 종이 먹는 것입니다. 그리고 어떤 종은 주인의 몸종으로 임명되었습니다. 그래서 이 종은 스물네 시간 주인을 따라다니면서 심부름을 합니다. 그러다 보니까 이 종은 주인의 모든 이야기를 다 듣고 모든 고급 정보를 다 알게 되었습니다. 그리고 이 종은 다른 종들과도 이야기하면서 여러 가지 이야기를 듣게 됩니다. 결국 이 종은 주인이 암살당하러 갈 뻔했는데 못 가게 해서 주인의 생명을 살리게 됩니다. 주인은 이 종을 자기 생명의 은인으로 생각하게 됩니다.

하나님의 말씀을 전하는 자는 세상에서 가장 좋은 것을 얻게 되어 있습니다. 그리고 그는 하나님으로부터 최신 정보를 얻습니다. 그래서 다른 사람들이 모르는 것을 알 수 있습니다. 그래서 하나님의 몸종이 되는 것이 얼마나 좋은지 모릅니다. 그리고 하나님 말씀의 종이 되는 것이 얼마나 영광스러운지 모릅니다.

27:19, "물에 비치면 얼굴이 서로 같은 것 같이 사람의 마음도 서로 비치
느니라"

물에 비친 얼굴은 자기 얼굴입니다. 물론 거울에 비친 얼굴도 자기 얼굴입니다. 그런데 다른 사람을 보는 눈도 결국 자기를 보는 것입니다. 자기 마음이 깨끗한 사람은 다른 사람도 좋게 보고, 자기 마음이 나쁜 사람은 다른 사람도 나쁘게 봅니다. 특히 사람의 마음이 서로 비춰어서 똑같은 생각을 가지고 있는 것을 보면 이것은 최고의 보물을 찾은 것입니다. 서로 좋아하는 사람들끼리는 무엇인가 통하는 것이 있습니다. 그래서 한 사람이 아프면 다른 사람도 아픈 것입니다. 그런데 나이가 들면서 이 반쪽은 달라지게 됩니다.

27:20, "스올과 아바돈은 만족함이 없고 사람의 눈도 만족함이 없느니
라"

죽음은 만족이 없습니다. 그래서 아무리 많은 사람이 죽어도 인원이 초과되었다는 것이 없습니다. 사람의 눈도 만족이 없습니다. 아무리 많은 명품을 사고 옷을 사도 만족이 없습니다. 그래서 우리는 만족의 대상을 바꾸어야 합니다. 세상의 경치나 명품이나 옷이나 보석을 볼 것이 아니라 하나님의 말씀을 봐야 하고 하나님을 봐야 합니다.

과연 인간에게 진정한 만족이 있을 수 있을까요? 우리 인간은 아무리 많은 것을 가져도 만족하지 못합니다. 아무리 많은 돈이나 그림과 옷을 가져도 사람은 만족하지 못합니다. 그래서 가지려고 하면 안 되고 즐기려고 해야 합니다. 우리는 오래 살려고 하기보다는 오늘을 즐겁게 살아야 합니다. 우리는 사람에게 만족을 구하기보다는 그 사

람과 함께 즐겁게 지내야 합니다.

27:21, "도가니로 은을, 풀무로 금을, 칭찬으로 사람을 단련하느니라"

"은"은 그 안에 불순물이 있기 때문에 도가니에 넣어서 녹이면 불순물이 뜨게 되는데 그것을 걷어내면 순수한 은이 됩니다. 성경에는 순수한 은이 만들어지려면 이 과정을 일곱 번 해야 한다고 했습니다. 금도 18K도 있고 24K도 있고 돌 성분이 많은 것도 있기 때문에 뜨거운 불에 넣어서 액체로 만들어야 합니다.

그런데 사람은 무조건 야단만 친다고 해서 잘되지 않습니다. 사람에게는 때때로 칭찬이 필요합니다. 사람이 너무 야단만 맞으면 자기 정체성을 잃어버리게 됩니다. 그런데 그 사람의 장점을 칭찬해주고 또 잘했을 때 인정해주면 더 용기와 자신감을 가지게 됩니다. 그래서 《칭찬은 돌고래도 춤추게 한다》고 했습니다. 특히 어린이나 청소년들에게 칭찬을 하면 그들은 용기를 가지게 됩니다. 그래서 다음에는 더 잘하게 됩니다.

3. 어리석은 자의 결과

어리석고 미련한 자는 미래를 보지 못하고 눈앞의 일만 보고 편하게 살려고 합니다. 그래서 조금만 노력하면 더 좋은 것을 얻을 수 있는데 그런 생각을 하지 못하고 당장 편하게 지내려고 합니다.

27:22, "미련한 자를 곡물과 함께 절구에 넣고 공이로 찧을지라도 그의 미련은 벗겨지지 아니하느니라"

미련한 사람은 곡식과 같이 절구에 넣고 찧으면 곡식은 껍질이 벗겨지는데 미련한 것은 벗겨지지 않습니다. 이것을 보면 사람의 미련한 것이 얼마나 단단하게 붙어 있는지 알 수 있습니다. 도대체 사람에게서 미련한 것을 없애는 방법이 무엇이 있을까요? 술 마시는 사람은 계속 술 마시고 노름하는 사람은 계속 노름하고 사기 치는 사람은 계속 사기 칩니다. 아마 이런 사람은 절구에 넣고 빻아도 고쳐지지 않을 것입니다. 하나님의 불방망이를 맞으면 변할지도 모릅니다.

양을 치는 사람이나 소를 지키는 사람은 멍청하게 공상이나 할 것이 아니라 양을 잘 지키고 소 떼를 잘 지켜야 합니다.

27:23, "네 양 떼의 형편을 부지런히 살피며 네 소 떼에게 마음을 두라"

이것은 현실을 인정하라는 것입니다. 현실을 인정해야 미래가 있기 때문입니다. 양을 잘 돌보면 새끼를 낳고 털이 잘 자라게 됩니다. 이것은 소도 마찬가지입니다. 소를 제대로 돌보지 않아서 늑대가 와서 소를 물어 죽이면 새끼도 낳지 못하고 우유도 없어지고 농사도 짓지 못하게 됩니다.

27:24, "대저 재물은 영원히 있지 못하나니 면류관이 어찌 대대에 있으랴"

돈은 있다가 없어지는 것입니다. 돈은 영원히 자기 몸에 묶어 둘 수 없습니다. 그런데 금메달을 어떻게 항상 딸 수 있겠습니까? 몸도 늙어가고 자식도 그만한 재능이나 노력을 할지 의문입니다. 그러니까 모든 것은 일시적인 것에 불과합니다. 우리는 일시적인 세상에서 영원한 것을 잡아야 합니다.

27:25-27, "풀을 벤 후에는 새로 움이 돋나니 산에서 꼴을 거둘 것이니라 어린 양의 털은 네 옷이 되며 염소는 밭을 사는 값이 되며 염소의 젖은 넉넉하여 너와 네 집의 음식이 되며 네 여종의 먹을 것이 되느니라"

모든 중요한 것은 싱싱한 새 풀에 있습니다. 이 새 풀을 먹어야 양이 자라고 염소도 새끼를 낳습니다. 봄에 게으름을 부리지 말고 산에 올라가 작년 풀을 베어버리면 거기에 새 풀이 나게 됩니다. 작년 풀을 베지 않으면 새 풀이 잘 자라지 않습니다. 새 풀이 자라면 그것을 베어다가 양에게 먹이면 옷이 생깁니다. 새 풀을 베어다가 염소를 먹여서 새끼를 낳으면 그것을 팔아서 밭을 살 수 있습니다. 그리고 염소젖은 식구들이 먹을 양식이 되며 여종까지 건강하게 됩니다.

우리는 산에 올라가서 하나님의 말씀을 베어와야 합니다. 그러면 새 말씀이 올라오게 되는데, 거기서 옷이 생기고 밭이 생기고 젖이 생겨서 건강하게 되는 것입니다.

죄의 걸림돌

잠 28:1-14

얼마 전에 길을 가다가 인도턱에 걸려 넘어지견서 많이 다쳤습니다. 얼마나 아픈지 길바닥에 누워서 일어날 수 없었습니다. 손목도 아프고 얼굴도 좀 긁히고 무릎도 아픈데 병원에 가보니까 손가락이 부러졌다고 합니다. 그래서 저는 깁스를 하고 한 달 이상을 고생해야 했습니다. 우리는 인생의 걸림돌이나 구덩이를 조심해야 합니다.

우리가 큰 도로를 가다 보면 길에 줄이 그어져 있습니다. 우리는 그 길을 따라서 자동차를 운전해야 합니다. 그런데 어떤 차는 중앙선을 무시하고 건너편으로 달리기도 하고, 어떤 차는 신호를 어기고 좌회전이나 우회전하다가 오토바이나 다른 차를 치어서 사람이 죽는 경우도 있습니다. 어떤 분은 법원장이셨는데 어느 날 새벽에 횡단보도로 가지 않고 무단횡단하다가 과속하는 차에 받혀서 죽었다고 합니다. 아무리 법을 집행하는 판사라도 교통법규를 어기니까 차에 치어 죽은 것입니다.

마찬가지로 하나님은 우리 인생에 줄을 그어놓으셨습니다. 그 법이 바로 율법입니다. 이 율법에는 살인하지 말라, 도둑질하지 말라,

거짓말하지 말라, 음행하지 말라 등등의 선이 그어져 있습니다. 그런데 사람들은 이 율법의 선을 무시합니다. 왜냐하면 일단 율법을 지키는 것이 귀찮기 때문입니다. 그리고 하나님의 율법은 어겨도 다른 사람들이 보지 않으면 그냥 넘어갈 수 있기 때문입니다. 그리고 사람들이 열심히 율법을 지켜봐야 부자가 되거나 복을 받지 않습니다. 즉 율법을 지키는 것보다는 안 지키는 것이 더 스릴이 있고 결과가 좋을 때가 많은 것입니다. 그러나 사람이 교통법규를 지키는 것은 남을 위해서 지키는 것이 아니라 자기 자신을 위해서 지키는 것입니다. 마찬가지로 우리가 하나님의 법을 지키는 것은 남을 위해서가 아니라 자기 자신을 위해서 지킵니다.

1. 율법을 어기는 결과

사람이 법을 어기면 그때부터는 자신이 위험해지게 됩니다. 그래서 본문 1절에 "악인은 쫓아오는 자가 없어도 도망하나 의인은 사자 같이 담대하니라"고 했습니다. 여기서 "악인"은 자신의 편의를 위하여 하나님의 법을 어기는 사람을 말합니다. 이런 사람은 죄지을 때는 신이 나고 기분이 좋은데 나중에 시간이 지나고 보면 불안하고 보복당할 것 같은 생각이 들어가서 도망치게 됩니다. 예를 들어서 어떤 남자가 어린 여자를 유혹해서 성적인 범죄를 했다고 합시다. 하나님의 율법을 버리고 죄를 범하는 것은 기분이 좋고 신나는 일일 것입니다. 그러나 세월이 지나고 보면 그것이 얼마나 수치스럽고 부끄러운 일인지 알게 될 것입니다.

그리고 범죄는 시간이 가면 갈수록 더 담대해지게 됩니다. 예를 들어서 어떤 사람이 차선을 벗어나고 또 속도를 위반해서 신나게 운전했는데 카메라나 교통경찰에게 걸리지 않았다고 합시다. 그러면 자기가 정말 운이 좋은 사람이라고 생각할 것입니다. 그러나 그렇다고 해서 다음부터 운전에 주의하지도 않습니다. 이 사람은 한두 번 교통 위반해도 걸리지 않았기 때문에 그다음에는 더 겁 없이 과속 운전을 하든지 신호 위반을 하게 됩니다. 그러다가 더 큰 교통사고를 당하게 되는데 그때야 후회하게 됩니다. 이런 것을 보면 차라리 경찰에 걸려서 과태료 딱지를 떼고 그다음부터는 조심해서 운전하는 것이 훨씬 유익할 것입니다. 그래서 우리가 성경을 읽고 설교 말씀을 듣는 것은 다른 사람의 유익을 위해서가 아니라 나의 안전과 나의 유익을 위해서인 것입니다.

결국 하나님의 율법은 우리의 욕심이나 야망에 줄을 쳐 놓은 것입니다. 사람은 자기가 재능이 있다고 생각되면 하늘이 무서운지 모르고 덤벼듭니다. 그리고 실제로 자기 뜻대로 되기도 합니다. 그러나 사람에게는 한계가 있습니다. 이런 사람은 잘 나가다가 어느 날 갑자기 죽을지 모릅니다. 이 세상은 살얼음판이요 눈이 덮여있는 산꼭대기와 같습니다. 우리는 이 위험한 세상에서 한발 한발 조심해서 걸어가야 합니다. 그리고 무대에서 연기를 마쳤을 때는 넘어지지 않도록 조심조심 무대를 내려와야 합니다.

"의인"은 하나님의 법을 지키는 사람을 말합니다. 우리가 하나님의 법을 지키면 일단 시야 확보가 됩니다. 즉 앞에 길이 잘 보이기 때문에 속도를 조절할 수 있습니다. 그래서 하나님의 율법대로 사는 사람은 인생에 자신감이 있습니다. 왜냐하면 미래의 시야가 확보되기 때문입니다.

28:2, "나라는 죄가 있으면 주관자가 많아져도 명철과 지식 있는 사람으로 말미암아 장구하게 되느니라"

나라에 정치인들이 부정부패하고 거짓말을 많이 하면 정권이 자꾸 바뀌게 되어서 정책이 오래가지 않습니다. 결국은 앞에서 했던 일을 뒤에서 뭉개버리고 다시 딴 일을 하고, 그다음 정권에서 그것을 뭉개버리고 또 다른 일을 하기 때문에 나라가 하루라도 조용할 때가 없습니다.

나라의 정치가 갈팡질팡하는 것은 나라에 죄가 많아서 그런 것입니다. 이 죄를 없앨 방법은 정치권으로는 안 됩니다. 요즘은 종교로도 고치지 못합니다. 한마디로 고칠 수 없다고 보아야 합니다. 누군가 작게 다시 말씀으로 참된 종교를 시작하는 수밖에 없습니다. 이것이 명철이고 지식입니다.

28:3, "가난한 자를 학대하는 가난한 자는 곡식을 남기지 아니하는 폭우 같으니라"

사실 가난한 사람은 다른 가난한 사람을 돌볼 여유가 없습니다. 그런데 가난한 사람이 더 가난한 집을 도둑질하고 가난한 사람이 더 가난한 사람의 아이를 유괴해서 팔아먹는다면 이것은 마치 폭우가 쏟아져서 알곡이 하나도 남지 않는 것과 같다고 했습니다. 이 말씀 속에는 하나님은 가난한 자들에게 특별한 복을 주신다는 의미가 들어있습니다. 즉 육신적으로는 가난하지만 믿음에 부요한 자는 복을 받게 됩니다. 그러나 가난하다고 해서 믿음마저 팔아 먹어버리고 마음마저 악해진다면 이 사람은 축복의 여지가 하나도 없는 사람입니다.

28:4, "율법을 버린 자는 악인을 칭찬하나 율법을 지키는 자는 악인을 대적하느니라"

하나님의 말씀을 무가치하게 대하는 사람은 그런 부류의 사람을 보면 칭찬합니다. 왜냐하면 자유롭고 하나님의 말씀에 매이지 않기

때문입니다. 그래서 이런 사람이 율법 어기는 것을 보면 용기 있다고
하고 새로운 물결이라고 칭찬합니다. 그러나 율법을 따르는 사람은
이들이 변칙을 쓰고 있고 결국 가라지를 뿌리고 있다는 사실을 알기
때문에 대적하게 됩니다. 즉 "하나님의 밭에 그런 나쁜 씨를 뿌리지
말라"고 하면서 반대할 것입니다. 한때 미국이나 한국 교회에서 어느
날 휴거한다고 하며 흰옷을 입고 난리 치기도 하고, 성령 받았다고 해
서 웃기도 하고 쓰러지기도 하고, 병을 고쳤다고 일어나 걷기도 하고,
귀신이 나가서 병을 고쳤다고 하고, 또 이상한 교회 성장학파가 미국
이나 우리나라 전체를 지배하다시피 했습니다. 그러나 그것은 나쁜
가라지입니다.

사람들은 나타난 결과만 가지고 이야기하기 때문에 옳고 그른 것
을 알지 못합니다. 특히 틀린 것이 너무나도 옳고 정당하게 됩니다.
왜냐하면 교회가 엄청나게 크고 교인들이 많은 헌금을 내고 유명한
정치인이나 연예인이 모이기 때문입니다. 그러나 여호와를 찾으면 우
리는 사람들의 명예나 인기를 바라볼 시간이 없습니다. 우리는 하나
님을 찾기에도 바쁩니다. 그래서 결국은 인본주의와 신본주의의 길이
갈라지게 됩니다. 인본주의는 당장은 성공하지만, 나중에 맺히는 열
매는 모두 쭉정이입니다.

2. 율법을 지키는 지혜

사람이 수백 년 수천 년 전의 율법을 연구하고 실천한다는 것은 시

대착오적인 생각이 들기도 하고 미련하게 보이기도 합니다. 그런데 요즘 우리나라에서는 《논어》가 엄청난 인기를 끌고 있습니다. 그리고 논어를 강의해서 텔레비전에서 인기를 끌었던 사람도 있습니다. 오늘날은 유명하다고 하면 돈이 생기고 인기가 있습니다. 그것이 성공한 것이 아닐까요?

"가난하여도 율법을 성실하게 행하는 자"가 과연 현명한 사람일까요? 오늘은 학원 강사를 해도 '일타'라고 해서 수억 원의 돈을 벌고, '비트코인'이라는 것으로 돈을 벌고, 이상한 것을 방송해서 유튜브 조회수를 올리는 것이 잘하는 행동이 아닐까요? 가난하면서 하나님의 말씀을 사랑하는데 무슨 비전이 있습니까? 수단과 방법을 가리지 않고 서울대나 카이스트를 나오거나 미국의 명문대를 졸업하는 것이 성공이 아닐까요? 그렇게 하려고 하면 돈이 있어야지, 하나님의 말씀을 가지고는 절대로 그렇게 성공하거나 유명해질 수 없을 것입니다.

그런데 이상한 것은 돈이 있는 사람은 돈을 그냥 가지고 있지 못하다는 것입니다. 가난하지만 성실하게 말씀을 지키는 사람은 돈을 불리는 것이 인생의 목적이 아니므로 돈이 있으면 그냥 가만히 가지고 있습니다. 그래서 돈을 다 잃거나 망하지 않습니다. 그러나 돈이 있는 사람은 돈을 가지고 투자하지 않고는 근질근질해서 가만히 있지 못하기 때문에 크게 투자하다가 알거지 되는 경우가 많이 있습니다.

　"율법을 지키는" 아들은 자기 인생길을 찾습니다. 처음에는 길을 몰라서 울고 기도하기도 하고 공부를 포기하기도 하고 어떤 때는 되는 것이 하나도 없어서 인생의 실패자 같은 생각이 들기도 합니다. 그러나 하나님의 말씀을 지키는 자는 큰 죄에 빠지는 일은 없습니다. 다른 사람을 칼로 찌르거나 마약을 먹거나 혹은 큰 부정에 연루되지는 않습니다. 그러다가 하나님께서 이상하게 하나씩 길을 열어 주시는데 성공하게 됩니다. 사실 이 아들이 지혜로운 것이 아니라 하나님이 지혜로우신 것입니다.

　그런데 먹는 것에 욕심내는 사람이 있습니다. 이런 사람은 돼지입니다. 돼지와 친하게 지내면 자기도 돼지가 되고 맙니다. 멧돼지가 되어서 달릴 때는 좋지만 함정에 빠지거나 총에 맞으면 죽습니다. 정말 허무한 인생이 되고 마는 것입니다. 우리가 사람으로 할 수 있는 일이 얼마나 많습니까? 너무너무 가치 있는 삶이 많이 있는데 돼지같이 먹기만 하다가 죽으면 너무나도 허무한 인생이 되는 것입니다.

　대개 사채를 쓰는 사람은 정말 돈이 없는 사람입니다. 이런 사람들이 사채업자에게 돈을 빌리는 것은 그야말로 하다하다 안되니까 자포자기하는 심정으로 빌리는 것입니다. 그러나 사채업자의 이자는 한순간에 원금을 넘어가 버립니다. 그리고 나쁜 사채업자에게 걸리면 자기 장기를 떼이는 경우도 있는 모양입니다. 장기기증이 아니라 고리채를 써서 남의 장기를 파는 사람은 그야말로 산 사람의 코를 베어 가는 것과 같습니다.

3. 하나님의 응답을 받아야 한다

우리가 공기나 물을 마시고 곡식이나 열매나 가축이나 물고기를 먹고 사는 것은 하나님께서 이 모든 것을 우리에게 주셨기 때문입니다. 그래서 우리가 이 세상에서 진정으로 가치 있는 삶을 살려고 하면 하나님이 주시는 생명을 받아야 합니다. 만약 우리가 하나님이 주시는 영적인 축복을 받지 못하고 우리가 돼지나 개처럼 육체적인 삶을 살다가 죽는다면 아무 의미가 없을 것입니다. 얼마 전에 돼지는 참 좋은 일을 했습니다. 미국의 MIT에 있는 매사추세츠 병원에서는 돼지의 콩팥을 떼어다가 신장염으로 더 이상 살 수 없는 환자에게 이식해서 살렸다고 합니다. 수술을 담당한 의사들은 이 환자가 두 달을 사는 것이 목적이라고 했습니다.

하나님에게도 모든 사람에게 주시는 선물이 있는가 하면 특별한 사람들에게만 주시는 선물이 따로 있습니다. 우리는 바로 그 특별한 선물을 받아야 하나님을 알 수 있고 영생을 얻을 수 있습니다. 그중에서 중요한 것은 하나님의 기도 응답을 받는 것입니다. 하나님께서 나의 기도를 들으시고 응답해 주신다면 생각만 해도 얼마나 신기한 일입니까? 그러나 하나님의 기도 응답을 받으려면 무조건 기도만 많이 한다고 해서 되는 것이 아닙니다. 우리가 하나님의 말씀을 들어야 하나님도 우리 기도에 응답해 주십니다.

28:9, "사람이 귀를 돌려 율법을 듣지 아니하면 그의 기도도 가증하니라"

어떤 사람은 하나님의 율법이 재미없다고 하면서 듣지 않습니다. 그러나 그에게 어려움이 생겨서 하나님께 기도를 드리게 되더라도 하나님은 그 기도를 듣지 않으십니다. 우리가 기도 응답을 받는데도 비결이 있습니다. 그것은 바로 내 목숨 걸고 하나님의 말씀을 사랑하고 듣는 것입니다. 결국 어느 것이 더 유리하겠습니까? 이 세상을 내 능력으로 살면서 급하면 하나님께 기도하는 것과 다른 것을 다 포기하고 하나님의 말씀 듣고 기도 응답받는 것 중에서 어느 것이 낫겠습니까? 평소에는 내 힘으로 사는 것이 낫겠지만 어려운 환난을 당하면 내 힘은 아무 소용 없게 됩니다.

28:10, "정직한 자를 악한 길로 유인하는 자는 스스로 자기 함정에 빠져도 성실한 자는 복을 받느니라"

여기서 "정직한 자"는 '순진한 자'를 말합니다. 어떤 하나님의 늙은 종이 있습니다. 이 사람은 명성도 있고 많은 사람의 존경도 받고 있습니다. 그러나 그가 가르치는 것이 성경에 맞지 않습니다. 결국 이 사람은 순진한 사람을 악한 길로 유인해서 자기 종으로 만듭니다. 그러나 그 역시 자기 함정에 빠집니다. 우선 돈의 함정에 빠지고 여성의 함정에 빠집니다. 이미 그의 마음에는 권태가 왔기 때문입니다. 그의 마음은 이미 신선하지 않습니다. 그래서 큰 교회를 오래 목회하는 것은 결코 좋은 일이 아닙니다.

28:11, "부자는 자기를 지혜롭게 여기나 가난해도 명철한 자는 자기를 살펴 아느니라"

"부자가 자기를 지혜롭게 여긴다"는 것은 이미 자기도취에 빠진 것을 말합니다. 그는 나르시시즘에 빠졌습니다. 자기도취에 빠졌다는 것은 술 취한 것과 같습니다. 술취한 사람이 어떻게 운전을 바로 하며 길을 어떻게 똑바로 걸어가겠습니까? 여기서 중요한 것은 자기를 살필 줄 안다는 것입니다. 사람이 자기를 아는 것보다 더 중요한 것은 없습니다. 우리는 도대체 어떻게 해야 자기를 살필 수 있습니까? 가난해야 한다는 것입니다. 가난하고 말씀이 있어야 합니다.

28:12, "의인이 득의하면 큰 영화가 있고 악인이 일어나면 사람이 숨느니라"

의인이 권력을 잡으면 공평하기 때문에 사람들은 자기 일만 열심히 하면 됩니다. 그러나 악인이 권력을 잡으면 복수를 하고 자기와 생각이 다른 자들을 감옥에 집어넣습니다. 그래서 악인이 권력을 잡으면 숨어야 합니다. 거기서 한자리하려고 하다가는 두고두고 욕을 먹게 됩니다.

28:13, "자기의 죄를 숨기는 자는 형통하지 못하나 죄를 자복하고 버리는 자는 불쌍히 여김을 받으리라"

하나님의 위대한 자비하심입니다. 누구든지 살아있는 동안 혹 하나님의 말씀을 듣는 동안 죄를 자백하고 버리면 하나님은 용서해주시고 사랑해주십니다. 그러나 하나님이 가만히 계신다고 해서 죄를 그대로 가지고 있는 자는 하나님이 철저하게 죄를 드러내서 망신당하게 하시고 처벌받게 하십니다. 그래서 14절에 "항상 경외하는 자는 복되거니와 마음을 완악하게 하는 자는 재앙에 빠지리라"는 말씀처럼 늘 하나님을 의식해야 합니다. 하나님을 인식하고 사는 것이 복입니다. 그러나 일부러 마음을 악하게 해서 자기 마음대로 사는 자는 재앙에 빠집니다. 우리 인생에는 율법의 선이 있습니다. 차선을 지키듯이 하나님 말씀의 선을 지켜야 합니다.

60

인간의 선택

잠 28:15-28

동물은 대개 사냥하거나 다른 짐승과 싸울 때면 자신의 본성이 나오게 되어 있습니다. 그런데 살아있는 짐승 중에서 극단에서 극단으로 행동할 수 있는 것이 바로 사람입니다. 사람이 만일 악한 방향으로 마음을 먹고 행동하면 맹수나 악마보다 더 악해질 수 있습니다. 반대로 사람이 착한 마음을 먹고 착한 행동을 하면 천사보다 더 착해질 수 있습니다. 그래서 인간의 선악의 범위는 짐승에서 천사까지 혹은 악마에서 천사까지 왔다갔다 할 수 있습니다.

우리는 거의 모든 인간은 천사와 맹수 중간 상태에 있다고 생각할 것입니다. 그러나 오늘 본문의 잠언에서는 중간 상태는 없다고 강조하고 있습니다. 즉 모든 인간은 맹수나 악마가 아니면 천사입니다. 중간 상태라는 것은 없다는 것입니다.

본문의 핵심 구절은 15절로 볼 수 있는데, "가난한 백성을 압제하는 악한 관원은 부르짖는 사자와 주린 곰 같으니라"라고 했습니다. 여기 나오는 악한 관원은 자기 스스로 인간이기를 포기한 사람입니다. 그래서 이들은 스스로 잔인하게 되어서 사나운 사자나 공격하는

곰처럼 사람들을 물어뜯고 죽입니다. 거기에 비해 18절에 보면 "성실하게 행하는 자는 구원을 받을 것이나"라고 했습니다. 이 사람은 하나님의 말씀을 배운 후에는 성실하게 하나님 말씀의 길을 걸어갑니다. 그러다 보니까 굶주린 사람을 도울 수 있고, 목마른 자에게 물을 줄 수 있고, 잘 데 없는 사람에게 잘 곳을 마련해주고, 학비가 없는 학생에게는 학비를 주기도 합니다. 이런 사람은 자기는 모르지만 천사의 길을 가고 있는 것입니다.

1. 두 가지 길

사람에게는 두 가지 길이 있습니다. 보통 세상에서는 성공하는 길과 실패하는 길, 두 가지가 있다고 합니다. 물론 이 세상에는 성공하는 길도 있고 실패하는 길도 있기 때문에 성공하기 위하여 열심히 공부하고 노력도 해야 할 것입니다. 그러나 그것보다 더 중요한 것은 그 성공한 것을 가지고 어떻게 사용하느냐 하는 것입니다. 예를 들어서 어떤 사람이 열심히 공부해서 좋은 대학을 나왔다면 그 학벌을 가지고 무엇을 하느냐 하는 것이 더 중요하다는 것입니다. 어떤 사람은 하버드나 예일대의 로스쿨을 나온 후 변호사나 정치인이 되어서 돈을 많이 벌고 높은 자리에 올라가는 사람도 있을 것입니다. 그러나 그들의 사생활은 음란하고 이혼하고 마약을 하고 나중에는 돈벌레나 폐인이 되는 사람도 있을 것입니다. 그러나 어떤 사람은 좋은 대학을 졸업한 후에 불행한 사람이나 인류를 위해서 좋은 일을 하려고 애쓰는 사람들이 있습니다.

어떤 사람이 공부를 잘하고 집안이 좋아서 관리가 되었지만 자기가 가진 권리를 나쁜 것에 사용했다면, 즉 가난한 사람들을 학대해서 돈을 빼앗는데 자기 자리를 사용한다면 이런 사람은 자기 스스로가 맹수나 악마가 되는 길을 택한 것입니다. 아마 우리나라에도 좋은 자리에 앉으면 크게 한탕을 하려고 하는 사람들이 많이 있을 것입니다. 이런 사람들은 모두 울부짖는 사자나 굶주린 곰의 길을 가고 있는 것입니다.

28:16, "무지한 치리자는 포학을 크게 행하거니와 탐욕을 미워하는 자는 장수하리라"

여기서 "무지한 치리자"는 가난한 사람들의 사정을 모르는 관리를 말합니다. 이런 사람은 백성에게 무조건 쥐어짜기만 하면 돈이 나온다고 생각하기 때문에 백성을 젖을 짜는 암소나 암염소로 생각하는 것입니다. 목회자 중에서도 교인들은 쥐어짜기만 하면 돈이 생긴다고 생각하는 이들이 간혹 있습니다. 그들은 바로 사나운 사자나 곰입니다. 정치인 중에서도 포퓰리즘이라고 해서 국민에게 돈을 막 주는 것 같지만 뒤에서는 철저하게 쥐어짜는 이들이 많습니다. 이들은 모두 맹수입니다. 그래서 이 세상은 선한 목자와 맹수 목자 사이의 싸움이 있습니다.

그래서 오래 살고 싶으면 탐욕을 미워해야 합니다. "탐욕을 미워하는 자는 장수하리라"고 했습니다. 우리는 돈을 더 많이 받고 싶고 더 높은 자리에 올라가고 싶고 더 잘살고 싶은 탐욕이 있습니다. 이 탐욕이 우리를 쉬지 못하게 몰고 가서 빨리 죽게 만드는 것입니다.

28:18, "성실하게 행하는 자는 구원을 받을 것이나 굽은 길로 행하는 자는 곧 넘어지리라"

성실하게 살려고 하면 무엇보다 먼저 자기 길을 찾아야 합니다. 여기서 자기 길이라는 것은 성경 안에 나 있는 길을 말합니다. 우리가 길을 알면 조급할 필요도 없고 다른 사람을 괴롭히거나 밀칠 필요도 없습니다. 그 길을 꾸준히 가면 우리가 원하는 목적지에 이르게 되고 원하는 것을 얻게 됩니다. 그것이 바로 구원을 받는 것입니다.

"굽은 길로 행하는 자는 곧 넘어지리라"고 했습니다. 이 사람들은 '길을 찾지 못한 사람들'입니다. 이들은 자기가 가고 싶은 데로 가니까 자유롭고 온 세상이 자기 것인 것 같지만 거기는 길이 없습니다. 결국은 가시나무와 엉겅퀴나무에 걸려서 오도 가도 못하게 되고 맙니다.

여기서 "굽은 길"은 신앙적으로 굽은 길을 말합니다. 즉 성경의 길이 아닌 길을 말합니다. 거기에는 철조망이 있고 독가스가 있고 적군의 기관총이 있습니다.

28:19, "자기의 토지를 경작하는 자는 먹을 것이 많으려니와 방탕을 따르는 자는 궁핍함이 많으리라"

하나님의 말씀을 따라가면 처음에는 좁은 문이고 좁은 길이어서 배도 고프고 고생도 합니다. 그래서 왜 하나님의 길이 이렇게 나쁜 실패의 길인가 원망하기도 합니다. 그러나 하나님 말씀의 길을 따라가다 보면 밭이 나옵니다. 우리는 거기서 농사를 지으면 됩니다. 아마 삼십 배, 육십 배, 백배의 수확을 얻을 것입니다. 우리는 결코 굶어 죽지 않습니다. 그러나 여기 "방탕을 따르는 자"는 세상에서 성공한 사람을 말합니다. 이들에게는 하나님의 밭이 없습니다. 그 대신 술집이 있습니다. 그래서 세상에서 성공한 사람들은 얼마나 술을 많이 마시는지 몸 안에 피가 도는 것이 아니라 술이 돌 정도입니다. 그들은 세상적으로 잘나갑니다. 그런데 어느 날 보니까 아무것도 없습니다. 자기는 늙어 있고 자기를 따르는 사람도 없고 관심을 가져주는 사람도 없습니다.

2. 하나님의 비밀

이 세상에 우리가 살아가는데 두 가지 방법이 있습니다. 하나는 다른 사람을 잡아먹으면서 살아가는 것이고, 다른 하나는 하나님의 비밀을 깨달아서 살아가는 것입니다.

거미는 골목이나 나무 사이에 끈적끈적한 거미줄을 촘촘히 매어 놓고 다른 곤충이 걸리기를 기다립니다. 사실 거미는 참 놀라운 재주를 가지고 있습니다. 거미는 자기 키의 몇십 배 되는 높이를 뛰어오르기도 하고, 상당히 먼 거리인데도 촘촘하게 거미줄을 칩니다. 아무리 나비나 나방이나 하루살이가 날고 긴다 해도 거미줄에 걸리면 빠져나가지 못합니다. 거미는 거미줄 가에 붙어 있다가 먹이가 잡힌 것을 보면 서서히 거미줄 가운데로 가서 잡아먹습니다.

사람에게는 모두 더 잘 되고 돈이 더 많아지고 남의 것을 빼앗더라도 부자가 되고 싶은 욕심이 있습니다. 이것이 바로 탐욕입니다. 인간의 마음에서 탐욕을 완전히 없앨 수는 없습니다. 그러나 행동으로 옮겨지기 직전에 스톱하면 하나님은 용서해 주십니다. 그러나 그 선을 넘어가 버리면 바로 잡는 것이 아주 힘들어지게 됩니다.

28:20, "충성된 자는 복이 많아도 속히 부하고자 하는 자는 형벌을 면하지 못하리라"

여기 "충성된 자"는 하나님의 말씀에 충성된 자를 말합니다. 하나님은 그들이 일할 수 있는 작은 밭을 주십니다. 그 일을 하면 하나님이 모든 일에 복을 주십니다.

저희 교회에 새벽기도회에 미화원 옷과 반사 밴드를 차고 와서 말씀 듣다가 설교 끝나기 전에 나가는 여자 집사님이 있었습니다. 그래서 물어보았더니 그때 나가야 거리 청소를 할 수 있다고 했습니다. 그리고 그분은 일해서 받는 돈을 아껴서 여러 명의 신학생을 공부하게 했다고 합니다. 그분은 정말 만족할 줄 아는 분이었습니다. 그러나 속히 부자가 되려는 자는 주식 투자나 부동산 투자에 무리하게 했다가 망합니다. 그러다가 결국 다른 사람에게 고발당해서 처벌받게 됩니다. 그러니까 사람이 부자가 되는 것을 목적으로 삼다가는 망하는 것입니다.

사람 중에는 한 조각의 떡 때문에 망하는 사람이 있습니다.

28:21, "사람의 낯을 보아 주는 것이 좋지 못하고 한 조각 떡으로 말미암아 사람이 범법하는 것도 그러하니라"

사실 다른 사람의 형편과 처지를 생각해 주는 것은 좋은 것입니다. 그러나 다른 사람들을 차별하는 것은 좋지 못합니다. 한 조각의 떡을 훔쳤다가 망한 사람이 《레미제라블》에 나오는 장발장입니다. 장발장은 굶주린 조카들을 위해서 빵 한 개를 훔쳤다가 19년 감옥살이를 하고 나오게 됩니다. 원래는 자기를 그렇게 고생시킨 사회에 대하여 복수하고 싶었겠지만 그는 선행으로 세상을 이깁니다. 그는 자신의 전 재산을 한 창녀가 낳은 소녀를 키우는데 다 쓰기로 결심합니다.

찰스 디킨스가 쓴 《위대한 유산》(Great Expectation)이라는 소설이 있습니다. 거기에 나오는 한 소년은 부모가 돌아가신 후 누나와 그 누나 남자 친구가 사는 집에 얹혀삽니다. 그러다가 도망친 죄수를 만나서 도와주게 됩니다. 그 동네에 정신이 약한 이상한 한 부자 여자가 있는데, 그 소년은 그 집에 가서 정원사 일을 해줍니다. 이 소년은 그림을 그리는데 누군가가 돈을 대어주었습니다. 그래서 그림을 많이 그려서 전시회를 했는데, 그림이 다 팔렸습니다. 이 소년은 그 부자 여자가 도와주는 줄 알았습니다. 그러나 알고 보니까 그의 후원자는 바로 자기가 한번 도와준 죄수였습니다. 그는 소년의 재능을 알아보고 자기가 한평생 모은 돈을 그 소년에게 다 보내준 것입니다. 이 소년은 그 사실을 모르고 있다가 어느 날 이 죄수가 적의 칼에 찔려 죽으면서 말을 해줍니다. 반면에 그 소년이 자기를 도와준다고 생각했던 그 부자 여자와 그 조카는 항상 그에게 상처만 주었던 사실을 알게 됩니다.

우리가 인생을 쉽게 살려고 하면 가난하게 될 수밖에 없습니다. 가난해도 하나님의 말씀으로 농사짓는 사람에게는 살길이 있습니다.

28:22, "악한 눈이 있는 자는 재물을 얻기에만 급하고 빈궁이 자기에게로 임할 줄은 알지 못하느니라"

"악한 눈이 있는 자"는 매사를 이기적으로 보는 사람입니다. 그런 사람은 돈만 보면 자기 것으로 만들려고 합니다. 그리고 공적인 돈도 흥청망청 쓰고 봅니다. 이런 사람은 결국 망하게 됩니다. 어떤 은행원은 회사의 돈을 가지고 억대의 재산을 굴렸습니다. 그는 외제 차와 명품 가방을 사고 새 아파트를 사고 폼나게 살았지만 어느 날 조사가 시작되니까 모든 범행이 드러나게 되었습니다. 그는 쇠고랑을 찼고 다 갚기 전에는 감옥에서 나오지 못할 것입니다.

3. 최고의 축복

이 세상에서 복을 받는 비결이 무엇일까요? 그것은 결국 하나님의 말씀을 바로 배우는 것입니다. 하나님의 말씀을 바로 배우면 죄짓기 전에 딱 멈추게 되고 자기 밭이 보이기 때문에 얼마든지 먹고 살 수 있습니다.

28:23, "사람을 경책하는 자는 혀로 아첨하는 자보다 나중에 더욱 사랑을 받느니라"

결국 사람의 운명을 갈라놓는 것은 어떤 설교를 듣느냐 하는 것에 달렸습니다. 사람을 바르게 경책하는 것은 바른 말씀으로 설교하는 것을 말합니다. 어떤 때는 그 말씀이 아플 때도 있고 어떤 때는 내 생각과 다를 때도 있습니다. 그러나 그 말씀을 따라가면 벌써 자기 자신이 존귀해지는 것을 알게 됩니다. 그리고 복이 임하게 되니까 말씀도 사랑하지만, 말씀을 전하는 사람도 사랑하게 됩니다.

그러나 혀로 아첨하는 사람이 있습니다. 이런 사람은 하나님의 말씀을 전하는 것이 아니라 자기 자신을 선전하고 세상의 성공을 자랑합니다. 그래서 교인들이 그 설교를 들을 때는 최면에 걸린 것 같은데 나중에 보면 남는 것이 하나도 없습니다. 그래서 바른 말씀을 듣지 않으면 결국 이 세상에서 어려운 고통을 이길 수 없습니다.

28:24, "부모의 물건을 도둑질하고서도 죄가 아니라 하는 자는 멸망 받게 하는 자의 동류니라"

아무리 부모가 자식을 사랑해서 희생한다 하더라도 일단 성인이 된 후에는 더 이상 부모를 의지하면 안 됩니다. 그러나 부모는 언제나 아들이 달라는 것을 주서야 하며, 부모는 어차피 돌아가실 분이니까 돈이 필요 없으리라 생각해서 돈을 다 달라고 하며 집까지 담보로 맡기는 아들은 아들 자격이 없는 것입니다.

하나님의 말씀은 우리에게 떡을 주는 것이 아니라 떡을 만드는 법과 농사짓는 법을 가르쳐줍니다. 즉 당장 먹어 없어질 복을 주는 것이 아니라 복 받는 비결을 가르쳐 주는 것입니다.

결국 우리에게는 두 가지 중 하나의 길밖에 없습니다. 하나는 욕
심을 따라가는 것이고, 다른 하나는 여호와를 의지하는 것입니다. 그
런데 욕심은 우리 안에서 항상 마그마같이 일어납니다. 이 욕심의 불
을 끄는 방법은 말씀의 물로 붓는 길밖에 없습니다. 그러면 하나님을
의지할 수 있습니다.

여기서 중요한 것은 "못 본 체"하는 것입니다. 어떤 사람이 어려
운데 힘이 없어서 돕지 못하는 것과 못 본 체하는 것은 다릅니다. 예
를 들어서 지하철을 타고 가는데 앞에 노인이 서 있으면 어떤 젊은이
는 자는 체합니다. 거기에 비해 어떤 젊은이는 일어나서 자리를 양보
합니다. 어떤 사람은 자기가 차로 사람을 치어놓고는 모르는 체하고
도망치는 사람도 있습니다. 이것은 자신이 정상적인 사람이 되는 것
을 포기한 것입니다. 우리에게 중요한 것은 우리가 맹수가 되지 않고
사람이 되는 것입니다. 상식이 통하고 말이 통하는 사람이 되어야 그
다음에는 천사가 될 수 있습니다. 악한 길을 택하지 말고 착한 길을
택하시기 바랍니다.

61

지혜를 사모하는 자

잠 29:1-13

경영학에서는 〈깨어진 유리창 이론〉이라는 것이 있습니다. 어떤 사람의 가게에 누군가가 돌을 던져서 유리창 일부를 깨어버렸습니다. 그런데 주인은 인색해서 유리 전체를 바꾸지 않고 깨어진 부분만 종이나 테이프로 붙였습니다. 그러니까 깨어진 유리가 손님에게 나쁜 인상을 주어서 좋은 고객은 오지 않고 점점 더 질이 떨어지는 고객만 오는 현상을 말합니다. 자가용을 운전하는 사람도 마찬가지입니다. 새 차를 사서 차를 아낄 때는 조금만 흠이 생겨도 수리 센터에 가서 고쳐서 항상 새 차처럼 타고 다니지만, 한번 어디에 부딪혀서 흠집이 생겼는데도 돈이 아까워서 그냥 타고 다니면 더 이상 그 차를 아끼지 않고 아무렇게나 운전해서 차가 더 헌 차가 되어버리는 것입니다.

오늘 본문을 보면, 악한 행위가 사회의 물을 아주 흐려놓는 것을 보여주고 있습니다.

2절에 "의인이 많아지면 백성이 즐거워하고 악인이 권세를 잡으면 백성이 탄식하느니라"고 했습니다. 악인이 많아지면 사회의 물이 흐려져서 앞이 보이지 않게 되는 현상을 말합니다. 물이 흐려지면 미래가 보이지 않습니다.

4절에 보면 "왕은 정의로 나라를 견고하게 하나 뇌물을 억지로 내게 하는 자는 나라를 멸망시키느니라"고 했습니다. 정의가 없고 뇌물을 먹는 관리가 생기면 나라가 혼탁해져서 망하게 되는 것입니다.

또 12절에 보면 "관원이 거짓말을 들으면 그의 하인들은 다 악하게 되느니라"고 했습니다. 상사가 하는 거짓말을 듣고도 좋아하면 그 직장은 물이 흐려져서 거짓말하는 사람이 많아지게 됩니다.

우리나라 청년들은 미래에 대하여 희망을 가지지 못하고 있습니다. 그리고 여성들은 아이를 낳으려고 하지 않습니다. 많은 교사들이 어렵게 교사가 된 후에 그만두고 있습니다. MZ세대는 공무원도 많이 그만둔다고 합니다. 그 이유가 무엇일까요? 우리 사회가 흙탕물 사회가 되어서 앞길이 보이지 않기 때문입니다. 오늘 말씀을 보면 어떻게 하면 흐린 물을 맑게 할 수 있는지 그 방법을 가르쳐주고 있습니다.

1. 지혜를 사모하는 것

지식과 지혜는 차이가 있습니다. 지식이 어떤 이론이라면 지혜는 실천이라고 할 수 있습니다. 예를 들어서 어떤 사람이 모차르트의 새로운 악보를 발견했다고 합시다. 이것은 정말 엄청난 발견이 아닐 수 없습니다. 그러나 그것은 어디까지나 악보이지 음악연주는 아닙니다. 어떤 뛰어난 피아니스트가 그 악보를 연주했을 때 그 모차르트의 음악이 살아나게 되는 것입니다.

우리가 잠언을 볼 때 이것은 일종의 악보입니다. 악보만 가지고는 아름다운 음악이 나오지 않습니다. 이 악보를 가지고 수없이 연습하고 연주할 때 잠언은 진짜 잠언이 되는 것입니다.

본문은 먼저 세상을 흐리게 만드는 더러운 물에 대해 말씀하고 있슐니다.

29:1, "자주 책망을 받으면서도 목이 곧은 사람은 갑자기 패망을 당하고 피하지 못하리라"

하나님의 백성의 특징은 유연한 데 있습니다. 그래서 자기가 계획을 세웠고 실행하려고 하다가도 하나님의 종이 "그렇게 하지 않는 것이 좋을 것 같다"고 하면 즉시 멈추고 자신을 돌아봅니다. 그래서 많은 경우 계획을 중단하든지 포기해 버립니다. 그런데 말씀이 들어가지 않은 사람은 생각이 단단해서 한 번 한다고 하면 끝까지 밀고 가버립니다. 그렇게 끝까지 가보다가 벽에 머리를 부딪쳐서 피를 흘리게 되고 거기까지 가는 과정에 이미 많은 시간과 돈을 허비해버리는 것입니다. 그래서 하나님의 말씀을 듣지 않는 사람들이 모인 교회나 모임은 별것 아닌 것을 가지고 많이 싸웁니다. 모두 목이 곧은 사람들이기 때문입니다. 그리고 다른 사람들이 말리고 중재할 때 들으면 시간이나 노력이 절약될 수 있는데 절대로 그렇게 하지 않고 갈 데까지 가는 것입니다. 이런 사람들은 갑자기 패망을 당합니다. 끝까지 가보면 길이 없기 때문입니다.

29:2, "의인이 많아지면 백성이 즐거워하고 악인이 권세를 잡으면 백성이 탄식하느니라"

이에 대한 해결책은 의인이 많아지는 것입니다. 말씀을 들은 사람이 많으면 싸울 일이 없고 또 누군가가 씌우려고 해도 옆에서 조용히 하라고 하면 입을 다물게 됩니다. 그러나 아무리 의인이 많아도 리더의 역할이 중요합니다. 리더 한 사람이 하나님의 뜻이 아닌 쪽으로 무리를 끌고 가면 모든 사람이 피곤하게 되고 답답하게 되어 결국 갈등이 일어나게 됩니다. 반대로 많은 사람이 자기 마음대로 하려고 해도 리더가 바른 생각을 가지면 쉽게 오염되지 않습니다.

그런데 세상이나 교회의 물을 깨끗하게 하는 비결이 있습니다. 그 첫째 비결이 바로 지혜를 사모하는 것입니다.

29:3, "지혜를 사모하는 자는 아비를 즐겁게 하여도 창기와 사귀는 자는 재물을 잃느니라"

여기서 중요한 것은 "지혜를 사모하는" 것입니다. 사람이 지혜를 공부하고 지혜를 연구하는 것도 좋은 일입니다. 그러나 더 강력한 말은 '사모한다'는 말입니다. '사모한다'는 영어로 'desire'라고 하는데, '욕망한다'는 뜻입니다. 다윗은 "하나님이여 사슴이 시냇물을 찾기에 갈급함 같이 내 영혼이 주를 찾기에 갈급하니이다"(시 42:1)라고 했습니다. 사슴이 더운 날에 물도 마시지 못하고 뛰어다녔으니 얼마나 목이 마르겠습니까? 마찬가지로 하나님의 지혜를 사모하는 사람은 하나님의 지혜를 텍스트로 배우는 것이 아니라 하나님의 지혜에 대하여 목말라하고 갈망하는 것입니다.

소설 《동의보감》을 보면 허준이 한약학을 배우기 위해서 선생이 없는 틈을 타서 몰래 책에 있는 내용은 옮겨 적습니다. 그러다가 어느 날 선생님에게 들켜서 다른 제자들에게 죽도록 두들겨 맞습니다. 그래도 그는 한약학에 대하여 배우고 싶은 갈망을 끄지 못합니다. 결국 그의 '사모하는 마음'이 세상을 병으로부터 많이 깨끗하게 했던 것입니다. 마찬가지로 이 세상이 불의와 거짓으로 혼탁해져 있을 때 하나님의 지혜를 갈망하는 마음이 더러운 세상을 깨끗하게 하는 것입니다. 반대로 "창기와 사귀는 자"는 정욕에 자신을 포기해버리는 자를 말합니다. 그러면 세상은 너무나도 혼탁해지게 되는 것입니다.

하나님의 지혜를 사모하는 열정이 있으면 혼탁한 세상을 맑게 할 수 있습니다. 그래서 우리는 그냥 하나님의 말씀을 듣거나 읽으면 안 됩니다. 우리는 하나님의 말씀에 대한 열정이 있는지 사모하는 마음이 있는지 살펴보아야 합니다.

2. 정의가 나라를 깨끗하게 한다

우리가 정의롭다고 해서 알아주는 사람이 있는 것도 아니고 자기에게 유익이 돌아오는 것도 아닙니다. 오히려 이 세상에서 정의롭게 살려고 하면 우리는 가난하고 다른 사람과의 관계가 멀어지는 것을 각오해야 할 것입니다. 그래서 사람들은 이 세상에서 굳이 정의로워야 할 이유를 찾지 못합니다.

29:4, "왕은 정의로 나라를 견고하게 하나 뇌물을 억지로 내게 하는 자는 나라를 멸망시키느니라"

정의가 좋다는 것은 누구나 다 압니다. 그러나 사람이 정의로워지려면 일단 젊고 순수한 열정이 있어야 합니다. 아무리 왕이라 하더라도 돈이 없으면 대신들 앞에서 큰소리를 칠 수 없을 것입니다. 그래서 대개 독재자들은 어마어마한 비자금을 가지고 자기에게 충성하는 자에게 큰돈을 줍니다. 그러면 밑에 있는 충성파들은 죽을 둥 살 둥 충성하게 됩니다.

사람들은 누구든지 정의가 좋다는 것은 알지만 정의로울 필요를 느끼지 못합니다. 정의롭다고 해서 승진을 하는 것도 아니고 상을 받는 것도 아니고 돈이 생기는 것도 아닙니다. 오히려 정의로우면 까다롭다고 해서 위의 사람이나 동료나 아래 사람들에게 미움이나 받고 자리에서 쫓겨날 가능성이 크고 궁핍하게 살게 됩니다. 그리고 다른 사람들이 어느 정도는 불의를 행하면서 살기 때문에 굳이 자기 혼자 바르게 산다고 해서 세상이 바르게 되는 것도 아닙니다.

그러나 사람들이 모르는 것은 정의가 부정을 정화시키는 약이라는 사실입니다. 예를 들어서 어떤 한 사람이 보잘것없는 자리에 있지만 정의로우면 그 사람으로부터 정화하는 약이 나와서 주위가 맑아지기 시작합니다. 그래서 선생님 한 분이 정의로우면 학교가 정화되어 자살하는 학생이나 선생님이 없어지고, 군인 한 사람이 정의로우면 군대에서 성폭행이나 사고가 없어지게 됩니다.

29:5, "이웃에게 아첨하는 것은 그의 발 앞에 그물을 치는 것이니라"

"이웃에게 아첨하는 것"은 틀린 일을 잘했다고 추켜세워주는 것을 말합니다. 어떤 사람이 분명히 틀린 일을 하고 있는데 잘했다고 아첨하는 것은 그 사람에게 '망해서 죽어버리라' 는 것과 똑같은 것입니다. 이것은 저주입니다. 우리가 만일 친한 사람에게 "네가 다른 것은 다 좋은데 이 일만은 좀 지나친 것 같지 않니?"라고 권면해서 생각할 시간을 가진다면 물은 훨씬 깨끗해질 수 있습니다. 사실 좋은 칭찬은 필요합니다. 너무 칭찬에 인색하면 사람들이 자신감을 가지지 못합니다. 아첨하기 싫으면 입을 다물고 아무 소리도 하지 않는 편이 좋습니다.

29:6, "악인이 범죄하는 것은 스스로 올무가 되게 하는 것이나 의인은 노래하고 기뻐하느니라"

사람이 일단 죄를 지으면 눈에 보이지 않는 올무가 하나 생기게 됩니다. 그때 빨리 회개하고 그 죄를 버리고 청산해버리면 올무에서 벗어나게 됩니다. 그런데 한 번 더 같은 죄를 지으면 이제는 그 올무가 조여지게 됩니다. 일단 덫이 한번 조여지고 난 후에는 아무리 날뛰고 철사를 물어도 벗어날 수 없습니다.

죄는 한번 어떻게 하다가 빠질 수 있지만 계속하면 올무가 조여들게 됩니다.

29:7, "의인은 가난한 자의 사정을 알아 주나 악인은 알아 줄 지식이 없느니라"

"의인"은 자기가 옛날에 가난할 때 고생해보았기 때문에 그들의 사정을 알 수 있습니다. 그런데 "악인"은 한 번도 고생해 본 적이 없기 때문에 다른 사람의 고통을 이해하지 못합니다. 그래서 책만 가지고 공부해서 성공한 사람은 남의 고통을 잘 이해하지 못합니다.

의사도 자기가 암에 한 번 걸려보면 얼마나 암 환자들이 고통받는 줄 압니다. 그러나 한 번도 아파 본 적이 없는 사람은 아픈 것이 어떤 것인지를 모릅니다. 남의 어려움을 이해하지 못하는 자는 병자입니다.

29:8, "거만한 자는 성읍을 요란하게 하여도 슬기로운 자는 노를 그치게 하느니라"

"거만한 자'는 자기주장만 하는 사람입니다. 이런 사람은 모든 사람과 싸웁니다. 왜냐하면 남의 사정을 이해하지 못하기 때문입니다. 그러나 "슬기로운 자"는 남의 어려운 사정을 잘 이해합니다. 그래서 그 어려워하는 것을 들어주면 조용하게 됩니다. 그래서 어떤 단체나 사회가 시끄러운 것은 약한 자를 생각하지 않고 일방적으로 사업을 밀어붙이기 때문입니다. 약한 자들이 불만을 가질만한 것을 들어주면 싸울 이유가 없습니다. 그러나 자기주장만 정당하다는 이유를 자꾸 이야기하니까 싸움이 점점 더 커지게 됩니다.

> 29:9, "지혜로운 자와 미련한 자가 다투면 지혜로운 자가 노하든지 웃든지 그 다툼은 그침이 없느니라"

미련한 자는 자기 요구가 받아들여지기 전에는 절대로 웃지 않기 때문에 지혜로운 자가 져줘야 합니다. 어떤 회사나 가정에서 분쟁이 생겼는데 지혜로운 자가 화를 내어서 겁을 주거나, 웃으면서 유화정책을 써도 미련한 자가 통하지 않는다면 싸움이 계속되는 것입니다. 그러니까 지혜로운 자가 양보하고 져주어야 싸움이 그치게 됩니다.

3. 하나님이 주시는 빛

세상이 미래를 향해서 나가려면 한 가지가 더 필요한데, 그것은 바로 빛입니다. 빛이 없으면 앞이 보이지 않아서 앞으로 나가지 못합니다.

> 29:13, "가난한 자와 포학한 자가 섞여 살거니와 여호와께서는 그 모두의 눈에 빛을 주시느니라"

하나님은 가난한 자의 눈에도 빛을 주시고 포학한 자의 눈에도 빛을 주십니다. 그러나 포학한 자의 눈에서 나는 빛은 어두운 데서 잡아먹기 위한 빛이기 때문에 오히려 그것보다 강한 빛이 비취면 그 눈이 보이지 않게 됩니다.

사도 바울은 예수 믿기 전에 예수 믿는 사람들을 잡으려고 사나운 눈으로 다메섹으로 가다가 예수님의 빛을 보았을 때 그 눈이 멀어버렸습니다. 그리고 그가 삼일 금식하고 회개했을 때 눈에서 비늘 같은 것이 벗겨지면서 앞을 볼 수 있게 되었습니다. 하나님은 바울에게 가난한 새 눈을 주셨던 것입니다.

29:10, "피 흘리기를 좋아하는 자는 온전한 자를 미워하고 정직한 자의 생명을 찾느니라"

지도자가 아무리 경제 발전을 하고 민주주의를 지켰다 하더라도 그 과정에 사람의 피를 많이 흘리면 그는 용서되지 않습니다. 결국 그는 자기 자신도 피를 흘리면서 죽게 됩니다. 그래서 권력이 있다고 해서 남을 죽여서는 안 됩니다. 그러면 자기도 반드시 비참하게 죽게 되어 있습니다.

29:11, "어리석은 자는 자기의 노를 다 드러내어도 지혜로운 자는 그것을 억제하느니라"

사람의 분노는 그 사람 안에 들어있는 온갖 더러운 찌꺼기입니다. 그것을 다 토해내는 사람은 마치 먹은 것을 다 토해내는 것처럼 더럽고 냄새가 납니다. 지혜로운 사람은 절대로 자기 화를 다 내면 안 됩니다. 왜냐하면 그렇게 하면 세상이 더러워지기 때문입니다.

세상을 깨끗하게 하면 사람들이 미래에 대하여 희망을 가지게 됩니다. 그리고 이 세상을 살아갈 자신감을 가지게 됩니다. 그 비법은 세 가지입니다. 하나는 지혜에 대한 열정이고, 두 번째는 정의이고, 세 번째는 하나님의 빛입니다. 화내지 마시고 항상 좋은 눈빛을 가지시기를 바랍니다.

62

일의 결과

잠 29:14-27

잠언 29장 후반부는 잠언의 결론이라고 할 수 있습니다. 그 뒤에 나오는 잠언 30장이나 31장은 아굴과 르무엘의 잠언으로 되어 있습니다. 이들은 이스라엘 왕도 아닙니다. 그러나 이 왕들의 잠언에도 하나님의 말씀이 있다고 판단되어서 솔로몬의 잠언어 포함된 것입니다. 그러므로 아굴이나 르무엘의 잠언은 일종의 잠언의 부록으로 보아야 할 것입니다. 그래서 본문이 잠언의 결론인 것입니다.

여기서 핵심적인 구절은 본문 29장 18절에 있습니다.

"묵시가 없으면 백성이 방자히 행하거니와 율법을 지키는 자는 복이 있느니라"

그리고 26절이 요절입니다.

"주권자에게 은혜를 구하는 자가 많으나 사람의 일의 작정은 여호와께로 말미암느니라"

즉 왕이나 대통령이 우리의 인생을 좌지우지하고 높은 사람들이 내 인생을 결정한다고 생각하지만, 결국 모든 인생의 최종적인 것은 하나님에 의해 결정된다는 것입니다.

1. 바른 길을 찾아야 한다

사람이 바른 목적지를 찾아가려고 하면 그 목적지를 가는 길을 알아야 합니다. 사실 바른 목적지를 찾는 것은 쉬운 일이 아닙니다. 거기에는 안내판이 있는 것도 아니고 풀이 우거져 있어서 길 같이 보이지도 않기 때문입니다. 그래서 이런 길을 찾아가려면 먼저 이 길을 가서 성공한 하나님 종들의 말을 주의 깊게 들어야 합니다. 그리고 길을 가다가 길 같지도 않은 이상한 길이 나오면 주의 깊게 살펴보아야 합니다. 그런데 설사 그 길을 찾았다 하더라도 사람의 마음속에는 그 길로 가기 싫어하는 방해하는 마음이 있습니다. 그래서 길을 가면서 이런 고장난 마음들을 계속 수리하면서 가야 합니다.

29:14, "왕이 가난한 자를 성실히 신원하면 그의 왕위가 영원히 견고하리라"

왕이 추진하는 정책의 어려운 점은 나라 안에서 부자를 더 부자되게 해서 나라를 발전시키느냐 아니면 브자는 내버려두고 가난한 사람들을 돌보아 주어서 빈부의 차이를 없애는 정치를 하느냐 결정하는 것입니다. 오늘 잠언은 왕은 가난한 자를 성실하게 그 억울함을 들어주어야 한다고 말씀하고 있습니다. 이런 의미에서 본다면 잠언의 사상은 오늘의 사회주의에 가깝다는 생각이 들 것입니다.

그러나 본문에서 왕은 반드시 정치인을 말하지 않습니다. 먼저 하나님의 길을 발견해서 그 길로 가서 성공한 사람을 말합니다. 먼저 하나님의 길을 찾아서 성공한 사람은 이제 새로 길을 찾느라고 끙끙거리고 있는 사람을 보면 그들에게 하나님의 길을 자세하게 잘 가르쳐 주어야 합니다. 왜냐하면 그들은 가야 할 길을 찾지 못해서 엄청나게 방황하고 있고 또 세상 길로 가게 하는 유혹이 너무나도 강하기 때문입니다. 그래서 먼저 믿음의 길을 간 사람은 하나님의 말씀이야말로 성공의 길이고 출세의 길이라는 것을 자꾸 가르쳐즈어야 합니다.

이미 하나님의 길을 찾았고 고난의 시험을 통과한 사람은 왕과 같습니다. 그러나 왕은 조심해야 할 것이 있습니다. 하나는 자신이 옛날 길을 잃고 방황하며 비참하게 지냈던 때를 잊어버리는 것입니다. 그리고 또 하나는 성공한 후에 권태가 오게 되는 것입니다. 권태가 오게 되면 더 이상 말씀으로는 정신을 차리게 되지 않습니다. 이때는 자꾸 죄짓는 쪽으로 가야 재미가 있는데 다른 것으로는 재미가 없는 것입니다.

여기서 자녀들이 바른길을 가라고 하는데도 가지 않고 다른 길을 가려고 할 때에는 매로 때리기도 하고 야단도 쳐서 바로 잡으라고 권면하고 있습니다. 그런데 자기 자녀가 너무 사랑스러워서 고집을 부려도 때리지 않고 야단도 치지 않으면 나중에 부랑아가 되어서 자기 자신이 망하는 것은 물론이고 집안에 큰 골칫덩이가 될 것입니다. 요즘 학교에서는 교사들이 학생을 때리지 못하는 것은 물론이고 벌도 주지 못하게 하기 때문에 오히려 학생이나 학생의 부모가 교사에게 폭언이나 폭행을 하는 실정입니다. 그러나 우리가 기억해야 할 것은 아직 아이들의 뇌는 말랑말랑하기 때문에 굳어져 있지 않다는 것입니다. 그래서 사랑하는 마음으로 그 학생의 장점을 이야기해 주고 옳지 않은 것은 옳지 않다고 말해준다면 틀림없이 그 가르침을 마음에 새기게 될 것입니다.

그래서 사랑하는 자녀일수록 듣기 싫은 소리를 해야 합니다. 그러나 사실 우리가 잘못했을 때 채찍으로 때리시고 꾸지람을 하시는 분은 하나님이십니다. 하나님은 기다리고 계시다가 우리가 잘못을 고치지 않으면 징계하십니다. 하나님에게 맞는 것이 가장 무섭습니다. 그러나 하나님의 징계를 맞으면 감사해야 합니다. 왜냐하면 우리는 틀림없는 하나님의 자녀이기 때문입니다.

29:16, "악인이 많아지면 죄도 많아지나니 의인은 그들의 망함을 보리라"

악인이 많아진다는 것은 사람의 마음속에서 하나님의 말씀이 없어지는 것을 말합니다. 그러면 죄가 흔하게 되어 사람들이 아무렇게나 죄를 짓게 됩니다. 물론 우리는 다른 사람이 죄를 많이 짓는 것이 나와 무슨 상관이 있느냐고 생각하기 쉬운데 사실은 사회가 점점 야생동물의 사회로 변해가는 것입니다. 성경에는 마귀가 우는 사자같이 우리를 삼키려고 돌아다니고 있다고 했습니다(벧전 5:8). 이런 경우에는 너나 구별없이 일단 좋지 않은 시간에 좋지 않은 장소에 있으면 당하게 됩니다. 그래서 사람들이 원하든지 원하지 않든지 꾸준히 하나님의 말씀을 가르치면 아무래도 악인이 줄어들게 됩니다.

29:17, "네 자식을 징계하라 그리하면 그가 너를 평안하게 하겠고 또 네 마음에 기쁨을 주리라"

옛날에 아버지들은 주로 이 말씀을 믿었던 것 같습니다. 그래서 자녀들이 잘못하거나 실수하면 매도 때리고 야단을 쳤습니다. 그러나 자녀를 징계하라는 말은 무조건 매질을 하거나 때리라는 말이 아니라 교훈을 줄 때는 마치 매를 때리는 것처럼 마음이 아프고 따끔하게 가르치라는 뜻입니다. 그래서 목사가 설교 시간에 책망하는 설교를 하면 교인들은 모두 자기에게 하시는 말씀인 줄 알고 고개를 숙입니다.

그리고 죄를 회개합니다. 그러나 하나님의 말씀이 없으면 자기 멋대로 행동하기 때문에 죄는 걷잡을 수 없게 되어버립니다.

그런데 가장 중요한 것이 다음에 나오는 18절입니다.

29:18, "묵시가 없으면 백성이 방자히 행하거니와 율법을 지키는 자는 복이 있느니라"

여기서 "묵시"는 '하나님의 말씀'을 말합니다. 하나님의 말씀은 묵시가 많기 때문에 뜻을 모를 때도 많고 어려운 말씀도 많습니다. 그러나 하나님의 말씀을 배우는 사람은 정욕에 사로잡히는 경우가 적습니다. 여기서 "방자히 행하"는 것은 정욕의 노예가 되는 것을 말합니다. 즉 하나님의 말씀을 배운 사람은 정욕이 아무리 죄지으라고 유혹해도 죄짓기 직전에 딱 스톱을 합니다.

2. 자신에 본분에 맞게 양육하라

사람에게 중요한 것은 자신의 신분에 맞게 행동하는 것입니다. 어른은 어른 같이 행동하고, 어린아이는 어린아이같이 행동하는 것이 자연스럽습니다. 예를 들어서 종이 너무 버릇이 나빠서 다른 사람에게 욕하거나 일을 시키고 오히려 주인은 겸손해서 청소도 하고 밭일도 한다면 노예를 쓸 이유가 없을 것입니다.

29:19, "종은 말로만 하면 고치지 아니하나니 이는 그가 알고도 따르지 아니함이니라"

우리가 이 말씀만 들으면 역시 성경은 고루한 말씀이고, 사람을 인격적으로 대하지 않는다고 생각하기 쉽습니다. 그러나 여기서 말하는 "종"은 우리 모든 인간을 말합니다. 우리 인간은 하나님의 종입니다. 그러나 종이 종같이 살지 않고 주인처럼 행동하는 종이 많은 것입니다.

우리는 때때로 하나님의 말씀을 들어도 행동을 고치지 않을 때가 많습니다. 어떤 때는 하나님 앞에서 나쁜 짓 하지 않겠다고 수백 번 약속하고도 또 상황이 달라지면 죄를 짓게 됩니다. 그래서 우리가 아느냐 모르느냐 하는 것이 중요하지 않습니다. 중요한 것은 진리가 체질화되어야 죄를 짓지 않게 된다는 것입니다. 그래서 어렸을 때 교육이 아주 중요합니다. 어렸을 때부터 도둑질이나 거짓말은 나쁜 것이라는 것을 배우지 않은 사람은 나중에는 도둑질의 유혹에 넘어가고 예사로 거짓말을 하게 되는 것입니다. 이것이 바로 종의 정신입니다. 종은 몰라서 안 하는 것이 아닙니다. 자기 일이 아니기 때문에 하지 않는 것입니다.

우리의 가치는 이 세상을 주인으로 살아가느냐 종으로 살아가느냐의 차이에 있습니다. 종은 주인이 욕을 하거나 발로 차거나 때리지 않으면 알아도 일을 잘 하지 않습니다. 그러나 주인은 누가 말하지 않아도 자기가 솔선수범하여 일을 합니다. 그것이 바로 자기 일이기 때문입니다.

민주주의가 성공하려면 주인 의식을 가진 자들이 많이 길러져야 합니다. 그러나 반대로 종의 정신을 가진 자들이 많아지고 공짜만 바라게 되면 민주주의는 썩어버리게 됩니다. 전 세계의 민주주의가 무너지고 있는 이유는 종의 정신을 가진 자들이 많기 때문입니다.

29:20, "네가 말이 조급한 사람을 보느냐 그보다 미련한 자에게 오히려 희망이 있느니라"

여기서 "조급한 사람"은 실현 가능성은 생각하지 않고 말부터 하는 사람을 말합니다. 이 사람은 깊이 생각하지 않고 여러 사람에게 약속을 많이 해버렸습니다. 그런데 나중에 보니까 이것이 전부 빚이 되어서 돌아오는 것입니다. 이런 사람은 망할 수밖에 없습니다. 그러나 미련한 자는 아는 것이 없기 때문에 아무 약속도 하지 않고 아무 투자도 하지 않습니다. 그래서 그런 사람은 아주 머리 좋고 성실한 사람을 만나면 성공할 희망이 있는 것입니다.

다음 구절이 무서운 말입니다.

29:21, "종을 어렸을 때부터 곱게 양육하면 그가 나중에는 자식인 체하리라"

주인이 너무 마음이 좋아서 종의 자식을 자기 아들과 똑같이 옷을 입히고 공부를 시켰습니다. 그런데 어느 날 보니까 종의 자식이 자기 아들을 종으로 부리고 때리고 심지어는 주인의 은혜도 모르고 돈을 훔쳐서 달아나 버리는 것입니다. 자기 신분을 잊어버렸던 것입니다.

군대에서 장교는 장교답게 행동을 하고 사병은 사병답게 행동을 해야 합니다. 교회에서 목사는 목사다워야 하고 장로는 장로다워야 합니다. 물론 다 같은 하나님의 종이지만 자기에게 맞는 분수가 있는 것입니다.

29:22, "노하는 자는 다툼을 일으키고 성내는 자는 범죄함이 많으니라"

우리는 외부적인 신분도 있지만 안에 종의 근성도 있습니다. 우리가 진정 하나님의 백성이라면 속에 있는 종의 성품도 다스릴 수 있어야 합니다. 우리가 쓸데없는 일에 분노하는 것은 주인 의식이 아닙니다. 또 다른 사람에게 상스러운 욕을 하는 것도 주인 의식에서 나온 것은 아닐 것입니다. 그런 나쁜 성품을 다스리지 못하면 하나님의 백성이 되지 못합니다.

이것은 오늘 우리가 보는 것과 반대되는 현상입니다. 사람들은 교단해야 대단하다고 생각해서 알아줍니다. 반대로 겸손하면 바보인 줄 알고 발로 밟으려고 합니다. 그래서 다른 사람이나 회사에서 인정받으려면 자신의 경력이나 능력을 부풀려야 합니다. 그리고 자기를 엄청나게 선전해야 합니다. 그렇지 않으면 그를 알아주는 사람이 아무도 없을 것입니다. 그러나 언젠가는 그 사람의 됨됨이나 그릇이 드러날 때가 있을 것입니다. 잘난 체하던 사람을 보니까 빈 깡통인 것이 드러납니다. 그러나 겸손한 사람은 속이 찬 사람입니다. 어느 날 갑자기 유명해지면서 실력을 나타내게 됩니다.

3. 모든 것은 하나님이 인도하신다

우리는 내 생각이나 계획대로 되지 않는 것을 알게 됩니다. 우리 인생에는 내 힘으로는 어떻게 할 수 없는 변곡점이 있습니다. 그것이 바로 하나님이 내 인생에 개입하시는 때이고 나를 하나님의 사람으로 만드시는 시간입니다.

사람들은 모두 자기 영혼이 잘되기를 바랍니다. 그러나 사람 중에는 자기 육체가 잘되기를 바라는 사람이 있습니다. 여기서 악인과 선인이 구별됩니다. 즉 영혼이 잘되기를 바라느냐 육체가 잘되기를 바라느냐의 문제입니다. 영혼이 잘되기를 바라려면 영혼에 좋은 것을 집어넣어야 합니다. 교양이나 독서도 해야 하지만, 하나님의 말씀을 집어넣는 것이 최고입니다. 그러나 육체가 잘되기를 바란다는 것은 돈을 좋아하고 육체의 정욕을 좋아하는 것을 말합니다. 결국 사람은 모두 심은 대로 거두게 되어 있습니다.

도둑은 자기 돈이 아닌 것을 가지고 흥청망청 마시고 씁니다. 이들은 자기 영혼을 미워하는 자들입니다. 이런 정욕을 즐길수록 자기 영혼을 시궁창에 두는 것이 되기 때문입니다. 그는 저주를 들어도 진술하지 않는다고 합니다. 즉 '너는 망하는 짓을 하고 있다고 해도 죄를 토해내지 않는다' 는 뜻입니다. 실수로 상한 음식 먹었으면 얼른 토해내고 해독제 주사를 맞아야 살 수 있습니다.

"도둑과 짝하는 자"는 공짜를 너무 좋아하는 사람을 말합니다. 공짜는 결코 좋은 것이 아닙니다. 왜냐하면 돈 안에는 독이 들어있기 때문입니다.

29:25, "사람을 두려워하면 올무에 걸리게 되거니와 여호와를 의지하는 자는 안전하리라"

"사람을 두려워하면" 그 사람이 내 모든 운명을 쥐고 있다고 생각해서 무조건 시키는 대로 하게 됩니다. 사람을 의지하면 그것을 거절하지 못해서 불법을 저지르게 됩니다. 그러면 결국 자기만 올무에 걸리는 것입니다. 우리는 할 수 없는 것은 할 수 없다고 거절해야 합니다. "여호와를 의지하는 자"는 내 미래가 사람에게 달려있는 것이 아니라 하나님께 달려있다는 것을 믿는 사람입니다. 그러니까 사람이 나를 미워하고 욕하는 것을 겁낼 필요가 없습니다. 모든 일은 결국 하나님의 뜻대로 되기 때문입니다.

저는 집이 조금만 정상적이었다면 좋은 중고등학교에서 열심히 공부했을 것입니다. 그리고 원하는 대학에 들어갔을 것입니다. 이 세상에서 죽을 둥 살 둥 할 공부가 있었더라면 아마 그 길을 택했을 것입니다. 그러나 그런 길이 없었습니다. 저는 제가 원하는 길을 걷지 못했습니다. 누구에게 배울 길도 없었습니다. 그런데 나중에 제가 하나님께 물었습니다. “왜 저는 제가 원하는 길을 걷지 못했을까요?” 그때 하나님은 대답해 주셨습니다. “응, 그것은 내가 그렇게 했다. 내가 너를 쓰려고.” 하나님은 나를 만드신 것이었습니다.

어쨌든 의인은 다른 사람의 시기와 미움을 받게 되어 있습니다.

불의하게 행하는 자는 의인에게 업신여김을 당합니다. 결국 인정을 받지 못하는 것입니다. 아무리 직위가 높고 돈이 많아도 인정해 주지 않습니다. 그 대신 악인은 바르게 사는 자에게 열등감을 느낍니다. 그래서 미워하는 것입니다. 그래서 다른 사람이 나를 미워하는 것에 상처받지 마시기 바랍니다. 오늘 우리는 하나님이 만드신 작품입니다. 끝까지 하나님이 우리 작품을 만드셔서 잘 쓰시기를 바랍니다.

63

하나님을 아는 지식

잠 30:1-12

잠언 30장은 야게의 아들 아굴의 잠언입니다. 그러나 아굴이라는 사람이 누구인지 알 수 없습니다. 어떤 사람은 솔로몬의 다른 이름일지도 모른다고 하지만, 아굴은 야게라는 사람의 아들이었습니다. 이것을 통해서 알 수 있는 것은 솔로몬 시대 이후에 굳이 솔로몬이 아니라도 하나님의 지혜를 가르치는 선생들이 많이 있었다는 사실입니다. 그리고 그들의 잠언에도 하나님의 말씀의 권위가 있었다는 사실입니다.

우리가 아굴의 잠언을 보면 잠언이 굉장히 역동적인 것을 느낄 수 있습니다. 지금까지 솔로몬의 잠언이 잔잔히 흐르는 시냇물이라면, 아굴의 잠언은 바위 사이를 거칠게 흐르는 격류를 연상하게 됩니다. 그뿐만 아니라 아굴의 잠언은 반어법을 사용해서 사람의 호기심을 자아낼 뿐 아니라 해학적이어서 굉장히 재미가 있습니다. 여기서 해학적이라는 말은 아주 웃기고 재미있다는 뜻입니다.

1. 인간이 하나님을 알 수 있는가?

아마 아굴 당시에는 자기는 성경을 꽤나 알기 때문에 하나님을 잘 안다고 생각하는 사람들이 있었던 것 같습니다. 그래서 그들은 자기 나름대로 하나님에 대하여 사람들을 가르치고 있었습니다. 예를 들어서 하나님은 전쟁의 하나님이라든지 혹은 비를 내리게 하는 하나님이라든지 혹은 인간에게 복을 주시는 하나님이라든지 나름대로 자기가 아는 하나님을 가르치고 있었던 것 같습니다.

신학교에 입학하면 '신론'이라고 해서 하나님에 대하여 배웁니다. 하나님은 인간과 같은 성품도 있지만, 인간이 가질 수 없는 성품이 있다고 하는데, 그것이 바로 비공유적 속성입니다. 그리고 신론의 중요한 내용이 삼위일체론입니다. 물론 우리는 성경이 말씀하는 범위 안에서 하나님을 알 수 있습니다. 우리가 하나님에 대하여 아는 것은 하나님의 너무나도 작은 부분에 불과합니다. 그래서 우리는 하나님에 대해서 모른다고 말하는 것이 옳습니다.

아굴은 자기는 하나님을 잘 안다고 생각하는 사람들을 향해서 나는 짐승만도 못하다고 말하고 있습니다.

30:2, "나는 다른 사람에게 비하면 짐승이라 내게는 사람의 총명이 있지 아니하니라"

아굴은 자기는 아예 다른 사람에 비하면 지각이나 생각하는 것이 소나 돼지나 개밖에 되지 않는다고 했습니다. 그래도 아굴은 젊은 사람들에게 하나님의 지혜를 가르치는 선생 중의 하나인데, 자기가 생각하는 것은 짐승 수준밖에 되지 않는다고 하니까 얼마나 충격적입니까? 짐승도 약간의 지능이 있어서 위험하면 피하기도 하고 또 굴을 파서 자신의 몸이나 새끼를 보호하기도 합니다. 특히 짐승이라도 모성애는 대단한 것을 볼 수 있습니다. 그런데 아굴은 자기는 짐승이고 사람의 지혜를 배우지 못했다고 합니다. 다른 사람들이 보기에 아굴은 정말 배울 지식이라고는 하나도 없는 너무나도 무식한 사람인 것 같습니다.

사람들이 보기에 아굴은 이방인처럼 느껴집니다. 왜냐하면 그는 하나님의 지혜를 배우지 못했다고 말하고 있기 때문입니다. 그리고 그는 하나님을 아는 지식이 없다고 했습니다. 물론 아굴은 하나님의 지식을 많이 배운 학자였습니다. 그러나 그는 진짜 하나님에 대해서는 너무 알지 못한다는 사실을 알고 있었습니다. 그래서 그는 자기가 아무리 지식이 많다고 하더라도 거룩한 자를 모른다고 말했다고 생각합니다.

우리는 하나님을 모릅니다. 단지 우리는 날마다 새로운 하나님을 알아가고 체험해 갑니다. 우리의 재산은 바로 새로운 하나님을 알아가는 것입니다. 우리는 하나님이 온 우주와 천지를 창조하신 것을 압니다. 그러나 우리는 하나님의 창조의 세세한 부분에 대해서는 아는 것이 거의 없습니다. 우리는 지금 우리 주위에서 일어나는 일에 대해서도 잘 모르는데 어떻게 감히 하나님을 안다고 할 수 있겠습니까? 그래서 우리는 매일매일 새로운 하나님을 체험해야 합니다. 즉 내 기도를 들으시는 하나님, 나의 병을 치료하신 하나님, 우리에게 은혜를 베푸시는 하나님, 우리 자녀를 지키시는 하나님, 나의 죄를 덮으시는 하나님 등등 남이 아는 하나님이 아니라 나의 하나님을 날마다 배워가야 합니다. 이것이 우리의 재산입니다.

우리가 하나님을 다 알지 못하지만, 하나님은 우리 귀에 가까이 오셔서 하나님의 뜻을 속삭여주십니다. 그 말씀을 들으니까 힘이 생기고 자신감이 생기며 엄청난 대부흥이 일어나는 것을 보게 됩니다.

아굴은 적어도 하나님을 안다고 하려면 어느 정도 수준이 되어야 하는지 말하고 있습니다.

30:4, "하늘에 올라갔다가 내려온 자가 누구인지, 바람을 그 장중에 모은 자가 누구인지, 물을 옷에 싼 자가 누구인지, 땅의 모든 끝을 정한 자가 누구인지, 그의 이름이 무엇인지, 그의 아들의 이름이 무엇인지 너는 아느냐"

이것이 바로 아굴의 '반어법'입니다. 아굴은 적어도 하나님을 안다고 말하려면 하늘에 올라가서 하나님을 만나고 내려와야 한다는 것입니다. 그런데 그런 사람이 어디 있습니까? 우리는 아무도 하나님을 본 사람이 없습니다. 우리는 하나님 앞에서 벌레보다 못한 존재들입니다.

우리가 적어도 하나님을 안다고 하면 바람을 손안에 모을 수 있어야 하는데 우리 손은 너무 작아서 바람을 잡을 수도 없습니다. 그러나 하나님은 아무리 큰 태풍이라 하더라도 손으로 잡으십니다. 하나님이 손을 놓으시면 태풍이 불고 큰비가 쏟아지는 것입니다. 우리 손은 하나님의 손에 비하여 너무나도 작습니다. 그래서 우리는 늘 자기중심적이고 자기밖에 생각하지 못합니다. 그런 손을 가지고 무엇을 하겠습니까?

우리가 적어도 하나님을 안다고 하려면 바닷물을 옷으로 쌀 수 있어야 합니다. 물론 이 옷은 비옷입니다. 우리가 비닐봉지에 바닷물을 다 채울 수 있다면 하나님에 대하여 안다고 말할 수 있을 것입니다. 하나님은 이미 바닷물 전체를 하나님의 비닐봉지에 넣으셨습니다. 그래서 바닷물이 넘치지 못하는 것입니다. 그러나 우리는 바닷속을 다 알지 못합니다. 그래서 우리는 감히 하나님을 안다고 말할 수 없습니다.

또 아굴은 바로 그 하나님의 이름을 아느냐고 묻고 있습니다. 이 것은 단지 하나님의 이름만 묻는 것이 아니라 하나님의 정체를 아느냐는 뜻입니다. 우리는 하나님을 너무 모르면서 아는 체하고 심지어는 더 알려고 하지도 않습니다. 아굴에게서 놀라운 것은 하나님 아들의 존재를 알고 있다는 사실입니다.

"그의 아들의 이름이 무엇인지 너는 아느냐"라그 했습니다. 이것을 보면 아굴이 욥처럼 하나님에 대하여 많은 연구를 하였으며 드디어 그는 하나님에게 아들이 있다는 사실까지 알게 되었던 것입니다. 사실 하나님의 아들은 하나님의 세계에 들어갈 수 있는 유일한 비밀문입니다. 우리는 하나님의 아들 안에 들어감으로 하나님을 아버지로 만날 수 있습니다. 그 외에 인간이 하나님을 바로 알 수 있는 방법은 전혀 없습니다. 즉 하나님의 아들이 천국의 문인 것입니다.

2. 하나님의 말씀에 대한 자세

이스라엘 백성에게 가장 놀라운 축복은 그들에게 하나님의 말씀이 주어져 있다는 사실입니다. 이것은 세상의 다른 어떤 부자 나라나 큰 나라보다 더 큰 축복이었습니다. 그러나 이스라엘 백성은 언제나 이것이 불만이었습니다. 그들에게 있어서 하나님의 말씀은 하나의 오래된 책에 불과했고, 그들에게 필요한 것은 세상의 돈이나 권력이라고 생각했던 것입니다.

이것은 오늘 우리도 마찬가지입니다. 우리 믿는 자들에게 주어진 가장 큰 축복은 하나님의 말씀이 주어져 있다는 것입니다. 우리는 이것 하나만 가지고도 세상 어느 부자보다 더 부자입니다. 그러나 우리는 성경으로 만족하지 못합니다. 우리에게는 돈이 성경보다 더 중요할 때가 많습니다. 그러나 우리는 성경을 먹을 줄 몰라서 그렇습니다. 성경은 거대한 산과 같아서 그 안을 파고 들어가야 보물을 캐낼 수 있습니다. 그 보물들은 모두 살아 있습니다.

성경 말씀에는 불순물이 조금도 없습니다. 그래서 우리는 성경을 체로 걸러낼 필요가 없습니다. 우리는 성경을 떼어 내어서 그냥 먹어버리면 됩니다.

"하나님은 그를 의지하는 자의 방패"가 되어주신다고 했습니다. 즉 하나님께서는 하나님의 말씀을 배에 채우고 있는 자를 불 말과 불 병거로 지켜주십니다. 지금도 사탄은 사자나 곰같이 돌아다니면서 하나님의 백성을 물어서 중상을 입히거나 죽이려고 합니다. 그러나 하나님이 방패가 되어주십니다.

그런데 하나님의 말씀을 희석시키면 말씀의 효력이 떨어지게 됩니다.

우리는 하나님의 말씀이 부족하다고 생각해서 자신의 생각이나 꿈이나 사상을 추가합니다. 그러면 하나님이 그를 "책망"하십니다. 여기서 책망은 저주를 말합니다. 하나님의 말씀에 자기 사상을 추가하면 하나님의 길에서 멀어지게 됩니다. 그리고 그는 거짓말쟁이입니다. 즉 그는 진리를 가지고 사기를 치는 사기꾼인 것입니다. 또 하나님의 말씀이 딱딱하고 어렵다고 해서 빼버리면 어떻게 될까요? 하나님께서는 그의 이름을 생명책에서 빼버리고 모든 축복을 막아버리실 것입니다. 여기서 알 수 있는 것은 하나님의 말씀이 순수한 축복의 길이라는 사실입니다. 여기에는 더할 것도 없고 뺄 것도 없습니다. 하나님의 말씀 그대로 따라가면 하나님의 축복에 도달하게 됩니다.

3. 아굴이 기도한 두 가지

우리 모두에게는 나름대로 평생 가지고 있는 소원이 있을 것입니다. 우리의 소원은 무엇입니까?

아굴에게는 두 가지 소원이 있었습니다. 이 소원이야말로 하나님의 백성의 진정한 소원이 아닐까 생각합니다.

> 30:7-8, "내가 두 가지 일을 주께 구하였사오니 내가 죽기 전에 내게 거절하지 마시옵소서 곧 헛된 것과 거짓말을 내게서 멀리 하옵시며 나를 가난하게도 마옵시고 부하게도 마옵시고 오직 필요한 양식으로 나를 먹이시옵소서"

사람들이 늙으면 대개 평안하게 죽게 해 달라는 기도를 많이 합니다. 어떤 분은 요양병원에서 죽지 않게 해 달라고 기도하기도 하고 오래 입원해서 고통받지 않게 해달라는 기도도 많이 합니다. 그런데 아굴은 그런 기도를 하지 않았습니다. 첫째는 헛된 것과 거짓말을 내게서 멀리하게 해 달라는 것이었습니다. 그것은 바로 진실한 마음으로 살다가 죽게 해 달라는 뜻입니다. "헛된 것"은 세상을 사랑하고 돈을 사랑하고 명예를 사랑하는 마음입니다. "거짓말"은 무엇인가 진실이 아닌 것을 말하는 것입니다. 아굴은 이 모든 것이 자기 영혼을 더럽히고 양심을 더럽힌다고 생각했습니다.

아굴은 남은 삶이 진실한 마음으로 사는 인생이 되는 것이 소원이었습니다. 자기는 오래 살든지 젊어서 죽든지 진실한 마음으로 사는 것이 소원이었습니다.

그리고 두 번째 소원은 너무 가난하게도 마시고 부자가 되지도 않게 해달라고 했습니다. 단지 그냥 필요한 만큼만 가지고 살다가 죽게 해 달라는 것입니다.

30:9, "혹 내가 배불러서 하나님을 모른다 여호와가 누구냐 할까 하오며 혹 내가 가난하여 도둑질하고 내 하나님의 이름을 욕되게 할까 두려워 함이니이다"

사람이 너무 돈이 많으면 돈을 의지하는 바람에 하나님을 잊어버리기 쉽습니다. 물론 그가 입으로는 하나님을 모른다 혹은 여호와가 누구냐라는 소리는 하지 않지만, 그의 생활에는 기도도 필요 없고 하나님의 말씀도 필요 없고 돈이 있으니까 만족한 것입니다. 그러나 우리는 그 돈을 가지고 천국에 갈 수 없습니다. 돈은 이 세상에 있을 동안에만 쓸 수 있는 수단입니다. 돈은 결코 우리 인생의 목적이 될 수 없습니다. 돈은 오직 우리가 어떤 선한 목적을 달성하는 수단에 불과합니다. 우리 인생의 목적은 돈보다 훨씬 고상한 것이 되어야 합니다.

그러나 우리가 너무 가난하면 부정을 저질러서라도 돈을 가지려고 할지 모릅니다. 가진 것이 아무것도 없으면 불안하기 때문입니다. 그래서 사실 도둑질할 마음이 생기게 되기도 합니다.

그리고 아굴은 존경할 자를 존경하는 것이 인간의 도리라고 했습니다. 즉 부하는 상사를 존경하며 자식은 부모를 존경하는 것이 도리입니다.

30:10-11, "너는 종을 그의 상전에게 비방하지 말라 그가 너를 저주하

이것은 종을 상전에게 일러바치지 말라 하는 말로 들리는데, 물론 그렇게 생각할 수도 있지만 종 앞에서 주인 흉을 보거나 욕을 하지 말라는 뜻으로 볼 수 있습니다. 종이 주인을 존경하는 마음이 없어지면 그때부터 말을 듣지 않는 것입니다. 그리고 자식에게 부모는 자기 근본이고 자기 뿌리인데 부모를 저주하면 결국 자기가 말라서 죽게 됩니다. 사람은 부모를 통하여 태어났는데 자기 생명을 사랑해야 합니다.

사람 중에는 부모로부터 버림을 당한 사람이 있습니다. 그럼에도 자기 생명을 사랑했을 때 그 사람은 성공하게 됩니다. 우리는 우리 인생을 사랑해야 합니다. 간혹 자기는 깨끗하다 하면서 더러운 것을 씻지 않는 사람들이 있습니다. 이런 사람들은 겉으로는 멋이 있지만 몸 안은 더러운 것입니다. 사람은 속이 더러우면 온몸이 더럽게 되어 있습니다.

지금 이 세상에서 하나님을 믿지 않고 산다는 것은 죽음입니다. 우리는 하나님의 말씀을 믿고 하나님의 말씀을 평생 따라가기를 바랍니다.

64

이상한 것 몇 가지

잠 30:13-33

우리 주위를 보면 아주 작지만 매우 놀랍고 과학적인 것들이 많이 있음을 알 수 있습니다. 공사할 때 쓰는 포크레인이나 탱크 같은 것은 바퀴가 톱니 같은 것으로 되어 있어서 땅이 아무리 질퍽해도 얼마든지 다닐 수 있는 것을 볼 수 있습니다. 그것은 뱀의 배를 보고 아이디어를 얻은 것입니다. 뱀은 다리가 없기 때문에 배로 밀고 다녀야 하는데, 미끄러운 진흙이나 모래 같은 데서는 미끄러져서 다닐 수 없으니까 뱃가죽의 비늘로 밀면서 다닙니다. 이것을 보고 탱크 바퀴가 만들어진 것입니다. 헬기를 보면 수직 이착륙을 하는데 그 간단한 날개로 마음대로 날아다니는 것이 신기합니다. 이것도 잠자리를 보고 아이디어를 얻어 만들었습니다. 굴속에는 박쥐들이 많이 삽니다. 이 박쥐들은 전혀 빛이 없는 곳에서 벽에 부딪히지도 않고 날아다닐 수 있습니다. 박쥐는 몸에서 전파를 발사하는데 그 전파가 벽에 부딪혀서 돌아오는 것을 감지하기 때문입니다. 여기서 힌트를 얻어 레이더를 만들게 되었다고 합니다.

1. 이 세상에는 이해가 안 되는 사람들이 있습니다

사람은 피조물 중에서 가장 머리가 뛰어나고 생긴 외모도 뛰어납니다. 우선 우리 인간은 몸에 털이 없기 때문에 옷을 입어야 합니다. 그러나 옷을 입기 때문에 많은 옷을 갈아입을 수 있습니다. 사람 눈에는 눈썹이 있어서 자동차의 선바이저 같이 빗물을 옆으로 가게 합니다. 또 속눈썹이 있어서 먼지를 걸러줍니다. 사람의 코 안에도 털이 있어서 나쁜 먼지가 폐에 들어가는 것을 막아줍니다. 사람은 서서 다닐 수 있도록 척추나 발이 발달되어 있어서 바로 설 수 있고 또 먼 곳을 볼 수 있습니다.

그런데 사람 중에는 이상한 사람들이 있습니다. 그중의 하나는 눈을 크게 보이려고 눈꺼풀을 높이 들고 다니는 사람입니다.

30:13, "눈이 심히 높으며 눈꺼풀이 높이 들린 무리가 있느니라"

옛날에는 눈이 큰 사람이 미인으로 통했던 것 같습니다. 그래서 일부러 눈을 크게 보이게 하려고 눈을 치켜뜨는 사람들이 있었고, 심지어는 눈꺼풀이 높이 들리도록 눈을 만들어서 다니는 사람들도 있었습니다. 눈은 그냥 앞만 잘 보면 되는데 눈을 미용의 수단으로 써서 눈을 크게 만드는 사람들이 있는 것입니다. 사람은 자연 그대로가 아름답습니다.

또 이빨을 무기로 삼는 사람들이 있습니다.

30:14, "앞니는 장검 같고 어금니는 군도 같아서 가난한 자를 땅에서 삼키며 궁핍한 자를 사람 중에서 삼키는 무리가 있느니라"

사람들의 이빨은 참 아름답습니다. 아마 피조물의 이빨 중에서 가장 예쁜 것이 사람의 이빨일 것입니다. 짐승 중에서 맹수는 모두 이빨이 길고 날카롭고 무섭습니다. 그런데 사람 중에는 그 아름다운 이빨을 가지고 칼을 만들어 사람을 죽이는 자들이 있습니다. 어떤 사람은 앞니를 장검으로 만들어서 휘두르고, 어떤 사람은 어금니를 군인들이 쓰는 대검으로 만들어서 사람을 찌릅니다.

옛날에는 사람들이 주로 앞니를 가지고 싸웠다면 요즘은 어금니로 싸운다고 할 수 있을 것입니다. 즉 한번 크게 소리를 지르고 끝나는 것이 아니라 두고두고 사람을 잘게 씹어서 못살게 구는 방식을 쓰는 것입니다. 그래서 옛날에는 큰 상처를 한번 입고 치료를 받으면 되는데, 요즘은 매일 똑같은 소리를 해서 사람에게 스트레스를 주고 마음을 병들게 하는 것입니다.

15절에 거머리에게는 두 딸이 있는데 항상 "다오 다오" 한다고 합니다. 거머리의 딸은 만족을 모릅니다. 그래서 아무리 사람의 피를 빨아먹어도 배가 터질 때까지 피를 달라 달라 한다는 것입니다. 이 세상에서 만족하지 못하는 사람들이 있습니다. 그래서 아무리 돈이나 명예를 줘도 더 달라 더 달라고 합니다.

우리 주위에는 이렇게 도무지 만족을 모르는 것들이 서너 개 있습니다.

30:16, "곧 스올과 아이 배지 못하는 태와 물로 채울 수 없는 땅과 족하다 하지 아니하는 불이니라"

우리 주위에 만족하지 못하는 것들은 좀 무시무시한 것들이 많습니다. 그 중의 하나가 "스올"입니다. 스올은 죽음을 말하는데, 아무리 많은 사람이 죽어도 지옥은 만족하지 못하고 더 사람이 죽기를 바랍니다. 또 "아이 배지 못하는 태"는 임신이 안 되기 때문에 먹는 것으로는 아무리 많이 먹어도 만족하지 않습니다. 그리고 "물로 채울 수 없는 땅"이 있습니다. 땅에 아무리 물을 부어도 속으로 스며들기 때문에 만족하지 못합니다. 특히 모래사막 같은 경우에는 아무리 비가 많이 와도 금방 땅속으로 스며들어가 버립니다. 그리고 "족하다 하지 아니하는 불"이 있습니다. 불은 탈 것만 있으면 물로 끄지 않은 이상 계속 타게 되어 있습니다. 우리 주위에는 만족하지 못하는 무서운 것들이 너무 많습니다. 하나님이 우리를 지켜주시지 않으면 살 수 없습니다.

부모를 적대시하는 사람들이 많아집니다.

요즘 아이들은 아버지를 존경하지 않습니다. 아버지는 옛날 같은 권위가 없기 때문입니다. 그러나 아버지는 이 세상에서 나와 가장 가까운 분이십니다. 아버지와 가까이하면 가장 좋은 친구를 얻는 것입니다. 어머니는 나를 무조건 사랑하시는 분입니다. 어머니는 나를 낳으시고 키우시고 나의 모든 것을 다 아시는 분입니다. 그러나 아이들이 자기만 생각해서 아버지의 생각을 조롱하고 어머니의 교훈을 싫어하면 일단 눈부터 까마귀에게 쪼여서 먹히고 독수리 새끼에게 시체가 먹혀야 한다고 했습니다. 까마귀나 독수리는 들판에 있습니다. 즉 부모의 말씀을 듣지 않는 자는 들판을 끝없이 방황하게 됩니다. 그래서 지쳐서 쓰러지면 까마귀나 독수리가 와서 눈부터 먼저 파먹습니다.

그래서 사람은 무엇보다 먼저 하나님의 말씀을 배워야 까마귀나 독수리의 먹이가 되지 않습니다. 오히려 활을 쏘아서 날아가는 독수리를 맞추어서 떨어트릴 수 있습니다.

2. 흔적이 없는 생물들

사람이나 짐승이 눈 위를 걸어가면 발자국을 남기게 됩니다. 사람은 이 세상에 태어난 이상 발자국을 남기는 것이 정상입니다. 사람이 남긴 발자국은 그의 업적일 수도 있고 그의 자식일 수도 있습니다. 그러나 많은 사람은 이 세상에 아무 발자국을 남기지 못하고 죽습니다.

짐승 중에는 공중을 날거나 특수한 발을 가지고 있어서 발자국이 없는 짐승도 있습니다. 19절에 보면, 공중에 나는 독수리는 하늘을 날기 때문에 발자국을 남기지 않습니다. 우리는 땅 위에 발자국을 남기는 것이 좋을까요, 아니면 남기지 않는 것이 좋을까요? 우리는 나쁜 발자국을 남기지 말고 좋은 발자국은 남겨야 합니다.

바위 위로 기어다니는 뱀도 발자국이 없습니다. 뱀은 발이 없기 때문입니다. 군인은 때로 작전을 위해 소리를 내지 않고 기어다녀야 할 때가 있습니다. 그때는 뱀처럼 배로 기어가야 합니다. 또 바다 위로 지나가는 배도 물 때문에 그 자취가 없어집니다. 유조선이라든지 컨테이너를 싣고 가는 배처럼 아무리 거대해도 자국이 남지 않습니다. 좋은 배는 자국이 없어야 합니다. 그러나 가장 나쁜 발자국은 불륜의 발자국입니다. 음행이라는 것도 발자국이 남는 것이 아니기 때문에 모른다고 잡아떼면 증거가 없는 이상 잡아낼 수 없습니다.

30:19하, "남자가 여자와 함께 한 자취며"

그래서 남자와 여자는 남이 보지만 않으면 죄를 지으려고 합니다. 그러나 요즘은 이것이 통하지 않습니다. 왜냐하면 CC-TV가 있어서 몰래 지은 모든 죄도 다 카메라에 찍히기 때문입니다. 그리고 놀랍게도 목격자들이 있습니다. 그래서 하나님의 눈 앞에는 모든 행동이 전부 발자국을 남기게 됩니다.

30:20, "음녀의 자취도 그러하니라 그가 먹고 그의 입을 씻음 같이 말하기를 내가 악을 행하지 아니하였다 하느니라"

음녀가 무엇인가를 먹었습니다. 아마 돈을 먹었든지 술을 마셨든지 혹은 마약을 흡입했는지도 모릅니다. 그러고는 자기는 아무것도 먹지 않았다고 발뺌합니다. 물론 보통 사람들은 구별하지 못하겠지만 요즘은 피검사를 하면 다 나오게 됩니다. 마약 같은 성분은 머리털까지도 들어가 있습니다.

3. 세상을 놀라게 하는 일

이 세상에는 보통 사람으로는 상상할 수 없는 일들이 일어날 때가 있습니다. 그것은 본인의 욕심일 때도 있고 하나님의 축복일 때도 있고 자신의 엄청난 노력일 때도 있습니다.

30:21, "세상을 진동시키며 세상이 견딜 수 없게 하는 것 서넛이 있나니"

이 세상에는 온 세상을 놀라게 하는 것들이 몇 개 있습니다.

그중에 "종이 임금 된 것"이 있습니다(22절). 종이 임금이 되는 것은 불가능한 일입니다. 단순히 노예가 임금을 죽인다고 해서 될 수 있는 성질이 아닙니다. 그런데 종이 얼마나 성실한지 주인이 신임해서 양아들로 삼고 그다음에 군인이 되어서 전쟁에서 큰 공을 세우고 왕의 신임까지 받아서 왕이 죽으면서 그 장군을 왕으로 임명하는 경우가 생길 수 있습니다.

그리고 "미련한 자가 음식으로 배부른 것"입니다. 미련한 자는 게으르기 때문에 굶어야 정상입니다. 그러나 아무리 굼벵이라도 구르는 재주는 있다고 이 게으른 자가 무슨 재주가 있어서 배가 부를 정도로 식사를 대접받았다는 것입니다. 우리가 예수 믿는 것은 놀라운 재주 중의 하나입니다.

또 "미움받는 여자가 시집 간 것"입니다(23절). 다른 사람들에게 멸시천대를 받고 인기라고는 전혀 없는 여자라도 그 사람을 좋아하는 사람이 생길 수 있습니다. 그래서 우리는 여자의 운명을 알 수 없습니다. 언제 어디서 그 천대받는 여자를 좋아하는 남자가 나타나서 데리고 갈지 모르는 것입니다.

또 "여종이 주모를 이은 것"입니다. 서울에 대원각이라는 유명한 요정이 있었습니다. 그 요정의 주인은 김영한이라는 여자였는데 우리나라 3공 시절에 엄청나게 돈을 벌었습니다. 그 여자의 재산은 천억 정도 되었습니다. 그 요정의 여주인은 일제강점기 때 백석이라는 시인을 사랑했는데, 기생의 신분이었기 때문에 집안의 반대로 결혼하지 못하고 헤어졌습니다. 그 여인은 억척같이 돈을 벌었는데 자녀가 없었습니다. 그리고 대원각을 물려줄 사람도 없었습니다. 그분은 법정의 《무소유》라는 책을 읽고 감동받아서 자신의 재산을 전부 불교에 기증해 버립니다. 그래서 태어난 것이 길상사라는 절입니다. 한때 술이나 마시고 음란한 짓이나 하던 곳이 절이 된 것은 대단한 일이지만 교회가 못된 것이 아쉽습니다.

그리고 땅에 작지만 지혜로운 것이 넷이 있다고 했습니다(24절).

그중의 첫째는 힘이 없지만 여름에 먹이를 준비하는 "개미"입니다. 개미에 대해서는 연구가 많이 되었습니다. 개미 세계에서 가장 중요한 존재는 여왕개미입니다. 일개미는 여왕개미가 낳은 알에서 나온 개미입니다. 일개미는 단 하나의 여왕개미만 섬깁니다. 그리고 각자 자기 일을 알아서 하면서 살아갑니다.

30:26, "약한 종류로되 집을 바위 사이에 짓는 사반과"

둘째는 "사반"입니다. 사반은 우리나라에는 없는 동물입니다. 그런데 킹 제임스 성경은 '토끼'라고 번역했습니다. 좀 더 정확한 번역은 '바위너구리'입니다. 바위너구리는 보초를 세우고 집단생활을 하는데 발톱이 있어서 바위를 잘 탈 수 있습니다. 히브리어 원문에는 '사판'이라고 되어 있습니다. 항상 입을 오물거리고 있어서 되새김질하는 동물로 보입니다. 사반을 산양이라고 하면 더 좋을 뻔했습니다. 산양은 절벽을 기가 막히게 잘 탑니다.

셋째는 "메뚜기"입니다. 27절에 "임금이 없으도 다 떼를 지어 나아가는 메뚜기"라고 했습니다. 메뚜기는 사막 같은 데 뜨거운 날씨에 큰 비가 한번 오면 급증합니다. 그리고 메뚜기 숫자가 많아져서 서로 가까워지면 세로토닌이라는 호르몬이 나오면서 참새같이 커지게 되고 알도 많이 낳게 됩니다. 메뚜기의 특징은 지휘관이 없는데도 일정한 방향으로만 간다는 것입니다.

30:28, "손에 잡힐 만하여도 왕궁에 있는 도마뱀이니라"

넷째는 "도마뱀"입니다. 도마뱀은 바퀴벌레같이 어디든지 있습니다. 도마뱀은 누가 잡으면 꼬리를 자르고 도망을 갑니다.

그리고 잘 걸으며 위풍 있게 다니는 것 서넛이 있다고 했습니다(29절).

그 중에 "사자"가 있습니다. 사자는 자기가 가장 강하다는 것을 아는 것 같습니다. 그래서 사자는 절대로 뒤로 물러서지 않습니다. 또 "사냥개"가 있습니다. 사냥개는 물러서지 않습니다. 사냥개는 사냥을 하도록 훈련되었기 때문에 아무리 부상을 입어도 절대로 물러서지 않습니다. 그리고 "숫염소"가 있습니다. 염소는 머리로 헤딩하는 것을 좋아하는데 황소와도 헤딩해서 도망가게 합니다. 그리고 "당할 수 없는 왕"이 있습니다. 그런 왕은 물러서지 않습니다. 그래서 그런 왕을 상대로 싸우는 것은 현명하지 않습니다.

그리고 미련해서 스스로 높은 체했거나 혹은 악한 일을 계획했으면 입을 막으라고 했습니다. 말을 하면 할수록 더 걸려들기 때문입니다. 그리고 사물에는 뻔한 이치가 있습니다. 예를 들어서 우유를 저으면 버터가 됩니다. 버터는 더 오래 보관할 수 있고 우유처럼 빨리 상하지 않습니다. 또 사람이 코를 비틀면 코피가 난다고 했습니다. 사람의 코는 혈관이 피부 가까이 나와 있어서 조금만 때려도 피가 납니다. 이런 것은 우티가 얼마든지 결과를 여상할 수 있습니다. 마찬가지로 다른 사람의 약을 올리고 격동하면 싸움이 터지게 되어 있습니다. 그래서 할 수 있으면 다른 사람에게 져주고 약을 올리지 말아야 합니다. 그러면 코피를 흘릴 일이 적어질 것입니다.

65

어머니의 교훈

잠 31:1-9

우리는 어머니가 없이는 이 세상에 태어날 수 없고 어머니의 사랑이 없었으면 지금의 나는 존재할 수 없었을 것입니다. 어머니는 우리에게 교훈을 주십니다. 어머니는 주로 우리에게 "나쁜 짓은 하지 말아라. 나중에 훌륭한 사람이 되어라"고 하시든지 혹은 "나쁜 친구는 사귀지 말라"고 하시든지 "나쁜 여자나 술을 좋아하지 말라"는 가르침을 하십니다. 자식들 중에서 어머니의 가르침을 잘 듣고 실천하는 아이는 착한 아이가 되지만 어머니의 말씀을 잔소리라고 생각해서 대들고 반대로 행동하는 자식은 정말 나쁜 사람이 되게 됩니다. 그래서 어머니의 가르침은 대단한 가르침은 아니지만 좋은 사람이 되느냐 나쁜 사람이 되느냐를 나누는 근본적인 가르침입니다.

저희 집 아이가 일차로 유방암 수술을 받고 마취에서 깨어나면서 처음 한 말이 "Where is mom?"이었습니다. 그래서 친구들은 우리 딸에게 여기 없다고 대답했습니다. 나는 두 가지 이유로 화가 났습니다. 아니 마취에서 깨면 'Where is Daddy?'라고 해야지, 왜 'mom'을 찾느냐는 것입니다. 이 애가 내 DNA를 많이 가져 갔거든요. 그리고 자기가 부모를 오지 말라고 난리를 쳐 놓고 왜 의식이 들 때는 왜 또 찾느냐는 것입니다. 그런데 유방암이 재발되어 다시 수술할 때는 mom을 석 달 동안 보내었습니다. 항암 치료를 받으면서 토하고 못 먹고 온몸이 아플 때 mom이 옆에 있어서 좋았다고 합니다.

잠언 31장은 르무엘 왕이라는 사람이 말한 것인데, 그 왕의 어머니가 자기에게 훈계한 것을 한평생 기억하고 있다가 자기 아들이 어느 정도 컸을 때 가르친 내용입니다. 그런데 문제는 유다나 이스라엘에 르무엘이라는 이름을 가진 왕이 없다는 사실입니다. 뿐만 아니라 이스라엘 주위의 어느 나라에도 르무엘이라는 이름을 가진 왕이 없었습니다. 그뿐만 아니라 이 왕은 하나님을 경외하는 왕이었습니다. 30절에 보면, "고운 것도 거짓되고 아름다운 것도 헛되나 오직 여호와를 경외하는 여자는 칭찬을 받을 것이라"고 했습니다. 따라서 르무엘은 결코 이방 나라의 왕일 수 없습니다. 사실 유다 왕 중에도 어머니가 이방인이어서 어머니가 옛날의 우상을 버리지 못하는 바람에 자식들이 왕이 된 흐에도 우상 숭배에 빠지는 왕들이 많았습니다.

제 생각에는 르무엘은 유다 왕 르호보암의 또 다른 이름이 아닐까 하는 생각이 듭니다. 르호보암의 어머니는 유다인이 아니라 암몬 사람 나아마였습니다(왕상 14:21). 그래서 르호보암은 하나님을 잘 섬기지 못하고 산당과 아세라신을 섬겼다고 했습니다. 따라서 르무엘을 가르쳤던 어머니는 그의 어머니가 아니라 할머니였을 가능성이 많습니다. 아버지는 솔로몬이고 그의 할머니는 밧세바입니다.

잠언을 지은 솔로몬은 하나님께 일천번제를 드리고 하나님의 성전을 짓는 좋은 일을 했음에도 불구하고 나중에 나이가 들면서 많은 이방 여자들을 아내로 맞이하고 타락해서 우상 숭배에 빠졌던 것을 볼 수 있습니다. 잠언은 솔로몬이 자기 아들 르호보암을 가르치기 위하여 쓴 것이지만, 솔로몬 자신이 죄의 길로 가는 바람에 그 가르침이 좀 퇴색되어 버렸습니다. 아무리 훌륭하고 위대한 지도자라 하더라도 어떤 일을 수십 년 오래 하게 되면 권태가 옵니다. 그래서 머리로 아무리 알아도 몸이 말을 듣지 않게 됩니다. 그래서 결국 죄의 함정에 빠지게 되는 것입니다.

1. 가장 조심해야 할 대상

르무엘이 왕이라고 할 때 그가 가장 조심해야 할 대상은 어떤 사람 이겠습니까? 우선 반역적인 성향을 가진 사람을 조심해야 할 것이고 겉으로 아부하거나 아첨하는 사람도 조심해야 할 것입니다. 그러나 르무엘의 어머니는 아들에게 여자에게 힘쓰는 것을 조심하라고 가르 쳤습니다.

> 31:1-2, "르무엘 왕이 말씀한 바 곧 그의 어머니가 그를 훈계한 잠언이 라 내 아들아 내가 무엇을 말하랴 내 태에서 난 아들아 내가 무엇을 말 하랴 서원대로 얻은 아들아 내가 무엇을 말하랴"

어머니는 어떻게 해서든지 아들이 훌륭한 사람이 되기를 바랄 것 입니다. 아들이 훌륭한 사람이 되려면 나쁜 친구들을 멀리해야 하고 지식을 많이 쌓아야 하며 바른 분별력을 가져야 할 것입니다. 사람에 게는 자기 길을 찾아서 꾸준히 가는 것보다 더 중요한 것이 없습니다. 그러나 어머니는 아들에게 그 길을 가르쳐줄 수 없습니다. 왜냐하면 사람마다 자기가 걸어야 할 길이 다르기 때문입니다. 그런데 어머니 는 아들에게 여자를 조심하라고 교훈하고 있습니다.

> 31:3, "네 힘을 여자들에게 쓰지 말며 왕들을 멸망시키는 일을 행하지 말지어다"

왕은 신하들이 감히 무엇을 하라든지 하지 말라고 할 수 없는 권력을 가진 사람입니다. 이런 왕에게 가장 조심해야 할 것은 눈에 닥치는 대로 아름다운 여자를 끌어들여서 자기 정욕을 채우는 일입니다. 이것은 무서운 죄일 뿐 아니라 나라를 무너뜨리는 일이기 때문입니다. 즉 르무엘의 어머니가 르무엘에게 여자를 조심하라는 것은 결국 이 세상에 가장 무서운 원수는 자기 자신이라는 뜻입니다. 아름답게 생긴 여자에게 절제하지 못하게 만드는 것은 자기 자신이기 때문입니다.

최고의 자리에 앉은 사람은 누가 뭐라고 조언할 수 없습니다. 그는 돈이 있고 힘이 있기 때문에 무엇이든지 원하는 것을 다 가질 수 있습니다. 특히 자기를 절대적으로 사랑하는 여자를 만나게 되면 이런 여자를 내가 어느 곳에서 다시 보겠느냐는 생각이 들면서 절대로 그 여자를 놓치고 싶지 않은 생각에 지배당하게 됩니다.

삼손은 들릴라 같은 여자를 포기할 수 없었습니다. 그래서 결국 삼손은 들릴라에게 자신의 힘의 비밀을 알려주고 자신의 눈알이 뽑히고 죽게 되는 것입니다. 사람이 자기 길을 찾아서 꾸준히 걸어가면 그 길의 가치를 알고 같이 가려고 하는 사람을 만날 수 있습니다. 그 사람이 진짜입니다. 성공했거나 최고의 자리에 있는 사람의 원수는 자기 자신입니다. 그래서 사도 바울은 매일 자기 자신을 쳐 복종시킨다고 했습니다. 결국 자기 자신과 싸워서 이기는 사람이 진정한 승리자입니다.

2. 술로 위로를 받으려고 하지 말라

사람이 힘든 일이 있으면 맨정신으로는 다른 사람에게 그 이야기할 수 없으니까 술이나 한잔하면서 하기 힘든 이야기를 하고 위로받으려고 할 때가 많습니다. 그러나 하나님의 백성은 어떤 일을 술로 풀려고 해서는 안 됩니다. 우리에게는 하나님의 말씀의 영감이 있고, 하나님의 논리가 있고, 하나님의 증거가 있습니다. 우리는 하나님의 영감과 증거로 힘든 것을 이겨야지, 술로 잊으려고 하면 실패하게 됩니다.

31:4, "르무엘아 포도주를 마시는 것이 왕들에게 마땅하지 아니하고 왕들에게 마땅하지 아니하며 독주를 찾는 것이 주권자들에게 마땅하지 않도다"

팔레스타인 사람들은 우리와 달리 포도주를 음료수처럼 마십니다. 그곳에는 물이 흔하지 않기 때문입니다. 아마 이 세상에서 가장 맛있는 음료는 깨끗한 물일 것입니다. 그러나 왕이라는 사람이 불순물이 들어간 포도주나 독주를 마시고 어떤 사물을 보려고 하는 것은 이미 정확한 판단을 포기한 것입니다. 사람이 술을 마시면 정확한 판단을 하기가 어렵습니다. 그래서 자기는 틀림없이 길을 바로 걸어가고 있다고 생각하는데 길이 올라갔다 내려갔다 하면서 비틀거리게 됩니다. 또 자기는 틀림없이 바로 운전하고 있다고 생각하는데 차가 이리 갔다 저리 갔다 하고 정확하게 멈추지 않습니다. 그래서 술을 마시고 운전하는 것은 살인행위나 마찬가지입니다.

31:5, "술을 마시다가 법을 잊어버리고 모든 곤고한 자들의 송사를 굽게 할까 두려우니라"

술을 마시다 보면 법을 잊어버립니다. 즉 자기가 모든 것을 다 할 수 있을 것 같은 자신감이 생기는 것입니다. 술을 마신 채로 재판을 하면 억울한 사람들이 다 바보같이 보이게 됩니다. "왜 저 사람은 성공하지 못해서 매일 우는 소리만 내는 거야?"라고 비난하면서 세밀하게 법을 따지지 못합니다.

셰익스피어의 《베니스의 상인》을 보면 지혜로운 재판장이 악한 상인 유대인 샤일록에게 빚진 자의 가슴살 1파운드를 떼 가라고 합니다. 그 대신 계약서에는 피를 흘려도 된다는 말은 없으니까 피는 한 방울도 흘려서는 안 된다고 판정을 내립니다. 이것이 바로 뛰어난 법 해석인 것입니다. 법은 약한 자나 힘이 없는 자를 위해서 오묘하고 바르게 해석해 주어야 합니다.

31:6, "독주는 죽게 된 자에게, 포도주는 마음에 근심하는 자에게 줄지어다"

누군가가 르무엘 왕에게 마시라고 포도주나 독주를 줍니다. 아마 이 당시의 독주라면 포도주보다 독한 과일주일 것입니다. 그러나 누군가가 왕에게 술을 갖다주어도 왕은 그 술은 마시지 말고 그냥 가지고 있다가 돌아가시면서 너무 심한 고통을 받는 분이 있으면 마취제로 쓰라고 권면합니다. 또 누군가가 독주를 가져와도 왕은 그 독주를 마시지 말고 보관해두었다가 우울증에 빠진 분이 있으면 치료제로 쓰면 도움이 될 것이라고 권면합니다.

옛날에 큰 수술을 할 때 보면 마취제가 없으므로 일단 독주를 마시게 하고 혀를 깨물면 안 되니까 입에 나무토막을 물리고 머리뼈를 열든지 다리를 자르든지 배를 열든지 하는 외과 수술을 했다고 합니다. 즉 술은 치료목적으로 사용하는 것이 좋다는 뜻입니다. 왕은 의사나 마찬가지인데 의사가 술을 마시고 수술하면 다른 부분을 베어버려서 환자가 죽어버릴 것입니다.

3. 하나님의 종이 입을 열 때

옛날 할머니들은 "남아일언은 중천금이다"라는 말을 자주 하셨습니다. 옛날 여성은 그만큼 남자가 말 한마디 하는 것을 무게 있게 생각했습니다. 그렇게 하지 않는 사람들은 할머니들이 '저 눔은 하는 짓이 완전히 쌍놈이다'라고 했습니다. 제가 어렸을 때만 해도 '양반이다' '쌍놈이다'라는 말을 귀에 따가울 정도로 들었습니다.

하나님의 백성은 평소에는 입을 꾹 다물고 있다가 정말 해야 할 때만 말을 해야 합니다. 그때는 바로 누군가가 억울하게 오해를 사거나 피해를 입을 때인 것입니다.

31:8, "너는 말 못하는 자와 모든 고독한 자의 송사를 위하여 입을 열지니라"

사람 중에는 교묘하게 자기변명을 잘해서 어려운 위기를 미꾸라지같이 빠져나가는 사람이 있는가 하면, 말을 잘하지 못해서 죄를 덮어쓰는 사람도 있습니다. 이런 사람들은 대개 고독한 자들입니다. 즉 돈이 없어서 변호인을 살 형편이 되지 못하는 사람입니다.

얼마 전에 어떤 억울한 사람이 변호사를 고용했는데 이 사람은 재판에 한 번도 나오지 않고 변호도 해주지 않아서 고소인이 재판에서 져버렸습니다. 그래서 이번에는 그 변호사를 고발했습니다. 즉 자기가 해야 할 의무를 하나도 하지 않았다는 뜻입니다.

요즘은 돈을 많이 주고 일류 변호사를 고용하면 재판을 이기는 경우가 많습니다. 얼마 전에 어떤 유명인은 사기 혐의로 재판을 받게 되었는데 자기가 절대로 사기꾼으로 남아서는 안 되겠다고 생각한 모양입니다. 그래서 자기 전 재산으로 일류 변호사를 고용해서 무죄 판결을 얻었는데 그 결과 자신은 알거지가 되었다고 합니다.

하나님의 백성은 일단 말을 하지 않는 훈련을 해야 합니다. 실제로 이 세상에는 입이 잘 돌아가는 사람들이 많아서 우리는 말하고 싶어도 순서가 돌아오지 않을 때가 많습니다. 그래서 일단은 말싸움에서 이기려고 하지 말고 묵묵하게 들어주는 편이 좋습니다. 그러다가 결정적인 순간에 하나님께서 영감을 주십니다. 결국 하나님이 주시는 영감이 나비 효과를 일으키는 것입니다.

그래서 사도 바울은 누가 말을 하려고 하면 하나님이 말씀하는 것같이 하라고 권면했습니다. 하나님의 백성은 코미디언도 아니고 싸구려 약장수도 아니고 죽어가는 사람의 병을 진단하는 사람입니다.

우리는 고통받는 많은 사람을 불쌍히 여기고 그들을 위로하는 말을 해야 합니다. 그래서 그리스도인들의 말이 위엄과 효력을 찾게 되기를 바랍니다.

가장 귀한 보석

잠 31:10-31

세계에서 가장 큰 노란색 다이아몬드의 이름은 '골든 카나리' 라고 합니다. 그 보석은 어느 소녀에 의해 발견되었는데, 남아공의 어떤 소녀가 삼촌 집에서 놀다가 흙더미에서 노란색이 나는 돌덩어리 같은 것을 발견한 것입니다. 이 소녀가 처음 이 돌덩이를 발견했을 때 그 크기는 890캐럿이나 되었습니다. 소녀는 그 노란색 덩어리를 삼촌에게 주었고 삼촌은 다른 사람에게 그것을 싸게 팔려고 했지만 아무도 사려고 하지 않았습니다. 결국 삼촌은 이 돌덩어리를 가지고 대도시로 가서 다이아몬드만 전문적으로 감정하는 곳에 가서 감정했더니 다이아몬드 중에서 나올 수 있는 가능성이 0.006%도 되지 않는 아주 희귀한 노란색 다이아몬드이고, 특히 이 다이아몬드는 스크레치라든지 불순물이 전혀 없는 상태였다고 합니다. 그리고 그 가치는 무려 210억 원이라고 했습니다.

그림 중에서 가장 유명한 그림이라면 레오나르도 다빈치가 그린 〈모나리자〉일 것입니다. 이 그림 속 여인은 그렇게 미인은 아니라고 합니다. 이마가 넓은 편이고 눈썹도 없는데 약간 웃는 모습이 사람들에게 그렇게 매력적인 미소를 던지고 있습니다. 이 〈모나리자〉 그림은 수난을 많이 당했는데, 도둑 맞기도 하고, 누군가가 빨간 스프레이를 뿌리기도 하고, 심지어는 총으로 쏘았는데 총알이 유리에만 박히고 그림은 손상되지 않았다고 합니다. 지금 〈모나리자〉의 가치는 40조원이라고 하는데, 프랑스 정부는 나라가 망해도 이 그림은 팔지 않는다고 할 정도라고 합니다.

솔로몬의 잠언은 르무엘 왕의 어머니가 아들에게 가르친 여성에 대한 잠언으로 끝을 맺고 있습니다. 르무엘 왕의 어머니는 이 세상에서 가장 귀한 보석은 하나님을 믿는 지혜로운 여성이라고 말합니다. 아마 르무엘 왕의 어머니가 여성의 가치에 대해서 말하지 않았더라면 잠언은 영원히 미완성이었을 것입니다. 솔로몬은 잠언에서 음녀를 조심하라고 하고 다투는 부인은 계속 물이 떨어지는 지붕같다고만 했지, 진정으로 여성의 가치를 말하지는 않았습니다. 그런데 누군가가 이 현숙한 여인에 대한 교훈을 찾아서 잠언 마지막에 끼워 넣음으로 잠언은 완전한 잠언이 될 수 있었습니다.

1. 현숙한 여인의 가치

참으로 놀라운 것은 잠언의 마지막 말씀이 '알파벳 시'로 되어있다는 사실입니다. '알파벳 시'의 가장 대표적인 시는 시편 119편입니다. '알파벳 시'라는 것은 우리나라 글자가 'ㄱ, ㄴ, ㄷ' 순으로 되어있듯이, 히브리어는 '알렙, 끼멜, 달렛' 식으로 되어 있습니다. 그래서 히브리시의 알파벳 시는 첫 자를 알렙, 끼멜, 달렛에 맞추어서 단어가 배열되는 시를 말합니다. 예를 들어서 '현숙한 여인'이라고 하면 '현숙한'(아세트)에서 시작하고, 두 번째 절에서 '남편의 마음은 그를 믿나니'라고 할 때 '믿나니'(빠테흐)를 먼 먼저 배치하고, 세 번째 절에서는 '그의 남편에게 선을 행하고'에서 '선을 행하다'(께말)라는 단어를 맨 앞에 넣어 시작하는 것입니다. 이런 알파벳 시의 특징은 그냥 즉흥적으로 생각해서는 나오지 않고 단어 하나하나에 대하여 자음과 의미를 생각해서 써야 한다는 점일 것입니다. 이것을 보면 르무엘 왕의 어머니는 이 현숙한 여인을 얼마나 신중하게 생각해서 배열했는지 알 수 있습니다.

31:10, "누가 현숙한 여인을 찾아 얻겠느냐 그의 값은 진주보다 더 하니라"

우선 "현숙하다"는 말은 '힘이 있다'는 뜻입니다. 이 말을 남자에게 쓸 때는 '용기 있는 남자'로 해석할 수 있는데, 여자는 '지혜롭고 정절이 있는 여자'의 뜻으로 사용됩니다. 그래서 룻기에서 보면, 보아스는 룻을 보고 "네가 현숙한 여자인 줄 다 안다"고 말하고 있습니다(룻 3:11).

구약 시대의 '아름다운 여인'이라는 말에는 건강하고 힘 있다는 뜻이 있습니다. 그래서 아브라함의 종이 이삭의 신부를 구하기 위해서 하란으로 갔을 때 하나님께 기도를 드립니다. "하나님, 제가 길을 제대로 왔다면 맨 처음 물 길러 나오는 처녀에게 물을 좀 달라고 하면 그가 '물을 떠드리겠습니다. 그리고 당신의 낙타에게도 물을 주겠습니다'라고 말하게 해 주십시오." 아브라함의 종이 이 기도를 마치기도 전에 리브가가 물 길러 나오는데 아브라함의 종이 '물을 좀 달라'고 하니까 리브가는 '당신의 낙타에게도 물을 주겠습니다'라고 하면서 낙타 열 마리에게 물을 길어주었습니다. 낙타 열 마리에게 물을 주려면 얼마나 많은 물을 길어와야 할까요? 그래서 옛날의 미인이라고 하면 최소한도 낙타 열 마리에게 물을 줄 수 있어야 했습니다. 잠언에 나오는 현숙한 여인도 새벽 일찍 일어나서 가족들에게 아침을 먹이고 밭일을 하고 밤에는 또 양털과 삼베로 옷을 짜서 가족을 입히는 아주 부지런하고 건강한 여인인 것을 알 수 있습니다.

그러나 현숙한 여인의 진짜 중요한 점은 육체의 건강만이 아니었습니다. 결론적으로 하나님을 경외하고 하나님의 말씀을 깊이 사랑하는 여인이 현숙한 여인이라는 것입니다. 르무엘 왕의 어머니는 가장 먼저 현숙한 여자를 어떤 사람이 얻겠느냐고 묻습니다. 그러면서 현숙한 여인의 가치는 "진주보다 더 비싸다"고 했습니다. 아마 이 당시 가장 비싼 보석은 진주였던 것 같습니다. 지혜롭고 현명한 여자의 가치는 보석보다 더 비싸다고 했습니다.

보석상에서 아주 크고 찬란한 보석을 팔고 있을 때 과연 어떤 사람이 그 보석을 사겠습니까? 우선 돈이 있어야 하고 사랑하는 사람이 있어야 하고 그 사랑하는 사람을 위해서 거의 모든 돈을 투자할 수 있는 용기가 있는 남자이어야 할 것입니다. 과연 남자 중에서 신앙적이며 생각이 깊은 여성을 위해서 자신의 모든 것을 다 투자할 남자가 있을까요? 아마 있을 겁니다. 특히 지금 같은 불신앙의 시대에 예쁘고 지혜롭고 신앙심이나 생각이 깊은 여성이 있다면 진주가 아깝겠습니까? 자신의 모든 인생이 이 여자에게 다 달려 있다면 아마 그 여인을 얻기 위하여 그 어떤 것도 아끼지 않을 것입니다.

신앙의 눈물을 흘릴 수 있는 여성의 가치는 수십억 원을 넘습니다. 다윗은 시편에서 "나의 눈물을 주의 병에 담으소서"(시 56:8)라고 고백하고 있습니다.

31:12, "그런 자는 살아 있는 동안에 그의 남편에게 선을 행하고 악을 행하지 아니하느니라"

현숙한 여인은 남편의 목숨이 위험할 때 그의 목숨을 건집니다. 다윗의 부인 미갈은 현숙한 여인은 아니지만 아버지 사울이 다윗을 죽이려고 할 때 그를 창문으로 도망치게 하고 마치 침대에 누워있는 것처럼 속이고 머리털 대신에 염소털을 두고 다윗을 도망치게 했습니다. 그러나 어리석은 여자는 남편 몰래 명품백을 받는다든지 아니면 학교에 가서 담임선생님에게 욕을 퍼붓는다든지 해서 남편에게 망신을 주고 직장 생활도 못하게 합니다. 결국 여자가 돈 욕심이 있으면 집을 다 망치게 되어있습니다. 그래서 여성들에게 돈 욕심은 독약입니다.

2. 현명한 여성의 역할

《바람과 함께 사라지다》를 보면 주인공 스칼렛의 집은 흑인 노예들이 많았습니다. 스칼렛의 어머니는 아침 일찍 일어나서 흑인 하인들에게 양식을 나누어 주고 그들이 밭에 가서 일을 하게 해야 합니다. 그리고 오리나 닭이나 소나 말 같은 동물들의 먹이를 주어야 합니다. 특히 아무리 한밤중이라도 흑인이 아프다거나 아이를 낳는다고 하면 자다가도 일어나서 약이 든 가방을 들고 그들의 집을 찾아가서 밤새 간호를 해줍니다. 나중에 스칼렛의 어머니는 남북전쟁이 나니까 병에 걸려서 죽습니다.

옛날에 현숙한 여인들은 아침 일찍 일어나서 가족들이 먹을 식사나 옷이나 포도원 같은 데서 일을 했습니다.

31:13-16, "그는 양털과 삼을 구하여 부지런히 손으로 일하며 상인의 배와 같아서 먼 데서 양식을 가져 오며 밤이 새기 전에 일어나서 자기 집안 사람들에게 음식을 나누어 주며 여종들에게 일을 정하여 맡기며 밭을 살펴 보고 사며 자기의 손으로 번 것을 가지고 포도원을 일구며"

옛날에는 사람들이 옷을 입는 것이 참 어려운 일이었습니다. 그래서 현숙한 여인들은 밤에 양털이나 삼베로 실을 짜서 여름옷과 겨울옷을 만들어 놓습니다. 그리고 아무 양식이나 사는 것이 아니라 비록 좀 멀더라도 가격이 싸고 품질이 좋은 양식을 삽니다. 그리고 돈이 있다고 해서 아무 밭이나 사는 것이 아니라 자기가 직접 가서 살펴보고 이상이 없는 밭을 삽니다. 그리고 포도원을 살 때도 남의 돈을 빌려서 사는 것이 아니라 자기가 번 돈으로 사서 이자가 나가지 않도록 합니다. 현명한 사람은 반드시 자기가 번 범위 안에서 생활을 해야지 돈을 빌리는 것을 쉽게 생각하면 안 됩니다.

그런데 요즘은 여성들의 역할이 더 중요하게 되었습니다. 우선 남편과 아이들은 직장이나 학교에 가서 많은 스트레스를 받고 집에 옵니다. 이것을 누군가가 해결해주어야 하는데 스트레스 받고 있는 남편에게 용기를 주고 학교에서 폭력을 당하고 있는 아이의 문제를 해결해줄 상담자가 바로 현명한 여인인 것입니다. 그래서 현명한 부인은 위대한 상담자가 되어야 합니다. 남편의 이야기를 들어주고 아이의 애로 사항을 해결해주는 엄마가 현숙한 여인입니다. 이것이 안되면 가정이 망가지고 맙니다.

그리고 현숙한 부인은 기도하는 사람입니다. 기도하는 부인이나 기도하는 어머니는 백만대군을 가진 사람과 같습니다. 마귀가 아무리 많이 쳐들어와도 백만대군은 이길 수 없습니다. 현숙한 여인은 모세같이 지팡이 들고 서서 애굽 군대와 대항해서 물리쳐야 합니다. 또 현숙한 여인은 가족들의 식사에 신경을 써야 합니다. 어떤 분은 30년을 넘게 당뇨를 가지고 있었는데 부인이 철저하게 탄수화물이나 과일을 먹지 못하게 하고 채소나 고기류를 먹게 해서 잘 견디고 있습니다. 또 식구들은 깨끗하고 잘 빨래한 옷을 입고 다녀야 사람들로부터 업신여김을 당하지 않습니다. 세탁기를 자주 돌리든지 아니면 옷을 세탁소에 자주 맡겨서 가족들이 깨끗한 옷을 입게 해야 합니다.

그리고 현숙한 여인은 가난하고 어려운 사람들에게 인색하면 안 됩니다.

"손으로 솜뭉치를 잡고 손가락으로 가락을 잡는다"는 것은 솜에서 실을 뽑아내는 것을 말합니다. 현명한 여성은 옷을 짜는 기술을 가지고 있어서 옷을 만듭니다. 여름옷도 만들고 겨울옷도 만듭니다. 우리는 겨울옷이 주로 솜옷이지만 중동 지방 사람들은 양탄자 만드는 재료를 가지고 외투를 만들어서 입고 다닙니다.

3. 능력과 존귀로 옷을 입는 여인들

하나님을 섬기는 여인 중에서 가장 아름답고 가치 있는 여인은 능력과 존귀로 옷을 입은 여인입니다.

이 여인은 무엇이든지 할 수 있습니다. 이 여인에게서는 결코 부정적인 말을 들을 수 없습니다. 모든 것이 '아멘'이고 '할 수 있다'는 말입니다. 그러면서도 품위가 있습니다. 아무렇게나 말하지 않고 아무렇게나 행동하지 않기 때문에 사람들이 함부로 대하지 못합니다. 그리고 후일을 웃습니다. 즉 훗날에 소망이 있다는 것을 압니다. 지금

은 잘 살아도 훗날에 망해서 우는 사람이 있는가 하면 지금은 가난해
도 훗날에 웃는 사람이 있습니다. 왜냐하면 아이들이 잘 자라고 있고
남편의 신앙이 좋아지고 있기 때문입니다.

결국 중요한 것은 현숙한 여인은 하나님의 말씀을 잘 소화하는 여
인이라는 것입니다.

31:26, "입을 열어 지혜를 베풀며 그의 혀로 인애의 법을 말하며"

이 여인의 머릿속에는 하나님의 말씀이 가득 들어있습니다. 그래
서 누가 무슨 달을 해도 하나님의 말씀이 나오고 그 혀는 독사의 독
대신에 사랑의 계명이 나옵니다. 그러니까 이 여인은 말로 남을 치료
할 수 있습니다. 이 여인의 말만 들으면 아픈 것도 낫게 되고 속이 쓰
린 것도 쓰리지 않게 됩니다.

결국은 다음 30절이 요절 중의 요절입니다.

31:30, "고운 것도 거짓되고 아름다운 것도 헛되나 오직 여호와를 경외 하는 여자는 칭찬을 받을 것이라"

왜 여자가 아름답고 고운 것도 헛되고 거짓되다고 말합니까? 아무
리 겉으로 아름답고 잘생겼다 하더라도 그 마음속에 하나님이 없으면
죽은 영혼이기 때문입니다. 아무리 아름다운 여인이라도 조각상이라
든지 아니면 마네킹이라든지 혹은 정신이 이상하면 아름다운 것이 아
무 소용이 없습니다. 아무리 피부가 고와도 하나님을 모르면 거짓이
라고 했습니다. 그것은 결코 아름다운 것이 아닌 것입니다. 젊은 여성
의 아름다움은 늙을 때까지 가지 않습니다.

하나님을 경외하는 것은 하나님을 믿는 것을 말합니다. 하나님께
서 지금까지 나를 인도하셨듯이 앞으로도 인도하신다는 것을 믿는

것입니다. 우리가 걱정하기 시작하면 걱정할 것이 너무나도 많습니다. 그러나 하나님은 결단코 나를 버리지 않으신다는 것만 믿으면 걱정할 것이 없습니다. 현숙한 여인은 지금 하나님을 믿는 여인입니다. 그 여인은 걱정하지 않습니다. 왜냐하면 미래를 걱정해 봐야 아무 소용이 없기 때문입니다. 우리 모두 훗날에 행복해서 웃을 수 있기를 바랍니다.